Die Schweiz als Vorbild für die Vorarlberger Landesverfassung von 1919

Europäische Hochschulschriften

Publications Universitaires Européennes
European University Studies

Reihe II
Rechtswissenschaft

Série II Series II
Droit
Law

Bd./Vol. 4358

PETER LANG
Frankfurt am Main · Berlin · Bern · Bruxelles · New York · Oxford · Wien

Arnulf Häfele

Die Schweiz als Vorbild für die Vorarlberger Landesverfassung von 1919

Rechtliche und politische Hintergründe des „Kanton Übrig“

PETER LANG
Europäischer Verlag der Wissenschaften

Bibliografische Information Der Deutschen Bibliothek
Die Deutsche Bibliothek verzeichnet diese Publikation in der Deutschen Nationalbibliografie; detaillierte bibliografische Daten sind im Internet über <http://dnb.ddb.de> abrufbar.

Gedruckt mit Unterstützung
des Amtes der Vorarlberger Landesregierung,
Abteilung Wissenschaft.

ISSN 0531-7312
ISBN 3-631-54817-6

www.peterlang.de

Vorwort

Am 14. März 1919 hat die Vorarlberger Landesversammlung eine neue Landesverfassung beschlossen. Das ist an sich nichts Ungewöhnliches. In der damaligen politischen Situation wurden aber unendlich viele Hoffnungen in dieses Gesetzeswerk hineingelegt. Die Menschen, die es schufen, hatten versucht, völlig neue Wege zu gehen und mit dieser Landesverfassung im rechtlichen und politischen Sinne bisher verschlossene Tore aufzustoßen. Das war für mich die Begründung, mich mit diesem Thema in einer Dissertation zu befassen, die ich im September 2004 an der Rechtswissenschaftlichen Fakultät der Leopold-Franzens-Universität in Innsbruck eingereicht habe.

Ich danke Herrn o. Univ.-Prof. Dr. Karl Weber vom Innsbrucker Institut für öffentliches Recht für die Bereitschaft, diese regionale Verfassungsgeschichte zu betreuen. Es war eine große Hilfe für mich, dass Professor Weber viele einschlägige Publikationen verfasst hat. Herrn o. Univ.-Prof. Dr. Peter Pernthaler danke ich für die Zweitbegutachtung.

Es ist mir auch ein großes Anliegen, den Expertinnen und Experten der Fachbibliotheken für ihre Unterstützung zu danken, und zwar in der Verwaltungsbibliothek des Kantons St. Gallen, im Institut für Föderalismusforschung in Innsbruck, in der Amtsbibliothek der Vorarlberger Landesregierung in Bregenz und in der Bibliothek des Instituts für Öffentliches Recht, Finanzrecht und Politikwissenschaft in Innsbruck.

Diese Arbeit ist auch eine regionale Verfassungsgeschichte auf archivalischer Grundlage geworden. Mein Dank gilt dem Personal im Bundesarchiv in Bern, im Vorarlberger Landesarchiv in Bregenz und im Archiv der Republik in Wien.

Mein Studienkollege aus früheren Tagen, a.o. Univ.-Prof. Dr. Rudolf Palme, hat den Beginn dieser Arbeit in vielen freundschaftlichen Gesprächen bis zu seinem überraschenden Tod mit Interesse begleitet. Ich widme sie seinem Andenken.

Herrn Dr. Norbert Willenpart und dem Europäischen Verlag der Wissenschaften Peter Lang GmbH bin ich für die Aufnahme dieser Dissertation in die Reihe der Europäischen Hochschulschriften sehr verbunden.

Hohenems, im September 2005 — Arnulf Häfele

Inhaltsverzeichnis

Einleitung

Der Präsident des Vorarlberger Landtages, Dipl.-Vw. Siegfried Gasser, hat in der Landtagssitzung vom 7. April 1999 den Beschluss über eine „exotisch“ anmutende Landesverfassung vor 80 Jahren in Erinnerung gerufen. Er sagte vor Eingang in die Tagesordnung:

„In dieser Landtagssitzung haben wir begründeten Anlass, uns eines denkwürdigen Vorganges aus unserer Landesgeschichte zu erinnern. Am 14. März 1919 beschloss der Vorarlberger Landtag eine moderne und wegweisende Landesverfassung, die alle Anzeichen eines Freistaates im besten Sinne seiner Bedeutung hatte, in dem das Volk als Souverän auftritt, sich selbst die Regeln für die Gestaltung der Gemeinschaft gibt, sich selbst verwaltet und regiert und als Verantwortungsträger in Erscheinung tritt. Die Schöpfer der damaligen Landesverfassung hatten Beispiele aus Schweizer Kantonen vor Augen. Entsprechende Bedeutung wurde daher auch der Mitwirkung der Bevölkerung in der direkten Demokratie in Volksabstimmungen zugemessen, und, was damals als ausgesprochen fortschrittlich galt, den Bürgern wurden in der Landesverfassung 1919 ausdrücklich auch Grundrechte garantiert. Es kam aber dann zur Einschränkung dieser sehr fortschrittlichen Landesverfassung durch das Bundesverfassungsgesetz von 1920. Dadurch wurde Vorarlberg gezwungen, im Jahre 1923 die Landesverfassung anzupassen. Diese Landesverfassung bedeutete keinen Fortschritt, es sei denn, dieser werde in der durch die Abstriche an einer Landesverfassung möglichen Einfügung in den gemeinsamen Bundesstaat gesehen.

Wie wir heute feststellen können, ist vor gut 80 Jahren zwar die Monarchie abgeschafft worden, der Zentralismus ist uns aber geblieben. Vorarlberg aber hat sich damit nicht abgefunden und wurde zu einer der treibenden Kräfte für die Stärkung der Länderrechte. Wir als Landtag haben daher Anlass, uns der Landesverfassung von 1919 zu besinnen, die ihrer Zeit weit voraus war und an welche der Verfassungsgesetzgeber des Jahres 1984 bei seinen Novellen wieder anknüpfen konnte.“[1]

Ob die Landesverfassung von 1919 den hohen Standards entsprochen hat, ob sie wirklich so modern und wegweisend war, welches genau ihre Vorbilder waren und was für Entwicklungen sie im Wechselspiel von Politik und Verfassung ausgelöst hat, soll in dieser Arbeit untersucht werden.

---

[1] Stenographisches Protokoll des XXVI. Vorarlberger Landtags für das Jahr 1999, S. 167; 3. Sitzung am 7. April 1999 unter dem Vorsitz von Landtagspräsident Dipl.-Vw. Siegfried Gasser.

Es bleibt anschließend die Frage zu klären, ob die Schöpfer der Landesverfassung auch außenpolitische Absichten hegten. Sie schufen immerhin ein Gesetzeswerk, das fugenlos in das politische System der benachbarten Eidgenossen gepasst hat. War es der Versuch Vorarlbergs, mit Hilfe einer einfachen, wenn auch außergewöhnlichen Landesverfassung einen Staatenwechsel von der Republik Deutschösterreich zur Schweiz vorzubereiten? Unbestreitbar übte die Schweiz eine starke Anziehungskraft auf die Vorarlberger aus.

Erster Teil:
Die Schweiz als Vorbild

Die Vorarlberger sahen in der Schweiz – wie der Vorarlberger Landeshauptmann im März 1919 in der Vorarlberger Landesversammlung erwähnte – schon lange das Ideal eines demokratischen und gut verwalteten Landes, das ihnen immer imponiert habe. Dass die Ordnung in der Schweiz noch aufrecht erhalten sei, während nach dem Ersten Weltkrieg ringsum zum Unglück der Völker die schrecklichste Unordnung überhand nehme, das sei auch ein Moment, der das Volk ungemein hinneigen lasse zum „Friedenseiland" Schweiz.[2]

1. Kapitel:
Die eidgenössische Landsgemeinde

1. Die Landsgemeinde als Urzelle der Demokratie?

Die Landsgemeinde ist die verfassungsmäßige Versammlung der stimmfähigen Bürgerinnen und Bürger schweizerischer ländlicher Gemeinwesen.[3] Sie wird unter feierlichem Zeremoniell jedes Jahr zum gleichen Termin am gleichen Tagungsort unter freiem Himmel abgehalten. Es gibt acht klassische Landsgemeindeorte bei den Eidgenossen, das sind die Landsgemeindekantone Uri, Schwyz, Obwalden, Nidwalden, Glarus, Zug sowie Appenzell-Innerrhoden und Appenzell-Außerrhoden.

2. Ursprung und Entstehung der Landsgemeinde

Die Landsgemeinden sind allmählich aus der hochmittelalterlichen Gerichts- und Schwurversammlung herausgewachsen. Dabei ist die praktische Organisation der Nutzung des Gemeingutes langsam mit dieser Gerichtsgemeinde, mit dem Landtag, verschmolzen. Der genaue Beginn einer Landsgemeinde, dieses

---

[2] Bericht des Landesrates über die Anschlußfrage. 14. Sitzung am 15. März 1919 unter dem Vorsitze des Herrn Landeshauptmannes Dr. Otto Ender. In: Stenographische Sitzungsberichte der provisorischen Vorarlberger Landesversammlung zu Bregenz. Eröffnung der Landesversammlung am 3. November 1918; 14. Sitzung, S. 7.

[3] Carlen, Louis: Die Landsgemeinde in der Schweiz. Schule der Demokratie. Sigmaringen 1976, S. 5 und Wiget, Josef: Die Landsgemeinden in der Schweiz im Überblick und der schrittweise Untergang der Schwyzer Landsgemeinde von 1798 bis 1848 als Beispiel. Vortrag auf der Jahrestagung der „Internationalen Gesellschaft für Rechtliche Volkskunde" am 25. April 2003 in Appenzell.

allmähliche Herauswachsen aus der Schwurversammlung, aus der Gerichtsgemeinde, in Verbindung mit der Verwaltung der Allmende, des Gemeingutes, kann nicht in jedem Fall genau festgelegt werden.[4]

Erste Spuren von Landsgemeinden zeichnen sich 1231 in Uri ab, wo seit diesem Jahre ein gezielter Kampf um die Freiheit begann. An die Stelle des Vogtdings trat der Landtag. Aus dem Landtag wurde die Landsgemeinde und diese übernahm die höchste Gewalt. Der Vogt wurde vom Landammann abgelöst, der dann auch Blutrichter war. Die Entwicklung endete in Uri erst, als das Volk von Uri am 6. Mai 1928 beschloss, die Landsgemeinde abzuschaffen.

In Schwyz erscheint als erste gesetzgebende Landsgemeinde jene des Jahres 1294, ihre bewegte Geschichte ging 1848 zu Ende.

In Unterwalden begegnet man der Landsgemeinde seit 1309. Um die Mitte des 14. Jahrhunderts zerfiel das Land in zwei eigene „Staaten", die heutigen Halbkantone Ob- und Nidwalden, mit eigenen Landsgemeinden, die sich in Nidwalden bis 1997 und in Obwalden bis 1998 erhalten haben.

Glarus sagte sich 1387 endgültig von der habsburgischen Vogtei los. Auf einer Versammlung vom 11. März 1387, der ersten Landsgemeinde, beschlossen die Talleute erste Verfassungsansätze. Glarus ist bis heute der Landsgemeinde-Demokratie treu geblieben.[5]

In Zug ist die Landsgemeinde seit 1376 belegt. Ihr eignete allerdings nie die Kraft der anderen Innerschweizer Landsgemeinden. 1848 ging sie unter.[6]

Die Appenzeller traten regelmäßig seit 1403 nach erfolgreich verlaufener Befreiungsaktion zusammen. Ihre Landsgemeinde hat in Appenzell-Außerrhoden bis 1997 bestanden, in Appenzell-Innerrhoden ist sie bis heute lebenskräftig geblieben.

---

[4] Carlen, Louis: Die Landsgemeinde in der Schweiz. Schule der Demokratie. Sigmaringen 1976, S. 6.

[5] Carlen, Louis: Die Landsgemeinde in der Schweiz. Schule der Demokratie. Sigmaringen 1976, S. 7.

[6] Wiget, Josef: Die Landsgemeinden in der Schweiz im Überblick und der schrittweise Untergang der Schwyzer Landsgemeinde von 1798 bis 1848 als Beispiel. Vortrag auf der Jahrestagung der „Internationalen Gesellschaft für Rechtliche Volkskunde" am 25. April 2003 in Appenzell.

Landsgemeinde-Kantone	*Beginn der Landsgemeinde*	*Abgang der Landsgemeinde*
Uri	1231	1928
Schwyz	1294	1848
Obwalden	1309	1998
Nidwalden	1309	1997
Glarus	1387	noch bestehend
Zug	1376	1848
Appenzell-Innerrhoden	1403	noch bestehend
Appenzell-Außerrhoden	1403	1997

Gegen Ende der österreichisch-ungarischen Monarchie hatten noch sechs Schweizer Kantone ihre funktionierende Landsgemeinde: Uri, Ob- und Nidwalden, Glarus sowie Appenzell-Innerrhoden und Appenzell-Außerrhoden. Für die benachbarten Vorarlberger war es jedes Jahr ein einprägsames Bild, wenn am letzten Aprilsonntag in beiden Appenzell die freien Landsgemeindemannen mit ihrer alten Familienwaffe – dem Degen oder dem Schwert oder dem kurzen Seitengewehr – als Stimmrechtsausweis zum Landsgemeindeplatz strömten. Und es mag die Sehnsucht nach den Schweizer Freiheiten bei den Vorarlbergern, die bis 1918 wenige demokratische Rechte ausüben konnten und deren Land noch mit Tirol vereinigt war, immer wieder verstärkt haben, wenn in Appenzell die Behörden mit dem Landammann an der Spitze „in feierlichem Aufmarsch, unter Glockengeläute, Trommelwirbel und Musikbegleitung, mit einer Ehrenkompagnie, dem Landesbanner, den alten Harsthörnern, den Schwertträgern im alten Kleid, den Landesweibeln mit dem Standesszepter und dem Landesschwert auf den Landgemeindeplatz“ zogen.[7]

3. Wesen und Befugnisse der Landsgemeinde

Die älteren Quellen sprechen von der Landsgemeinde als „höchster“ und „größter“ Gewalt, „als Landesfürst“, als „absolute gefreyte Herren“. In ihr liege die „summa potestas“.[8] Diese Ausdrucksweise klingt in den heutigen Landsgemeindeverfassungen nach. Die Bezeichnungen als oberste Behörde des Landes, als

[7] Carlen, Louis: Die Landsgemeinde in der Schweiz. Schule der Demokratie. Sigmaringen 1976, S. 21.

[8] Carlen, Louis: Die Landsgemeinde in der Schweiz. Schule der Demokratie. Sigmaringen 1976, S. 12.

die höchste, souveräne und gesetzgebende Gewalt des Kantons hielten sich bis in die Gegenwart. In Art 61 der Glarner Verfassung heißt es: „Die Landsgemeinde ist die Versammlung der stimmberechtigten Landeseinwohner, sie ist das oberste Organ des Kantons." Appenzell-Innerrhoden bezeichnet in seiner geltenden Verfassung in Art 19 die Landsgemeinde als „die höchste souveräne Wahl- und gesetzgebende Behörde des Kantons", Obwalden nennt sie in Art 24 „die oberste Wahlbehörde", und Glarus formuliert in Art 31: Die Landsgemeinde, „die Versammlung aller stimmberechtigten Landesbewohner ist die souveräne Behörde des Kantons". Das Wort „souverän" ist aufschlussreich. Es wurde schon 1712 von der Schwyzer Landsgemeinde gebraucht, als sie jeden für strafbar erklärte, der ihre „Souveränität" zu schelten sich erkühne. Es ist auch die Landsgemeinde von Schwyz, die sich 1655 weigerte, eidgenössisches Recht anzunehmen, weil sie niemand über sich erkenne als Gott allein.

Im Spätmittelalter verstand sich die Landsgemeinde mit dem Landammann an der Spitze als Nachfolger der ursprünglichen Herrschaft und sie übte kollektiv Herrschaftsrechte aus. Ihre Freiheit galt als alt und erworben, sei sie nun hergeleitet aus der Reichsfreiheit oder sei sie nun eine Folge der Freikäufe aus Grundherrschaften.

Im Zeitalter des Absolutismus wandelte sich dieses Verständnis zu einem umfassenden Kompetenzgefühl: Der Landrechtsverband ist nunmehr zum Staat geworden. Die Landsgemeinde griff mit ihren umfassenden Befugnissen in alle Lebensbereiche ein. Es bestand grundsätzlich weder eine Gewaltenteilung noch eine Unterscheidung von öffentlichem und privatem Recht, noch eine solche von Staat und Gesellschaft. Diese Lebensgemeinschaften, die auch Kirche und Heer einschlossen, traten auf der Landsgemeinde für jedermann deutlich sichtbar hervor.

Die Landsgemeinde war gesetzgebende Versammlung und oberste Wahlbehörde für die Landesämter und Beamtenstellen. Noch im späten Mittelalter übte sie in beinahe allen Landsgemeindeorten die hohe Gerichtsbarkeit aus. Sie war ferner ausführende Gewalt, entschied in auswärtigen Angelegenheiten, in Sachen Reislauferei und über Krieg und Frieden sowie in allen inneren Landessachen. Ihr kam auch die oberste Verfügungsgewalt in den abhängigen Landschaften zu.

Die unheimliche Macht der Landsgemeinde wurde vor allem von fremden Besuchern hervorgehoben. Die Tagungen der Landsgemeinde erschienen ihnen manchmal als „tumultuöse Chöre, welche die Taten ihrer Protagonisten bald zustimmend, bald murrend begleiteten". Dessen ungeachtet gab die Landsgemeinde der politischen Ordnung der kleinen Staatswesen eine sehr hohe Identität.

Die Formel von der Landsgemeinde als Wurzel der direkten Demokratie findet noch heute Beachtung. In ihrem Kern steckt wohl das uralte eidgenössische Misstrauen gegenüber dem Prinzip der Delegation und der Repräsentation des Volkswillens. Direkt soll dieser umgesetzt werden und ungeschminkt wie an der Landsgemeinde zu ihren besten Zeiten.

4. Teilnehmer und Verfahren

Teilnehmer an der Landsgemeinde sind die Landleute, die „in Ehr und Wehr" stehen und die unter Strafe verpflichtet sind, an der Landsgemeinde teilzunehmen. Es besteht Dingpflicht in der Landsgemeinde. Die Landleute sind die vollberechtigten Bürger der schweizerischen Demokratien, wobei der Stand keine Rolle spielt.[9] Die persönliche Waffe der Landleute erinnert zudem an die alte Funktion der Landsgemeinde als Waffenmusterung. Jeder einzelne hatte das Antragsrecht, wobei sich auch hier differenzierte Gewohnheiten entwickelten.

Die Landsgemeinde fand alljährlich Ende April oder Anfang Mai statt. Neben dieser ordentlichen Maienlandsgemeinde wurden bei Bedarf Nachgemeinden und außerordentliche Gemeinden durchgeführt. Eine zentrale Position nahm die gegenseitige Eidesleistung von Landammann und Landleuten ein. Deutlich zeigt sich hier auch die Machtfülle des Landammanns, der die lange Zeit zwischen den Landsgemeinden zu führen hatte und dessen Schwert dann die richterliche Tätigkeit erledigte.

5. Probleme der Landsgemeinde

Vom 14. Jahrhundert an entstanden in den Landsgemeindeorten Räte. Ihr Einfluss und Entscheidungsbereich nahmen angesichts des auch in kleinen Verhältnissen relativ schwerfälligen Instruments der Landsgemeinde zu. Es kam immer öfter zu Kompetenzanmaßungen gegenüber der Landsgemeinde. Diese Entwicklung ist in Zusammenhang mit der seit der zweiten Hälfte des 16. Jahrhunderts zunehmenden Aristokratisierung in der Länderordnung zu sehen. Die Landsgemeindeorte waren als kollektivgenossenschaftliche Demokratien angelegt. Seit der frühen Neuzeit wurden sie indessen durch verschiedene – oft familien- und sippengebundene – Machtgruppen beeinflusst. Die politische, wirtschaftliche und administrative Führung lag in den Händen einer immer kleiner werdenden Zahl von Familien. Die Landammann-Familien bildeten eine aristokratische oli-

[9] Carlen, Louis: Die Landsgemeinde in der Schweiz. Schule der Demokratie. Sigmaringen 1976, S. 12.

garchische Schicht. Diese Führungsschicht mit ihrem Anhang konnte die Ratsgeschäfte bis zu einem gewissen Grad bestimmen. Die Fortsetzung sollte dann jeweils an der Landsgemeinde geschehen. Das waren Einbrüche in die später oft romantisierte direktdemokratische Frühform der Landsgemeinde. Gelegentlich schwang das Pendel in die andere Richtung. Die Landsgemeinde begehrte auf, es kam zu Perioden geradezu tyrannischer, oft mit politischen Prozessen verbundener Landsgemeindeherrschaften.

Schon im 16. Jahrhundert war das Bestechen bei Wahlen und Sachabstimmungen zu einem während der ganzen alten Zeit nicht mehr auszurottenden Übel geworden. Alle Gegenmaßnahmen fruchteten nichts. Zu viele waren zu sehr am Missbrauch interessiert. Um die Korruption in einem gewissen Maß zu steuern, ging man zum organisierten Ämterkauf über. Jeder einzelne Landmann glaubte, ein ideelles Eigentumsrecht an der Souveränität zu haben, so wie er ein materielles am Gemeingut hatte. Diese privatrechtliche Auffassung der Landeshoheit trug letztlich viel zur Entartung der Landsgemeinde bei.

Im 18. Jahrhundert eskalierten die Spannungen und dominierten die negativen Erscheinungen. Die Rechte der einzelnen Landleute wurden eingeschränkt, diese begehrten auf, wandten sich gegen die Führungsschicht, die ihrerseits das Verfahren der Landleute für unerträglich fand und nach Abhilfe trachtete. Die Spirale drehte sich also hier immer weiter. Für die zweite Hälfte des 18. Jahrhunderts muss man zusammenfassend von einem Niedergang der Landsgemeinde-Demokratie sprechen.

Der Bericht des deutschen Reisenden Christian Gottlieb Schmidt über den Besuch der ordentlichen Schwyzer Maienlandsgemeinde 1797 lässt die Stimmung, die allem Neuen feindlich gesinnt ist, erahnen, wenn er von der Wortmeldung eines Teilnehmers an der Landsgemeinde schreibt: „Projekt hin, Projekt her. Ich tue den Ratschlag, mit allen Projekten aufzuhören und es beim Alten zu lassen. Alles fiel ihm bei. Hier zeigte sich die Unvollkommenheit der demokratischen Regierungsform deutlich, wo auf den Ratschlag eines einzigen unwilligen dummen Bauers, dem die Zeit zu lang wurde, die nützlichst vorgetragenen Einrichtungen rückgängig gemacht, ja nicht einmal ganz angehört wurden. Vor einigen Jahren haben sie den Landammann vom Throne gerissen, die Perücke zerzaust etc. Manche meinen, man müsse wieder einmal das Rauhe herauskehren, denn die regierenden Familien haben sich durch Kabale, Bestechungen usw. seit einiger Zeit so festgesetzt, dass nicht mehr viel zur Aristokratie fehlet und des Volkes Stimme fast gar nichts mehr gilt. Jeder Anwesende hat seinen Degen anstecken und einen tüchtigen Alpstock und Knüppel in der Hand, um nötigenfalls Gebrauch davon zu machen. Die älteren Landvogteibesetzungen liefen ganz ruhig ab. Wer das Meiste bietet, bekommt die Stelle und schindet in der Vogtei die Untertanen, um sein Geld wieder herauszuziehen.“[10]

6. Die Landsgemeinde im 19. und 20. Jahrhundert

Die Verfassung der helvetischen Republik verbannte die Landsgemeinde von der politischen Bühne. Unter der Mediationsverfassung von 1803 konnten die alten Landsgemeindeorte mit dem Segen Napoleons ihre Gemeinden wieder einführen. In der Restaurationszeit versuchten einige Kantone, der Landsgemeinde die alte Bedeutung wieder zu geben. Die Umstände hatten sich jedoch geändert. Der Zeitgeist wehte den restaurationseifrigen alten Eliten in den Landsgemeindekantonen ins Gesicht. Die Landsgemeinde konnte sich noch so lange als Landesfürst betrachten, die Forderung nach Gleichberechtigung aller Bürger konnte auf die Dauer nicht mehr unterdrückt werden. Außerdem traten bei den restaurierten Landsgemeinden die alten Missbräuche rasch wieder auf: Korruption, Parteien aus Familienherrschaft, Unruhen und Tumulte.

Politische Reife von Völkern entsteht nicht von einem Tag auf den anderen, sondern braucht jahrzehnte-, ja jahrhundertelanges Erfahren, Abschleifen und Polieren. Sie war auch den Landsgemeinden nicht immer gegeben. 1834 zum Beispiel kam es zwischen einzelnen Parteien auf dem Schwyzer Landsgemeindeplatz in Rothenthurm zu einer wüsten Schlägerei, und der Landammann musste die Landsgemeinde aufheben. Schon seit alter Zeit wurde der Dingfriede der Landsgemeinde als höherer Friede durch höhere Strafandrohungen bei Friedbruch geschützt.[11]

Die 1830 mächtig aufkommende liberale Bewegung hatte auf die Landsgemeindekantone Uri, Ob- und Nidwalden sowie Appenzell-Innerrhoden praktisch keine Auswirkungen. Demokratische Argumente der Landsgemeinde fanden hingegen Eingang in die im liberalen Sinne regenerierten Verfassungen einer Mehrheit der Schweizer Kantone. Die Liberalen und Radikalen lehnten die Landsgemeinden aus ideologischen Gründen ab. Sie trauten ihnen auch die nötige Fortschrittlichkeit nicht zu. Nach dem Sonderbundkrieg mussten sich die um

[10] Wiget, Josef: Die Landsgemeinden in der Schweiz im Überblick und der schrittweise Untergang der Schwyzer Landsgemeinde von 1798 bis 1848 als Beispiel. Vortrag auf der Jahrestagung der „Internationalen Gesellschaft für Rechtliche Volkskunde“ am 25. April 2003 in Appenzell.

[11] Carlen, Louis: Die Landsgemeinde in der Schweiz. Schule der Demokratie. Sigmaringen 1976, S. 16.

Zug und Schwyz verminderten Landsgemeindestände dem neuen Staat von 1848 unterordnen, sahen sich in ihrem alten Verständnis eingeschränkt und hatten die kantonalen Verfassungen und Institutionen bundesrechtskonform zu gestalten. Die 1991 durch das Bundesgericht erzwungene Teilnahme der Frauen an der Innerrhodner Landsgemeinde markiert zeitlich genau diesen Prozess.

Bei den Verfassungen der Landsgemeindekantone und Kompetenzen der Landsgemeinde zeigten sich im 19. und 20. Jahrhundert deutliche Unterschiede. Die Tendenz, Wahlen und im wachsenden Umfang auch Sachgeschäfte in der geheimen Urnenabstimmung vorzunehmen, verstärkte sich im Laufe des 20. Jahrhunderts und führte mit Ausnahme vom Kanton Glarus und Appenzell-Innerrhoden zur sichtbaren Schwächung der alten Landsgemeinde-Idee. Die Urner Landsgemeinde wurde 1928 abgeschafft. In Unterwald und Appenzell-Außerrhoden führte der Siegeszug der modernen Urnendemokratie für das allgemeine Landsgemeindedenken in den 1990er Jahren zum Abgang der altehrwürdigen Institution.

Die Landsgemeinde lebt aber dennoch. Sie konnte sich im Lauf der Jahrhunderte nicht aus dem Einfluss von Ideologien, Staatstheorien und revolutionären Doktrinen heraushalten. Die Ideen der Aufklärung und Vorwürfe der Revolutionen brachten im 19. Jahrhundert neue demokratische Anstöße in die Schweiz. Die auf zählebigen republikanischen Traditionen beruhende Landsgemeinde-Idee war ihrerseits in ihrer Regenerationszeit von Bedeutung für verschiedene Demokratisierungsschritte. Für die demokratische Bewegung der 1860er Jahre konnte sie noch wichtiger werden. Die schweizerische Referendumsdemokratie ist letzten Endes das Ergebnis dieses Prozesses.

In neuerer Zeit wurde von einer Verwischung des Volkswillens gesprochen und die Entscheidungsfreiheit des Einzelnen in der offenen Abstimmung als beeinträchtigt bezeichnet. Andererseits sahen und sehen noch viele in der Landsgemeinde das Podium des offenen Gesprächs, des freien Wortes. Das Initiativrecht des Einzelnen wird zudem als wertvolles demokratisches Gut gewertet. Kein Staat der Welt kennt so vielfältige und traditionsreiche direktdemokratische Institutionen auf allen staatlichen Ebenen wie die Schweiz. Auf der unteren Staatsebene herrscht immer noch eine große Vielfalt versammlungsdemokratischer Formen. So lebt die Landsgemeinde in vielfältigsten Formen weiter.

2. Kapitel: Die Volksrechte in den Repräsentativsystemen

Auch in den eidgenössischen Kantonen, die keine Landsgemeinde kennen und in denen folglich nicht die Gesamtheit der stimmfähigen Einwohner die Geschicke des Landes bestimmt, gab und gibt es eine beeindruckende Entwicklung der Volksrechte. Diese beruhte auf einer ganz anderen Tradition als die Landsgemeinde, wurde aber gleichwohl neben dieser zu einem weiteren Vorbild für das Nachbarland Vorarlberg, wo man bis zum Ende der Monarchie sehnsüchtig die Schweizer Freiheiten bestaunte und diese in den ersten Tagen der Republik auch zu kopieren suchte.

„Wenn man der Entstehungsweise der direktdemokratischen Einrichtungen nachgeht, so wird einem bald klar, dass man die beiden Demokratieformen, direkte und repräsentative Demokratie, nicht einfach fein säuberlich trennen kann, wie das heute üblich ist."[12] Die Entstehung der modernen Demokratien ist – wie der Staatsrechtler Alfred Kölz feststellt – staatsphilosophisch, ideengeschichtlich und historisch ein Vorgang, der auf dem zentralen Dogma der Volkssouveränität beruht und der erst allmählich ausdifferenziert wurde.

1. Die Herkunft des Verfassungsreferendums

Es ist das amerikanisch-französische Revolutionsrecht, das starke Auswirkungen auf die schweizerische Demokratie, insbesondere auf die direktdemokratischen Einrichtungen der Kantone und des Bundes hatte. Diese Auswirkungen werden in ihrem Ausmaß vielfach unterschätzt. Es sind vor allem die Theoretiker der Französischen Revolution, die diesen starken Einfluss auf die Entwicklung der schweizerischen Demokratie ausgeübt haben.

Für die Revolutionstheoretiker bestand eine enge Verbindung zwischen der Demokratie und der individuellen Freiheit. Die Demokratiekonzeption der Französischen Revolution beruhte auf einer streng individualistischen Grundlage.[13] Die demokratischen Einrichtungen sollten das einzige Mittel überhaupt zur Bewah-

[12] Kölz, Alfred: Die Wurzeln der schweizerischen direkten Demokratie in der französischen und der amerikanischen Revolution. In: Kölz, Alfred: Der Weg der Schweiz zum modernen Bundesstaat: 1789 – 1798 – 1848 – 1998. Historische Abhandlungen. Chur und Zürich 1998, S. 37-46, hier S. 37.

[13] Kölz, Alfred: Die Wurzeln der schweizerischen direkten Demokratie in der französischen und der amerikanischen Revolution. In: Kölz, Alfred: Der Weg der Schweiz zum modernen Bundesstaat: 1789 – 1798 – 1848 – 1998. Historische Abhandlungen. Chur und Zürich 1998, S. 37-46, hier S. 38.

rung der individuellen Freiheit werden. Es erhob sich die Frage, ob alle Individuen daran teilhaben sollten oder nur eine ausgewählte Personengruppe. Die Gleichheit wurde zur Schicksalsfrage der neuen Demokratiekonzeption.[14] Individuelle Freiheit, Gleichheit und Demokratie wurden so zu eng miteinander verwobenen, staatsgestaltenden Elementen der modernen Gesellschaften. Diese Ansätze moderner Staatsgestaltung bildeten die Grundlage für die Konstituierung erster individualistischer Demokratien der Neuzeit, nämlich in den Einzelstaaten der amerikanischen Konföderation ab 1776. Man ließ die wahlberechtigten Bürger an der Konstituierung ihres Staates teilhaben, indem man das Verfassungsreferendum einführte.

Dieses Gedankengut, das in den amerikanischen Staaten in die Verfassungen eingebunden war, fand den Weg über den Atlantik nach Europa. Die Französische Revolution wurde 1789 zum natürlichen Nährboden für diese Ideen. Man rezipierte im revolutionären Frankreich von 1789 vor allem liberal-freiheitliches Gedankengut aus Nordamerika.

Auch nach der Begründung der ersten französischen Republik am 21. September 1792 wurden vor allem egalitär-demokratische Staatsprinzipien von jenseits des Atlantiks übernommen. Diese wurden aber nicht unbesehen rezipiert, sondern in mehrfacher Hinsicht den Bedingungen im damaligen Frankreich angepasst: Man hat versucht, die demokratischen Einrichtungen wesentlich zu erweitern.

Zuerst übernahm man in der radikalen Phase der Revolution das Verfassungsreferendum. Am 21. September 1792 erließ der soeben gewählte Nationalkonvent das Dekret über die Abschaffung der Monarchie – gleichzeitig mit der Verankerung des Grundsatzes, dass jede Verfassung durch das Volk gebilligt werden müsse.[15] Die direktdemokratische Einrichtung des Verfassungsreferendums hat sich aus der Revolutionszeit in Frankreich erhalten und dann in der Schweiz verbreiten können. Es ist aus der französischen Direktorialverfassung in die Helvetische Verfassung übernommen worden und hat bei der Einführung weiterer Volksrechte eine wichtige Rolle gespielt.[16]

---

[14] Kölz, Alfred: Die Wurzeln der schweizerischen direkten Demokratie in der französischen und der amerikanischen Revolution. In: Kölz, Alfred: Der Weg der Schweiz zum modernen Bundesstaat: 1789 – 1798 – 1848 – 1998. Historische Abhandlungen. Chur und Zürich 1998, S. 37-46, hier S. 38-39.

[15] Kölz, Alfred: Die Bedeutung der Französischen Revolution für das schweizerische öffentliche Recht und politische System. In: Kölz, Alfred: Der Weg der Schweiz zum modernen Bundesstaat: 1789 – 1798 – 1848 – 1998. Historische Abhandlungen. Chur und Zürich 1998, S. 15-36, hier S. 17.

[16] Kölz, Alfred: Die Wurzeln der schweizerischen direkten Demokratie in der französischen und der amerikanischen Revolution. In: Kölz, Alfred: Der Weg der Schweiz zum modernen

2. Verfassungsinitiative und Gesetzesinitiative

Es wurde in dieser Zeit aber auch die Verfassungsinitiative erfunden, und im girondistischen Entwurf hat der Theoretiker Condorcet schließlich auch die Gesetzesinitiative eingeführt.[17] Am 4. August 1793 nahm das französische Volk in der ersten Volksabstimmung im modernen Sinn die radikaldemokratische, zentralistische und sozialpolitische Montagnard- oder Jakobinerverfassung an.

Am 27. Juli 1794 erfolgten der Sturz Robespierres und die Entmachtung der Jakobiner. Das war für die Entwicklung des europäischen Liberalismus und Verfassungsrechts ein entscheidender Vorgang: Es erfolgte nun die Abkehr von einer Politik, die von den Grundsätzen „Gleichheit und Freiheit" geprägt war, zu einer Politik mit den Prioritäten „Freiheit und Eigentum", also im wesentlichen eine Rückkehr zu den Grundsätzen von 1789, zum Zensuswahlrecht und zum reinen Repräsentativprinzip.[18]

Am 22. August 1795 wurde die Direktorialverfassung vom Konvent verabschiedet und die exekutivstaatliche Verfassung in der Folge vom Volk angenommen. Das erste Französische Direktorium trat in Funktion. Die Schweiz sollte seine übergroße Machtfülle bald zu spüren bekommen. Französische Revolutionstruppen besetzten im Frühjahr 1798 die Schweiz und führten die militärische Niederlage des schwach verteidigten Landes bald herbei. Der vom Basler Patrioten Peter Ochs unter Anlehnung an die französische Direktorialverfassung verfasste und vom französischen Direktorium modifizierte Entwurf einer Helvetischen Verfassung wurde am 12. April 1798 in der provisorischen Hauptstadt Aarau von den Abgeordneten von zehn Kantonen als „angenommen" erklärt. Es war aber in Wirklichkeit eine aufgezwungene, „oktroyierte" Verfassung. Ohne die militärische Präsenz Frankreichs wäre sie nicht denkbar gewesen. Es war eine einheitsstaatliche, liberale, repräsentativ-demokratische, gewaltenteilige und vor allem exekutivstaatliche Verfassung. Sie ist bekanntlich in der Folge an ihrer radikalen Ablehnung bisheriger Werte und Normen, nämlich des Föderalismus und der Religion, gescheitert und ging mit Napoleon 1815 unter.

Bundesstaat: 1789 – 1798 – 1848 – 1998. Historische Abhandlungen. Chur und Zürich 1998, S. 37-46, hier S. 40.

[17] Kölz, Alfred: Die Wurzeln der schweizerischen direkten Demokratie in der französischen und der amerikanischen Revolution. In: Kölz, Alfred: Der Weg der Schweiz zum modernen Bundesstaat: 1789 – 1798 – 1848 – 1998. Historische Abhandlungen. Chur und Zürich 1998, S. 37-46, hier S. 38.

[18] Kölz, Alfred: Die Bedeutung der Französischen Revolution für das schweizerische öffentliche Recht und politische System. In: Kölz, Alfred: Der Weg der Schweiz zum modernen Bundesstaat: 1789 – 1798 – 1848 – 1998. Historische Abhandlungen. Chur und Zürich 1998, S. 15-36, hier S. 17.

„Helvetien, der Zwietracht preisgegeben, war von seiner Auflösung bedroht. In sich selbst konnte es die Mittel nicht finden, um wieder zu einer verfassungsmäßigen Ordnung zu gelangen.“ So heißt es in der Mediationsverfassung von 1803, in der Bonaparte als Vermittler zwischen den Parteien auftrat.[19] Infolge bürgerkriegsähnlicher Auseinandersetzungen zwischen Neuerern und Altgesinnten erhielt Napoleon die Gelegenheit, eine postrevolutionäre Periode in der Schweiz einzuleiten. Die rationalen Staatsstrukturen und Institutionen begannen zu zerfallen und wichen einem romantisierend verklärenden Gefühl, einer machtverschleiernden Denkweise, die zunehmend auch die in der Helvetik errungenen demokratischen Ansätze, den Rationalismus, den freiheitlichen Individualismus und die Gleichheit in Frage stellten. Die Restauration sollte dann den in der Mediation begonnen Prozess vollenden. Ein extremer Föderalismus verband sich mit ebenso extremem konservativem Denken und brachte in den Kantonen die alten Familien wieder an die Macht; die Bundesordnung zerfiel weitgehend.

Nach der Niederlage Napoleons 1815 versuchten die konservativen Kräfte in der Schweiz, das Rad der Geschichte noch einmal zurückzudrehen. Das Wahlrecht wurde in vielen Kantonen so abgeändert, dass die alten Herrschaftsverhältnisse wieder eingeführt wurden. Diese Phase der Restauration dauerte bis 1830.

Unter dem Eindruck der französischen Julirevolution von 1830 setzte in der Schweiz eine liberale Erneuerungsbewegung ein. Diese europaweite Aufbruchstimmung ist bei den Eidgenossen unter dem Begriff der „Regeneration“ bekannt. Gefordert wurden Volkssouveränität und Rechtsgleichheit. Die grundlegende staatliche Macht sollte beim Volk liegen. Bis 1831 erneuerten zwölf Kantone ihre Verfassungen und schafften die Herrschaft alteingesessener Familien ab. In allen Regenerationskantonen – außer Freiburg – kam 1830 das Verfassungsreferendum zur Anwendung. Interessant ist, dass die Einführung dieses Volksrechts, das aus der amerikanischen und französischen Revolution stammt, in den verfassungsgebenden Räten kaum zu Diskussionen Anlass gab. Es bestand weitgehender Konsens darüber. Anders war es bei der Verfassungsinitiative des Volkes: Nur die sechs Kantone Luzern, Basel-Land, Schaffhausen, Thurgau, Aargau und St. Gallen führten dieses Volksrecht ein. Begründet wurde die Einführung damit, es könnten dadurch Revolutionen vermieden werden.

---

[19] Mediationsverfassung vom 19. Februar 1803. Offizielle deutsche Übersetzung in: Officielle Sammlung der von dem grossen Rath des Kantons Zürich gegebenen Gesetze, Bd. I, Zürich 1804, S. 3; abgedruckt in: Wilhelm Oechsli, Quellenbuch zur Schweizergeschichte, Zürich 1886, S. 474 ff.

3. Die Rezeption des Revolutionsrechtes

Es wurde die Rezeption des französischen Revolutionsrechtes in der Schweiz nicht nur verschwiegen, sondern auch verschleiert. Das ganze Gedankengut der Französischen Revolution war in der öffentlichen Meinung durch die vielen Gewalttätigkeiten, den Terror der Revolutionskriege und durch die Besetzung der Schweiz durch französische Revolutionstruppen in Misskredit gebracht worden. Die Rezeption fand zudem in einer Zeit des wachsenden Nationalbewusstseins statt. Man war deshalb nicht bereit, offen zu erklären, dass man ausländische Staatsideen übernommen habe.

Es wurde vor allem dann auf französische demokratische Institutionen zurückgegriffen, wenn eidgenössische Volksbewegungen die Einführung von Landsgemeinden forderten. Die Radikalen lehnten diese Landsgemeinden ab. Landsgemeinden waren für sie zu kollektiv, zu stark korporativ-genossenschaftlich geprägt, zu stark christlichem Traditionsdenken verhaftet, zu leicht manipulierbar. Außerdem fürchteten die Radikalen um die von ihnen so erstrebte Staatseinheit. In den größeren Kantonen wären nur dezentrale Landsgemeinden möglich gewesen, und in den entsprechenden Regionen hätte sich ein föderatives Bewusstsein entwickelt, das die Einheit des Staates in Frage gestellt hätte.

Die eidgenössischen Radikalen – das sind die Vorläufer der heutigen Freisinnig-Demokratischen Partei – haben die einigermaßen geschlossene politische Doktrin aus der jakobinischen Phase der Französischen Revolution (1792-1794) mit entsprechenden helvetischen Abänderungen in den 1840er Jahren noch einmal aufleben lassen und in Teilen durchgesetzt.[20] Der Schweizer Radikalismus stellte die Verwirklichung von Gleichheit und Volkssouveränität als oberste Ziele auf – unter gleichzeitiger Wahrung des Privateigentums. Er lehnte das strenge Repräsentativprinzip ab und befürwortet teilweise Mitwirkungsrechte des Volkes, so insbesondere das Referendum, die Initiative und das Abberufungsrecht.[21]

Die Schweiz hat 1848 nach langem Ringen zwischen Föderalisten und Zentralisten das amerikanische Zweikammerprinzip sowie Teile der dortigen Bundesstaatskonzeption übernommen. Es handelte sich hier um eine Direktübernahme

[20] Kölz, Alfred: Die Bedeutung der Französischen Revolution für das schweizerische öffentliche Recht und politische System. In: Kölz, Alfred: Der Weg der Schweiz zum modernen Bundesstaat: 1789 – 1798 – 1848 – 1998. Historische Abhandlungen. Chur und Zürich 1998, S. 15-36, hier S. 20.

[21] Kölz, Alfred: Die Bedeutung der Französischen Revolution für das schweizerische öffentliche Recht und politische System. In: Kölz, Alfred: Der Weg der Schweiz zum modernen Bundesstaat: 1789 – 1798 – 1848 – 1998. Historische Abhandlungen. Chur und Zürich 1998, S. 15-36, S. 21.

aus den Vereinigten Staaten, im Gegensatz zu den Rezeptionen moderner Freiheitsrechte und demokratischer Institutionen der „Neuen Welt“, die über das Medium der Französischen Revolution und der regenerierten Kantonsverfassungen verliefen. Bei den demokratischen Einrichtungen ist der innovative Beitrag der französischen Staatstheorie größer als bei den Freiheitsrechten.[22]

In den Fünfzigerjahren des 19. Jahrhunderts geht die Zeit der direkten Rezeption französischen Verfassungsrechts der Revolutionszeit allmählich zu Ende. Die ab 1860 einsetzende Demokratische Bewegung betrachtete die Demokratie weniger als Mittel der Bewahrung und als Folge der individuellen Freiheit, sondern stärker als Eigenwert. Man verwirklichte im Rahmen der Demokratischen Bewegung eine breite Palette direktdemokratischer Instrumente, wobei das Schwergewicht auf dem Gesetzesreferendum lag.[23] Als ideelle und institutionelle Quelle trat nun neben die während der vergangenen drei Jahrzehnte rezipierte französische oder amerikanische individualistische Demokratiekonzeption die altschweizerische Demokratietradition. Dies zeigt etwa die Übernahme der Einzelinitiative aus der Glarner Landsgemeindeverfassung durch den Zürcher Verfassungsrat 1869.[24]

In dieser Situation öffneten die Radikalen die Tür einen Spalt weit zugunsten der individuellen Abstimmungsdemokratie in Form des Vetos und der Initiative. Beide Volksrechte – das Veto und die Initiative – hatten bis zur demokratischen Bewegung von 1860 in der Schweiz nur geringe praktische Auswirkungen entfaltet. Aber immerhin, sie waren existent und die Demokraten konnten an sie anknüpfen. Diese Demokraten der 1860er Jahre ihrerseits waren wieder etwas stärker an altschweizerischen Demokratieformen orientiert, als es die Radikalen der 30er und 40er Jahre gewesen waren.[25]

---

[22] Kölz, Alfred: Der Weg der Schweiz zum modernen Bundesstaat: 1789 – 1798 – 1848 – 1998. Historische Abhandlungen. Chur und Zürich 1998, Einleitung, S. 5-6, hier S. 6.

[23] Kölz, Alfred: Die Wurzeln der schweizerischen direkten Demokratie in der französischen und der amerikanischen Revolution. In: Kölz, Alfred: Der Weg der Schweiz zum modernen Bundesstaat: 1789 – 1798 – 1848 – 1998. Historische Abhandlungen. Chur und Zürich 1998, S. 37-46, hier S. 42.

[24] Kölz, Alfred: Die Wurzeln der schweizerischen direkten Demokratie in der französischen und der amerikanischen Revolution. In: Kölz, Alfred: Der Weg der Schweiz zum modernen Bundesstaat: 1789 – 1798 – 1848 – 1998. Historische Abhandlungen. Chur und Zürich 1998, S. 37-46, hier S. 43.

[25] Kölz, Alfred: Die Wurzeln der schweizerischen direkten Demokratie in der französischen und der amerikanischen Revolution. In: Kölz, Alfred: Der Weg der Schweiz zum modernen Bundesstaat: 1789 – 1798 – 1848 – 1998. Historische Abhandlungen. Chur und Zürich 1998, S. 37-46, hier S. 45.

Die demokratische Bewegung der 1860er Jahre hatte auch größeres Vertrauen in die Entscheidungen des Volkes und führte daher die uns heute bekannte breite Palette von Volksrechten ein. Die Diskussionen in den verfassungsgebenden Räten der 60er Jahre zeigten indessen deutlich, dass die Einführung und Weiterentwicklung von Referendum und Initiative ohne die aus Rezeptionen gewonnenen Vorläufer kaum möglich gewesen wäre. Noch weniger wäre 1874 bei den Eidgenossen die Einführung des fakultativen Gesetzesreferendums im Bund ohne vorherige Einführung des Referendums – und zwar hauptsächlich des obligatorischen und noch nicht des fakultativen Referendums – in den Kantonen möglich gewesen. Die Materialien zeigen nämlich deutlich, dass jene Neuerung in der Bundesversammlung nur mit äußerst knappen Mehrheiten beschlossen wurde.[26]

Die Bestrebungen zur Totalrevision der Bundesverfassung 1874 standen im Zeichen der Stärkung der Bundeskompetenzen. Nachdem in einigen Kantonen das Referendum bereits eingeführt war und sich auch bewährt hatte, wurden diese Instrumente der direkten Demokratie auch auf Bundesebene eingeführt.

Die Vorarlberger konnten – schon während der Zeit der Monarchie – mit ansehen, wie „vor ihrer Haustüre" Freiheit, Wohlstand und demokratische Mitwirkung des Volkes verwirklicht waren.[27] Sie führten das nicht zuletzt auf die hoch entwickelten Rechte des Volkes in den Landsgemeinden und in den Repräsentativsystemen zurück und wollten diese Schweizer Verhältnisse auch im benachbarten Vorarlberg schaffen. Der naheliegendste Weg war, die verfassungsmäßigen Einrichtungen der Schweiz zu übernehmen, so gut dies eben möglich war und so weit dies von den Zentralstellen in Wien geduldet wurde.

---

[26] Kölz, Alfred: Die Wurzeln der schweizerischen direkten Demokratie in der französischen und der amerikanischen Revolution. In: Kölz, Alfred: Der Weg der Schweiz zum modernen Bundesstaat: 1789 – 1798 – 1848 – 1998. Historische Abhandlungen. Chur und Zürich 1998, S. 37-46, hier S. 46.

[27] Weber, Karl: Föderalismus. In: Handbuch des politischen Systems Österreichs: Erste Republik 1918-1933; hg. von Tálos, Dachs, Hanisch, Staudinger; Wien 1995, S. 123-140, hier S. 123.

Zweiter Teil:
Der Weg zur Landesverfassung von 1919

1. Kapitel: Die Wahlordnung nach Schweizer Art

1. Der Proporz und die Landsgemeinde

Die Weiterentwicklung der Demokratie wird überall, wo daran gearbeitet wird, von einer Verfeinerung des Wahlsystems begleitet. Die möglichst genaue und gerechte Umsetzung von Wählerstimmen in Mandate von gesetzgebenden Körperschaften ist das oberste Ziel von demokratischen Bewegungen. Deshalb ist ein gerechtes Wahlsystem auch die Voraussetzung für eine fortschrittliche Verfassung.

Die problemloseste und direkteste Umsetzung von Wählerstimmen in politische Willensäußerungen schien den Eidgenossen durch das „Handmehr" des gesamten Stimmvolkes bei der Landsgemeinde zu erfolgen. Eine Landsgemeinde ist aber nur auf einem Territorium möglich, das sowohl bevölkerungs- wie gebietsmäßig keinen zu großen Umfang hat, so dass die Teilnehmer den Tagungsort ohne viel Mühe erreichen können. Nur kleinere Kantone und solche mit geringerer Bevölkerungszahl konnten sich im Laufe der Zeit daher noch eine Landsgemeinde leisten.[28]

Die modernste Möglichkeit, Wählerstimmen möglichst gerecht in Mandate umzuwandeln und dabei auch Minderheiten verhältnismäßig zu berücksichtigen, bietet das Verhältnis- oder Proportionalwahlsystem. In der Schweiz wurde der Kampf für dieses Wahlsystem früher als anderswo geführt, weil man noch immer die Landsgemeinde als urdemokratische Vorstellung vor Augen hatte und an einer direkten Umsetzung des Wählerwillens interessiert war. Dabei begegnen wir wieder dem Phänomen, dass demokratische Fortschritte zuerst in den Kantonen verwirklicht werden und sich erst viel später in der Schweizer Bundesverfassung finden.

In der Kampfschrift „Dem Schweizervolke der Proporz!" aus dem Jahre 1909 wird der Übergang von der Landsgemeinde zur Verhältniswahl nachgezeichnet: Man messe den Grad der politischen Freiheit und Selbständigkeit eines Volkes

---

[28] Carlen, Louis: Die Landsgemeinde in der Schweiz. Schule der Demokratie. Sigmaringen 1976, S. 18.

an dem Einfluss, den dasselbe durch seine eigene Willensäußerung auf die gesamte Gesetzgebung und Staatsverwaltung ausübe. Je größer und weitreichender dieser Einfluss sei, je gleichmäßiger die Betätigung aller Volkskreise am Staatsregiment, desto höher sei auch der Grad demokratischer Freiheit und Reife, den wir einer Nation zuschreiben. Dabei sei zu beachten, dass man allgemein diejenigen Völker als die politisch fortgeschrittensten betrachte, welche auch auf die Gesetzgebung den weitestgehenden direkten Einfluss besäßen. In einer ganzen Reihe von Kantonen habe sich die politische Entwicklung einem idealen Abschluss schon sehr genähert. „Dieselben besitzen das Recht der direkten Volkswahl aller gesetzgebenden und verwaltenden Behörden; das Volk wählt meist auch noch die Bezirksrichter, während die Volkswahl der höchsten Kantonalgerichte in der Mehrzahl der Kantone noch ein Postulat der Zukunft ist. Dem Volke müssen nicht nur alle Verfassungsänderungen und Gesetze zur Abstimmung unterbreitet werden (obligatorisches Referendum), sondern das Volk hat mit dem Rechte der Initiative auch die Möglichkeit der direkten Gesetzgebung, indem eine bestimmte Anzahl von Bürgern verlangen können, daß ein von ihnen ausgearbeiteter oder gutgeheißener Verfassungs- oder Gesetzesentwurf unverändert der Volksabstimmung unterbreitet werde. Obligatorisches Referendum und Initiativrecht des Volkes sind die ausgesprochensten Merkmale für den vorgeschrittenen politischen Reifegrad einer Nation.“[29]

Zur Einführung der Verhältniswahl habe die Schweiz eine ganze Reihe von hervorragenden Gelehrten und Politikern – vor allem Professor Hagenbach in Basel – aufzuweisen, die die grundlegenden Systeme des Engländers Thomas Hare mit der Einzelstimmabgabe und des Belgiers d'Hondt mit der freien Listenwahl weitergebildet, rechnerisch präzisiert, praktisch vereinfacht und den speziellen schweizerischen Verhältnissen angepasst hätten.[30]

2. Die Verhältniswahl nach Schweizer Muster

Am 19. Oktober 1905 beantragte der Vorarlberger Landesausschuss durch seinen Referenten Jodok Fink einen Beschluss des Landtags, in dem es hieß: „Der Landes-Ausschuß erhält den Auftrag, eine neue, auf dem System der Verhältniswahl beruhende Landtagswahlordnung auszuarbeiten, mit der k. k. Regierung

[29] Walter, E.: Dem Schweizervolke der Proporz! Ein Beitrag zur Initiative für die Verhältniswahl des Nationalrates. [Verlag der Buchhandlung des Schweizerischen Grütlivereins], 144 Seiten, Zürich 1909, S. 3-4.

[30] Walter, E.: Dem Schweizervolke der Proporz! Ein Beitrag zur Initiative für die Verhältniswahl des Nationalrates. [Verlag der Buchhandlung des Schweizerischen Grütlivereins], 144 Seiten, Zürich 1909, S. 76.

hierüber in Verhandlung zu treten und den bezüglichen Gesetzentwurf dem Landtage in der nächsten Tagung in Vorlage zu bringen." Stimmberechtigt sollte jeder österreichische Staatsbürger männlichen Geschlechts sein, der das 24. Lebensjahr vollendet hat, lesen und schreiben konnte und in der Gemeinde des Wahlortes durch mindestens fünf Jahre seinen ordentlichen Wohnsitz hatte. Gleichzeitig sollte die Wahlpflicht festgesetzt werden.[31]

Der Landesausschuss war der Ansicht, es solle das allgemeine, direkte und „bis zu einem gewissen Grade gleiche" Wahlrecht eingeführt werden. Das System der Verhältniswahl solle „nach einer anderorts bestehenden, bewährten Wahlordnung" in Aussicht genommen werden.[32] Gemeint war die benachbarte Schweiz, die für die Vorarlberger Abgeordneten das Musterland der Demokratie schlechthin war. Von den einzelnen Wahlsystemen, die auf dem allgemeinen Stimmrecht beruhen, schien dem Landesausschuss „das Proportional-Wahlrecht am meisten der Gerechtigkeit und wohl auch einem autonomen, demokratischen Zuge der Bevölkerung Vorarlbergs zu entsprechen."[33]

Bei der Verhältniswahl bekomme jede Partei eine ihrer Stärke entsprechende Vertretung. Der Landesausschuss spreche sich deshalb für die Einführung der Verhältniswahl mit dem allgemeinen und direkten Wahlrecht aus. Zum Schutze der sesshaften, bodenständigen Bevölkerung gegenüber den beweglichen, fluktuierenden Elementen glaubte aber der Landesausschuss, es erscheine die Aufnahme einer Bestimmung notwendig, wonach unter Umständen eine längere Sesshaftigkeit als Erfordernis für die Stimmberechtigung verlangt werde. Auch das wurde bei den Eidgenossen so gehandhabt. Die „Einführung der Verhält-

---

[31] Bericht des Landes-Ausschusses in Sachen der Ergänzung beziehungsweise Abänderung der mit Landtagsbeschluß vom 31. Oktober 1904 aufgestellten Grundzüge einer Reform der Gemeinde-Wahlordnung. Beilage 16 zu den stenographischen Berichten des Vorarlberger Landtages. In: Stenographische Sitzungsberichte der III. Landtagssession in Vorarlberg zu Bregenz, IX. Landtags-Periode, Bregenz 1905, S. 99-101, hier S. 101.

[32] Bericht des Landes-Ausschusses in Sachen der Ergänzung beziehungsweise Abänderung der mit Landtagsbeschluß vom 31. Oktober 1904 aufgestellten Grundzüge einer Reform der Gemeinde-Wahlordnung. Beilage 16 zu den stenographischen Berichten des Vorarlberger Landtages. In: Stenographische Sitzungsberichte der III. Landtagssession in Vorarlberg zu Bregenz, IX. Landtags-Periode, Bregenz 1905, S. 99-101, hier S. 100.

[33] Bericht des Landes-Ausschusses in Sachen der Ergänzung beziehungsweise Abänderung der mit Landtagsbeschluß vom 31. Oktober 1904 aufgestellten Grundzüge einer Reform der Gemeinde-Wahlordnung. Beilage 16 zu den stenographischen Berichten des Vorarlberger Landtages. In: Stenographische Sitzungsberichte der III. Landtagssession in Vorarlberg zu Bregenz, IX. Landtags-Periode, Bregenz 1905, S. 99-101, hier S. 100.

niswahl nach einer anderorts bestehenden, bewährten Wahlordnung" sollte sowohl für die Gemeindewahlen wie für die Landtagswahlen gelten.[34]

In der Landtagsdebatte vom 19. Oktober 1905 führte der Abgeordnete Jodok Fink aus: Als der Landesausschuss erwogen habe, nach welchem System „das allgemeine, direkte, geheime und bis zu einem gewissen Grade gleiche Wahlrecht" einzuführen wäre, sei er zur Überzeugung gelangt, dass die Verhältniswahl vielleicht für unsere Verhältnisse das passendste Wahlrecht wäre, und er – Jodok Fink – glaube kaum, dass irgend ein Mitglied des hohen Hauses einen Widerspruch dagegen erhebe, dass die Verhältniswahl das gerechteste aller Wahlsysteme sei. „Auch ist sie geeignet, wie wenigstens diejenigen fast einstimmig sagen, welche dieselbe schon seit längerer Zeit haben, den persönlichen Wahlkampf etwas zu mildern." Der Kampf drehe sich bei der Verhältniswahl mehr um Parteien, respektive Prinzipien der Parteien, als um einzelne Personen und daher glaubte der Landesausschuss, dass man auf die Verhältniswahl Rücksicht nehmen sollte.[35]

3. Schweizer Kantone mit Vorbildwirkung

Von den schweizerischen Kantonen hat sich Genf als erster mit der Verhältniswahl befasst. Die Radikalen besaßen hier im Volk die Mehrheit, doch eine ungerechte Wahlkreiseinteilung sicherte den Konservativen im Großen Rate drei Fünftel aller Mandate.[36] Im Jahre 1846 richtete der französische Politiker und Gelehrte Victor Considérant, der sich zu jener Zeit in Genf aufhielt, eine Denkschrift an den Verfassungsrat. Er geißelte alle Ungerechtigkeiten und Monstrositäten der Majorzwahl und forderte in lichtvollen Ausführungen den Proporz. Was er vorgeschlagen hat, ist die Basis aller späteren Verhältniswahlsysteme

---

[34] Bericht des Landes-Ausschusses in Sachen der Ergänzung beziehungsweise Abänderung der mit Landtagsbeschluß vom 31. Oktober 1904 aufgestellten Grundzüge einer Reform der Gemeinde-Wahlordnung. Beilage 16 zu den stenographischen Berichten des Vorarlberger Landtages. In: Stenographische Sitzungsberichte der III. Landtagssession in Vorarlberg zu Bregenz, IX. Landtags-Periode, Bregenz 1905, S. 99-101, hier S. 100.

[35] Stenographischer Sitzungsbericht über die 4. Sitzung des Vorarlberger Landtags am 19. Oktober 1905 unter dem Vorsitze des Herrn Landeshauptmannes Adolf Rhomberg. Regierungsvertreter: Herr k. k. Statthaltereirat Levin Graf Schaffgotsch. In: Stenographische Sitzungsberichte der III. Landtagssession in Vorarlberg zu Bregenz. (IX. Landtags-Periode). Einberufen mit Allerhöchstem Patente vom 29. September 1905 auf den 17. Oktober 1905. Bregenz 1905, S. 19-24, hier S. 21.

[36] Walter, E.: Dem Schweizervolke der Proporz! Ein Beitrag zur Initiative für die Verhältniswahl des Nationalrates. [Verlag der Buchhandlung des Schweizerischen Grütlivereins], 144 Seiten, Zürich 1909, S. 76.

geworden, deren Fortbildung im Wesentlichen darin besteht, dass die von Considérant noch zeitlich getrennt gedachten Funktionen der Feststellung der Parteistärken und der Ernennung der Kandidaten in einen einzigen Wahlakt verschmolzen.

Der Große Rat schritt allerdings achtlos über die Petition zur Tagesordnung hinweg.[37] Wohl mehr als ein halbes Dutzend von Anläufen wurden im Großen Rat zugunsten des Proporzes unternommen – alles umsonst. Selbst der Putsch vom Jahre 1864, der blutige Straßenkämpfe mit Toten und Verwundeten und in der Folge eine bewaffnete Bundesintervention zur Folge hatte, brachte keine Änderung im Wahlverfahren. Die Ereignisse führten aber zur Gründung eines Wahlreformvereins, der bald in einer ganzen Reihe anderer Schweizer Städte Zweigsektionen bildete. Er hat viel zur Popularisierung der Proporzidee beigetragen. Nach mehr als 27jährigen Bemühungen fiel dem Genfer Verein die längst reife Frucht in den Schoß: Am 3. September 1892 wurde die Verhältniswahl für den Großen Rat gesetzlich eingeführt.[38]

Schon vorher hatte der Proporz unter dem Zwange außerordentlicher Verhältnisse im Kanton Tessin funktioniert. Auch hier war es eine veraltete Wahlkreiseinteilung, die den Topf zum Überlaufen brachte. Seit 1830 bestanden 30 Dreierkreise, und das konservative Regiment weigerte sich hartnäckig, dem starken Bevölkerungszuwachs im liberalen Süden durch Vermehrung der Kreise oder Erhöhung der Mandatszahl Rechnung zu tragen. Jahrzehntelang wogte der Parteienkampf, eine positive Arbeit war nicht mehr möglich. Im Jahre 1889 war eine eidgenössische Intervention zur Aufrechterhaltung der Ordnung nötig und 1890 brach eine förmliche Revolution aus.[39] Der Bundesrat empfahl den Streitparteien als einzigen Ausweg den Proporz und hatte mit diesem Rat Erfolg. Schon die Wahlen vom 11. Januar 1891 in den Verfassungsrat fanden nach dem Proporz statt. Die Verfassung vom 2. Oktober 1892 sieht die Verhältniswahl für

---

[37] Walter, E.: Dem Schweizervolke der Proporz! Ein Beitrag zur Initiative für die Verhältniswahl des Nationalrates. [Verlag der Buchhandlung des Schweizerischen Grütlivereins], 144 Seiten, Zürich 1909.
Walter, E.: Dem Schweizervolke der Proporz! Ein Beitrag zur Initiative für die Verhältniswahl des Nationalrates. [Verlag der Buchhandlung des Schweizerischen Grütlivereins], 144 Seiten, Zürich 1909, S. 77.
[38] Walter, E.: Dem Schweizervolke der Proporz! Ein Beitrag zur Initiative für die Verhältniswahl des Nationalrates. [Verlag der Buchhandlung des Schweizerischen Grütlivereins], 144 Seiten, Zürich 1909, S. 78.
[39] Walter, E.: Dem Schweizervolke der Proporz! Ein Beitrag zur Initiative für die Verhältniswahl des Nationalrates. [Verlag der Buchhandlung des Schweizerischen Grütlivereins], 144 Seiten, Zürich 1909, S. 78.

den Großen Rat und die Regierung vor.[40] Mit dem Proporz ist der Kanton Tessin auch auf kantonalem Gebiet in eine Epoche ruhiger, fruchtbringender Entwicklung eingetreten, auf die man sich später auch im Vorarlberger Landtag ausdrücklich berufen hat.[41]

Im Kanton Neuenburg ist die Proporzbewegung beinahe so alt wie in Genf. Sie wurde dahin verpflanzt durch Cantagiel, der 1857 und 1858 im „Indépendant" sehr bedeutsame Artikel über Majorz und Proporz veröffentlichte. Einmal im Rollen, kam die Bewegung nicht mehr zum Stillstand. Sie wurde durch angesehene Staatsmänner und den Wahlreformverein getragen, trat aber erst im Jahre 1889 in ein akutes Stadium, und zwar durch das taktisch sehr geschickte Eingreifen des Grütlivereins Chaux-de-Fonds. Am 28. Oktober 1891 nahm der Große Rat mit 79 gegen 4 Stimmen ein Proporzgesetz nach dem System Hagenbach an, das unter anderem die Bestimmung enthielt, dass es nach den Erfahrungen einer dreijährigen Probezeit zu revidieren sei. Es bestand die Probe glänzend. Die Großratswahlen vom 1. Mai 1892 gaben jeder Partei, was ihr gehörte. Die Proporzgegner taten ihr Möglichstes, um den baldigen Untergang des Gesetzes zu prophezeien. Mit ganz geringfügigen Änderungen wurde das Gesetz aber am 22. November 1894 für definitiv erklärt.[42]

Im Kanton Zug setzte die Bewegung für die Verhältniswahl im Jahre 1890 ein, die zum Ergebnis führte, dass in der am 18. März 1894 vom Volke genehmigten Verfassung in Art 78 der Proporz als obligatorisch für die Regierungsrats-, Kantonsrats- und Richterwahlen vorgeschrieben wurde.[43]

In Freiburg beschloss der Große Rat am 19. Mai 1894 mit 54 gegen 26 Stimmen die fakultative Einführung der Verhältniswahl für die Gemeinderäte und den

---

[40] Walter, E.: Dem Schweizervolke der Proporz! Ein Beitrag zur Initiative für die Verhältniswahl des Nationalrates. [Verlag der Buchhandlung des Schweizerischen Grütlivereins], 144 Seiten, Zürich 1909, S. 79.

[41] Vorarlberger Landtag, 10. Sitzung am 5. Oktober 1908. In: Stenographische Sitzungsberichte der V. Landtagssession in Vorarlberg zu Bregenz (IX. Landtags-Periode), Bregenz 1908, S. 17.

[42] Walter, E.: Dem Schweizervolke der Proporz! Ein Beitrag zur Initiative für die Verhältniswahl des Nationalrates. [Verlag der Buchhandlung des Schweizerischen Grütlivereins], 144 Seiten, Zürich 1909, S. 80.

[43] Walter, E.: Dem Schweizervolke der Proporz! Ein Beitrag zur Initiative für die Verhältniswahl des Nationalrates. [Verlag der Buchhandlung des Schweizerischen Grütlivereins], 144 Seiten, Zürich 1909, S. 80.

obligatorischen Proporz für die Gemeindeausschüsse in großen Ortschaften und Städten.[44]

Solothurn erlebte schon im Jahre 1875 bei Anlass einer Verfassungsreform Debatten über Minoritätsvertretungen, wenigstens bei der Bestellung des Obergerichtes und großrätlicher Kommissionen. Der Gedanke mutete jedoch zu neu und fremdartig an und vermochte nicht durchzudringen. Zwölf Jahre später tauchte die Frage wiederum auf. Das Resultat war die Annahme eines Verfassungsartikels mit dem Inhalt, dass bei der Wahl sämtlicher staatlicher Behörden die verschiedenen Parteirichtungen möglichst berücksichtigt werden sollen."[45]

Der Kanton Schwyz erhielt in seiner Verfassung vom 23. Oktober 1898 einen Artikel, nach welchem in denjenigen Gemeinden, in denen drei oder mehr Kantonsräte zu wählen waren, die Wahlen nach dem Proportionalsystem erfolgen mussten. Das Wahlverfahren wurde durch das Gesetz vom April 1907 definitiv geregelt. Es lehnt sich an das solothurnische Vorbild an.[46]

Auch Basel-Stadt ist mit Gesetz vom 26. Januar 1905 in die Reihe der Proporzkantone eingeschwenkt. Es krönte dadurch die 32-jährigen Anstrengungen des Professor Hagenbach-Bischoff, der schon im Jahre 1875 einen Proporzartikel für die Verfassung vorgeschlagen hatte. Die Basler Proporzbewegung ist reich an zähen Anstrengungen und Anläufen der Proporzfreunde. Ebenso zäh war der Widerstand des liberalen Regimentes. Im November 1890 wurde eine Proporzinitiative mit 4217 gegen 2755 Stimmen verworfen, im Juli 1897 dagegen eine solche mit 2731 gegen 2635 Stimmen angenommen. Die Ausarbeitung des Gesetzes wurde durch politische Quertreibereien und staatsrechtliche Rekurse bis zum Jahre 1905 verzögert.[47]

---

[44] Walter, E.: Dem Schweizervolke der Proporz! Ein Beitrag zur Initiative für die Verhältniswahl des Nationalrates. [Verlag der Buchhandlung des Schweizerischen Grütlivereins], 144 Seiten, Zürich 1909, S. 82.

[45] Walter, E.: Dem Schweizervolke der Proporz! Ein Beitrag zur Initiative für die Verhältniswahl des Nationalrates. [Verlag der Buchhandlung des Schweizerischen Grütlivereins], 144 Seiten, Zürich 1909, S. 82.

[46] Walter, E.: Dem Schweizervolke der Proporz! Ein Beitrag zur Initiative für die Verhältniswahl des Nationalrates. [Verlag der Buchhandlung des Schweizerischen Grütlivereins], 144 Seiten, Zürich 1909, S. 83.

[47] Walter, E.: Dem Schweizervolke der Proporz! Ein Beitrag zur Initiative für die Verhältniswahl des Nationalrates. [Verlag der Buchhandlung des Schweizerischen Grütlivereins], 144 Seiten, Zürich 1909, S. 84-85.

4. Politische Studienreisen in die Schweiz

Vor dem Hintergrund der jahrzehntelangen Kämpfe für die Einführung des Verhältniswahlrechtes war es ein mutiger Versuch des Vorarlberger Landesausschusses im Jahre 1905, das Verhältniswahlsystem einführen zu wollen. Die Grabenkämpfe wurden in der Schweiz geführt, Vorarlberg konnte sich auf die Ergebnisse dieser jahrzehntelangen Willensbildung bei den Nachbarn überm Rhein stützen. Man musste in Vorarlberg nicht das Rad neu erfinden, sondern fuhr zum Studium des Proporzsystems zu den Eidgenossen.

a. Reise zum Studium der Verhältniswahl

Die aus der Schweiz importierten Ideen für das System der Verhältniswahl wurden in Vorarlberg im Jahre 1905 – noch in der Monarchie – auch unter der Bevölkerung stark diskutiert. „Daß das Volk von Vorarlberg für diese große, wichtige Frage Verständnis besitzt, beweist der großartige Besuch der Volksversammlung im Vereinshause zu Dornbirn. Über 700 Personen aus allen Berufsständen füllten Saal und Galerie und harrten mit Spannung auf das Kommende. – Und ihre Erwartungen wurden nicht getäuscht.“ So schrieb das christlichsoziale „Vorarlberger Volksblatt“ über eine Volksversammlung zur Wahlrechtsreform im Vorarlberger Landtag, die am 25. Oktober 1905 stattgefunden hatte. Die Politiker, die an der Vorbereitung des Vorarlberger Wahlgesetzes gearbeitet hatten, waren zum Studium der Auswirkungen des Proporzes in die benachbarte Schweiz gereist.

Bei der Dornbirner Volksversammlung war der Abgeordnete Jodok Fink am Erscheinen verhindert. Zum ersten Punkt der Tagesordnung – der Wahlordnung im Landtag – ergriff deshalb der Abgeordnete der Landgemeinden, Oberdirektor Josef Ölz, das Wort. Das „Volksblatt“ berichtete darüber: „Abg. Dir. Ölz, mit Beifall begrüßt, erörterte in ausführlicher Weise die Vorgeschichte der neuen Wahlordnung, die Studienreisen in die Schweiz, sowie die Verhandlungen im Landtage und ging sodann zu einer genauen und übersichtlichen Erklärung des neuen Wahlsystems über. Er legte in klarer Weise die Bedeutung einer allgemeinen und direkten Wahl dar und erklärte mittels eines einfachen Rechenexempels die Wahlen nach dem Proportional-Systeme. Es wären, sagte Redner, in einer Gemeinde von 3000 Wählern 30 Gemeinderäte zu wählen. Es gibt nun eine Partei 1500 Stimmen ab, die andere 1200, eine dritte 300. Da es in diesem Falle auf 100 Stimmen ein Mandat trifft, so besetzt die erste Partei 15, die zweite 12 und die dritte 3 Sitze im Gemeinderate. Jede Partei sei alsdann nach ihrer eigentlichen Stärke und nicht nach dem Gewichte der p. t. Geldsäcke, vertreten.“[48]

Da nach dem neuen Entwurf auch die Wahlfreiheit in vollem Umfange gewahrt bleibe und die Wahlpflicht auch die Furchtsamen zur Teilnahme bewege, sei begründete Hoffnung vorhanden, schrieb das „Volksblatt“ weiter, „daß durch das neue Wahlrecht die wahre Stimme des Volkes zur Geltung komme, und allen Wahlmogeleien der Garaus gemacht würde. Reicher Beifall lohnte die Ausführungen des Redners.“[49]

b. Kritik an der Studienreise in die Schweiz

An der Versammlung über die neue Wahlordnung nach Schweizer Muster nahmen im Oktober 1905 – dem Bericht des christlichsozialen „Volksblattes“ nach zu schließen – auch Vertreter der Sozialdemokraten teil. Ihr Redner meinte, das Geld für die Studienreisen in die Schweiz sei „hinausgeworfen“. Die Zeitung berichtete: „Nun meldete sich Herr Lorenz[50] (Sozialdemokrat) zum Worte. [...] Das Hauptverdienst an dem Zustandekommen der neuen Wahlordnung habe die Sozialdemokratie (Rufe: Oho!), welche nach der Affaire Gautsch-Fejervary den Stein wieder ins Rollen brachte.“[51]

Die Sozialdemokraten waren in Sachen Wahlrecht in den Metropolen der Monarchie gerade erst gegen den österreichischen Ministerpräsidenten Baron Paul von Gautsch und seinen ungarischen Kollegen Geza von Fejervary auf die Straße gegangen. Nach der Wahl des ungarischen Abgeordnetenhauses wurde im Juni 1905 eine neue Regierung unter Geza von Fejervary gewählt. Sie äußerte im Juli 1905 den Plan, das allgemeine Wahlrecht einzuführen. Im August hat die Koalitionsregierung aber offiziell abgeleugnet, dass sie bei den Neuwahlen zu Beginn des Jahres 1905 das Versprechen abgegeben habe, das allgemeine Wahlrecht einzuführen. Die ungarische Sozialdemokratie begann darauf hin, zur

---

[48] Die große Volksversammlung [über die Wahlrechtsreform im Vorarlberger Landtag]. Dornbirn, 28. Oktober [1905]. Aus: Vorarlberger Volksblatt, 40. Jg., Nr. 250, Bregenz, 31. Oktober 1905, S. 1-2, hier S. 1.

[49] Die große Volksversammlung [über die Wahlrechtsreform im Vorarlberger Landtag]. Dornbirn, 28. Oktober [1905]. Aus: Vorarlberger Volksblatt, 40. Jg., Nr. 250, Bregenz, 31. Oktober 1905, S. 1-2, hier S. 1.

[50] Es handelt sich dabei wohl um den Dornbirner Schuhmachermeister Thomas Lorenz, der später für die Sozialdemokraten in der Vorarlberger Landesversammlung saß.

[51] Die große Volksversammlung [über die Wahlrechtsreform im Vorarlberger Landtag]. Dornbirn, 28. Oktober [1905]. Aus: Vorarlberger Volksblatt, 40. Jg., Nr. 250, Bregenz, 31. Oktober 1905, S. 1-2, hier S. 2.

Durchsetzung des allgemeinen Wahlrechts mit großen Massenaufzügen Druck auf die Koalition auszuüben. Auf der anderen Seite rüstete die österreichische Sozialdemokratie „zu einem nachdrücklichen Sturmlauf gegen den Ministerpräsidenten Gautsch, um der ungarischen Reichshälfte zu Hilfe zu kommen".[52] Paul von Gautsch wurde im Abgeordnetenhaus in Wien von einem sozialdemokratischen Vertreter vorgeworfen, dass er sich vor allem deswegen gegen die Einführung des allgemeinen gleichen Wahlrechts in Ungarn ausgesprochen habe, „weil dasselbe dadurch auch in Österreich aktuell würde".[53]

Die Sozialdemokraten hatten das Proportionalwahlrecht schon in ihrem Wiener Programm von 1901 gefordert. Das geht aus dem Protokoll des sozialdemokratischen Parteitages hervor. Insofern hatte Herr Lorenz mit seiner Kritik an der Studienreise zu den Auswirkungen des Verhältniswahlrechtes in der Schweiz schon Recht. Die Sozialdemokraten sind auf Bundesebene auch publizistisch für das System der Verhältniswahl eingetreten, sie wurden für diese Forderung im Parlament aber nicht aktiv. Allgemein sah man aber in der Sozialdemokratie das Proportionalwahlsystem jedenfalls als die demokratischere Form eines Wahlsystems an, „von der man sich auch eine Gesundung des Parlamentarismus erwartete".[54]

In den Wahlrechtskämpfen in der Habsburgermonarchie hatte der Gedanke des Verhältniswahlsystems nicht die Rolle gespielt, die der Forderung nach der Allgemeinheit, der Gleichheit und der Direktheit des Wahlrechts zugekommen war. Als Hauptvorteil des Verhältniswahlgedankens wurde der Schutz der Minderheiten angesehen. Dieser kam dadurch zustande, dass einem bestimmten Anteil an der Stimmenzahl der gleiche Anteil an der gesetzgebenden Körperschaft entspricht. Das war aber in der Vielvölkermonarchie von den bestimmenden Kräften nicht erwünscht. Deshalb hatten die Sozialdemokraten zwar schon in ihrem Programm von 1901 die Forderung nach dem Proportionalwahlsystem gestellt,

---

52 Ucakar, Karl: Demokratie und Wahlrecht in Österreich. Zur Entwicklung von politischer Partizipation und staatlicher Legitimationspolitik, (= Österreichische Texte zur Gesellschaftskritik, Bd. 24), Wien 1985, S. 304-305.

53 Ucakar, Karl: Demokratie und Wahlrecht in Österreich. Zur Entwicklung von politischer Partizipation und staatlicher Legitimationspolitik, (= Österreichische Texte zur Gesellschaftskritik, Bd. 24), Wien 1985, S. 309.

54 Ucakar, Karl: Demokratie und Wahlrecht in Österreich. Zur Entwicklung von politischer Partizipation und staatlicher Legitimationspolitik, (= Österreichische Texte zur Gesellschaftskritik, Bd. 24), Wien 1985, S, 366.

dieser Forderung aber in den Wahlrechtskämpfen kaum politisches Gewicht verliehen.[55]

Für die Vorarlberger Abgeordneten, die zur Vorbereitung einer neuen Wahlordnung mit dem Verhältniswahlsystem Studienreisen in die Schweiz unternommen hatten, war es auch von Wichtigkeit, die Auswirkungen des Proporzes in der Praxis studieren zu können. Die Sozialdemokraten hatten sich bislang nur in der Theorie mit dem Proportionalsystem beschäftigt. Ganz abgesehen davon, dass der Vorarlberger Landtag demokratische Neuerungen lieber von den demokratieerprobten Eidgenossen als von den Sozialdemokraten in Wien übernommen hätte.

c. Lob für die Studienreise des Landtags in die Schweiz

Die Reise in die Schweiz zum Studium des Verhältniswahlrechts im Jahre 1905 wurde immer wieder als Beweis für die demokratische Reife und verfassungsgeschichtliche Vorreiterrolle der Vorarlberger Politiker herangezogen. Vierzehn Jahre nach der Reise erklärte Landeshauptmann Dr. Otto Ender im Vorarlberger Landtag, dass „im Ländle ein demokratischer Geist" herrsche, habe die Wiener Regierung schon vor Jahrzehnten gewusst und immer bestätigt. Es seien auch in Vorarlberg Institutionen zu einer Zeit durchgedrungen, als man sie anderswo noch nicht gehabt habe. „Denken Sie zum Beispiel an das Proportionalwahlrecht. Wer hat das in Österreich zuerst eingeführt? Vorarlberg. Wo hat es das Proportionalwahlrecht hergeholt und wo hat es die Einrichtungen studiert? Unser Landtag hat eine Deputation in die Schweiz hinübergeschickt, um das Proportionalwahlrecht zu studieren. Als sie heimkehrte, wurde es bei uns eingeführt im Bewußtsein, einen demokratischen Schritt nach vorwärts getan zu haben, soweit in einer Monarchie Demokratie möglich war. Der Demokrat hatte etwas gebundene Füße."[56]

[55] Ucakar, Karl: Demokratie und Wahlrecht in Österreich. Zur Entwicklung von politischer Partizipation und staatlicher Legitimationspolitik, (= Österreichische Texte zur Gesellschaftskritik, Bd. 24), Wien 1985, S. 389.

[56] Bericht des Landesrats über die Zuschrift der deutschösterreichischen Staatskanzlei in Sachen der Vorarlberger Anschlußfrage. In: Stenographische Sitzungsberichte der I. (ordentlichen) Landtagssession in Vorarlberg zu Bregenz (XI. Landtags-Periode), 6. Sitzung am 8. Juli 1919, S. 71-118, hier S. 82.

5. Die Sesshaftigkeit nach Schweizer Muster

Der Sozialdemokrat Lorenz wandte sich auf der Dornbirner Versammlung im Jahre 1905 über die neue Wahlordnung im Landtag auch noch gegen einen weiteren Import aus der Schweiz, nämlich die fünfjährige Sesshaftigkeit in einer Gemeinde als Voraussetzung für die Möglichkeit, bei einer Landtags- oder Gemeindewahl seine Stimme abgeben zu können. Laut „Volksblatt" sagte er in seinem oppositionellen Redebeitrag: „Übrigens müsse er gegen die 5jährige Seßhaftigkeit protestieren; das sehe aus wie Furcht vor den Sozialdemokraten, welche durch das Wandern heller geworden seien. Man möge mit der 5jährigen Seßhaftigkeit sich doch von Niederösterreich nicht beschämen lassen, welches nur eine 3 ½ jährige besitze. – Das Geld für die Studienreisen in die Schweiz sei ein hinausgeworfenes; man hätte, sagt Herr Lorenz, die Sozialdemokraten fragen können. (Allgemeines Gelächter.) Übrigens zweifle er sehr daran, ob es die Landtagsabgeordneten mit der neuen Wahlordnung ernst meinen. (Beifall bei den Sozialdemokraten.)"[57]

Herr Rohr von den Christlichsozialen sprach sich „für die Seßhaftigkeit nach dem Muster der demokratischen Schweiz aus."[58] Dann dankte der Vorsitzende allen Anwesenden für ihre taktvolle Haltung und schloss die Versammlung um Mitternacht.

6. Die Wahlpflicht nach Schweizer Vorbild

Nicht nur das System der Verhältniswahl sollte 1905 in Vorarlberg von den Eidgenossen übernommen werden. Auch die Wahlpflicht nach Schweizer Art sollte in der neuen Vorarlberger Wahlordnung für den Landtag niedergeschrieben werden. Die Sehnsucht, möglichst viele Einrichtungen aus der Urdemokratie Schweiz in Vorarlberg zu etablieren, geht auf diese Zeit der Monarchie zurück, als die Vorarlberger mit ihren relativ wenigen demokratischen Zugriffsrechten gebannt auf die benachbarte Schweiz schauten. „Ich habe die innerste Überzeugung", sagte der Berichterstatter Abgeordneter Jodok Fink in der Novembersitzung des Vorarlberger Landtags im Jahre 1905, „daß die Wahlpflicht mit dem

[57] Die große Volksversammlung [über die Wahlrechtsreform im Vorarlberger Landtag]. Dornbirn, 28. Oktober [1905]. Aus: Vorarlberger Volksblatt, 40. Jg., Nr. 250, Bregenz, 31. Oktober 1905, S. 1-2, hier S. 2.

[58] Die große Volksversammlung [über die Wahlrechtsreform im Vorarlberger Landtag]. Dornbirn, 28. Oktober [1905]. Aus: Vorarlberger Volksblatt, 40. Jg., Nr. 250, Bregenz, 31. Oktober 1905, S. 1-2, hier S. 2.

Wahlsystem, das wir einführen wollen, innig zusammenhängt."[59] Bei der Verhältniswahl wolle man ja zum Ausdruck bringen, dass die Wahl ein Spiegelbild abgebe, in welchem Stärkeverhältnis die einzelnen Parteien im Wahlkreis vorhanden seien. Um das zur Durchführung zu bringen, sei es notwendig, dass alle Wähler an der Urne erscheinen. „Sonst ist eben die Verhältniswahl keine Verhältniswahl."[60] Da man jetzt das Wahlrecht nicht mehr auf die Steuerleistung eines Mannes stütze, sondern auf seine Würde, seine Stellung in Staat, Land und Gemeinde, sei es auch gerechtfertigt, die Wahlpflicht einzuführen, die zur strikten Durchführung der Verhältniswahl einfach nötig sei. Das Verhältniswahlsystem der Eidgenossen, das in Vorarlberg eingeführt werden sollte, bedinge eben auch die schweizerische Wahlpflicht.

7. Vorschläge von Schweizer Wahlrechtsexperten

Zur Vorbereitung der neuen Wahlordnung haben die Abgeordneten zum Vorarlberger Landtag nicht nur Studienreisen in die Schweiz unternommen, um die praktischen Auswirkungen des Verhältniswahlsystems zu studieren. Sie haben sich auch theoretisch mit den neuen Wahlrechtsfragen auseinandergesetzt, die vor allem von einem bedeutenden Schweizer Wahlrechtsexperten, dem Basler Professor Eduard Hagenbach-Bischoff, publiziert und öffentlich vorgetragen wurden. Abgeordneter Jodok Fink wies in seinem Beitrag als Berichterstatter über die neue Wahlordnung in der elften Sitzung des Vorarlberger Landtags ausdrücklich darauf hin, dass man sich auch Vorschläge „eines Professors in Bern" überlegt habe. Gemeint war allerdings ein Professor aus Basel, nämlich Eduard Hagenbach-Bischoff.

Im Allgemeinen werde sich der Wähler für eine Partei A, B oder C entscheiden müssen. „Nach den zwei hauptsächlichsten Methoden, welche bis jetzt zur Anwendung gekommen sind, wo man die Verhältniswahl hat", sei es dem Wähler, der sich für eine Partei entschieden habe, gestattet, zu kumulieren und zu panachieren.

[59] Bericht des Gemeindeausschusses über die Landes-Ausschußvorlage wegen Ergänzung der Grundzüge zu einer neuen Gemeinde-Wahlordnung und betreffend Aufstellung von Grundzügen für eine neue Landtags-Wahlordnung. In: Stenographische Sitzungsberichte der III. Landtagssession in Vorarlberg in Bregenz, IX. Landtags-Periode, Bregenz 1905, 11. Sitzung des Vorarlberger Landtages, 8. November 1905, Seite 66-76, hier S. 72.

[60] Bericht des Gemeindeausschusses über die Landes-Ausschußvorlage wegen Ergänzung der Grundzüge zu einer neuen Gemeinde-Wahlordnung und betreffend Aufstellung von Grundzügen für eine neue Landtags-Wahlordnung. In: Stenographische Sitzungsberichte der III. Landtagssession in Vorarlberg in Bregenz, IX. Landtags-Periode, Bregenz 1905, 11. Sitzung des Vorarlberger Landtages, 8. November 1905, Seite 66-76, hier S. 72.

Das Kumulieren bestehe darin, dass jeder Wähler einem und demselben Kandidaten höchstens drei Stimmen geben dürfe. Damit könne eine Partei bezwecken und erreichen, dass jene ihrer Kandidaten sicher als Gewählte aus der Wahl hervorgehen, auf welche sie ihre Stimmen gehäuft habe. Das Kumulieren sei als Gegenmittel gegen das allzu starke Überhandnehmen der Panachierung gedacht.

Das Panachieren, was auf Deutsch heiße, eine Liste mit bunten Streifen zu versehen, bestehe darin, dass man bildlich gesprochen die Wahlzettel mit verschiedenfarbigen – roten oder schwarzen – Streifen versehe. Damit sei gemeint, dass man dem Wähler gestatte, nicht nur jene Kandidaten, welche auf der eigenen Parteiliste stehen, zu wählen, sondern auch einen oder mehrere von diesen zu streichen, dafür aber beliebig ebenso vielen Kandidaten der gegnerischen Parteien seine Stimme zu geben. Dadurch sei es möglich, dass man auch auf die Wahl der gegnerischen Partei Einfluss nehmen könne. Dieser Einfluss werde durch die fast überall bestehenden Systeme bedeutend eingeschränkt. Denn die Aufteilung der Mandate erfolge auch in diesem Falle, in dem die Panachierung zulässig sei, nicht nach der Stimmenzahl, welche für die einzelnen Kandidaten abgegeben wurden, sondern nach den abgegebenen Listenstimmen, das heißt, nach der Anzahl der für eine Partei abgegebenen Stimmzettel.[61]

Es erscheine so selbstverständlich, dass den Gegnern einer Partei auf diese Weise eine gewisse Möglichkeit eingeräumt werde, die Reihenfolge der Kandidaten der politischen Gegenpartei zu beeinflussen. „Diese Möglichkeit aber wird, nach dem Vorschlage eines Professors in Bern, durch die oben besprochene Kumulierung wieder paralisiert, indem die Wähler einer Partei den eigenen Kandidaten, welche sie unbedingt hineinbringen wollen, mehrere (3) Stimmen zuwenden können."[62]

Der „Professor in Bern", den der Berichterstatter Jodok Fink nannte, weil er seine Vorschläge studiert hatte, war bekanntlich der Professor aus Basel. Bei der Methode „Hagenbach-Bischoff" werden die abgegebenen gültigen Stimmen durch die Zahl der zu vergebenden Mandate plus eins geteilt, um die Mandats-

---

[61] Bericht des Gemeindeausschusses über die Landes-Ausschußvorlage wegen Ergänzung der Grundzüge zu einer neuen Gemeinde-Wahlordnung und betreffend Aufstellung von Grundzügen für eine neue Landtags-Wahlordnung. In: Stenographische Sitzungsberichte der III. Landtagssession in Vorarlberg in Bregenz, IX. Landtags-Periode, Bregenz 1905, 11. Sitzung des Vorarlberger Landtages, 8. November 1905, Seite 66-76, hier S. 69.

[62] Bericht des Gemeindeausschusses über die Landes-Ausschußvorlage wegen Ergänzung der Grundzüge zu einer neuen Gemeinde-Wahlordnung und betreffend Aufstellung von Grundzügen für eine neue Landtags-Wahlordnung. In: Stenographische Sitzungsberichte der III. Landtagssession in Vorarlberg in Bregenz, IX. Landtags-Periode, Bregenz 1905, 11. Sitzung des Vorarlberger Landtages, 8. November 1905, Seite 66-76, hier S. 70.

zahl zu ermitteln, mit deren Hilfe dann die Zahl der Mandate errechnet wird, die auf die einzelnen Wahlwerber entfallen.

Eduard Hagenbach-Bischoff wurde 1833 in Basel geboren, 1862 erhielt er in Basel die Berufung zum Professor für Mathematik und 1863 für Physik. 1910 starb er in Basel. Seine Lehrtätigkeit erstreckte sich auf fast alle Gebiete der Experimentalphysik. Seiner politischen Aktivität ist die Einführung der Proportionalvertretung 1905 im Basler Großen Rat zu danken. Er hat eine Reihe von Arbeiten zur Einführung des Verhältniswahlsystems veröffentlicht, die auch in Vorarlberg verbreitet waren.[63]

Der Abgeordnete Jodok Fink erwähnte in seinem Bericht des Wahlreformausschusses für den Vorarlberger Landtag im Jahre 1907, um möglichst wenig Restmandate bei der Verteilung zu erhalten, hätten Theorie und Praxis zur Regel geführt, die Gesamtzahl der Stimmen durch die um 1 vermehrte Zahl der zu verteilenden Sitze zu dividieren. Diese von dem englischen Juristen H. R. Droop im Jahre 1871 vorgeschlagene Berechnung habe sich nur langsam die verdiente Achtung und Anerkennung erworben. Im Jahre 1882 sei sie der Vergessenheit durch den belgischen Rechtsgelehrten d'Hondt endgültig entrissen worden. „In der Schweiz wurde sie durch eine Broschüre Hagenbachs in weiteren Kreisen bekannt. Heute ist sie bei allen denjenigen, die sich einigermaßen mit der Frage der Verhältniswahl beschäftigen, allgemein als richtig anerkannt."[64]

---

[63]Die proportionale Vertretung bei den Basler Grossrathswahlen. Basel, 1882; Die Frage der Einführung einer Proportionalvertretung statt des absoluten Mehres. Basel, 1888; Bemerkungen zu § 20 des vorgeschlagenen Wahlgesetzes mit Proportionalvertretung. Basel, 1889; «La solution du problème de la Répartition proportionnelle.» Représentation proportionnelle - Revue mensuelle 9 (1890) 159-171; Zur Wahlreform. Separatdruck aus der «Züricher Post», Nr. 53 und 54 (4. und 5. März 1891); Die Anwendung der Proportionalvertretung bei den Schweizerischen Nationalratswahlen. Gutachten aus Auftrag des leitenden Comités des schweizerischen Wahlreformvereins. Basel, 1892; Die Verteilungsrechnung beim Basler Gesetz nach dem Grundsatz der Verhältniswahl. Basel, 1905.

[64] Bericht des Wahlreformausschusses über die Abänderung der Gemeinde- und Landesordnung und Erlassung einer Gemeindwahlordnung und Landtagswahlordnung, Obmann Alois Dressel, Berichterstatter Jodok Fink, Bregenz, 23. März 1907. Beilage 78 zu den stenogr. Berichten des Vorarlberger Landtages, IV. Session der 9. Periode 1906/7. In: Stenographische Sitzungsberichte der IV. Landtagssession in Vorarlberg zu Bregenz. (IX. Landtags-Periode). Einberufen mit allerhöchstem Patente vom 23. Dezember 1906 auf den 27. Dezember 1906, Bregenz 1908, S. 459-463, hier S. 462.

8. Das Schicksal der „schweizerischen" Wahlordnung

Der Regierungsvertreter der k. k. Staatsregierung äußerte sich auf der Sitzung des Vorarlberger Landtags vom 8. November 1905 zu der neuen Wahlordnung nach dem Schweizer Muster und wandte sich direkt an die Abgeordneten: „Mit dem Vorschlage der Verhältniswahl, noch mehr aber mit dem Vorschlage der aktiven Wahlpflicht, welche Sie als zeitgemäße Ergänzung der teilweise schon bestehenden passiven Wahlpflicht ansehen, betreten Sie ganz neue Bahnen und ich kann Ihnen, meine Herren, ohne im geringsten dem vorgreifen zu wollen, was die k. k. Regierung im Laufe der Verhandlungen mit dem Landes-Ausschusse als ihren Standpunkt entwickeln wird, nur soviel sagen, daß man an den maßgebenden Stellen Ihre Reformanträge mit großem Interesse studieren und prüfen wird."[65]

Die Grundsätze für das Wahlverfahren nach Schweizer Art, die im Vorarlberger Landtag einstimmig angenommen worden waren, wurden am 2. Dezember 1905 „der k. k. Statthalterei zur ehetunlichsten Vorlage an die hohe Regierung unterbreitet". Trotz persönlicher Einflussnahme des Landeshauptmannes und trotz etlicher Interventionen der Vorarlberger Reichsratsabgeordneten ließ die Regierung mit ihrer Stellungnahme lange auf sich warten. Der Landeshauptmann war erst am 9. März 1907 in der Lage, die Mitteilung zu machen, dass die Regierung aus prinzipiellen Gründen der Einführung des allgemeinen und gleichen Wahlrechtes für Landtag und Gemeinden nicht zustimmen könne.[66]

In aller Eile hat der Landtag die Wahlordnungen umgearbeitet und den Landesausschuss beauftragt, „an Hand derselben und mit Berücksichtigung der seinerzeit beschlossenen Grundzüge über die Einführung der Verhältniswahl für Land und Gemeinde mit der k. k. Regierung im schriftlichen Wege zu unterhandeln". Mit Erlass vom 10. August 1908 hat die k. k. Regierung dem Landesausschuss mitgeteilt, dass die vom Wahlreformausschusse ausgearbeiteten Entwürfe eines Gesetzes betreffend die Abänderung der Vorarlberger Landesordnung und

---

[65] Bericht des Gemeindeausschusses über die Landes-Ausschußvorlage wegen Ergänzung der Grundzüge zu einer neuen Gemeinde-Wahlordnung und betreffend Aufstellung von Grundzügen für eine neue Landtags-Wahlordnung. In: Stenographische Sitzungsberichte der III. Landtagssession in Vorarlberg in Bregenz, IX. Landtags-Periode, Bregenz 1905, 11. Sitzung des Vorarlberger Landtages, 8. November 1905, Seite 66-76, hier S. 74.

[66] Bericht des Landesausschusses betreffend die Abänderung der Landes- und Gemeindeordnung und die Erlassung einer Landtagswahl- und Gemeindewahlordnung. Bregenz, 14. September 1908, Für den Landesausschuß: Referent Jodok Fink. Beilage 15 zu den stenogr. Berichten des Vorarlberger Landtages, V. Session der 9. Periode 1908, In: Stenographische Sitzungsberichte der V. Landtagssession in Vorarlberg zu Bregenz. (IX. Landtags-Periode.), Beilagen, S. 107-114, hier S. 110.

die Erlassung einer neuen Landtagswahlordnung für Vorarlberg sowie betreffend die Abänderung der Vorarlberger Gemeindeordnung und die Erlassung einer Gemeindewahlordnung für Vorarlberg „in mehrfacher Beziehung zu grundsätzlichen Bedenken Anlaß geben“.[67]

Bezüglich der Landtagswahlordnung sei sie nicht in der Lage, der Einführung des Proporzes für die Landgemeinden- und Städtewählerklasse, bei welcher die Zusammenziehung aller Städte in einen einzigen Wahlbezirk notwendig wäre, zuzustimmen und zwar, „weil die Einführung der Verhältniswahl auf der proponierten Grundlage nicht mit den Zwecken der Interessenvertretung im Einklang stünde“. Die Regierung hat also kritisiert, dass die Anwendung der Verhältniswahl zur Folge haben könnte, dass einzelne Städte und selbst größere Landesteile ohne unmittelbare Vertretung bleiben würden.[68]

Bezüglich der Gemeindewahlordnung finde sie, dass die Beseitigung des Wahlkörpersystems in den größeren Gemeinden Vorarlbergs und der Ersatz dieses Systems durch die Verhältniswahl mit dem Artikel XI des Gesetzes vom 5. März 1862, RGBl. Nr. 18, im Widerspruch stehe. Die Einführung des Proportionalwahlrechtes innerhalb der Wahlkörper der Gemeinden mit mehr als 2000 Einwohnern unterliege hingegen keinem Anstand. Sie hat also die Einführung der Verhältniswahl für die Gemeindewahlen genehmigt – mit der Einschränkung, dass ein Dreiwahlkörper-System aufrecht bleibe.

Grundsätzlich hielt die Regierung daran fest, dass jenem Teil der Bevölkerung, der von seinem Besitz, Erwerb oder Einkommen direkte Staatssteuern zahle, auch der maßgebendste Einfluss auf die Zusammensetzung des Landtages und der Gemeindeverwaltung erhalten bleiben müsse.[69]

---

[67] Bericht des Landesausschusses betreffend die Abänderung der Landes- und Gemeindeordnung und die Erlassung einer Landtagswahl- und Gemeindewahlordnung. Bregenz, 14. September 1908, Für den Landesausschuß: Referent Jodok Fink. Beilage 15 zu den stenogr. Berichten des Vorarlberger Landtages, V. Session der 9. Periode 1908, In: Stenographische Sitzungsberichte der V. Landtagssession in Vorarlberg zu Bregenz. (IX. Landtags-Periode.), Beilagen, S. 107-114, hier S. 110.

[68] Bericht des Landesausschusses betreffend die Abänderung der Landes- und Gemeindeordnung und die Erlassung einer Landtagswahl- und Gemeindewahlordnung. Bregenz, 14. September 1908, Für den Landesausschuß: Referent Jodok Fink. Beilage 15 zu den stenogr. Berichten des Vorarlberger Landtages, V. Session der 9. Periode 1908, In: Stenographische Sitzungsberichte der V. Landtagssession in Vorarlberg zu Bregenz. (IX. Landtags-Periode.), Beilagen, S. 107-114, hier S. 111.

[69] Bericht des Landesausschusses betreffend die Abänderung der Landes- und Gemeindeordnung und die Erlassung einer Landtagswahl- und Gemeindewahlordnung. Bregenz, 14. September 1908, Für den Landesausschuß: Referent Jodok Fink. Beilage 15 zu den stenogr. Berichten des Vorarlberger Landtages, V. Session der 9. Periode 1908, In: Stenographische Sit-

Der Landtag hatte sich seit seinem Bestehen beinahe in jeder Session mit dem Thema Wahlrecht befasst, wobei er stets das Bestreben hatte, das Wahlrecht auszudehnen. Bei fast jeder dieser Aktionen lässt sich nachweisen, „daß die vom Vorarlberger Landtage angestrebten Wahlreformen dem allgemeinen Entwicklungsgange des Wahlrechtes in Österreich vorausgeeilt waren“ und von Seiten der verschiedenen Regierungen entweder abgelehnt oder eingeschränkt wurden.[70] Dennoch blieb der Landtag unverdrossen auf dem Wege der Einführung des Verhältniswahlrechts nach dem bewährten Schweizer Muster.

„Man kann ruhig behaupten, daß der Proporz das Wahlsystem der Zukunft sein wird. In vielen Kantonen der Schweiz, in den benachbarten deutschen Staaten und in Belgien hat sich dieses System bewährt.“[71] So schrieb Jodok Fink als Berichterstatter des Wahlreformausschusses am 1. Oktober 1908, als dem Landtag wieder einmal der Entwurf eines Wahlgesetzes zugeleitet wurde. In Österreich ist Vorarlberg das erste Land gewesen, das mit dem damaligen Entwurf für die Gemeindwahlen die Verhältniswahl eingeführt hat. Der Landtag hatte in Aussicht genommen, die Einführung der Verhältniswahl auch in kleineren Gemeinden zu ermöglichen. In seinen früheren Entwürfen war die Bestimmung aufgenommen, dass dies mit Zustimmung der Statthalterei und des Landesausschusses sofort geschehen könne, wenn in einer Gemeinde 25% der Wahlberechtigten die Einführung dieses Wahlmodus verlangen. Die Regierung nahm jedoch zu dieser Erweiterung eine ablehnende Haltung ein.

Der Landtag hatte damals geplant, den Proporz sowohl für größere Gemeinden als auch für den Landtag einzuführen. Die Regierung hielt aber den Proporz für die Landtagswahlen nicht für zweckmäßig, weil es leicht geschehen könnte, daß die eine oder andere Stadtgemeinde keinen eigenen Abgeordneten bekommen würde und so ohne unmittelbare Vertretung wäre, berichtete Jodok Fink und leg-

---

zungsberichte der V. Landtagssession in Vorarlberg zu Bregenz. (IX. Landtags-Periode.), Beilagen, S. 107-114, hier S. 112.

[70] Bericht des Wahlreformausschusses in Betreff der Abänderung der Landes- und Gemeindeordnung und die Erlassung einer Landtags- und Gemeindewahlordnung. Bregenz, 1. Oktober 1908, J. Ölz, Obmann, Jodok Fink, Berichterstatter. Beilage 48 zu den stenogr. Berichten des Vorarlberger Landtages, V. Session der 9. Periode 1908, In: Stenographische Sitzungsberichte der V. Landtagssession in Vorarlberg zu Bregenz. (IX. Landtags-Periode.), Beilagen, S. 341-347, hier S. 341.

[71] Bericht des Wahlreformausschusses in Betreff der Abänderung der Landes- und Gemeindeordnung und die Erlassung einer Landtags- und Gemeindewahlordnung. Bregenz, 1. Oktober 1908, J. Ölz, Obmann, Jodok Fink, Berichterstatter. Beilage 48 zu den stenogr. Berichten des Vorarlberger Landtages, V. Session der 9. Periode 1908, In: Stenographische Sitzungsberichte der V. Landtagssession in Vorarlberg zu Bregenz. (IX. Landtags-Periode.), Beilagen, S. 341-347, hier S. 344.

te Vorschläge vor, die der k. k. Regierung genehmer waren.[72] Die Verhältniswahl für den Landtag musste vorerst wohl oder übel wieder aufgegeben werden.[73]

9. Das Tessiner Modell für Vorarlberg

Das Verhältniswahlsystem war für das Landtagswahlgesetz, das am 5. Oktober 1908 beschlossen wurde, nicht mehr vorgesehen, nachdem die k. k. Regierung dagegen Einspruch erhoben hatte. Für das Gemeindewahlgesetz wurde es aber in eingeschränkter Form zugelassen. In diesem Zusammenhang wurde für die Zukunft auch das „Tessiner Modell“ der Wahlauswertung für Vorarlberg erwogen.

Bei einer Wahl könnte sich herausstellen, dass die Verhältniswahl in der Praxis in einzelnen Fällen doch nicht so „verhältnismäßig“ sein könnte, wie man das in der Theorie annehme, meinte Jodok Fink bei den Beratungen über das Gemeindewahlgesetz im Landtag. Er sprach dabei die ungeklärte Frage der Zuteilung von Restmandaten an, die auch für ein zukünftiges Landtagswahlgesetz nach dem aus der Schweiz importierten Verhältniswahlrecht von Interesse war. Wenn die abgegebenen gültigen Stimmen durch die Wahlzahl dividiert und die Mandate entsprechend der Stärke zugeteilt wurden, kann es im Wahlverfahren vorkommen, dass noch einige wenige Mandate nicht an die Parteien vergeben wurden. Dazu wird heute in den modernen Wahlgesetzen ein zweites Ermittlungsverfahren angewandt. Das geplante Gesetz ging aber damals im Jahre 1908 davon aus, dass nach der ersten Zuteilung nur ein einziges Restmandat übrig bleiben werde. Und dieses übrig gebliebene Mandat könnte man – wie Jodok Fink ausführte – entweder der stärksten Partei oder der Partei mit dem größten Rest an Stimmen zuteilen. Das Vorarlberger Gesetz sah vor, dass dieses Restmandat automatisch an die stärkste Partei fallen sollte, obwohl dieses Mandat nach dem wahren Proporz vielleicht einer anderen Partei hätte zufallen müssen. Die Verhältniswahl wäre in diesem Fall doch nicht ganz verhältnismäßig gewesen, weil die stärkste Partei zu sehr begünstigt wäre. Jodok Fink sah das Problem und erklärte als Kenner der Schweizer Erfahrungen mit dem Verhältniswahlsystem: „Ich habe aber nach reiflichem Studium der Durchführung des Proporzes in an-

---

[72] Vorarlberger Landtag, 10. Sitzung am 5. Oktober 1908 unter dem Vorsitze des Herrn Landeshauptmanns Adolf Rhomberg. Regierungsvertreter: Herr k. k. Hofrat Artur Meusburger, S. 2-23.

[73] Vorarlberger Landtag, 10. Sitzung am 5. Oktober 1908 unter dem Vorsitze des Herrn Landeshauptmanns Adolf Rhomberg. Regierungsvertreter: Herr k. k. Hofrat Artur Meusburger, S. 2-23, hier S 5.

deren Ländern gefunden, daß es doch noch besser ist, wenn man es der größten Partei gibt."[74] Jodok Fink war ein Vertreter der größten Partei.

Diese Regelung, nach der alle Restmandate, die im ersten Ermittlungsverfahren nicht zugeteilt werden konnten, anstelle eines zweiten Ermittlungsverfahrens einfach der stärksten Partei zufallen sollten, begünstigte nach Meinung des Abgeordneten Alois Dressel aus Bludenz die Majorität aber doch zu stark. Dressel war Abgeordneter der Landgemeinden. Er stellte den Antrag: Wenn die Summe der auf die einzelnen Listen entfallenden Ausschussmänner die Gesamtzahl der zu treffenden Mandate nicht erreiche, so solle das erste Restmandat derjenigen Liste zugeteilt werden, welche die größte Zahl von Listenstimmen in dem betreffenden Wahlkörper auf sich vereinigt hat. Ein eventuelles zweites Restmandat sollte aber derjenigen Liste zufallen, welche die zweitgrößte Zahl von Listenstimmen in demselben Wahlkörper aufweist, insoferne diese Listen noch Kandidaten verfügbar haben. Bei Stimmengleichheit sollte das Los entscheiden. Dass in einer Gemeinde gleich zwei Restmandate übrig bleiben würden, war zur damaligen Zeit eher unwahrscheinlich. Es war nur möglich, wenn in einer Gemeinde zwei oder drei Parteien auf den Plan traten.

Der Antrag des Abgeordneten Dressel stellte auf die erreichten Listenstimmen und nicht auf die übrig gebliebenen Reststimmen ab. Das erste Restmandat sollte folglich die stärkste Partei und ein eventuelles zweites Restmandat die zweitstärkste Partei erhalten. Jodok Fink hielt diesen Grundsatz für richtig und war daher mit dem Antrag des Abgeordneten Dressel einverstanden, auch wenn eine Situation mit zwei Restmandaten nur höchst selten vorkommen konnte.

Jodok Fink hatte aber studiert, wie die Eidgenossen mit dem Verhältniswahlrecht umgingen und er dachte bereits weiter: „Sollte es sich zeigen, daß wirklich bei Wahlen in Vorarlberg Restmandate in größerer Zahl herauskommen, als wir heute meinen, und sind wir dann mit den Verhältniswahlen einmal etwas vertraut, dann würde wohl eine andere Bestimmung am Platze sein, ähnlich wie im Kanton Tessin, wo in einem solchen Falle von allen Wahlkreisen – es handelt

---

[74] Bericht des Wahlreformausschusses über die Gesetzentwürfe: a) betreffend Abänderung der §§ 3 und 12 der Vorarlberger Landesordnung; b) womit eine neue Landtagswahlordnung erlassen wird; c) wegen Abänderung einiger §§ der Gemeindeordnung; d) womit eine neue Gemeindewahlordnung erlassen wird. (Beilage 48). Vorarlberger Landtag, 10. Sitzung am 5. Oktober 1908 unter dem Vorsitze des Herrn Landeshauptmanns Adolf Rhomberg. Regierungsvertreter: Herr k. k. Hofrat Artur Meusburger, S. 2-23. hier S. 16: [Jede Sitzung wird neu gezählt.] In: Stenographische Sitzungsberichte der V. Landtagssession in Vorarlberg zu Bregenz. (IX. Landtags-Periode.) Einberufen mit Allerhöchstem Patente vom 21. August 1908. Regierungsvertreter: Herr k. k. Hofrat Levin Graf Schaffgotsch. Eröffnung des Landtages am 15. September 1908, Bregenz 1908.

sich dort um Kantonratswahlen – die Restmandate zusammengenommen werden und neuerlich eine Wahlzahl gesucht wird.“[75] Das wäre dann ein wirkliches zweites Ermittlungsverfahren geworden, wie es in Österreich erst Jahrzehnte später eingeführt wurde. Dann werden die Mandate auf die Parteien nach ihrer Stärke verhältnismäßig aufgeteilt. Vorläufig glaubte Fink, auf das nicht näher eingehen zu müssen, „weil einerseits bei der Wahlzahl Restmandate nicht häufig vorkommen, andererseits aber auch deshalb, um jedes kompliziertere Verfahren bei der Einführung des Proporzes zu vermeiden.“

Die Verhältniswahl nach Schweizer Vorbild wurde mit 18 gegen 1 Stimme für die Gemeindewahlen beschlossen. Das „Tessiner Modell“ hatte Jodok Fink für Vorarlberg zwar bereits angedacht, es war aber für lange Zeit nicht mehr als eine Option für die Angleichung des Wahlrechts an einen Kanton mit einem fortschrittlichen Wahlsystem, das von Jodok Fink zum Vorbild für Vorarlberg auserkoren wurde.

2. Kapitel: Die Sehnsucht nach der Schweiz

1. Loslösung von Tirol

Nach dem Kriegseintritt der USA auf Seiten der Entente-Mächte erläuterte Präsident Wilson im Rahmen seiner 14 Punkte die amerikanischen Kriegsziele und schrieb unter Punkt 10: „Den Völkern von Österreich-Ungarn, deren Platz unter den anderen Nationen wir sichergestellt und gewahrt zu sehen wünschen, soll die freieste Gelegenheit zu einer Entwicklung geboten werden.“ Dieses Kriegsziel der Amerikaner, das in der Folge als „Selbstbestimmungsrecht der Völker“ in die Geschichte einging, erwies sich für Österreich-Ungarn als „zentrifugales

[75] Bericht des Wahlreformausschusses über die Gesetzentwürfe: a) betreffend Abänderung der §§ 3 und 12 der Vorarlberger Landesordnung; b) womit eine neue Landtagswahlordnung erlassen wird; c) wegen Abänderung einiger §§ der Gemeindeordnung; d) womit eine neue Gemeindewahlordnung erlassen wird. (Beilage 48). Vorarlberger Landtag, 10. Sitzung am 5. Oktober 1908 unter dem Vorsitze des Herrn Landeshauptmanns Adolf Rhomberg. Regierungsvertreter: Herr k. k. Hofrat Artur Meusburger, S. 2-23. hier S. 16: [Jede Sitzung wird neu gezählt.] In: Stenographische Sitzungsberichte der V. Landtagssession in Vorarlberg zu Bregenz. (IX. Landtags-Periode.) Einberufen mit Allerhöchstem Patente vom 21. August 1908. Regierungsvertreter: Herr k. k. Hofrat Levin Graf Schaffgotsch. Eröffnung des Landtages am 15. September 1908, Bregenz 1908.

Sprengmittel“ und bot Vorarlberg die lang ersehnte Chance, seine administrative und politische Unabhängigkeit von Tirol zu erklären.[76]

a. Autonomie für Vorarlberg

Der Beschluss der Provisorischen Nationalversammlung vom 30. Oktober 1918 über die grundlegenden Einrichtungen der Staatsgewalt stellte den revolutionären gesetzgeberischen Akt der Gründung des neuen Staatswesens Deutschösterreich dar. „Revolutionär“ ist hier im staatsrechtlichen Sinne gemeint. Es wurde eine neue Verfassung auf einem von der bisher geltenden Verfassung nicht vorgezeichneten Weg beschlossen.[77] Mit diesem Beschluss versuchte man, Österreich als zentralistischen Einheitsstaat einzurichten. Er kam in der vorgesehenen Form jedoch nicht zum Tragen. Es bildeten sich vielmehr „parallel zur Staatsgründung der Zentralgewalt revolutionär die Staatsgewalten in den Ländern, indem sich neu konstituierte provisorische Landesversammlungen als effektive Träger der Staatsgewalt in den Ländern etablierten.“[78]

Am 1. November 1918 traf der Vorarlberger Staatsrat Jodok Fink zusammen mit dem christlichsozialen Reichstagsabgeordneten Franz Loser von Wien her in Bregenz ein und besprach mit Dr. Otto Ender, dem Parteiobmann der Vorarlberger Christlichsozialen Partei, wie man vorgehen solle, um zu einer Unabhängigkeitserklärung des Landes Vorarlberg zu kommen. Man kam überein, auf den 3. November vormittags eine provisorische Landesversammlung einzuberufen, die sich aus Vertretern der drei staatstragenden Parteien – den Christlichsozialen, den Deutschfreisinnigen und den Sozialdemokraten – zusammensetzen sollte. Als Verteilungsschlüssel für die Mandate dienten dabei die Ergebnisse der Reichstagswahl des Jahres 1911. Der damalige Reichstag war der letzte, der nach allgemeinem, gleichem, geheimem und direktem Wahlrecht – allerdings unter Ausschluss der Frauen – zustande gekommen war. Der alte Landtag war noch nach dem Kurienwahlrecht zusammengesetzt. Die Sozialdemokratie hatte

---

[76] Weber, Wolfgang: Die Zeitenwende 1918/1919. In: 75 Jahre selbständiges Land Vorarlberg (1918-1993), Bregenz 1993, S. 91.

[77] Weber, Karl: Föderalismus. In: Handbuch des politischen Systems Österreichs: Erste Republik 1918-1933; hg. von Tálos, Dachs, Hanisch, Staudinger; Wien 1995, S. 123-140.

[78] Weber, Karl: Die mittelbare Bundesverwaltung. Eine verfassungs- und verwaltungsrechtliche Untersuchung der Organisation und Verwaltung des Bundes im Bereich der Länder außer Wien, zugleich eine Geschichte der Behörden der allgemeinen staatlichen Verwaltung in den Ländern außer Wien (= Schriftenreihe des Instituts für Föderalismusforschung, Bd. 41), Wien 1987, S. 89.

darin überhaupt keinen Vertreter. Neuer Landeshauptmann sollte Dr. Otto Ender werden.[79]

Unter dem Vorsitz von Adolf Rhomberg, den noch der Kaiser zum Landeshauptmann ernannt hatte, trat am 3. November 1918 die aus dreißig Abgeordneten bestehende Vorarlberger Konstituante zusammen. Zu dieser Zeit war die Periode des Landtages, der im Jahre 1909 zum letzten Mal gewählt worden war, schon seit drei Jahren abgelaufen.[80] Die Christlichsoziale Partei entsandte in die Landesversammlung 19 Männer, die Deutschfreisinnigen schickten sechs und die Sozialdemokraten fünf.[81]

Landeshauptmann Adolf Rhomberg äußerte vor den Mitgliedern der provisorischen Landesversammlung, „daß die eingetretenen Ereignisse es notwendig machen zu handeln und das Land Vorarlberg als selbständiges und unabhängiges Land im Rahmen des Staates Deutschösterreich zu erklären."[82] Anschließend wurden auf Antrag des Staatsrates Jodok Fink von der Landesversammlung ein Landespräsident und zwei Stellvertreter gewählt. Landespräsident wurde Dr. Otto Ender von der Christlichsozialen Partei, zu seinem ersten Stellvertreter wählte man den Bürgerschullehrer Franz Natter von der Deutschfreisinnigen Partei und zum zweiten Stellvertreter den Lokführer Fritz Preiß von der Sozialdemokratischen Partei. Dr. Otto Ender erklärte, dass gewiss nach der Meinung des ganzen Landes Staatsrat Jodok Fink der berufenste Mann für das Amt eines Landespräsidenten gewesen wäre. Da aber Jodok Fink auf seinem Posten in Wien unentbehrlich sei, erkläre er sich bereit, das schwere Opfer zu bringen und das Amt des Landespräsidenten zu übernehmen.[83]

---

[79] Weber, Wolfgang: Die Zeitenwende 1918/1919. In: 75 Jahre selbständiges Land Vorarlberg (1918-1993), Bregenz 1993, S. 94.

[80] Denkschrift des Vorarlberger Landesrates an den Völkerbund. Bregenz, 1. August 1920. [Druckerei Ludwig Sausgruber, Feldkirch], 31 Seiten, hier S. 2.

[81] Weber, Wolfgang: Die Zeitenwende 1918/1919. In: 75 Jahre selbständiges Land Vorarlberg (1918-1993), Bregenz 1993, S.95.

[82] Erste Sitzung der provisorischen Vorarlberger Landesversammlung 1918/19 am 3. November 1918. (In Ermangelung eines stenographischen Sitzungsberichtes wird das amtliche Sitzungsprotokoll wiedergegeben.) In: Stenographische Sitzungsberichte der provisorischen Vorarlberger Landesversammlung zu Bregenz. Eröffnung der Landesversammlung am 3. November 1918. Bregenz 1919, S. 5.

[83] Erste Sitzung der provisorischen Vorarlberger Landesversammlung 1918/19 am 3. November 1918. (In Ermangelung eines stenographischen Sitzungsberichtes wird das amtliche Sitzungsprotokoll wiedergegeben.) In: Stenographische Sitzungsberichte der provisorischen Vorarlberger Landesversammlung zu Bregenz. Eröffnung der Landesversammlung am 3. November 1918. Bregenz 1919, S. 5-6.

Der christlichsoziale Gymnasialprofessor Dr. Johann Mittelberger verlas dann die Entschließung, die schon vorher von allen Parteien des Landes gemeinsam vereinbart worden war: Die Vorarlberger Landesversammlung erklärt sich darin als die gesetzgebende Körperschaft für das Land Vorarlberg. Es wird festgestellt, dass die Mitglieder der Landesversammlung, die alle von den politischen Parteien entsandt wurden, das Land anstelle des früheren Landtages vertreten, bis eine aus Neuwahlen hervorgegangene Vertretung bestellt sein werde.[84]

Die Vorarlberger Landesversammlung führe durch einen aus ihrer Mitte gewählten Landesrat die Verwaltung des Landes, hieß es in der Entschließung. Dieser Landesrat bestand aus fünf christlichsozialen, zwei deutschfreisinnigen und zwei sozialdemokratischen Mitgliedern. „Wie in anderen Kronländern wurde die Führung der politischen und autonomen Verwaltung in einer Hand vereinigt; damit hat sich das Land Vorarlberg jene Selbständigkeit gegeben, die es schon lange einmütig erstrebte. Vorarlberg bildet von nun an nicht mehr ein gemeinsames Verwaltungsgebiet mit Tirol, sondern erklärt sich auf Grund des Selbstbestimmungsrechtes als eigenes selbständiges Land im Rahmen des Deutsch-Österreichischen Staates. Der Landesrat tritt daher an die Stelle des bisherigen Landesausschusses und übernimmt überdies die Führung der bis jetzt der k. k. Statthalterei zugewiesenen Geschäfte.“[85] Otto Ender bemerkte später, bei jeder Loslösung würden Amputationsschmerzen entstehen, die naturgemäß wieder vorübergehen. Die Amputation Vorarlbergs von Tirol sei aber klein gewesen.[86] Die Vorarlberger Landesversammlung stellte sich am 3. November 1918 als dringendste Aufgabe, das Volk Vorarlbergs in dieser Zeit schwerster wirtschaftlicher Not und raschester politischer Entwicklung in Ordnung und Ruhe in eine bessere Zeit des Friedens hinüberzuleiten. Sie wolle insbesondere alle Kräfte zusammenfassen, um die Ernährung des Vorarlberger Volkes zu sichern.

Der zweite – also sozialdemokratische – Stellvertreter des Landespräsidenten hatte die Aufgabe übernommen, in der Landesversammlung jenen Antrag zu stellen, der dazu führen sollte, die Regierung in Wien und die Statthalterei in

---

[84] Die Provisorische Landesversammlung währte vom 3. November 1918 bis zum 16. Juni 1919.

[85] Erste Sitzung der provisorischen Vorarlberger Landesversammlung 1918/19 am 3. November 1918. (In Ermangelung eines stenographischen Sitzungsberichtes wird das amtliche Sitzungsprotokoll wiedergegeben.) In: Stenographische Sitzungsberichte der provisorischen Vorarlberger Landesversammlung zu Bregenz. Eröffnung der Landesversammlung am 3. November 1918. Bregenz 1919, S. 6.

[86] Bericht des Landesrates über die Anschlußfrage. 14. Sitzung am 15. März 1919 unter dem Vorsitze des Herrn Landeshauptmannes Dr. Otto Ender. In: Stenographische Sitzungsberichte der provisorischen Vorarlberger Landesversammlung zu Bregenz. Eröffnung der Landesversammlung am 3. November 1918; 14. Sitzung, S. 8.

Innsbruck über den Vollzug der Autonomie zu informieren. Es heißt dort: „Der Landespräsident wird beauftragt, dem Staatsrate in Wien und der k. k. Statthalterei in Innsbruck die vollzogene Errichtung der Landesversammlung und des Landesrates mitzuteilen und den Inhalt der Entschließung zur Kenntnis zu bringen.“[87]

Der Landespräsident ersuchte die Mitglieder der Landesversammlung und auch die anwesenden Vertreter der Presse, in der Bevölkerung das Bewusstsein zu schaffen, dass die neue Regierung ihre Gewalt im Namen des Volkes übernommen habe und dass dieses selbst durch Ruhe und Ordnung an der Überleitung in die neuen Verhältnisse mitzuwirken berufen sei.[88]

Am gleichen Tag konstituierte sich der Landesrat, dem von der Landesversammlung die Ermächtigung erteilt wurde, alle durch die Zeitlage notwendig werdenden Anordnungen, Vorkehrungen und Verfügungen zu treffen. Er übernahm die gesamte Zivil- und Militärgewalt. Sämtliche zivilen und militärischen Behörden wurden dem Landesrat unterstellt, die Staatstätigkeit hatte sich im Rahmen der in Kraft belassenen Gesetze und Verordnungen zu vollziehen.[89] Es fällt auf, dass diese Beschlüsse des Landesrates weitgehend wörtlich mit der Unabhängigkeitserklärung des Tiroler Nationalrates übereinstimmen, die offenbar als Vorlage diente. Die provisorische Landesversammlung für Deutschtirol hatte schon am 26. Oktober 1918 den Tiroler Nationalrat konstituiert, dessen Aufgabe die „Führung der gesamten Exekutive namens der Landesbevölkerung“ war.[90]

---

[87] Erste Sitzung der provisorischen Vorarlberger Landesversammlung 1918/19 am 3. November 1918. (In Ermangelung eines stenographischen Sitzungsberichtes wird das amtliche Sitzungsprotokoll wiedergegeben.) In: Stenographische Sitzungsberichte der provisorischen Vorarlberger Landesversammlung zu Bregenz. Eröffnung der Landesversammlung am 3. November 1918. Bregenz 1919, S. 7.

[88] Erste Sitzung der provisorischen Vorarlberger Landesversammlung 1918/19 am 3. November 1918. (In Ermangelung eines stenographischen Sitzungsberichtes wird das amtliche Sitzungsprotokoll wiedergegeben.) In: Stenographische Sitzungsberichte der provisorischen Vorarlberger Landesversammlung zu Bregenz. Eröffnung der Landesversammlung am 3. November 1918. Bregenz 1919, S. 7.

[89] Diese Beschlüsse sind im genauen Wortlaut zitiert bei Peter Pernthaler: Die Staatsgründungsakte der österreichischen Bundesländer. Eine staatsrechtliche Untersuchung über die Entstehung des Bundesstaates (= Schriftenreihe des Instituts für Föderalismusforschung, Bd. 14), Wien 1979, Anmerkung 11, S. 84.

[90] Weber, Karl: Die mittelbare Bundesverwaltung. Eine verfassungs- und verwaltungsrechtliche Untersuchung der Organisation und Verwaltung des Bundes im Bereich der Länder außer Wien, zugleich eine Geschichte der Behörden der allgemeinen staatlichen Verwaltung in den Ländern außer Wien (= Schriftenreihe des Instituts für Föderalismusforschung, Bd. 41), Wien 1987, S. 89.

In Vorarlberg war dieses gemeinsame Vorgehen in der provisorischen Vorarlberger Landesversammlung auch für die Sozialdemokraten ein denkwürdiger Akt. Die „Vorarlberger Wacht", die sich als „Organ für das arbeitende Volk von Vorarlberg" bezeichnete, schrieb: „Der Landtag Vorarlberg, welcher in seiner bisherigen Zusammensetzung die sozialdemokratisch gesinnte Arbeiterschaft fernhielt, ist gefallen und an seine Stelle tritt nunmehr die Landesversammlung, welche künftig die Geschicke des Landes leiten wird."[91]

Von den Wiener Zentralstellen wurde die Trennung Vorarlbergs von Tirol im Nachhinein durch das „Staatsgesetz vom 22. November 1918 über Umfang, Grenzen und Beziehungen des Staatsgebietes von Deutschösterreich" anerkannt.[92] Bei den Beratungen über dieses Gesetz wurde Vorarlberg erst nach einem entsprechenden Antrag des Staatsrates Jodok Fink gesondert erwähnt. Sowohl der Staatsrat als auch der Verfassungsausschuss hatten in ihren Vorlagen Vorarlberg noch in Verbindung mit Tirol erwähnt. In dieser gesetzlichen Anerkennung liegt „ein besonders signifikantes Beispiel einer nachträglichen zentralstaatlichen Legitimierung der Konstituierung einer selbständigen Landes-Staatsgewalt durch das Land und des von ihm erfolgreich in Anspruch genommenen Selbstbestimmungsrechtes".[93]

Um gegen den Zuzug ungebetener Gäste gesichert zu sein, wurde am 12. Dezember 1918 auch der Sichtvermerkszwang für Einreisen aus Tirol nach Vorarlberg eingeführt, diesmal aus eigener Machtvollkommenheit und aus anderen Gründen als im Krieg.[94]

b. Die „Los-von-Tirol"-Bewegung

Der bisherige Landtag bestand in Vorarlberg aus 19 Abgeordneten, die jeweils für sechs Jahre gewählt wurden, und dem fürstbischöflichen Generalvikar von Feldkirch als Virilisten. Der Landtag war nach dem Einkammersystem gebildet. Den Vorsitz führte der vom Kaiser aus der Mitte des Landtages ernannte Landeshauptmann. Die Geburtsurkunde dieses Landtags war das Februarpatent, das im RGBl Nr. 20/1861 verlautbart worden war. Die Vorarlberger Landesordnung,

---

[91] Vorarlberg – ein selbständiges Land. Aus: Vorarlberger Wacht. Organ für das arbeitende Volk in Vorarlberg, Jg. 9, Nr. 45, Dornbirn, 8. November 1918, S. 1.
[92] StGBl. Nr. 40/1918.
[93] Pernthaler, Peter: Die Staatsgründungsakte der österreichischen Bundesländer. Eine staatsrechtliche Untersuchung über die Entstehung des Bundesstaates (= Schriftenreihe des Instituts für Föderalismusforschung, Bd. 14), Wien 1979, S. 24-25.
[94] Grabherr, Elmar: Vorarlberger Geschichte. Eine volkstümliche Darstellung, 2. Auflage, Bregenz 1987, S. 240.

die einen Bestandteil dieses Gesetzes bildete, unterschied sich von den übrigen Landesordnungen – ausgenommen jener Tirols – vor allem dadurch, dass dem Landtag ein Recht auf Mitwirkung bei der Regelung des Landesverteidigungs- und Schießstandwesens zukam.[95]

Die Wiedererrichtung einer eigenen gesetzgebenden Körperschaft durch das Februarpatent von 1861 hatte zwar die politische, nicht aber die verwaltungsmäßige Trennung von Tirol mit sich gebracht. Vorarlberg bildete weiterhin mit Tirol ein gemeinsames Verwaltungsgebiet.[96]

Schon im Vorfeld des Februarpatentes hatte Vorarlberg für eine Loslösung von Tirol gekämpft. Die militärischen Niederlagen der Habsburgermonarchie bei Magenta und Solferino 1859 zwangen den Kaiser zu einem Nachgeben in der Verfassungsfrage, das auch die Vorarlberger wieder hoffen ließ. Eine Vorarlberger Delegation hinterlegte am 27. November 1859 in Innsbruck ein Memorandum, das die Unterschiede zwischen Vorarlberg und Tirol in Geographie, Volkstum, Wirtschaft, ständischer Gliederung, Steuersystem und Geschichte ausführlich darlegte und aufgrund dieser Fakten die Lösung des Landes von Tirol forderte. Es gab dazu unterschiedliche Meinungen, doch setzte sich schließlich die Ansicht durch, dass Vorarlberg eine eigene Vertretung erhalten sollte.[97]Am 13. Oktober 1871 forderte der Landtag in einer Adresse an den Kaiser in so ungewöhnlich scharfer Form die Selbständigkeit des Landes „in Berücksichtigung seines tausendjährigen Staatsrechts“[98], dass der Kaiser als Antwort darauf den Landtag auflöste.[99] Der Vorarlberger Landtag gab aber vor dem Zusammenbruch des Habsburgerstaates sein zähes Streben nach Wiedererlangen der Selbständigkeit des Landes, vor allem nach verwaltungsmäßiger Trennung von Tirol, nicht auf. In den Jahren 1907 und 1913 verlangte der Landtag jeweils in Entschließungen neuerlich die Loslösung von Tirol und die Schaffung einer eigenen Landesregierung.[100] Diese Vorstöße blieben jedoch ohne Erfolg.

---

[95] Brandtner, Werner, Franz Hämmerle und Johannes Müller: Der Vorarlberger Landtag. In: Föderalismus und Parlamentarismus in Österreich, hg. von Herbert Schambeck, Wien 1992, S. 539-588, hier S. 539.

[96] Brandtner, Werner, Franz Hämmerle und Johannes Müller: Der Vorarlberger Landtag. In: Föderalismus und Parlamentarismus in Österreich, hg. von Herbert Schambeck, Wien 1992, S. 539-588, hier S. 539.

[97] Burmeister, Karl Heinz: Die Vorarlberger Landesverfassungen bis 1919. In: 75 Jahre selbständiges Land Vorarlberg (1918-1993), Bregenz 1993, S. 105-134, hier S. 126.

[98] Sitzungsbericht über die Sitzung des III. Landtages am 13.10.1871, S. 124; Vorarlberger Volksblatt vom 6. 10. 1871.

[99] Vorarlberger Volksblatt vom 27. 12. 1871.

[100] Vögel, 100 Jahre Vorarlberger Landtag 1861-1961. In: Landstände und Landtag in Vorarlberg, Bregenz 1961, S. 113; Beilage 61/1906-1907 des IX. Landtages, S. 259.

Die Eckdaten für die Unabhängigkeit Vorarlbergs waren der 8. Januar und der 3. November 1918. Am 8. Januar 1918 hatte der amerikanische Präsident Wilson für die Völker Österreich-Ungarns die freieste Gelegenheit zu einer autonomen Entwicklung gefordert. Auf diese Aussage sollte sich auch am 3. November 1918 die Selbständigkeitserklärung des Vorarlberger Landtags berufen. Zwischen diese beiden Daten fällt eine ganze Reihe von mehr oder weniger geheimen Bemühungen der Regierung in Wien, die Monarchie durch die Umwandlung in einen föderalistischen Staat doch noch über das vorauszusehende Kriegsende zu retten. Die Entwürfe einer Reichsverfassung, die damals entstanden, zielten auf eine föderalistische Struktur des Staates, um den Nationalitätenkonflikt zu überwinden. Man dachte vor allem daran, die Kompetenzen der Kreise zu stärken. In den Fällen aber, in denen – wie in Vorarlberg – das Land nur aus einem Kreis bestand, sollten die Kompetenzen des Kreises an das Land übergehen. Die Verwaltungseinheit mit Tirol hätte deshalb kaum mehr aufrechterhalten werden können.

Noch deutlicher kommt das in einem Entwurf zu einem „Grundgesetz über die Vertretung des österreichisch-ungarischen Staatenbundes" zum Ausdruck. Hier heißt es in § 1: „Die österreichisch-ungarische Monarchie ist der völkerrechtliche Bund der unter dem Szepter der Habsburger-Dynastie vereinigten Staaten. Diese sind: 1. Das Kaisertum Österreich, umfassend die Kronländer a) das Erzherzogtum Österreich unter der Enns;" und später folgt unter „n) das Land Vorarlberg". Aufgrund dieses Verfassungsgesetzentwurfes sollte Vorarlberg als eigener Staat gleichberechtigt neben die anderen österreichischen und ungarischen Staaten treten.[101]

Diese Vorgänge in Wien rund um den Versuch, ein Grundgesetz für einen österreichisch-ungarischen Staatenbund zu schaffen, müssen trotz der Geheimhaltung der Entwürfe auch in Vorarlberg bekannt gewesen sein. Zumindest dürfte ein Mann wie Jodok Fink von ihnen gewusst haben.[102] Der Kaiser selbst hatte am 16. Oktober 1918 erklärt, Österreich „dem Willen seiner Völker gemäß, zu einem Bundesstaate" umzuwandeln, „in dem jeder Volksstamm auf seinem Siedlungsgebiete sein eigenes staatliches Gemeinwesen bildet". Ein eigenes Land Vorarlberg, das verwaltungsmäßig nicht mehr mit Tirol verbunden sein würde, war unter Kaiser Karl greifbar nah. Die Beratungen über die Verfassungsänderungen von 1918 waren aber vertraulich, sodass man sich schlecht darauf berufen konnte. Die Unabhängigkeitserklärung Vorarlbergs vom 3. November 1918

[101] Burmeister Karl Heinz: Die Vorarlberger Landesverfassungen bis 1919. In: 75 Jahre selbständiges Land Vorarlberg (1918-1993), Bregenz 1993, S. 105-134, hier S. 129.

[102] Burmeister Karl Heinz: Die Vorarlberger Landesverfassungen bis 1919. In: 75 Jahre selbständiges Land Vorarlberg (1918-1993), Bregenz 1993, S. 105-134, hier S. 130.

verweist daher auch nicht auf die geheimen Entwürfe der Regierung, sondern zumindest indirekt auf jenen Punkt 10 der 14 Punkte des amerikanischen Präsidenten Woodrow Wilson, der diese beabsichtigten Verfassungsänderungen initiiert hatte. [103]

c. Loslösung von Tirol wegen kantonaler Einstellung

Die Hinwendung des offiziellen Vorarlberg zur Schweiz und die Loslösung von Tirol haben sich gegenseitig bedungen. Man wollte sich von Tirol loslösen, um sich der Schweiz anschließen zu können. Deshalb hat die Loslösung von Tirol die Hinwendung zur Schweiz noch verstärkt und anderseits wurde durch die Anlehnung Vorarlbergs an die Schweiz der Trend zur Loslösung von Tirol wiederum unterstützt. Landeshauptmann Dr. Otto Ender hat jedenfalls im Zuge der Debatte über den möglichen Anschluss Vorarlbergs an die Schweiz im Jahre 1919 im Nachhinein diesen Zusammenhang gleich bei zwei Anlässen hergestellt.

In einem Bericht des Landesrates über die Anschlussfrage stellte der Landeshauptmann am 15. März 1919 im Landtag fest: „Es ist zu sehr in die Augen springend, daß wir bezüglich Abstammung und Sprache mit der Schweiz und mit Schwaben viel verwandter sind als mit Tirol und auch bezüglich der Gesinnung war zweifellos schon vor dem Kriege, wo wir alle noch loyale Staatsbürger und treue Untertanen Sr. Majestät waren, doch festzustellen, daß zwischen der Auffassung in Tirol und in Vorarlberg immer ein ganz wesentlicher Unterschied bestanden hat. Es hat das jeder Beamte gefühlt, der in unser Land kam. Auch die Bevölkerung war sich durchaus bewußt, daß sie demokratischer gesinnt und veranlagt war als die Tiroler. Daß der Patriotismus, der vorhanden war, einen anderen Charakter trug, hat man in auch in Wien gefühlt, wo man uns scherzweise als den 23. Kanton bezeichnete.“[104]

Der zweite Anlass, bei dem der Landeshauptmann einen Zusammenhang zwischen der Loslösung von Tirol und der Hinwendung zur Schweiz hergestellt hat, war ein Bericht des Landesrates im Vorarlberger Landtag vom 8. Juli 1919 über die Zuschrift der deutschösterreichischen Staatskanzlei in Sachen Vorarlberger

[103] Burmeister Karl Heinz: Die Vorarlberger Landesverfassungen bis 1919. In: 75 Jahre selbständiges Land Vorarlberg (1918-1993), Bregenz 1993, S. 105-134, hier S. 130.

[104] Bericht des Landesrates über die Anschlußfrage. 14. Sitzung am 15. März 1919 unter dem Vorsitze des Herrn Landeshauptmannes Dr. Otto Ender. In: Stenographische Sitzungsberichte der provisorischen Vorarlberger Landesversammlung zu Bregenz. Eröffnung der Landesversammlung am 3. November 1918; 14. Sitzung, S. 6-7.

Anschlussfrage. Damals wandte sich Dr. Ender an die Abgeordneten und erklärte, dass in Vorarlberg ein demokratischer Geist herrsche, das habe die Wiener Regierung schon vor Jahrzehnten gewusst und immer bestätigt: „Es sind auch bei uns Institutionen durchgedrungen zu einer Zeit, wo man sie anderswo noch nicht hatte. Worauf ist das starke Streben Vorarlbergs nach Autonomie zurückzuführen, das Sie durch die Geschichte unseres Landtages zurückverfolgen können, solange er besteht, das Streben nach starker Autonomie? Auf nichts anderes, als auf sein Verlangen nach einer kantonalen Stellung, nach einer seiner demokratischen Auffassung entsprechenden kantonalen Stellung. Worauf anders führen Sie das Streben der Loslösung Vorarlbergs von der Statthalterei in Innsbruck – das eine jahrzehntelange Geschichte hat, und dem sich die Regierung immer widersetzte – zurück? Die Loslösung konnte erst am 3. November vergangenen Jahres vollzogen werden. – Sie können dieses Streben auf keine andere Wurzel zurückführen als auf den Selbständigkeitsdrang, den kantonalen Geist unseres Landes.[105]

2. Von der Monarchie zur Republik

Anlässlich des Kaiserbesuches im Juni 1917 in Vorarlberg teilte das christlichsoziale Volksblatt seinen Lesern mit: „...wo Volk und Kaiser so herzlich verkehren, hat der Umsturz keinen Platz. In anderen Reichen mögen Throne stürzen, Kronen rollen: bei uns schlägt der Stamm Habsburg, die Wurzeln seiner Liebe und Kraft tiefer denn je in Volk und Reich." Rund 16 Monate später war die Habsburgermonarchie abgeschafft und Vorarlberg ein selbständiges Bundesland der demokratischen Republik Deutschösterreich.[106] Der auch mental komplikationslose Wechsel von der Monarchie zur Republik in den Köpfen der Vorarlberger wurde durch das republikanische Vorbild der Eidgenossen direkt vor der Haustüre entscheidend unterstützt.

a. Ausrufung der Republik

Es war sicher hilfreich für die Vorarlberger, dass sie beim Übergang von der Monarchie zur Republik stets das funktionierende Schweizer Modell vor Augen

---

[105] Bericht des Landesrats über die Zuschrift der deutschösterreichischen Staatskanzlei in Sachen der Vorarlberger Anschlußfrage. In: Stenographische Sitzungsberichte der I. (ordentlichen) Landtagssession in Vorarlberg zu Bregenz (XI. Landtags-Periode), 6. Sitzung am 8. Juli 1919, S. 71-118, hier S. 82.

[106] Weber, Wolfgang: Die Zeitenwende 1918/1919. In: 75 Jahre selbständiges Land Vorarlberg (1918-1993), Bregenz 1993, S. 91.

hatten. Otto Ender erzählte dazu in der Landesversammlung eine passende Geschichte: Kaiser Karl war im Sommer 1917 nach Vorarlberg gekommen und wurde am Bregenzer Bahnhof empfangen. Alle Abgeordneten waren vertreten und einer von ihnen hatte zu einem Herrn aus Vorarlberg aus hohem Geblüte gesagt: „Was meinen denn Sie, wenn wir jetzt den Krieg verlieren werden und der Kaiser kommt wieder ins Land, wird er dann auch so feierlich begrüßt und so herzlich empfangen werden?“ Da gab ihm der hohe Herr zur Antwort: „Herr Abgeordneter, die Vorarlberger haben ihr Herz ohnehin jetzt schon mehr über dem Rhein drüben.“ Die Ereignisse, die nach dem Zusammenbruch eingetreten seien, möchten glauben lassen oder bekräftigen, dass der Herr nicht ganz unrecht geurteilt habe, meinte Otto Ender dazu.[107]

Am 21. Oktober 1918 traten im Sitzungssaal des niederösterreichischen Landtages die im Jahre 1911 gewählten Reichsratsabgeordneten aller deutschen Wahlbezirke zur „Provisorischen Nationalversammlung für Deutschösterreich“ zusammen. Der Christlichsoziale Jodok Fink wurde zu einem der drei gleichberechtigten Präsidenten gewählt. Victor Adler, der für die Sozialdemokraten die Eröffnungsansprache hielt, sprach sich für die republikanische Staatsform aus, während Josef Schraffl für die Christlichsozialen und Otto Steinwender für die Deutschnationalen den Willen zum Festhalten an der konstitutionellen Monarchie zum Ausdruck brachten. Man einigte sich schließlich darauf, für Deutschösterreich eine provisorische Verfassung zu beschließen sowie eine eigene Regierung einzusetzen. Dies geschah schon in der zweiten Sitzung am 30. Oktober mit dem „Beschluß über die grundlegenden Einrichtungen der Staatsgewalt“.[108]

Über die Frage der Staatsform sollte vorerst keine Entscheidung getroffen werden. Eine förmliche Proklamation der Republik blieb aus. De facto wurde aber bereits an diesem Tag eine republikanische Verfassung beschlossen. Auch die Christlichsozialen mussten bald einsehen, dass ein weiteres Festhalten an der Monarchie nicht möglich war.[109]

---

[107] Bericht des Landesrates über die Frage des Selbstbestimmungsrechtes des Landes. In: Stenographische Sitzungsberichte der I. (ordentlichen) Landtagssession in Vorarlberg zu Bregenz. (XI. Landtags-Periode.) Eröffnung des Landtages am 17. Juni 1919, Bregenz 1920; 9. Sitzung des Vorarlberger Landtags am 5. Dezember 1919 unter dem Vorsitze des Herrn Landeshauptmannes Dr. Otto Ender, S. 6-59, hier S. 9.

[108] StGBl. 1/1918.

[109] Polaschek, Martin F.: Die Anfänge der Republik Österreich: Zentralismus versus Föderalismus. In: 1918/1919. Die Bundesländer und die Republik. Protokollband des Symposiums zum 75. Jahrestag der Ausrufung der 1. Republik am 12. und 13. November 1993 im Grazer Stadtmuseum. Hg. von Gerhard M. Dienes und Markus Jaroschka, (grazer-stadtmuseum in serie 2/94), S. 9-34, hier S. 14.

In manchen Ländern setzte die Bevölkerung den Beschluss vom 30. Oktober bereits mit der Einführung der republikanischen Staatsform gleich.[110] Spätestens seit dem 30. Oktober 1918 muss man im staatsrechtlichen Sinn von einer Revolution in Österreich sprechen. Die Beschlüsse, die an diesem Tag von der Nationalversammlung gefasst wurden, zerbrachen die Kontinuität mit der monarchischen Reichsverfassung vollständig.[111]

Schon in den letzten Kriegsmonaten, als das drohende Ende der Monarchie ein Überdenken der staatsrechtlichen Situation des Landes erforderlich machte, gewann in der Bevölkerung der Gedanke eines Anschlusses Vorarlbergs an die Schweiz immer mehr Anhänger. Die politische Führung Vorarlbergs verhielt sich dieser Strömung gegenüber anfänglich jedoch reserviert bis ablehnend.[112] Vor diesem Hintergrund kann es dann auch nicht verwundern, dass die am 3. November 1918 im Landhaus versammelten Parteienvertreter zwar Vorarlberg zum selbständigen Land erklärten, sich jedoch hüteten, eine offizielle Stellungnahme über die von ihnen bevorzugte Staatsform in Deutschösterreich abzugeben. Welche sie sich wünschten, lässt sich nur erahnen. „Bei allen Bestrebungen nach Landesautonomie und demokratischer ‚Volksherrschaft' war die Mehrzahl der Vorarlberger Christlichsozialen innerlich für eine konstitutionelle Monarchie."[113] Der damalige Vorsitzende des Staatsrates für Ernährung, Jodok Fink, hatte aber am 10. November 1918 im christlichsozialen Parlamentsklub den Antrag auf Abschaffung der Monarchie und Einführung der Republik gestellt und war damit durchgekommen.[114] Am 11. November legte der Kaiser die Regierung auch förmlich nieder, ohne jedoch auf den Thron zu verzichten.

Am Tag darauf fand die dritte Sitzung der Provisorischen Nationalversammlung statt, in der das „Gesetz über die Staats- und Regierungsform von Deutschöster-

---

[110] Polaschek, Martin F.: Die Anfänge der Republik Österreich: Zentralismus versus Föderalismus. In: 1918/1919. Die Bundesländer und die Republik. Protokollband des Symposiums zum 75. Jahrestag der Ausrufung der 1. Republik am 12. und 13. November 1993 im Grazer Stadtmuseum. Hg. von Gerhard M. Dienes und Markus Jaroschka, (grazer-stadtmuseum in serie 2/94), S. 9-34, hier S. 15.

[111] Pernthaler, Peter: Die Staatsgründungsakte der österreichischen Bundesländer. Eine staatsrechtliche Untersuchung über die Entstehung des Bundesstaates (= Schriftenreihe des Instituts für Föderalismusforschung, Bd. 14), Wien 1979, S. 20.

[112] Brandtner, Werner, Franz Hämmerle und Johannes Müller: Der Vorarlberger Landtag. In: Föderalismus und Parlamentarismus in Österreich, hg. von Herbert Schambeck, Wien 1992, S. 539-588, hier S. 542.

[113] Weber, Wolfgang: Die Zeitenwende 1918/1919. In: 75 Jahre selbständiges Land Vorarlberg (1918-1993), Bregenz 1993, S. 92.

[114] Grabherr, Elmar: Vorarlberger Geschichte. Eine volkstümliche Darstellung, 2. Auflage, Bregenz 1987, S. 235.

reich" einstimmig angenommen wurde,[115] worauf „stürmischer, wiederholt sich erneuernder Beifall im ganzen Hause und auf der Galerie" laut wurde. In Art 2 dieses Gesetzes erklärte sich Deutschösterreich zum Bestandteil der Deutschen Republik. Der Inhalt dieser Bestimmung war erst durch besondere Gesetze auszugestalten. Dennoch sollte die Vision eines möglichen Anschlusses die weitere staatsrechtliche Diskussion mitbestimmen.[116]

Der „Beschluß betreffend die feierliche Beitrittserklärung der Länder, Kreise und Gaue des Staatsgebietes"[117] wurde am 12. November 1918 gefasst. Die Beitrittserklärungen haben die Länder anlässlich der Konstituierung ihrer provisorischen Landesversammlungen abgegeben. Das geschah also nicht für alle Länder zur selben Zeit, sondern bei manchen – etwa Vorarlberg – vor dem Beschluss, teils aber auch erst danach.[118] Zentralstaat und Länder waren dabei als originäre Staatsgewalten bei der Entstehung der Republik Deutschösterreich beteiligt. Zentral- und Ländergewalten haben ein Bündel von Staatsgründungsakten gesetzt, „die erst gemeinsam die Entstehung der deutschösterreichischen Republik bewirkt haben".[119]

Die Meldung über die Ausrufung der Republik und die Absicht des Anschlusses an das Deutsche Reich stießen im Vorarlberger Volk auf heftigen Widerspruch. Dass diese Entscheidung über den Kopf des Volkes hinweg getroffen wurde, „legt das Urteil nahe, dass jetzt in Wien ein Absolutismus und eine Autokratie herrschen, wie man sie in der Zeit des Vormärz kaum kennengelernt hat", schrieb das christlichsoziale Vorarlberger Volksblatt.[120] Bereits am 14. November 1918 wurde in der Presse des Landes die Vorläufigkeit des Beitritts Vorarl-

---

[115] StGBl. 5/1918

[116] Polaschek, Martin F.: Die Anfänge der Republik Österreich: Zentralismus versus Föderalismus. In: 1918/1919. Die Bundesländer und die Republik. Protokollband des Symposiums zum 75. Jahrestag der Ausrufung der 1. Republik am 12. und 13. November 1993 im Grazer Stadtmuseum. Hg. von Gerhard M. Dienes und Markus Jaroschka, (grazer-stadtmuseum in serie 2/94), S. 9-34, hier S. 15.

[117] StGBl. 23/1918.

[118] Polaschek, Martin F.: Die Anfänge der Republik Österreich: Zentralismus versus Föderalismus. In: 1918/1919. Die Bundesländer und die Republik. Protokollband des Symposiums zum 75. Jahrestag der Ausrufung der 1. Republik am 12. und 13. November 1993 im Grazer Stadtmuseum. Hg. von Gerhard M. Dienes und Markus Jaroschka, (grazer-stadtmuseum in serie 2/94), S. 9-34, hier S. 16.

[119] Weber, Karl: Die mittelbare Bundesverwaltung. Eine verfassungs- und verwaltungsrechtliche Untersuchung der Organisation und Verwaltung des Bundes im Bereich der Länder außer Wien, zugleich eine Geschichte der Behörden der allgemeinen staatlichen Verwaltung in den Ländern außer Wien (= Schriftenreihe des Instituts für Föderalismusforschung, Bd. 41), Wien 1987, S. 90-91.

[120] Vorarlberger Volksblatt vom 19. November 1918.

bergs zu Deutschösterreich betont und vor einem voreiligen definitiven Anschluss an ein bestimmtes Staatsgebilde gewarnt.[121]

b. Eine Republik nach Schweizer Muster

Auch in der Vorarlberger Landesversammlung kam es zu einer Debatte über die zukünftige, sinnvollste Staatsform für Deutschösterreich. In der Sitzung vom 3. Dezember 1918 hatte ein sozialdemokratischer Redner erklärt, der Bischof und andere Kleriker des Landes hätten von der Kanzel die Wiedereinführung der Monarchie gepredigt. Die Sozialdemokraten verlangten deshalb von der Mehrheitspartei des Hauses, dass sie kraft ihres Einflusses auf den Klerus die politische und antirepublikanische Agitation sowohl auf der Kanzel als auch in der Schule einstelle.[122] Der christlichsoziale Abgeordnete Dr. Mittelberger erwiderte, man könnte aufgrund der sozialdemokratischen Wortmeldung fast den Eindruck gewinnen, als ob die christlichsoziale Partei als solche antirepublikanisch gesinnt wäre. Er müsse deshalb den Standpunkt seiner Partei erhellen: „Die christlichsoziale Partei in Vorarlberg stellt sich uneingeschränkt auf den Boden der demokratischen Republik. Sie verlangt für das Land eine weitgehende Selbständigkeit nach dem Muster der Schweizer Kantone, besonders in kulturellen und Verwaltungsfragen. Die Angliederung Vorarlbergs an Deutschösterreich in der heutigen Gestalt betrachtet die Partei als provisorisch. Die endgiltige Entscheidung über die Neuordnung der Verhältnisse und über die Angliederung des Landes an ein größeres Staats- und Wirtschaftsgebiet haben die aus allgemeinen Wahlen hervorgehenden Vertreter im gegebenen Zeitpunkt zu treffen.“[123]

Auch in der Frage der Staatsform, in der Teile der christlichsozialen Partei schwankend waren, gab das republikanische Vorbild der Schweiz den Ausschlag

---

[121] Brandtner, Werner, Franz Hämmerle und Johannes Müller: Der Vorarlberger Landtag. In: Föderalismus und Parlamentarismus in Österreich, hg. von Herbert Schambeck, Wien 1992, S. 539-588, hier S. 542. Hinweis auf ein Zitat des Vorarlberger Volksblattes vom 14. November 1918.

[122] 7. Tagesordnungspunkt: Allfällige Erklärungen der Parteien. Vorarlberger Landesversammlung. 3. Sitzung am 3. Dezember 1918 unter dem Vorsitze des Herrn Landespräsidenten Dr. Otto Ender. In: Stenographische Sitzungsberichte der provisorischen Vorarlberger Landesversammlung zu Bregenz. Eröffnung der Landesversammlung am 3. November 1918; 3. Sitzung, S.1–65, hier S. 48.

[123] 7. Tagesordnungspunkt: Allfällige Erklärungen der Parteien. Vorarlberger Landesversammlung. 3. Sitzung am 3. Dezember 1918 unter dem Vorsitze des Herrn Landespräsidenten Dr. Otto Ender. In: Stenographische Sitzungsberichte der provisorischen Vorarlberger Landesversammlung zu Bregenz. Eröffnung der Landesversammlung am 3. November 1918; 3. Sitzung, S.1–65, hier S. 52.

für die Abkehr der christlichsozialen Funktionäre und Mandatsträger von der Idee der konstitutionellen Monarchie. Mit monarchistischen Vorstellungen wäre eine Annäherung an die Schweiz und die Idee eines Anschlusses von Vornherein zum Scheitern verurteilt gewesen. Deshalb war das Bekenntnis zur demokratischen Republik auch als Schritt auf dem Weg zum ersehnten Anschluss Vorarlbergs an die Eidgenossen gedacht.

c. Umgang mit monarchistischen Symbolen

Für den Vorarlberger Landespräsidenten galt nicht nur die republikanische Staatsform der Schweizer als Vorbild, auch der Umgang der Eidgenossen mit den alten Symbolen der Habsburger Herrschaft in der Schweiz schien ihm vorbildlich zu sein. Er empfahl seinen Zeitgenossen, die sich als Bilderstürmer gegen jene kaiserlich-königlichen Symbole im Land betätigen wollten, die nach dem Zusammenbruch der Monarchie nicht rechtzeitig beseitigt wurden, sich an dem schweizerischen Umgang mit symbolträchtigen Zeugen der Vergangenheit zu orientieren.

Die Vorarlberger Landesversammlung hatte am 3. Dezember 1918 ein Gesetz über die neuen Landessymbole beschlossen.[124] Wenn dafür in erster Linie auch praktische Gründe maßgebend gewesen sein werden, symbolisiert dieser Gesetzesbeschluss der Landesversammlung über das Wappen des Landes Vorarlberg doch den Abschluss der „Landwerdung" und der neuen Selbständigkeit.[125] Bis zum Ende der Monarchie war die Gewährung eines Landeswappens dem Kaiser vorbehalten gewesen. Nun gab sich die Landesversammlung selbst – als Zeichen der neu gewonnenen Selbständigkeit – ein neues Landeswappen. Auch wenn sich der Landeshauptmann dafür entschuldigte, dass man sich in einer wirtschaftlich so schwierigen Zeit, in der viele Leute an Hunger litten, mit dieser nebensächlich scheinenden Frage beschäftigte.[126]

---

[124] LGBl Nr. 20/1918.

[125] Nachbaur, Ulrich: Vorarlberger Landessymbole. Ausstellung des Vorarlberger Landtags und der Vorarlberger Landesregierung im Landhaus in Bregenz vom 17. März bis 9. April 2004, (= Ausstellungskataloge des Vorarlberger Landesarchivs, Bd. 10), Bregenz 2004, S. 15.

[126] Bericht des Landesrates über das Gesetz vom 14. November 1918, betreffend die Übernahme der Staatsgewalt in den Ländern. Vorarlberger Landesversammlung. 3. Sitzung am 3. Dezember 1918 unter dem Vorsitze des Herrn Landespräsidenten Dr. Otto Ender. In: Stenographische Sitzungsberichte der provisorischen Vorarlberger Landesversammlung zu Bregenz. Eröffnung der Landesversammlung am 3. November 1918; 3. Sitzung, S.1–65, hier S. 3-6.

Am Ende der Sitzung hatte der Sozialdemokrat Franz Rauscher, Kesselschmied aus Feldkirch, den Landespräsidenten ersucht, die nötigen Weisungen zu treffen, dass „die Symbole der ehemaligen Regierung, Wappen, Adler usw. durch die vom Staatsrate beziehungsweise vom Landesrate bestimmten Zeichen ehebaldigst ersetzt werden."[127] Bei diesem Anlass kam der Bregenzer Bürgermeister und Nationalrat Dr. Ferdinand Kinz von der Deutschfreisinnigen Partei auf eine Begebenheit zu sprechen, die sich im Rathaus anlässlich der Überreichung eines Antrags durch sozialdemokratische Vertrauensmänner abgespielt habe. Die Herren hätten Kaiserbilder in den Amtszimmern gesehen und seien sehr entrüstet darüber gewesen, dass man sie noch nicht entfernt hätte. Es seien Bilder von historischem Werte.[128]

Der Landespräsident Dr. Ender berichtete dazu, er sei vor einigen Jahren in Baden bei Zürich gewesen. Wenn man durch das Städtchen gehe, finde man die österreichischen Doppeladler aus der Zeit, als diese Gegend den Habsburgern gehört habe. Keinem Schweizer würde es einfallen, einen Finger daran zu rühren, denn dieser Doppeladler sei ein kostbares Stück althistorischer Erinnerung, etwas Eigentümliches, etwas, was beim Durchwandern der Stadt derselben einen Reiz gebe. „Wir würden eine enorme Torheit begehen, wenn wir hergingen und z. B. vom Kreisgericht in Feldkirch, die in Stein gemeißelten oder in Stuccatur gearbeiteten prächtigen Adler mit Meißeln herunterhauen ließen und irgend eine Göttin hinaufsetzen würden. Das wäre eine große Sünde."[129]

Landespräsident Otto Ender hat nur zwei Wochen nach dieser Debatte eine eigene Verordnung der Landesregierung über die Änderung des Symbols der Staatsgewalt dazu erlassen. Durch die Verwandlung des deutschösterreichischen Staates in eine Republik sei nicht nur die Bezeichnung der Ämter als „kaiserlich-königlich" in Wegfall gekommen. Es entfalle auch die Führung des Dop-

[127] Bericht des Landesrates über das Gesetz vom 14. November 1918, betreffend die Übernahme der Staatsgewalt in den Ländern. Vorarlberger Landesversammlung. 3. Sitzung am 3. Dezember 1918 unter dem Vorsitze des Herrn Landespräsidenten Dr. Otto Ender. In: Stenographische Sitzungsberichte der provisorischen Vorarlberger Landesversammlung zu Bregenz. Eröffnung der Landesversammlung am 3. November 1918; 3. Sitzung, S.1–65, hier S. 64.

[128] Vorarlberger Landesversammlung. 3. Sitzung am 3. Dezember 1918 unter dem Vorsitze des Herrn Landespräsidenten Dr. Otto Ender. In: Stenographische Sitzungsberichte der provisorischen Vorarlberger Landesversammlung zu Bregenz. Eröffnung der Landesversammlung am 3. November 1918; 3. Sitzung, S.1–65, hier S. 64-65.

[129] Vorarlberger Landesversammlung. 3. Sitzung am 3. Dezember 1918 unter dem Vorsitze des Herrn Landespräsidenten Dr. Otto Ender. In: Stenographische Sitzungsberichte der provisorischen Vorarlberger Landesversammlung zu Bregenz. Eröffnung der Landesversammlung am 3. November 1918; 3. Sitzung, S.1–65, hier S. 64-65.

peladlers als Symbol der Staatsgewalt. Diese Wandlung müsse auch in den Aufschriften am Äußeren der Gebäude, im Innern derselben, in den Stampiglien, Drucksorten und so weiter zum Ausdruck kommen. Dabei hatten aber nach der Verordnung strenge Grundsätze zu gelten: Alles, was Kunstwert oder geschichtlichen Wert besaß, war zu schonen. Und was ohne Zerstörung von Bauten oder von Teilen derselben nicht entfernt werden konnte, hatte einstweilen belassen zu werden.[130]

Die persönliche Schilderung des Landespräsidenten über seine Schweizer Erlebnisse im Umgang mit alten Staatssymbolen in der Zeit des Überganges von der Monarchie zur Republik und auch die Tatsache, dass diese Erlebnisse in der Schweiz den Anlass für eine entsprechende Verordnung der Vorarlberger Landesregierung bildeten, zeigen, wie sehr im politischen Alltag bei jeder Gelegenheit die positiven Eindrücke aus der Schweiz für die Regelung innenpolitischer Vorgänge in Vorarlberg herangezogen wurden.

3. Übernahme der Staatsgewalt in den Ländern

Durch das „Gesetz betreffend die Übernahme der Staatgewalt in den Ländern" ist der von den Ländern auf revolutionäre Weise hergestellte Rechtszustand von der Zentralgewalt anerkannt worden, wodurch der bundesstaatlichen Realität auch verfassungsmäßig Rechnung getragen wurde.[131]

a. Die Übernahme der Staatsgewalt durch die Länder

Den Entwurf, der am 12. November 1918 als „Grundgesetz über die Übernahme der Staatsgewalt in den Länden" eingebracht worden war, hat die Nationalversammlung am 14. November 1918 als Gesetz beschlossen.[132] Am 3. Dezember 1918 musste das von der Nationalversammlung beschlossene Gesetz auch in der Vorarlberger Landesversammlung behandelt werden, da es in Vorarlberg noch einiges aus diesem Gesetz umzusetzen galt.

---

[130] 23. Verordnung der Landesregierung vom 20.XII.1918, wegen Änderung der Ämterbezeichnung und des Symbols der Staatsgewalt. In: Vorarlberger Landesgesetzblatt, Jg. 1918, einziges Stück, herausgegeben und versendet am 13. März 1919.

[131] Weber, Karl: Die mittelbare Bundesverwaltung. Eine verfassungs- und verwaltungsrechtliche Untersuchung der Organisation und Verwaltung des Bundes im Bereich der Länder außer Wien, zugleich eine Geschichte der Behörden der allgemeinen staatlichen Verwaltung in den Ländern außer Wien (= Schriftenreihe des Instituts für Föderalismusforschung, Bd. 41), Wien 1987, S. 93-94.

[132] StGBl. 24/1918.

Landespräsident Dr. Otto Ender beharrte ständig darauf, dass mit diesem Gesetz die Übernahme der Staatsgewalt „durch" die Länder – und nicht die Übernahme der Staatsgewalt „in" den Ländern – geregelt worden sei. Bis dahin lag die Regierungsgewalt in den Ländern bei der Statthalterei. Der jeweilige Statthalter übte im Namen des Staates die Regierung im Lande aus. Ender führte aus, „daß bei Vorarlberg noch die Besonderheit bestand, daß ein fremder Statthalter – nämlich der Statthalter von Tirol – die Regierungsgewalt in Vorarlberg ausgeübt hat".[133]

Gemäß § 1 traten an die Stelle der Landtage die provisorischen Landesversammlungen, die auch deren Gesetzgebungskompetenz übernahmen. Die rechtliche Befugnis, neue Landesordnungen zu erlassen, wurde jedoch nur dem „Zentralstaat" eingeräumt. Das Sanktionsrecht, das früher dem Kaiser zugestanden war, sollte nunmehr durch den Staatsrat ausgeübt werden. Dagegen erhoben die Länder allerdings Widerspruch. Die Landesversammlung war in Vorarlberg schon am 3. November 1918 einhellig konstituiert worden. Sie hielt bereits die dritte Sitzung ab, als das „Gesetz über die Übernahme der Staatsgewalt in den Ländern" in Vorarlberg wegen seiner Umsetzung erstmals behandelt wurde.

Der zweite Paragraph bestimmte, dass an Stelle der bisherigen Landesausschüsse die von den provisorischen Landesversammlungen gewählten „Landesräte" zu treten hatten. Auch dem hatte Vorarlberg schon längst Rechnung getragen.

Die Landesversammlung wählte aus ihrer Mitte mit Stimmenmehrheit den Landeshauptmann und durch Verhältniswahl zwei bis vier Stellvertreter. Der Landeshauptmann und seine Stellvertreter bildeten die Landesregierung. Als oberstes Vollzugsorgan wurde ein Landesamtsdirektor bestellt.[134] Da der Landeshauptmann als gemeinsames Oberhaupt der staatlichen Landesregierung, aber auch des Landesrates fungierte, war somit – zumindest auf der höchsten Verwaltungsebene – die Doppelgleisigkeit in der Verwaltung wenigstens formell auf-

---

[133] Bericht des Landesrates über das Gesetz vom 14. November 1918, betreffend die Übernahme der Staatsgewalt in den Ländern. Vorarlberger Landesversammlung. 3. Sitzung am 3. Dezember 1918 unter dem Vorsitze des Herrn Landespräsidenten Dr. Otto Ender. In: Stenographische Sitzungsberichte der provisorischen Vorarlberger Landesversammlung zu Bregenz. Eröffnung der Landesversammlung am 3. November 1918; 3. Sitzung, S.1–65, hier S. 1.

[134] Polaschek, Martin F.: Die Anfänge der Republik Österreich: Zentralismus versus Föderalismus. In: 1918/1919. Die Bundesländer und die Republik. Protokollband des Symposiums zum 75. Jahrestag der Ausrufung der 1. Republik am 12. und 13. November 1993 im Grazer Stadtmuseum. Hg. von Gerhard M. Dienes und Markus Jaroschka, (grazer-stadtmuseum in serie 2/94), S. 9-34, hier S. 19.

gehoben. „Das Gesetz übernahm die von den Ländern ansatzweise geschaffene Vereinigung von autonomer und landesfürstlicher Verwaltung, behielt jedoch die funktionelle und teilweise auch die organisatorische Trennung beider Vollzugsbereiche aufrecht.“[135]

Der Staatsregierung kam gegenüber der Landesregierung ein Weisungsrecht zu, das in der Praxis allerdings nicht durchgesetzt werden konnte. Die Landesregierungen verstanden sich weniger als zentralstaatliche Organe, sondern vielmehr als Landesorgane. De facto kam es nicht zu einer Übernahme der Staatsgewalt in den Ländern, sondern zu einer Übergabe dieser Staatsgewalt an die Länder, einer „Verländerung des Staates.“ Die Berufung der Landeshauptmänner auf ihre Wahl durch die Landesversammlungen unterschied ihre Stellung deutlich von jener der bestellten Statthalter.

Im § 3 wurde bestimmt, dass jede provisorische Landesversammlung aus ihrer Mitte mit Stimmenmehrheit den Landeshauptmann und durch Verhältniswahlen zwei bis vier Stellvertreter zu wählen habe. Der Landeshauptmann und seine Stellvertreter führten laut Gesetzestext in der provisorischen Landesversammlung den Vorsitz und leiteten deren Verhandlungen sowie die Amtsführung des Landesrates. Diese Regelung hatte man in Vorarlberg so nicht erwartet. Der Vorgang, wie er in Vorarlberg gehandhabt wurde, entsprach nicht der gesetzlichen Bestimmung.[136]

Der § 4 bestimmte, dass der Landeshauptmann und seine Stellvertreter die Landesregierung bilden. Diese übernahm alle Amtsgeschäfte, die durch die bisher gültigen Gesetze dem Landeschef übertragen waren. Der Landesregierung unterstand also die bisherige Landesbehörde, nämlich die Statthalterei oder Landesregierung. Die k. k. Statthalter und k. k. Landespräsidenten wurden abberufen. Es trat nicht der Präsident oder Landeshauptmann allein an die Stelle des Statthalters, sondern an die Stelle des Statthalters trat das Landespräsidium, also der Landeshauptmann samt seinen Stellvertretern. Sie bildeten fortan die Lan-

---

[135] Weber, Karl: Die mittelbare Bundesverwaltung. Eine verfassungs- und verwaltungsrechtliche Untersuchung der Organisation und Verwaltung des Bundes im Bereich der Länder außer Wien, zugleich eine Geschichte der Behörden der allgemeinen staatlichen Verwaltung in den Ländern außer Wien (= Schriftenreihe des Instituts für Föderalismusforschung, Bd. 41), Wien 1987, S. 94.

[136] Bericht des Landesrates über das Gesetz vom 14. November 1918, betreffend die Übernahme der Staatsgewalt in den Ländern. Vorarlberger Landesversammlung. 3. Sitzung am 3. Dezember 1918 unter dem Vorsitze des Herrn Landespräsidenten Dr. Otto Ender. In: Stenographische Sitzungsberichte der provisorischen Vorarlberger Landesversammlung zu Bregenz. Eröffnung der Landesversammlung am 3. November 1918; 3. Sitzung, S.1–65, hier S. 1-3.

desregierung. Sie waren jene Körperschaft, die dieselbe Funktion zu vollziehen hatte, die bis dahin der Statthalter innegehabt hatte. Das Land hatte nicht nur die Statthaltereibeamten zu übernehmen, sondern musste auch einen Beamtenkörper aufbauen.

b. Appenzeller Landschreiber statt Landesamtsdirektor

Der Landeshistoriker Benedikt Bilgeri schreibt, in der Landesversammlung habe es immer weniger gemeinsame Beschlüsse der Parteien gegeben. Der Titel „Landesamtsdirektor“ für den Vorstand des Amtes der Landesregierung habe sich gegen den Widerstand der Sozialdemokraten durchgesetzt. In Appenzell genüge der Name „Landschrieber“.[137]

Das Gesetz vom 14. November 1918, „betreffend die Übernahme der Staatsgewalt in den Ländern“ hat in seinem § 5 angeordnet, der Landesrat habe zur Vereinfachung und Vereinheitlichung des Dienstbetriebes und zur einheitlichen Handhabung der Dienstaufsicht ein Organ unter dem Titel Landesamtsdirektor zu ernennen.[138] Der Landesamtsdirektor war der „unmittelbare Vorgesetzte sämtlicher Beamten und Diener des Landesrates und der Landesregierung“. Er ist das oberste Vollzugsorgan der Landesregierung.[139]

Die „Vorarlberger Wacht“, das Organ der Sozialdemokraten, hatte in der Tat geschrieben: „In unserer jungen Republik Vorarlberg, die nach Auffassung der Christlichsozialen und der Bürgerlichen auf der Basis der Demokratie aufgebaut werden soll, steht der Beamtenzopf noch in voller Blüte. Selbstverständlich konnten die Größen des alten Systems nicht ohne weiteres ihres Dienstes enthoben werden, sondern es wurde darnach getrachtet, denselben wieder ein recht einträgliches Amt zu verschaffen. So ist der bisherige Leiter der Bezirkshauptmannschaft Bregenz zum Landesamtsdirektor von Vorarlberg ernannt worden. Was für Funktionen diese Amtsstelle zu versehen hat, weiß gewiß die Mehrzahl der Bevölkerung nicht. Den früheren Kommissär der Bezirkshauptmannschaft Bregenz bestimmte der Landesrat zum Landesregierungs-Sekretär – zum Landschrieber würde der Seppatone im benachbarten Appenzell-Innerrhoden sagen.

---

[137] Bilgeri, Benedikt: Geschichte Vorarlbergs, 5 Bde, Wien, Köln und Graz 1971-1987, Bd. V, Kanton oder Bundesland; Untergang und Wiederkehr; Wien, Köln und Graz 1987, S. 22.

[138] Gesetz vom 14. November 1918, betreffend die Übernahme der Staatsgewalt in den Ländern. In: Staatsgesetzblatt für den Staat Deutschösterreich, Jg. 1918, 5. Stück, ausgegeben am 20. November 1918, Nr. 24.

[139] Gesetz vom 14. November 1918, betreffend die Übernahme der Staatsgewalt in den Ländern. In: Staatsgesetzblatt für den Staat Deutschösterreich, Jg. 1918, 5. Stück, ausgegeben am 20. November 1918, Nr. 24.

Wie gesagt, alles hochtönende Namen, von Demokratie ist da absolut nichts zu verspüren."[140]

Die „Verfassung für den eidgenössischen Stand Appenzell Inner-Rhoden", die von der außerordentlichen Landsgemeinde „am 24. Wintermonat 1872" angenommen worden war, hat in Art 20 geregelt, welche Kompetenz die Landsgemeinde von Appenzell-Innerrhoden als oberste Wahlbehörde besitzt. Sie wählt alljährlich:

Erstens die Standeskommission, die aus neun Mitgliedern besteht. Es sind dies der regierenden Landammann, der als solcher nach zweijähriger Amtsdauer auf das folgende Jahr nicht wieder wählbar ist, der stillstehende Landammann, der Statthalter, der Säckelmeister, der Landeshauptmann, der Bauherr, der Landesfähndrich, der Armleutesäckelmeister, der die Leitung des kantonalen Armenaufsichtswesens inne hat und der Zeugherr.

Zweitens wählt die Landsgemeinde als oberste Wahlbehörde jährlich das Kantonsgericht, das aus einem Präsidenten und zwölf Mitgliedern besteht, wobei jeder Bezirk mit einem Mitglied vertreten sein muss.

Und sie wählt drittens den Landschreiber und Landweibel.[141] Der einfache Ausdruck „Landschreiber" entspricht dem hochtrabenden Titel des Landesamtsdirektors in den Ländern Deutschösterreichs.

Dieses Beispiel ist auch deshalb von Interesse, weil diesmal die Sozialdemokraten ihre Blicke in die Schweiz gerichtet haben und die einfachen Lösungen der Eidgenossen dem Diktat der Zentralregierung in Wien vorgezogen haben. Die Schweiz wurde in wechselnder Abfolge immer wieder von den unterschiedlichsten Parteien als Vorbild für die politische Entwicklung herangezogen. In der weitaus überwiegenden Zahl waren es freilich die Christlichsozialen, die aus der Schweiz ihre Muster für politische Vorstellungen bezogen.

---

[140] Aus Stadt und Land. Bezirk Bregenz. Rieden. (Weg mit den Titeln). Aus: Vorarlberger Wacht, Organ für das arbeitende Volk in Vorarlberg, Jg. 10, Nr. 47, Dornbirn, 25. Februar 1919, S. 3.

[141] Verfassung für den eidgenössischen Stand Appenzell Inner-Rhoden: angenommen von der ausserordentlichen Landsgemeinde, Sonntags den 24. Wintermonat 1872. - [S.l.], [s.n.], gedr. 1872, Appenzell, Fässler, S. 8-9.

c. Der Startschuss für eine Vorarlberger Landesverfassung

Das „Gesetz vom 14. November 1918 betreffend die Übernahme der Staatsgewalt in den Ländern" barg etliche Unklarheiten in sich. Unter Verfassungsrechtlern wurde es sachlich und formell als das allerschlechteste unter den neuen Verfassungsgesetzen bezeichnet.[142] Die Unklarheiten und Provisorien dieses Gesetzes sind – wie Karl Weber schreibt – nicht allein auf eine schlechte Legistik zurückzuführen, sondern bezeichneten recht genau die Grenzen des Machbaren.[143] Der § 4 des Gesetzes bestimmte, dass die Kompetenzen des früheren Statthalters nicht einfach auf den Landeshauptmann oder Landespräsidenten übergingen, sondern dass an die Stelle des Statthalters das Landespräsidium – also der Landeshauptmann samt seinen Stellvertretern – treten müsse. Landespräsident Dr. Otto Ender interpretierte, es sei zwar nicht ausdrücklich gesagt, dass da einer von den Stellvertretern des Landeshauptmannes die Regierung bilden müsse, aber es erscheine ihm wahrscheinlich.[144]

Die Landeshauptleute waren kurz vorher in Wien versammelt und hatten Grundsätze zur Erläuterung dieses Gesetzes aufgestellt. Der Vorarlberger Landeshauptmann und auch andere Landeshauptmänner konnten an dieser Sitzung wegen zu spät eingetroffener Verständigung nicht teilnehmen. Deshalb wurden die erarbeiteten Grundsätze für diese Gesetzesauslegung in Vorarlberg seit Tagen auf dem Postwege erwartet. Hans Kelsen schrieb über die Unklarheiten dieses Gesetzes: obgleich die offenkundige Absicht bestanden habe, die gesamte Landesverwaltung zu verstaatlichen, sei „doch die Wirkung des Gesetzes die gerade

---

[142] Nawiasky, Hans: Der Aufbau der Regierungs- und Vollzugsgewalt Deutschösterreichs nach der Gesetzgebung der provisorischen Nationalversammlung. In: Österreichische Zeitschrift für öffentliches Recht, 1919/20, S. 47. Zitiert nach: Weber, Karl: Die mittelbare Bundesverwaltung. Eine verfassungs- und verwaltungsrechtliche Untersuchung der Organisation und Verwaltung des Bundes im Bereich der Länder außer Wien, zugleich eine Geschichte der Behörden der allgemeinen staatlichen Verwaltung in den Ländern außer Wien (= Schriftenreihe des Instituts für Föderalismusforschung, Bd. 41), Wien 1987, S. 94.

[143] Weber, Karl: Die mittelbare Bundesverwaltung. Eine verfassungs- und verwaltungsrechtliche Untersuchung der Organisation und Verwaltung des Bundes im Bereich der Länder außer Wien, zugleich eine Geschichte der Behörden der allgemeinen staatlichen Verwaltung in den Ländern außer Wien (= Schriftenreihe des Instituts für Föderalismusforschung, Bd. 41), Wien 1987, S. 94.

[144] Bericht des Landesrates über das Gesetz vom 14. November 1918, betreffend die Übernahme der Staatsgewalt in den Ländern. Vorarlberger Landesversammlung. 3. Sitzung am 3. Dezember 1918 unter dem Vorsitze des Herrn Landespräsidenten Dr. Otto Ender. In: Stenographische Sitzungsberichte der provisorischen Vorarlberger Landesversammlung zu Bregenz. Eröffnung der Landesversammlung am 3. November 1918; 3. Sitzung, S.1–65, hier S. 2.

gegenteilige" gewesen.[145] Die Unklarheiten der Interpretation dieses Gesetzes veranlassten den Landespräsidenten und die Vorarlberger Landesversammlung, in der Sitzung vom 3. Dezember 1918 einen Verfassungsausschuss ins Leben zu rufen, der diese Fragen der Organisation der Landesverwaltung spruchreif machen und mit fertigen Anträgen wieder an die Landesversammlung herantreten solle. In Hinblick auf die Wichtigkeit der Sache wurde ein neungliedriger Verfassungsausschuss gewählt. Wenn nur ein gewöhnlicher Ausschuss mit vier Mitgliedern eingerichtet worden wäre, hätten die Deutsch-Freisinnigen und die Sozialdemokraten nur je einen Mann als Vertreter gehabt. So wurde wegen der Wichtigkeit der Materie ein Ausschuss in Analogie zum Landesrat gewählt, der den Minderheitsparteien je zwei Vertreter zubilligte.

Die christlichsoziale Partei entsandte als Mitglieder in den Verfassungsausschuss den Staatsrat Jodok Fink aus Andelsbuch, den Landespräsidenten Dr. Otto Ender aus Altach, den Dekan Barnabas Fink aus Hittisau, den Rechtsanwalt Dr. Ferdinand Redler aus Feldkirch und den Gymnasialprofessor Dr. Johann Mittelberger aus Götzis. Die deutsch-freisinnige Partei schlug den Nationalrat Dr. Ferdinand Kinz aus Bregenz und den Rechtsanwalt Dr. Franz Feierle aus Dornbirn vor. Die Sozialdemokraten schickten den Kesselschmied Franz Rauscher aus Feldkirch und den Maschinenmeister Fritz Preiß aus Vorkloster in den Verfassungsausschuss.[146]

Die provisorische Landesversammlung, die sich am 3. November 1918 konstituiert hatte, bildete somit einen Monat später über Vorschlag des Landespräsidenten einen Verfassungsausschuss, der eigentlich zur Interpretation und Umsetzung eines Staatsgesetzes gedacht war. In der politischen Wirklichkeit war die Einrichtung dieses neunköpfigen Verfassungsausschusses der Startschuss für die Erarbeitung einer eigenen Vorarlberger Landesordnung.

Der Verfassungsausschuss hatte in Zusammenhang mit dem unklaren „Gesetz über die Übernahme der Staatsgewalt in den Ländern" am 23. Dezember 1918

---

[145] Hans Kelsen in: Jahrbuch des öffentlichen Rechts, 1920, S. 254. Zitiert nach: Weber, Karl: Die mittelbare Bundesverwaltung. Eine verfassungs- und verwaltungsrechtliche Untersuchung der Organisation und Verwaltung des Bundes im Bereich der Länder außer Wien, zugleich eine Geschichte der Behörden der allgemeinen staatlichen Verwaltung in den Ländern außer Wien (= Schriftenreihe des Instituts für Föderalismusforschung, Bd. 41), Wien 1987, S. 94-95.

[146] Bericht des Landesrates über das Gesetz vom 14. November 1918, betreffend die Übernahme der Staatsgewalt in den Ländern. Vorarlberger Landesversammlung. 3. Sitzung am 3. Dezember 1918 unter dem Vorsitze des Herrn Landespräsidenten Dr. Otto Ender. In: Stenographische Sitzungsberichte der provisorischen Vorarlberger Landesversammlung zu Bregenz. Eröffnung der Landesversammlung am 3. November 1918; 3. Sitzung, S.1–3, hier S. 3.

noch Anträge zur Umsetzung dieses Gesetzes verfasst, die in der Landesversammlung vom 27. Dezember 1918 zum Beschluss erhoben wurden. An Stelle der Bezeichnung „Landespräsident“ und „Landespräsidentenstellvertreter“ traten die Titel „Landeshauptmann“ und „Landeshauptmannstellvertreter“. Die für Vorarlberg typische Bezeichnung „Landesstatthalter“ für den Stellvertreter des Landeshauptmannes und die interessante Herleitung des Titels aus dem Schweizer Verfassungsleben war noch nicht im Gespräch.[147] Für die Landesregierung und den Landesrat wurden ein Landeshauptmann und vier Stellvertreter, die nach der Verhältniswahl bestellt wurden, gewählt. Den Vorsitz in der Landesversammlung führte der Landeshauptmann mit jenen zwei Stellvertretern, die nicht der gleichen Partei wie er selbst angehörten.[148]

4. Absage an Deutschösterreich

Naturgemäß war mit einer Hinwendung zur Schweiz, wie sie die Christlichsozialen in Vorarlberg erkennen ließen, auch eine Absage an eine weitere gemeinsame Zukunft innerhalb von Deutschösterreich verbunden, da Vorarlberg ja nicht gleichzeitig Bestandteil zweier Staaten sein konnte. Anlässlich der Konstituierung der provisorischen Landesversammlung vom 3. November 1918 hat sich Vorarlberg in einer gemeinsamen Entschließung aller Parteien aufgrund des Selbstbestimmungsrechtes noch „als eigenes selbständiges Land im Rahmen des Deutsch-Österreichischen Staates“ gesehen. Diese Aussage wurde am 3. November 1918 offensichtlich unter dem Einfluss von Jodok Fink getroffen. Seit diesem Tage aber bröckelte sie immer mehr. Schon einen Monat später – am 3. Dezember 1918 – rückten die Christlichsozialen in einer Stellungnahme entscheidend von dieser Aussage ab.

Der Abgeordnete Dr. Mittelberger ließ in seiner Stellungnahme zur zukünftigen Staatsform schon eine gewisse Distanz zur Aussage erkennen, Vorarlberg wolle als eigenes selbständiges Land im Rahmen des deutschösterreichischen Staates bestehen. Er sagte als Sprecher seiner christlichsozialen Partei am 3. Dezember 1918: „Die christlichsoziale Partei in Vorarlberg stellt sich uneingeschränkt auf den Boden der demokratischen Republik. Sie verlangt für das Land eine weitgehende Selbständigkeit nach dem Muster der Schweizer Kantone, besonders in

[147] Der Titel „Landesstatthalter“ wurde erst in der Vorarlberger Landesverfassung 1923 verwendet.

[148] Anträge des Verfassungsausschusses für die Durchführung des Gesetzes vom 14. November 1918, StGBl. Nr. 24, betreffend die Übernahme der Staatsgewalt in den Ländern. Bregenz, am 23. Dezember 1918, 8. Beilage zu den stenographischen Berichten der provisorischen Vorarlberger Landesversammlung 1918/19.

kulturellen und Verwaltungsfragen. Die Angliederung Vorarlbergs an Deutschösterreich in der heutigen Gestalt betrachtet die Partei als provisorisch. Die endgiltige Entscheidung über die Neuordnung der Verhältnisse und über die Angliederung des Landes an ein größeres Staats- und Wirtschaftsgebiet haben die aus allgemeinen Wahlen hervorgehenden Vertreter im gegebenen Zeitpunkt zu treffen.“[149]

Die politische Hinwendung Vorarlbergs zu den Eidgenossen, wie sie in der Stellungnahme der Christlichsozialen vom 3. Dezember 1918 zum Ausdruck kam, war der Versuch eines ersten Schrittes weg von Deutschösterreich.

5. Erste Anschlussgelüste an die Schweiz

Schon wenige Tage nach der Entschließung der provisorischen Landesversammlung vom 3. November 1918, mit der sich Vorarlberg die Selbständigkeit gegeben hatte, wurden in den Vorarlberger Zeitungen erste Anschlussgelüste an die Schweiz laut. Am 8. November – also noch vor dem Zusammenbruch der Monarchie – erschien in der „Vorarlberger Wacht“ ein Artikel mit dem Titel „Stimmen für ein schweizerisches Kantönli Vorarlberg?“.

In der Zeit der sich überstürzenden Weltereignisse brächten die Zugehörigkeits- und Lostrennungsbestrebungen der Völker ungeahnte Überraschungen, hieß es in dieser Zuschrift aus Arbeiterkreisen. Beispielsweise das neu gegründete Staatswesen dürfte – in wirtschaftlicher Beziehung auf sich selbst angewiesen – kaum lebensfähig sein. Es werde daher, gezwungen durch die Verhältnisse, den Anschluss an ein Wirtschaftsgebiet suchen müssen, das ihm die Möglichkeit biete, seine ganzen Kräfte zu entfalten, und das wäre in diesem Fall das Deutsche Reich.

Das schließe nicht aus, dass einzelne Landesteile in wirtschaftlicher Beziehung Sonderinteressen besäßen. Ein solcher Fall sei für Vorarlberg gegeben. Die Hauptindustrie Vorarlbergs sei bekanntlich die Stickerei, die schon in Friedenszeiten, trotz der Zollschranken, durch ein enges wirtschaftliches Zusammenleben mit der Schweiz lebensfähig gewesen sei. „Es wird uns daher in der heutigen Zeit niemand einen Mangel an vaterländischem Empfinden vorwerfen können, wenn wir den Gedanken eines Anschlusses an die Schweiz in der gegebe-

[149] Vorarlberger Landesversammlung. 3. Sitzung am 3. Dezember 1918 unter dem Vorsitze des Herrn Landespräsidenten Dr. Otto Ender. In: Stenographische Sitzungsberichte der provisorischen Vorarlberger Landesversammlung zu Bregenz. Eröffnung der Landesversammlung am 3. November 1918; 3. Sitzung, S.1–65, hier S. 52.

nen Zeit aufrollen. Daß ein sehr großes Interesse hiefür vorhanden ist, beweist das eine, daß trotz der gegenwärtig umwälzenden Ereignisse ein solcher Anschluß bei der Mehrzahl der Bevölkerung im Ländle den Hauptgesprächsstoff bildet."[150]

Aber nicht nur die Stickerei und der Großteil der anderen Industrie, auch die Landwirtschaft dürfte bei einem derartigen Anschlusse nur profitieren, hieß es weiter in der Zuschrift aus Arbeiterkreisen. Zum Beispiel die groß angelegten Käsereien des Landes würden in Friedenszeiten gewiss mit ihren Produkten einen reißenden Absatz als Schweizerkäse finden. „Zu alledem gehört Vorarlberg als Alemannenvolk eigentlich nicht zu den Bajuwaren, sondern zu ihren Stammesgenossen, den Schweizern. Damit wäre auch die Bevölkerung den nachkommenden Lasten des verspielten Krieges enthoben!"[151] Eine andere Frage sei es allerdings, ob die Schweiz das Ländle zu übernehmen gewillt wäre und ob ein derartiger Anschluss bei den Friedensrichtern Zustimmung finden würde.[152]

Eine Woche später veröffentlichte die „Vorarlberger Wacht" unter dem Titel „Ist ein Anschluß Vorarlbergs an die schweizerische Eidgenossenschaft für unser Volk von Vorteil?!" einen Gegenartikel zur ersten Zuschrift über einen Anschluss an die Schweiz. Es hieß darin, in der letzten Nummer des sozialdemokratischen Organs habe sich ein Freund des Schweizer Landes mit dieser Frage befasst und habe vom wirtschaftlichen und historischen Standpunkte aus einen Anschluss bejaht. Anders dagegen sei die politische Frage. Nachdem das Land Vorarlberg nun infolge des Selbstbestimmungsrechtes der Völker auf der Grundlage eines Wilsonschen Friedens ein eigenes Land mit einer eigenen autonomen Landesverwaltung nach demokratischen Grundsätzer geworden sei, sei es fraglich ob das Vorarlberger Volk dies überhaupt noch wolle.[153]

6. Lebensmittellieferungen aus der Schweiz

Die Vorarlberger Landesversammlung hatte sich bei ihrer Konstituierung am 3. November 1918 als dringlichste Aufgabe gestellt, das Volk Vorarlbergs in der

---

150 Stimmen für ein schweizerisches Kantönli Vorarlberg? Aus: Vorarlberger Wacht. Organ für das arbeitende Volk in Vorarlberg, Jg. 9, Nr. 45, Dornbirn, 8. November 1918, S. 1.
151 Stimmen für ein schweizerisches Kantönli Vorarlberg? Aus: Vorarlberger Wacht. Organ für das arbeitende Volk in Vorarlberg, Jg. 9, Nr. 45, Dornbirn, 8. November 1918, S. 1.
152 Stimmen für ein schweizerisches Kantönli Vorarlberg? Aus: Vorarlberger Wacht. Organ für das arbeitende Volk in Vorarlberg, Jg. 9, Nr. 45, Dornbirn, 8. November 1918, S. 1.
153 Ist ein Anschluß Vorarlbergs an die schweizerische Eidgenossenschaft für unser Volk von Vorteil?! Aus: Vorarlberger Wacht, Organ für das arbeitende Volk, Jg. 9, Nr. 46, 15. November 1918, S. 1.

Zeit schwerster wirtschaftlicher Not und raschester politischer Entwicklung in Ordnung und Ruhe in eine bessere Zeit des Friedens hinüber zu leiten. Sie wollte insbesondere alle Kräfte zusammenfassen, um die Ernährung des 140.000 Personen umfassenden Vorarlberger Volkes zu sichern.[154] Der provisorische Landesrat setzte zwei Maßnahmen, um aus dieser misslichen Lage herauszukommen. Zum einen wurde die Brotkarte um bis zu 50 Prozent gekürzt,[155] zum anderen bat man die Schweiz um Hilfe.

Der Obmann des Ernährungsausschusses berichtete der Landesversammlung über die Bemühungen einer Vorarlberger Deputation, die in Bern mit Vertretern des Schweizer Bundesrates über Lebensmittellieferungen verhandelte. Es sind auch zwei Herren des Bundesrates aus Bern nach Vorarlberg gekommen, um im Auftrage des Bundesrates die Verhältnisse an Ort und Stelle kennen zu lernen. Es wurde zwischen Bregenz und Bern ein „Entwurf eines Abkommens zwischen der schweizerischen Eidgenossenschaft und dem Landesrate von Vorarlberg betreffend Versorgung mit Lebensmitteln vom 17. November 1918" ausgehandelt,[156] der diese Lebensmittellieferungen mit offensichtlich politischem Hintergrund besiegeln sollte. Die Schweiz lieferte gegen Bar- oder Kompensationszahlung vierzehntäglich 38 Waggons Mehl und sechs Waggons Monopolware, was rund zwei Dritteln des Vorarlberger Bedarfes an diesen Gütern entsprach.[157] Der Schweizerische Bundesrat war aber jederzeit und ohne Angabe eines Grundes berechtigt, die Lebensmittellieferung ganz einzustellen oder zu reduzieren, falls in Vorarlberg Unruhen ausbrechen sollten oder falls in Vorarlberg Entente-feindliche Truppen einmarschierten.[158] Es mussten einige politische Bedenken sowohl beim Schweizer Bundesrat als auch bei der Entente ausgeräumt werden. Der französische Botschafter in Bern hatte sich sehr für die Lieferungen einge-

---

[154] Erste Sitzung der provisorischen Vorarlberger Landesversammlung 1918/19 am 3. November 1918. (In Ermangelung eines stenographischen Sitzungsberichtes wird das amtliche Sitzungsprotokoll wiedergegeben.) In: Stenographische Sitzungsberichte der provisorischen Vorarlberger Landesversammlung zu Bregenz. Eröffnung der Landesversammlung am 3. November 1918. Bregenz 1919, S. 6.

[155] Weber, Wolfgang: Die Zeitenwende 1918/1919. In: 75 Jahre selbständiges Land Vorarlberg (1918-1993), Bregenz 1993, S. 98.

[156] Bericht des Ernährungsausschusses. 2. Sitzung der Vorarlberger Landesversammlung am 9. November 1918 unter dem Vorsitze des Herrn Landespräsidenten Dr. Otto Ender, S. 2-20. In: Stenographische Sitzungsberichte der provisorischen Vorarlberger Landesversammlung zu Bregenz. Eröffnung der Landesversammlung am 3. November 1918; Bregenz 1919, S. 20.

[157] Weber, Wolfgang: Die Zeitenwende 1918/1919. In: 75 Jahre selbständiges Land Vorarlberg (1918-1993), Bregenz 1993, S. 98.

[158] Bericht des Ernährungsausschusses. 2. Sitzung der Vorarlberger Landesversammlung am 9. November 1918 unter dem Vorsitze des Herrn Landespräsidenten Dr. Otto Ender, S. 2-20. In: Stenographische Sitzungsberichte der provisorischen Vorarlberger Landesversammlung zu Bregenz. Eröffnung der Landesversammlung am 3. November 1918; Bregenz 1919, S. 16.

setzt. Schon am 7. November kam die Antwort, dass die französische Regierung mit den Lebensmittellieferungen aus der Schweiz nach Vorarlberg einverstanden sei und dass sie die Sache an die englische und amerikanische Regierung befürwortend weitergeleitet habe. Es musste neuerlich die Zusicherung gegeben werden, „daß in Vorarlberg keine deutschen Truppen einmarschieren."[159]

Die Vorarlberger Deputation, die in Bern mit Vertretern des Bundesrates verhandelte, hatte gegenüber der Schweizerischen Depeschenagentur auch zu Spekulationen Stellung zu nehmen, wonach die Lieferungen aus Bern als Vorleistung für den Anschluss Vorarlbergs an die Schweiz gedacht seien.

Die Delegation stellte ausdrücklich fest, dass „die Frage des Anschlusses des Vorarlberges an die Schweiz" – wie die Eidgenossen zu formulieren pflegten – bisher weder von den zuständigen Stellen des Landes noch in der Bevölkerung ernstlich erörtert worden sei. Auch den maßgebenden Stellen sei nichts davon bekannt, dass im Lande eine Unterschriftensammlung „für die Angliederung des Vorarlberges an die Schweiz" im Gange sei. „Auch geht die proklamierte politische Selbständigkeit Vorarlbergs nicht so weit, daß sich das Land etwa als Republik erklärt hätte." Es betrachte sich als ein Land im Rahmen des deutschösterreichischen Staates, allerdings mit weitgehenden Forderungen für politische Selbstverwaltung. Über die „zukünftige staatsrechtliche Form des Vorarlberges" und die sonstige Konstellation sei in der Landesversammlung noch nicht gesprochen worden, weil das ganze öffentliche Interesse von der Frage beherrscht werde, ob es gelingen könne, das Land von furchtbarer Hungersnot zu verschonen.[160] Gerade diese politische „Klarstellung" über den Charakter der Mission der Vorarlberger Deputation in Bern war aber geeignet, die Gerüchte über einen bevorstehenden Anschluss Vorarlbergs an die Schweiz erst recht zu nähren.

Vorarlberg nahm die Zuständigkeit für Verträge mit dem schweizerischen Ausland mit großer Selbstverständlichkeit in Anspruch, wenn man bedenkt, dass ansonsten solche Verträge dem Gesamtstaat vorbehalten sind.[161] Versuche, den Staatsrat in Wien in die Verhandlungen über die Lebensmittellieferungen herein

---

[159] Bericht des Ernährungsausschusses. 2. Sitzung der Vorarlberger Landesversammlung am 9. November 1918 unter dem Vorsitze des Herrn Landespräsidenten Dr. Otto Ender, S. 2-20. In: Stenographische Sitzungsberichte der provisorischen Vorarlberger Landesversammlung zu Bregenz. Eröffnung der Landesversammlung am 3. November 1918; Bregenz 1919, S. 15.
[160] Bericht des Ernährungsausschusses. 3. Sitzung der prov. Vorarlberger Landesversammlung 1918/19, S. 19-20. In: Stenographische Sitzungsberichte der provisorischen Vorarlberger Landesversammlung zu Bregenz. Eröffnung der Landesversammlung am 3. November 1918; Bregenz 1919.
[161] Grabherr, Elmar: Vorarlberger Geschichte. Eine volkstümliche Darstellung, 2. Auflage, Bregenz 1987, S. 240.

zu ziehen, parierten Mitglieder der Vorarlberger Deputation in Bern mit dem Hinweis, „daß Vorarlberg in der Lebensmittelversorgung aus der Schweiz mit dem Staatsrate nichts zu tun habe, bereits selbständig vorgegangen sei und mit der schweizerischen Bundesregierung auch schon ein diesbezügliches Abkommen getroffen habe". Man sei auch gar nicht in der Lage, bis zur Beendigung solcher Verhandlungen zuzuwarten, „da dadurch unser Land dem Hungertode preisgegeben würde".[162] Staatsrechtlich gesehen waren die Direktverhandlungen zwischen dem Landesrat in Bregenz und dem Bundesrat in Bern ein geglückter Hinweis auf die praktizierte Autonomie Vorarlbergs, die das Selbstbewusstsein des kleinen Landes stärkten und die Bewunderung für die wirtschaftlichen und politischen Verhältnisse beim reichen und vom Krieg verschont gebliebenen Nachbarn noch steigerten. Sie waren aber auch ein Beweis dafür, dass in schwierigen Zeiten, in denen rasche Hilfe Not tat, die Verhandlungen zwischen den beiden Staaten Deutschösterreich und der Schweiz über ihre jeweiligen Regierungen in Wien und Bern viel zu schwerfällig und zeitraubend verlaufen wären.

Die Schweiz hatte ihre Lebensmittellieferungen davon abhängig gemacht, dass Ruhe und Ordnung im Land herrschen müssten und keine deutschen Truppen in Vorarlberg stehen dürften. Die große Angst des Bundesrates in Bern bestand immer darin, dass die Eidgenossen plötzlich einer sehr viel längeren deutschen Grenze gegenüber stehen könnten, wenn Vorarlberg an das Deutsche Reich angeschlossen würde. Die Schweiz hatte deshalb von sich aus ein großes Interesse daran, die Vorarlberger Bevölkerung durch Lebensmittellieferungen ruhig zu stellen. Wenn sich die Vorarlberger selbst ernähren konnten und sich Deutschösterreich als lebensfähig erweisen sollte, war aus Schweizer Sicht die Gefahr eines Anschlusses an das Deutsche Reich gebannt.

Nachdem durch das Lebensmittelabkommen mit der Schweiz vom 17. November 1918 vorerst die dringendsten Fragen auf dem Ernährungssektor gelöst waren, ging man in der Folge zum Neuaufbau der demokratischen Länderinstitutionen und zur Reorganisation der Wirtschaft über.[163] Das Abkommen zwischen Vorarlberg und der Schweiz vom 17. November 1918 hat die innenpolitische Entwicklung und die verfassungsmäßige Ausgestaltung des Landes wesentlich beeinflusst. Durch die beträchtliche staatliche und private Unterstützung aus der

[162] Bericht des Ernährungsausschusses. 3. Sitzung der Vorarlberger Landesversammlung am 3. Dezember 1918 unter dem Vorsitze des Herrn Landespräsidenten Dr. Otto Ender. In: Stenographische Sitzungsberichte der provisorischen Vorarlberger Landesversammlung zu Bregenz. Eröffnung der Landesversammlung am 3. November 1918; Bregenz 1919, S. 20.

[163] Weber, Wolfgang: Die Zeitenwende 1918/1919. In: 75 Jahre selbständiges Land Vorarlberg (1918-1993), Bregenz 1993, S. 100.

Schweiz erhielt der in der Vorarlberger Bevölkerung schon länger diskutierte Wunsch einer näheren Bindung des Landes an die Schweiz zusätzlichen Auftrieb.[164] Vor allem aber wuchs der Wunsch in der Bevölkerung, Schweizer Verhältnisse in Vorarlberg zu etablieren. Verhältnisse wie in der Schweiz konnte man nur erreichen, wenn man auch die verfassungsmäßigen Grundlagen nach Schweizer Muster errichtete. Deshalb haben die Lebensmittellieferungen über den eigentlichen Anlass hinaus in der Folge auch für die Übernahme von Ideen und Formulierungen aus den eidgenössischen Verfassungen den Weg geebnet.

Vor allem aber hat sich Vorarlberg durch die Lebensmittellieferungen aus der Schweiz vom übrigen Bundesgebiet abgekapselt und nur zur Schweiz hin geöffnet. In der „Kundmachung des Landesrates vom 12. Dezember 1918 wegen Einreise nach Vorarlberg" heißt es: „Infolge des mit der Schweiz bezüglich der Aushilfe mit Lebensmitteln getroffenen Übereinkommens ist die freie Einreise nach Vorarlberg nicht mehr gestattet. Nach Vorarlberg dürfen von nun an nur mehr Personen einreisen, welche erstens ständig in Vorarlberg wohnen oder nach Vorarlberg zuständig sind, oder zweitens gültige Reiseausweise für die Reise von Innerösterreich in die Schweiz oder nach Deutschland, bezw. von der Schweiz oder Deutschland nach Innerösterreich besitzen, in Vorarlberg also nur durchfahren oder drittens eine spezielle Einreisebewilligung des Vorarlberger Landesrates besitzen oder viertens die Begünstigung des kleinen Grenzverkehrs genießen. Alle Grenzbehörden und Organe sind angewiesen, andere Personen an der Grenze Vorarlbergs zurückzuweisen."[165]

3. Kapitel:
Leitsätze der geplanten Landesverfassung

Die christlichsoziale Volkspartei durfte sich in der Bevölkerung des Landes auf eine breite Zustimmung stützen. Als sie am 12. Dezember 1918 in ihrem Parteiorgan „Vorarlberger Volksblatt" die Leitsätze ihrer Politik veröffentlichte, konnten diese aufgrund der eindeutigen Mehrheitsverhältnisse bereits als Leitsätze der geplanten Landesverfassung gelten. Der einzige Unterschied war noch, dass in den politischen Leitsätzen keine Kompetenzen berücksichtigt werden mussten und dass sie in einer kernigeren Sprache als die spätere Verfassung abgefasst

[164] Weber, Wolfgang: Die Zeitenwende 1918/1919. In: 75 Jahre selbständiges Land Vorarlberg (1918-1993), Bregenz 1993, S. 99.

[165] Kundmachung des Landesrates vom 12.XII.1918 wegen Einreise nach Vorarlberg. In: Vorarlberger Landesgesetzblatt, Jg. 1918, einziges Stück, herausgegeben und versendet am 13. März 1919, Nr. 21.

werden konnten. Sehr viele Kernsätze der Leitlinien finden sich aber in irgendeiner Form in der späteren Landesverfassung wieder. Es ist keine Überraschung, dass die Bewunderung für die Eidgenossen und die Vorbildwirkung der Schweizer Verhältnisse aus den meisten Leitsätzen hervorleuchten.

Die christlichsoziale Volkspartei stellt sich im ersten Leitsatz uneingeschränkt auf den Boden der demokratischen Republik. Sie verlangt im zweiten Leitsatz eine demokratische Verfassung, durch die alle Teile des Volkes in gerechtem Verhältnis zur Gesetzgebung, Regierung und Verwaltung des Staates herangezogen werden. Durch diese Verfassung müssten aber auch alle Vorrechte irgendeines Standes oder einer Klasse ausgeschaltet sein. Sie bekämpft jede Klassenherrschaft und jede Parteidiktatur. Sie verlangt das allgemeine, gleiche, direkte und geheime Wahlrecht aller männlichen und weiblichen Volksgenossen vom 21. Lebensjahre an. Auf diesem Wahlrecht und auf dem System der von den Eidgenossen übernommenen Verhältniswahl müssen die Volksvertretung und eine aus der Volksvertretung entnommene Regierung aufgebaut sein. Durch die Einschränkung des Wahlrechtes auf die so genannten Volksgenossen sollten die Reichsdeutschen und die Angehörigen anderer ehemals österreichisch-ungarischer Länder, die im Dezember 1918 teilweise noch bei Deutschösterreich waren, von der politischen Mitwirkung ausgeschlossen werden.

Besonders wichtige, in das Volksleben tief einschneidende Fragen, die noch in der Verfassung zu umschreiben sind, sollten – wie es im dritten Leitsatz heißt – durch eine Volksabstimmung nach Schweizer Muster entschieden werden. Nach dem Grundsatze „Vorarlberg den Vorarlbergern“ verlangt die christlichsoziale Volkspartei für Vorarlberg im vierten Leitsatz weitgehende Selbständigkeit nach dem Muster der Schweizer Kantone.[166] Sie nimmt deshalb auch Stellung gegen übertriebene Zentralisierungsbestrebungen des neuen Deutschösterreich.

Die christlichsoziale Volkspartei verurteilt als Leitsatz Nummer fünf jede Form des Militarismus und verwahrt sich gegen jeden Versuch, ihn wieder aufzurichten. Die im Staate zur Aufrechterhaltung der Ordnung notwendige Waffengewalt müsse ein untergeordnetes Organ der vom Volke bestellten Regierung sein und sei nach dem Milizsystem aufzubauen.[167] Dies war eine deutliche Abkehr vom deutschösterreichischen Militärsystem, das so vielen Landsleuten den Tod gebracht hatte, und eine Hinwendung zur eidgenössischen Form der Landesverteidigung. Auch beim sechsten Leitsatz hatten die Verfasser die schweize-

---

[166] Leitsätze der christlichsozialen Volkspartei Vorarlbergs. Aus: Vorarlberger Volksblatt, Jg. 53, Nr. 286, Bregenz, 12. Dezember 1918, S. 1.

[167] Leitsätze der christlichsozialen Volkspartei Vorarlbergs. Aus: Vorarlberger Volksblatt, Jg. 53, Nr. 286, Bregenz, 12. Dezember 1918, S. 1.

rischen Verhältnisse vor Augen: Der Bürokratismus müsse durch eine einfache praktische und verantwortungsvolle Verwaltung ersetzt werden, die auf die Eigenart des Landes Rücksicht nehme.

Alle kulturellen Fragen wollte die christlichsoziale Volkspartei gemäß dem siebten Leitsatz nach den unverrückbaren Grundsätzen des Christentums geregelt wissen. Sie verlangte erstens volle Freiheit auch für die katholische Religion, für ihre Ausübung und für ihre Einrichtungen, zweitens eine konfessionelle Jugenderziehung, drittens die volle Sicherung der christlichen Ehe und Familie und viertens den „Schutz des deutschen Volkes gegen alle Unmoral, die die Kraft des Volkes zu untergraben droht". Der achte Leitsatz hängt mit dieser Formulierung zusammen: „Sie bekämpft mit aller Entschiedenheit die Vorherrschaft des Judentums, sowie überhaupt den unheilvollen und verderblichen Einfluß des jüdischen Geistes auf allen kulturellen, wirtschaftlichen und politischen Gebieten."

Diese Ausfälle gegen jüdisches Gedankengut sind in der christlichsozialen Parteigeschichte der damaligen Zeit fast Allgemeingut. Man verband damit die Abneigung gegen den Wiener Zentralismus. Es manifestierte sich in dieser Geisteshaltung überdies eine starke Aversion gegen den wachsenden Einfluss der Sozialdemokratie, deren politische Ziele man mit dem „zersetzenden Geist des Judentums und des Bolschewismus" identifizierte, wie man auch einem analogen Wahlaufruf der Tiroler Volkspartei aus dem Jahre 1919 entnehmen konnte.[168] Der Blick weg von Wien, wo der jüdische und sozialdemokratische Einfluss auf die Politik stärker waren, hin zur Schweiz, wo der Einfluss jüdischer Politiker zur damaligen Zeit vergleichbar gering war und die Sozialdemokraten noch lange vom Bundesrat und damit von der politischen Mitbestimmung ferngehalten wurden, wird deshalb aus christlichsozialer Sicht verständlich.

Die Sorge für die Volksgesundheit und die Vertiefung jeglicher Bildung bildeten die Schwerpunkte in den Leitlinien neun und zehn. Die Schule sollte den Verhältnissen des Landes angepasst, das heißt wohl, in die Kompetenz des Landes übertragen werden, ein praktisches, gründliches Wissen vermitteln und zu arbeitsfreudigem Pflichtbewusstsein erziehen. Das kantonale Schulwesen der Schweiz war unverkennbares Vorbild.

---

[168] Kuprian, Hermann J. W.: Der Tiroler Separatismus der Ersten Republik. In: 1918/1919. Die Bundesländer und die Republik. Protokollband des Symposiums zum 75. Jahrestag der Ausrufung der 1. Republik am 12. und 13. November 1993 im Grazer Stadtmuseum. Hg. von Gerhard M. Dienes und Markus Jaroschka, (grazer-stadt-museum in serie 2/94), S. 52 und Fußnote 14 (Wahlaufruf der Tiroler Volkspartei ex 1919. Tiroler Landesarchiv Innsbruck, Nachlass Michael Mayr VI/2/o. Zl.).

Die christlichsoziale Volkspartei tritt im elften und zwölften Leitsatz für eine gesunde Entwicklung aller Stände – der Landwirtschaft, des Handels- und Gewerbestandes, der Industrie und der Arbeiterschaft – ein. Die Lasten des Staates sollen mehr als bisher auf die Schultern der wirtschaftlich Starken gelegt werden, insbesondere durch progressive Besteuerung des Einkommens und des Besitzes. Schon in der Verfassung des Kantons Zürich aus dem Jahre 1869 gibt es im Art 19 eine Bestimmung, wonach die Steuer vom Einkommen und vom Vermögen nach dem Grundsatze mäßiger und gerechter Progression nach Klassen zu ordnen sei.[169] Es ist auffallend, dass einzelne Ideen, die sich in den Leitsätzen der christlichsozialen Volkspartei vom Dezember 1918 finden, aus Verfassungen von Schweizer Kantonen stammen. Sie wurden in die Leitsätze aufgenommen und sollten dann wieder in Paragraphen der Vorarlberger Landesverfassung umgesetzt werden.

Im dreizehnten Leitsatz verlangt die christlichsoziale Partei den „Schutz des Eigentums und eines gerechten Erbrechtes gegen die kommunistisch-bolschewistischen Bestrebungen der Sozialdemokratie."[170] Der Schutz des Eigentums spielte in allen Kantonsverfassungen der damaligen Zeit eine besonders große Rolle.

Im letzten Leitsatz wünscht die christlichsoziale Volkspartei für Vorarlberg den Anschluss an ein Staatswesen, das diese Forderungen am ehesten zu erfüllen vermag.[171] Dieses Staatswesen wurde in den Leitsätzen nicht namentlich genannt, aber es war jedem klar, welches Staatswesen dies sein sollte.

4. Kapitel: Schweizer Milizsystem statt militärischer Privilegien

Die Vorarlberger Landesversammlung traf am 30. Dezember 1918 – so nebenbei im Anschluss an die Tagesordnung – eine weitreichende Entscheidung in Sachen Landesverteidigung. In diesem Bereich hatten Vorarlberg und Tirol seit Jahrhunderten einige bedeutende Sonderrechte, die sie früher mit auffallender Gewalt verteidigten. Nach dem Ende des Ersten Weltkrieges kam es in der Landesversammlung zu einem Umdenken. Das ganze Sinnen und Trachten der

[169] Verfassung des eidgenössischen Standes Zürich vom 18. April 1869. - [S.l.], [s.n.], [1869], S. 7.
[170] Leitsätze der christlichsozialen Volkspartei Vorarlbergs. Aus: Vorarlberger Volksblatt, Jg. 53, Nr. 286, Bregenz, 12. Dezember 1918, S. 1.
[171] Leitsätze der christlichsozialen Volkspartei Vorarlbergs. Aus: Vorarlberger Volksblatt, Jg. 53, Nr. 286, Bregenz, 12. Dezember 1918, S. 1.

Vorarlberger Politiker war gegen Westen hin zur Schweiz und nicht mehr in Richtung Tirol gerichtet.

1. Keine gemeinsame Sache mit Tirol

Der Staatsrat in Wien hatte gerade einen Gesetzentwurf für ein neues Wehrgesetz für den Staat Deutschösterreich in der Nationalversammlung eingebracht. Nach Mitteilung des Staatsrates Jodok Fink, der auch in der Vorarlberger Landesversammlung saß, war dieser Wehrgesetz-Entwurf ohne erste Lesung in einen Ausschuss verwiesen worden. Wie man höre, soll dieser Entwurf auf dem allgemeinen Milizsystem aufgebaut sein, teilte Landeshauptmann Dr. Otto Ender der Landesversammlung mit. Es sei ihm von Tirol telegrafisch mitgeteilt worden, dass sich der Tiroler Landeshauptmann an den Staatsrat gewendet und die Forderung erhoben habe, es müssten die alten militärischen Privilegien des Landes Tirol – diese waren den Vorarlberger Abgeordneten bekannt, da Vorarlberg die gleichen Privilegien besaß – auch im neuen Wehrgesetz aufrecht erhalten bleiben. Es wurde dem Vorarlberger Landeshauptmann von Tirol aus nahe gelegt, an den Staatsrat in Wien das gleiche Begehren wie Tirol zu stellen und auch für Vorarlberg die Aufrechterhaltung der alten Privilegien zu verlangen. Unter diesen Privilegien wäre das Standschützenwesen mit den damit verbundenen Begünstigungen der Verkürzung der Waffenübungen zu verstehen gewesen.

2. Die Landessache „Schützenwesen"

Das Schützenwesen in Tirol und Vorarlberg hat sich – wie Peter Pernthaler schreibt – aus der tirolischen Wehrverfassung des Mittelalters und noch älterer Zeiten erhalten. „Diese Wehrverfassung war neben der der Schweizer Eidgenossenschaft die einzige ‚demokratische' des Mittelalters und der frühen Neuzeit, demokratisch also noch vor einer Zeit, da die Grundlagen der heutigen, der liberalen Demokratie, gelegt wurden."[172] Diese überlieferte tirolisch-vorarlbergische Wehrordnung baute auf dem Milizsystem auf und bedeutete eine vollkommene Überbrückung des Gegensatzes zwischen Bürgertum und Soldatentum, ein Gegensatz, der sich erst im 19. Jahrhundert in der bekannten Schärfe entwickelte. Die tirolisch-vorarlbergische Wehrverfassung war bekanntlich auch mit einer demokratischen Staatsordnung verbunden, die hier trotz des monarchistischen

[172] Pernthaler, Peter: Unser Schützenwesen steht auf schwankender Rechtsgrundlage. Aus: Tiroler Tageszeitung, Jg. 21, 1965, Nr. 30, Innsbruck, 6. Februar 1965, S. 13.

Prinzips das ganze Mittelalter und die frühe Neuzeit hindurch erhalten werden konnte.

Im Rahmen der Wehrverfassung kann das einheitliche Tiroler und Vorarlberger Schützenwesen auf eine vielhundertjährige Geschichte zurückblicken. Es ist urkundlich jedenfalls bis ins 14. Jahrhundert hinein nachweisbar. Es hat in dieser Zeit auch viele Wandlungen und Krisen bestanden und war besonders durch das Absterben der Funktionen der Landstände bedroht. Das Schützenwesen konnte sich aber in Tirol und Vorarlberg schließlich deshalb erhalten, weil es von den Habsburgern trotz ihres sonstigen strengen Zentralismus stets privilegiert und geschützt wurde.

3. Privilegien für Vorarlberg: Landessache

Eine wichtige Hürde, die diese Einrichtung überspringen konnte, war die Verfassungsgesetzgebung von 1860 bis 1867. Hier gelang es, die alten Freiheiten im Sinne der neueren staatsrechtlichen Auffassungen als positive Bestimmungen in die Verfassungsurkunden aufzunehmen. Sie galten bis zu diesem Zeitpunkt als selbstverständliche „Rechte".

Am 26. Februar 1861 hatte der Kaiser das Februarpatent erlassen und auf dieser Grundlage wurden vereinheitlichte Landesordnungen für alle österreichischen Länder geschaffen.[173] Die „Landes-Ordnung für das Land Vorarlberg" vom 28. Februar 1861 hatte aber – wie die Tiroler – eine Besonderheit aufzuweisen. Im zweiten Hauptstück dieser Landesverfassung wurde der „Wirkungskreis der Landesvertretung" festgeschrieben und da zuerst der Wirkungskreis des Landtages. Im § 18 innerhalb dieses zweiten Hauptstückes sind jene Materien genannt, die zu Landesangelegenheiten erklärt wurden:

Es waren dies erstens alle Anordnungen in Betreff der „Landescultur", der öffentlichen Bauten, welche aus Landesmitteln bestritten werden, alle Anordnungen in Betreff der aus Landesmitteln dotierten Wohltätigkeitsanstalten und alle Anordnungen über den Voranschlag und die Rechnungslegung des Landes.

In einem zweiten Punkt heißt es: „Als Landesangelegenheiten werden erklärt: Die Mitwirkung bei der Regelung des Landesvertheidigungs- und Schießstands-

[173] Burmeister Karl Heinz: Die Vorarlberger Landesverfassungen bis 1919. In: 75 Jahre selbständiges Land Vorarlberg (1918-1993), Bregenz 1993, S. 105-134, hier S. 127.

wesens."[174] Das Schützenwesen blieb danach Landessache. Nicht zuletzt wegen dieser Bestimmung im Februarpatent konnte sich die Einrichtung bis 1918 gegen den übermächtigen Zentralismus als Landeskompetenz halten.

4. Rechte und Pflichten der Standschützen

In seiner letzten Gestalt war das Schützenwesen durch eine Zweiteilung gekennzeichnet. Es bestanden die Einrichtungen der „Tirolisch-Vorarlbergischen Landesverteidigung", die eine besondere Ergänzungsform der Streitkräfte bedeuteten, und das eigentliche Schießstandwesen.

Die „Tiroler und Vorarlberger Landesverteidigung" hatte das alte Milizsystem mit den zwei Aufgeboten „Landesschützen" und „Landsturm" konserviert und war mit weitreichenden Privilegien ausgestattet: Die Aufgebote mussten ihre Wehrpflicht regelmäßig nur innerhalb der Landesgrenzen erfüllen und durften zum Teil ihre „zivile Uniform" auch während des Wehrdienstes beibehalten.

Die Institution der Schießstände sollte zwar zur Unterstützung der Landesverteidigung dienen, war aber nach der ausdrücklichen Vorschrift der Schießstandsordnung ein selbständiges Institut ohne militärische Eingliederung. Der Schießstand war nach dieser Ordnung keine Stätte, sondern eine rechtsfähige Personenvereinigung von mindestens 20 „schießstandfähigen Personen" ein und desselben Ortes. Diese schießstandfähigen Personen waren Tiroler und Vorarlberger ab dem 16. Lebensjahr. Die Mitglieder des Schießstandes wurden Standschützen genannt. Die Aufgaben der Einrichtung bestanden darin, das Schießwesen zu pflegen, den Gemeinsinn für die Verteidigung des Vaterlandes zu beleben und die Jungschützen auszubilden. Die Standschützen hatten eine Reihe von Sonderrechten, unter anderem das Privileg des „korporativen Ausrückens mit Fahnen und Gewehren". Als einheitliche Uniform trugen sie den braunen Schützenrock und den Hut mit Adlerflaum.

Anderseits traf die Schützen eine Reihe von Pflichten: Sie mussten ihren Schießübungsplatz erhalten und regelmäßige Schießübungen bestehen. Wurden diese Pflichten nicht erfüllt, konnten Disziplinarstrafen verhängt und der Schütze aus der Matrikel gelöscht werden. Die Standschützen hatten an sich keine militärische Organisation, exerzierten auch nicht und trugen keine militärischen Dienstgrade.

---

[174] Landes-Ordnung für das Land Vorarlberg. Beilage II, e) zum Grundgesetz über die Reichsvertretung, Reichs-Gesetz-Blatt für das Kaiserthum Oesterreich, Jg. 1861, IX. Stück, Nr. 20, ausgegeben und versendet am 28. Februar 1861, S. 138-143, hier S. 140.

5. Die negative Haltung der Landesversammlung

Der Landeshauptmann hätte es in Kenntnis der Stimmung im Volk – wie er sagte – niemals auf eigene Verantwortung übernommen, in Wien die Forderung nach den alten militärischen Privilegien für Vorarlberg zu stellen. Es hätte ihm auch nicht genügt, wenn der Landesrat zusammengetreten wäre und diese Forderung erhoben hätte. Er hätte sich nur gebeugt, wenn diese Forderung aus der Landesversammlung heraus gestellt worden wäre und dort auch eine Mehrheit gefunden hätte. Er regte deshalb eine Aussprache zu diesem Thema an.

Der sozialdemokratische Landeshauptmannstellvertreter Fritz Preiß meinte, dass es nicht gut sei, wenn sich Vorarlberg dem Antrag der Tiroler anschließe, „denn so viel ich gesehen habe, haben die Vorarlberger Standschützen gerade durch ihre Privilegien so draufgezahlt, sie mußten bis zum 60. Lebensjahre einrücken und so sind sehr viele noch dort in Gefangenschaft." Das zukünftige Milizsystem, wie es im Wehrgesetz verwirklicht werde, sei auf die Wehrkraft des ganzen Volkes aufgebaut. „Das neue Milizsystem wird ungefähr so sein wie in der Schweiz."[175] Da soll es überhaupt keine Privilegien mehr geben.

Auch der Oberschützenmeister und Alt-Landeshauptmann Adolf Rhomberg weinte „diesen Privilegien wahrlich keine Tränen nach". In Friedenszeiten sei demjenigen, der auf seinem Schießstand seiner Standschützenpflicht Genüge getan habe und jährlich ein paar Schuss abgegeben habe, durch diese Privilegien eine große Wohltat erwiesen worden, da ihm bei fünfjähriger Erfüllung der Standschützenpflicht eine, bei zehnjähriger zwei Waffenübungen ganz nachgelassen werden mussten. Im Krieg seien mittlerweile die Standschützen weit mehr als nötig und gesetzlich zulässig herangezogen worden. Die ältesten Männer seien ins Feld gekommen und „es hat meinerseits viele Mühen, Reisen und Anstrengungen aller Art gebraucht, um endlich wenigstens die Altersklassen von 52 bis 60 Ende 1917 unter vielen Schwierigkeiten loszubekommen." Aber nicht die Privilegien als solche seien schuld, dass so viele alte Standschützen über das militärische Alter hinaus ins Feld rücken mussten. Es sei vielmehr die irrtümliche und missbräuchliche Anwendung der gesetzlichen Bestimmungen bei vielen Schießständen des Landes schuld daran gewesen. Eine große Anzahl Standschützen sei unter die Fahnen gerufen wurden, die gar nicht mehr gewusst

[175] [Mitteilung des Landeshauptmannes über den Entwurf eines Wehrgesetzes für den Staat Deutschösterreich, mit welchem die militärischen Privilegien von Tirol und Vorarlberg beseitigt werden.] 6. Sitzung der Vorarlberger Landesversammlung am 30. Dezember 1918 unter dem Vorsitze des Herrn Landeshauptmannes Dr. Otto Ender, S. 15-17. In: Stenographische Sitzungsberichte der provisorischen Vorarlberger Landesversammlung zu Bregenz. Eröffnung der Landesversammlung am 3. November 1918. Bregenz 1919.

hätten, dass sie überhaupt noch Standschützen seien. Die Schießstandsvorstehungen hätten vielfach Leute in der Liste gelassen, um höhere Kaisergaben zu bekommen. In der Schießstandsordnung steht nämlich, wer zwei Jahre lang seiner Standschützenpflicht nicht nachkomme, sei als ausgetreten zu betrachten. Das habe niemanden gekümmert, bis auf einmal die Mobilisierung gekommen sei. Das Gesetz sagt, dass im Falle der Mobilisierung kein Austritt und auch kein Ausschluss mehr erfolgen darf.

Es habe im Laufe der Zeit verschiedene so genannte Standschützenfreunde gegeben, die sich nur in den Schießstand einschreiben ließen, um bei Schützenfesten in den Genuss einer Fahrpreisermäßigung um die Hälfte zu kommen. Auch die habe man vergessen, später wieder zu streichen, und so seien sie zur Mobilisierung gekommen und hätten wegen des halben Fahrpreises zu einem Schützenfest später in den Krieg ziehen müssen.

„Wenn einmal ein Milizsystem eingeführt wird, das wir mit ganzer Kraft anstreben müssen, analog wie es in der Schweiz besteht, dann allerdings kann das Schießstandswesen in anderer Form zu neuer Blüte kommen. Bekanntlich ist das Schützenwesen in der Schweiz sehr ausgebildet.“[176]

Der Feldkircher Fabrikant Karl Ganahl von der Deutschfreisinnigen Partei schloss sich seinen Vorrednern ebenfalls an und erklärte kurz: „Ich glaube, man soll diese Privilegien als begraben betrachten. Ich begrüße die Miliz wie in der Schweiz.“[177]

Landeshauptmann Dr. Ender sagte, es freue ihn, dass er in der Sache das Richtige gefühlt und nichts getan habe.

---

[176] [Mitteilung des Landeshauptmannes über den Entwurf eines Wehrgesetzes für den Staat Deutschösterreich, mit welchem die militärischen Privilegien von Tirol und Vorarlberg beseitigt werden.] 6. Sitzung der Vorarlberger Landesversammlung am 30. Dezember 1918 unter dem Vorsitze des Herrn Landeshauptmannes Dr. Otto Ender, S. 15-17. In: Stenographische Sitzungsberichte der provisorischen Vorarlberger Landesversammlung zu Bregenz. Eröffnung der Landesversammlung am 3. November 1918. Bregenz 1919, Seite 16.

[177] [Mitteilung des Landeshauptmannes über den Entwurf eines Wehrgesetzes für den Staat Deutschösterreich, mit welchem die militärischen Privilegien von Tirol und Vorarlberg beseitigt werden.] 6. Sitzung der Vorarlberger Landesversammlung am 30. Dezember 1918 unter dem Vorsitze des Herrn Landeshauptmannes Dr. Otto Ender, S. 15-17. In: Stenographische Sitzungsberichte der provisorischen Vorarlberger Landesversammlung zu Bregenz. Eröffnung der Landesversammlung am 3. November 1918. Bregenz 1919, Seite 17.

6. Kritik an der Preisgabe der Sonderrechte

Die ablehnende Haltung der Vorarlberger Landesversammlung, sich dem Kampf der Tiroler um die weitere Gewährung der alten Privilegien im Schützenwesen anzuschließen, hat später bei Föderalisten im Staatsrecht und in der Geschichtsschreibung keine Gnade gefunden. Die Haltung der Vorarlberger Landesversammlung war auch aus dem Blickwinkel getroffen worden, dass die Gemeinsamkeiten mit den Tirolern durch die Selbständigkeit Vorarlbergs nicht übertrieben werden sollten. Durch den gemeinsamen Kampf um diese Sonderstellung Tirols und Vorarlbergs wäre man wieder in den deutschösterreichischen Staat eingebunden gewesen, obwohl man sich schon längst für eine gemeinsame Zukunft mit der Schweiz vorbereitet hatte.

Es war allen Parteien in der Landesversammlung klar, dass auch in Tirol die Landesverteidigung einen besonders hohen Stellenwert hatte. Das haben die Redner auch angesprochen. Aber die Schweizer Form der Landesverteidigung genoss bei den Vorarlbergern höheres Ansehen. Die Schweiz war nicht in den Ersten Weltkrieg verwickelt, sie hatte somit auch keine Niederlage erlitten und war auch nicht mit so vielen Menschenopfern belastet wie dies in Vorarlberg der Fall war.

Die Schützen sind auf Grund der historischen Entwicklung notwendigerweise „das letzte Symbol der Eigenständigkeit der Tiroler und Vorarlberger Landeshoheit", schreibt der Staatsrechtler Peter Pernthaler. Die Wehrhaftigkeit eines Volkes entscheide im Letzten über seine Staatsreife und Souveränität. Das gelte auch für die Länder im Bundesstaat. „Es sei darauf hingewiesen, daß die schweizerische Wehrverfassung – ganz im Gegensatz zur österreichischen Gleichgültigkeit gegenüber dem Schützenwesen – weiterhin auf der Tätigkeit der ‚Schießvereine' aufbaut und bei Nichterfüllung der Schießpflichten zwangsweise Einberufungen zu Schießkursen und Kursen für ‚Verbliebene' kennt."[178]

Der Landeshistoriker Benedikt Bilgeri verurteilt ebenfalls die Preisgabe von Vorarlberger Sonderrechten, wenn er schreibt: „Unter dem Eindruck der schmählichen Mißachtung durch die Militärkommandos der Monarchie wurden damit die Rechte des Landes unverantwortlich preisgegeben, statt um ihre echte Wiederherstellung zu kämpfen. So verhallte der vierhundertjährige Ruf eigen-

[178] Pernthaler, Peter: Unser Schützenwesen steht auf schwankender Rechtsgrundlage. Aus: Tiroler Tageszeitung, Jg. 21, 1965, Nr. 30, Innsbruck, 6. Februar 1965, S. 13.

ständiger Landesverteidigung, ein großes Stück der Autonomie war dahin. Das Volk durfte allerdings auf die künftige Schweizerfreiheit hoffen.“[179]

Mit dem Inkrafttreten des Art 10 Abs 1 Z 15 B-VG sind die überlieferten Sonderrechte Tirols und Vorarlbergs auf dem Gebiete der Landesverteidigung erloschen. Die Formulierung dieser Norm schließt begrifflich jede gleichartige Kompetenz der Länder aus.[180]

5. Kapitel: Ein Bundesstaat nach Schweizer Muster?

Als unmittelbarer Nachbar der Eidgenossen war Vorarlberg nach dem Zusammenbruch der Monarchie bestrebt, Schweizer Verhältnisse im eigenen Land zu schaffen. Wie das vor sich gehen sollte und ob es überhaupt möglich sein würde, war zu diesem Zeitpunkt nicht absehbar, da es zum Gutteil vom ungewissen staatsrechtlichen Schicksal des deutschösterreichischen Gesamtstaates abhing. Die einfachste Lösung für jene Bundesländer, die ihre politische und verfassungsmäßige Zukunft nach dem Vorbild der Schweiz ausrichten wollten, wäre es gewesen, wenn sich die Republik Deutschösterreich eine Verfassung nach dem Muster der Schweizer Bundesverfassung gegeben hätte. Auf diese Weise hätten die Bundesländer die Stellung von „Kantonen“ erhalten und es hätte nicht jedes Bundesland für sich um diese in den Schweizer Kantonen vorgelebten Rechte und Kompetenzen kämpfen müssen. Eine Art Schweizer Verfassung für Deutschösterreich hätte nach der Meinung von Landespolitikern 1919 auf kurzem Wege den Bundesstaat verwirklicht, den die Bundesländer wollten. Die zu beschließende Vorarlberger Landesverfassung von 1919 wäre dann eine von mehreren mehr oder weniger gleich lautenden deutschösterreichischen Landesverfassungen gewesen. Die Schweizer Bundesverfassung war deshalb ein intensiver Gesprächsgegenstand auf einer Länderkonferenz in der Staatskanzlei in Wien Ende Jänner und Anfang Februar 1919.

---

179 Bilgeri, Benedikt: Geschichte Vorarlbergs, 5 Bde, Wien, Köln und Graz 1971-1987, Bd. V, Kanton oder Bundesland; Untergang und Wiederkehr; Wien, Köln und Graz 1987, S. 22.

180 Pernthaler, Peter: Der Rechtsstaat und sein Heer. Strukturelemente der österreichischen Wehrverfassung; mit vergleichenden Hinweisen auf die Wehrordnungen der Schweiz und der Bundesrepublik Deutschland, (= Rechts- und Staatswissenschaften, Bd. 19), Wien 1964, S. 128.

1. Die Schweizer Bundesverfassung auf der Länderkonferenz

Staatskanzler Dr. Karl Renner hatte alle Landeshauptmänner und Staatssekretäre – so hießen damals die Minister – zur dritten Länderkonferenz nach Wien eingeladen. Sie fand am 31. Jänner und 1. Februar 1919 in der Staatskanzlei in Wien statt und war die erste Länderkonferenz, bei der auf die künftige Verfassung Deutschösterreichs eingegangen wurde. Auf der Konferenz waren die Länder Niederösterreich, Oberösterreich, Salzburg, Tirol, Vorarlberg, Kärnten, Steiermark, das Sudetenland und Deutschböhmen sowie die Stadt Wien vertreten.[181] Die Trennung Deutschböhmens und des Sudetenlandes von der Republik Österreich wurde ja erst im Staatsvertrag von St. Germain verfügt.

Auf der Tagesordnung der Länderkonferenz stand als zweiter Tagesordnungspunkt ein Referat des Staatskanzlers Renner über das Verhältnis der Länder zum Staat, wobei er die Verfassungen Frankreichs, Englands, der USA und der Schweiz auf ihre Anwendbarkeit und Übernahme in Deutschösterreich überprüft hat. Für den Staatskanzler selbst spielte die Schweizer Verfassung als denkbares Muster für Deutschösterreich eher eine untergeordnete Rolle. Die eingehende Diskussion über ein Schweizer Verfassungsmodell wurde ihm aber auf der Länderkonferenz von den Vertretern der westlichen Bundesländer Deutschösterreichs aufgezwungen.

2. Die Verfassungsmodelle des Staatskanzlers

Für die zukünftige Verfassung der Länder und ihr Verhältnis zum Staate gebe es mehrere Muster, erklärte der Staatskanzler auf der Länderkonferenz: etwa die stramme zentralistisch-bürokratische Ordnung in Frankreich oder die ganz auf Selbstregierung beruhende Verfassung in England.

In der französischen Verfassung gebe es nur einen einzigen Träger der gesetzgebenden Gewalt, das Parlament, und diesem stehe ein einziger Träger der Exekutivgewalt – die dem Parlament verantwortliche Regierung – gegenüber. Diese Regierung führe ganz allein die Verwaltung bis in die Gemeinden hinab und der Präfekt, der Souspräfekt und der Maire der Gemeinde seien immer nur das ausführende Organ des Ministers. In jedem Moment könne der Minister seine Entscheidung an Stelle des Präfekten, des Souspräfekten oder des Maire setzen. Die

---

[181] Ermacora, Felix: Materialien zur österreichischen Bundesverfassung (I). Die Länderkonferenzen 1919/20 und die Verfassungsfrage. Mit Anmerkungen und begleitenden Texten versehen unter Mitarbeit von Ingrid Moser (= Österreichische Schriftenreihe für Rechts- und Politikwissenschaft, Bd. 9, Teil I), Wien 1989, S. 5.

Verfassung von Frankreich sei durchaus monarchisch, es sei im Wesen eine parlamentarische Wahlmonarchie.[182]

Das englische „selfgovernment" bestehe im Gegensatz dazu darin, dass es zwar ein zentrales Parlament gebe und diesem eine zentrale Regierung an der Seite stehe, diese Ordnung wiederhole sich aber auf den unteren Ebenen. Unter dem Reich stehe die Grafschaft und diese Grafschaft habe wiederum ihren „county council" und dessen gewählte Ausschüsse, die „committees". Es gebe in der Grafschaft überhaupt keine Beamten, die nicht Grafschaftsbeamte seien. Unterhalb der Grafschaft stehe die nächste Gebietskörperschaft, der Distrikt. Dieser Distrikt habe wieder seinen „district council", seinen Rat. Allgemeine, für das ganze Reich verbindliche Gesetze beschließe das Parlament, aber der Grafschaftsrat und der Distriktsrat hätten das Recht, „by-laws" – Nebengesetze in der Art von Polizeiverordnungen – zu beschließen.[183] Die Reichsgesetze vollziehe die Grafschaft selbst durch ihre gewählten Vertreter und deren Ausschüsse.

Dieses System der Selbstregierung lasse den Gegensatz zwischen Gebietskörperschaft und Staat gar nicht aufkommen. Er müsse das betonen, weil es in diesem Zusammenhang über die Natur des „Gesetzes über die Übernahme der Staatsgewalt in den Ländern" auch in den Ländern vielfach Missverständnisse gebe. Das Wort Selbstregierung der Länder müsse das Schlagwort werden gegenüber dem schiefen, gänzlich unpassenden Schlagwort der Autonomie, denn die Autonomie sei ein Missding im Begriffe selbst: „Es ist nicht Selbstverwaltung, es ist nicht Selbstgesetzgebung, es ist ein Stück von allem und ein sehr schiefes und schlecht herausgeschnittenes Stück von allem. Wir sollten aber unser Denken darauf richten, ein wirkliches System der Selbstregierung einzuführen."[184]

Eine ganz andere Ordnung der Dinge bestehe in Amerika. Dort besitze jede einzelne größere Landschaft den Rang eines eigenen Staates mit eigener Staatsge-

---

[182] Ermacora, Felix: Materialien zur österreichischen Bundesverfassung (I). Die Länderkonferenzen 1919/20 und die Verfassungsfrage. Mit Anmerkungen und begleitenden Texten versehen unter Mitarbeit von Ingrid Moser (= Österreichische Schriftenreihe für Rechts- und Politikwissenschaft, Bd. 9, Teil I), Wien 1989, S. 12.
[183] Ermacora, Felix: Materialien zur österreichischen Bundesverfassung (I). Die Länderkonferenzen 1919/20 und die Verfassungsfrage. Mit Anmerkungen und begleitenden Texten versehen unter Mitarbeit von Ingrid Moser (= Österreichische Schriftenreihe für Rechts- und Politikwissenschaft, Bd. 9, Teil I), Wien 1989, S. 12.
[184] Ermacora, Felix: Materialien zur österreichischen Bundesverfassung (I). Die Länderkonferenzen 1919/20 und die Verfassungsfrage. Mit Anmerkungen und begleitenden Texten versehen unter Mitarbeit von Ingrid Moser (= Österreichische Schriftenreihe für Rechts- und Politikwissenschaft, Bd. 9, Teil I), Wien 1989, S. 14.

setzgebung, eigener Staatsverwaltung und Staatsjudikatur. Diese drei Gewalten seien aber jeweils auf einzelne bestimmte Kompetenzen eingeschränkt. Innerhalb dieser Kompetenz sei der Staat vollständig frei und an gar nichts gebunden, nicht einmal an ein Gesetz, das vom Bundesparlament in Washington beschlossen wurde. Falls sich dieses Gesetz über die verfassungsmäßigen Rechte des Einzelstaates hinwegsetze, würde man beim Bundesgericht klagen und dieses würde das Bundesgesetz einfach aufheben. Der einzelne Staat würde dadurch seine selbstherrliche Sphäre behaupten.[185] Aber diese unbeschränkte Herrschaft des einzelnen Landes, diese Selbstherrlichkeit oder Souveränität sei nicht eine Herrschaft über das Ganze, Ungeteilte der Staatsgeschäfte, sondern nur für einen Bruchteil derselben. Daneben bestehe die Bundesgewalt, die Bundesgesetzgebung, die Bundesverwaltung und Bundesrechtspflege mit ihrem Zentralsitz in Washington. Diese habe die bestimmte Kompetenz, die verfassungsmäßig festgesetzt sei, aber in dieser Kompetenz habe sie auch ihre eigenen Organe – neben den Einzelstaatsorganen – bis hinunter in die Lokalstelle. Der Einzelne sei in seiner Person Staats- und Bundesuntertan. Das gibt nach Dr. Renners Darstellung nun durchwegs eine Doppelgleisigkeit der Gesetzgebung, Verwaltung und Rechtspflege. Eine solche sei erträglich, wenn ein Bundesstaat von der Größe der Vereinigten Staaten aufgerichtet werde. Deutschösterreich werde in Hinkunft aber kaum die Größe eines durchschnittlichen amerikanischen Gliedstaates haben. So müsste es seiner Meinung nach als eine außerordentliche Erschwerung angesehen werden, wenn man diese Doppelgleisigkeit aufrichtete.[186]

3. Die Brauchbarkeit des Schweizer Verfassungsmodells

Der französische, englische und amerikanische Verfassungstyp oder das ähnliche schweizerische System ließen sich auf ein Land, das eine überlieferte Verfassungs- und Verwaltungsordnung besitze, nicht schlechtweg anwenden, meinte der Staatskanzler. Er mache kein Hehl daraus, dass er zum englischen System hinneige. Es gebe aber Vorfragen, die ungelöst seien. Entscheidend sei die Anschlussfrage. „Wenn wir ganz allein bleiben, dann glaube ich, daß doch das Muster der Schweiz für uns das beste sein dürfte. Aber nur in dem Falle, als

---

[185] Ermacora, Felix: Materialien zur österreichischen Bundesverfassung (I). Die Länderkonferenzen 1919/20 und die Verfassungsfrage. Mit Anmerkungen und begleitenden Texten versehen unter Mitarbeit von Ingrid Moser (= Österreichische Schriftenreihe für Rechts- und Politikwissenschaft, Bd. 9, Teil I), Wien 1989, S. 15.

[186] Ermacora, Felix: Materialien zur österreichischen Bundesverfassung (I). Die Länderkonferenzen 1919/20 und die Verfassungsfrage. Mit Anmerkungen und begleitenden Texten versehen unter Mitarbeit von Ingrid Moser (= Österreichische Schriftenreihe für Rechts- und Politikwissenschaft, Bd. 9, Teil I), Wien 1989, S. 16.

wir ganz allein bleiben!"[187] Wenn jedoch, was alle hofften und anstrebten, der Anschluss an Deutschland gelinge, so hänge die künftige Verfassung Deutschösterreichs davon ab, wie sich das Deutsche Reich ordnen werde.

Es werde im Deutschen Reich eine Art „Selfgovernment" herauskommen, vielleicht eine Art Bundesstaat. Die Frage sei aber, welches die Glieder des Reiches sein würden. Wahrscheinlich würden die Deutschösterreicher als Gesamtheit neben den historischen Stämmen der Deutschen Platz nehmen und in diesem Fall wäre ein ganz homogener Unterbau des ganzen Reiches gegeben.[188] Der Staatskanzler trat dafür ein, dass die österreichischen Länder als Gesamtheit über einen Anschluss an das Deutsche Reich verhandeln sollten, weil sie am ehesten einen Erfolg haben würden, wenn sie als Gesamtheit aufträten und in Bezug auf die Verfassung dahin wirkten, dass die großen Stämme der Deutschen als Glieder des Reiches erscheinen. Deutschösterreich bilde dann ein Siebentel des Reiches und habe ein Siebentel des Einflusses.[189]

Nach dem aktuellen Verfassungsentwurf des Deutschen Reiches, der Renner zur Verfügung stand, wäre die deutschösterreichische Nationalversammlung ein Landtag geworden. Wenn sich Deutschösterreich an einen deutschen Bundesstaat anschließe, würde es ein deutscher Gliedstaat werden. Dann wäre es nach Überzeugung des Staatskanzlers beinahe undurchführbar, dass dieser Gliedstaat in sich selbst wieder ein Bundesstaat würde; „dann können wir das Schweizer Muster kaum wählen, weil wir eine dreigeleisige Verwaltung erhielten", meinte der Staatskanzler auf der Länderkonferenz.

4. Die Neigung der Länder zum Schweizer Vorbild

Während der sozialdemokratische Staatskanzler die Übernahme des Schweizer Verfassungsmodells für eher unrealistisch einstufte, traten die Vertreter der

187 Ermacora, Felix: Materialien zur österreichischen Bundesverfassung (I). Die Länderkonferenzen 1919/20 und die Verfassungsfrage. Mit Anmerkungen und begleitenden Texten versehen unter Mitarbeit von Ingrid Moser (= Österreichische Schriftenreihe für Rechts- und Politikwissenschaft, Bd. 9, Teil I), Wien 1989, S. 17.

188 Ermacora, Felix: Materialien zur österreichischen Bundesverfassung (I). Die Länderkonferenzen 1919/20 und die Verfassungsfrage. Mit Anmerkungen und begleitenden Texten versehen unter Mitarbeit von Ingrid Moser (= Österreichische Schriftenreihe für Rechts- und Politikwissenschaft, Bd. 9, Teil I), Wien 1989, S. 17.

189 Ermacora, Felix: Materialien zur österreichischen Bundesverfassung (I). Die Länderkonferenzen 1919/20 und die Verfassungsfrage. Mit Anmerkungen und begleitenden Texten versehen unter Mitarbeit von Ingrid Moser (= Österreichische Schriftenreihe für Rechts- und Politikwissenschaft, Bd. 9, Teil I), Wien 1989, S. 18.

Länder auf der Länderkonferenz für das Modell eines Schweizer Bundesstaates ein. Einer der Beweggründe mag auch gewesen sein, dass durch die Schweizer Bundesverfassung die Sozialdemokraten – im Gegensatz zu Wien – in Bern von der politischen Mitgestaltung auf Regierungsebene ferngehalten werden konnten.[190]

Der Vorarlberger Landeshauptmann trat auf der Länderkonferenz dem Staatskanzler Dr. Karl Renner als Widerpart entgegen: Der Staatskanzler habe gesagt, die amerikanischen Verhältnisse passten nicht für Deutschösterreich, sie seien zu groß. Das stimme durchaus! Er werde aber kaum sagen können, dass für das winzige Österreich die Schweizer Verhältnisse zu klein seien. „In der Schweiz ist dasjenige, was zentral geregelt sein muß, dem Bundesrate zugewiesen, alles übrige ist den Kantonen überlassen und diese sind wirklich frei."[191]

Der Staatskanzler habe gemeint, es müsse ein Rahmengesetz geschaffen werden, damit die Gesetze in allen Ländern gleich ausfallen. Das sei nicht richtig. Die Erfahrung lehre, dass das überflüssig sei: In der Schweiz seien nur gewisse Grundgesetze staatsgrundgesetzlich geregelt und daran müsse sich jeder Kanton halten. Ansonsten könnte gegen ihn auch das Gericht angerufen werden. Darüber hinaus aber bestehe überhaupt keine Gleichheit. „Wenn Sie heute die Verfassungen der einzelnen Schweizer Kantone zur Hand nehmen, so werden Sie sehen, daß die eine 20 Paragraphen und die andere 200 hat; die eine regelt tausend Dinge, die die andere gar nicht regelt; kurz es ist eine unendliche Verschiedenheit. Sie werden aber nie beobachtet haben, daß diese Schweizer Kantone nicht miteinander leben können, im Gegenteil, sie haben eine viel größere Eintracht als wir mit unseren schönen Landesordnungen und sie haben sich dabei wohl gefühlt und eine Staatsfreudigkeit zum Bunde besessen, gerade weil dieser Bund sie nicht mit Sanktion und Vormundschaft bedrückt hat, sondern weil er ihnen innerhalb der gegebenen Grenzen die Freiheit, die den Menschen so wohl tut, wirklich gelassen hat."[192]

Daher stünden die Vertreter der Länder auf dem Standpunkt, dass die Nationalversammlung Gesetze nur auf jenen Gebieten zu machen habe, die der zentralen

---

[190] Die Sozialdemokraten konnten in der Schweiz erst 1943 einen Bundesrat stellen.

[191] Ermacora, Felix: Materialien zur österreichischen Bundesverfassung (I). Die Länderkonferenzen 1919/20 und die Verfassungsfrage. Mit Anmerkungen und begleitenden Texten versehen unter Mitarbeit von Ingrid Moser (= Österreichische Schriftenreihe für Rechts- und Politikwissenschaft, Bd. 9, Teil I), Wien 1989, S. 23.

[192] Ermacora, Felix: Materialien zur österreichischen Bundesverfassung (I). Die Länderkonferenzen 1919/20 und die Verfassungsfrage. Mit Anmerkungen und begleitenden Texten versehen unter Mitarbeit von Ingrid Moser (= Österreichische Schriftenreihe für Rechts- und Politikwissenschaft, Bd. 9, Teil I), Wien 1989, S. 23.

Regelung wirklich vorbehalten werden müssten. Für die anderen Gegenstände, die den Ländern zu verbleiben hätten, seien auch keine Rahmengesetze zu schaffen.

Die Länder wollten kein Rahmengesetz, das sie wie ein Panzer einenge. Sie wollten auch keine Nachfolge der Sanktion für die Gesetze in den Ländern. Die Gesetze sollten vielmehr so gelten, wie sie die vom Volk gewählten Vertreter dort beschließen. Sie würden ja für die Länder beschlossen und nicht für die Regierung in Wien. Es sei klar, dass gewisse Grundgesetze sein müssten, dass man zum Beispiel festlegen werde, dass sich die Länder- und die Gemeindewahlordnungen an das allgemeine, gleiche und direkte Wahlrecht nach dem Proporz zu halten hätten. Das könne durchaus in einem Staatsgrundgesetz stehen. Aber diese Sache im Wege eines Rahmengesetzes, im Wege einer Gehschule für diese unbeholfenen Länder durchführen zu wollen, sei ein verfehltes Vorgehen und löse bei den Ländern Wirkungen aus, von denen der Herr Staatskanzler keine Vorstellung habe.

Dem Tiroler Landeshauptmann-Stellvertreter Dr. Pusch und den Tirolern hat immer der Artikel 3 der Schweizer Bundesverfassung am besten gefallen, wie Dr. Pusch selbst erklärte. Im Art 3 heißt es, dass die Kantone souverän sind, soweit die Souveränität nicht durch die Bundesverfassung beschränkt ist. Und die Kantone üben als solche alle Rechte aus, welche nicht der Bundesgewalt übertragen sind. Daraus gehe hervor, dass der Bund das Sekundäre sei. Die Bausteine seien die Kantone. Und das möchte Dr. Pusch auch in Österreich so haben.[193]

Der Salzburger Landesrat Dr. Rehrl hatte den Ausführungen des Staatskanzlers auf der Länderkonferenz entnommen, dass diesem letzten Endes „eine Verschmelzung gewisser Elemente des Schweizer Verfassungslebens mit Elementen des englischen Verfassungslebens vorschwebt“.[194] Er hatte zahlreiche Schriften des Staatskanzlers gelesen und war begeistert von den Ideen, die dieser über die Ausgestaltung der Verwaltung entwickelt hatte. Er hatte aber die Überzeugung gewonnen, dass sich eine solche Verwaltung in den einzelnen Ländern nur durchsetzen werde, wenn jedes Land fühle, dass es frei sei. Deshalb

---

[193] Ermacora, Felix: Materialien zur österreichischen Bundesverfassung (I). Die Länderkonferenzen 1919/20 und die Verfassungsfrage. Mit Anmerkungen und begleitenden Texten versehen unter Mitarbeit von Ingrid Moser (= Österreichische Schriftenreihe für Rechts- und Politikwissenschaft, Bd. 9, Teil I), Wien 1989, S. 26.

[194] Ermacora, Felix: Materialien zur österreichischen Bundesverfassung (I). Die Länderkonferenzen 1919/20 und die Verfassungsfrage. Mit Anmerkungen und begleitenden Texten versehen unter Mitarbeit von Ingrid Moser (= Österreichische Schriftenreihe für Rechts- und Politikwissenschaft, Bd. 9, Teil I), Wien 1989, S. 36.

solle man sich auf der Länderkonferenz auf den Grundsatz des föderativen Aufbaues einigen.

Der Staatskanzler, dem am Beginn der Länderkonferenz das Schweizer Verfassungsmodell für die deutschösterreichische Zukunft nicht anwendbar schien, bewegte sich unter dem Eindruck der Diskussionsbeiträge der Ländervertreter in Richtung eines Kompromisses, in welchem er sich zumindest einzelne Elemente des Schweizer Verfassungslebens vorstellen konnte. Er resümierte auf der Länderkonferenz, er habe als Idealzustand die englische Selbstregierung hingestellt und einer der Herren Redner habe das ausgezeichnet charakterisiert, wenn er gesagt habe: „Dem Kanzler schwebt das englische Lokalgouvernement mit Elementen der Schweizerischen Verfassung vor, gleichsam England als Muster für die Ordnung der Verwaltung und die Schweiz als Muster der Verfassung oder der Ordnung der Gesetzgebung. Das ist in der Tat mein Standpunkt.“[195]

5. Hinweise auf Anschlussbewegung an die Schweiz

Der Vorarlberger Landeshauptmann hat in seinem Bestreben, für Deutschösterreich einen Bundesstaat nach Schweizer Vorbild zu etablieren, gegenüber dem Staatskanzler auch zu einem Druckmittel gegriffen. Er hat Dr. Renner gegenüber auf die Entstehung einer Schweizer Anschlussbewegung in Vorarlberg hingewiesen, die den Intentionen der Wiener Zentrale völlig entgegenstand. Auch der Vorarlberger Landeshauptmann stand dieser Bewegung – vor allem am Anfang – sehr skeptisch gegenüber. In seinem Heimatland bestehe gegenwärtig eine Privatbewegung für den Anschluss an die Schweiz, erklärte Dr. Ender auf der Länderkonferenz. Sie habe keinerlei offiziellen Charakter. Man habe sie auch gewähren lassen, weil es sich um eine gefühlsschwärmerische Bewegung handle, herausgewachsen aus den aktuellen Zuständen, die auch wieder ihren Höhepunkt überwinden würde und dann, wenn einmal offizielle Persönlichkeiten eingreifen, gewiss auch ernsten Erwägungen zugänglich sein werde.[196] Wenn er aber jetzt nach Hause komme und in der nächsten Landesversammlung das Referat wiedergebe, das der Herr Staatskanzler erstattet habe,

[195] Ermacora, Felix: Materialien zur österreichischen Bundesverfassung (I). Die Länderkonferenzen 1919/20 und die Verfassungsfrage. Mit Anmerkungen und begleitenden Texten versehen unter Mitarbeit von Ingrid Moser (= Österreichische Schriftenreihe für Rechts- und Politikwissenschaft, Bd. 9, Teil I), Wien 1989, S. 38.

[196] Ermacora, Felix: Materialien zur österreichischen Bundesverfassung (I). Die Länderkonferenzen 1919/20 und die Verfassungsfrage. Mit Anmerkungen und begleitenden Texten versehen unter Mitarbeit von Ingrid Moser (= Österreichische Schriftenreihe für Rechts- und Politikwissenschaft, Bd. 9, Teil I), Wien 1989, S. 23-24.

so erweise er damit dieser Bestrebung einen Dienst, wie sie ihn noch von keiner Seite erfahren habe. Er leiste mehr, als der beste Wanderredner in 25 Versammlungen leisten könnte. Dann werde das Vorarlberger Volk erschrecken und sagen: Ah! da steht der alte Zentralismus wieder auf, die alte Vormundschaft, da kommt wieder der Kaiser mit seiner Sanktion, eigentlich nicht der Kaiser, sondern der „Imperator redivivus".[197]

6. Ein Bundesstaat als Mitglied eines Staatenbundes

Der zweite Vertreter Vorarlbergs auf der Länderkonferenz neben dem Landeshauptmann Dr. Ender war der christlichsoziale Landtagsabgeordnete Dr. Johann Mittelberger. Er trat im Gegensatz zum Staatskanzler dafür ein, dass Deutschösterreich als Bundesstaat gestaltet werden müsse, weil auch ein Bundesstaat nach Schweizer Muster als Ganzes einem Staatenbund beitreten könne. Der Staatskanzler glaubte, auf der Länderkonferenz am 31. Jänner und 1. Februar 1919 insofern eine Trumpfkarte für den Zentralstaat in seinen Händen zu halten, als sich seiner Meinung nach Deutschösterreich nur als eine politische Einheit dem Deutschen Reich anschließen könne.

Die Staatsfreudigkeit habe unter der Monarchie vielfach gefehlt. Sie fehle jetzt vollständig, stellte Mittelberger fest. Wenn der Staatskanzler ein freies Deutschösterreich wolle, dann müsse er den einzelnen Stämmen und Ländern auch gewisse Rechte nach ihrer Eigenart einräumen. Die Staatsregierung solle sich zu einem freien und offenen Entschluss aufraffen und sagen: „Wir wollen einen deutschösterreichischen Bundesstaat mit freien, mit Hoheitsrechten ausgestatteten Ländern, etwa nach dem Muster der Schweiz."[198]

Der Staatskanzler habe gesagt, man könne keinen deutschösterreichischen Bundesstaat gründen, weil man die zukünftige Entscheidung in der Anschlussfrage nicht kenne. Es sei aber doch die Notwendigkeit vorhanden, dass man schon jetzt dem Volk ein festes Ziel gebe, sonst steuere man ins Uferlose, ins Planlose, und dieses planlose Fortwursteln ertrage man jetzt nicht mehr. „Ich könnte mir nicht vorstellen, wie man große Teile der Bevölkerung zum alten Österreich zu-

[197] Ermacora, Felix: Materialien zur österreichischen Bundesverfassung (I). Die Länderkonferenzen 1919/20 und die Verfassungsfrage. Mit Anmerkungen und begleitenden Texten versehen unter Mitarbeit von Ingrid Moser (= Österreichische Schriftenreihe für Rechts- und Politikwissenschaft, Bd. 9, Teil I), Wien 1989, S. 24.

[198] Ermacora, Felix: Materialien zur österreichischen Bundesverfassung (I). Die Länderkonferenzen 1919/20 und die Verfassungsfrage. Mit Anmerkungen und begleitenden Texten versehen unter Mitarbeit von Ingrid Moser (= Österreichische Schriftenreihe für Rechts- und Politikwissenschaft, Bd. 9, Teil I), Wien 1989, S. 26.

rückbringen soll, wenn man ihnen nur noch einige Monate Zeit gibt, sich zu entscheiden, wohin sie eigentlich wollen. Man muß ihnen etwas Bestimmtes vor Augen stellen, zum Beispiel einen deutschösterreichischen Bundesstaat mit freien, mit Hoheitsrechten ausgestatteten Ländern, wie es die Schweiz ist. Damit wäre noch nicht gesagt, daß dieser Bundesstaat nicht bundesfähig gegenüber Deutschland wäre." Er stelle sich vor, dass das zukünftige Deutschland ein Staatenbund werde, und es wäre leicht denkbar, dass ein Bundesstaat ein Mitglied eines Staatenbundes wäre.[199]

Man solle das Gebot der Stunde erkennen, meinte Mittelberger, und Österreich zu einer freien deutschösterreichischen Republik machen, zu einer Verbindung der Länder, die frei zueinander gekommen sind. Ein solches Gebilde wäre auch ein viel bündnisfähigerer Staat. Das Deutsche Reich hätte mit einem solchen gefestigten Staate viel mehr Freude, als wenn halb zerfallene Staatsteile zu ihm kämen. „Darum wäre mein Wunsch, daß die Staatsregierung bekennen würde: Wir wollen einen freien Staat auf föderalistischer Grundlage mit den Ländern, die frei sind und Hoheitsrechte besitzen, ähnlich wie in der Schweiz."[200]

6. Kapitel: Landesverfassungen nach Schweizer Muster

Die Republik Deutschösterreich war erst wenige Wochen alt, die Vertreter des Gesamtstaates und der Länder mussten sich nicht nur Gedanken über eine funktionierende Bundesverfassung machen. Das Problem in den Ländern bestand darin, die neu gewonnene Macht, die nach dem Zusammenbruch der Monarchie offenkundig bei den Ländern und nicht beim Gesamtstaat lag, durch eigenständige Landesverfassungen gegen den Gesamtstaat abzugrenzen. Da gab es nicht nur harte Auseinandersetzungen mit der Staatskanzlei in Wien. Es zeigte sich, dass es in Deutschösterreich keine Vorbilder für solche Landesordnungen gab,

[199] Ermacora, Felix: Materialien zur österreichischen Bundesverfassung (I). Die Länderkonferenzen 1919/20 und die Verfassungsfrage. Mit Anmerkungen und begleitenden Texten versehen unter Mitarbeit von Ingrid Moser (= Österreichische Schriftenreihe für Rechts- und Politikwissenschaft, Bd. 9, Teil I), Wien 1989, S. 26.

[200] Ermacora, Felix: Materialien zur österreichischen Bundesverfassung (I). Die Länderkonferenzen 1919/20 und die Verfassungsfrage. Mit Anmerkungen und begleitenden Texten versehen unter Mitarbeit von Ingrid Moser (= Österreichische Schriftenreihe für Rechts- und Politikwissenschaft, Bd. 9, Teil I), Wien 1989, S. 24.

weil alle Länder bei der Stunde Null beginnen mussten.[201] Es war deshalb nahe liegend, dass man sich in Vorarlberg bei der Suche nach Mustern für moderne Landesordnungen zu den Nachbarn nach Westen wandte, wo man den Vorarlbergern seit Generationen gelebte Demokratie vorführte. Zunächst waren allerdings noch Hürden in Deutschösterreich selbst zu überwinden.

1. Landesordnungen als Rahmengesetz

Auf der Tagesordnung der Länderkonferenz in der Staatskanzlei in Wien am 31. Jänner und 1. Februar 1919 stand auch der Entwurf eines „Gesetzes über den Ablauf der Funktionsdauer der provisorischen Landesversammlungen und Gemeindevertretungen und die Vornahme von Neuwahlen in den Ländern und Gemeinden". In diesem Zusammenhang prallten die Meinungen über die Vorgangsweise bei der Schaffung von Landesverfassungen in den einzelnen Ländern zwischen dem Staatskanzler Dr. Karl Renner und den einzelnen Ländervertretern aufeinander.

Die Schicksalsfrage war, ob die Landesordnungen und die Wahlgesetze für die Gemeinde- und Landtagswahlen vom Staatsrat in Wien als Rahmengesetze vorgegeben werden konnten oder ob die föderalistischen Ansätze für die Schaffung von Landesverfassungen, wie sie von den Ländervertretern in Anlehnung an die Schweiz vertreten wurden, die Oberhand gewinnen würden. Es sickerte durch, dass der brisante Gesetzentwurf im Staatsrat vorher gar nicht behandelt worden war. Er ist dem Staatsrat zwar vorgelegt, aber wieder von der Tagesordnung abgesetzt worden, um die Beratungen der Länderkonferenz abzuwarten. Durch diesen Rückzug hatte auch der Staatsrat via facti zur Kenntnis genommen, dass die tatsächliche Macht bei den Ländern lag.

2. Eine Musterverfassung aus Vorarlberg

Die Vertreter aus den Ländern hatten sich am Tag vor der Länderkonferenz getroffen, um ihre gemeinsame Linie bei den Beratungen mit dem Staatskanzler abzustecken. Dabei haben sie auch den „Vorentwurf der Staatskanzlei betreffend ein Gesetz über den Ablauf der Funktionsdauer der Provisorischen Landesversammlungen und Gemeindevertretungen und die Vornahme von Neuwahlen in

[201] Bußjäger, Peter: Landesverfassung und Landespolitik in Vorarlberg. Die Verfassungsgeschichte Vorarlbergs und ihre Auswirkungen auf die Landespolitik 1848-2002 (= Schriften der Vorarlberger Landesbibliothek, Bd. 9), Graz und Feldkirch 2004, S. 46.

den Ländern und Gemeinden“ besprochen. Ihre kritischen Bemerkungen dazu wurden im Linzer Landesarchiv in einem Nachlass entdeckt.[202]

Der Gesetzentwurf enthalte – wie alles aus der Staatskanzlei – zentralistisch-bürokratische Tendenzen: Durch dieses Gesetz würde die Länderautonomie beseitigt werden, die Länder würden zu Provinzen gemacht. Es zeige sich auch das Bestreben, die Landtage "mit ihren parlamentarischen Grotesken" – wie es der Verfassungsrechtler Carl Brockhausen genannt habe – abzuschaffen. „Die verfassungsmäßige Grundlage liegt für uns sehr einfach: Die pragmatische Sanktion hat keine Giltigkeit mehr; die Länder sind daher souverän.“

Die Pragmatische Sanktion aus dem Jahre 1713 bildete die rechtliche Grundlage des Habsburger Staatenkomplexes. Es war eine Thronfolgeordnung, die eine weibliche Erbfolge ermöglichte. Die Vorarlberger Landstände hatten sich mit der Zustimmung zehn Jahre Zeit gelassen. Durch die Einwilligung wurde die Pragmatische Sanktion aber dann zu einem Staatsgrundgesetz für das betreffende Land. Durch die Verzichtserklärung vom 11. November 1918 hatte sich Kaiser Karl aller landesfürstlichen Rechte – und damit auch der Rechte aus der Pragmatischen Sanktion – begeben. Vorarlberg hatte sich seinerzeit durch die Unterzeichnung der Pragmatischen Sanktion für die Herrschaft und das Haus Habsburg entschieden. Nunmehr erhielt es sein volles Verfügungsrecht wieder zurück und konnte nach dem Willen seines Volkes über die künftige Staatsform entscheiden.[203]

Für den Staatskanzler war allerdings der Zusammenschluss der Länder im Sinne der Pragmatischen Sanktion auf demokratische Weise erneuert worden. Die Länder hätten allesamt bindende Erklärungen zum Zusammenschluss abgegeben. Auch Vorarlberg hatte sich am 3. November 1918 auf Grund des Selbstbestimmungsrechtes „als eigenes selbständiges Land im Rahmen des Deutsch-

---

[202] Bemerkungen zum Vorentwurf der Staatskanzlei betreffend ein Gesetz über den Ablauf der Funktionsdauer der Provisorischen Landesversammlungen und Gemeindevertretungen und die Vornahme von Neuwahlen in den Ländern und Gemeinden, vom 19. Jänner 1919. Bemerkungen zu diesem Entwurf befinden sich im Linzer Landesarchiv, Nachlass Dr. Schlegel, Schuber 1. Das Dokument ist abgedruckt in: Ermacora, Felix: Materialien zur österreichischen Bundesverfassung (I). Die Länderkonferenzen 1919/20 und die Verfassungsfrage. Mit Anmerkungen und begleitenden Texten versehen unter Mitarbeit von Ingrid Moser (= Österreichische Schriftenreihe für Rechts- und Politikwissenschaft, Bd. 9, Teil I), Wien 1989. Kapitel VIII, Anhang D, S. 329-330.

[203] Vögel, Franz: Hundert Jahre Vorarlberger Landtag 1861-1961. In: Landstände und Landtag in Vorarlberg. Geschichtlicher Rückblick aus Anlaß der Wiedererrichtung einer Volksvertretung vor hundert Jahren (1861-1961), hg. vom Land Vorarlberg; Bregenz 1961, S. 87-192.

Österreichischen Staates" erklärt.[204] Die Provisorische Nationalversammlung hatte die „Beitrittserklärungen" der Länder am 12. November 1918 mit Beschluss angenommen. Die Pragmatische Sanktion war auf diesem Wege nach Ansicht des Staatskanzlers für die ehemaligen deutschen Erblande auf demokratische Weise erneuert worden. Deutschösterreich sei eine Gemeinschaft, die alle Merkmale eines Staates habe, der auf dem Willen aller seiner Glieder beruhe.[205]

Aber die Ländervertreter vertraten den Standpunkt, dass die Pragmatische Sanktion keine Gültigkeit mehr haben konnte. Daraus ergebe sich auf alle Fälle, dass die Provisorische Nationalversammlung schon gar kein Recht habe, die bisherige Länderautonomie zu beschneiden. Das „Gesetz vom 14. November 1918 betreffend die Übernahme der Staatsgewalt in den Ländern"[206] besage direkt nur, dass die Staatsgewalt in den Ländern vom Volk durch dessen frei gewählte Mandatare übernommen wurde. Durch den Umstand, dass die Gesetzgeber erklärten, es handle sich um die Übernahme der Staatsgewalt in den Ländern durch die Länder, sei dieses Gesetz genießbar geworden.

Der Entwurf des „Gesetzes über den Ablauf der Funktionsdauer der Provisorischen Landesversammlungen und Gemeindevertretungen und die Vornahme von Neuwahlen in den Ländern und Gemeinden" sei hingegen ein tiefer Eingriff in die Länderautonomie und sei a limine zurückzuweisen, zumal gar keine Notwendigkeit für ein solches Gesetz vorliege.

Jedes Land sei selbst befähigt, sich Landesordnung, Landeswahlordnung, Gemeindeordnung und Gemeindewahlordnung zu schaffen. Die Übereinstimmung oder Einheitlichkeit der Landesordnungen könne unmittelbar durch die Länder hergestellt werden – ein Weg, den das „Gesetz betreffend die Übernahme der Staatsgewalt in den Ländern" erleichtere. § 12 dieses Gesetzes hebe nämlich jene Vorschriften der gegenwärtigen Landesordnungen auf, nach denen kein Landtag mit den anderen in Verkehr treten dürfe.

Diese kritischen Bemerkungen aus der Feder eines namentlich nicht bekannten Teilnehmers an den Vorberatungen der 3. Länderkonferenz enthalten schließlich

---

[204] Erste Sitzung der provisorischen Vorarlberger Landesversammlung 1918/19 am 3. November 1918. (In Ermangelung eines stenographischen Sitzungsberichtes wird das amtliche Sitzungsprotokoll wiedergegeben.) In: Stenographische Sitzungsberichte der provisorischen Vorarlberger Landesversammlung zu Bregenz. Eröffnung der Landesversammlung am 3. November 1918. Bregenz 1919, S. 6.
[205] StGBl. 1918/23.
[206] St.G.Bl. Nr. 24

noch eine interessante Feststellung über die zukünftige Verfassung: „Meines Wissens arbeitet in Vorarlberg ein Komitee an der Schaffung eines Musters für eine Landesordnung. Dieses Muster soll als Verhandlungsgrundlage mit den übrigen Landtagen dienen. Auf diese Weise wird man sicherlich ebenfalls und ohne Wiener Diktat zu modernen, freiheitlichen und demokratischen Landesverfassungen gelangen, die in den Grundzügen übereinstimmen.“[207]

Die Provisorische Nationalversammlung habe gar kein Recht, die provisorischen Landesversammlungen und die Gemeindevertretungen aufzulösen, Neuwahlen zu verlangen, den Wahltag festzusetzen und die Zahl der Landtagsmitglieder vorzuschreiben.

Die Wahlordnung für die Landesversammlungen und die Gemeindevertretungen müsse nur auf der Verhältniswahl und auf dem allgemeinen, gleichen, direkten und geheimen Stimmrecht aller Staatsbürger ohne Unterschied des Geschlechtes beruhen. Mehr solle man vom Wahlgesetz zur Nationalversammlung nicht übernehmen. Weder die extreme Demokratie, noch der übereifrigste „Republikanismus“ würden für alle Vertretungskörper das gleiche Wahlrecht fordern. Der zwingende Grund sei offenbar das sozialdemokratische Parteiinteresse.

Der Entwurf missachte nicht nur die Souveränität der Länder, sondern beraube sogar die bisherige beschränkte Länderautonomie ganz grundlegender Rechte. Das Grundgesetz, demzufolge die Regierungs- und Vollzugsgewalt vom Kaiser auf den Staatsrat überging, sei ein Gewaltakt, der dem Staatsrat das Sanktionsrecht der Landesordnungen gebe.

Auf der Grundlage dieses kritischen Besprechungspapiers, das die Ländervertreter am Vortag beschlossen hatten, gingen sie auf der Länderkonferenz mit dem Staatskanzler in die Beratungen darüber, ob die Landesverfassungen und die Wahlgesetze in den Ländern als zentralistische Rahmengesetze oder als föderalistische Eigenschöpfungen das Licht der Welt erblicken sollten.

3. Landesordnungen als diktierte Rahmengesetze

Der Staatskanzler hatte zum Zeitpunkt der Länderkonferenz bereits „den Entwurf einer allgemeinen Landesordnung, eines Rahmengesetzes, ausgearbeitet,

[207] Ermacora, Felix: Materialien zur österreichischen Bundesverfassung (I). Die Länderkonferenzen 1919/20 und die Verfassungsfrage. Mit Anmerkungen und begleitenden Texten versehen unter Mitarbeit von Ingrid Moser (= Österreichische Schriftenreihe für Rechts- und Politikwissenschaft, Bd. 9, Teil I), Wien 1989. Kapitel VIII, Anhang D, S. 330.

auf der die einzelnen Länder ihre besondere Landesordnung aufbauen sollen."[208] Er konnte diesen Entwurf aber nicht vorlegen, da die Frage des Anschlusses Deutschösterreichs an das Deutsche Reich noch im Fluss und keinesfalls entschieden war. Nach dem damals gerade aktuellen deutschen Reichsverfassungs-Entwurf wäre aus der deutschösterreichischen Nationalversammlung nur noch ein Landtag geworden. Wenn sich Deutschösterreich an einen deutschen Bundesstaat anschließe, würde es ein deutscher Gliedstaat. Dann sei es beinahe undurchführbar, dass dieser Gliedstaat in sich selbst wieder ein Bundesstaat werde; „dann können wir das Schweizer Muster kaum wählen, weil wir eine dreigeleisige Verwaltung erhielten."[209] Der Entwurf einer allgemeinen Landesordnung, die als Rahmengesetz für alle Länder Deutschösterreichs gelten sollte, lag nicht vor. Der Staatskanzler beharrte aber darauf, dass ein solches Rahmengesetz für die Landesverfassungen und die Wahlgesetze in den Ländern dennoch notwendig sei.[210]

In einem Artikel des Grundgesetzes stand, alle Rechte, die der Kaiser früher ausgeübt habe, seien auf den Staatsrat übergegangen. Nach diesem Gesetzesartikel könnte keine Landesversammlung ohne Einberufung durch den Staatsrat tagen, jede Landesversammlung könnte durch den Staatsrat aufgelöst werden, teilte Renner den Ländervertretern mit.[211] Er müsste von Gesetzes wegen sagen, es gibt keine Landesversammlung ohne Einberufung durch den Staatsrat! Der Staatsrat übt die Sanktion aus! Er habe aber das Bedürfnis, das Wort „Sanktion" aus dem Gesetz herauszustreichen. Beim Rechtszustand, wie er zum Zeitpunkt der Länderkonferenz bestand, hätte er die Landeswahlordnungen im Grunde genommen nur im Wege der Sanktion durch den Staatsrat vollziehen lassen dürfen. Diesen Zustand wolle er beseitigen, erklärte der Staatskanzler. Das könne er aber doch wieder nur staatsgesetzlich bewirken und er habe deshalb

---

208 Ermacora, Felix: Materialien zur österreichischen Bundesverfassung (I). Die Länderkonferenzen 1919/20 und die Verfassungsfrage. Mit Anmerkungen und begleitenden Texten versehen unter Mitarbeit von Ingrid Moser (= Österreichische Schriftenreihe für Rechts- und Politikwissenschaft, Bd. 9, Teil I), Wien 1989, S. 18.

209 Ermacora, Felix: Materialien zur österreichischen Bundesverfassung (I). Die Länderkonferenzen 1919/20 und die Verfassungsfrage. Mit Anmerkungen und begleitenden Texten versehen unter Mitarbeit von Ingrid Moser (= Österreichische Schriftenreihe für Rechts- und Politikwissenschaft, Bd. 9, Teil I), Wien 1989, S. 19.

210 Ermacora, Felix: Materialien zur österreichischen Bundesverfassung (I). Die Länderkonferenzen 1919/20 und die Verfassungsfrage. Mit Anmerkungen und begleitenden Texten versehen unter Mitarbeit von Ingrid Moser (= Österreichische Schriftenreihe für Rechts- und Politikwissenschaft, Bd. 9, Teil I), Wien 1989, S. 39.

211 Ermacora, Felix: Materialien zur österreichischen Bundesverfassung (I). Die Länderkonferenzen 1919/20 und die Verfassungsfrage. Mit Anmerkungen und begleitenden Texten versehen unter Mitarbeit von Ingrid Moser (= Österreichische Schriftenreihe für Rechts- und Politikwissenschaft, Bd. 9, Teil I), Wien 1989, S. 39-40.

den Paragraphen hineingenommen, dass es eben keine freie Sanktion des Staatsrates, sondern ein pflichtgemäßer Beitritt sei. Dieser Beitritt des Staatsrates sei unbedingt notwendig: Das Grundgesetz vom 12. November 1918, dem sich alle Länder unterworfen hätten, gebe gewisse Vorschriften für die Landesordnungen und für die Gemeindewahlordnungen. Es heiße dort, es müsse dieses und dieses Wahlrecht bestehen. „Was geschieht nun, wenn ein Landtag diese Bedingungen nicht einhält?" Der Staatsrat sei seinerseits durch das Grundgesetz verpflichtet, diese Bestimmung durchzuführen. Er müsse auf der Einhaltung dieser Bestimmung bestehen. Das mache der Staatsrat, indem er den Gesetzentwurf, der ihm vorgelegt werden müsse, nicht etwa „genehmige", sondern indem er einfach nur beurteile, ob die verfassungsrechtlichen Bestimmungen eingehalten seien oder nicht. Wenn sie eingehalten seien, dann müsse er beitreten. Das sei auch begrifflich keine Sanktion mehr.

Der Staatsrat müsse dafür sorgen, dass die reichsgesetzlichen Bedingungen für das Wahlrecht in die Landtage eingehalten würden. Dieser Beitritt des Staatsrates zu einem Landesgesetz sei gesetzlich geboten und nehme dem Landesrecht nichts weg. Wenn der Landtag das Gesetz nicht verletzt habe, müsse der Staatsrat ja dem Entwurf beitreten.

Bei dieser Sachlage sei der Ausdruck "Rahmengesetz" ganz falsch. Er sei zu Unrecht aus der alten Terminologie übernommen. Der wahre Sachverhalt sei: Der Staat habe keine Statthalter, denen er gebiete. Der Staat habe keine Organe im Lande. Das Land selbst sei Organ, durch das er regiere, er habe kein anderes. Der Staat müsse aber, wenn er sich nicht selbst aufgeben wolle, doch seine eigenen Organe anschauen dürfen.[212] Darüber entwickelte sich ein emotionsgeladener Dialog zwischen dem Vorarlberger Landeshauptmann Dr. Ender und dem Staatskanzler:

Dr. Ender: *Warum geht es in der Schweiz?*

Dr. Renner: Dort ist ja die Sache auch durch die Bundesverfassung geregelt, in der gesagt ist, die Kantone haben die Bundesgesetze durchzuführen.

Dr. Ender: *Das wollen wir auch!*

---

[212] Ermacora, Felix: Materialien zur österreichischen Bundesverfassung (I). Die Länderkonferenzen 1919/20 und die Verfassungsfrage. Mit Anmerkungen und begleitenden Texten versehen unter Mitarbeit von Ingrid Moser (= Österreichische Schriftenreihe für Rechts- und Politikwissenschaft, Bd. 9, Teil I), Wien 1989, S. 40.

Dr. Renner: Aber dann müssen Sie gestatten, daß das gesagt wird, und das sagt eben dieser Gesetzentwurf.[213]

Der richtige Ausdruck an Stelle der Bezeichnung „Rahmengesetz“ sei der in der deutschen Literatur gebräuchliche Ausdruck „Blankettgesetz“, meinte der Staatskanzler. Ein Blankettgesetz sei ein Gesetz, das die allgemeinen Formen und Umrisse und die allgemeinen Bedingungen der Rechtsgültigkeit eines Aktes aufstelle und dadurch erst die Handlungsfähigkeit dessen begründet, der den Akt setzen soll. Das heißt, das Blankettgesetz würde zwar die allgemeinen Bedingungen der Rechtmäßigkeit eines Aktes festlegen, überlässt es aber den Parteien, diesen Akt zu setzen oder nicht.[214]

4. Landesordnungen als Schöpfungen der Länder

Der Vorarlberger Landeshauptmann Dr. Otto Ender ist auf der Länderkonferenz in der Staatskanzlei gegen die Schaffung eines Rahmengesetzes aufgetreten. Die Länder zeigten sich bereit und willig, sich zur Republik Deutschösterreich zusammenzuschließen. Sie wollten aber anlässlich des Anschlusses an das neu aufzubauende Reich die Freiheit keineswegs wieder preisgeben, die sie gewonnen hatten. Sie lehnten die Sanktionen, die der Staatskanzler den Ländern aus staatsrechtlichen Gründen und unter den verschiedensten Bezeichnungen schmackhaft machen wollte, in jeder Form ab. Sie wollten nicht, dass ein Kaiser in neuer Form auftrete. Der Staatskanzler hatte ja damit argumentiert, dass in einem Artikel des Grundgesetzes stehe, dass die Sanktionen des Kaisers auf den Staatsrat übergegangen seien.

Es gibt Gebiete der Gesetzgebung und der Verwaltung, die ihrer Natur nach reichsgesetzlich geregelt werden müssen. Das haben die Ländervertreter nie geleugnet. Die übrigen Dinge aber, deren reichsgesetzliche Regelung nicht nach der Natur der Sache oder aus anderen zwingenden Gründen notwendig ist, sollte man nach den Vorstellungen des Vorarlberger Landeshauptmannes auf der Län-

---

[213] Ermacora, Felix: Materialien zur österreichischen Bundesverfassung (I). Die Länderkonferenzen 1919/20 und die Verfassungsfrage. Mit Anmerkungen und begleitenden Texten versehen unter Mitarbeit von Ingrid Moser (= Österreichische Schriftenreihe für Rechts- und Politikwissenschaft, Bd. 9, Teil I), Wien 1989, S. 40-41.

[214] Ermacora, Felix: Materialien zur österreichischen Bundesverfassung (I). Die Länderkonferenzen 1919/20 und die Verfassungsfrage. Mit Anmerkungen und begleitenden Texten versehen unter Mitarbeit von Ingrid Moser (= Österreichische Schriftenreihe für Rechts- und Politikwissenschaft, Bd. 9, Teil I), Wien 1989, S. 41.

derkonferenz den Ländern überlassen. Darin sollten die Länder aber auch frei und selbständig sein und nicht wieder – wie im alten Staat – bevormundet werden. „Es soll dort an die Stelle des Kaisers nicht wieder ein neuer Kaiser treten, heiße er wie er wolle und sei er wer er wolle."[215] Man soll nicht sagen, dass sich das praktisch nicht machen lasse. „Der Herr Staatskanzler hat gesagt, die amerikanischen Verhältnisse passen für uns nicht, sie seien zu groß. Gewiß! Er wird aber kaum sagen können, daß für das winzige Österreich die Schweizer Verhältnisse zu klein sind."[216]

Als einziger Ausweg, aus der schwierigen Situation herauszukommen, erschien den Ländervertretern eine klare Kompetenzregelung zwischen den Ländern und dem Gesamtstaat. Den praktischen Weg dazu sollte nach den Vorstellungen der Länder wieder einmal das Schweizer Vorbild liefern. In der Schweiz sei dasjenige, was zentral geregelt sein müsse, dem Bundesrat zugewiesen, alles Übrige sei den Kantonen überlassen und diese seien wirklich frei, sie bedürften für ihre Verfügungen nicht noch der Sanktion des Bundes, erklärte Dr. Ender. Der Staatskanzler habe das Wort gebraucht, es könnten nur Gleiche eine Gesellschaft bilden und es müsse ein Rahmengesetz geschaffen werden, damit die Gesetze in allen Ländern gleich ausfallen würden. Das sei nicht richtig; die Erfahrung lehre, dass das überflüssig sei.

In der Schweiz seien nur gewisse Grundgesetze staatsgrundgesetzlich geregelt, und daran müsse sich jeder Kanton halten, sonst könne gegen ihn auch das Gericht angerufen werden. Darüber hinaus aber bestehe gar keine Gleichheit. „Wenn Sie heute die Verfassungen der einzelnen Schweizer Kantone zur Hand nehmen, so werden Sie sehen, daß die eine 20 Paragraphen und die andere 200 hat; die eine regelt tausend Dinge, die die andere gar nicht regelt; kurz es ist eine unendliche Verschiedenheit. Sie werden aber nie beobachtet haben, daß diese Schweizer Kantone nicht miteinander leben können, im Gegenteil, sie haben eine viel größere Eintracht als wir mit unseren schönen Landesordnungen und sie haben sich dabei wohl gefühlt und eine Staatsfreudigkeit zum Bunde besessen, gerade weil dieser Bund sie nicht mit Sanktion und Vormundschaft be-

---

[215] Ermacora, Felix: Materialien zur österreichischen Bundesverfassung (I). Die Länderkonferenzen 1919/20 und die Verfassungsfrage. Mit Anmerkungen und begleitenden Texten versehen unter Mitarbeit von Ingrid Moser (= Österreichische Schriftenreihe für Rechts- und Politikwissenschaft, Bd. 9, Teil I), Wien 1989, S. 22.

[216] Ermacora, Felix: Materialien zur österreichischen Bundesverfassung (I). Die Länderkonferenzen 1919/20 und die Verfassungsfrage. Mit Anmerkungen und begleitenden Texten versehen unter Mitarbeit von Ingrid Moser (= Österreichische Schriftenreihe für Rechts- und Politikwissenschaft, Bd. 9, Teil I), Wien 1989, S. 23.

drückt hat, sondern weil er ihnen innerhalb der gegebenen Grenzen die Freiheit, die den Menschen so wohl tut, wirklich gelassen hat."[217]

Daher standen die Ländervertreter auf dem Standpunkt, dass die Nationalversammlung Gesetze nur auf jenen Gebieten zu machen habe, die der zentralen Regelung wirklich vorbehalten werden müssen, dass sie aber für die anderen Gegenstände, die den Ländern zu verbleiben haben, auch keine Rahmengesetze zu schaffen hat. Sie wollten kein Rahmengesetz, das sie „wie ein Panzer" einenge, sie wollten auch keine Nachfolge der Sanktion für die Gesetze in den Ländern. Wie die vom Volk gewählten Vertreter in den Ländern die Gesetze machen und beschließen, so sollten sie gelten, forderte Otto Ender. „Sie werden ja für uns beschlossen und nicht für die Regierung in Wien."

Es sei klar, dass gewisse Grundsätze gelten müssten, dass man zum Beispiel festlegen werde, dass sich die Länder- und Gemeindewahlordnungen an das allgemeine, gleiche und direkte Wahlrecht nach dem Proporz zu halten hätten. Das könne ohne Weiteres in einem Staatsgrundgesetz stehen. Aber die Sachen im Wege eines Rahmengesetzes, im Wege einer „Gehschule für diese unbeholfenen Länder" in die Wege zu leiten, sei ein verfehltes Vorgehen und löse bei den Ländervertretern Wirkungen aus, von denen der Herr Staatskanzler keine Vorstellung habe.

Als Sprecher der Ländervertreter erklärte der Vorarlberger Landeshauptmann auf der Länderkonferenz in der Staatskanzlei, dass sie nicht bereit seien, über den vorliegenden Gesetzentwurf auf der Konferenz mit dem Staatskanzler in Beratungen einzugehen. Er stellte den Antrag, zur Tagesordnung überzugehen. Dafür würden sich die Länder aber sofort über diejenigen Punkte einigen, die sie in den Landtags- und Gemeindewahlordnungen gleichartig behandeln wollten.[218]

Der Vorarlberger Landeshauptmann Dr. Ender hatte nicht nur für sich allein gesprochen. Die Vertreter der Länder waren am Tag vor der Länderkonferenz zusammengekommen und hatten einhellig beschlossen, das vom Staatskanzler propagierte Rahmengesetz abzulehnen. Sämtliche Vertreter der Länder hatten

---

[217] Ermacora, Felix: Materialien zur österreichischen Bundesverfassung (I). Die Länderkonferenzen 1919/20 und die Verfassungsfrage. Mit Anmerkungen und begleitenden Texten versehen unter Mitarbeit von Ingrid Moser (= Österreichische Schriftenreihe für Rechts- und Politikwissenschaft, Bd. 9, Teil I), Wien 1989, S. 23.

[218] Ermacora, Felix: Materialien zur österreichischen Bundesverfassung (I). Die Länderkonferenzen 1919/20 und die Verfassungsfrage. Mit Anmerkungen und begleitenden Texten versehen unter Mitarbeit von Ingrid Moser (= Österreichische Schriftenreihe für Rechts- und Politikwissenschaft, Bd. 9, Teil I), Wien 1989, S. 24.

bei dieser Gelegenheit aber auch ihren Willen bekundet, in kürzester Zeit durch die provisorischen Landesversammlungen Wahlordnungen für die Landtage und Gemeinden beschließen zu lassen. Sie hatten auch ihre Bereitschaft erklärt, sich sofort über die zu beachtenden Grundsätze der Wahlordnungen mit der Regierung und untereinander auszusprechen. Sie wollten ihre Zusammengehörigkeit auch dadurch zum Ausdruck bringen, dass sie ihre Wahlordnungen einheitlich gestalten. Die Gestaltung der Landesordnungen noch während der Länderkonferenz selbst anzuschneiden, dazu bestand auf der Länderseite keine Bereitschaft.[219]

Die Regierung solle mitteilen, was ihrer Ansicht nach der Reichsverfassung vorbehalten bleiben müsse. Dabei hätte sie auch Gelegenheit, ein offenes Bekenntnis darüber abzulegen, ob sie die Anschauungen der Länder teile und gewillt sei, den Ländern eine föderative Verfassung zu geben.

Über das Postulat des Staatskanzlers, dass bei der Abstimmung der Länderverfassungen und der Bundesverfassung jede Doppelgleisigkeit hintan gehalten werden müsse, entspann sich wieder ein Dialog zwischen dem Vorarlberger Landeshauptmann und Dr. Renner. Der Landeshauptmann war der Überzeugung, dass dieses Postulat auch bei einer föderalistischen Landesordnung ohne Weiteres erfüllt werden könne.

Dr. Ender: *Die Schweiz hat auch nicht eigene Bundesbeamte in den Kantonen, sondern die aus den Kantonswahlen hervorgegangene Regierung vollzieht sowohl die Staatsgesetze als auch die Gesetze des Kantons und so stellen wir es uns auch bei uns vor. Genau so machen wir es ja schon seit zwei Monaten. Ich vollziehe in Vorarlberg die Staatsgesetze und die Landesgesetze.*

Dr. Renner: Mit einem Unterschiede! Sie vollziehen sie, aber sie werden nicht überall vollzogen.

Dr. Ender: *Wir haben nun aber gar nicht die Meinung, daß das besser wird, wenn Sie es anders machen; das liegt an den Menschen. Wo ein gutes Volksmaterial ist, da wird es sich selbst gut regieren und die Staatsgesetze gut vollziehen, wo aber ein schlechtes Material*

[219] Ermacora, Felix: Materialien zur österreichischen Bundesverfassung (I). Die Länderkonferenzen 1919/20 und die Verfassungsfrage. Mit Anmerkungen und begleitenden Texten versehen unter Mitarbeit von Ingrid Moser (= Österreichische Schriftenreihe für Rechts- und Politikwissenschaft, Bd. 9, Teil I), Wien 1989, S. 24.

ist, wird es sich selbst schlecht regieren und die Staatsgesetze schlecht vollziehen.

Man müsse das Vertrauen darauf haben, erklärte der Landeshauptmann, dass die Leute das, was sie unter der kaiserlichen Obervormundschaft nicht geworden seien, im Wege der Selbstverwaltung und der Freiheit würden. Wenn auch diese Hoffnung täusche, so würden sie eben schlecht verwaltete Länder bleiben, deren es mehrere auf Erden gebe und denen nicht beizukommen sei, nicht durch die Monarchie und auch nicht durch die Republik.[220]

5. Länderbegeisterung für Schweizer Modell

a. Vorarlberg

Der zweite Vertreter aus Vorarlberg, der seine politische Schweizer-Sehnsucht sehr kultiviert hatte, nämlich der Landtagsabgeordnete Dr. Johann Josef Mittelberger, hatte auf der Länderkonferenz in der Staatskanzlei in Wien von der Staatsregierung die Aussage gefordert, dass sie einen deutschösterreichischen Bundesstaat mit freien Ländern wolle, die mit Hoheitsrechten ausgestattet seien, etwa nach dem Muster der Schweiz.[221] Die Staatsregierung sollte feierlich erklären, dass die Länder ihre Wahlordnungen selbst schaffen können, freilich unter steter Fühlungnahme mit den Nachbarländern und auch mit der Regierung. Diese Fühlungnahme sei schon durch das gesamtstaatliche Interesse gefordert. Das wäre ein erlösendes Wort, das man von der Regierung gern hören würde. Die Staatsregierung müsste seiner Meinung nach aber auch erklären, sie wolle die zukünftige Staats- oder Bundesverfassung im Einvernehmen mit den Ländern machen, denn der zukünftige Bundesstaat bestehe aus den einzelnen Teilen und Ländern, und es sei selbstverständlich, dass diese Länder auch mitreden wollten. Die Reichsregierung werde immer noch Gelegenheit haben, ihre Grundsätze zu vertreten. „In der schweizerischen Bundesverfassung ist die Gemeinsamkeit für das Reich oft nur mit wenigen Worten ausgedrückt, indem es zum Beispiel

---

[220] Ermacora, Felix: Materialien zur österreichischen Bundesverfassung (I). Die Länderkonferenzen 1919/20 und die Verfassungsfrage. Mit Anmerkungen und begleitenden Texten versehen unter Mitarbeit von Ingrid Moser (= Österreichische Schriftenreihe für Rechts- und Politikwissenschaft, Bd. 9, Teil I), Wien 1989, S. 24-25.

[221] Ermacora, Felix: Materialien zur österreichischen Bundesverfassung (I). Die Länderkonferenzen 1919/20 und die Verfassungsfrage. Mit Anmerkungen und begleitenden Texten versehen unter Mitarbeit von Ingrid Moser (= Österreichische Schriftenreihe für Rechts- und Politikwissenschaft, Bd. 9, Teil I), Wien 1989, S. 26.

heißt: Alle Kantone müssen ihre Verfassungen auf demokratischer Grundlage aufbauen. Weiter ist gar nichts gesagt."[222] Wenn das seitens der deutschösterreichischen Staatsregierung geschähe, würde die Staatsfreudigkeit im Volk und in den Ländern wieder lebendig werden. Diese Staatsfreudigkeit halte er für eine unerlässliche Grundlage des zukünftigen Aufbaues des Staates.[223]

b. Tirol

Der Tiroler Landeshauptmann-Stellvertreter Dr. Pusch hatte geäußert, ein ganz bestimmter Artikel der Schweizer Verfassung, der Artikel 3, habe ihm immer am besten gefallen und der gefalle auch den Tirolern sehr gut. Es heiße dort: Die Kantone sind souverän, soweit die Souveränität nicht durch die Bundesverfassung beschränkt ist, und üben als solche alle Rechte aus, welche nicht der Bundesgewalt übertragen sind. Nicht ohne Absicht habe man dieses Wort "übertragen" gewählt. Die Länder, die Kantone seien es gewesen, die der Bundesgewalt Rechte übertragen hätten. Daraus gehe hervor, die Bundesverfassung und der Bund seien das Sekundäre. Das Erste hingegen – die Bausteine – seien die Kantone gewesen und so hätten es die Länder auch gern in Österreich.[224] Die Länder wünschten sich, dass sie selbst bestimmen könnten, wie weit sie sich mit den anderen unter eine gemeinsame Leitung oder unter ein gemeinsames Band begeben wollten. Sie wünschten nicht, dass ihnen dieses Band von oben angelegt werde. Deshalb seien sie vollkommen einverstanden mit den Herren aus Vorarlberg, die es ablehnen oder für überflüssig hielten, ein Rahmengesetz für die Landesordnungen und die Landeswahlreform zu machen.

---

[222] Ermacora, Felix: Materialien zur österreichischen Bundesverfassung (I). Die Länderkonferenzen 1919/20 und die Verfassungsfrage. Mit Anmerkungen und begleitenden Texten versehen unter Mitarbeit von Ingrid Moser (= Österreichische Schriftenreihe für Rechts- und Politikwissenschaft, Bd. 9, Teil I), Wien 1989, S. 26.

[223] Ermacora, Felix: Materialien zur österreichischen Bundesverfassung (I). Die Länderkonferenzen 1919/20 und die Verfassungsfrage. Mit Anmerkungen und begleitenden Texten versehen unter Mitarbeit von Ingrid Moser (= Österreichische Schriftenreihe für Rechts- und Politikwissenschaft, Bd. 9, Teil I), Wien 1989, S. 26.

[224] Ermacora, Felix: Materialien zur österreichischen Bundesverfassung (I). Die Länderkonferenzen 1919/20 und die Verfassungsfrage. Mit Anmerkungen und begleitenden Texten versehen unter Mitarbeit von Ingrid Moser (= Österreichische Schriftenreihe für Rechts- und Politikwissenschaft, Bd. 9, Teil I), Wien 1989, S. 28.

7. Kapitel:
Das Landtagswahlrecht nach Schweizer Vorbild

„Es geht nicht auf die Dauer an, daß eine provisorische Landesversammlung, die ihrem ganzen Entstehen nach, ihrer ganzen Zusammensetzung nach den Charakter eines Provisoriums trägt, dauernd die Geschäfte des Landes führt, und es erwächst für dieses Provisorium die Pflicht, zunächst eine Wahlordnung zu schaffen, eine Wahlordnung, die der neuen Zeit und den Forderungen der neuen Zeit voll und ganz angepaßt ist."[225] Mit diesen Worten begründete der Berichterstatter des Verfassungsausschusses am 28. Februar 1919 in der Vorarlberger Landesversammlung die Wichtigkeit der Verabschiedung eines neuen Wahlgesetzes, das den Weg zu einer Landesverfassung nach Schweizer Vorbild ebnen sollte. Der Gesetzentwurf schaffte die Grundlage zur Wahl eines Landtages, der an Stelle der provisorischen Landesversammlung Vorarlbergs Geschicke in einer schwierigen Zeit leiten musste.

1. Vorbereitung nach Schweizer Muster

Die Regierung Deutschösterreichs hatte ursprünglich den Plan, auch für die Länder eine einheitliche Landeswahlordnung zu erlassen. In der dritten Länderkonferenz in Wien haben sich dagegen die Landeshauptleute aller Länder in seltener Einmütigkeit gewehrt, weil sie die Selbständigkeit und die Eigenart ihrer Länder gewahrt wissen wollten. Sie waren alle der Überzeugung, dass es den Ländern selbst überlassen werden müsse, Wahlordnungen für den Landtag zu schaffen.

Am 28. Februar 1919 gab es in der Landesversammlung größere Auseinandersetzungen wegen der Wahlordnung für den Landtag. Die Sozialdemokraten hatten eine Funktionsperiode von zwei Jahre vorgeschlagen, die auch der Dauer der konstituierenden Nationalversammlung entsprach. Später sollte die Legislaturperiode des Landtags auf vier Jahre erhöht werden. Die Landtagsperiode wurde aber schon damals mehrheitlich mit fünf Jahren festgesetzt. Die Zahl der Abgeordneten wurde mit dreißig festgelegt. Für die Heimkehrer aus der Kriegsgefangenschaft war ein weiterer Vertreter vorgesehen. Einwohner ohne Heimatberechtigung in Deutschösterreich schloss die Mehrheit aus. Es sollte weiterhin Wahlpflicht gelten. Der Landeshistoriker Benedikt Bilgeri schrieb über dieses

[225] Gesetzesvorlage über die neue Wahlordnung. 11. Sitzung der Vorarlberger Landesversammlung am 28. Februar 1919 unter dem Vorsitze des Herrn Landeshauptmannes Dr. Otto Ender, S. 6-32. In: Stenographische Sitzungsberichte der provisorischen Vorarlberger Landesversammlung zu Bregenz. Bregenz 1919, S. 6.

Wahlgesetz für den Landtag: „Es war vorbereitet nach Schweizer Muster.“[226] Dies traf allerdings gerade bei diesem Gesetz nicht in dem erwarteten Maße zu, denn das Schweizer Wahlsystem war auch in Deutschösterreich schon zum Allgemeingut geworden.

2. Hintergründe des „Freistaates“

Der Verfassungsausschuss des Vorarlberger Landtages hatte den Entwurf der Landtagswahlordnung beraten und einen Bericht darüber verfasst. Berichterstatter war der christlichsoziale Abgeordnete Dr. Johann Josef Mittelberger, der schon in seinen Ausschussbericht Begriffe einfließen ließ, die eine Neigung zu einem Anschluss Vorarlbergs an die Schweiz erkennen ließen. Er berichtete, der alte Staat habe sich in Nationalstaaten aufgelöst. Die neue Regierung in Wien habe Deutschösterreich zum Freistaat erklärt. Die ehemaligen deutschen Kronländer seien selbständig geworden. „Im Freistaate sowie in den einzelnen Ländern lag die schwere Aufgabe, Deutsch-Österreich und die Länder so gut als möglich durch stürmische Zeiten des Niederbruches zu führen, bei Regierungen, die alle den Charakter des Provisoriums trugen.“ Als stärkste Kraft habe sich der eine Gedanke erwiesen, dass die Völker ihr Schicksal selbst bestimmen wollten. Es sei klar, dass ein Vertretungskörper, der etwa nach der alten Landeswahlordnung vom 13. Jänner 1909 gewählt würde, keineswegs den Willen des ganzen Volkes zum Ausdruck brächte. „Deshalb muß die provisorische Landesversammlung eine Landeswahlordnung schaffen, die voll und ganz den Forderungen eines wahren Freistaates entspricht.“[227]

Mit der besonderen Betonung des Begriffes „Freistaat“ im Ausschussbericht zur Landtagswahlordnung wurde schon die Richtung für das zukünftige Schicksal des Landes vorgegeben. Ein Freistaat kann völlig frei darüber entscheiden, ob er selbständig bleibt oder ob er sich einem bestimmten Staat anschließen will. Wenn es mehrere Staaten gibt, an die man sich anschließen kann, entscheidet auch über diese Auswahl einzig und allein der Freistaat selbst. Der Ausdruck „Freistaat“ hat im damaligen Kontext bereits signalisiert, dass Vorarlberg nicht bei Deutschösterreich bleiben wollte. Die Option für die schweizerische Eidgenossenschaft schwang in diesem Ausdruck immer mit. Auch wenn es ziemlich

---

[226] Bilgeri, Benedikt: Geschichte Vorarlbergs, 5 Bde, Wien, Köln und Graz 1971-1987, Bd. V, Kanton oder Bundesland; Untergang und Wiederkehr; Wien, Köln und Graz 1987, S. 24.

[227] Bericht des Verfassungsausschusses über den Gesetzentwurf über die Wahlordnung für den Landtag des Landes Vorarlberg, Bregenz, am 26. Februar 1919. Berichterstatter Dr. Johann Josef Mittelberger. 71. Beilage zu den stenographischen Berichten der provisorischen Vorarlberger Landesversammlung 1918/19, S. 299-301.

ungewöhnlich war, dass diese Weichenstellung schon in einer Wahlordnung gesetzt wurde.

3. Schweizer Wahlsystem als Allgemeingut

Schon in der Monarchie hatte der Vorarlberger Landtag versucht, die Verhältniswahl nach Schweizer Vorbildern zu übernehmen. Es war deshalb selbstverständlich, dass nach dem Zusammenbruch des Habsburgerreiches die neue Wahlordnung für den Landtag das modernste Wahlverfahren, eben die Verhältniswahl, als festen Bestand des Wahlgesetzes ansehen werde. In der Zwischenzeit war aber der Proporz im Wahlverfahren keine abenteuerliche Neuerung mehr, sondern er war bereits in allen mitteleuropäischen Ländern zum Allgemeingut geworden.

Auch in der österreichisch-ungarischen Monarchie hatte es schon Befürworter des Proportionalwahlrechtes gegeben. Der deutschnationale Abgeordnete und angesehene Parlamentarismustheoretiker Ernst Viktor Zenker hatte die Proportionalwahl gefordert. In der politischen Realität der Habsburgermonarchie war aber diese Forderung nicht zu verwirklichen. „Ein proportionales Wahlrecht hätte die Mindervertretung der slawischen Nationen beseitigt und wurde deshalb von den sich der deutschen Nation zugehörig fühlenden Abgeordneten nicht wirklich angestrebt.“[228]

Das Proportionalwahlsystem wurde schon in der Monarchie als die demokratischere Variante eines Wahlsystems angesehen, die aufgrund der damaligen Gegebenheiten aber nicht durchgesetzt werden konnte. Das erklärt aber, dass 1918 – nach dem Zusammenbruch der Monarchie – das Mehrheitswahlsystem wie selbstverständlich durch das Verhältniswahlsystem abgelöst wurde. Das Gesetz über die Staats- und Regierungsform von Deutschösterreich vom 12. November 1918 legte schließlich das Prinzip der Verhältniswahl fest.[229]

Das Gesetz über die Wahlordnung für den Vorarlberger Landtag lehnte sich sehr stark an das Gesetz über die Wahlen in die konstituierende Nationalversammlung an. Von der alten Landeswahlordnung ist nicht mehr viel übrig geblieben. Man war bestrebt, möglichst einheitliche Gesetze für alle Wahlen im Lande zu schaffen, damit die Bevölkerung sich an einen bestimmten Wahlvorgang ge-

---

[228] Ucakar, Karl: Demokratie und Wahlrecht in Österreich. Zur Entwicklung von politischer Partizipation und staatlicher Legitimationspolitik, (= Österreichische Texte zur Gesellschaftskritik, Bd. 24), Wien 1985, S. 376.
[229] StGBl. 5/1918.

wöhnen konnte. Deshalb wurden auch nicht nur die Fachausdrücke, sondern ganze Paragraphen fast wörtlich aus dem Gesetz für die Wahlen in die konstituierende Nationalversammlung übernommen.[230] Die Paragraphen 2 bis 10 sind nichts anderes als eine sinngemäße Übertragung aus dem Gesetz über die Wahlordnung für die konstituierende Nationalversammlung. Die Altersgrenze für die Ausübung des Wahlrechtes als auch für die Wählbarkeit wurde nach dem Vorbild der Wahlordnung für die Nationalversammlung festgesetzt.

Der § 13 ist aus dem Gesetze über die Wahlordnung für die konstituierende Nationalversammlung entnommen. Die §§ 14 und 15 stellen die Wahlpflicht fest. Es gehe nicht an, hier einen anderen Maßstab anlegen zu wollen als bei den Wahlen in die Nationalversammlung. Die §§ 16 bis 22 sind sinngemäße Übertragungen aus dem Gesetz über die Wahlordnung für die konstituierende Nationalversammlung, nur dass die Möglichkeit der Kuppelung der Parteien nicht aufgenommen wurde.

Außergewöhnlich, aber aus den Verhältnissen leicht erklärlich ist die Bestimmung des § 42 der Vorarlberger Landtagswahlordnung, der ein Wahlrecht für Kriegsgefangene schuf. Es musste ein Weg gefunden werden, der denen, die für Volk und Heimat Außergewöhnliches geleistet und geopfert hatten, die Ausübung politischer Rechte in irgendeiner Form sicherte.[231]

4. Das Wahlrecht der „Volksgenossen“

Die Landtagswahlordnung vom Februar 1919 brachte auch eine Klärung für den Begriff des „Volksgenossen“, der vierzehn Tage später in die Landesverfassung aufgenommen wurde. Den Ausdruck „Volksgenosse“ würde man in einem Vorarlberger Gesetz nicht von vornherein erwarten. Das Wahlrecht für den Landtag und das Wahlrecht in die Nationalversammlung klafften nach dem neuen Landtagswahlrecht in Vorarlberg auseinander. Die Regierung Deutschösterreichs hatte für die Wahlen in die Nationalversammlung Wähler geschaffen, „die nicht nur nicht Deutschösterreicher sind, sondern oft sogar feindlichen Staaten und Völ-

---

230 Bericht des Verfassungsausschusses über den Gesetzentwurf über die Wahlordnung für den Landtag des Landes Vorarlberg, Bregenz, am 26. Februar 1919. Berichterstatter Dr. Johann Josef Mittelberger. 71. Beilage zu den stenographischen Berichten der provisorischen Vorarlberger Landesversammlung 1918/19, S. 299-301, hier S. 300.

231 Bericht des Verfassungsausschusses über den Gesetzentwurf über die Wahlordnung für den Landtag des Landes Vorarlberg, Bregenz, am 26. Februar 1919. Berichterstatter Dr. Johann Josef Mittelberger. 71. Beilage zu den stenographischen Berichten der provisorischen Vorarlberger Landesversammlung 1918/19, S. 299-301, hier S. 301.

kern angehören."[232] Der Verfassungsausschuss in Bregenz wollte das nicht nachmachen. „Nur diejenigen Volksgenossen, die in Deutsch-Österreich heimatberechtigt sind, sollen das Wahlrecht haben."

Wahlberechtigt wurde nach § 11 der Landtagswahlordnung 1919 „jeder deutschösterreichische Staatsbürger ohne Unterschied des Geschlechtes, der in einer Gemeinde Deutschösterreichs heimatberechtigt ist, und der vor dem 1. Jänner des Wahljahres das zwanzigste Lebensjahr vollendet hat und am Tage der Wahlausschreibung in einer Gemeinde Vorarlbergs seinen ordentlichen Wohnsitz hat."

Wahlberechtigt war also nur, wer in einem Teil von Deutschösterreich heimatberechtigt war. Im Gegensatz dazu hatte die Regierung von Deutschösterreich für die Wahlen in die Nationalversammlung eine Kategorie von Staatsbürgern geschaffen, die nach Ansicht der Vorarlberger tatsächlich keine Deutschösterreicher waren, sondern vielfach Staaten wie der Tschechoslowakei oder den südslawischen Staaten oder Italien „oder auch feindlichen Völkern angehören".[233]

Aus staatlichen Gründen könne man nicht annehmen, dass Leute, die nicht in das Staatsgefüge hineingehören, ein Interesse am Gedeihen des Staates haben. Auch aus völkischen Gründen sei daran festzuhalten, „daß solche, die auch nicht dem Volksstamme angehören, auch nicht das Wahlrecht haben sollen". Diese neue Kategorie von Wählern, die durch die Reichsregierung aus dem Boden gestampft wurde, konnte vom Verfassungsausschuss nicht anerkannt werden.

Von den Sozialdemokraten wurde kritisiert, dass nunmehr eine ganze Reihe von Leuten in Vorarlberg bei der Landtagswahl das Wahlrecht verlieren, die bei der Wahl in die Nationalversammlung das Wahlrecht gehabt haben – nämlich alle jene, die nicht in einer Gemeinde Deutschösterreichs heimatberechtigt waren. Eine ganze Reihe von Menschen, die schon 20 und 30 Jahre in Vorarlberg lebten, die sogar in Vorarlberg geboren seien, die aber durch Zufall einen Vater hätten, der nicht in Vorarlberg geboren sei und die es aus irgendwelchen Gründen versäumt hätten, um die Heimatberechtigung anzusuchen, würden das

---

[232] Bericht des Verfassungsausschusses über den Gesetzentwurf über die Wahlordnung für den Landtag des Landes Vorarlberg, Bregenz, am 26. Februar 1919. Berichterstatter Dr. Johann Josef Mittelberger. 71. Beilage zu den stenographischen Berichten der provisorischen Vorarlberger Landesversammlung 1918/19, S. 299-301, hier S. 300.

[233] Gesetzesvorlage über die neue Wahlordnung. 11. Sitzung der Vorarlberger Landesversammlung am 28. Februar 1919 unter dem Vorsitze des Herrn Landeshauptmannes Dr. Otto Ender, S. 6-32. In: Stenographische Sitzungsberichte der provisorischen Vorarlberger Landesversammlung zu Bregenz. Bregenz 1919, S. 14.

Wahlrecht für den Landtag verlieren. Die Sozialdemokraten stellten deshalb den Antrag, dass jeder deutschösterreichische Staatsbürger in Vorarlberg wahlberechtigt sein sollte. Die Mehrheit lehnte diesen Antrag ab: Diese Leute hätten Zeit gehabt, sich als Vorarlberger zu fühlen und diesen Gefühlen auch zu folgen, indem sie sich um die Heimatberechtigung bemühten,[234] was ihnen nach dem Staatsgesetz nie und nimmer hätte verweigert werden können. Wer sich nach 20 und 30 Jahren nicht dazu entschließen könne und sich erst im letzten Augenblick unter dem Druck der politischen Lage dazu entschließe, dem müsse man den ehrlichen Willen absprechen, ein Vorarlberger zu sein und hier zu hausen. Sobald sich die Verhältnisse gebessert hätten, würden diese Personen Vorarlberg wieder den Rücken kehren. Der Deutschnationale Dr. Kinz brachte den Unterschied der Wahlberechtigten zur Nationalversammlung und für den Landtag auf den Punkt. Er sagte: „Für die Nationalversammlung sind im ganzen Lande rund 66.000 gültige Stimmen abgegeben worden. Für den Landtag sind es weniger Wahlberechtigte, es fallen die Reichsdeutschen und die Schnellsiedepatrioten weg."[235]

Der Ausschluss der Reichsdeutschen vom Wahlrecht zum Vorarlberger Landtag zeigte deutlich die politische Orientierung der Mehrheit in der Landesversammlung an. Hätte man sich mit einem Anschluss an das Deutsche Reich anfreunden können, wäre die Zulassung der Reichsdeutschen zur Landtagswahl in Vorarlberg eine Selbstverständlichkeit gewesen, zumal sie ja in Vorarlberg auch für die Nationalversammlung wahlberechtigt waren. Wenn aber in den Köpfen bereits der Anschluss an die Schweiz beschlossene Sache war, dann hätte das Landtagswahlrecht für die Reichsdeutschen wenig Sinn gemacht. Wäre der Anschluss an die Schweiz vollzogen worden, hätten sie sofort ihr Wahlrecht wieder verloren. So gesehen war die Definition der Wahlberechtigten in der neuen Wahlordnung für den Landtag eine der vielen heimlichen Vorentscheidungen für die Zukunft Vorarlbergs. Vor allem aber hätten die 5000 bis 6000 Reichsdeutschen bei einer Abstimmung über den Anschluss Vorarlbergs an die Schweiz oder an Deutschland den Ausschlag geben können.

---

234 Gesetzesvorlage über die neue Wahlordnung. 11. Sitzung der Vorarlberger Landesversammlung am 28. Februar 1919 unter dem Vorsitze des Herrn Landeshauptmannes Dr. Otto Ender, S. 6-32. In: Stenographische Sitzungsberichte der provisorischen Vorarlberger Landesversammlung zu Bregenz. Bregenz 1919, S. 14.

235 Gesetzesvorlage über die neue Wahlordnung. 11. Sitzung der Vorarlberger Landesversammlung am 28. Februar 1919 unter dem Vorsitze des Herrn Landeshauptmannes Dr. Otto Ender, S. 6-32. In: Stenographische Sitzungsberichte der provisorischen Vorarlberger Landesversammlung zu Bregenz. Bregenz 1919, S. 31.

5. Die Wahlpflicht als Schweizer Erbschaft

Die Wahlpflicht, die man in Vorarlberg von den benachbarten Eidgenossen übernommen hat, wurde in der Zwischenzeit auch in der Wahlordnung für die Nationalversammlung festgeschrieben. Im neuen Wahlgesetz für den Landtag lautete der entsprechende § 14: „Jeder für die Wahlen in den Landtag Vorarlbergs Wahlberechtigte ist auch wahlpflichtig." Obwohl die Wahlpflicht nichts Neues mehr war, war es dem Berichterstatter Dr. Johann Josef Mittelberger ein Anliegen, auf diese Schweizer Erbschaft noch einmal hinzuweisen. Er sagte in seinem Schlusswort: „Ich möchte vielleicht noch darauf hinweisen, daß der § 14 und auch das schöne Wort ‚Wahlpflicht' aus einer der ältesten Kantonsverfassungen der Schweiz stammen, abgeändert für unsere Verhältnisse. Es wird keiner nicht glauben wollen, daß die Demokratie in der Schweiz historisch die bestgegründete Ausbildung erlangt hat, daß man in keiner Republik von den Pflichten so tief durchdrungen ist (Zwischenruf, Lorenz: Wird auch reformieren müssen), ja gewiß, [...] aber ob sie an der Wahlpflicht reformieren, das ist eine andere Frage. Die Schweizer Demokratie hat immer die feste Überzeugung, daß mit dem Rechte auch Pflichten verbunden sind."[236]

6. Übertreffen der Schweizer Demokratie

Bei den Beratungen in der Landesversammlung hatte der Schweizerfreund und Berichterstatter des Verfassungsausschusses erwähnt, die Demokratie in der Schweiz habe historisch gesehen die am besten ausgebildete Grundlage geschaffen. In keiner anderen Republik sei man von den Pflichten so tief durchdrungen. In diesem Moment warf der Dornbirner Schuhmacher und Sozialdemokrat Thomas Lorenz den Zwischenruf ein: „Wird auch reformieren müssen!" Der Berichterstatter gab ihm Recht und erwiderte: „Ja gewiß, und wir sind zum Teil schon über die Schweiz hinausgekommen, z. B. die Ausschließung der Armenhausinsassen vom Wahlrechte haben wir nicht, die ist in der Schweiz überall noch drinnen."[237] So waren in der Verfassung des Kantons St. Gallen aus dem

---

[236] Gesetzesvorlage über die neue Wahlordnung. 11. Sitzung der Vorarlberger Landesversammlung am 28. Februar 1919 unter dem Vorsitze des Herrn Landeshauptmannes Dr. Otto Ender, S. 6-32. In: Stenographische Sitzungsberichte der provisorischen Vorarlberger Landesversammlung zu Bregenz. Bregenz 1919, S. 25. Am 28. Jänner 2004 hat der Vorarlberger Landtag die Wahlpflicht für Bundes-, Landes- und Gemeindewahlen sowie für die Landwirtschaftskammerwahl abgeschafft.

[237] Gesetzesvorlage über die neue Wahlordnung. 11. Sitzung der Vorarlberger Landesversammlung am 28. Februar 1919 unter dem Vorsitze des Herrn Landeshauptmannes Dr. Otto Ender, S. 6-32. In: Stenographische Sitzungsberichte der provisorischen Vorarlberger Landesversammlung zu Bregenz. Bregenz 1919, S. 25.

Jahre 1890, die weithin das Muster für die Vorarlberger Landesverfassung 1919 abgegeben hat, im § 38 die „Armenunterstützungsgenössigen" von der Stimmfähigkeit ausgeschlossen.[238]

Der Bregenzer Dr. Ferdinand Kinz, Nationalrat der Deutschfreisinnigen Partei, hatte in der Landtagsdebatte den Antrag gestellt, „Personen, welche in dauernder Armenversorgung aus Gemeindemitteln durch Unterbringung in einem Armenhause oder durch Armeneinlage stehen", vom Landtagswahlrecht auszuschließen. Er bezog sich damit auf die alte Landtagswahlordnung, die sich in diesem Punkt auf die Gemeindewahlordnung aus dem Jahre 1909 stützte.[239] Dort steht, dass alle Personen, die eine Armenversorgung aus öffentlichen oder Gemeindemitteln genießen oder in dem der Wahl unmittelbar vorausgegangenen Jahre genossen haben oder die überhaupt der öffentlichen Mildtätigkeit zur Last fallen, von der Ausübung des aktiven Wahlrechtes ausgenommen sind.[240]

Sowohl in dem Gesetz über das Wahlrecht für die konstituierende Nationalversammlung als auch in dem Gesetzentwurf vom Februar 1919 für die Landtagswahl seien analoge Bestimmungen nicht aufgenommen. Er sei aber der Meinung, dass eine ähnliche Bestimmung in milderer Form in die Landtagswahlordnung aufgenommen werden sollte.

Der christlichsoziale Rechtsanwalt Dr. Ferdinand Redler aus Feldkirch betonte, durch eine solche Bestimmung würde das Prinzip des allgemeinen, gleichen und direkten Wahlrechtes durchbrochen. Es sei nämlich im Wesen des allgemeinen, gleichen und direkten Wahlrechtes gelegen, dass jeder genau dasselbe Wahlrecht genieße, der Millionär dasselbe wie der Bauer und der Arbeiter.[241] Und der christlichsoziale Bludenzer Bürgermeister Dr. Andreas Konzett meinte, eine Bestimmung, wie sie der Bregenzer Bürgermeister Kinz vorgeschlagen habe, passe nur in ein Zensuswahlrecht hinein. Die meisten Insassen der Armenhäuser seien nicht schuld, dass sie im Armenhaus seien. Es gebe viele Unglückliche in den

---

238 Verfassung des Kantons St. Gallen vom 16. November 1890: von der Bundesversammlung gewährleistet am 18. Dezember 1890 (mit den bis 31. Dezember 1914 vorgenommenen Abänderungen). - [St. Gallen]: [s.n.], [ca 1915], S. 8.

239 Gemeindewahlordnung vom 13. Jänner 1909, LGBl Nr. 16.

240 § 2 der Gemeindewahlordnung vom 13. Jänner 1909, LGBl. Nr. 16.

241 Gesetzesvorlage über die neue Wahlordnung. 11. Sitzung der Vorarlberger Landesversammlung am 28. Februar 1919 unter dem Vorsitze des Herrn Landeshauptmannes Dr. Otto Ender, S. 6-32. In: Stenographische Sitzungsberichte der provisorischen Vorarlberger Landesversammlung zu Bregenz. Bregenz 1919, S. 17.

Armenhäusern, die nur durch Krankheit oder Unglücksfälle dazu gekommen seien, sich in der Armenanstalt versorgen lassen zu müssen.[242] Dermaßen in die Ecke gedrängt, erklärte der deutschfreisinnige Bregenzer Bürgermeister und Nationalrat Kinz, die Debatte schaue gerade so aus, als ob er etwas Neues einführen hätte wollen. „Ich will nur an einer Bestimmung festhalten, die im bisherigen Gesetz nicht als Unrecht empfunden wurde. Dabei bemerke ich, daß die meisten anderen Kulturstaaten – und Musterbeispiele führt man uns oft vor – bisher nicht daran gedacht haben, dort bestehende ähnliche Bestimmungen abzuschaffen."[243]

Das Schweizer Musterbeispiel war in diesem Fall ein Negativbeispiel. Die Vorarlberger Landesversammlung hatte sich in diesem Punkt an der Wahlordnung für die Nationalversammlung orientiert und die Insassen der Armenhäuser nicht vom Wahlrecht für den Landtag ausgeschlossen. Es wurde denn auch gleich als Beispiel dafür genommen, dass die Vorarlberger Landesversammlung, die dieses Wahlgesetz mit nur vier Gegenstimmen beschlossen hat, die mustergültige Demokratie in der Schweiz in einzelnen Punkten sogar noch übertroffen hat.

8. Kapitel: Die drei Grundsätze des Entwurfes der Landesverfassung

Der Verfassungsausschuss, der am 3. Dezember 1918 aus der Mitte der provisorischen Vorarlberger Landesversammlung heraus gebildet worden war, legte am 9. März 1919 den Entwurf einer Landesverfassung vor. Der Obmann des Verfassungsausschusses Dr. Ferdinand Redler und der Berichterstatter Dr. Johann Josef Mittelberger verrieten schon in ihrem Bericht vom 9. März 1919, dass sie im Vorarlberger Verfassungsleben etwas völlig Neuartiges wagen wollten. Es gab in den Ländern Deutschösterreichs noch keinerlei Vorbilder für eine demokratische Landesverfassung in einem republikanischen Gesamtstaat.

Mit dem Zusammenbruch der österreichisch-ungarischen Monarchie war auch die alte Landesordnung Vorarlbergs hinfällig geworden. Ihre grundlegenden

---

[242] Gesetzesvorlage über die neue Wahlordnung. 11. Sitzung der Vorarlberger Landesversammlung am 28. Februar 1919 unter dem Vorsitze des Herrn Landeshauptmannes Dr. Otto Ender, S. 6-32. In: Stenographische Sitzungsberichte der provisorischen Vorarlberger Landesversammlung zu Bregenz. Bregenz 1919, S. 18.

[243] Gesetzesvorlage über die neue Wahlordnung. 11. Sitzung der Vorarlberger Landesversammlung am 28. Februar 1919 unter dem Vorsitze des Herrn Landeshauptmannes Dr. Otto Ender, S. 6-32. In: Stenographische Sitzungsberichte der provisorischen Vorarlberger Landesversammlung zu Bregenz. Bregenz 1919, S. 19.

Voraussetzungen seien durch die Macht der Tatsachen gefallen, heißt es dazu im Bericht des Verfassungsausschusses an die Landesversammlung.[244] Als am 3. November 1918 die provisorische Landesversammlung zusammengetreten sei, habe sie es als allerwichtigste Aufgabe angesehen, das Land in eine neue Zeit hinüber zu führen. „Von den alten Wegweisern nahm man nur die Geschäftsordnung mit und gesunden Sinn und ernsten Willen, den rechten Weg zu gehen." Die alte Landesordnung könne eben nicht mehr in allen Teilen binden und leiten. Es sei nun eine Selbstverständlichkeit, dass dem Lande möglichst bald eine neue Verfassung gegeben werden müsse, wenn nicht Willkür und Zerfahrenheit Tür und Tor geöffnet werden solle.

Der Gesetzentwurf für eine neue Landesordnung, den der Verfassungsausschuss der Landesversammlung vorgelegt hat, ist auf drei beherrschenden Grundsätzen aufgebaut. Grundsatz Nummer eins: Die gesetzgebende und Vollzugs-Gewalt des Landes steht der Gesamtheit des Vorarlberger Volkes zu. Grundsatz Nummer zwei: Das Land ist selbständig – etwa wie ein Schweizer Kanton. Grundsatz Nummer drei: Das Land muss sich, soll es gedeihen, einem größeren Staatswesen angliedern, das Freiheit und Selbständigkeit des Landes innerhalb gewisser Grenzen zu gewährleisten vermag.[245]

1. Die Macht der Gesamtheit des Vorarlberger Volkes

Der erste Grundsatz, auf dem die Vorarlberger Landesverfassung von 1919 aufgebaut werden sollte, lautete, dass die gesetzgebende und Vollzugsgewalt des Landes der Gesamtheit des Vorarlberger Volkes zustehe. Der Umstand, dass in der Umsetzung dieses Grundsatzes dem Volk die Macht und damit auch die Verantwortung gegeben werden, soll im Entwurf der Verfassung durch einige konkrete Maßnahmen ausgedrückt werden: Erstens einmal dadurch, dass das Volk seine Vertreter und Behörden selbst wählen kann. Zweitens dadurch, dass der Volksabstimmung im Rahmen der Verfassung die letzte Entscheidung zukommt. Der Landtag soll in der neuen Verfassung das Recht bekommen, das Volk in wichtigen Angelegenheiten zu befragen. Das Volk soll aber auch aus sich heraus unter bestimmten Voraussetzungen sowohl eine Änderung der Ver-

---

[244] Beilage 73 zu den stenograph. Berichten der provis. Vorarlberger Landesversammlung 1918/19: Bericht des Verfassungsausschusses über den Gesetzentwurf für eine Verfassung des Landes Vorarlberg, Bregenz, 9. März 1919. In: Stenographische Berichte der provisorischen Vorarlberger Landesversammlung 1918/19, Bregenz 1919, S. 317.

[245] Beilage 73 zu den stenograph. Berichten der provis. Vorarlberger Landesversammlung 1918/19: Bericht des Verfassungsausschusses über den Gesetzentwurf für eine Verfassung des Landes Vorarlberg, Bregenz, 9. März 1919. In: Stenographische Berichte der provisorischen Vorarlberger Landesversammlung 1918/19, Bregenz 1919, S. 317.

fassung verlangen als auch den Erlass oder die Aufhebung von Gesetzen fordern können. Das wäre dann ein Volksbegehren, das in der Schweiz „Initiative" genannt wird. Wenn ein solches Volksbegehren die festgestellten Bedingungen erfüllt, so muss es – laut Bericht des Verfassungsausschusses vom 9. März 1919 an die Landesversammlung – zur Volksabstimmung gebracht werden. Diese Volksabstimmung wird in der Schweiz Referendum genannt.

Der Grundsatz, dass die gesetzgebende und Vollzugs-Gewalt des Landes nach der geplanten Landesverfassung von 1919 der Gesamtheit des Volkes zustehen werde, ist den Schweizer Vorbildern entnommen. Andere Muster waren für den Vorarlberger Verfassungsausschuss nicht greifbar.

Der Entwurf des Verfassungsausschusses sah nicht nur ein Volksbegehren für eine Änderung der Verfassung vor, also eine Verfassungsinitiative, wie sie in der Schweiz im Allgemeinen anzutreffen war. In der Vorarlberger Landesverfassung von 1919 war darüber hinaus auch ein Volksbegehren für eine Änderung von Gesetzen – also eine so genannte Gesetzesinitiative – vorgesehen. In dieser Kombination von Verfassungsinitiative und Gesetzesinitiative ging der Verfassungsentwurf des Ausschusses vom 9. März 1919 „weiter als einzelne Kantone der Schweiz und weiter als die Schweizer Bundesverfassung, die keine Gesetzesinitiative kennt".[246]

Der Verfassungsausschuss der provisorischen Landesversammlung war sich durchaus bewusst, dass die gesetzgebende und vollziehende Gewalt, die laut Verfassungsentwurf der Gesamtheit des Vorarlberger Volkes zustehen sollten, außerordentlich weitgehende Rechte waren. Der Ausschuss war sich auch im Klaren, dass diese Rechte möglicherweise in einem jungen Freistaat von irgendeiner Seite missbraucht werden könnten. Er war aber doch fest davon überzeugt, dass das Volk Vorarlbergs klar erkenne, dass mit erhöhten Rechten auch erhöhte Pflichten mit schwerer Verantwortung verbunden sind. Der Ausschussobmann und der Berichterstatter schrieben an die Landesversammlung, der Ausschuss sei fest davon überzeugt, dass gerade diese Rechte mit in der Lage sein würden, dem Vorarlberger Volk „wahre Freude am staatlichen Leben des Landes, zielsicheres Zusammenarbeiten aller Kräfte und damit eine glücklichere Zukunft zu bringen."[247]

---

[246] Beilage 73 zu den stenograph. Berichten der provis. Vorarlberger Landesversammlung 1918/19: Bericht des Verfassungsausschusses über den Gesetzentwurf für eine Verfassung des Landes Vorarlberg, Bregenz, 9. März 1919. In: Stenographische Berichte der provisorischen Vorarlberger Landesversammlung 1918/19, Bregenz 1919, S. 317.

[247] Beilage 73 zu den stenograph. Berichten der provis. Vorarlberger Landesversammlung 1918/19: Bericht des Verfassungsausschusses über den Gesetzentwurf für eine Verfassung

2. Die kantonsähnliche Selbständigkeit des Landes

„Das Land ist selbständig – etwa wie ein Schweizer Kanton." Das war der zweite Grundsatz, den der Verfassungsausschuss in Vorarlberg für den Entwurf der Landesverfassung von 1919 formuliert hatte. Der starke Drang nach Selbständigkeit, der im Vorarlberger Volk seit Jahrhunderten schlummere, verlange eine weitgehende Unabhängigkeit vom Gesamtstaat. Das sei nun einmal deutsche Eigenart, die – richtig ausgenützt – mithelfe, die Kraft des Landes lebendig wirksam zu machen.[248]

„Wie in anderen Kronländern" war in Vorarlberg am 3. November 1918 die Führung der politischen und autonomen Verwaltung in einer Hand vereinigt worden. Damit hatte sich das Land jene Selbständigkeit gegeben, die es schon lange einmütig erstrebt hatte. Vorarlberg bildet seit diesem 3. November 1918 kein gemeinsames Verwaltungsgebiet mit Tirol mehr, sondern hat sich auf Grund des Selbstbestimmungsrechtes als eigenes selbständiges Land im Rahmen des deutschösterreichischen Staates erklärt.[249] Der Verfassungsausschuss der Landesversammlung hatte diese Selbständigkeit des Landes, die am 3. November 1918 verwirklicht worden war, als zweiten Grundsatz für die Erstellung einer Landesverfassung formuliert. In der Verfassung von 1919 sollte dieser Beschluss der Landesversammlung vom 3. November 1918 über die Selbständigkeit Vorarlbergs umgesetzt werden. Dass aber Vorarlberg unbedingt ein selbständiges Land „im Rahmen des Deutsch-Österreichischen Staates" sein solle, davon wollten auch diejenigen Vertreter der Landesversammlung, die diesen Beschluss 1918 selbst herbeigeführt hatten, nach wenigen Monaten nichts mehr wissen.

Die weltgeschichtlichen Ereignisse hätten dem Lande neue Wege gewiesen, hieß es im Bericht des Verfassungsausschusses, Wege freilich, die in ihrem Ziele nicht immer klar seien. Durch die neue Landesverfassung von 1919 solle eine Bahn geschaffen werden, auf der ein gesundes Volk, frei und selbständig seine

---

des Landes Vorarlberg, Bregenz, 9. März 1919. In: Stenographische Berichte der provisorischen Vorarlberger Landesversammlung 1918/19, Bregenz 1919, S. 318.

[248] Beilage 73 zu den stenograph. Berichten der provis. Vorarlberger Landesversammlung 1918/19: Bericht des Verfassungsausschusses über den Gesetzentwurf für eine Verfassung des Landes Vorarlberg, Bregenz, 9. März 1919. In: Stenographische Berichte der provisorischen Vorarlberger Landesversammlung 1918/19, Bregenz 1919, S. 318.

[249] Erste Sitzung der provisorischen Vorarlberger Landesversammlung 1918/19 am 3. November 1918. (In Ermangelung eines stenographischen Sitzungsberichtes wird das amtliche Sitzungsprotokoll wiedergegeben.) In: Stenographische Sitzungsberichte der provisorischen Vorarlberger Landesversammlung zu Bregenz. Eröffnung der Landesversammlung am 3. November 1918. Bregenz 1919, S. 6.

Angelegenheiten ordnend, getrost der Zukunft entgegen gehen könne.[250] Der Grundsatz, dass Vorarlberg selbständig sein solle, etwa wie ein Schweizer Kanton, konnte ein Hinweis darauf sein, dass Vorarlberg seine Selbständigkeit dazu nützen wollte, einen politischen Anschluss an die Schweiz anzustreben.

3. Der Anschluss Vorarlbergs an ein größeres Staatswesen

Einerseits verlange der starke Drang nach Selbständigkeit des Vorarlberger Volkes eine weitgehende Unabhängigkeit vom Gesamtstaat. Anderseits sei es aber ebenso selbstverständlich, dass Vorarlberg nur im Anschluss an ein größeres Staatswesen gedeihen könne. Das schrieben der Obmann des Verfassungsausschusses und sein Berichterstatter am 9. März 1919 an die Landesversammlung.[251] Sie schrieben ausdrücklich von einem „Anschluß an ein größeres Staatswesen". Von einem Anschluss an Deutschösterreich war aber keinesfalls die Rede. Es ist den Mitgliedern des Verfassungsausschusses der Vorarlberger Landesversammlung gelungen, eine neue Landesverfassung zu entwerfen, ohne in diesem Zusammenhang den Namen „Deutschösterreich" nennen zu müssen. Mit dem „Anschluß an ein größeres Staatswesen" wollte man sich in Vorarlberg den Weg für einen eventuellen Anschluss an die Schweiz offen halten. Es wurde eine neutrale Formulierung gewählt, die alle Möglichkeiten in sich barg.

Mit der Formulierung im Bericht des Verfassungsausschusses, es sei selbstverständlich, dass Vorarlberg nur im Anschluss an ein größeres Staatswesen gedeihen könne, wurden die Vorarlberger Abgeordneten in der konstituierenden Nationalversammlung in Wien schon bald auf eine neue Bewährungsprobe gestellt. Am 12. März 1919 beschloss die konstituierende Nationalversammlung das Gesetz, mit dem Deutschösterreich zu einem Bestandteil des Deutschen Reiches erklärt wurde. Der Weg Vorarlbergs in Richtung Anschluss an die Schweiz wäre für alle Zeiten blockiert gewesen, wenn sich Deutschösterreich mit den Stimmen der Vorarlberger Abgeordneten für einen Anschluss an das Deutsche Reich ausgesprochen hätte. Der Vorarlberger Abgeordnete Jutz erklärte deshalb bei diesem Anlass, dass die Vorarlberger Abgeordneten dem Gesetzentwurf, soweit er sich mit dem Anschluss Deutschösterreichs an Deutschland befasse,

---

[250] Beilage 73 zu den stenograph. Berichten der provis. Vorarlberger Landesversammlung 1918/19: Bericht des Verfassungsausschusses über den Gesetzentwurf für eine Verfassung des Landes Vorarlberg, Bregenz, 9. März 1919. In: Stenographische Berichte der provisorischen Vorarlberger Landesversammlung 1918/19, Bregenz 1919, S. 318.

[251] Beilage 73 zu den stenograph. Berichten der provis. Vorarlberger Landesversammlung 1918/19: Bericht des Verfassungsausschusses über den Gesetzentwurf für eine Verfassung des Landes Vorarlberg, Bregenz, 9. März 1919. In: Stenographische Berichte der provisorischen Vorarlberger Landesversammlung 1918/19, Bregenz 1919, S. 318.

nicht zustimmen könnten. Er stellte im Namen der Abgeordneten Vorarlbergs fest, „daß die Erklärung der provisorischen Landesversammlung vom 3. November 1918, wonach sich das Land Vorarlberg in den Rahmen von Deutschösterreich einfügt, nur provisorischen Charakter trägt wie die Landesversammlung selbst.“[252] Das Volk von Vorarlberg werde durch den selbst gewählten Landtag über den Anschluss entscheiden. Jutz lehnte eine bindende Entscheidung durch die deutschösterreichische Nationalversammlung mit Übergehung des Landes Vorarlberg ab.[253] Der Abgeordnete Professor Dr. Stumpf gab im Namen der Tiroler dieselbe Rechtsverwahrung ab. Mit dieser Erklärung der Vorarlberger Abgeordneten in der provisorischen Nationalversammlung in Wien haben sie den Weg für einen Anschluss Vorarlbergs an ein größeres Staatswesen, das nicht Deutschösterreich und auch nicht Deutschland hieß, frei gehalten. Der dritte Grundsatz des Vorarlberger Verfassungsausschusses zur Errichtung der Landesverfassung von 1919, wonach Vorarlberg selbstverständlich nur im Anschluss an ein größeres Staatswesen gedeihen könne, war einzig und allein in Hinblick auf einen ersehnten Anschluss Vorarlbergs an die Schweiz gewählt worden.

Der Beschluss der provisorischen Nationalversammlung in Wien, dass sich Deutschösterreich an Deutschland anschließen solle, wurde gerade in den wenigen Tagen zwischen dem Beschluss des Verfassungsausschusses in Bregenz vom 9. März 1919 über den Entwurf einer Landesverfassung und der Beratung der gesamten provisorischen Landesversammlung über diese Landesverfassung am 14. März 1919 herbeigeführt. Hätten die Vorarlberger Abgeordneten in der Nationalversammlung ihre Vorbehalte nicht vorgebracht oder gar für den Anschluss Deutschösterreichs an Deutschland votiert, dann wäre das in krassem Gegensatz zur Vorgangsweise der Vorarlberger Landesversammlung gestanden.

[252] Die Konstituante in Wien. Abgeordneter Jutz gibt eine Erklärung vom Vorarlberger Standpunkte aus über den Anschluß Deutschösterreichs an Deutschland ab. Aus: Vorarlberger Volksblatt, Jg. 54, Nr. 61, Bregenz, 14. März 1919, S. 1.

[253] Die Konstituante in Wien. Abgeordneter Jutz gibt eine Erklärung vom Vorarlberger Standpunkte aus über den Anschluß Deutschösterreichs an Deutschland ab. Aus: Vorarlberger Volksblatt, Jg. 54, Nr. 61, Bregenz, 14. März 1919, S. 1.

Dritter Teil:
Die Landesverfassung vom 14. März 1919

Der Vorarlberger Landesverfassung von 1919 wurde von ihren Verfassern schon im Vorhinein große politische Bedeutung zugemessen. Es galt, der Vorarlberger Bevölkerung in einem außergewöhnlichen Gesetzesbeschluss mit Zustimmung möglichst aller Parteien eine Perspektive für die Zukunft zu geben und durch ein frei beschlossenes Grundgesetz das Selbstverständnis des jungen eigenständigen Landes zu dokumentieren. Der Verfassungsausschuss, der am 3. Dezember 1918 ins Leben gerufen wurde, hatte den Vorarlberger Verfassungsentwurf vom 9. März 1919 an das Plenum der Landesversammlung weitergeleitet, das diesen am 14. März 1919 behandelt und beschlossen hat.

Der vom Ausschuss vorgelegte Gesetzestext begann mit einer Überraschung. Die ersten Worte lauteten: „Die provisorische Landesversammlung des Landes Vorarlberg hat beschlossen: *Artikel I.* Vorarlberg gibt sich als selbständiges Land folgende Verfassung". Die Vorarlberger Landesverfassung sollte nämlich gar nicht in Artikel unterteilt werden, sondern nur in Paragraphen. Dazu erklärte der Landeshauptmann: „Mitteilen will ich noch, dass ein Druckfehler auf der ersten Seite vorkommt. Es heißt nämlich *Artikel I.* Diese Überschrift: *Artikel I* ist nur ein Überbleibsel aus einem früheren Entwurf, welcher mehrere Artikel enthalten hat. Heute kommen aber mehrere Artikel nicht mehr vor und es hat gar keinen Sinn und ist nur ein aus Versehen stehen gebliebenes Wort. Das werden wir streichen. Wer damit einverstanden ist, erhebe die Hand. – Angenommen."[254]

Hinter dieser kleinen, unbedeutend scheinenden Berichtigung verbirgt sich ein interessantes Detail über die Herkunft des Verfassungstextes. Der Text der Vorarlberger Landesverfassung aus dem Jahre 1919 lehnt sich in zahlreichen Passagen stark an die „Verfassung des Kantons St. Gallen vom 16. November 1890, von der Bundesversammlung gewährleistet am 18. Dezember 1890, mit den bis 31. Dezember 1914 vorgenommenen Abänderungen" an.[255] Diese Kantonsverfassung war in Artikel unterteilt und diente als Vorlage für die Vorarlberger Verfassung. So gelangte die Bezeichnung *Artikel I* aus der Schweizer Abschreib-Vorlage versehentlich in die gedruckte Vorlage, die der Ausschuss an das Plenum der provisorischen Landesversammlung weitergeleitet hat.

---

[254] Sitzungsbericht der 13. Sitzung der provisorischen Vorarlberger Landesversammlung am 14. März 1919, S. 11.

[255] Verfassung des Kantons St. Gallen vom 16. November 1890, von der Bundesversammlung gewährleistet am 18. Dezember 1890 (mit den bis 31. Dezember 1914 vorgenommenen Abänderungen). - [St. Gallen] : [s.n.], [ca 1915].

1. Kapitel: Die Rechte des gesamten Volkes

Das erste Hauptstück der Vorarlberger Landesverfassung von 1919 sind die „Rechte des gesamten Volkes“. Diese Formulierung ist eine Direktübernahme der Verfassung des benachbarten Kantons St. Gallen aus dem Jahre 1890. Auch dort lautet der III. Abschnitt wie in Vorarlberg „Rechte des gesamten Volkes“.[256] Er ist ein Hinweis auf die große Bedeutung der unmittelbaren Demokratie, die bei den Eidgenossen von den Landsgemeinden auf die anderen Kantone ausgestrahlt hat.

1. Vorarlberg als Freistaat wie die Schweiz

Gemäß § 1 ist das Land selbständig, soweit seine Selbständigkeit nicht durch die Verfassung des Bundesstaates beschränkt ist; es übt als selbständiges Land alle Rechte aus, die nicht ausdrücklich der Gewalt des Bundesstaates vorbehalten sind.[257] Mit diesen Formulierungen ist das Modell eines Freistaates umschrieben, der selbst über sein Schicksal entscheiden kann. Der christlichsoziale Abgeordnete Dr. Johann Josef Mittelberger berichtete dazu in der Debatte der Landesversammlung am 14. März 1919: „Man war sich klar darüber, dass eine Verfassung für das Land geschaffen werden soll, das in Zukunft seine Geschicke vom Volk selbst bestimmt wissen will. Es soll ein Freistaat im wahrsten Sinne des Wortes werden, in dem das Volk selbst regiert, selbst verwaltet, selbst seine Verhältnisse ordnet, selbst aber auch die Verantwortung trägt. Deshalb lag es nahe, dass bei der Abfassung dieses Gesetzentwurfes nach Mustern Umschau gehalten wurde, die man am allerehesten bei alten Freistaaten finden konnte, und das war für uns die sehr nahe liegende Schweiz.“[258]

In der Vorarlberger Landesverfassung von 1919 kommt der Begriff „Freistaat“ nicht im Verfassungstext vor, aber der Berichterstatter verwendet ihn des Öfteren. In vielen schweizerischen Kantonsverfassungen wird der Ausdruck aber auch direkt im Verfassungstext verwendet. In der Staats-Verfassung für den Kanton Aargau aus dem Jahre 1885 heißt es im Artikel 1: „Der Kanton Aargau

---

[256] Verfassung des Kantons St .Gallen vom 16. November 1890, von der Bundesversammlung gewährleistet am 18. Dezember 1890 (mit den bis 31. Dezember 1914 vorgenommenen Abänderungen). - [St. Gallen] : [s.n.], [ca 1915], Seite 9, III. Abschnitt: Rechte des gesamten Volkes.

[257] Gesetz vom 14. März 1919 über die Verfassung des Landes Vorarlberg, Vorarlberger LGBl. 22/1919, § 1.

[258] Sitzungsbericht der 13. Sitzung der provisorischen Vorarlberger Landesversammlung am 14. März 1919, S. 2.

ist ein demokratischer Freistaat und ein Bundesglied der schweizerischen Eidgenossenschaft."[259] Der entsprechende Artikel 1 der Verfassung für den Kanton Appenzell-Außerrhoden, die von der Landsgemeinde im Jahre 1908 angenommen wurde, lautet: „Der Kanton Appenzell-Außerrhoden ist ein demokratischer Freistaat und als solcher, soweit die Kantonalsouveränität nicht durch die Bundesverfassung beschränkt wird, ein selbständiges Bundesglied der schweizerischen Eidgenossenschaft."[260] Auch in der Staats-Verfassung des Kantons Basel-Landschaft kommt der Ausdruck direkt im § 1 des Gesetzestextes vor: „Der Kanton Basel-Landschaft ist ein Freistaat und ein Bundesglied der schweizerischen Eidgenossenschaft."[261] Der Artikel 1 der Verfassung des Kantons Glarus aus dem Jahre 1887 lautet ebenfalls: „Der Kanton Glarus ist ein Freistaat mit demokratischer Verfassung und bildet als solcher ein Glied der schweizerischen Eidgenossenschaft."[262] Die Staatsverfassung des Kantons Luzern aus dem Jahre 1841 formuliert den § 1 so: „Der Kanton Luzern ist ein demokratischer Freistaat. Er ist als solcher ein souveränes Bundesglied der schweizerischen Eidgenossenschaft."[263] Auch im Artikel 1 der Verfassung des Kantons Schaffhausen aus dem Jahre 1876 heißt es: „Der Kanton Schaffhausen ist ein Freistaat und bildet ein Glied der schweizerischen Eidgenossenschaft."[264] Schließlich lautet auch der Artikel 1 der Verfassung des Kantons Zug: „Der Kanton Zug ist ein demokratischer Freistaat. Er ist als solcher, soweit die Kantonalsouveränität durch die Bundesverfassung nicht beschränkt wird, ein souveränes Bundesglied der schweizerischen Eidgenossenschaft."[265]

Die Herkunft des Art 1 der Vorarlberger Landesverfassung von 1919 ist eindeutig. Sie wurde aus Art 3 der Schweizerischen Bundesverfassung übernommen. Eine Gegenüberstellung der beiden Texte zeigt aber einige interessante Nuancierungen: In Art 1 der Vorarlberger Landesverfassung von 1919 heißt es: „Das Land ist selbständig, soweit seine Selbständigkeit nicht durch die Verfassung

---

[259] Staats-Verfassung für den Kanton Aargau vom 23. April 1885. - [S.l.], [s.n.], gedr. 1885, Brugg, Fisch Wild.

[260] Verfassung für den Kanton Appenzell A. Rh, angenommen von der Landsgemeinde am 26. April 1908 : gewährleistet von den Eidgen. Räten am 23. Juni 1908. - Herisau : Schläpfer, 1908.

[261] Staats-Verfassung des Kantons Basel-Landschaft : (vom 4. April 1892). - [S.l.], [s.n.], gedr. 1892, Liestal, Lüdin, S. 3.

[262] Verfassung des Kantons Glarus. - [S.l.], [s.n.], gedr. 1887, Schwanden, Tschudy-Aebly, S. 3.

[263] Staatsverfassung des Kantons Luzern von 1841, revidirt im Jahre 1848. - [S.l.], [s.n.], gedr. [1848], Luzern, Meyer'sche Buchdruckerei.

[264] Verfassung des Kantons Schaffhausen, 1876. - [S.l.], [s.n.], gedr. 1876, Schaffhausen :, H. Meier, Seite 1.

[265] Verfassung des Kantons Zug, vom 31. Jan. 1894. - [S.l.] : [s.n.], gedr. 1894, Zug :, A. Schibli-Keller,S. 3.

des Bundesstaates beschränkt ist; es übt als selbständiges Land alle Rechte aus, die nicht ausdrücklich der Gewalt des Bundesstaates vorbehalten sind.“[266] Art 3 der Bundesverfassung der Schweizerischen Eidgenossenschaft von 1874 lautet: „Die Kantone sind souverän, soweit ihre Souveränetät nicht durch die Bundesverfassung beschränkt ist, und üben als solche alle Rechte aus, welche nicht der Bundesgewalt übertragen sind.“[267]

Aus der „Souveränität“ in der schweizerischen Bundesverfassung wurde die „Selbständigkeit“ in der Vorarlberger Landesverfassung. In der schweizerischen Verfassung besteht die Souveränität der Kantone, insoweit sie nicht durch die bereits bestehende Bundesverfassung beschränkt ist. In der Vorarlberger Landesverfassung wird diese Beschränkung auf die Verfassung des Bundesstaates abgestellt, wobei eben noch nicht klar ausgesagt wird, welcher Bundesstaat das sein wird. Bei den Eidgenossen üben die Kantone alle Rechte aus, die nicht der Bundesgewalt übertragen sind. Vorarlberg übt als Land alle Rechte aus, die nicht der Gewalt des Bundesstaates vorbehalten sind. Dahinter stehen zwei unterschiedliche Demokratiekonzepte: Die Eidgenossenschaft ist durch die Übertragung von Rechten an den Bund zustande gekommen. Diese Vorstellung ist auch der Wunschtraum der Länder in Deutschösterreich gewesen. Sie sind mit diesem Konzept aber gegen die Zentralgewalt nicht durchgedrungen.

Das Land Vorarlberg ist selbständig, soweit seine Selbständigkeit nicht durch die Verfassung „des Bundesstaates“ beschränkt ist. Es ist nach außen hin offen gelassen, welcher Bundesstaat in § 1 gemeint war, ein österreichischer oder ein eidgenössischer Bundesstaat. Die Landesverfassung von 1919 war so gestaltet, dass sie nicht nur in einem österreichischen, sondern auch in einem Schweizer Bundesstaat „ohne eine grundsätzliche Revision bestehen konnte.“[268] Für die Politiker, die diese Verfassung beschlossen haben, war schon klar, dass sie den schweizerischen Bundesstaat angepeilt hatten.

Die Formulierung, wonach die Kantone souverän sind, „soweit ihre Souveränetät nicht durch die Bundesverfassung beschränkt ist“, kommt übrigens nicht nur in der eidgenössischen Bundesverfassung, sondern auch in einigen Kantonsverfassungen vor. Der Kanton Appenzell-Außerrhoden ist beispielsweise ein selb-

---

[266] Gesetz vom 14. März 1919 über die Verfassung des Landes Vorarlberg, Vorarlberger LGBl. 22/1919, § 1.

[267] Wolf, P(rosper) [Hrsg.]: Die schweizerische Bundesgesetzgebung. Nach Materien geordnete Sammlung der Gesetze, Beschlüsse, Verordnungen und Staatsverträge der Schweizerischen Eidgenossenschaft, sowie der Konkordate. Zweite Auflage, 4 Bde, Basel 1905-1909.

[268] Burmeister Karl Heinz: Die Vorarlberger Landesverfassungen bis 1919. In: 75 Jahre selbständiges Land Vorarlberg (1918-1993), Bregenz 1993, S. 105-134, hier S. 132.

ständiges Bundesglied der schweizerischen Eidgenossenschaft, „soweit die Kantonalsouveränität nicht durch die Bundesverfassung beschränkt wird".[269] Auch der Kanton Schaffhausen ist „souverän, soweit seine Souveränität nicht durch die Bundesgewalt beschränkt ist."[270] Der Kanton Zug ist, „soweit die Kantonalsouveränität durch die Bundesverfassung nicht beschränkt wird", ebenfalls ein souveränes Bundesglied der schweizerischen Eidgenossenschaft.[271]

2. Die Gesamtheit des Volkes als Träger der Gewalt

Nach § 2 der Vorarlberger Landesverfassung von 1919 steht die gesetzgebende und Vollzugsgewalt des Landes der Gesamtheit des Vorarlberger Volkes zu; sie wird ausgeübt teils unmittelbar durch Abstimmung des Volkes, teils mittelbar durch Landtag, Landesrat und Landesregierung.

Für diesen Paragraphen ist offensichtlich der Art 45 der Verfassung des benachbarten Kantons St. Gallen aus dem Jahre 1890 Pate gestanden. Er lautet: „Die Staatsgewalt beruht auf der Gesamtheit des Volkes und wird ausgeübt teils unmittelbar durch die Stimmberechtigten, teils mittelbar durch die Behörden und Beamten."[272] Für den zweiteiligen Aufbau dieses Paragraphen gibt es aber weitere Vorbilder in den Schweizer Kantonsverfassungen.

Im ersten Teil des § 2 ist bezeichnend, dass die gesetzgebende und Vollzugsgewalt „der Gesamtheit des Vorarlberger Volkes" zusteht. Schon in der Staatsverfassung des Kantons Luzern von 1841 lautet der § 2: „Die Souveränetät beruht in der Gesammtheit des Volkes."[273] In der Verfassung des eidgenössischen Standes Zürich aus dem Jahre 1869 heißt es: „Die Staatsgewalt beruht auf der Gesammtheit des Volkes."[274] In der Staats-Verfassung des Kantons Basel-

---

[269] Art 1 der Verfassung für den Kanton Appenzell A.Rh, angenommen von der Landsgemeinde am 26. April 1908, gewährleistet von den Eidgen. Räten am 23. Juni 1908. - Herisau : Schläpfer, 1908.

[270] Art 1 der Verfassung des Kantons Schaffhausen, 1876. - [S.l.] : [s.n.], gedr. 1876, Schaffhausen :, H. Meier, Seite 1.

[271] Art 1 der Verfassung des Kantons Zug : vom 31. Jan. 1894. - S.l.] : [s.n.], gedr. 1894, Zug: A. Schibli-Keller, S. 3.

[272] Verfassung des Kantons St. Gallen vom 16. November 1890: von der Bundesversammlung gewährleistet am 18. Dezember 1890 (mit den bis 31. Dezember 1914 vorgenommenen Abänderungen). - [St. Gallen]: [s.n.], [ca 1915], S 9.

[273] Staatsverfassung des Kantons Luzern von 1841, revidirt im Jahre 1848. - [S.l.] : [s.n.], gedr. [1848], Luzern, Meyer'sche Buchdruckerei.

[274] Verfassung des eidgenössischen Standes Zürich vom 18. April 1869. - [S.l.], [s.n.], [1869], S. 3.

Landschaft vom Jahre 1892 lautet der entsprechende § 2 ebenfalls: „Die Staatsgewalt – soweit sie nach der Bundesverfassung den Kantonen zukommt – beruht auf der Gesammtheit des Volkes."[275] Und in der Verfassung des Kantons Zug aus dem Jahre 1894 heißt es im Art 2 ebenfalls: „Die Souveränität beruht in der Gesamtheit des Volkes."[276]

a. Unmittelbare Ausübung der Gewalt

Nach § 2 der Vorarlberger Landesverfassung von 1919 werden die gesetzgebende und die Vollzugsgewalt auf zwei verschiedene Arten ausgeübt: teils unmittelbar durch Abstimmung des Volkes, teils mittelbar durch Landtag, Landesrat und Landesregierung.

Die unmittelbare Ausübung der Staatsgewalt durch das Volk ist bei den Eidgenossen am direktesten durch die Einrichtung der Landsgemeinde gewährleistet. Die Verfassungen der Landsgemeinde-Kantone legen in das Volk und auf das Volk die in der Landsgemeinde ausgeübte Souveränität. So sagt Glarus in Art. 2: „Die Souveränetät beruht im Volke. Es übt dieselbe unmittelbar an der Landsgemeinde, mittelbar durch die von ihm gewählten Behörden und Beamten aus."[277] Nidwalden und Obwalden in Art 2: „Die Souveränität beruht im Volk und wird nach den Bestimmungen der Verfassung ausgeübt." Appenzell-Innerrhoden Art 2: „Die Staatsgewalt ruht wesentlich im Volke und wird von demselben an der Landsgemeinde ausgeübt." Schließlich Appenzell-Ausserrhoden Art 2: „Die Staatsgewalt beruht im Volke. Sie wird unmittelbar durch die Landsgemeinde, mittelbar durch die vom Volke gewählten Behörden ausgeübt."

Aber auch in der urdemokratischen Form der Landsgemeinde sind der Ausübung der Staatsgewalt Grenzen gesetzt. Schranken sind dadurch vorhanden, dass die Landsgemeinde ihre Tätigkeit und Befugnisse im Rahmen der kantonalen Verfassungen und der Verfahrensbestimmungen auszuüben hat. Negativ wird sie durch das Bundesrecht begrenzt, über das sie weder legiferieren noch sich hinwegsetzen kann. „Bundesrecht bricht kantonales Recht", ist ein Grundsatz, der sich in Theorie und Praxis in der Schweiz allgemein durchgesetzt hat.[278]

---

[275] Staats-Verfassung des Kantons Basel-Landschaft : (vom 4. April 1892). - [S.l.], [s.n.], gedr. 1892, Liestal :, Lüdin, S. 3.

[276] Verfassung des Kantons Zug vom 31. Jan. 1894. - [S.l.] : [s.n.], gedr. 1894, Zug :, A. Schibli-Keller.

[277] Verfassung des Kantons Glarus. - [S.l.], [s.n.], gedr. 1887, Schwanden, Tschudy-Aebly, S. 3.

[278] Carlen, Louis: Die Landsgemeinde in der Schweiz: Schule der Demokratie. Sigmaringen 1976, S. 20-21.

Grundsätzlich hat die unmittelbare Demokratie in der Landsgemeinde auch auf die Kantone ausgestrahlt, die keine Landsgemeinde hatten. Vorarlberg hat sich seine Beispiele für die Einrichtungen der unmittelbaren Demokratie sowohl in den Landsgemeindekantonen als auch in den Kantonen mit dem Repräsentativsystem geholt, die ihrerseits ihre Anregungen aus den Landsgemeinden übernommen hatten.

b. Mittelbare Ausübung der Gewalt

Neben der unmittelbaren Ausübung der Staatsgewalt wird sie von der Gesamtheit des Volkes auch mittelbar durch Landtag, Landesrat und Landesregierung wahrgenommen. Der Landtag tritt als Legislative an die Stelle der provisorischen Landesversammlung. Der Landesrat ist die Exekutive für die eigenständigen Angelegenheiten des Landes und die Landesregierung tritt als Exekutive bei der Wahrnehmung der mittelbaren Bundesverwaltung auf.

In den eidgenössischen Kantonen wird die Staatsgewalt neben der unmittelbaren Ausübung durch die Landsgemeinde oder Aktivbürger auch mittelbar durch die vom Volk gewählten Behörden und Beamten ausgeübt, wobei unter Behörden auch die gesetzgebenden Körperschaften zu verstehen sind.

3. Eidgenössische Einrichtungen: Referendum und Initiative

Im § 3 der Vorarlberger Landesverfassung von 1919 ist geregelt, wie die Stimmberechtigten ihre verfassungsmäßigen Rechte ausüben. Sie haben dazu gleich fünf Möglichkeiten: Erstens durch Annahme oder Verwerfung der Verfassung und ihrer Abänderungen; zweitens durch Begehren einer Abänderung der Verfassung; drittens durch die Wahl des Landtages; viertens durch Genehmigung oder Verwerfung von Gesetzen und fünftens durch Volksbegehren.

Der Berichterstatter Dr. Mittelberger teilte in der provisorischen Vorarlberger Landesversammlung am 14. März 1919 mit: „Es sind hier in dem Paragraphen die Ausdrücke, die die Schweizer Verfassung verwendet ‚Referendum' und ‚Initiative' weggelassen worden. Aber ich glaube, die Bevölkerung wird sich daran gewöhnen, die Begriffe richtig zu verstehen und aufzufassen, ‚Volksabstimmung' und ‚Volksbegehren'.[279] Was die Eidgenossen „Initiative" nennen, wurde in der Vorarlberger Landesverfassung von 1919 „Volksbegehren" genannt und

[279] Sitzungsbericht der 13. Sitzung der provisorischen Vorarlberger Landesversammlung am 14. März 1919, S. 2.

aus dem schweizerischen „Referendum" wurde in Vorarlberg die „Volksabstimmung".

Dass dem Volke die Macht und damit auch die Verantwortung gegeben werde, drücke sich nicht nur dadurch aus, dass das Volk seine Vertreter und Behörden selbst wähle, sondern vielmehr dadurch, dass der Volksabstimmung im Rahmen der Verfassung die letzte Entscheidung gesichert werde, heißt es im Bericht des Verfassungsausschusses über den Gesetzentwurf für eine Verfassung des Landes Vorarlberg vom 9. März 1919. Nicht nur, dass der Landtag das Recht habe, das Volk in wichtigen Angelegenheiten zu befragen, das Volk könne auch aus sich heraus unter bestimmten Voraussetzungen sowohl eine Änderung der Verfassung verlangen als auch den Erlass oder die Aufhebung von Gesetzen fordern. Wenn ein solches Volksbegehren – in der Schweiz „Initiative" genannt – die festgestellten Bedingungen erfüllt, so muss es zur Volksabstimmung – dem eidgenössischen Referendum – gebracht werden.

Die Vorarlberger Landesverfassung von 1919 sieht nicht nur ein Volksbegehren nach Änderung der Verfassung vor, also die so genannte Verfassungsinitiative, sondern auch ein Volksbegehren nach Änderung des Gesetzes, die so genannte Gesetzesinitiative. Damit geht die Landesverfassung von 1919 in der Ausgestaltung ihrer demokratischen Instrumente nach Überzeugung des Verfassungsausschusses „weiter als einzelne Kantone der Schweiz und weiter als die Schweizer Bundesverfassung, die keine Gesetzesinitiative kennt".[280]

Der besonders wichtige § 3 der Vorarlberger Landesverfassung von 1919 ist keine eigenständige Schöpfung der provisorischen Vorarlberger Landesversammlung. Es ist vielmehr eine direkte Übernahme des fast wortgleichen Art 46 der Verfassung des Kantons St. Gallen aus dem Jahre 1890,[281] wie ein Vergleich der beiden Verfassungstexte zeigt:

§ 3 der Vorarlberger Landesverfassung 1919
Die Stimmberechtigten üben ihre verfassungsmäßigen Rechte aus:
a) durch Annahme oder Verwerfung der Verfassung und ihrer Abänderungen;
b) durch Begehren einer Abänderung der Verfassung;

[280] 73. Beilage zu den stenograph. Berichten der provis. Vorarlberger Landesversammlung 1918/19: Bericht des Verfassungsausschusses über den Gesetzentwurf für eine Verfassung des Landes Vorarlberg, Bregenz, 9. März 1919. In: Stenographische Berichte der provisorischen Vorarlberger Landesversammlung 1918/19, Bregenz 1919, S. 317-318, hier S. 317.
[281] Verfassung des Kantons St. Gallen vom 16. November 1890, von der Bundesversammlung gewährleistet am 18. Dezember 1890 (mit den bis 31. Dezember 1914 vorgenommenen Abänderungen). - [St. Gallen]: [s.n.], [ca 1915], S. 9.

c) durch Wahl des Landtages;
d) durch Genehmigung oder Verwerfung von Gesetzen;
e) durch Volksbegehren.

Art 46 der Verfassung des Kantons St. Gallen, 1890:
Die Stimmberechtigten üben ihre verfassungsmäßigen Rechte aus:
a) durch Annahme oder Verwerfung der Verfassung und ihrer Abänderungen;
b) durch Begehren einer Revision der Verfassung;
c) durch Bezeichnung und Wahl der die Verfassung revidierenden Behörde;
d) durch Wahl der gesetzgebenden Behörde, des Regierungsrates, sowie der übrigen Behörden und Beamten, deren Wahl die Verfassung dem Volke überträgt;
e) durch Genehmigung oder Verwerfung der Gesetze;
f) durch die Initiative.

Die Unterschiede zwischen den beiden Verfassungstexten sind nur sehr gering: Erstens wurde der schweizerische Ausdruck „Initiative" in Vorarlberg in „Volksbegehren" übersetzt. Zweitens war es in der Vorarlberger Landesverfassung von 1919 nicht nötig, die Behörde zu bezeichnen und zu wählen, die eine allfällige Verfassungsrevision durchzuführen hätte. Und drittens wurden in Vorarlberg – im Gegensatz zum Kanton St. Gallen – nur der Landtag als gesetzgebende Behörde, nicht aber die Landesregierung sowie die übrigen Behörden und Beamten vom Volk direkt gewählt.

4. Das fakultative Gesetzesreferendum als Volksabstimmung

Das Gesetzesreferendum wird im § 4 der Vorarlberger Landesverfassung von 1919 behandelt: „Alle Gesetze, die nicht dringlicher Natur sind, unterliegen der Abstimmung des Volkes, wenn binnen 21 Tagen nach Erlaß des Gesetzes 10.000 Wähler, deren Stimmberechtigung beglaubigt ist, unterschriftlich die Abstimmung verlangen."[282] Es handelt sich dabei um das fakultative Gesetzesreferendum, da das Gesetz nur einer Volksabstimmung unterworfen werden muss, wenn es von 10.000 Wählern verlangt wird.

a. Das St. Galler Vorbild

Seinem Aufbau nach zu schließen ist dieser § 4 der Landesverfassung, der das Gesetzesreferendum beinhaltet, Art 47 der Verfassung des Kantons St. Gallen

[282] Gesetz vom 14. März 1919 über die Verfassung des Landes Vorarlberg, Vorarlberger LGBl. 22/1919.

vom Jahre 1890 nachgebaut. Die im Folgenden in Art 47 kursiv gedruckten Passagen wurden 1919 zum § 4 in der Vorarlberger Landesverfassung zusammengesetzt. Die Hürde für das Zustandekommen eines fakultativen Gesetzesreferendums ist in Vorarlberg vergleichsweise höher, denn es sind 10.000 statt 4.000 Wahlberechtigte notwendig und ihre beglaubigte Stimmberechtigung ist in Vorarlberg innerhalb von 21 statt 30 Tagen vorzulegen. Das sind bei den 60.000 Stimmberechtigten angesichts von 130.000 Einwohnern im Jahre 1919 in Vorarlberg in der Praxis fast unüberbrückbare Hindernisse.

Der abgekupferte Art 47 in der Verfassung des Kantons St. Gallen aus dem Jahre 1890 lautet: „*Alle Gesetze*, sowie diejenigen allgemein verbindlichen Beschlüsse des Großen Rates, *die nicht dringlicher Natur sind*, oder nicht gemäß Art 55 ausschließlich in die Kompetenz des Großen Rates fallen, *unterliegen der Abstimmung des Volkes*, wenn 30 Tage nach Erlaß des Gesetzes oder Beschlusses 4000 Bürger, *deren Stimmberechtigung beglaubigt ist, unterschriftlich die Abstimmung verlangen*, oder mindestens der dritte Teil der Mitglieder des Großen Rates bei Erlaß des betreffenden Gesetzes oder Beschlusses dies begehren."[283]

b. Der Weg zum St. Galler Modell

Die Vorarlberger haben für ihre Landesverfassung von 1919 von den Eidgenossen gleich direkt das fakultative Gesetzesreferendum übernommen und mussten deshalb nicht den mühsamen Weg vom obligatorischen Gesetzesreferendum zum fakultativen gehen. Von den heute 26 schweizerischen Kantonen kennen zehn das fakultative, alle anderen jedoch das obligatorische Gesetzesreferendum. Die Nachteile des obligatorischen Referendums überwiegen – wie die Erfahrung in der Schweiz zeigt – gegenüber denjenigen des fakultativen bei weitem. Die Bürger werden bei den Eidgenossen in Anbetracht der raschen Gesetzgebungstätigkeit viel zu oft an die Urnen gerufen. Sie müssen zwingend zu Vorlagen Stellung nehmen, die kaum oder gar nicht bestritten sind. Die Stimmbürger ermüden und deshalb nimmt die Stimmbeteiligung kontinuierlich ab. Das Gesetzgebungsverfahren ist lang und mühsam, gewisse notwendige Reformen werden – wie der Staatsrechtler Kölz vermutet – infolgedessen gar nicht erst an die Hand genommen. Es wird auf das demokratisch mangelhaft legitimierte Verordnungsrecht ausgewichen. Es fällt aber in der politischen Praxis außerordentlich schwer, vom obligatorischen Referendum auf das fakultative umzustei-

[283] Verfassung des Kantons St. Gallen vom 16. November 1890, von der Bundesversammlung gewährleistet am 18. Dezember 1890 (mit den bis 31. Dezember 1914 vorgenommenen Abänderungen). - [St. Gallen]: [s.n.], [ca 1915], S. 9-10.

gen, weil von den Befürwortern des obligatorischen Gesetzesreferendums gleich mit dem Schlagwort vom gefährlichen Abbau der Volksrechte operiert werden kann.[284]

Das Gesetzesreferendum hatte auch einen Vorläufer, das so genannte Veto. Der entscheidende Einbruch des Vetos in das Repräsentativsystem erfolgte im Kanton St. Gallen. Der Druck zugunsten der direkten Beteiligung des Volkes an der Gesetzgebung kam von der Landschaft, das sind im Gegensatz zur Stadt St. Gallen die ländlichen Gebiete rund um das eigentliche städtische Territorium. Die Not leidende Bevölkerung in der Landschaft wollte dezentrale Landsgemeinden bilden. Die Liberalen, die ihren Schwerpunkt in der Stadt St. Gallen hatten, fürchteten wegen der Einheit ihres Staatsgebietes solche dezentralen Landsgemeinden. Sie waren aber auch gegen ein wirksames Referendum des Volkes. Dieses hätte nämlich ihr laizistisches Fortschrittsprogramm gefährdet.[285] So kam der berühmte Kompromiss zustande, ein wenig wirksames Volksveto einzuführen.

Die Quelle dieses Vetos als Vorläufer des Gesetzesreferendums war die französische Montagnard-Verfassung von 1793. Der Urheber des St. Galler Vetos, Anton Henne, gab diese Quelle aber nur indirekt an. Er versuchte sie sogar mit dem Hinweis auf die römischen Volkstribunen zu verschleiern.

Das entscheidend Neue am St. Galler Veto war die individuelle Zählung der Stimmenden. Man wich zum ersten Mal vom kollektiven Entscheidungsvorgang bei den Landsgemeinden ab, wo einfach „das Handmehr" entschied. Man schuf einerseits mit der individuellen Zählung einen gewaltigen Fortschritt, baute aber gleich wieder andere Hürden auf. Man zählte alle Nichtstimmenden als Ja-Stimmen. Durch diese Gestaltung des Vetos – der Zählung der Nichtstimmenden als Ja – wurde es der Volksmehrheit nahezu unmöglich gemacht, ein Gesetz zu Fall zu bringen.[286]

---

[284]Kölz, Alfred: Vom Veto zum fakultativen Gesetzesreferendum. In: Kölz, Alfred: Der Weg der Schweiz zum modernen Bundesstaat: 1789 – 1798 – 1848 – 1998. Historische Abhandlungen. Chur und Zürich 1998, S. 47-65, hier S 47.

[285] Kölz, Alfred: Die Wurzeln der schweizerischen direkten Demokratie in der französischen und der amerikanischen Revolution. In: Kölz, Alfred: Der Weg der Schweiz zum modernen Bundesstaat: 1789 – 1798 – 1848 – 1998. Historische Abhandlungen. Chur und Zürich 1998, S. 37-46, hier S. 40.

[286] Kölz, Alfred: Die Wurzeln der schweizerischen direkten Demokratie in der französischen und der amerikanischen Revolution. In: Kölz, Alfred: Der Weg der Schweiz zum modernen Bundesstaat: 1789 – 1798 – 1848 – 1998. Historische Abhandlungen. Chur und Zürich 1998, S. 37-46, hier S. 41.

Es waren bei den Eidgenossen lange Zeit keine klaren theoretischen Vorstellungen über das Funktionieren des modernen fakultativen Referendums vorhanden. Das hängt mit der gedanklichen Fixierung auf das Veto zusammen. Man vermochte das Auslösen des Referendums durch ein bestimmtes Quorum von Stimmbürgern und die nachfolgende Volksabstimmung über das Gesetz nicht voneinander zu trennen. So sah man stets beides in einem einzigen Gesamtakt, der bei solcher Ausgestaltung zwingend durch negative Agitation beherrscht war. An das zweistufige Verfahren, das für das fakultative Referendum selbstverständlich ist, dachte man beim Veto nicht. Die Zweistufigkeit des fakultativen Referendums ist geeignet, das negative Element, das beim Veto vorherrscht, bei der eigentlichen Abstimmung zu vermeiden. Negativ gefärbt ist beim fakultativen Referendum lediglich die Auslösungsphase, nicht aber die Diskussionsphase vor der Abstimmung und diese selber. In der zweiten Phase kommen durchaus auch die positiven Aspekte einer Vorlage zum Zug. Insbesondere können sich in dieser zweiten Phase die Mitglieder einer gesetzgebenden Körperschaft für ihre Vorlage einsetzen, also im positiven Sinne wirken. Insoweit ist das fakultative Referendum etwas grundsätzlich anderes als das Veto.[287]

c. Volksabstimmung über Grundsätze

Bedeutsam an der Vorarlberger Landesverfassung von 1919 ist, dass sie Volksabstimmungen nicht nur über ganze Gesetze zulässt, sondern dass auch über einzelne Grundsätze abgestimmt werden kann, die in ein Gesetz aufgenommen werden sollen. Der § 5 der Vorarlberger Landesverfassung 1919 lautet: „Der Landtag ist befugt, über Aufnahme einzelner Grundsätze in ein zu erlassendes Gesetz eine Volksabstimmung ergehen zu lassen." Dieser Paragraph ist vom wortgleichen Art 48 der Verfassung des Kantons St. Gallen aus dem Jahre 1890 abgeschrieben worden. Dieser Art 48 lautet: „Der Große Rat ist befugt, über Aufnahme einzelner Grundsätze in ein zu erlassendes Gesetz eine Volksabstimmung ergehen zu lassen."[288]

---

[287] Kölz, Alfred: Vom Veto zum fakultativen Gesetzesreferendum. In: Kölz, Alfred: Der Weg der Schweiz zum modernen Bundesstaat: 1789 – 1798 – 1848 – 1998. Historische Abhandlungen. Chur und Zürich 1998, S. 47-65, hier S 60-61.

[288] Verfassung des Kantons St. Gallen vom 16. November 1890, von der Bundesversammlung gewährleistet am 18. Dezember 1890 (mit den bis 31. Dezember 1914 vorgenommenen Abänderungen). - [St. Gallen]: [s.n.], [ca 1915], S. 10.

5. Die Gesetzes- und Verfassungsinitiative als Volksbegehren

Der § 6 der Vorarlberger Landesverfassung von 1919 behandelt die Gesetzes- und Verfassungsinitiative: „Das Recht des Volksbegehrens umfaßt das Verlangen auf Erlaß oder Aufhebung oder Abänderung eines Gesetzes oder auf Abänderung einzelner Teile der Verfassung oder der ganzen Verfassung. Derartige Begehren können in der Form der einfachen Anregung oder des ausgearbeiteten Entwurfes gestellt und im einen wie im anderen Falle begründet werden. Volksbegehren auf Aufhebung oder Abänderung eines Gesetzes können erst drei Jahre nach Inkrafttreten desselben gestellt werden."[289]

Ein Volksbegehren muss zur Volksabstimmung gebracht werden, wenn es von mindestens 15.000 Wählern, deren Stimmberechtigung beglaubigt ist, unterschriftlich gestellt wird. Die 15.000 Wähler entsprechen im Jahre 1919 etwa einem Anteil von 20 % der wahlberechtigten Vorarlberger. Dem Landtag steht das Recht zu, neben den aus der Mitte des Volkes gemachten Vorschlägen gleichzeitig eigene Anträge auf Verwerfung des Vorschlages oder auf eine abgeänderte Fassung desselben zu stellen.

Ein Rechtsvergleich mit Art 49 der Verfassung des Kantons St. Gallen aus dem Jahre 1890 zeigt wieder, dass die provisorische Landesversammlung in Vorarlberg kräftige Anleihen in der Verfassung des benachbarten Kantons gemacht hat. Die durch kursiven Druck hervorgehobenen Passagen des St. Galler Art 49 wurden zum § 6 der Landesverfassung 1919. Der Art 49 lautet:

„*Das Recht der Initiative* ist den Stimmberechtigten gewährleistet. Dasselbe *umfaßt das Begehren auf Erlaß oder Aufhebung oder Abänderung eines Gesetzes* oder verfassungsgemäß nicht ausschließlich in die Kompetenz des Großen Rates fallenden Beschlusses. *Derartige Begehren können in der Form der einfachen Anregung oder des ausgearbeiteten Entwurfes gestellt und im einen wie im andern Falle begründet werden. Initiativbegehren auf Aufhebung oder Abänderung eines Gesetzes können erst drei Jahre nach Inkrafttreten desselben gestellt werden. Ein Initiativbegehren muß zur Volksabstimmung gebracht werden, wenn es von mindestens* 4000 *Bürgern, deren Stimmberechtigung beglaubigt ist, unterschriftlich gestellt wird. Dem Großen Rate steht das Recht zu, neben dem von den Initianten gemachten Vorschlage gleichzeitig eigene Anträge auf Ver-*

---

289 Gesetz vom 14. März 1919 über die Verfassung des Landes Vorarlberg, Vorarlberger LGBl. 22/1919, § 6.

werfung des Vorschlages oder auf eine abgeänderte Fassung desselben zu stellen.“[290]

Der augenfälligste Unterschied zwischen dem Art 49 der St. Galler Kantonsverfassung und dem § 6 der Vorarlberger Landesverfassung von 1919 liegt darin, dass dem Volk in Vorarlberg neben der Gesetzesinitiative auch die Verfassungsinitiative eingeräumt wurde. Deshalb hat auch der Berichterstatter des Verfassungsausschusses gemeint, die Vorarlberger Landesverfassung von 1919 gehe „weiter als einzelne Kantone der Schweiz und weiter als die Schweizer Bundesverfassung, die keine Gesetzesinitiative kennt.“[291]

Der Große Rat von St. Gallen seinerseits hat aber den ersten Teil seines Art 49 auch nicht selbst erfunden, sondern aus der Verfassung des eidgenössischen Standes Zürich aus dem Jahre 1869 übernommen. Der dortige Art 29 lautet: „Das Vorschlagsrecht der Stimmberechtigten (Initiative) umfaßt das Begehren nach Erlaß, Aufhebung oder Abänderung eines Gesetzes oder verfassungsmäßig nicht ausschließlich in die Befugniß des Kantonsrathes fallenden Beschlusses. Derartige Begehren können in der Form der einfachen Anregung oder des ausgearbeiteten Entwurfes gestellt werden und sind im einen wie im andern Falle zu begründen.“[292] Diesen Teil des Art 29 aus der Zürcher Kantonalverfassung 1869 hat der Große Rat von St. Gallen in seinen Art 49 der Kantonsverfassung 1890 eingebaut. Die erweiterte Fassung aus St. Gallen hat dann im wesentlichen Eingang in die Vorarlberger Landesverfassung von 1919 gefunden.

Der § 6 der Landesverfassung von 1919 ist ein gutes Beispiel schweizerischer direkter Demokratie, das in nachfolgenden Landesverfassungen wieder verschüttet wurde. In der Vorarlberger Landesverfassung vom Jahre 1984 hat der Gesetzgeber bewusst wieder an die Tradition des § 6 der Landesverfassung von 1919 angeknüpft. Ein Volksbegehren musste wie in der Landesverfassung nach Schweizer Vorbildern zwingend einer Volksabstimmung unterworfen werden, wenn es von 20 Prozent der Stimmberechtigten unterstützt wurde. Der Verfassungsgerichtshof hat aber diese Form der von ihm so genannten Volksgesetzgebung in einem repräsentativen System abgelehnt und den entsprechenden

---

[290] Verfassung des Kantons St. Gallen vom 16. November 1890, von der Bundesversammlung gewährleistet am 18. Dezember 1890 (mit den bis 31. Dezember 1914 vorgenommenen Abänderungen). - [St. Gallen] : [s.n.], [ca 1915], S. 10.

[291] 73. Beilage zu den stenograph. Berichten der provis. Vorarlberger Landesversammlung 1918/19: Bericht des Verfassungsausschusses über den Gesetzentwurf für eine Verfassung des Landes Vorarlberg, Bregenz, 9. März 1919. In: Stenographische Berichte der provisorischen Vorarlberger Landesversammlung 1918/19, Bregenz 1919, S. 317-318, hier S. 317.

[292] Verfassung des eidgenössischen Standes Zürich : vom 18. April 1869. - [S.l.] : [s.n.], [1869], S. 9-10.

Artikel 33 Abs 6 der Vorarlberger Landesverfassung von 1984 teilweise wieder aufgehoben.[293]

6. Wahlen nach der „Urnendemokratie“

Der § 7 der Vorarlberger Landesverfassung regelt das Wahlrecht und das Wahlverfahren. Es heißt hier: „Die Wahlen und die Volksabstimmungen finden allgemein, geheim und direkt mittelst Wahlurne und Wahlzelle in den politischen Gemeinden statt. Bei allen Wahlen in irgendeinen mehrgliedrigen Vertretungskörper des Landes ist die Verhältniswahl anzuwenden. Bei allen Volksabstimmungen über Erlaß oder Aufhebung oder Abänderung eines Gesetzes oder eine teilweise oder vollständige Änderung der Verfassung entscheidet die absolute Mehrheit der Stimmenden.“[294]

Dieser § 7 der Vorarlberger Landesverfassung 1919 hat wieder Anleihen in der Verfassung des Kantons St. Gallen aus dem Jahre 1890 genommen. Der dortige Art 50 lautet: „Die Volksabstimmungen über Verfassung, Gesetze und Initiativvorschläge und über Beschlüsse des Großen Rates finden geheim und mittelst der Wahlurnen in den politischen Gemeinden statt. Bei allen Volksabstimmungen entscheidet die absolute Mehrheit der Stimmenden.“[295]

Dass Wahlen „mittelst Wahlurne und Wahlzelle in den politischen Gemeinden“ stattfinden, ist für Vorarlberger Verhältnisse nichts Ungewöhnliches. Bei den Eidgenossen muss das schon eher festgeschrieben werden. In den Kantonen ohne Landsgemeinde musste das zur Abgrenzung von den Landsgemeindekantonen klargestellt werden. Der Kanton St. Gallen hatte keine Landsgemeinde und musste das deshalb so genau in seiner Verfassung verankern, dass Wahlen „mittelst der Wahlurnen in den politischen Gemeinden“ stattfinden.

Im Gegensatz dazu tagte die Landsgemeinde – wie heute noch – unter freiem Himmel auf einem traditionellen Platz, zu dem die Behörden mit dem Landammann an der Spitze in einem feierlichem Aufmarsch, unter Glockengeläute, Trommelwirbel und Musikbegleitung ziehen. Von Urnendemokratie war auf

---

293 Siehe unten im „Ausblick“.

294 Gesetz vom 14. März 1919 über die Verfassung des Landes Vorarlberg, Vorarlberger LGBl. 22/1919.

295 Verfassung des Kantons St. Gallen : vom 16. November 1890 : von der Bundesversammlung gewährleistet am 18. Dezember 1890 : (mit den bis 31. Dezember 1914 vorgenommenen Abänderungen). - [St. Gallen] : [s.n.], [ca 1915], S. 10.

dem Landgemeindeplatz weit und breit nichts vorhanden.[296] In der Verfassung des Kantons Unterwalden aus dem Jahre 1902 heißt es etwa, die Landsgemeinde bestehe aus allen stimmfähigen Kantonseinwohnern und die Abstimmung an der Landsgemeinde geschehe durch das „Handmehr".[297] Der Landammann nimmt an den meisten Landgemeindeplätzen selber die Abstimmungen vor. Deren Ergebnis wird festgestellt, indem die Zahl der in die Höhe gehaltenen Hände abgeschätzt wird. Nur nach zweimaliger ergebnisloser Abstimmung kann in den kleineren Landsgemeinden ein genaues Abzählen erfolgen. Diese offene Abstimmung begegnet neuerdings mancher Kritik, die vor allem auf die Unzulänglichkeit der Abstimmungsfreiheit und der Erwahrung des Mehrs hinweist. Solche Kritiken wurden schon früher erhoben, da es offenbar bereits im 16. Jahrhundert vorkam, dass man einzelne Leute beeinflusste und aufmunterte oder gar zwang, die Hand zu erheben. Durch Erlass besonderer Ordnungen ging man dagegen vor. Immerhin stellt diese Art der Abstimmung an die Zivilcourage des Einzelnen besondere Anforderungen und zwingt ihn, zu seiner Meinung offen zu stehen.[298]

Um den Gegensatz zu den Abstimmungen mit dem Handmehr in den Landsgemeinden klarzulegen, hat die St. Galler Kantonsverfassung die Urnendemokratie genau umschrieben. In der Vorarlberger Landesverfassung von 1919 hat man den Absatz, wonach Wahlen und die Volksabstimmungen geheim und direkt „mittelst Wahlurne und Wahlzelle in den politischen Gemeinden" stattfinden, einfach sinngemäß von St. Gallen übernommen.

---

[296] Carlen, Louis: Die Landsgemeinde in der Schweiz. Schule der Demokratie. Sigmaringen 1976, S. 21.

[297] Verfassung des Kantons Unterwalden ob dem Wald (angenommen den ... 1902). - [S.l.] : [s.n.], [1902], S. 8, Art 22-23.

[298] Carlen, Louis: Die Landsgemeinde in der Schweiz. Schule der Demokratie. Sigmaringen 1976, S. 22-23.

2. Kapitel: Landesvertretung und Behörden

1. Der Landtag

a. Aufbau und Befugnisse des Landtags

Der Landtag trat als gesetzgebende Körperschaft an die Stelle der provisorischen Landesversammlung. Er bestand nach der Verfassung von 1919 aus 30 Mitgliedern. Die Landesversammlung hat für diese gewählten Mandatare bewusst die Terminologie „Landesabgeordnete" gewählt, wie der Landeshauptmann mitteilte. Es waren also keine „Landtagsabgeordneten", keine Abgeordneten zum Vorarlberger Landtag, sondern Landesabgeordnete, also Abgeordnete des Landes.[299]

Der Entwurf der Vorarlberger Landesverfassung von 1919 habe Gutes, das sich eingelebt und bewährt habe, aus der früheren Ordnung auch ruhig übernommen, schrieb der Berichterstatter des Verfassungsausschusses in seiner Vorlage an die Landesversammlung: Der schöne Name Landtag sei wieder eingeführt.[300]

Der erste Vorsitzende des Landtages ist der Landeshauptmann, ihm zur Seite stehen ein zweiter und dritter Vorsitzender. Der Landeshauptmann wird mit Stimmenmehrheit aus der Mitte des Landtages gewählt. Sofern die Parteien nicht übereinkommen, die für den zweiten und dritten Vorsitzenden im Vereinbarungswege vorgeschlagenen Landtagsabgeordneten in gleicher Weise zu wählen, erfolgt deren Wahl nach Verhältnis in sinngemäßer Anwendung des § 35 der Landeswahlordnung (§ 9). Der Landtag gibt sich selbst und dem Landesrat eine Geschäftsordnung (§ 12). Der Landtag wird auf 5 Jahre gewählt.

Der sozialdemokratische Landeshauptmann-Stellvertreter erklärte bei der zweiten Lesung der Landesverfassung, es seien in diesem Gesetze über die Verfassung des Landes Vorarlberg einige Bestimmungen vorhanden, mit denen die Sozialdemokraten nicht einverstanden seien. Es heiße da beispielsweise im § 13, dass die Legislaturperiode auf fünf Jahre festgesetzt werde. Die Sozialdemo-

---

[299] Sitzungsbericht der 13. Sitzung der provisorischen Vorarlberger Landesversammlung am 14. März 1919, S. 3.

[300] 73. Beilage zu den stenograph. Berichten der provis. Vorarlberger Landesversammlung 1918/19: Bericht des Verfassungsausschusses über den Gesetzentwurf für eine Verfassung des Landes Vorarlberg, Bregenz, 9. März 1919. In: Stenographische Berichte der provisorischen Vorarlberger Landesversammlung 1918/19, Bregenz 1919, S. 318.

kraten sind aber bei der Beratung über die Wahlordnung dafür eingetreten, dass diese Legislaturperiode nur zwei Jahre dauern soll. Nachdem aber diese Bestimmung schon in der Wahlordnung enthalten sei, also schon Gesetz sei, müsse sie in den Verfassungsentwurf aufgenommen werden. „In Konsequenz dessen, weil es ja schon in Kraft ist, wäre es eine zwecklose Demonstration, wenn wir gegen diesen Paragraphen, gegen dieses Gesetz stimmen würden.“[301]

Die Neuwahlen finden laut Verfassung im ersten Viertel jedes Wahljahres statt. Mit dem Tag der Neuwahlen sind die bisherigen Landesabgeordneten ihres Volksauftrages enthoben (§ 13). Die näheren Bestimmungen über die Bildung der Wahlbezirke für den Landtag, die Aufteilung der Abgeordneten auf sie, über die Wahlberechtigung und Wählbarkeit, über das Verfahren bei der Wahl und über die Prüfung der Wahlergebnisse enthält die Wahlordnung (§ 8).

Der Landtag versammelt sich zweimal im Jahr, und zwar im Frühling und im Herbst. Er wird vom Landeshauptmann einberufen. Außerordentliche Versammlungen finden statt: erstens, so oft der Landeshauptmann oder im Falle seiner Verhinderung der geschäftsführende Vorsitzende im Landtage es für notwendig erachtet, zweitens, wenn die Hälfte der Mitglieder des Landtages es verlangt oder drittens, wenn der Landesrat die Einberufung beschließt (§ 14).

Als oberste gesetzgebende Körperschaft des Landes erlässt und erläutert der Landtag die Gesetze, insoweit sie nicht der bundesstaatlichen Gesetzgebung vorbehalten sind, unter Wahrung der verfassungsmäßigen Rechte des Volkes (§ 15).

Die Landtagssitzungen sind öffentlich. In welchen Fällen ausnahmsweise vertrauliche Sitzungen abzuhalten sind, bestimmt die Geschäftsordnung (§ 16). Die einzelnen Beratungsgegenstände gelangen vor den Landtag erstens als Vorlagen der Regierung des Bundesstaates durch die Landesregierung, zweitens als Vorlagen des Landesrates, drittens als Vorlagen besonderer durch Wahl aus dem Landtag und während seiner Tagung gewählter Ausschüsse und viertens durch Anträge einzelner Mitglieder. Solche selbständige Anträge, die sich nicht auf eine Vorlage der Regierung, des Landesrates oder eines Ausschusses beziehen, müssen dem Vorsitzenden des Landtages schriftlich überreicht werden. Die weitere Behandlung solcher Anträge regelt die Geschäftsordnung (§ 17). Anträge, die außerhalb des Geschäftskreises des Landtages liegen, sind vom Landeshauptmann von der Beratung auszuschließen (§ 18). Der Landtag kann die Beiziehung von Vertretern der Behörden und Ämter oder von Sachverständigen zu

---

[301] Sitzungsbericht der 13. Sitzung der provisorischen Vorarlberger Landesversammlung am 14. März 1919, S. 11.

den Sitzungen fallweise beschließen (§19). Zu einem gültigen Beschluss des Landtages sind die Anwesenheit von mindestens der Hälfte aller Landesabgeordneten und die absolute Stimmenmehrheit der Anwesenden notwendig. Der Vorsitzende übt sein Stimmrecht wie jeder andere Landesabgeordnete aus. Bei Stimmengleichheit gilt der Antrag als abgelehnt (§ 20).

Die Mitglieder des Landtages stimmen einzig nach freier Überzeugung. Sie können wegen der in Ausübung ihres Berufes geschehenen Abstimmungen niemals von einer Strafbehörde zur Verantwortung gezogen werden, für Äußerungen im Landtag und Landesrat nur mit Zustimmung dieser Vertretungskörper (§ 21). Die Landesabgeordneten erhalten aus der Landeskassa eine angemessene Entschädigung.

b. Der Große Rat von St. Gallen als Vorbild für den Landtag

Beim Kapitel über den Landtag zeigen sich in der Vorarlberger Landesverfassung von 1919 die Anleihen aus der Verfassung des Kantons St. Gallen aus dem Jahre 1890 besonders deutlich. Die auffallenden Bezeichnungen „Befugnisse der Behörden“[302] aus dem IV. Abschnitt der St. Galler Kantonsverfassung wurden in der Vorarlberger Landesverfassung zum 3. Abschnitt: „Befugnisse der vom Volke gewählten Vertretungen und Behörden“. Oft wurden ganze Paragraphen in ihrem Wortlaut übernommen, man tauschte in Vorarlberg nur die entsprechenden Namen der Körperschaften aus. Aus dem Großen Rat wurde jeweils der Landtag. Art 52 der St. Galler Kantonsverfassung diente so als Muster für § 14 der Vorarlberger Landesverfassung:

Vorarlberger Landesverfassung von 1919, § 14

Der Landtag versammelt sich [ordentlicherweise] zweimal im Jahre und zwar im Frühling und im Herbst.

Außerordentliche Versammlungen finden statt:

a.) so oft der Landeshauptmann [...] es für notwendig erachtet:
b.) wenn die Hälfte der Mitglieder des Landtages es verlangt;
c.) wenn der Landesrat die Einberufung beschließt.[303]

[302] Verfassung des Kantons St. Gallen vom 16. November 1890, von der Bundesversammlung gewährleistet am 18. Dezember 1890 (mit den bis 31. Dezember 1914 vorgenommenen Abänderungen). - [St. Gallen] : [s.n.], [ca 1915], S. 10.

[303] Gesetz vom 14. März 1919 über die Verfassung des Landes Vorarlberg, Vorarlberger LGBl. 22/1919.

Verfassung des Kantons St. Gallen von 1890, Art 52:

Der Große Rat versammelt sich ordentlicherweise zweimal im Jahre, und zwar im Frühjahr und im Spätjahr an einem durch sein Reglement festzusetzenden Tage.

Außerordentliche Versammlungen finden statt:

a.) so oft der Präsident des Großen Rates es für notwendig erachtet;
b.) wenn 25 Mitglieder bei dem Präsidenten es verlangen;
c.) wenn der Regierungsrat sich zur Einberufung bewogen findet.[304]

Die direkte Übernahme des Gesetzestextes mit allen „Helvetizismen" ist dem Abgeordneten Dr. Feierle von der Deutschfreisinnigen Partei aufgestoßen. Er sagte in der Verfassungsdebatte in der provisorischen Landesversammlung: „Meine Herren! Der § 14 beginnt mit dem Satze: Der Landtag versammelt sich ordentlicherweise zweimal im Jahre, im Frühjahr und im Herbst. Ich hoffe, dass sich der Landtag immer ordentlicherweise versammelt. (Heiterkeit.) Ich glaube, dass gerade an dieser Stelle es nicht notwendig ist, dass wir sagen: 'Der Landtag versammelt sich zweimal im Jahre ordentlicherweise.' Ich beantrage, dass das Wort ‚ordentlicherweise' weggelassen werde. Damit will ich nicht sagen, dass er sich nicht ordentlich versammeln soll." Der christlichsoziale Berichterstatter Dr. Mittelberger war mit dieser Änderung sofort einverstanden. Angefügt wurde noch, dass der Landtag vom Landeshauptmann einberufen wird.[305] So kam es während der Debatte zu kleinen Abweichungen vom St. Galler Original.

Art 54 der St. Galler Kantonsverfassung behandelt den Großen Rat: „Als oberste Behörde des Kantons erläßt und erläutert er die Gesetze, unter Vorbehalt des verfassungsmäßigen Souveränetätsrechtes des Volkes."[306] Daraus wurde § 15 der Vorarlberger Landesverfassung: „Als oberste gesetzgebende Körperschaft des Landes erläßt und erläutert der Landtag die Gesetze [...] unter Wahrung der verfassungsmäßigen Rechte des Volkes."[307] Art 56 der Kantonsverfassung mit dem Wortlaut „Die Mitglieder des Großen Rates stimmen einzig nach Eid und

[304] Verfassung des Kantons St. Gallen vom 16. November 1890, von der Bundesversammlung gewährleistet am 18. Dezember 1890 (mit den bis 31. Dezember 1914 vorgenommenen Abänderungen). - [St. Gallen] : [s.n.], [ca 1915], S. 11.

[305] Sitzungsbericht der 13. Sitzung der provisorischen Vorarlberger Landesversammlung am 14. März 1919, S. 3.

[306] Verfassung des Kantons St. Gallen vom 16. November 1890, von der Bundesversammlung gewährleistet am 18. Dezember 1890 (mit den bis 31. Dezember 1914 vorgenommenen Abänderungen). - [St. Gallen] : [s.n.], [ca 1915], S. 11.

[307] Gesetz vom 14. März 1919 über die Verfassung des Landes Vorarlberg, Vorarlberger LGBl. 22/1919.

eigener Überzeugung“[308] wurde zu § 21 der Landesverfassung: „Die Mitglieder des Landtages stimmen einzig nach freier Ueberzeugung.“[309] Der Eid der Eidgenossen wurde in diesem Punkt nicht in die Vorarlberger Verfassung aufgenommen. In Art 57 der kantonalen St. Galler Verfassung heißt es: „Die Mitglieder des Großen Rates erhalten angemessene Entschädigung aus der Staatskasse.“[310] Der entsprechende § 22 in Vorarlberg lautet ebenfalls: „Die Mitglieder des Landtages erhalten eine angemessene Entschädigung aus der Landeskassa.“[311]

2. Der Landesrat

a. Aufbau und Befugnisse des Landesrates

Der Landesrat ersetzt den bisherigen Landesausschuss. Der alte, aber unschöne Name „Landesausschuss“ soll bewusst durch „Landesrat“ ersetzt werden, heißt es am 9. März 1919 im Bericht des Verfassungsausschusses.[312] Der Landesrat besteht aus dem Landeshauptmann als Vorsitzenden und acht vom Landtag nach Verhältniswahl aus seiner Mitte entsandten Mitgliedern, die den Titel „Landesräte“ führen. Für jedes Mitglied ist in derselben Weise ein Ersatzmann zu bestellen. Der Landesrat ist der Vollzugsausschuss des Landtages.

In der Vorlage des Verfassungsausschusses waren nur sechs Landesräte vorgesehen. Noch während der Debatte über die neue Verfassung wurden Bedenken laut, dass sich die Arbeit so häufen könnte, dass die Verteilung auf sechs Landesräte und den Landeshauptmann Schwierigkeiten machen würde. Auf der anderen Seite waren für das kleine Land und den verhältnismäßig kleinen Landtag

---

[308] Verfassung des Kantons St. Gallen vom 16. November 1890, von der Bundesversammlung gewährleistet am 18. Dezember 1890 (mit den bis 31. Dezember 1914 vorgenommenen Abänderungen). - [St. Gallen] : [s.n.], [ca 1915], S. 13.

[309] Gesetz vom 14. März 1919 über die Verfassung des Landes Vorarlberg, Vorarlberger LGBl. 22/1919.

[310] Verfassung des Kantons St. Gallen vom 16. November 1890, von der Bundesversammlung gewährleistet am 18. Dezember 1890 : (mit den bis 31. Dezember 1914 vorgenommenen Abänderungen). - [St. Gallen] : [s.n.], [ca 1915], S. 13.

[311] Gesetz vom 14. März 1919 über die Verfassung des Landes Vorarlberg, Vorarlberger LGBl. 22/1919.

[312] 73. Beilage zu den stenograph. Berichten der provis. Vorarlberger Landesversammlung 1918/19: Bericht des Verfassungsausschusses über den Gesetzentwurf für eine Verfassung des Landes Vorarlberg , Bregenz, 9. März 1919. In: Stenographische Berichte der provisorischen Vorarlberger Landesversammlung 1918/19, Bregenz 1919, S. 318.

acht Landesräte und zusätzlich ein Landeshauptmann doch ziemlich viel.[313] Nach einer fünfstündigen Sitzungsunterbrechung, in der auch ein Verfassungsausschuss eingeschoben wurde, haben die Ausschussmitglieder beschlossen, der provisorischen Landesversammlung die Anhebung der Zahl der Landesräte von sechs auf acht zu empfehlen. Die Landesräte seien in erster Linie als ausgesprochene Arbeitskräfte gedacht. Die Übergangszeit habe schon gezeigt, dass man mit sechs Landesräten sehr schwer ausgekommen wäre. Es wäre ganz unmöglich gewesen, alle Referate aufzuteilen, und durch die neue Verfassung würden dem Landesrat eine viel größere Wirksamkeit und eine viel größere Bedeutung zugewiesen sein als früher. Mit der größeren Bedeutung verbinde sich natürlich auch mehr Arbeit. Der Obmann des Verfassungsausschusses stellte deshalb im Namen des Verfassungsausschusses den Antrag, den § 10, in welchem die Zahl der Landesräte mit sechs festgesetzt worden war, „in Wiedererwägung zu ziehen". Nachdem dieser Antrag genehmigt war, wurde auch der weitere Antrag beschlossen, der lautete: „Der Landesrat besteht aus dem Landeshauptmann als Vorsitzenden und acht vom Landtage nach Verhältniswahl aus seiner Mitte entsandten Mitgliedern, die den Titel ‚Landesräte' führen."[314]

Die Beisitzer der Landesregierung (§ 11) sind nach ihrer Reihenfolge auch die Stellvertreter des Landeshauptmannes in der Führung des Vorsitzes und der Geschäfte im Landesrat (§ 10). Der Landtag gibt sich selbst und dem Landesrat eine Geschäftsordnung (§ 12). Der Landesrat und die Landesregierung haben die Geschäfte bis zu ihrer Übernahme durch den neu gewählten Landesrat und durch die neu gewählte Landesregierung weiterzuführen (§ 13).

Der Landesrat ist der Vollzugsausschuss des Landtages; er vollzieht die Gesetze und Beschlüsse des Landtages und führt die Landesverwaltung. Er kann sich dabei der Landesregierung bedienen (§ 23). Er verfasst Entwürfe zu Gesetzen und Beschlüssen des Landtages und begutachtet ihm vom Landtag überwiesene Vorschläge (§ 24). Er besorgt mit Verantwortlichkeit gegen den Landtag die gesamte Landesverwaltung und ist demnach auf allen jenen Gebieten, die nicht ausdrücklich der Gewalt des Bundesstaates vorbehalten sind, oberste Behörde. Er vertritt das Land in allen Rechtsangelegenheiten. Die im Namen des Landes auszustellenden Urkunden sind vom Landeshauptmann und zwei Mitgliedern des Landesrates zu fertigen und mit dem Landessiegel zu versehen (§ 25). Er legt dem Landtag alljährlich einen Voranschlag über die Einnahmen und Ausgaben des folgenden Rechnungsjahres vor (§ 26). Er ist zu alljährlicher Rechen-

313 Sitzungsbericht der 13. Sitzung der provisorischen Vorarlberger Landesversammlung am 14. März 1919, S. 3.

314 Sitzungsbericht der 13. Sitzung der provisorischen Vorarlberger Landesversammlung am 14. März 1919, S. 10.

schaftslegung vor dem Landtag verpflichtet (§ 27). Zu einem gültigen Beschluss des Landesrates ist nach § 30 die Anwesenheit des Landeshauptmannes oder seines Stellvertreters und drei weiterer Mitglieder notwendig (§ 28).

Der Landeshauptmann stimmt im Landesrat und in der Landesregierung mit. Bei Stimmengleichheit entscheidet seine Stimme (§ 30). Der Landeshauptmann ist berechtigt und verpflichtet, die Ausführung eines Beschlusses des Landesrates oder der Landesregierung zu verweigern und zu verhindern, wenn er einen Beschluss als dem öffentlichen Wohl oder den bestehenden Gesetzen zuwiderlaufend erkennt. Im ersten Falle hat er die Angelegenheit, wenn der Landesrat auf der Durchführung seines Beschlusses beharrt, dem Landtag, im letzteren Fall, wenn die Landesregierung auf der Durchführung beharrt, der Regierung des Bundesstaates zur Entscheidung vorzulegen (§ 31).

b. Der St. Galler Regierungsrat als Muster für den Landesrat

Auch bei der textlichen Fixierung des Landesrates in der Vorarlberger Landesverfassung von 1919 haben der Verfassungsausschuss und die provisorische Landesversammlung starke Anleihen bei der Verfassung des Kantons St. Gallen aus dem Jahre 1890 genommen. Der Landesrat, also das Vollzugsorgan des Landtags, entspricht im Kanton St. Gallen dem Regierungsrat, der die Beschlüsse und Gesetze des Großen Rats vollzieht.

Art 60 der kantonalen Verfassung von St. Gallen lautet: „Der Regierungsrat besorgt mit Verantwortlichkeit gegen den Großen Rat die gesamte Landesverwaltung und ist demnach oberste [...] Behörde.“ Aus ihm wurde der § 25 der Vorarlberger Landesverfassung mit dem Wortlaut: „[Der Landesrat] besorgt mit Verantwortlichkeit gegen den Landtag die gesamte Landesverwaltung und ist demnach [...] oberste Behörde.“[315]

Beim § 26 der Vorarlberger Landesverfassung über den Landesrat kommen wir zum gleichen Ergebnis. Er lautet: „Er legt dem Landtage alljährlich einen Voranschlag über die Einnahmen und Ausgaben des folgenden Rechnungsjahres vor.“[316] Diese Textierung geht auf Art 63 der kantonalen Verfassung von St. Gallen zurück, in dem es ebenfalls heißt: „Er legt dem Großen Rate jährlich [...] einen Voranschlag über die Einnahmen und Ausgaben des folgenden Rech-

[315] Gesetz vom 14. März 1919 über die Verfassung des Landes Vorarlberg, Vorarlberger LGBl. 22/1919.
[316] Gesetz vom 14. März 1919 über die Verfassung des Landes Vorarlberg, Vorarlberger LGBl. 22/1919.

nungsjahres vor."[317] Auch bei der Abfassung der Bestimmungen über den Landesrat konnte also das Schweizer Muster für die Vorarlberger Landesverfassung eindeutig nachgewiesen werden.

3. Die Landesregierung

Die Landesregierung ist eine neue Einrichtung in der Vorarlberger Landesverfassung von 1919. Sie ist als Vertretung des Gesamtstaates und als Vollzugsorgan des Landesrates gedacht.[318] Sie besteht aus dem Landeshauptmann als Vorsitzenden und zwei Mitgliedern des Landesrates als Beisitzern, die den Titel „Erster und Zweiter Landeshauptmann-Stellvertreter" führen.

Sofern die Parteien nicht übereinkommen, die für den ersten und zweiten Landeshauptmann-Stellvertreter im Vereinbarungsweg vorgeschlagenen Landesräte durch den Landtag mit Stimmenmehrheit zu wählen, erfolgt ihre Wahl nach Verhältnis in sinngemäßer Anwendung des § 35 der Landeswahlordnung. Ergibt sich bei der Wahl der Beisitzer Stimmengleichheit, so entscheidet das Los (§ 11). Der Landesrat und die Landesregierung haben die Geschäfte bis zu ihrer Übernahme durch den neu gewählten Landesrat und durch die neu gewählte Landesregierung weiterzuführen (§ 13).

Die Landesregierung ist jene Behörde, die die Gesetze und Verordnungen des Bundesstaates im Lande durchführt (§ 29).

Der Landeshauptmann stimmt im Landesrat und in der Landesregierung mit. Bei Stimmengleichheit entscheidet seine Stimme (§ 30). Der Landeshauptmann kann auch die Ausführung eines Beschlusses der Landesregierung verweigern und verhindern – wie vorher schon beim Landesrat. Dieser Beschluss, der verhindert werden soll, muss aber erkennbar dem öffentlichen Wohl oder den bestehenden Gesetzen zuwiderlaufen. Wenn die Landesregierung auf der Durchführung beharrt, muss der Landeshauptmann den Beschluss der Regierung des Bundesstaates zur Entscheidung vorlegen (§ 31).

---

[317] Verfassung des Kantons St .Gallen : vom 16. November 1890 : von der Bundesversammlung gewährleistet am 18. Dezember 1890 : (mit den bis 31. Dezember 1914 vorgenommenen Abänderungen). - [St. Gallen] : [s.n.], [ca 1915], S. 13.

[318] 73. Beilage zu den stenograph. Berichten der provis. Vorarlberger Landesversammlung 1918/19: Bericht des Verfassungsausschusses über den Gesetzentwurf für eine Verfassung des Landes Vorarlberg , Bregenz, 9. März 1919. In: Stenographische Berichte der provisorischen Vorarlberger Landesversammlung 1918/19, Bregenz
1919, S. 318.

3. Kapitel:
Die Gewaltenteilung in der Landesverfassung

Das Prinzip der Gewaltenteilung, das in allen modernen Staatsverfassungen mehr oder weniger verwirklicht ist, geht von drei bestehenden Gewalten im Staat aus: der Legislative, der Exekutive und der Judikative. Die Ausprägung dieser Trennung der Gewalten hat sich im Laufe der letzten zwei Jahrhunderte vollzogen. Der Franzose Charles de Secondat, Baron de La Brède et de Montesquieu (1689-1755) hat John Lockes Idee der Gewaltenteilung im Staate weiterentwickelt. Die Legislative als die gesetzgebende, gewählte Vertretung des Volkes und die Exekutive als die ausführende Regierung sowie die Judikative, die richterliche Gewalt, sollten sich gegenseitig kontrollieren, damit nicht einzelne Personen oder Gruppen zu mächtig werden und sich selbst Vorteile verschaffen, statt dem Gemeinwohl zu dienen.

1. Die unterentwickelte Gewaltenteilung in der Verfassung

Die Gewaltenteilung, deren Verwirklichung in westlichen Staaten geradezu als Gradmesser für den demokratischen Entwicklungsstand einer Gesellschaft herangezogen wird, war in der Vorarlberger Landesverfassung des Jahres 1919 noch sehr unterentwickelt. Der erste Vorsitzende des dreißigköpfigen Landtages ist nach § 8 der Landeshauptmann. Er ist somit die Spitze der Legislative. Gleichzeitig ist der Landeshauptmann aber nach § 10 der Landesverfassung auch der Vorsitzende des Landesrates, also der Exekutive. Nicht genug damit, ist der Landeshauptmann – also der Vorsitzende der Legislative – nach § 11 auch noch der Vorsitzende der Landesregierung, somit jener Behörde, die die Gesetze und Verordnungen des Bundesstaates im Lande ausführt.

Der Landtag versammelt sich nach § 14 der Landesverfassung zweimal im Jahr. Er wird vom Landeshauptmann einberufen, der Vorsitzender des Landtags, des Landesrates und der Landesregierung ist. Außerordentliche Versammlungen des Landtags müssen nicht nur stattfinden, so oft der Landeshauptmann oder die Hälfte der Landesabgeordneten es für notwendig erachten, sondern auch der Landesrat als Exekutive kann die Einberufung der Legislative beschließen.

Der Vorsitzende der Exekutive ist somit der erste Mann der obersten gesetzgebenden Körperschaft des Landes, die die Gesetze beschließt und erläutert. Nach § 20 der Landesverfassung übt der Landeshauptmann im Landtag sein Stimmrecht wie jeder andere Landesabgeordnete aus. Als Vorsitzender des Landesrates ist der Landeshauptmann aber nach § 23 auch der Vorsitzende des

Vollzugsausschusses des Landtages, das heißt, der Landeshauptmann vollzieht als Vorsitzender des Landtags auch gleichzeitig die Gesetze und Beschlüsse des Landtages und führt die Landesverwaltung. Er kann sich dabei als Vorsitzender des Landesrates und des Landtags der Landesregierung bedienen. Als Vorsitzender des Landesrates ist der Landeshauptmann der erste Mann jenes Gremiums, das nach § 24 Entwürfe zu Gesetzen und Beschlüssen des Landtages verfasst und Vorschläge begutachtet, die der Landeshauptmann als Vorsitzender des Landtags gemacht hat und dem Landesrat unter seinem Vorsitz überwiesen hat.

Mit Verantwortlichkeit gegen den Landtag, dessen oberster Chef er ist, besorgt der Landeshauptmann nach § 25 als Vorsitzender des Landesrates die gesamte Landesverwaltung und ist demnach auf allen jenen Gebieten, die nicht ausdrücklich der Gewalt des Bundesstaates vorbehalten sind, der erste Mann dieser obersten Behörde. Der Landeshauptmann, der Vorsitzender des Landtags ist, stimmt im Landesrat und in der Landesregierung mit. Bei Stimmengleichheit entscheidet seine Stimme. Diese unterentwickelte Gewaltenteilung ist ein besonderes Kennzeichen dieser Vorarlberger Landesverfassung von 1919.

2. Schweizer Gründe für die mangelnde Gewaltenteilung

Der Umstand, dass in der Vorarlberger Landesverfassung von 1919 die Gewaltenteilung nicht verwirklicht wurde, hat seine Begründung wieder in der Schweizer Tradition dieser Verfassung. Eine der eidgenössischen Wurzeln dieser Landesverfassung, nämlich die Schweizer Landsgemeinde, kennt ebenfalls keine Gewaltenteilung. Die Landsgemeinde stellt ihrem juristischen Charakter nach eine Volksversammlung dar, die aus den volljährigen, stimmfähigen Aktivbürgern gebildet wird. Diese repräsentieren die ganze Volksgemeinschaft und bestimmen den staatlichen Willen nach dem Mehrheitsprinzip.[319] Dieses Prinzip beherrschte seit den Anfängen die Landsgemeinde.

Der Landsgemeinde steht materiell verfassungsändernde Gewalt zu. Sie hat die einfache Gesetzgebungsgewalt in den Händen und besitzt Verwaltungsbefugnisse, besonders finanzieller Natur. Von einer Gewaltentrennung kann deshalb bei einer Landsgemeinde nicht gesprochen werden. Früher, als der Landsgemeinde noch gerichtsherrliche Gewalten zustanden, war diese Gewaltenvereinigung auf der Landsgemeinde noch viel stärker. Die Landsgemeinde wählt aber noch überall die höchsten kantonalen Richter, denen in Glarus und Appenzell-

---

319 Carlen, Louis: Die Landsgemeinde in der Schweiz: Schule der Demokratie. Sigmaringen 1976, S 20.

Innerrhoden ein Antragsrecht an die Landsgemeinde zusteht. „Auch in personeller Hinsicht ist die Gewaltentrennung nicht durchgeführt, die Landsgemeinde steht über den ordentlichen Gewalten.“[320]

Das Vorarlberger Vorbild für die unterentwickelte Gewaltenteilung lag in der Schweizer Landsgemeinde. Dort war der Landammann als Vorsitzender der Legislative, nämlich der versammelten stimmfähigen Kantonseinwohner am Landsgemeindetag, überwiegend auch der Vorsitzende der Exekutive, also der von der Landsgemeinde gewählten Kantonsregierung.

Im Kanton Uri hieß es im Art 48 der kantonalen Verfassung, die souveräne und gesetzgebende Behörde des Kantons sei die Landsgemeinde. Gemäß Art 49 war der Landammann ihr Präsident. Laut Art 60 war der Regierungsrat von Uri die oberste vollziehende Behörde. Sie bestand wiederum aus dem Landammann als Präsidenten sowie dem Statthalter und fünf weiteren Mitgliedern.[321] Auch im Kanton Obwalden war die Landsgemeinde, deren Präsident der Landammann war, laut Art 24 der kantonalen Verfassung die oberste Wahlbehörde und wählte als solche den Regierungsrat und alljährlich aus der Mitte des Regierungsrates den Landammann und den Landesstatthalter.[322] Im Kanton Nidwalden wählte die Landsgemeinde unter dem Vorsitz des Landammanns laut Art 38 der Kantonsverfassung ebenfalls den Regierungsrat und aus der Mitte des Regierungsrates den Landammann und seinen Landesstatthalter.[323]

In diesem ehemaligen Landsgemeindekanton führte der Landammann das Präsidium nicht nur an der Landsgemeinde, sondern auch im Landrat und im Regierungsrat. Das sah Art 52 der Verfassung des Kantons Unterwalden nid dem Wald so vor.[324] Im Kanton Glarus führt nach Art 34 der Kantonsverfassung den Vorsitz an der Landsgemeinde der im Amte stehende Landammann, in seiner Verhinderung der Landesstatthalter, beziehungsweise das nächstfolgende Mitglied des Regierungsrates.[325] Auch der Landsgemeinde von Appenzell-Außerrhoden stand unter der Leitung des Landammannes als gesetzgebende Behörde

[320] Carlen, Louis: Die Landsgemeinde in der Schweiz: Schule der Demokratie. Sigmaringen 1976, S 20.
[321] Verfassung des Kantons Uri vom 6. Mai 1888. - [S.l.], [s.n.], gedr. 1888, Altdorf, Huber.
[322] Verfassung des Kantons Unterwalden ob dem Wald: (angenommen den ... 1902). - [S.l.], [s.n.], [1902].
[323] Verfassung des Kantons Unterwalden nid dem Wald: 1877. - [S.l.], [s.n.], gedr. 1878, Stans, Caspar von Matt.
[324] Verfassung des Kantons Unterwalden nid dem Wald, 1877. - [S.l.] : [s.n.], gedr. 1878, Stans :, Caspar von Matt, S. 14 : Landesbehörden. 1. Landesgemeinde [2.Landrath, 3. Regierungsrath.]
[325] Verfassung des Kantons Glarus. - [S.l.], [s.n.], gedr. 1887, Schwanden, Tschudy-Aebly.

und oberste Wahlbehörde die Wahl der sieben Mitglieder des Regierungsrates sowie des Landammannes aus ihrer Mitte zu.[326] In Appenzell-Innerrhoden ist nach Art 19 der kantonalen Verfassung die Landsgemeinde unter dem Vorsitz des Landammannes die oberste gesetzgebende Behörde des Landes, die alljährlich den regierenden Landammann, den stillstehenden Landammann, den Statthalter und weitere Regierungsmitglieder wählt.[327]

Der Landammann verkörpert in den Landsgemeindekantonen, die bei den Eidgenossen doch gemeinhin als Urzelle der Demokratie gelten, geradezu die unterentwickelte Gewaltenteilung. Die mangelnde Gewaltenteilung wurde deshalb auch in der Vorarlberger Landesverfassung von 1919 dem Zeitgeist entsprechend nicht als undemokratisch oder demokratiepolitisch gefährlich empfunden. Sie wurde überhaupt nicht problematisiert.

3. Keine Gewaltentrennung nach der Repräsentativverfassung

Auch in jenen Kantonen der Schweiz, die keine Landsgemeinde kennen, ist die Gewaltenteilung nicht in der strikten Form durchgeführt, wie man sie in so hoch entwickelten Demokratien erwarten würde. Der Grund dafür könnte in der Ideeengeschichte der Französischen Revolution und ihrer Ausstrahlung in die Schweiz liegen. Die Revolution hat in Frankreich und in der angrenzenden Schweiz zu einer ausgesprochen starken Stellung der Parlamente geführt. Das war die praktische Konsequenz aus der modifizierten Lehre Rousseaus von der Volkssouveränität. Man setzte alles Gewicht auf die demokratische Kontrolle der Staatsmacht durch ein einziges, aber übermächtiges Organ, nämlich das Parlament. Die Forderung Montesquieus nach einem Gleichgewicht der Gewalten und der gegenseitigen Hemmung derselben („il faut que le pouvoir arrête le povoir“) wurde – im Gegensatz zu den Vereinigten Staaten – in Frankreich und in der Schweiz nicht übernommen. Das ist nach Ansicht des Staatsrechtlers Alfred Kölz einer der Hauptgründe für die Tatsache, „dass die Gewaltenteilung für die schweizerische Lehre und Staatspraxis bis heute ein weitgehend unbewältigtes Problem geblieben ist.“[328] Die geschilderte Entwicklung in der französischen

---

[326] Verfassung für den Kanton Appenzell A. Rh., angenommen von der Landsgemeinde am 26. April 1908: gewährleistet von den Eidgen. Räten am 23. Juni 1908. - Herisau, Schläpfer, 1908.

[327] Verfassung für den eidgenössischen Stand Appenzell Inner-Rhoden: angenommen von der ausserordentlichen Landsgemeinde, Sonntags den 24. Wintermonat 1872. - [S.l.], [s.n.], gedr. 1872, Appenzell, Fässler.

[328] Kölz, Alfred: Die Bedeutung der Französischen Revolution für das schweizerische öffentliche Recht und politische System. In: Kölz, Alfred: Der Weg der Schweiz zum modernen

Revolution hat nun in beiden Ländern beinahe zu einem Parlaments-Absolutismus mit ausgesprochen schwacher Judikative und Exekutive geführt. Man glaubte, die Oberaufsichtsrechte der mächtigen Parlamente insbesondere gegenüber der Verwaltung genügten. In der Schweiz hat die von der Revolutionslehre und von altschweizerischen Traditionen geprägte Auffassung, die Macht der Gerichte müsse prinzipiell gering gehalten werden, bis vor wenigen Jahrzehnten die Einführung der gerichtlichen Verwaltungskontrolle überhaupt verhindert.[329]

Die Kantonsverfassungen und die Vorarlberger Landesverfassung von 1919 betonen durchwegs die Einheit der Staatsgewalt, indem sie erklären, dass einerseits die Staatsgewalt auf der Gesamtheit des Volkes beruht und indem sie anderseits das Volk als verfassungsändernde Gewalt einsetzen und somit zur Organisation des Staates, zur Verteilung der staatlichen Macht, befähigen. Insoweit sehen die Kantonsverfassungen und die Vorarlberger Landesverfassung von 1919 ein System der Gewaltenvereinigung beim Volk vor. Oberhalb dieser Gewaltenvereinigung enthalten dann die Kantonsverfassungen ein System der organisatorischen Gewaltentrennung. Und zwar sieht die Mehrzahl von ihnen den Grundsatz der organisatorischen Trennung der Gewalten ausdrücklich vor, wenn auch in verschiedener Formulierung. Einige Kantonsverfassungen – etwa in Bern, Luzern, Nidwalden, Zug, Basel-Stadt oder Appenzell-Außerrhoden – sehen lediglich das Prinzip der Trennung zwischen richterlicher und vollziehender Gewalt vor. Die Verfassung des Kantons Zürich spricht hingegen die Trennung der richterlichen von der gesetzgebenden und administrativen Gewalt aus. Aber auch die Kantonsverfassungen, die den Grundsatz der Gewaltentrennung nicht ausdrücklich anerkennen – wie Schwyz, Obwalden, Appenzell-Außerrhoden und Graubünden – oder die den Grundsatz der Gewaltentrennung nur in beschränktem Maße vorsehen, haben dieses Prinzip übernommen. Denn auch diese Verfassungen legen ihrer Behördenorganisation den Grundsatz der Trennung der Gewalten zugrunde.[330]

Das Prinzip der organisatorischen Trennung besagt nur, dass die Kantone für die Ausübung der drei staatlichen Funktionen eine gesetzgebende, eine vollziehende und eine richterliche Behörde besitzen. Neben dieser formellen organisatorischen Trennung kennt das kantonale Recht auch den Grundsatz der formellen

---

Bundesstaat: 1789 – 1798 – 1848 – 1998. Historische Abhandlungen. Chur und Zürich 1998, S. 15-36, hier S. 34.

[329] Kölz, Alfred: Die Bedeutung der Französischen Revolution für das schweizerische öffentliche Recht und politische System. In: Kölz, Alfred: Der Weg der Schweiz zum modernen Bundesstaat: 1789 – 1798 – 1848 – 1998. Historische Abhandlungen. Chur und Zürich 1998, S. 15-36, hier S. 34.

[330] Giacometti, Z[accaria]: Das Staatsrecht der schweizerischen Kantone. Zürich 1941, S. 276.

personellen Trennung.[331] Es wird jedoch die gleichzeitige Zugehörigkeit einer Person zu mehr als einem der drei obersten Staatsorgane nicht auf der ganzen Linie ausgeschlossen. Vielmehr erscheint eine Kumulation von Ämtern aus verschiedenen Funktionen in größerem oder kleinerem Umfang statthaft. Diese Tatsache beruht zum Teil auf dem Mangel an geeigneten Personen für die Bekleidung staatlicher Ämter, der mit der Kleinheit der Kantone verbunden ist. Dieser Mangel an genügend geeigneten Personen ist auch der Grund für den so genannten Amtszwang in kleineren Kantonen. Wer gewählt wird, kann das neue Amt nicht einfach ausschlagen.

Es besteht im Allgemeinen in den eidgenössischen Kantonen Unvereinbarkeit zwischen der Bekleidung eines richterlichen Amtes und einer Regierungsratsstelle, also zwischen Judikative und Exekutive. Desgleichen ist fast in allen Kantonen – mit Ausnahme von Schwyz und Zug – die Stelle eines Regierungsrates mit derjenigen eines Kantonsrates, also der Exekutive mit der Legislative, unvereinbar.[332] Die Verfassung des Kantons St. Gallen aus dem Jahre 1890, von der die Vorarlberger für ihre Landesverfassung von 1919 ansonsten am meisten abgeschrieben haben, folgt ebenfalls dieser allgemeinen Linie. In dieser Frage ist Vorarlberg allerdings eigene Wege gegangen. In St. Gallen konnte ein Mitglied des Regierungsrates nicht zugleich Mitglied des Großen Rates sein.[333] In Vorarlberg konnte ein Mandatar im Jahre 1919 gleichzeitig in der Exekutive und in der Legislative vertreten sein. Auch in der aktuellen Landesverfassung ist diese Möglichkeit geboten. Es heißt in Art 41 Abs 4 der Landesverfassung aus dem Jahre 1984: „Die Mitglieder der Landesregierung müssen zum Landtag wählbar sein, sie brauchen ihm aber nicht anzugehören.“[334]

4. Kapitel: Aufgaben und Rechte des Landes

In einem föderalistischen Grundgesetz vom Zuschnitt der Vorarlberger Landesverfassung würde man unter den Aufgaben und Rechten des Landes als Schwerpunkt eine Liste von Kompetenzen erwarten, die dem Gliedstaat im Gegensatz

331 Giacometti, Z[accaria]: Das Staatsrecht der schweizerischen Kantone. Zürich 1941, S. 279.

332 Giacometti, Z[accaria]: Das Staatsrecht der schweizerischen Kantone. Zürich 1941, S. 280.

333 Verfassung des Kantons St. Gallen vom 16. November 1890, von der Bundesversammlung gewährleistet am 18. Dezember 1890 (mit den bis 31. Dezember 1914 vorgenommenen Abänderungen). - [St. Gallen], [s.n.], [ca 1915], Art 69.

334 Verfassungsgesetz über die Verfassung des Landes Vorarlberg, LGBl. Nr. 9/1999.

zum Zentralstaat zustehen. Dem ist in der Vorarlberger Landesverfassung von 1919 aufgrund der besonderen Zeitumstände nicht so.

1. Eingeschränkter Rechtekatalog

Die Aufgaben und Rechte des Landes werden in der Vorarlberger Landesverfassung von 1919 im IV. Abschnitt behandelt. Nach § 1 der Verfassung ist das Land selbständig. Alle Angelegenheiten, die nicht ausdrücklich durch die Verfassung des Bundesstaates diesem vorbehalten sind, werden vom Land in Ausübung seiner Hoheitsrechte selbständig geordnet (§ 32). Es ist allerdings aufgrund des Verfassungstextes völlig unklar, welcher Bundesstaat gemeint war. Die Formulierung wurde so gewählt, dass sowohl der schweizerische Bundesstaat als auch der deutschösterreichische gemeint sein konnte. Bis zur Durchführung der Verwaltungsreform ernennt der Landesrat die Landesbeamten und die Landesregierung die Beamten der Landesregierung (§ 33). Die Dienstzweige der Landesverwaltung und Landesregierung werden vom Landeshauptmann abgegrenzt und den einzelnen Referenten und Beamten zugewiesen (§ 34).

Die Aufgaben und Rechte des Landes sind in diesem Kapitel der Landesverfassung nur sehr dürftig angesprochen. Schon im Bericht des Verfassungsausschusses vom 9. März 1919, der an die provisorische Landesversammlung weitergeleitet wurde, heißt es: „Im 4. Teile des Entwurfes, der von den Aufgaben und Rechten des Landtages handelt, wäre es verlockend gewesen, die Gebiete zu bezeichnen, die das Land selbständig verwaltet. Das ist aber eine Unmöglichkeit, solange man die Verfassung des Gesamtstaates, dem man sich anschließen wird, nicht kennt.“[335]

Es gab zu diesem Zeitpunkt noch immer drei theoretische Möglichkeiten. Es konnte die Bundesverfassung des Deutschen Reiches, der schweizerischen Eidgenossenschaft oder Deutschösterreichs sein. Wenn es nach dem Willen der provisorischen Landesversammlung in Vorarlberg gegangen wäre, wäre es die schweizerische Verfassung von 1874 gewesen.

---

[335] 73. Beilage zu den stenograph. Berichten der provis. Vorarlberger Landesversammlung 1918/19: Bericht des Verfassungsausschusses über den Gesetzentwurf für eine Verfassung des Landes Vorarlberg, Bregenz, 9. März 1919. In: Stenographische Berichte der provisorischen Vorarlberger Landesversammlung 1918/19, Bregenz 1919, S. 318.

2. Verzicht auf Landessymbole in der Verfassung

Ein Staat ist ohne Symbole als solcher nicht erkennbar. Symbole sind normalerweise ein Wappen, eine Flagge, eine Hymne oder ein Siegel. Ein Staat ist etwa ohne ein Siegel nicht in der Lage, hoheitlich zu handeln. Hoheitliches Handeln ist der ureigenste Ausdruck der Souveränität eines Staates. Im Zuge seines Handelns muss der Staat auf ein sichtbares Zeichen dieser Souveränität zurückgreifen können. Das Einschreiten eines Exekutivorgans, also eines Trägers von Souveränität, setzt die Verwendung eines Zeichens voraus, in dessen Namen dieses Einschreiten erfolgt. Dieses Symbol macht das Handeln eines Organs erst einem bestimmten Rechtsträger rechtlich zuordenbar und begründet damit überhaupt erst ein Staatshandeln. Es verwundert daher nicht, wenn das erste Handeln eines jeden Staatswesens, das sich als solches versteht, darin besteht, sich ein Symbol zu schaffen, mit dem dann fortan Staatshandlungen gesetzt werden. Bei der Schöpfung solcher Symbole sind die Staaten mehr oder weniger erfinderisch. Meistens knüpft man an ein Ereignis an, das in der Geschichte liegt.

Das Begründen von Symbolen ist kein ausschließlich repräsentativer Akt, sondern hat auch einen tatsächlichen staatrechtlichen Hintergrund. Deshalb sind die Symbole eines Landes zumeist in seiner Grundordnung geregelt worden.

Es mag nun überraschen, dass die Landesverfassung von 1919 – dieser staatsrechtliche Akt, mit dem die Selbständigkeit des neuen Landes Vorarlberg unterstrichen werden sollte – die Landessymbole nicht geregelt hat. Es gab sehr wohl eine einfachgesetzliche Regelung über das Landeswappen. Der Landespräsident Otto Ender hatte noch am Vorabend des 3. Dezember 1918 persönlich das Gesetz über das Landeswappen diktiert, das am nächsten Tag in der Sitzung der provisorischen Landesversammlung beschlossen wurde. Diese Regelung erfolgte aber eben nicht in der Landesverfassung, sondern nur aufgrund des Gesetzes über das Landeswappen vom 3. Dezember 1918.

Der Grund für diesen Verzicht auf die Regelung der Landessymbole in der Landesverfassung von 1919 liegt einzig und allein in der Tatsache, dass sich die Vorarlberger mit ihrer Grundordnung auf Schweizer Vorbilder bezogen haben. Die Eidgenossen haben ihre Symbole nicht in den kantonalen Verfassungen geregelt. Diese Übung schlägt sich auch in der Vorarlberger Landesverfassung von 1919 nieder. Erst in späteren Landesverfassungen wurden – als der Schweizer Traum ausgeträumt war – die Landessymbole aufgenommen.[336]

[336] Art 6 der Landesverfassung von 1923 hat erstmals ein Landessymbol geregelt. Der Art 6 erklärte das montfortische rote Kriegsbanner auf silbernem Schild zum Wappen des Landes,

5. Kapitel:
Rechte der Volksgenossen

Auf den ersten Blick mag es ungewöhnlich erscheinen, dass man in der Vorarlberger Landesverfassung von 1919 den Begriff des „Volksgenossen" findet. Der V. Abschnitt ist einzig den „Rechten der Volksgenossen" gewidmet. Nur die Volksgenossen sollen in den Genuss der in der Landesverfassung verbrieften Rechte kommen.

Einer der Gründe, warum der Volksgenosse in die Vorarlberger Landesverfassung Eingang fand, liegt im Wahlrecht. Vorarlberg hatte gleich nach dem Ersten Weltkrieg etwa 60.000 Wahlberechtigte für die Wahlen in die Nationalversammlung. Dieses Wahlrecht wurde aber nach Auffassung der christlichsozialen Mehrheit zu großzügig erteilt. Es wurde der Vorwurf erhoben, die Regierung Deutschösterreichs habe Wähler geschaffen, die oft sogar feindlichen Staaten und Völkern angehören. Aus nationalen und aus staatlichen Gründen wolle der Verfassungsausschuss, der die Landesverfassung für Vorarlberg vorbereitet hat, das nicht nachmachen.

Man wollte bei den Vorarlberger Landtagswahlen keine Angehörigen von Staaten wie der Tschechoslowakei oder den südslawischen Staaten oder Italien wählen lassen, nur weil sie auf Vorarlberger Boden lebten.[337] Nur diejenigen Volksgenossen, die in Deutschösterreich heimatberechtigt waren, sollten das Wahlrecht haben.[338] Auch aus völkischen Gründen sei daran festzuhalten, dass solche, die „nicht dem Volksstamme angehören", auch das Wahlrecht nicht haben sollten.[339] Volksgenossen im Sinne der Landesverfassung waren somit Angehörige des Vorarlberger Volksstammes, die mit den Schweizern stammesverwandt sind.

---

das allerdings schon durch das Wappengesetz von 1918 vorgegeben war. Weiters wurden Rot und Weiß als die Farben Vorarlbergs bestimmt.

[337] Gesetzesvorlage über die neue Wahlordnung. 11. Sitzung der Vorarlberger Landesversammlung am 28. Februar 1919 unter dem Vorsitze des Herrn Landeshauptmannes Dr. Otto Ender, S. 6-32. In: Stenographische Sitzungsberichte der provisorischen Vorarlberger Landesversammlung zu Bregenz. Bregenz 1919, S. 14.

[338] Bericht des Verfassungsausschusses über den Gesetzentwurf über die Wahlordnung für den Landtag des Landes Vorarlberg, Bregenz, am 26. Februar 1919. Berichterstatter Dr. Johann Josef Mittelberger. 71. Beilage zu den stenographischen Berichten der provisorischen Vorarlberger Landesversammlung 1918/19, S. 299-301, hier S. 300.

[339] Gesetzesvorlage über die neue Wahlordnung. 11. Sitzung der Vorarlberger Landesversammlung am 28. Februar 1919 unter dem Vorsitze des Herrn Landeshauptmannes Dr. Otto Ender, S. 6-32. In: Stenographische Sitzungsberichte der provisorischen Vorarlberger Landesversammlung zu Bregenz. Bregenz 1919, S. 14.

1. Die Gleichheit der Volksgenossen vor dem Gesetz

§ 35 der Landesverfassung 1919 besagt: „Alle Volksgenossen sind vor dem Gesetze gleich.“ Einen ähnlichen Satz konnte man damals auch in allen Kantonsverfassungen lesen. Die Kantone haben inhaltlich Art 4 der eidgenössischen Bundesverfassung in ihrer jeweiligen Verfassung wiederholt: „Alle Schweizer sind vor dem Gesetze gleich. Es gibt in der Schweiz keine Untertanenverhältnisse, keine Vorrechte des Orts, der Geburt, der Familien oder Personen.“[340] Darin sind zwei Rechtsgrundsätze enthalten: der Gleichheitssatz und die Abschaffung von Herrschaftsrechten.

Der Ausdruck „Gesetz“ bezieht sich sowohl auf die Normen der Gesetzesstufe als auch auf diejenigen der Verordnungsstufen. § 35 der Landesverfassung 1919 gewährt infolgedessen Rechtsgleichheit schlechthin. Sie bezieht sich auf alle Rechtssätze des Bundesrechtes und des Landesrechtes. Der Rechtsgrundsatz der Rechtsgleichheit hängt eng mit dem Grundsatz der Volkssouveränität und den Freiheitsrechten zusammen. Sie beruht ebenfalls auf der Vorstellung der allgemeinen Würde des Menschen als vernunftbegabtes Wesen.

Der Rechtsgleichheitssatz wendet sich an alle staatlichen Organe in Bund und Ländern, an den Gesetzgeber wie an die rechtsanwendenden Behörden. Der Wortlaut „vor dem Gesetze“ zeigt, dass auch der Gesetzgeber an den Rechtsgleichheitssatz gebunden ist. Die Bürger sind erst dann vor dem Gesetz wirklich gleich, wenn das Gesetz sie gleich behandelt. Es genügt nicht, dass die Gesetze auf sie in gleicher Weise angewendet werden.[341]

In der überwiegenden Zahl der Schweizer Kantone wird die Rechtsgleichheit – wie in der Bundesverfassung – auf alle Bürger abgestellt. In den übrigen Kantonen gibt es aber Differenzierungen. Im Aargau sind „alle Kantons- und Schweizerbürger“ vor dem Gesetze gleich.[342] Auch im Kanton Glarus ist dies der Fall.[343] Im Kanton Unterwalden ist es noch genauer umschrieben, hier haben „alle Kantonsbürger und alle gemäß Bundesverfassung rechtlich hier nieder-

---

[340] Wolf, P(rosper) [Hrsg.]: Die schweizerische Bundesgesetzgebung. Nach Materien geordnete Sammlung der Gesetze, Beschlüsse, Verordnungen und Staatsverträge der Schweizerischen Eidgenossenschaft, sowie der Konkordate. Zweite Auflage, 4 Bde, Basel 1905-1909, Art 4 der Bundesverfassung, S. 1.
[341] Giacometti, Z[accaria]: Schweizerisches Bundesstaatsrecht. Neubearbeitung der ersten Hälfte des gleichnamigen Werkes von F[ritz] Fleiner, Zürich 1949, S. 402-403.
[342] Aargau Art 17.
[343] Verfassung des Kantons Glarus. - [S.l.], [s.n.], gedr. 1887, Schwanden, Tschudy-Aebly, S. 3, Art 4.

gelassenen Schweizerbürger“ gleiche staatsbürgerliche Rechte.[344] In Appenzell-Außerrhoden sind es „alle Einwohner des Kantons“.[345] Im Kanton Appenzell-Innerrhoden gilt die „Gleichheit der Bürger und Gleichberechtigten vor dem Gesetze“.[346] Im Kanton Genf werden die Normadressaten namentlich aufgeführt: „Tous les Genevois sont égaux devant la loi.“[347] In der Vorarlberger Landesverfassung von 1919 sind „alle Volksgenossen“ vor dem Gesetze gleich. Diese Formulierung war ein Versuch, nur die angestammten Vorarlberger und darüber hinaus die Einwohner Vorarlbergs, die in Deutschösterreich heimatberechtigt waren, in den Genuss der Rechtsgleichheit kommen zu lassen. Es ist fraglich, ob diese Einschränkung der Rechtsgleichheit auf die Volksgenossen damals eine verfassungsrechtliche Deckung auf gesamtstaatlicher Ebene gefunden hätte.

Bei den Eidgenossen, von denen Vorarlberg diesen Rechtsgleichheitssatz übernommen hat, hatten der Bundes- und der kantonale Gesetzgeber aufgrund des Art 4 Bundesverfassung keine absolute, mechanische Gleichheit zu verwirklichen, die auf bestehende Ungleichheiten, wie etwa das Alter, auf das Geschlecht, die Urteilsfähigkeit, die Besitzverhältnisse bei der Besteuerung gar keine Rücksicht nimmt. Der Rechtsgleichheitssatz verlangt vom Gesetzgeber nur eine verhältnismäßige Gleichheit in dem Sinne, dass gleiche Verhältnisse gleich, ungleiche Verhältnisse ungleich zu behandeln sind. Der Gesetzgeber muss aber auf die Erheblichkeit der Gleichheit oder Ungleichheit der Verhältnisse abstellen. Eine rechtliche Ungleichheit muss sich begründen und rechtfertigen lassen. Sie muss als gerecht empfunden werden. Der Inhalt des Gerechtigkeitsgedankens im Sinne des liberal-demokratischen Staates ist aber nicht etwas für immer Feststehendes, sondern er ist wandelbar und richtet sich nach den herrschenden Rechtsanschauungen.[348] Nach diesem Verständnis waren die Einschränkung des Rechtsgleichheitssatzes auf die Volksgenossen und der Ausschluss der Reichsdeutschen und „Angehöriger feindlicher Staaten“ für die provisorische Landesversammlung im März 1919 offensichtlich vertretbar.

---

344 Verfassung des Kantons Unterwalden nid dem Wald: 1877. - [S.l.] : [s.n.], gedr. 1878, Stans :, Caspar von Matt, S. 4, Art 6.
345 Appenzell-Außerrhoden, Art 5: Persönliche Rechte.
346 Verfassung für den eidgenössischen Stand Appenzell Inner-Rhoden : angenommen von der ausserordentlichen Landsgemeinde, Sonntags den 24. Wintermonat 1872. - [S.l.] : [s.n.], gedr. 1872, Appenzell, Fässler, S. 3, Art 2.
347 Constitution de la république et canton de Genève : acceptée par les citoyens le 24 mai 1847. - [S.l.] : [s.n.], gedr. 1875, Genève, Imprimerie Genevoise, S. 4, Art 2.
348 Giacometti, Z[accaria]: Schweizerisches Bundesstaatsrecht. Neubearbeitung der ersten Hälfte des gleichnamigen Werkes von F[ritz] Fleiner, Zürich 1949, S. 406-407.

2. Glaubens- und Gewissensfreiheit

Die Glaubens- und Gewissensfreiheit ist nach § 35 der Vorarlberger Landesverfassung von 1919 jedermann gewährleistet.[349] Man wundert sich zunächst, dass die Glaubens- und Gewissensfreiheit in einer Vorarlberger Landesverfassung garantiert wird, da sie doch in Deutschösterreich durch die Artikel 15 und 16 des Staatsgrundgesetzes vom 21. Dezember 1867 abgesichert und keineswegs als Landeskompetenz zu bezeichnen ist. Vorarlberg wollte aber mit seiner Verfassung fugenlos in das Schweizer System hineinpassen, und dort wird die Glaubens- und Gewissensfreiheit – in bewusster Wiederholung der Bestimmungen der schweizerischen Bundesverfassung – in jeder kantonalen Verfassung festgeschrieben. Die Art, wie das Land Vorarlberg die Glaubens- und Gewissensfreiheit regelte, war wieder ein starkes Zeichen für die Hinwendung zur Schweiz.

Mit der Glaubens- und Gewissensfreiheit soll jeder staatliche Zwang im Gebiete des Glaubens ausgeschlossen werden. Dieser Ausschluss des staatlichen Zwangs in Glaubensfragen bedeutet zunächst aufgrund des § 35 der Vorarlberger Landesverfassung, dass das Land keinem Einwohner Vorarlbergs eine religiöse Meinung vorschreiben darf. Die Glaubens- und Gewissensfreiheit wird jedermann gewährleistet, nicht nur den Volksgenossen. Ausländer in Vorarlberg kommen ebenfalls in den Genuss der Glaubens- und Gewissensfreiheit, auch wenn dieses Grundrecht in der Landesverfassung unter der Überschrift „Rechte der Volksgenossen" steht. Die Religion ist in das Gewissen des Einzelnen verwiesen. Ob der Einzelne religiös gesinnt ist und welchen religiösen Überzeugungen er anhängt, ist dem Land vom Verfassungsrecht her gesehen gleichgültig. Anderseits aber bedeutet der Ausschluss staatlichen Zwanges im Gebiet des Glaubens, dass der Einzelne befugt ist, seinen religiösen oder eben nicht religiösen Überzeugungen in Wort und Schrift freien Ausdruck zu geben.

Niemand darf gemäß § 35 der Landesverfassung von 1919 zur Teilnahme an einer Religionsgenossenschaft gezwungen werden. Anderseits ist es der Staatsgewalt auch untersagt, den Einzelnen am Eintritt in eine Religionsgenossenschaft zu hindern.

---

[349] Gesetz vom 14. März 1919 über die Verfassung des Landes Vorarlberg, Vorarlberger LGBl. 22/1919.

3. Die Kultusfreiheit

Eine Ergänzung der Glaubens- und Gewissensfreiheit ist die Kultusfreiheit, die in § 36 der Vorarlberger Landesverfassung von 1919 geregelt ist. Die Kultusfreiheit besteht im Recht des Einzelnen gegenüber der Staatsgewalt zur Vornahme von gottesdienstlichen Handlungen, das heißt, Handlungen der Gottesverehrung.[350] Der § 36 war zwischen den Parteien nicht unbestritten und musste noch während der Debatte geändert werden. Er lautete in der Landesverfassung von 1919 schließlich: „Die im Lande verbreiteten und anerkannten christlichen Konfessionen, das sind die katholische Religion als die Religion der großen Mehrheit des Volkes und die evangelische Religion, Augsburger und Helvetischen Bekenntnisses, genießen Gewährleistung und Schutz des Landes für ihre Einrichtungen. Die freie Ausübung gottesdienstlicher Handlungen ist auch allen anderen Konfessionen innerhalb der Schranken der Sittlichkeit und öffentlichen Ordnung gewährleistet."[351]

a. Ideologische Kontroverse der Parteien

Der Verfassungsausschuss hatte der provisorischen Landesversammlung zur Debatte am 14. März 1919 ursprünglich einen Verfassungsentwurf mit einem § 36 vorgelegt, der die Kultusfreiheit in Vorarlberg noch anders geregelt hatte. Er lautete: „Die römisch-katholische Religion genießt als vorwiegende Gewährleistung und Schutz des Landes für ihre Betätigung und ihre Einrichtungen. Die evangelische Religion Augsburger und Helvetischen Bekenntnisses und die israelitische Cultusgemeinde in Hohenems werden anerkannt. Die freie Ausübung gottesdienstlicher Handlungen ist ihnen gewährleistet und kann anderen Bekenntnissen innerhalb der Schranken der Sittlichkeit und öffentlichen Ordnung gestattet werden."[352]

Die christlichsoziale Partei hatte mit ihren Mandataren die Hauptverantwortung für die Landesverfassung von 1919. Sie hatte schon in ihren Leitsätzen vom 12. Dezember 1918 festgelegt, dass sie alle kulturellen Fragen nach den unverrückbaren Grundsätzen des Christentums geregelt wissen wolle. Sie verlangte volle Freiheit für die katholische Religion, für ihre Ausübung und für ihre Einrichtun-

---

[350] Giacometti, Z[accaria]: Schweizerisches Bundesstaatsrecht. Neubearbeitung der ersten Hälfte des gleichnamigen Werkes von F[ritz] Fleiner, Zürich 1949, S. 406-407.
[351] Gesetz vom 14. März 1919 über die Verfassung des Landes Vorarlberg, Vorarlberger LGBl. 22/1919.
[352] Beilage 74 zu den stenographischen Berichten der provis. Vorarlberger Landesversammlung 1918/19.

gen, konfessionelle Jugenderziehung, volle Sicherung der christlichen Ehe und Familie und Schutz des deutschen Volkes gegen alle Unmoral, die die Kraft des Volkes zu untergraben drohte.[353] „Sie bekämpft mit aller Entschiedenheit die Vorherrschaft des Judentums, sowie überhaupt den unheilvollen und verderblichen Einfluß des jüdischen Geistes auf allen kulturellen, wirtschaftlichen und politischen Gebieten."[354] Gleichzeitig sehnte sich die christlichsoziale Partei nach einer Zukunft des Landes als Schweizer Kanton und versuchte, diesem Wunschtraum durch eine „Schweiz-kompatible" Landesverfassung einen Schritt näher zu kommen. Das führte bei der Abfassung des Paragraphen über die Kultusfreiheit und entsprechenden Vorbildern in kantonalen Verfassungen zu einigen Schwierigkeiten. Die Vorarlberger wurden in der Verfassung des Kantons Appenzell-Innerrhoden fündig. Die „Verfassung für den eidgenössischen Stand Appenzell Inner-Rhoden", die am 24. Wintermonat 1872 von einer außerordentlichen Landsgemeinde angenommen worden war, hatte in Art 3 die beherrschende gesellschaftliche Rolle der Katholiken im Kanton festgeschrieben. Es heißt dort: „Die christkatholische Religion genießt als die Religion des Volkes Gewährleistung und Schutz seitens des Staates. Die Duldung anderer Glaubensbekenntnisse ist anerkannt, sowie auch den Bekennern derselben die Ausübung des Gottesdienstes inner den Schranken der Sittlichkeit gestattet."[355] Der Abgeordnete Dr. Mittelberger stellte als Berichterstatter des Verfassungsausschusses im Plenum der Landesversammlung klar, im Kanton Appenzell seien in überwiegender Mehrzahl Katholiken, so ähnlich wie in Vorarlberg, und deshalb habe dieser Paragraph diese Fassung erhalten.[356] Auch der Kanton Appenzell-Innerrhoden hatte bereits Vorbilder für diese Formulierung. In § 3 der „Staatsverfassung des Kantons Luzern von 1841, revidirt im Jahre 1848" heißt es: „Die apostolische römisch-christkatholische Religion, als die Religion des luzernischen Volkes, ist nicht nur gewährleistet, sondern genießt auch den vollen Schutz des Staates."[357] Der zweite Teil „Die Jesuiten und ihre affilirten Orden dürfen unter keiner Form mehr im Kantone eingeführt werden" war nur durch die besondere schweizerische Situation nach den überstandenen Glaubenskämpfen begründet und stellte für die Vorarlberger Landesverfassung kein Muster

[353] Leitsätze der christlichsozialen Volkspartei Vorarlbergs. Aus: Vorarlberger Volksblatt, Jg. 53, Nr. 286, Bregenz, 12. Dezember 1918, S. 1., Leitsatz VII.
[354] Leitsätze der christlichsozialen Volkspartei Vorarlbergs. Aus: Vorarlberger Volksblatt, Jg. 53, Nr. 286, Bregenz, 12. Dezember 1918, S. 1., Leitsatz VIII.
[355] Verfassung für den eidgenössischen Stand Appenzell Inner-Rhoden: angenommen von der ausserordentlichen Landsgemeinde, Sonntags den 24. Wintermonat 1872. - [S.l.], [s.n.], gedr. 1872, Appenzell :, Fässler, S. 4.
[356] Sitzungsbericht der 13. Sitzung der provisorischen Vorarlberger Landesversammlung am 14. März 1919, S. 5.
[357] Staatsverfassung des Kantons Luzern von 1841, revidirt im Jahre 1848. - [S.l.],: [s.n.], gedr. [1848], Luzern :, Meyer'sche Buchdruckerei, § 3, S. 3.

dar. Die Regelung der Kultusfreiheit im Entwurf der Vorarlberger Landesverfassung und ihren Vorläufern in Appenzell-Innerrhoden und Luzern kommt schon nahe an die Walliser Verfassung heran, in der es kurz und einfach heißt: „Die römisch-apostolisch-katholische Religion ist die Staatsreligion."[358] Die Kantone konnten dank der Kirchenhoheit, die ihnen zuerkannt wurde, bestimmte Religionsgemeinschaften als Landeskirchen anerkennen.[359]

Der Abgeordnete Dr. Feierle von der Deutschfreisinnigen Partei stellte sich im offenen Haus gegen den § 36 der Vorarlberger Landesverfassung, mit dem die Frage der Kultusfreiheit geregelt werden sollte. Es sei vorgesehen, dass einzig und allein die römisch-katholische Religion als vorwiegend anzutreffende Religion Gewährleistung und Schutz des Landes genieße. Nur dieses eine Bekenntnis sei dem Schutze des Landes anheim gestellt. Von den Protestanten werde gesagt, dass sie anerkannt würden. Auf den Schutz müssten sie schon verzichten. „Die israelitische Religion gilt nicht mehr als Bekenntnis, das ist eine Kultusgemeinde und die kommt auch ohne Anerkennung davon." Seines Erachtens sei diese Abstufung der verschiedenen Religionen in § 36 nicht mit der Glaubens- und Gewissensfreiheit des § 35 vereinbar, da die Bekenntnisse sehr ungleich behandelt würden. Das sei im 20. Jahrhundert nicht mehr angebracht. Er verlangte deshalb, dass der § 36 noch einmal zur Behandlung in den Verfassungsausschuss zurückverwiesen werde. Sollte das nicht geschehen, stelle er den Antrag, dass an Stelle des § 36 die Artikel 15 und 16 des österreichischen Staatsgrundgesetzes vom 21. Dezember 1867, RGBl. Nr. 142, zu stehen kommen. Die Artikel 15 und 16 seien aber nicht zu trennen, sondern in einem Paragraphen zusammenzunehmen, in dem es heiße:

„Jede gesetzlich anerkannte Kirche und Religionsgesellschaft hat das Recht der gemeinsamen öffentlichen Religionsübung, ordnet und verwaltet ihre inneren Angelegenheiten selbständig, bleibt im Besitze und Genusse ihrer für Kultus-, Unterrichts- und Wohltätigkeitszwecke bestimmten Anstalten, Stiftungen und Fonde, ist aber, wie jede Gesellschaft, den allgemeinen Staats- und Landesgesetzen unterworfen. Den Anhängern eines gesetzlich nicht anerkannten Religi-

[358] Verfassung des Kantons Wallis vom 26. November 1875. - [S.l.] : [s.n.], gedr. 1876, Sitten :, L. Schmid, Seite 1, Art 2.

[359] Häfelin, Ulrich: Art. 49 der Schweizerischen Bundesverfassung (Glaubens- und Gewissensfreiheit), Stand Juni 1991. In: Kommentar zur Bundesverfassung der Schweizerischen Eidgenossenschaft vom 29. Mai 1874, [in Lieferungen] hg. von Jean-François Aubert, Kurt Eichenberger, Jorg Paul Müller, René A. Rhinow, Dietrich Schindler. Basel, Zürich und Bern 1987-1996, Seite 6, Randziffer 3.

onsbekenntnisses ist die häusliche Religionsübung gestattet, insoferne dieselbe weder rechtswidrig, noch sittenverletzend ist."[360]

Für die Christlichsozialen in der provisorischen Landesversammlung wäre die Aufnahme von Artikeln eines österreichischen Staatsgrundgesetzes in die Landesverfassung von 1919 ein Dorn im Auge gewesen. Sie hatten sich ja mit Erfolg bemüht, den Name „Österreich" aus der Vorarlberger Landesverfassung zu verbannen. Die Landesverfassung wurde so vorbereitet, dass sie fugenlos in das schweizerische demokratische System passen sollte. Die Frage des Bundesstaates, dem man sich anschließen wollte, sollte zumindest im Verfassungstext offen bleiben, um das Wunschziel eines Anschlusses an die Schweiz nicht schon durch die Landesverfassung selbst zu blockieren.

Der christlichsoziale Abgeordnete Dr. Mittelberger konnte die Punkte des deutschfreisinnigen Dr. Feierle nicht wirklich entkräften. Es stimme doch nicht ganz, dass in diesem Paragraphen eine Ungleichheit in der Behandlung der Religionen enthalten sei, meinte Mittelberger: „Es ist der römisch-katholischen Religion als vorwiegende Schutz und Gewährleistung gewährt. Das heißt, sie wird anerkannt. Man könnte auch so sagen, wenn man auf einzelne Worte eingeht: es fehlt bei der römisch-katholischen Religion, dass sie anerkannt wird. Es steht auch nicht wortwörtlich im Gesetz drinnen; dann könnte sich die katholische Religion zurückgesetzt fühlen."[361] Diese Begründung des Berichterstatters war nicht sehr seriös. Es hieß im vorgelegten Verfassungstext, die römisch-katholische Religion genieße als Vorwiegende Gewährleistung und Schutz des Landes für ihre Betätigung und ihre Einrichtungen. Die evangelische Religion und die israelitische Kultusgemeinde in Hohenems wurden hingegen nur anerkannt, sie sollten aber weder Gewährleistung noch Schutz des Landes für ihre Betätigungen und Einrichtungen genießen können. Das ist ein sehr großer gradueller Unterschied. Abgeordneter Dr. Mittelberger stellte die Sache geradezu auf den Kopf, wenn er sagte, dass sich die römisch-katholische Religion zurückgesetzt fühlen könnte, weil sie im Gesetzestext des § 36 nicht wortwörtlich anerkannt werde. Die Heraushebung der Gewährleistung und des Schutzes durch das Land für eine einzige Religion war eine viel stärkere Maßnahme als die bloße Anerkennung.

Ziemlich wirr waren die Aussagen Dr. Mittelbergers zu der jüdischen Kultusgemeinde in Hohenems, die im Entwurf der Landesverfassung von 1919 wie die

[360] Sitzungsbericht der 13. Sitzung der provisorischen Vorarlberger Landesversammlung am 14. März 1919, S. 5.
[361] Sitzungsbericht der 13. Sitzung der provisorischen Vorarlberger Landesversammlung am 14. März 1919, S. 5.

beiden evangelischen Bekenntnisse ebenfalls nur anerkannt wurde, aber nicht die Gewährleistung und den Schutz des Landes für ihre Betätigung und Einrichtungen bekommen sollte. Dr. Mittelberger meinte in der Debatte der provisorischen Landesversammlung am 14. März 1919: „Bei der israelitischen Kultusgemeinde wäre es zu überlegen, wie weit man hier gehen soll. Wenn tatsächlich eine israelitische Kultusgemeinde besteht, so ist damit noch nicht gesagt, dass die jüdische Religion als Religion überhaupt gestrichen werden soll. Das fällt in den Paragraphen gar nicht hinein. Ich glaube, so bös sind die Unterschiede in der Behandlung doch nicht."[362]

b. Quellen der „Vorarlberger" Kultusfreiheit

Wenn es am Schluss heiße, sagte der christlichsoziale Abgeordnete Dr. Mittelberger am 14. März 1919 in der Landesversammlung, „daß innerhalb der Schranken der Sittlichkeit und Ordnung auch den andern Konfessionen gestattet werde, ihre gottesdienstlichen Handlungen auszuüben, so ist das übernommen worden aus den ganz modernen Verfassungen einzelner Schweizer Kantone."[363] Hier irrte der Berichterstatter. Im § 36 des Verfassungsentwurfes für die Landesverfassung von 1919 heißt es im zweiten Teil: „Die freie Ausübung gottesdienstlicher Handlungen ist auch allen anderen Konfessionen innerhalb der Schranken der Sittlichkeit und öffentlichen Ordnung gewährleistet." Diese Wendung ist eine direkte Übernahme aus der eidgenössischen Bundesverfassung des Jahres 1874, die dann in den Kantonsverfassungen bewusst wiederholt wurde. Im § 50 der Schweizer Bundesverfassung heißt es wörtlich: „Die freie Ausübung gottesdienstlicher Handlungen ist innerhalb der Schranken der Sittlichkeit und der öffentlichen Ordnung gewährleistet."[364]

Einzelne Schweizer Kantone führen in ihren Kantonsverfassungen bei der Formulierung der Kultusfreiheit ausdrücklich Art 50 der Bundesverfassung als Quelle für ihre Formulierung an. So heißt es in Art 11 der Verfassung des Kantons Schaffhausen aus dem Jahre 1876: „Die freie Ausübung gottesdienstlicher Handlungen ist innerhalb der Schranken der Sittlichkeit und der öffentlichen

---

[362] Sitzungsbericht der 13. Sitzung der provisorischen Vorarlberger Landesversammlung am 14. März 1919, S. 5.
[363] Sitzungsbericht der 13. Sitzung der provisorischen Vorarlberger Landesversammlung am 14. März 1919, S. 5.
[364] Wolf, P(rosper) [Hrsg.]: Die schweizerische Bundesgesetzgebung. Nach Materien geordnete Sammlung der Gesetze, Beschlüsse, Verordnungen und Staatsverträge der Schweizerischen Eidgenossenschaft, sowie der Konkordate. Zweite Auflage, 4 Bde, Basel 1905-1909.

Ordnung gewährleistet (Art 50 der Bundesverfassung, Absatz 1).“[365] Auch in Art 7 der Verfassung des Kantons Glarus aus dem Jahre 1887 steht: „Die freie Ausübung gottesdienstlicher Handlungen ist, innerhalb der Schranken der Sittlichkeit und der öffentlichen Ordnung, gewährleistet. (Bundesverfassung Art. 50, erster Absatz).“[366] Die Kantonsverfassungen aus Basel-Stadt[367] von 1875 oder Appenzell-Außerrhoden von 1908[368] haben ebenfalls die Formulierungen aus der Bundesverfassung – wenn auch ohne Angabe der Quelle – gewählt. Auch Vorarlbergs Nachbarkanton St. Gallen, der etliche Textstellen für die Landesverfassung Vorarlbergs von 1919 geliefert hat, regelt die Kultusfreiheit mit den bekannten Worten: „Die freie Ausübung gottesdienstlicher Handlungen innert den Schranken der Sittlichkeit und der öffentlichen Ordnung ist auch allen anderen Konfessionen und Religionsgesellschaften gewährleistet.“[369]

Die Gewährleistung von Freiheitsrechten in den Kantonsverfassungen besitzt allerdings angesichts des Vorranges des Bundesrechtes gegenüber dem kantonalen Recht nur noch dann rechtliche Bedeutung, wenn diese Freiheitsrechte von der eidgenössischen Bundesverfassung nicht garantiert oder nur in engerem Rahmen gewährleistet sind.[370] Insofern stimmt die Aussage des Berichterstatters bei der Debatte über die Vorarlberger Landesverfassung von 1919 nicht, wenn er sagt: „Ich möchte aufmerksam machen, dass die Schweizer Kantone selbständig die Verhältnisse der Konfessionen ordnen, ganz unbekümmert um die Bundesverfassung, die allen Konfessionen gleiche Rechte zusichert.“[371] Einzelne kantonale Verfassungen wie jene des Kantons Solothurn aus dem Jahre 1887 zitieren deshalb bezüglich der Glaubens- und Gewissensfreiheit sowie der Kultusfreiheit auch nur, was „nach Maßgabe und in Ausführung der Bundesverfassung“ ausdrücklich gewährleistet werde: Erstens die Glaubens- und Gewissensfreiheit (Art 49 Bundesverfassung) und zweitens die freie Ausübung gottes-

---

[365] Verfassung des Kantons Schaffhausen, 1876. - [S.l.] : [s.n.], gedr. 1876, Schaffhausen :, H. Meier, S. 4, Art 11.

[366] Verfassung des Kantons Glarus. - [S.l.], [s.n.], gedr. 1887, Schwanden :, Tschudy-Aebly, S.4.

[367] Verfassung des Kantons Basel-Stadt : (10. Mai 1875). - [S.l.] : [s.n.], 1875, S. 5, § 11.

[368] Verfassung für den Kanton Appenzell A. Rh : angenommen von der Landsgemeinde am 26. April 1908 : gewährleistet von den Eidgen. Räten am 23. Juni 1908. - Herisau : Schläpfer, 1908, Art 7, erster Absatz.

[369] Verfassung des Kantons St. Gallen vom 16. November 1890 : von der Bundesversammlung gewährleistet am 18. Dezember 1890 : (mit den bis 31. Dezember 1914 vorgenommenen Abänderungen). - [St. Gallen] : [s.n.], [ca 1915], S. 5, Art 23.

[370] Giacometti, Z[accaria]: Das Staatsrecht der schweizerischen Kantone. Zürich 1941, S 157-158.

[371] Sitzungsbericht der 13. Sitzung der provisorischen Vorarlberger Landesversammlung am 14. März 1919, S. 5.

dienstlicher Handlungen innerhalb der Schranken der Sittlichkeit und der öffentlichen Ordnung (Art 50 Bundesverfassung).[372]

Gewährleistet durch die Bundesverfassung ist zunächst die individuelle Vornahme gottesdienstlicher Handlungen. Dieses Recht ergibt sich aber in der Hauptsache schon aus der Glaubens- und Gewissensfreiheit, da sich individuelle Vornahme gottesdienstlicher Handlungen und Betätigung der Glaubens- und Gewissensfreiheit gegenüber anderen begrifflich kaum voneinander unterscheiden lassen.[373] Infolgedessen muß Art 50 Abs 1 der schweizerischen Bundesverfassung darüber hinaus noch mehr enthalten. Er garantiert zweifellos auch die genossenschaftliche Vornahme gottesdienstlicher Handlungen in Vereinen und Versammlungen. Die Vereinigung mehrerer Personen zur Ausübung eines Kultus ist denn auch die wichtigste Anwendungsfall des Art 50 Abs 1 der schweizerischen Bundesverfassung. Unter Kultushandlung wird vorab die gottesdienstliche Handlung im Rahmen einer Religionsgenossenschaft verstanden, mag es sich dabei um genossenschaftliche gottesdienstliche Handlungen oder um individuelle Akte gottesdienstlicher Handlungen im Rahmen einer Religionsgenossenschaft wie Taufe, Beichte usw. handeln.

Die Kultusfreiheit ist allen religiösen Bekenntnissen garantiert, nicht nur denen, die die Sympathien der Mehrheit des Volkes genießen.[374] In Vorarlberg können sich nicht nur die Volksgenossen, sondern auch Ausländer darauf berufen.

Die Kultusfreiheit ist gemäß Art 50 Abs 1 der eidgenössischen Bundesverfassung gleich der Glaubens- und Gewissensfreiheit nur innerhalb der Schranken der Sittlichkeit und der öffentlichen Ordnung gewährleistet. Diese Schranke der Kultusfreiheit umfasst wie die Schranke der Glaubens- und Gewissensfreiheit alle staatlichen Vorschriften, die Verletzungen öffentlicher Interessen durch eine solche Freiheitsausübung verhindern wollen, insofern diese Interessen schutzwürdiger erscheinen als die Betätigung der Kultusfreiheit.[375] Als solche Normen kommen in erster Linie die allgemeinen Polizeivorschriften in Frage. Die Befugnis zu kultuspolizeilichen Maßnahmen steht grundsätzlich den Kantonen zu. Als kultuspolizeiliche Maßnahmen stellen sich z. B. alle Anordnungen dar, welche das Läuten der Kirchenglocken auf bestimmte Tageszeiten oder bestimmte

[372] Verfassung des Kantons Solothurn : (vom 23. Oktober 1887). - [S.l.], [s.n.], gedr. 1887, Solothurn, Zepfel, Seite 7, Art 12.

[373] Giacometti, Z[accaria]: Schweizerisches Bundesstaatsrecht. Neubearbeitung der ersten Hälfte des gleichnamigen Werkes von F[ritz] Fleiner, Zürich 1949, S. 334.

[374] Giacometti, Z[accaria]: Schweizerisches Bundesstaatsrecht. Neubearbeitung der ersten Hälfte des gleichnamigen Werkes von F[ritz] Fleiner, Zürich 1949, S. 335.

[375] Giacometti, Z[accaria]: Schweizerisches Bundesstaatsrecht. Neubearbeitung der ersten Hälfte des gleichnamigen Werkes von F[ritz] Fleiner, Zürich 1949, S. 337.

Stunden beschränken, welche Prozessionen auf öffentlichen Straßen im Interesse des Straßenverkehrs verbieten, welche ganz allgemein bestimmen, dass der Gemeingebrauch nicht zur Vornahme von Kultusakten auf der öffentlichen Straße ermächtige, oder welche den Gottesdienst und den Kirchenbesuch wegen Seuchengefahr untersagen.[376] In Vorarlberg hat man diese Formulierung, wonach die Kultusfreiheit nur „innerhalb der Schranken der Sittlichkeit und der öffentlichen Ordnung gewährleistet" sein soll, auch noch aus einem anderen Grund von der Schweiz übernommen. Wenn es heiße, es könne anderen Bekenntnissen innerhalb der Schranken der Sittlichkeit und öffentlichen Ordnung die Ausübung ihrer gottesdienstlichen Handlungen gewährleistet werden, meinte der christlichsoziale Abgeordnete und Berichterstatter Dr. Mittelberger in der provisorischen Vorarlberger Landesversammlung, „so halte ich das für notwendig; denn es wäre denkbar, dass irgendwie Sekten, ganz sonderbare Sekten, auch nach Vorarlberg kommen und sie könnten sich hier festsetzen und das könnte eine Volksgefahr werden. Es gibt hier sonderbare Sekten und viel sonderbare Gebräuche. Ich habe die Überzeugung, wenn sie ihre Gebräuche ausüben wollten, so würde das eine ganz böse Verwirrung hervorrufen. Ich glaube, man sollte sich dagegen sichern."[377]

c. Schweizer Beispiele der Kultusfreiheit

Die besondere Hervorhebung der katholischen Kirche in der Vorarlberger Landesverfassung führte bei den Deutschfreisinnigen zu verfassungsrechtlichen Bedenken. Der christlichsoziale Berichterstatter verwies auf die Schweiz und vertrat die Ansicht, dass die Schweizer Kantone selbständig die Verhältnisse der Konfessionen ordnen würden, ganz unbekümmert um die Bundesverfassung, die allen Konfessionen gleiche Rechte zusichere.[378] Das stehe eben im Belieben der Kantone. Er nannte vier eidgenössische Beispiele:

Beispiel 1: In der Appenzeller Verfassung sei nur von der katholischen Religion die Rede. Die katholische Religion genieße als Religion des Volkes Schutz und Gewährleistung, alle übrigen Konfessionen hätten innerhalb der Schranken der Sittlichkeit und öffentlichen Ordnung freie Ausübung ihrer Kultusgewohnhei-

---

[376] Giacometti, Z[accaria]: Schweizerisches Bundesstaatsrecht. Neubearbeitung der ersten Hälfte des gleichnamigen Werkes von F[ritz] Fleiner, Zürich 1949, S. 338.
[377] Sitzungsbericht der 13. Sitzung der provisorischen Vorarlberger Landesversammlung am 14. März 1919, S. 6.
[378] Sitzungsbericht der 13. Sitzung der provisorischen Vorarlberger Landesversammlung am 14. März 1919, S. 5.

ten".[379] Es heißt in der Verfassung für den eidgenössischen Stand Appenzell-Innerrhoden, die von der außerordentlichen Landsgemeinde vom 24. Wintermonat 1872 angenommen worden war, in Art 3: „Die christkatholische Religion genießt als die Religion des Volkes Gewährleistung und Schutz seitens des Staates. Die Duldung anderer Glaubensbekenntnisse ist anerkannt, sowie auch den Bekennern derselben die Ausübung des Gottesdienstes inner den Schranken der Sittlichkeit gestattet."[380] Im Kanton Appenzell sind in überwiegender Mehrzahl Katholiken, „so ähnlich wie in Vorarlberg und deshalb hat dieser Paragraph diese Fassung erhalten."[381]

Beispiel 2: In der St. Galler Verfassung seien nur die zwei Religionen, nämlich die katholische und die evangelische genannt und alle anderen würden in einen schönen Topf geworfen und könnten ebenfalls ihr religiöses Leben betätigen.[382] In Art 23 der St. Galler Kantonalverfassung heißt es, dass die katholische und die evangelische Kirche sowie die freie und uneingeschränkte Ausübung des katholischen und evangelischen Glaubensbekenntnisses und Gottesdienstes gewährleistet seien. Die freie Ausübung gottesdienstlicher Handlungen innert den Schranken der Sittlichkeit und der öffentlichen Ordnung ist auch allen anderen Konfessionen und Religionsgesellschaften gewährleistet.[383] In St. Gallen habe man genau unterschieden. Dort sei die Bevölkerung zur Hälfte katholisch, zur Hälfte protestantisch.[384]

Beispiel 3: „In der Genfer Verfassung sind, wie ich mich zu erinnern glaube, nur die Protestanten genannt."[385] Diese Annahme des Berichterstatters ist nicht richtig. Die Ausübung ihrer gottesdienstlichen Handlungen war allen Bekenntnissen möglich. Hervorgehoben wurden in der „Constitution de la république et canton de Genève" aus dem Jahre 1847 der „Culte protestant" und der „Culte catholi-

---

379 Sitzungsbericht der 13. Sitzung der provisorischen Vorarlberger Landesversammlung am 14. März 1919, S. 6.
380 Verfassung für den eidgenössischen Stand Appenzell Inner-Rhoden, angenommen von der ausserordentlichen Landsgemeinde, Sonntags den 24. Wintermonat 1872. - [S.l.], [s.n.], gedr. 1872, Appenzell, Fässler, S. 4, Art 3.
381 Sitzungsbericht der 13. Sitzung der provisorischen Vorarlberger Landesversammlung am 14. März 1919, S. 6.
382 Sitzungsbericht der 13. Sitzung der provisorischen Vorarlberger Landesversammlung am 14. März 1919, S. 6.
383 Verfassung des Kantons St. Gallen vom 16. November 1890 von der Bundesversammlung gewährleistet am 18. Dezember 1890 (mit den bis 31. Dezember 1914 vorgenommenen Abänderungen). - [St. Gallen], [s.n.], [ca 1915], S. 5, Art 23.
384 Sitzungsbericht der 13. Sitzung der provisorischen Vorarlberger Landesversammlung am 14. März 1919, S. 6.
385 Sitzungsbericht der 13. Sitzung der provisorischen Vorarlberger Landesversammlung am 14. März 1919, S. 6.

que“. In Art 114 heißt es: „L'Eglise nationale protestante se compose de tous les Genevois qui acceptent les formes organiques de cette Eglise“. Art 129 lautet: „La Constitution garantit le maintien, le libre exercice et l'entretien du culte catholique, aux citoyens des territoires réunis au Canton de Genève par le traité de Paris du 20 Novembre 1815, et par le traité de Turin du 16 Mars 1816.“[386] Die evangelische Religion wurde in einem eigenen Annex Nr. 6 „Sur le culte protestante“ vom 25. März 1874 und die katholische Religion als Annex Nr. 7 „Sur le culte catholique“ vom 19. Februar 1873 zur Genfer Kantonalverfassung ausführlich abgehandelt.[387]

Beispiel 4: Der Berichterstatter brachte vor: „In der Verfassung Basel-Stadt sind ebenfalls nur die Protestanten genannt. Man hat in der Schweiz das nicht als Ungleichheit der Behandlung empfunden.“[388] Diese Aussage hat ebenfalls nicht gestimmt. In Basel-Stadt ist die freie Ausübung gottesdienstlicher Handlungen für alle Bekenntnisse innerhalb der Schranken der Sittlichkeit und der öffentlichen Ordnung gewährleistet. Laut § 12 der Verfassung des Kantons Basel-Stadt erhalten namentlich die reformierte und die katholische Kirche durch Gesetze ihre äußere Organisation, nach welcher sie unter Oberaufsicht des Staates ihre inneren konfessionellen Angelegenheiten selbständig ordnen. Der Staat bestreitet die Kultusbedürfnisse dieser Kirchen und zwar mit Rücksicht auf die zu jeder Kirche gehörigen Mitglieder.[389]

Die Kultusfreiheit wird in der Schweiz durch Art 50 der Bundesverfassung gewährleistet. Sie würde in den einzelnen Kantonen auch dann bestehen, wenn sie in den kantonalen Verfassungen nicht noch einmal festgeschrieben wäre. Dieses Recht des Einzelnen gegenüber der Staatsgewalt, gottesdienstliche Handlungen und überhaupt Handlungen der Gottesverehrung vorzunehmen, steht jedem Staatseinwohner zu, „dem Inländer wie dem Ausländer, dem Laien wie dem Geistlichen“.[390] Es bedarf keiner staatlichen Erlaubnis, um solche Handlungen zu setzen. Die Kultusfreiheit muss ganz allgemein gewährleistet sein. Wenn allerdings ein Kanton eine einzelne Religionsgemeinschaft darüber hinaus noch unter den besonderen Schutz des Kantons stellen will, weil sich die Mehrheit der Bevölkerung zu dieser Kirche bekennt, dann steht es ihm frei. So war es mit der

---

386 Constitution de la république et canton de Genève : acceptée par les citoyens le 24 mai 1847. - [S.l.] : [s.n.], gedr. 1875, Genève, Imprimerie Genevoise, Art 128-134.

387 Constitution de la république et canton de Genève : acceptée par les citoyens le 24 mai 1847. - [S.l.] : [s.n.], gedr. 1875, Genève, Imprimerie Genevoise, S. 29-33 und S. 80-87.

388 Sitzungsbericht der 13. Sitzung der provisorischen Vorarlberger Landesversammlung am 14. März 1919, S. 6.

389 Verfassung des Kantons Basel-Stadt : (10. Mai 1875). - [S.l.] : [s.n.], 1875, S. 5, §§ 11-12.

390 Giacometti, Z[accaria]: Schweizerisches Bundesstaatsrecht. Neubearbeitung der ersten Hälfte des gleichnamigen Werkes von F[ritz] Fleiner, Zürich 1949, S. 334.

katholischen Kirche in Appenzell-Innerrhoden der Fall, und das war das Vorbild für den § 36 im Entwurf der Vorarlberger Landesverfassung von 1919. Die römisch-katholische Religion sollte darin als zahlenmäßig weit überwiegende Kirche Gewährleistung und Schutz des Landes für ihre Betätigung und ihre Einrichtungen genießen. Die evangelische Religion Augsburger und Helvetischen Bekenntnisses und die israelitische Cultusgemeinde in Hohenems wurden „nur" anerkannt. Damit hätte die Vorarlberger Landesverfassung von 1919 mit der Regelung ihrer Kultusfreiheit fugenlos in das System der Schweizer Bundesverfassung gepasst.

Vorarlberg wollte sich aber zur Schweiz hin öffnen, und manche Vorarlberger träumten davon, sich politisch den Eidgenossen anzuschließen. Da wäre es ein schlechtes Signal für die reformierten Kantone gewesen, wenn schon in der Landesverfassung die evangelischen Bekenntnisse gegenüber der katholischen Kirche zurückgesetzt worden wären. Verfassungsrechtlich wäre es zwar möglich gewesen, aber von politischer Klugheit hätte es nicht gezeugt. Die Zustimmung reformierter Kantone zum Anschluss eines weiteren Kantones, der die Glaubensbrüder schon in der Verfassung auf die zweite Ebene herabsetzt, wäre möglicherweise ausgeblieben. Dass es in der Schweiz selbst Kantone gab, die einzig die Katholiken unter den besonderen Schutz des Staates stellten, war in diesem Zusammenhang ohne Belang.

Der deutschfreisinnige Antrag, den § 36 der Landesverfassung noch einmal in den Verfassungsausschuss zurück zu verweisen und neu zu beraten, war auch für die Christlichsozialen eine politische Chance. Der alte Entwurf sah vor, nur die katholische Kirche unter den Schutz des Staates zu stellen, die evangelische Religionsgemeinschaft und die jüdische Kultusgemeinde von Hohenems aber nur anzuerkennen. Das Ergebnis der Beratungen im Verfassungsausschuss vom 14. März 1919 war ein neuer § 36 über die Kultusfreiheit. Der Verfassungsausschuss habe den Paragraphen noch einmal nach allen Seiten hin erwogen, teilte der Berichterstatter mit. Das Ergebnis war eine Formulierung, bei der die evangelischen Bekenntnisse zur katholischen Kirche auf die oberste Stufe aufgerückt sind, dafür hat der Verfassungsausschuss das mosaische Bekenntnis vollkommen aus dem Verfassungstext herausgestrichen. Der Vorschlag für den Wortlaut des neuen § 36 der Vorarlberger Landesverfassung von 1919 war nun: „Die im Lande verbreiteten und anerkannten christlichen Konfessionen, das sind die katholische Religion als die Religion der großen Mehrheit des Volkes und die evangelische Religion Augsburger und Helvetischen Bekenntnisses, genießen Gewährleistung und Schutz des Landes für ihre Betätigung und für ihre Einrichtungen. Die freie Ausübung gottesdienstlicher Handlungen ist auch allen anderen anerkannten Konfessionen innerhalb der Schranken der Sittlichkeit und öffentlichen Ordnung gewährleistet.“ Niemand wünschte mehr das Wort und der vorgelegten Fassung wurde einhellig zugestimmt.

Nachdem die Christlichsozialen in ihrem Leitsatz IV „weitgehende Selbständigkeit nach dem Muster der Schweizer Kantone“ gefordert und in ihrem Leitsatz VIII „mit aller Entschiedenheit die Vorherrschaft des Judentums, sowie überhaupt den unheilvollen und verderblichen Einfluß des jüdischen Geistes auf allen kulturellen, wirtschaftlichen und politischen Gebieten“ bekämpften, lag diese neue Fassung des § 36 auf ihrer Linie. Die jüdische Kultusgemeinde wurde in der Verfassung nicht mehr namentlich genannt. Dabei hätte die provisorische Landesversammlung auch unter den Schweizer Kantonen Vorbilder gefunden, wie man das mosaische Bekenntnis in eine kantonale Verfassung aufnehmen kann. In der „Constitution de la République et Canton de Neuchâtel du 21 Novembre 1858“ heißt es im Art 13: „Chacun professe sa religion avec la même liberté et obtient pour son culte la même protection, en se conformant aux prescriptions de la loi chargée d'en régler l'exercice extérieur. Toutefois l'exercice public d'un culte autre que l'un des cultes chrétiens et le culte israëlite, ne sera permis que dans les limites compatibles avec l'ordre public et les bonnes mœurs. La loi pourra prendre des dispositions spéciales à ce sujet.“[391]

4. Schutz für die deutsche Sprache

Vorarlberg ist kein mehrsprachiges Land. Es wird zu Zeiten der Entstehung der Landesverfassung im Jahre 1919 im Amtsverkehr nur deutsch gesprochen. Ein eigener Paragraph über die Sprache des Volkes im Kapitel „Rechte der Volksgenossen“ mag deshalb verwundern.

Mehr Bedeutung bekommt dieser Paragraph, wenn man die politischen Ambitionen des Landes vor Augen hat. Das Volk von Vorarlberg hatte als eine Option den Anschluss an die Eidgenossen. Ein wesentliches Merkmal der Schweiz ist ihre Mehrsprachigkeit. Es werden in der Schweiz vier Sprachen nebeneinander gesprochen: Deutsch, Französisch, Italienisch und Rätoromanisch. Im Jahre 1919, als die Vorarlberger Landesverfassung beschlossen wurde, hatte die Schweiz 22 Kantone. Vierzehn von ihnen stellten ein geschlossenes deutsches Sprachgebiet dar. Im Gegensatz dazu zerfällt das romanische Sprachgebiet in drei unzusammenhängende Teile im Westen, Süden und Südosten des Landes. Das Französische ist die Landessprache der Westschweiz. Das toskanische Italienisch wird in den schweizerischen Gebieten gesprochen, die am Südfuß der

---

[391] Constitution de la République et Canton de Neuchâtel du 21 Novembre 1858. - [S.l.] : [s.n.], gedr. 1858, Neuchâtel, Charles Leidecker, Seite 4, Art 13.

Alpen gelegen sind. In den südöstlichen Grenzlanden der Schweiz hat sich noch eine dritte romanische Sprache erhalten, das Rätoromanische, das in der Schweiz kurzweg „Romantsch“ genannt wird. Das Rätoromanische zerfällt wieder in zwei Spielarten: erstens in das Rätoromanische des Rheingebietes, das „Romansch“ im engeren Sinne, und zweitens in das Engadinische mit dem Münstertalischen, also das „Ladinisch“.[392]

Für den Fall, dass sich die politischen Vorstellungen von einem Anschluss Vorarlbergs an die Schweiz verwirklichen lassen sollten, wofür mit der Landesverfassung von 1919 Schrittmacherdienste geleistet wurden, war der § 37 eine wichtige Klarstellung. Der Fleckerlteppich an unterschiedlichen Sprachgebieten in der Schweiz, zu denen man sich möglicherweise bald dazugesellen konnte, hat die Festlegung in der Verfassung als sinnvoll erscheinen lassen. Der § 37 der Landesverfassung von 1919 lautet: „Die deutsche Sprache als die Sprache des Volkes genießt die Gewährleistung und den Schutz des Landes. Sie ist die Amtssprache des Landes.“[393]

5. Die Unverletzlichkeit des Eigentums

Die Eigentumsgarantie, wie sie in der Landesverfassung verankert ist, setzt eine staatliche Eigentumsordnung voraus. Sie kann die Vermögensrechte des Einzelnen lediglich in dem Umfang garantieren, wie sie diesem laut Gesetz zustehen. Ohne Eigentumsfreiheit sind nicht nur die Handels- und die Gewerbefreiheit, sondern auch andere Freiheitsrechte schwer vorstellbar. Die individuelle Freiheit kann eben wohl nur auf dem Boden der Privatwirtschaft richtig gedeihen. [394]

„Das Eigentum ist unverletzlich“. So steht es im § 38 der Vorarlberger Landesverfassung von 1919. Genau diese Formulierung kommt auch in vielen Kantonsverfassungen vor. In Einzelfällen wird das Eigentum noch genauer umschrieben. In der „Verfassung für den eidgenössischen Stand Appenzell Inner-Rhoden, angenommen von der ausserordentlichen Landsgemeinde, Sonntags den 24. Wintermonat 1872“ ist vom „Eigentum jeder Art, gehöre es Privaten, Gesellschaften, vom Staate anerkannten Korporationen und Stiftungen, oder

[392] Giacometti, Z[accaria]: Schweizerisches Bundesstaatsrecht. Neubearbeitung der ersten Hälfte des gleichnamigen Werkes von F[ritz] Fleiner, Zürich 1949, S. 390-393.
[393] Gesetz vom 14. März 1919 über die Verfassung des Landes Vorarlberg, Vorarlberger LGBl. 22/1919.
[394] Giacometti, Z[accaria]: Das Staatsrecht der schweizerischen Kantone. Zürich 1941, S 161-162.

Gemeinden“ die Rede.[395] In der Verfassung des Kantons St. Gallen aus dem Jahre 1890 heißt es hingegen: „Das Privateigentum ist unverletzlich“.[396]

Der zweite Teil des § 38 regelt die Enteignung gegen Entschädigung. Er lautet: „In Fällen, wo das öffentliche Wohl die Abtretung von Grundeigentum oder von anderen Privatrechten erfordert, steht dem Lande gegen gerechte und billige Entschädigung das Recht der Enteignung zu.“ Das Muster für den gesamten § 38 findet man in der Verfassung für den eidgenössischen Stand Appenzell Inner-Rhoden, die von einer außerordentlichen Landsgemeinde 1872 angenommen worden war. Art 4 lautet: „Das Eigentum jeder Art, gehöre es Privaten, Gesellschaften, vom Staate anerkannten Korporationen und Stiftungen, oder Gemeinden, ist unverletzlich. In Fällen, wo das öffentliche Wohl die Abtretung von Grundeigenthum oder von andern Privatrechten an den Staat erfordert, steht diesem gegen gerechte und billige Entschädigung das Recht der Auslösung (Expropriationsrecht) zu.“[397] Dieses Rechtsinstrument der Enteignung gegen gerechte Entschädigung ist in unterschiedlichen Formulierungen Allgemeingut in den Schweizer Kantonen. Eine eidgenössische Kantonsverfassung ohne diese Enteignung gegen Entschädigung ist kaum vorstellbar. Deshalb war es für die Vorarlberger Landesverfassung von 1919 mit den politischen Ambitionen, die dahinter stecken, ein unabdingbares Erfordernis, die Unverletzlichkeit des Eigentums und die Enteignung nur gegen gerechte und billige Entschädigung aufzunehmen.

Man gewinnt den Eindruck, dass Berichterstatter Dr. Mittelberger mit der Entscheidung, die Enteignung in eine Landesverfassung aufzunehmen, noch größeren Aufklärungsbedarf hatte. Er berichtet in der Plenumsdebatte der provisorischen Landesversammlung am 14. März 1919: „Feststellen möchte ich nur, dass an dem Grundsatz: – „das Eigentum ist unverletzlich“ – doch festgehalten werden soll. Wenn es im zweiten Teile heißt: ‚In Fällen, wo das öffentliche Wohl die Abtretung von Grundeigentum oder von anderen Privatrechten erfordert, steht dem Lande gegen gerechte und billige Entschädigung das Recht der Enteignung zu’, so heißt es ausdrücklich ‚wo das öffentliche Wohl es verlangt’. Es geht nicht an, dass das Privatrecht des Einzelnen zum Unrecht für die Allge-

[395] Verfassung für den eidgenössischen Stand Appenzell Inner-Rhoden, angenommen von der ausserordentlichen Landsgemeinde, Sonntags den 24. Wintermonat 1872. - [S.l.] : [s.n.], gedr. 1872, Appenzell, Fässler, S. 4, Art 4.

[396] Verfassung des Kantons St. Gallen vom 16. November 1890 : von der Bundesversammlung gewährleistet am 18. Dezember 1890 : (mit den bis 31. Dezember 1914 vorgenommenen Abänderungen). - [St. Gallen] : [s.n.], [ca 1915], S. 6, Art 31.

[397] Verfassung für den eidgenössischen Stand Appenzell Inner-Rhoden, angenommen von der ausserordentlichen Landsgemeinde, Sonntags den 24. Wintermonat 1872. - [S.l.] : [s.n.], gedr. 1872, Appenzell, Fässler, S. 4, Art 4.

meinheit wird. Sonst soll das Privateigentum heilig und unverletzlich sein. Das ist ein Grundsatz, der in der Verfassung der bestehenden Freistaaten in schärfster und kürzester Form zum Ausdruck kommt und der soll auch in Vorarlberg meiner Meinung nach enthalten sein."[398]

Dem sozialdemokratischen Landeshauptmannstellvertreter Fritz Preiß war der Satz „Das Eigentum ist unverletzlich" ein Dorn im Auge: „Das ist nun etwas, was wir Sozialdemokraten eigentlich nicht anerkennen wollen. Nachdem nun aber im zweiten Absatz ausdrücklich steht, dass unter Umständen eine Enteignung erfolgen könne, so können wir auch erklären, dass wir mit der Fassung des § 38 einverstanden sind und auch dafür stimmen."[399] Damit wurde auch diese ideologisch delikate Frage mit den Stimmen aller Mitglieder der provisorischen Landesversammlung beschlossen.

6. Die Ablösbarkeit von Grundlasten

Die kantonalen Verfassungen der Schweiz verfügen zumeist über einen eigenen Artikel oder Paragraphen, der verbietet, dass Grundstücke mit einem Zins oder einer Rente belastet werden, die nicht ablösbar sind. Das hätte nämlich zur Folge gehabt, dass Grundstücke mit einer Last versehen werden können, die einer landwirtschaftlichen Nutzung hinderlich sind. Auch die Vorarlberger Landesverfassung von 1919 hat diese Frage im § 39 geregelt. Es heißt dort: „Keine Liegenschaft kann als unveräußerlich erklärt werden oder darf mit einer Leistung beschwert sein, die nicht nach dem Gesetze ablösbar wäre." Es war dies allerdings kein Problem, das im Jahre 1919 in Vorarlberg irgendwie aktuell gewesen wäre. Es handelt sich dabei vielmehr um eine Übernahme aus Schweizer Kantonsverfassungen, in denen diese Frage der Ablösbarkeit von Grundlasten aus historischen Gründen festgeschrieben war. Der § 39 der Vorarlberger Landesverfassung von 1919 war eine direkte Übernahme des ersten Teiles des Art 33 aus der Verfassung des Kantons St. Gallen aus dem Jahre 1890. Er lautet: „Keine Liegenschaft kann unveräußerlich erklärt werden oder darf mit einer Leistung beschwert sein, die nicht nach den näheren Bestimmungen des Gesetzes ablösbar wäre."[400]

---

[398] Sitzungsbericht der 13. Sitzung der provisorischen Vorarlberger Landesversammlung am 14. März 1919, S. 7.

[399] Sitzungsbericht der 13. Sitzung der provisorischen Vorarlberger Landesversammlung am 14. März 1919, S. 6.

[400] Verfassung des Kantons St. Gallen vom 16. November 1890 von der Bundesversammlung gewährleistet am 18. Dezember 1890 (mit den bis 31. Dezember 1914 vorgenommenen Abänderungen). - [St. Gallen] : [s.n.], [ca 1915], Seite 7, Art 33.

Diesen Art 33 haben die Vorarlberger einfach übernommen, auch wenn er im eigenen Land keine Bedeutung hatte. Es war wohl eher wieder eine jener textlichen Übernahmen, die für den Fall eines Anschlusses einen gewissen Stellenwert erreichen konnten.

Dr. Mittelberger berichtete am 14. März 1919 aus dem Verfassungsausschuss über diesen von St. Gallen übernommenen § 39 der Vorarlberger Landesverfassung, wonach keine Liegenschaft als unveräußerlich erklärt werden kann oder mit einer Leistung beschwert sein darf, die nicht nach dem Gesetze ablösbar wäre: „Es wird damit gesagt, dass die Gründung von Fideikommissen verhindert werde.“[401] Diese Überzeugung des Berichterstatters stimmt aber nicht unbedingt mit der Wirklichkeit überein, denn die Verhinderung von Fideikommissen ist in der Verfassung des Kantons St. Gallen aus dem Jahre 1890 durch den zweiten Teil des Art 33 geregelt, der lautet: „Ebenso ist es auch fürderhin unzulässig, Vermögen als bleibendes Erbgut einer Familie zu verschreiben.“[402] In die Vorarlberger Landesverfassung wurde aber nur der erste Teil mit der Ablösbarkeit von Grundlasten übernommen. Der Berichterstatter hatte aber offensichtlich gemeint, dass auch die Verhinderung von Fideikommissen dadurch bereits geregelt sei.

Auch die „Staats-Verfassung des Kantons Freiburg“ aus dem Jahre 1857 hatte im Art 13 festgeschrieben, dass kein Grundstück mit einem dauernden und unablöslichen Grundzins belastet werden dürfe. In einem eigenen Art 14 hieß es: „Die Majorate, Substitutionen und Familien-Fideikommisse können nicht wieder hergestellt werden.“[403]

Dass es bei diesen Formulierungen aus kantonalen Verfassungen um die Verbesserung der landwirtschaftlichen Nutzung ging, wird aus dem entsprechenden § 16 der Verfassung des Kantons Zug deutlich. Dort heißt es: „Die Loskäuflichkeit der Zehnten und Grundzinse, sowie anderweitiger, die Landwirtschaft hemmender Servituten ist gesichert.“[404] Auch der Entwurf einer partiellen Revision der Verfassung des eidgenössischen Standes Schwyz aus dem Jahre 1898

---

401 Sitzungsbericht der 13. Sitzung der provisorischen Vorarlberger Landesversammlung am 14. März 1919, S. 7.

402 Verfassung des Kantons St. Gallen vom 16. November 1890 von der Bundesversammlung gewährleistet am 18. Dezember 1890 (mit den bis 31. Dezember 1914 vorgenommenen Abänderungen). - [St. Gallen] : [s.n.], [ca 1915], Seite 7, Art 33.

403 Staats-Verfassung des Kantons Freiburg. - [S.l.] : [s.n.], gedr. 1857, Murten, C. Bryner, S. 5, Art 13-14.

404 Verfassung des Kantons Zug : vom 31. Jan. 1894. - [S.l.] : [s.n.], gedr. 1894, Zug :, A. Schibli-Keller
S. 5, § 16.

zeigt im § 21, dass darin die Anliegen der Landwirtschaft vertreten wurden. Es heißt dort: „Keine Liegenschaft kann mit einer nichtloskäuflichen Last, gemäß welcher der Grundeigentümer zu einer Leistung verpflichtet ist, belegt werden, und es ist die fortdauernde Loskäuflichkeit der Zehnten und Grundzinse garantiert. Auch besonders schädliche Dienstbarkeiten, wie das Weide- und Beholzungsrecht in den Wäldern, das Farren- und Streuesammeln und dergleichen, können nach den Bestimmungen und unter den Vorbehalten des Gesetzes von den Eigentümern der dienenden Grundstücke losgekauft werden.“[405]

Praktische Bedeutung hat der aus der Schweiz übernommene § 39 der Vorarlberger Landesverfassung auch für die Landwirtschaft nicht erlangt. Es wurde lediglich erreicht, dass Vorarlberg einem Schweizer Kanton wieder um eine Verfassungsbestimmung ähnlicher geworden war.

7. Die Wahlpflicht als Recht der Volksgenossen

Das Wahlgesetz für den Vorarlberger Landtag, das die provisorische Landesversammlung schon im Februar 1919 beschlossen hatte, war eine unabdingbare Voraussetzung für den Beschluss der Landesverfassung vom 14. März 1919. Schon dieses Wahlgesetz sah im § 14 die Wahlpflicht vor: „Jeder für die Wahlen in den Landtag Vorarlbergs Wahlberechtigte ist auch wahlpflichtig“, hieß es im Wahlgesetz. Der schweizerfreundliche Berichterstatter wies darauf hin, „daß der § 14 und auch das schöne Wort ‚Wahlpflicht‘ aus einer der ältesten Kantonsverfassungen der Schweiz stammen.“[406]

Die Wahlpflicht hing, wie der christlichsoziale Abgeordnete Jodok Fink schon 1905 im Vorarlberger Landtag vorgebracht hatte, innig mit dem modernen System der Verhältniswahl zusammen, das Vorarlberg als erstes Bundesland von der Schweiz übernommen hatte. Bei der Verhältniswahl wolle man ja zum Ausdruck bringen, dass die Wahl ein Spiegelbild abgebe, in welchem Stärkeverhältnis die einzelnen Parteien im Wahlkreis vorhanden seien. Um das zu errei-

---

[405] Entwurf einer partiellen Revision der Verfassung des eidgen. Standes Schwyz vom 11. August 1898; Vorlage für die Volksabstimmung vom 23. Oktober 1898. - [S.l.] : [s.n.], gedr. 1898, Schwyz, Emil Steiner, S. 7, § 21.

[406] Gesetzesvorlage über die neue Wahlordnung. 11. Sitzung der Vorarlberger Landesversammlung am 28. Februar 1919 unter dem Vorsitze des Herrn Landeshauptmannes Dr. Otto Ender, S. 6-32. In: Stenographische Sitzungsberichte der provisorischen Vorarlberger Landesversammlung zu Bregenz. Bregenz 1919, S 25.
Am 28. Jänner 2004 hat der Vorarlberger Landtag die Wahlpflicht für Bundes-, Landes- und Gemeindewahlen sowie für die Landwirtschaftskammerwahl abgeschafft.

chen, sei es notwendig, dass alle Wähler an der Urne erscheinen würden. Sonst sei eben die Verhältniswahl keine Verhältniswahl.[407]

Die Schweizer Demokratie habe immer die feste Überzeugung, dass mit dem Recht auch Pflichten verbunden seien, erklärte der Berichterstatter beim Beschluss der provisorischen Landesversammlung über das Wahlgesetz für den Landtag.[408] Es war deshalb für die Mehrheit keine Frage, dass die Wahlpflicht auch in der Vorarlberger Landesverfassung verankert werden musste. Als § 40 wurde die Bestimmung aufgenommen: „Jeder stimmberechtigte und stimmfähige Volksgenosse ist verpflichtet, an allen verfassungsmäßigen Wahlen und Abstimmungen des Landes teilzunehmen."[409]

Diese Bestimmung ist eng an Art 43 der Verfassung des Kantons St. Gallen aus dem Jahre 1890 angelehnt. Dort heißt es: „Jeder stimmfähige Bürger ist pflichtig, an den verfassungsmäßigen Wahlen und Abstimmungen, sowie an Gemeindeversammlungen teilzunehmen."[410] Die St. Galler Kantonsverfassung hatte allerdings noch den Zusatz: "Diese Pflicht hört mit dem Antritte des 60. Altersjahres auf." Diese Bestimmung haben die Vorarlberger nicht übernommen.

Die Vorarlberger Landesversammlung ging auch nicht so weit wie die Kantone Nidwalden und Obwalden, die gleich einen Aufruf zu charaktervollem Verhalten bei der Wahl starten. Nach der Verfassung des Kantons Unterwalden nid dem Wald aus dem Jahre 1877 ist „jeder stimmfähige Kantonseinwohner pflichtig, an den Gemeindeversammlungen, an welchen er sein Stimmrecht ausüben darf, fleißig zu erscheinen und dabei so zu stimmen, wie er es vor Gott und dem Vaterlande verantworten kann."[411] Auch in der Verfassung von Unterwalden ob dem Wald aus dem Jahre 1902 ist nach Art 13 die Teilnahme an der Landsge-

---

[407] Bericht des Gemeindeausschusses über die Landes-Ausschußvorlage wegen Ergänzung der Grundzüge zu einer neuen Gemeinde-Wahlordnung und betreffend Aufstellung von Grundzügen für eine neue Landtags-Wahlordnung. In: Stenographische Sitzungsberichte der III. Landtagssession in Vorarlberg in Bregenz, IX. Landtags-Periode, Bregenz 1905, 11. Sitzung des Vorarlberger Landtages, 8. November 1905, Seite 66-76, hier S. 72.

[408] Gesetzesvorlage über die neue Wahlordnung. 11. Sitzung der Vorarlberger Landesversammlung am 28. Februar 1919 unter dem Vorsitze des Herrn Landeshauptmannes Dr. Otto Ender, S. 6-32. In: Stenographische Sitzungsberichte der provisorischen Vorarlberger Landesversammlung zu Bregenz. Bregenz 1919, S 25.

[409] Gesetz vom 14. März 1919 über die Verfassung des Landes Vorarlberg, Vorarlberger LGBl. 22/1919, § 40.

[410] Verfassung des Kantons St. Gallen vom 16. November 1890, von der Bundesversammlung gewährleistet am 18. Dezember 1890 (mit den bis 31. Dezember 1914 vorgenommenen Abänderungen). - [St. Gallen] : [s.n.], [ca 1915], S. 9, Art 43.

[411] Verfassung des Kantons Unterwalden nid dem Wald, 1877. - [S.l.] : [s.n.], gedr. 1878, Stans :, Caspar von Matt, S. 7, Art 18.

meinde und an den Bürgerversammlungen Bürgerpflicht. „Jeder Stimmfähige hat bei Gesetzes- und Beschlussvorlagen, sowie bei Wahlen so zu stimmen, wie er es vor Gott und dem Vaterlande verantworten kann.“[412]

Die Wahlpflicht, die von den Eidgenossen in das Wahlgesetz zum Vorarlberger Landtag und in die Vorarlberger Landesverfassung von 1919 kam, ist in den alten Landsgemeinden entstanden.

Zur Landsgemeinde erschienen die Landleute, die in Ehr und Wehr stehen und die unter Strafe verpflichtet sind, an der Landsgemeinde teilzunehmen. Es bestand Dingpflicht. Die Landleute sind die vollberechtigten Bürger der schweizerischen Demokratien, wobei der Stand keine Rolle spielt. Nur die niedergelassenen Landsfremden, die Hintersässen oder Beisässen, sind von der Landsgemeinde ausgeschlossen. Ausnahmen bestanden im 16. Jahrhundert in Glarus und im endenden 17. Jahrhundert in Zug, auch galten die in Obwalden niedergelassenen Nidwaldner als Landleute und umgekehrt.[413]

Ehr- und Wehrlosigkeit als Folge strafbarer Handlungen, in Zug auch Bettelstand und Armengenössigkeit, sind Ausschlussgründe für die Teilnahme an der Landsgemeinde. In Appenzell wurden die Namen der Ehrlosen von den Kanzeln verlesen, in Uri trug man sie in das „Schwarze Buch“ ein, das in Schwyz auch „Kaibenbuch“ genannt wurde. Obwalden machte sie bis ins 18. Jahrhundert durch Abschneiden der Haare kenntlich.

Zur Landsgemeinde musste der Landmann mit einem Seitengewehr bewaffnet erscheinen. Damit hielt man auch eine gewisse Bewaffnung des Volkes für kriegerische Ereignisse aufrecht. Das Tragen der Seitenwaffe als Ausweis der Stimmpflicht, wie es heute noch in Appenzell-Innerrhoden üblich ist, erlosch in Nidwalden im 18. Jahrhundert. Die Ratsherren oder vornehmen Herren trugen den Ratsdegen noch bis in die 1850er Jahre.[414]

Auch die Sanktionen gegen die Verletzung der Wahlpflicht haben sich an der Landsgemeinde ausgebildet. Ihre Missachtung wird unterschiedlich geahndet. Im Kanton Appenzell-Außerrhoden besteht die Landsgemeinde aus allen stimmberechtigten Kantonseinwohnern. Die Teilnahme an derselben ist bis zum

---

412 Verfassung des Kantons Unterwalden ob dem Wald, (angenommen den ... 1902). - [S.l.] : [s.n.], [1902], S. 4, Art 13.

413 Carlen, Louis: Die Landsgemeinde in der Schweiz. Schule der Demokratie. Sigmaringen 1976, S. 12.

414 Carlen, Louis: Die Landsgemeinde in der Schweiz. Schule der Demokratie. Sigmaringen 1976, S. 13.

60. Altersjahre Bürgerpflicht. Wer zum Besuch der Landsgemeinde berechtigt und verpflichtet ist, den Verhandlungen derselben jedoch ohne erhebliche Gründe wie Krankheit, Altersschwäche oder mehrtägige Landesabwesenheit nicht beiwohnt, ist mit 10 Schweizer Franken zu büßen. Die Buße fällt in die Polizeikasse der Wohngemeinde.[415] Im Kanton Appenzell-Innerrhoden heißt es nur, dass jeder Stimmberechtigte nicht bloß berechtigt, sondern auch verpflichtet ist, an allen Landsgemeinden und verfassungsmäßig öffentlichen Versammlungen teilzunehmen.[416] Im Landsgemeindekanton Glarus hieß es in der Verfassung, die Landsgemeinde als die Versammlung aller stimmberechtigten Landesbewohner sei die souveräne Behörde des Kantons. Das Erscheinen an derselben sei für jeden Stimmberechtigten Bürgerpflicht.[417]

Die Sozialdemokraten hatten in Vorarlberg ihre Ablehnung der Wahlpflicht schon einmal dokumentiert, als sie im Februar 1919 in der provisorischen Landesversammlung das Wahlgesetz für den Vorarlberger Landtag abgelehnt hatten. Es wäre deshalb zu erwarten gewesen, dass sie auch diesen Teil der Landesverfassung mit derselben Begründung ablehnen würden. Der sozialdemokratische Landeshauptmannstellvertreter Fritz Preiß trat deshalb zum Schluss der zweiten Lesung noch einmal ans Rednerpult und sagte, es seien in diesem Gesetz über die Verfassung des Landes Vorarlberg einige Bestimmungen vorhanden, mit denen die Sozialdemokraten nicht einverstanden seien. Eine dieser Bestimmungen sei der § 40 über die Wahlpflicht. Da dieser Paragraph aber schon in der Wahlordnung enthalten sei, also schon Gesetz gewesen ist, mussten diese Bestimmungen nach Ansicht der Sozialdemokraten zwingend – wenn auch gegen ihren Willen – in den Verfassungsentwurf aufgenommen werden. „In Konsequenz dessen, weil es ja schon in Kraft ist, wäre es eine zwecklose Demonstration, wenn wir gegen diesen Paragraphen, gegen dieses Gesetz stimmen würden", sagte der Sozialdemokrat. Der Gesetzentwurf sei ein unleugbarer Fortschritt auf dem Gebiete der Völkerrechte – sagen wollte er: auf dem Gebiete der Volksrechte – und die sozialdemokratische Partei werde daher auch in dritter Lesung für diesen Entwurf stimmen.[418]

---

[415] VII. Abschnitt, Organisation und Befugnisse der öffentlichen Gewalten, A. Gesetzgebung und kantonale Verwaltung. 1. Die Landsgemeinde, Art 40.

[416] Verfassung für den eidgenössischen Stand Appenzell Inner-Rhoden, angenommen von der ausserordentlichen Landsgemeinde, Sonntags den 24. Wintermonat 1872. - [S.l.] : [s.n.], gedr. 1872, Appenzell :, Fässler, S. 8, Art 17.

[417] Verfassung des Kantons Glarus. - [S.l.] : [s.n.], gedr. 1887, Schwanden, Tschudy-Aebly, S. 10, Art 31.

[418] Sitzungsbericht der 13. Sitzung der provisorischen Vorarlberger Landesversammlung am 14. März 1919, S. 11.

8. Die Rechte der Volksgenossen im Vergleich zur Schweiz

Die Vorarlberger Landesverfassung von 1919 wurde im Rückblick immer wieder als exotische Rarität gehandelt, weil erstmals in einer österreichischen Landesverfassung Grund- und Freiheitsrechte der Bürger enthalten waren. Aus österreichischer Sicht wurde sie diesem Ruf, ein außergewöhnliches und auffallendes Verfassungswerk zu sein, durch die Aufnahme von Grund- und Freiheitsrechten sicher gerecht. War sie das aber auch aus Schweizer Sicht?

Die Auflistung der Rechte der Volksgenossen begann in der Vorarlberger Landesverfassung mit der Gleichheit vor dem Gesetz sowie der Glaubens- und Gewissensfreiheit in § 35. Als Ergänzung dazu kam im § 36 die Kultusfreiheit. In § 37 garantierte das Land den Schutz der deutschen Sprache, die auch Amtssprache war. In § 38 folgten die Unverletzlichkeit des Eigentums und die Möglichkeit der Enteignung gegen gerechte Entschädigung. Nach § 39 durfte keine Liegenschaft als unveräußerlich erklärt werden, und es wurden auch keine Grundlasten geduldet, die nicht gesetzlich ablösbar waren. Und schließlich behandelte § 40 noch das Stimmrecht der Volksgenossen, das unabdingbar mit der Stimmpflicht verbunden war.

Das ist eine bunte Palette von Rechten, die so auch in einer Schweizer Kantonsverfassung stehen könnte. Die Verfassungen der eidgenössischen Kantone enthalten – wie die schweizerische Bundesverfassung – ebenfalls einen Katalog von Freiheitsrechten. Allerdings trifft dies nach Beobachtungen des Staatsrechtlers Zaccaria Giacometti nur in einem mehr materiellen Sinne zu. Formell betrachtet könne man hingegen nicht immer von einem Katalog von Freiheitsrechten in dem Sinne sprechen, dass diese nach klassischem Vorbilde in einem besonderen Abschnitt der Kantonsverfassungen zusammengefasst seien. Die Freiheitsrechte sind vielmehr in einzelnen Kantonsverfassungen zwischen anderen Vorschriften eingestreut.

„Die Kantonsverfassungen gewährleisten sowohl Freiheitsrechte des isoliert gedachten Individuums, wie die persönliche Freiheit, das Hausrecht, die Petitionsfreiheit, die Niederlassungsfreiheit, die Glaubens- und Gewissensfreiheit, als auch Freiheitsrechte des Einzelnen, insofern er in Beziehung zu anderen tritt, wie die Meinungsäußerungsfreiheit, die Kultusfreiheit, die Vereinsfreiheit, die Versammlungsfreiheit.“[419] Die Vorarlberger hatten von dieser stolzen Aufzählung der Schweizer Vorbilder nur eine bescheidene Auswahl übernommen: In der Landesverfassung von 1919 fehlen von den Freiheitsrechten, die ein Volks-

[419] Giacometti, Z[accaria]: Das Staatsrecht der schweizerischen Kantone. Zürich 1941, S 155-157.

genosse für sich allein genießen konnte, so wesentliche Errungenschaften wie die persönliche Freiheit, das Hausrecht, die Petitionsfreiheit und die Niederlassungsfreiheit. Lediglich die Glaubens- und Gewissensfreiheit findet sich in der Vorarlberger Verfassung von diesen grundlegenden Rechten. Von den Freiheitsrechten, die dem Bürger im gesellschaftlichen Verkehr mit anderen gewährleistet sein müssen, findet sich in der Vorarlberger Landesverfassung von 1919 überhaupt nur die Kultusfreiheit. Zur Gänze fehlen im Vorarlberger Verfassungswerk die Meinungsäußerungsfreiheit sowie die Vereins- und Versammlungsfreiheit.

Die Vorarlberger Landesverfassung sollte einen fugenlosen Übergang des Landes in das schweizerische Verfassungssystem ermöglichen. So gesehen hätte Vorarlberg alle Muster von Freiheitsrechten aus kantonalen Verfassungen übernehmen können. Das hat es nicht getan. Die übernommene Auswahl ist eher bescheiden und willkürlich. Für eine deutschösterreichische Landesverfassung war es hingegen eine Aufsehen erregende Auflistung von Freiheitsrechten, die den Volksgenossen Selbstvertrauen verleihen und das Gefühl einer gewissen Eigenständigkeit geben konnte. Tatsächlich bewirkt hätte diese Auflistung in einer Landesverfassung in Deutschösterreich verfassungsrechtlich aber nichts, denn die Freiheitsrechte waren ja ausnahmslos in den Staatsgrundgesetzen vom Dezember 1867 enthalten. Eine Wiederholung in Landesverfassungen hätte nicht bedeutet, dass nun die Länder anstelle des Bundes für diese Freiheitsrechte einstehen hätten müssen. Um den Eindruck einer gesteigerten Selbständigkeit des Landes gegenüber der Zentralgewalt zu erreichen, war aber die Aufnahme von Freiheitsrechten in eine Landesverfassung auch aus deutschösterreichischer Sicht eine nicht ungeschickte Maßnahme.

Die Rechte der Volksgenossen beginnen in der Vorarlberger Landesverfassung mit der Gleichheit vor dem Gesetz. Auch die meisten Kantonsverfassungen enthalten das Prinzip der Rechtsgleichheit, das im Verhältnis zu den Freiheitsrechten als das formale Recht auf gleiche Freiheit erscheint.

Die Gewährleistung von Freiheitsrechten in den Kantonsverfassungen besitzt angesichts des Vorranges des Bundesrechtes gegenüber dem kantonalen Recht nur noch dann eine rechtliche Bedeutung, wenn diese Freiheitsrechte von der Bundesverfassung nicht garantiert oder nur in engerem Rahmen gewährleistet sind. Dies trifft nach dem Wortlaut der schweizerischen Bundesverfassung für die Meinungsäußerungsfreiheit, die Unterrichtsfreiheit, die Versammlungsfreiheit, die persönliche Freiheit und das Hausrecht zu, während die anderen Freiheitsrechte der Kantonsverfassung ihre Gewährleistung bereits in der Bundesverfassung erfahren haben. [420] Was hat das nun für die Übernahme von Freiheitsrechten aus Schweizer Kantonsverfassungen in die Vorarlberger Landesverfassung von 1919 zu bedeuten? Vorarlberg hat seine Landesverfassung aus politischen Gründen so gestaltet, dass es ohne größere Änderung mit dieser Verfassung auch als Schweizer Kanton weiterleben hätte können. Wenn man damals im Lande von einer zukünftigen Gültigkeit der schweizerischen Bundesverfassung für Vorarlberg ausging, hätte die Auswahl der Freiheitsrechte, wie sie in der Vorarlberger Landesverfassung getroffen wurde, überhaupt keine Bedeutung gehabt, weil alle diese Rechte bereits durch die schweizerische Bundesverfassung garantiert waren. Und jene schweizerischen Freiheitsrechte wie die Meinungsäußerungsfreiheit, die Unterrichtsfreiheit, die Versammlungsfreiheit, die persönliche Freiheit und das Hausrecht – die alle durch die Aufnahme in eine „Kantonsverfassung Vorarlberg" gegenüber der schweizerischen Bundesverfassung noch eine verfassungsrechtliche Ausweitung erfahren hätten – wurden in die Vorarlberger Landesverfassung gar nicht erst aufgenommen.

Die Meinungsäußerungsfreiheit, die nicht in die Vorarlberger Landesverfassung aufgenommen wurde, stellt eine rechtliche Garantie der Ausstrahlungen der Denkfreiheit nach außen dar. Diese Denkfreiheit stellt, weil sie rechtlich nicht fassbar ist, kein Freiheitsrecht, sondern eine natürliche Freiheit dar. Als solche natürlich garantierte Freiheit ist aber die Meinungsäußerungsfreiheit zweifellos in der „Pressfreiheit" der schweizerischen Bundesverfassung enthalten.

Als Freiheitsrechte, die lediglich in den Kantonsverfassungen gewährleistet erscheinen, kommen somit nur noch die persönliche Freiheit, das Hausrecht, die Versammlungs- und Unterrichtsfreiheit in Betracht.[421] Persönliche Freiheit und Hausrecht sind in beinahe allen Kantonsverfassungen garantiert, während Versammlungs- und Unterrichtsfreiheit nur etwa von der Hälfte der Kantone verfassungsmäßig gewährleistet werden.

Die persönliche Freiheit ist neben den anderen Freiheitsrechten wörtlich zu verstehen. Sie stellt die individuelle Freiheit im engeren Sinne des Wortes dar und ist gleichbedeutend mit physischer Freiheit, das heißt Freiheit der Verfügung über den eigenen Körper. Bei der Freiheit der Verfügung über den eigenen Körper lassen sich wiederum zwei Seiten unterscheiden. Diese Freiheit erscheint zunächst als Bewegungsfreiheit nach Abzug der Niederlassungs- und Auswanderungsfreiheit und bildet insofern eine prinzipielle Garantie gegen Einsperrung und zwangsweise Ortsveränderung. Die Freiheit der Verfügung über den eige-

---

[420] Giacometti, Z[accaria]: Das Staatsrecht der schweizerischen Kantone. Zürich 1941, S 157-158.
[421] Giacometti, Z[accaria]: Das Staatsrecht der schweizerischen Kantone. Zürich 1941, S 159.

nen Körper erscheint sodann als ein Recht auf körperliche Unversehrtheit, das heißt als eine Gewährleistung gegen Beeinträchtigungen der körperlichen Integrität durch die Staatsgewalt. Insofern bildet die persönliche Freiheit in gewissem Sinne die Bedingung für die Ausübung der anderen Freiheitsrechte. Denn ohne physische Freiheit können sich diese praktisch nicht auswirken. [422]

Das Hausrecht, das heißt die Gewährleistung der Unverletzlichkeit der Wohnung, bildet gewissermaßen eine Folgerung und Ergänzung der Gewährleistung der persönlichen Freiheit. Das Hausrecht bedeutet einen Verfassungsschutz der Wohnung im weiteren Sinne des Wortes. Unverletzlich soll jedes befriedete Besitztum sein. Kein Staatsorgan darf somit grundsätzlich ohne Einwilligung seines Besitzers das befriedete Besitztum im Sinne von Haus oder Wohnung betreten.

Die Versammlungsfreiheit bedeutet die Freiheit des Einzelnen, vorübergehend öffentlich oder privat zusammenzukommen, in der Absicht Reden anzuhören oder zu beraten und zu beschließen, um dadurch die Allgemeinheit aufzuklären oder auf sie einzuwirken.[423] Die Unterrichtsfreiheit ihrerseits besteht in der Freiheit, Unterricht zu erteilen und Unterricht zu erhalten.

Die Kantonsverfassungen enthalten sodann gewisse Vorschriften, die in ihrem Verhältnis zu den Freiheitsrechten betrachtet als Verstärkungen dieser individuellen Freiheiten erscheinen, obwohl sie daneben noch andere Funktionen erfüllen. Als eine solche Verfassungsvorschrift erscheint die Eigentumsgarantie, die auch in die Vorarlberger Landesverfassung von 1919 übernommen wurde: „Das Eigentum ist unverletzlich". So steht es im § 38 der Landesverfassung von 1919.[424] Genau diese Formulierung kommt auch in vielen kantonalen Verfassungen vor. Sie bedeutet vorab einen besonderen Schutz des Hausrechtes sowie der Gewerbefreiheit, ja sie bildet mit der Vertragsfreiheit die privatrechtliche Seite der Gewerbefreiheit. Die Eigentumsgarantie ist, obwohl sie auch Eigentumsfreiheit genannt wird, kein echtes Freiheitsrecht, denn sie setzt eine staatliche Eigentumsordnung voraus und garantiert die Vermögensrechte des Einzelnen lediglich in dem Umfang und Inhalt, wie sie diesem kraft objektivem Gesetzesrecht zustehen. Die Eigentumsgarantie ist daher vielmehr eine so genannte Institutsgarantie, die die Freiheitsrechte immer begleitet. Ohne Eigentumsfrei-

---

422 Giacometti, Z[accaria]: Das Staatsrecht der schweizerischen Kantone. Zürich 1941, S 159-160.

423 Giacometti, Z[accaria]: Das Staatsrecht der schweizerischen Kantone. Zürich 1941, S 160-161.

424 Gesetz vom 14. März 1919 über die Verfassung des Landes Vorarlberg, Vorarlberger LGBl. 22/1919, § 38.

heit erscheinen nicht nur die Handels- und Gewerbefreiheit, sondern auch andere Freiheitsrechte schwer vorstellbar, da die individuelle Freiheit eben wohl nur auf dem Boden der Privatwirtschaft richtig gedeihen kann.[425]

Bei den weiteren Rechten der Volksgenossen, die in der Vorarlberger Landesverfassung aufgelistet sind, fällt auf, dass die Wahlpflicht unter den Rechten aufgeführt wird. Als § 40 wurde die Bestimmung aufgenommen: „Jeder stimmberechtigte und stimmfähige Volksgenosse ist verpflichtet, an allen verfassungsmäßigen Wahlen und Abstimmungen des Landes teilzunehmen."[426] Hier hat eine Verlagerung des Schwergewichtes von der demokratisch erkämpften Errungenschaft, wählen zu dürfen, hin zu einer für manche lästigen Verpflichtung, wählen zu müssen, stattgefunden. In der Sitzung des Vorarlberger Landtags vom 28. Jänner 2004 hat Vorarlberg als zweitletztes Bundesland Österreichs die Wahlpflicht abgeschafft. Sie bestand danach nur noch im Bundesland Tirol. Bei der ersten Wahl in Vorarlberg nach Abschaffung der Wahlpflicht – es handelte sich um die Bundespräsidentenwahl am 25. April 2004 – sank die Wahlbeteiligung landesweit auf 52,6 Prozent.

Unter den Rechten der Volksgenossen hätte neben der Wahlpflicht auch ohne Weiteres die Wehrpflicht angeführt werden können, wenn Vorarlberg ein eidgenössischer Kanton geworden wäre. Auch die kantonalen Verfassungen enthalten fast ausnahmslos die Bestimmung, dass jeder Bürger wehrpflichtig sei und die Anwendung dieses Grundsatzes durch die Bundes- und Kantonalgesetzgebung geregelt sei.[427] Unter der Voraussetzung, dass Vorarlberg ein deutschösterreichisches Bundesland bleibt, wäre dieser Bestimmung kein langes Überleben gesichert gewesen, da kurz darauf Art 119 des Staatsvertrages von Saint Germain die allgemeine Wehrpflicht verbot und erst wieder das Wehrgesetz vom 7. September 1955, BGBl. Nr. 181, auf der allgemeinen Wehrpflicht aufbaut. Die provisorische Landesversammlung hat überdies unter dem Eindruck des großen Leides der Kriegsteilnehmer, die zu einem großen Teil nach dem Ersten Weltkrieg auch noch in Kriegsgefangenschaft waren, nicht auf die historisch gewachsenen militärischen Sonderrechte Vorarlbergs gepocht. Unter diesem Gesichtspunkt waren auch weitere Bestimmungen, wie etwa in Art 27 der Verfassung des Kantons Zürich, wonach der Staat die erste militärische Ausrüstung der

---

[425] Giacometti, Z[accaria]: Das Staatsrecht der schweizerischen Kantone. Zürich 1941, S 162.

[426] Gesetz vom 14. März 1919 über die Verfassung des Landes Vorarlberg, Vorarlberger LGBl. 22/1919, § 40.

[427] So beispielsweise die Verfassung des Kantons Wallis vom 26. November 1875. - [S.l.], [s.n.], gedr. 1876, Sitten, L. Schmid, S. 4, Art 12.

Wehrpflichtigen übernimmt, in einer Vorarlberger Landesverfassung illusorisch.[428]

Die Verfassung des eidgenössischen Standes Zürich vom 18. April 1869 war im Übrigen auch mit anderen Rechten der Bürger durchaus fortschrittlicher als die Vorarlberger „Kantonsverfassung“ von 1919. In der Zürcher Kantonalverfassung hatte sich der Staat verpflichtet, auf dem Wege der Gesetzgebung „die zum Schutze der Arbeiter nöthigen Bestimmungen“ zu erlassen. Diese erste verfassungsrechtliche Arbeitnehmerschutzbestimmung wurde zu Recht als Pionierleistung gewertet, als Anfangspunkt einer sozialstaatlichen Entwicklung gesehen, die letztlich zu den Sozialschutzbestimmungen in den neuen Wirtschaftsartikeln der schweizerischen Bundesverfassung von 1947 führte.[429] Derartiges findet sich nicht in der Vorarlberger Landesverfassung von 1919. Dennoch hatten die Rechte der Volksgenossen, die in der Vorarlberger Landesverfassung aufgelistet wurden, große politische Signalwirkung für eine Hinwendung zur Schweiz, wo selbst auf kantonaler Ebene so grundlegende Bestimmungen für die Bürger in die Verfassungen aufgenommen wurden. Dass diese Bürgerrechte schon in der schweizerischen Bundesverfassung garantiert waren, wurde im politischen Alltag nicht hinterfragt.

6. Kapitel: Verantwortlichkeit der Behörden, Beamten und Angestellten

Die Eidgenossen haben in ihren Verfassungen die Fragen der persönlichen Verantwortung von Amtsträgern klar geregelt. Der Eid spielt eine große Rolle. Und dieses Instrumentarium haben die Vorarlberger nach dem Ersten Weltkrieg aus der Schweiz übernommen. Der sechste Abschnitt der Vorarlberger Landesverfassung von 1919 befasst sich mit der „Verantwortlichkeit der Behörden, Beamten und Angestellten“. Schon der Name des Kapitels ist eine direkte Übernahme aus der Verfassung des Kantons St. Gallen aus dem Jahre 1890. Auch dort ist der Abschnitt L mit den Worten „Verantwortlichkeit der Behörden, Beamten und Angestellten“ überschrieben.[430]

---

[428] Verfassung des eidgenössischen Standes Zürich : vom 18. April 1869. - [S.l.] : [s.n.], [1869], Art 27.

[429] Kölz, Alfred: Zur Bedeutung der Zürcher Kantonsverfassung vom 18. April 1869. In: Kölz, Alfred: Der Weg der Schweiz zum modernen Bundesstaat: 1789 – 1798 – 1848 – 1998. Historische Abhandlungen. Chur und Zürich 1998, S. 90.

[430] Verfassung des Kantons St. Gallen vom 16. November 1890, von der Bundesversammlung gewährleistet am 18. Dezember 1890 (mit den bis 31. Dezember 1914 vorgenommenen Abänderungen). - [St. Gallen] : [s.n.], [ca 1915], Seite 19, L.

Der Hauptparagraph dieses Abschnittes in der Vorarlberger Landesverfassung von 1919 ist der § 41, in dem es heißt: „Alle Mitglieder der Behörden, alle Beamten und Angestellten haben für genaue Handhabung von Verfassung und Gesetz den Pflichteid zu schwören, oder wenn sie ihn verweigern, das Handgelöbnis zu leisten." Ein Vergleich mit der Verfassung des Kantons St. Gallen zeigt wiederum, dass Art 107 der dortigen Kantonsverfassung als vollkommenes Vorbild gedient hat. Es heißt dort: „Sämtliche Behörden und Beamte haben für genaue Handhabung von Verfassung und Gesetz den Pflichteid zu schwören, oder wenn die Ablegung desselben verweigert wird, das Handgelübde zu leisten."[431]

Im § 42 der Vorarlberger Landesverfassung von 1919 wird angesprochen, dass die Amtsträger auch Nachteile zu erwarten haben, wenn sie gegen den geleisteten Amtseid verstoßen: „Alle Mitglieder der Behörden, alle Beamten und Angestellten sind für ihre Amtsführung persönlich verantwortlich."[432] Es ist dies wiederum eine direkte Übernahme von Art 108 der St. Galler Kantonsverfassung.[433] Die dortige Regelung ist aber noch ein bisschen ausführlicher. Die Verantwortlichkeit wird dort noch als rein persönlich gewertet und es wird festgestellt, dass sie sich nicht auf die Amtsführung von Vorgängern oder Kollegen erstreckt. Diese Feststellung schien den Vorarlbergern nicht notwendig zu sein, weil sie sich schon aus dem ersten Satz ergibt.

In anderen Kantonen sind die Verstöße gegen den Amtseid ausführlicher geregelt. Nach der Staatsverfassung des Kantons Luzern von 1841 ist jeder Beamte persönlich für seine Amtsführung Rechenschaft schuldig und kann wegen Überschreitung oder Missbrauch der ihm anvertrauten Amtsgewalt zur Verantwortung gezogen und zu allfälligem Schadenersatz angehalten werden.[434] Im Landsgemeindekanton Nidwalden ist diese persönliche Verantwortung ebenfalls genauer umschrieben: Behörden, Beamte und Angestellte werden hier „für nachlässige oder ungetreue Verwaltung" verantwortlich gemacht und können – wie

---

[431] Verfassung des Kantons St. Gallen vom 16. November 1890, von der Bundesversammlung gewährleistet am 18. Dezember 1890 (mit den bis 31. Dezember 1914 vorgenommenen Abänderungen). - [St. Gallen] : [s.n.], [ca 1915], S. 19, Art 107.

[432] Gesetz vom 14. März 1919 über die Verfassung des Landes Vorarlberg, Vorarlberger LGBl. 22/1919.

[433] Verfassung des Kantons St. Gallen vom 16. November 1890, von der Bundesversammlung gewährleistet am 18. Dezember 1890 (mit den bis 31. Dezember 1914 vorgenommenen Abänderungen). - [St. Gallen] : [s.n.], [ca 1915], S. 19, Art 108.

[434] Staatsverfassung des Kantons Luzern von 1841, revidirt im Jahre 1848. - [S.l.] : [s.n.], gedr. [1848], Luzern :, Meyer'sche Buchdruckerei, S. 6, Art 17.

dies schon der Verfassungstext vorsieht – zum Ersatz allfälligen Schadens angehalten werden.[435]

Es ist keine Frage, dass diese persönliche Verantwortung, die auf der öffentlichen Eidesleistung beruht, in den Landsgemeinden der Eidgenossen entwickelt wurde. Gerade in der Landsgemeinde, wo sich das gesamte Geschehen vor der versammelten Bevölkerung des Kantons abspielt, hat der Eid eine wichtige Bedeutung erlangt. Nicht nur Landammann und Behördenmitglieder werden feierlich vereidigt, sondern auch – abgesehen von Unterwalden – das Landsgemeindevolk.[436]

Der Abschnitt über die Bedeutung des Eides, der dem Wortlaut nach aus der St. Galler Kantonsverfassung aus dem Jahre 1890 in die Vorarlberger Landesverfassung übernommen wurde, hat noch eine andere Wurzel. Seit Jahrhunderten haben die Vorarlberger die Landsgemeinden im benachbarten Appenzell mitverfolgen können. Die öffentliche Eidesleistung in Appenzell-Innerrhoden ist heute noch an jedem letzten Sonntag im April ein Erlebnis, das auch Kritiker der Landsgemeinden tief beeindrucken muss. Durch den „Grossratsbeschluss betreffend den Landsgemeindeeid vom 21. März 1994“ ist das jahrhundertealte Zeremoniell bei diesem Eid auch in der Gegenwart fester Bestandteil der direkten Demokratie in der benachbarten Schweiz. Der Grosse Rat des Kantons Appenzell-Innerrhoden, hat – gestützt auf Art 24 der Kantonsverfassung für den Eidgenössischen Stand Appenzell-Innerrhoden vom 24. Wintermonat 1872 – beschlossen:

Die Vereidigung von Landammann und Landvolk erfolgt an der Landsgemeinde im Anschluss an die Wahl des regierenden und des stillstehenden Landammanns. Der stillstehende Landammann nimmt dem regierenden und dieser dem Landvolk den Eid ab.[437]

Der stillstehende Landammann verliest dann die Eidesbelehrung: „Im Namen der Dreifaltigkeit. Amen. Ein jeder, der einen Eid zu schwören hat, soll wohl bedenken, welch ernste und verantwortungsvolle Sache dies ist. Er hat die drei Schwurfinger emporzuhalten, die ihn an die drei göttlichen Personen, zu denen er schwört, erinnern. Wenn nun jemand so gewissenlos wäre, einen falschen Eid, einen Meineid zu schwören oder etwas, das er eidlich versprochen und be-

---

[435] Verfassung des Kantons Unterwalden nid dem Wald, 1877. - [S.l.] : [s.n.], gedr. 1878, Stans, Caspar von Matt, S. 7, Art 17.
[436] Carlen, Louis: Die Landsgemeinde in der Schweiz. Schule der Demokratie. Sigmaringen 1976, S. 22.
[437] Grossratsbeschluss betreffend den Landsgemeindeeid vom 21. März 1994, Art 1.

schworen hat, nachher nicht zu halten, so solle er wissen, dass er eines der schwersten Verbrechen beginge. Wer wissentlich falsch schwört, der ruft Gott zum Zeugen der Lüge an, der verachtet die Gerechtigkeit Gottes und macht sich schrecklicher Strafen schuldig, in diesem und im jenseitigen Leben. Erstlich soll der Landammann schwören, die Ehre Gottes, sowie des Landes Nutz und Ehre zu fördern und den Schaden zu wenden, Witwen und Waisen und sonst männiglich zu schirmen und zum Rechten verhelfen zu wollen, so gut er könne und es ungefähr vermöge, jedermann zu richten, wie es ihm befohlen wird, nach den Rechten, wie sie ihm sein Gewissen weist, weder durch Wertgaben, Freundschaften, Feindschaften noch anderer Sachen willen, nur nach den Rechten und um den Lohn, der darauf gesetzt ist. Desgleichen soll er von keinem Fürsten noch Herrn keinerlei besondere Pension, Schenkung oder Gaben nehmen, denn in den Landsäckel." Der regierende Landammann spricht mit erhobenen Schwurfingern dem stillstehenden Landammann die Schwurformel nach: „Das hab ich wohlverstanden, wie es mir vorgelesen und eröffnet worden ist. Das will ich wahr und stets halten, treulich und ungefährlich. Also bitte ich, dass mir Gott und die Heiligen helfen. Amen."[438]

Im Anschluss daran verliest der regierende Landammann seinerseits die Eidesbelehrung: „Ebenso sollen die Landleute hinwiederum schwören, die Ehre Gottes, die Ehre des Landammanns und des Landes Nutz und Ehre zu fördern und den Schaden zu wenden und ein Ammann und dessen Gericht und Rat zu schirmen, dem Ammann und seinen Boten gehorsam zu sein, wozu jedermann aufgefordert wird, dass er es halte und ein Genüge leiste nach besten Kräften. Es sollen die Landleute auch in den Eid nehmen und schwören, dass sie von keinem Fürsten noch Herrn keine besondere Pension, Schenkungen, Miet oder Gaben nehmen wollen, es sei denn in den Landsäckel." Die Landleute sprechen mit erhobenen Schwurfingern dem regierenden Landammann die folgende Schwurformel nach: „Das hab ich wohl verstanden, wie es mir vorgelesen und eröffnet worden ist. Das will ich wahr und stets halten, treu und ungefährlich. Also bitte ich, dass mir Gott und die Heiligen helfen. Amen." [439]

Der Eid, der in den Landsgemeindekantonen das ganze Landvolk und die Behörden, Beamten und Angestellten in die Verantwortung gezogen hat, wurde auch in die Repräsentativverfassungen der anderen Kantone aufgenommen. In der Vorarlberger Landesverfassung von 1919 schöpfte man aus beiden Quellen.

---

[438] Grossratsbeschluss betreffend den Landsgemeindeeid vom 21. März 1994, Art 2.
[439] Grossratsbeschluss betreffend den Landsgemeindeeid vom 21. März 1994, Art 3.

7. Kapitel: Gebietseinteilung

Der Abschnitt VII der Vorarlberger Landesverfassung von 1919 ist der Gebietseinteilung gewidmet. Es wurden Amtsbezirke nach Schweizer Vorbild eingerichtet. Schon mit der Überschrift „Gebietseinteilung“ verrät dieser Abschnitt seine Herkunft. Er entspricht inhaltlich dem Abschnitt V der Verfassung des Kantons St. Gallen aus dem Jahre 1890.[440]

Im § 43 der Landesverfassung 1919 wird festgelegt, dass der Sitz der Landesverwaltung und der Landesregierung Bregenz ist. Das Land ist in drei Amtsbezirke – Bregenz, Feldkirch und Bludenz – eingeteilt. Der Gesetzgebung ist vorbehalten, die Zahl und den Umfang der Bezirke zu ändern.[441] Von diesem Recht hat der Landtag im Jahre 1964 Gebrauch gemacht und den Bezirk Feldkirch in den verbliebenen Rest-Bezirk Feldkirch und den neu geschaffenen Bezirk Dornbirn geteilt.

Der Berichterstatter des Verfassungsausschusses rechtfertigte im Plenum der provisorischen Landesversammlung am 14. März 1919 das Abrücken von der Bezeichnung „politischer Bezirk“. Der Abgeordnete Dr. Mittelberger führte aus, es sei hier vom Wort „politischer Bezirk“ abgesehen worden und dafür das deutsche Wort „Amtsbezirk“ eingeführt – es sei zwar das auch nicht ganz deutsch – aber er glaube, die Bevölkerung werde sich ziemlich rasch an den Begriff gewöhnen.[442]

Nach § 44 der Vorarlberger Landesverfassung von 1919 ist jeder Amtsbezirk in politische Gemeinden eingeteilt. Die Schaffung neuer Gemeinden, die Zusammenlegung oder Teilung bestehender Gemeinden sowie die Abänderung ihrer Grenzen bleiben nach diesem Paragraphen der Gesetzgebung des Landes vorbehalten.

Der Landeshistoriker Benedikt Bilgeri schreibt, die Einteilung des Landes nach § 43 in drei „Amtsbezirke“ zeige eine aus dem Kanton Bern übernommene Neu-

---

[440] Verfassung des Kantons St. Gallen vom 16. November 1890, von der Bundesversammlung gewährleistet am 18. Dezember 1890 (mit den bis 31. Dezember 1914 vorgenommenen Abänderungen). - [St. Gallen], [s.n.], [ca 1915], S. 19, V. Abschnitt: Gebietseinteilung.

[441] Gesetz vom 14. März 1919 über die Verfassung des Landes Vorarlberg, Vorarlberger LGBl. 22/1919.

[442] Sitzungsbericht der 13. Sitzung der provisorischen Vorarlberger Landesversammlung am 14. März 1919, S. 5.

erung.[443] Auch der Rechtshistoriker und frühere Landesarchivar Karl Heinz Burmeister übernimmt in seiner Darstellung über „Die Vorarlberger Landesverfassungen bis 1919“ diese Annahme von Benedikt Bilgeri. Burmeister schreibt anlässlich der 75-Jahrfeier der Selbständigkeit Vorarlbergs: „Auch die Gebietseinteilung in den § 43 und 44 folgte einem Vorbild aus der Schweiz, nämlich dem Kanton Bern. An die Stelle des bisher üblichen Begriffes ‚politischer Bezirk‘ trat der Begriff ‚Amtsbezirk‘.[444] Im Gegensatz zu den Annahmen der beiden Historiker Bilgeri und Burmeister zeigt ein Vergleich der Abschnitte V in der Verfassung des Kantons St. Gallen aus dem Jahre 1890 mit der Überschrift „Gebietseinteilung“ und des Abschnitts VII in der Vorarlberger Landesverfassung von 1919, der ebenfalls den Titel „Gebietseinteilung“ trägt, dass die Bezeichnung „Amtsbezirk“ statt „politischer Bezirk“ aus der St. Galler Verfassung übernommen wurde. Es ist zwar drei Jahre nach der St. Galler Verfassung auch in der Staatsverfassung des Kantons Bern, die vom Volk in der Abstimmung vom 4. Juni 1893 angenommen wurde, ebenfalls vom Amtsbezirk die Rede. Nach Art 45 der Berner Kantonsverfassung wird für jeden Amtsbezirk ein Regierungsstatthalter eingesetzt und in Art 46 heißt es, dass der Regierungsstatthalter von den stimmberechtigten Bürgern des Amtsbezirkes gewählt wird.[445] Die Übereinstimmung in der Struktur des Abschnittes über die Gebietseinteilung ist aber zwischen der Vorarlberger Landesverfassung von 1919 und der St. Galler Kantonsverfassung von 1890 sehr viel größer. Grundsätzlich ist ja die kantonale Verfassung von St. Gallen die Hauptquelle schlechthin für die Vorarlberger Landesverfassung gewesen.

Die Bezeichnung „Amtsbezirk“ ist in St. Gallen als Unterscheidungsmerkmal zum „Gerichtsbezirk“ eingeführt worden. Diese Notwendigkeit hat sich ergeben, weil in der Schweiz gewichtige Kompetenzen des Justizwesens auf kantonaler Ebene liegen. In der Verfassung des Kantons St. Gallen aus dem Jahre 1890 wird in Art 110 der Kanton in 15 Bezirke eingeteilt. Die Stadt St. Gallen ist der Hauptort des Kantons und der ordentliche Gerichtsstand der Staatsverwaltung. „Die Bezirke sind Amtsbezirke und Gerichtsbezirke. Der Gesetzgebung bleibt vorbehalten, die Zahl und den Umfang der Gerichtsbezirke nach waltendem Be-

[443] Bilgeri, Benedikt: Geschichte Vorarlbergs, 5 Bde, Wien, Köln und Graz 1971-1987, Bd. V, Kanton oder Bundesland; Untergang und Wiederkehr; Wien, Köln und Graz 1987, S. 25.
[444] Burmeister, Karl Heinz: Die Vorarlberger Landesverfassungen bis 1919. In: 75 Jahre selbständiges Land Vorarlberg (1918-1993), Bregenz 1993, S. 105-134, hier S. 132.
[445] Die Staatsverfassung des Kantons Bern, angenommen vom Berner Volk an der Abstimmung vom 4. Juni 1893. - [S.l.], [s.n.], gedr. 1893, Bern, J. Schmidt, S. 14, Art 45 und S. 15, Art 46.

dürfnisse zu ändern."[446] Und gemäß Art 111 der St. Galler Kantonsverfassung wird jeder Bezirk in politische Gemeinden eingeteilt. Der Gesetzgebung bleiben Änderungen am Gebietsumfang der politischen Gemeinden sowie Änderungen mit Bezug auf die Anzahl der politischen Gemeinden eines Bezirkes vorbehalten.[447]

Es ist also erwiesen, dass die Gebietseinteilung der Vorarlberger Landesverfassung von 1919 nicht nach dem Vorbild der Staatsverfassung des Kantons Bern aus dem Jahre 1893, sondern nach der Verfassung des Kantons St. Gallen aus dem Jahre 1890 ausgerichtet war.

8. Kapitel: Abänderung der Verfassung

Das Kapitel VIII der Vorarlberger Landesverfassung von 1919 über die „Abänderung der Verfassung" stützt sich wiederum sehr stark auf das St. Galler Vorbild. Die Verfassung des Kantons St. Gallen vom 16. November 1890 behandelt im VI. Abschnitt die „Revision der Verfassung". Der § 45 der Vorarlberger Landesverfassung von 1919 sieht vor, dass eine Abänderung der Verfassung vom Volk verlangt werden kann. Dieses Volksrecht der Verfassungsinitiative ist auch in § 6 verankert, in welchem das Volksbegehren ganz allgemein geregelt ist. Der entsprechende Art 114 in der St. Galler Kantonsverfassung sieht ebenfalls vor, dass die Verfassung revidiert werden kann, wenn die absolute Mehrheit der an der Abstimmung teilnehmenden Bürger es verlangt.[448]

Eine Abänderung der Verfassung kann nach § 6 der Verfassung vom Volk mit Hilfe eines Volksbegehrens verlangt werden.[449] Derartige Begehren können in der Form der einfachen Anregung oder des ausgearbeiteten Entwurfes gestellt und im einen wie im anderen Falle begründet werden. Ein Volksbegehren über

---

[446] Verfassung des Kantons St. Gallen vom 16. November 1890, von der Bundesversammlung gewährleistet am 18. Dezember 1890 (mit den bis 31. Dezember 1914 vorgenommenen Abänderungen). - [St. Gallen], [s.n.], [ca 1915], S. 19, Art 110.

[447] Verfassung des Kantons St. Gallen vom 16. November 1890, von der Bundesversammlung gewährleistet am 18. Dezember 1890 (mit den bis 31. Dezember 1914 vorgenommenen Abänderungen). - [St. Gallen], [s.n.], [ca 1915], S. 19-20, Art 111.

[448] Verfassung des Kantons St. Gallen vom 16. November 1890: von der Bundesversammlung gewährleistet am 18. Dezember 1890 (mit den bis 31. Dezember 1914 vorgenommenen Abänderungen). - [St. Gallen] : [s.n.], [ca 1915], S.21, VI. Abschnitt: Revision der Verfassung.

[449] Gesetz vom 14. März 1919 über die Verfassung des Landes Vorarlberg, Vorarlberger LGBl. 22/1919, § 6.

eine Abänderung der Landesverfassung musste zur Volksabstimmung gebracht werden, wenn es von mindestens 15.000 Wählern mit ihrer Unterschrift gefordert wurde.

Auch dem Landtag stand natürlich das Recht zu, die Landesverfassung abzuändern. Es mussten allerdings mindestens zwei Drittel seiner Mitglieder anwesend sein und davon mussten wiederum mindestens zwei Drittel einer Abänderung der Verfassung zustimmen. Das ist in § 46 der Landesverfassung von 1919 geregelt. Der Antrag auf Abänderung der Verfassung musste dem Volk zur Abstimmung vorgelegt werden, wenn mindestens ein Drittel der Landesabgeordneten es verlangt hat. Im Kanton St. Gallen kann der Große Rat ebenfalls von sich aus die Frage über Vornahme einer Verfassungsrevision „an die Abstimmung des Volkes bringen."[450]

Falls in Vorarlberg eine Abänderung der Landesverfassung verlangt wurde, musste der Antrag dem Landtag zur Beratung und Beschlussfassung zugewiesen werden. So sah es § 47 der Landesverfassung vor. Der Landtag konnte die vorbereitende Beratung an einen besonderen Ausschuss oder an den Landesrat abtreten. Der Landtag war aber verpflichtet, den endgültigen Entwurf der neuen Verfassung dem Volk zur Annahme oder Verwerfung vorzulegen.

Bei einer Abstimmung über die Abänderung der Verfassung sind von den Stimmberechtigten zwei Fragen zu beantworten: Erstens, soll eine Abänderung stattfinden oder nicht? Und zweitens, soll der vom Landtag vorgelegte Antrag angenommen oder abgelehnt werden?[451]

Auch in der Staats-Verfassung des Kantons Basel-Landschaft vom 4. April 1892 heißt es im Kapitel über die Revision der Verfassung, dass bei einer Volksabstimmung über eine Verfassungsänderung darüber entschieden werden muss, ob erstens die verlangte Revision stattfinden soll und bejahendenfalls zweitens, ob dieselbe durch den Landrat oder von einem Verfassungsrat vorzunehmen sei.[452]

Die abgeänderte Verfassung trat in Vorarlberg erst in Kraft, wenn sie vom Volk mit absoluter Stimmenmehrheit angenommen wurde. Diese Regelung des § 49

---

[450] Verfassung des Kantons St. Gallen vom 16. November 1890: von der Bundesversammlung gewährleistet am 18. Dezember 1890 (mit den bis 31. Dezember 1914 vorgenommenen Abänderungen). - [St. Gallen] : [s.n.], [ca 1915], S.21, Art 115.

[451] Gesetz vom 14. März 1919 über die Verfassung des Landes Vorarlberg, Vorarlberger LGBl. 22/1919, § 48.

[452] Staats-Verfassung des Kantons Basel-Landschaft : (vom 4. April 1892). - [S.l.] : [s.n.], gedr. 1892, Liestal :, Lüdin, S. 15, § 48.

der Landesverfassung fand seine Entsprechung in Art 123 der Kantonsverfassung von St. Gallen vom Jahre 1890: Eine revidierte Verfassung oder ein Abänderungsantrag ist dort angenommen und tritt sofort in Kraft, wenn die absolute Mehrheit der Stimmenden für Annahme gestimmt hat.[453]

Die Mitglieder des Vorarlberger Verfassungsausschusses hatten 1919 die Verfassungsinitiative aus der Schweiz übernommen. Bei den Eidgenossen fand die Verfassungsinitiative des Volkes allerdings nicht nur Befürworter. Ganze sechs Kantone – nämlich Luzern, Basel-Land, Schaffhausen, Thurgau, Aargau und St. Gallen – führten dieses Volksrecht ein. Begründet wurde die Einführung der Verfassungsinitiative damit, es könnten dadurch Revolutionen vermieden werden. Nirgends finden sich jedoch in den Gesetzesmaterialien dieser Kantone Hinweise auf die Herkunft der Verfassungsinitiative. Es ist im Einklang mit der Literatur – namentlich der Dissertation von Reto Caratsch über „Die Initiative zur Verfassungsrevision“, Zürich 1926 – davon auszugehen, dass man die Verfassungsinitiative der französischen Montagnard-Verfassung entnahm.[454]

So gesehen hat die Verfassungsinitiative in der Vorarlberger Landesverfassung von 1919 ihren Ursprung in der Jakobinerverfassung der Französischen Revolution gehabt. Auf dem Weg über Schweizer Kantone kam sie in die Vorarlberger Landesverfassung.

9. Kapitel: Übergangsbestimmungen

1. Mandat für Kriegsgefangene

Der Erste Weltkrieg hatte unter den Kriegsteilnehmern aus Vorarlberg einen hohen Blutzoll gefordert. Zu dem Zeitpunkt, als die Landesverfassung von 1919 vorbereitet und beschlossen wurde, waren noch immer über 2000 Soldaten aus Vorarlberg in Kriegsgefangenschaft. Falls sie während der ersten Legislaturpe-

453 Verfassung des Kantons St. Gallen vom 16. November 1890, von der Bundesversammlung gewährleistet am 18. Dezember 1890 (mit den bis 31. Dezember 1914 vorgenommenen Abänderungen). - [St. Gallen] : [s.n.], [ca 1915], S.22, Art 123.

454 Kölz, Alfred: Die Wurzeln der schweizerischen direkten Demokratie in der französischen und der amerikanischen Revolution. In: Kölz, Alfred: Der Weg der Schweiz zum modernen Bundesstaat: 1789 – 1798 – 1848 – 1998. Historische Abhandlungen. Chur und Zürich 1998, S. 37-46, hier S. 40.

riode des neuen Landtags nach Beschluss der neuen Landesverfassung von 1919 aus ihren Lagern nach Vorarlberg zurückkehrten, was man erhoffte und wovon man ausging, hätten ausgerechnet diese Bürger, die sich für ihre Heimat auf dem Schlachtfeld eingesetzt hatten, keine Möglichkeit der politischen Mitwirkung auf Landesebene gehabt, weil sie während laufender Gesetzgebungsperiode keinen Vertreter wählen konnten. „Es mußte ein Weg gefunden werden, der denen, die für Volk und Heimat Außergewöhnliches geleistet und geopfert haben, die Ausübung politischer Rechte in irgend einer Form sichert."[455] Es wurde deshalb schon in der Wahlordnung für den Landtag vom 28. Februar 1919 eine außergewöhnliche, aber aus den Verhältnissen leicht erklärliche Bestimmung aufgenommen. Der § 42 dieser Wahlordnung, die als Grundlage für die nachfolgende Landesverfassung geschaffen wurde, sah bereits ein Wahlrecht für die internierten und kriegsgefangenen Landsleute vor, die während der Legislaturperiode freigelassen wurden.

Im Verfassungsausschuss war man der Meinung, dass die Zahl der Rückkehrer 2000 nicht wesentlich übersteigen werde. Der Dornbirner Bürgermeister hatte erklärt, dass in Dornbirn 300 Kriegsgefangene noch ausständig seien. Daraus hat man für ganz Vorarlberg hochgerechnet, dass noch 3000 Landsleute als Kriegsgefangene in Lagern seien. Da aber auch viele davon gestorben sein konnten und manche in Sibirien interniert waren und deshalb vielleicht nicht einmal innerhalb der nächsten Gesetzgebungsperiode von 5 Jahren zurückkommen könnten, hielt man die Zahl von 2000 Anwärtern für das Notwahlrecht für Kriegsgefangene für realistisch. Es wäre auch nicht sinnvoll gewesen, erst kurz vor einer neuerlichen Landtagswahl die Wahl eines zusätzlichen Abgeordneten für zurückgekehrte Kriegsgefangene durchzuführen. Deshalb sollte diese Notwahl stattfinden, sobald 2000 Gefangene aus dem Krieg zurückgekehrt waren.[456] Zudem war zum Zeitpunkt des Beschlusses über die Wahlordnung vom 28. Februar 1919 bereits in Aussicht gestellt worden, dass die neue Landesordnung das Instrument des Referendums aufnehmen werde, sodass zurückkehrende Kriegsgefangene auch bei Volksabstimmungen die Geschicke des Landes zwischen zwei Wahlen mitbestimmen könnten.[457]

---

[455] Bericht des Verfassungsausschusses über den Gesetzentwurf über die Wahlordnung für den Landtag des Landes Vorarlberg, Bregenz, am 26. Februar 1919. Berichterstatter Dr. Johann Josef Mittelberger. 71. Beilage zu den stenographischen Berichten der provisorischen Vorarlberger Landesversammlung 1918/19, S. 301.

[456] Vorarlberger Landesversammlung. 11. Sitzung am 28. Februar 1919 unter dem Vorsitze des Herrn Landeshauptmannes Dr. Otto Ender, S. 30-31. In: Stenographische Sitzungsberichte der provisorischen Vorarlberger Landesversammlung zu Bregenz. Eröffnung der Landesversammlung am 3. November 1918. Bregenz 1919.

[457] Vorarlberger Landesversammlung. 11. Sitzung am 28. Februar 1919 unter dem Vorsitze des Herrn Landeshauptmannes Dr. Otto Ender, S. 7. In: Stenographische Sitzungsberichte der

Das „Gesetz über die Wahlordnung für den Landtag des Landes Vorarlberg" sah im § 42 deshalb vor: „Der Landtag wird ermächtigt, für die bis zum Wahltage außerhalb Deutsch-Österreichs zurückgehaltenen Kriegsgefangenen und internierten Wähler, sobald nach dem Wahltage mindestens 2000 derselben nach Vorarlberg zurückgekehrt sind, ein Notwahlrecht zu schaffen und ihnen das Recht zur Wahl eines Abgeordneten nach den Grundsätzen des Mehrheitswahlsystems mit relativer Stimmenmehrheit zu gewähren, wobei das ganze Land einen Wahlbezirk bildet."[458]

Diese nur aus den Zeitumständen heraus erklärbare Bestimmung wurde in die Übergangsbestimmung der Landesverfassung übernommen. Der § 50 der neuen Landesverfassung von 1919 lautete deshalb: „Für den ersten auf Grund dieser Verfassung zu wählenden Landtag ist in der Wahlordnung die Wahl eines 31. Mitgliedes durch die kriegsgefangenen und internierten Volksgenossen vorzusehen."[459]

Es versteht sich von selbst, dass dies eine originär vorarlbergische Lösung war. Die Schweiz hatte derartige Gesetzesregelungen für Kriegsgefangene in ihren kantonalen Wahlordnungen oder Kantonsverfassungen nicht nötig, da sie als neutraler Staat nicht in den Ersten Weltkrieg verwickelt war und auch vorher schon lange keine Kriege geführt hatte.

2. Inkrafttreten der Verfassung

Die Vorarlberger Landesverfassung trat durch Beschluss der provisorischen Landesversammlung vom 14. März 1919 in Kraft. Es wurde aber eine interessante Bedingung angefügt: Ihre auf den Bundesstaat bezüglichen Bestimmungen sollten nur insolange und insoweit gelten, als der Bundesstaat dem Lande sein Gebiet, seine Selbständigkeit innerhalb der Schranken des § 1 dieser Verfassung, die Freiheit, die Rechte des Volkes und die verfassungsmäßigen Rechte der Volksgenossen, sowie die Rechte und Befugnisse, die das Volk seinen Vertretern übertragen hat, gewährleistet. Diese „bundesstaatliche Vertragsklausel",

---

provisorischen Vorarlberger Landesversammlung zu Bregenz. Eröffnung der Landesversammlung am 3. November 1918. Bregenz 1919.

[458] Gesetz betr. die Wahlordnung für den Landtag des Landes Vorarlberg, 72. Beilage zu den stenogr. Berichten der provis. Vorarlberger Landesversammlung 1918/19.

[459] Gesetz vom 14. März 1919 über die Verfassung des Landes Vorarlberg, Vorarlberger LGBl. 22/1919, § 50.

die an so unerwarteter Stelle angefügt ist, ist durchaus einer genaueren Würdigung wert.[460]

3. Gültigkeit bestehender Gesetze

Im § 52 der Vorarlberger Landesverfassung – es handelt sich dabei um den letzten Paragraphen der Landesverfassung von 1919 – wird die legistische Kontinuität auf einfachgesetzlicher Ebene geregelt. Es heißt hier: „Die gegenwärtig bestehenden Gesetze und Verordnungen bleiben, soweit sie dieser Verfassung nicht widersprechen, in Kraft." Es ist dies wiederum eine fast wortgleiche Übernahme aus der St. Galler Kantonalverfassung vom Jahre 1890, in der es in den Übergangsbestimmungen heißt: „Die bestehenden Gesetze, Beschlüsse und Verordnungen bleiben bis zu ihrer Aufhebung oder Abänderung in Kraft, soweit sie der Verfassung nicht widersprechen."[461]

10. Kapitel: Die bundesstaatliche Vertragsklausel

Peter Pernthaler hat in seinem Buch über „Die Staatsgründungsakte der österreichischen Bundesländer" den Wortlaut des § 51 der Vorarlberger Landesverfassung von 1919 seiner staatsrechtlichen Untersuchung über die Entstehung des Bundesstaates als Leitsatz vorangesetzt.[462] Die auf den Bundesstaat bezüglichen Bestimmungen der Vorarlberger Landesverfassung von 1919 gelten nach diesem Paragraphen nur „insolange und insoweit, als der Bundesstaat dem Lande sein Gebiet, seine Selbständigkeit innerhalb der Schranken des § 1 dieser Verfassung, die Freiheit, die Rechte des Volkes und die verfassungsmäßigen Rechte der Volksgenossen, sowie die Rechte und Befugnisse, die das Volk seinen Vertretern übertragen hat, gewährleistet."[463] Das Land ist gemäß diesem § 1 „selbständig, soweit seine Selbständigkeit nicht durch die Verfassung des Bundesstaates beschränkt ist; es übt als selbständiges Land alle Rechte aus, die nicht

[460] Siehe unten im nächsten Kapitel „Die bundesstaatliche Vertragsklausel".
[461] Verfassung des Kantons St. Gallen vom 16. November 1890: von der Bundesversammlung gewährleistet am 18. Dezember 1890 (mit den bis 31. Dezember 1914 vorgenommenen Abänderungen). - [St. Gallen] : [s.n.], [ca 1915], S. 23: Übergangsbestimmungen.
[462] Pernthaler, Peter: Die Staatsgründungsakte der österreichischen Bundesländer. Eine staatsrechtliche Untersuchung über die Entstehung des Bundesstaates (Schriftenreihe des Instituts für Föderalismusforschung, Bd. 14), Wien 1979.
[463] Gesetz vom 14. März 1919 über die Verfassung des Landes Vorarlberg, Vorarlberger LGBl. 22/1919, § 51.

ausdrücklich der Gewalt des Bundesstaates vorbehalten sind.“[464] Der Bundesstaat besteht nach dieser Definition nicht aus der Oberhoheit des Bundes und Unterordnung der Länder unter den Bundesstaat, sondern aus einer beiderseitigen Verpflichtung von Bund und Ländern zur Zusammenarbeit. Bund und Länder sind gleichrangige Vertragspartner. Sobald der Bundesstaat in diesem Fall dem Land Vorarlberg sein Gebiet, seine Selbständigkeit innerhalb der Verfassung des Bundesstaates, seine Freiheit und die Rechte der Bürger nicht mehr gewährleistet, hört diese freiwillige Zusammenarbeit zwischen Bundesstaat und Land wieder auf. Die Existenz des Bundesstaates wäre damit wieder beendet. Diese „bundesstaatliche Vertragsklausel“, wie sie im § 51 der Vorarlberger Landesverfassung von 1919 zum Ausdruck kommt, ist eine neue, bisher in dieser Deutlichkeit in Österreich nicht gekannte verfassungsmäßige Grundlage für den Aufbau eines Bundesstaates.

1. Die Vertragsklausel in der Landesversammlung

Bei den Beratungen über die Landesverfassung wurde am 14. März 1919 im Plenum der Landesversammlung noch sehr kontroversiell über diese bundesstaatliche Vertragsklausel debattiert. Der Dornbirner Rechtsanwalt Dr. Franz Feierle von der Deutschfreisinnigen Partei beantragte, diese Sätze über den Bundesstaat auszulassen oder eine weitere Beratung im Verfassungsausschuss über diese Vorstellungen im § 51 der Landesverfassung anzusetzen. Es sei in dieser Bestimmung „so eine Art Liebe auf Kündigung mitenthalten“.[465] Vorarlberg knüpfe die Gültigkeit des Gesetzes an Bedingungen. Er glaube, dass es nicht notwendig sei, diesen Absatz hinein zu nehmen. Wenn der Satz für den Fall gedacht sei, dass sich Vorarlberg vom Bundesstaat loslöse, dann sei dieser Satz vollständig überflüssig. Falls aber diese Bestimmungen für den Fall gemeint seien, dass Vorarlberg zwar im Bundesstaat bleiben, aber doch Bedingungen stelle, dann seien diese Bedingungen noch viel überflüssiger, weil sich der Bundesstaat das nicht gefallen lassen und sagen werde, eine solche Ehe auf Kündigung gehe er nicht ein.[466]

Der christlichsoziale Abgeordnete Dr. Johann Josef Mittelberger erwiderte als Berichterstatter des Verfassungsausschusses, Dr. Feierle habe vielleicht den § 51

---

[464] Gesetz vom 14. März 1919 über die Verfassung des Landes Vorarlberg, Vorarlberger LGBl. 22/1919, § 1.

[465] Sitzungsbericht der 13. Sitzung der provisorischen Vorarlberger Landesversammlung am 14. März 1919, S. 8.

[466] Sitzungsbericht der 13. Sitzung der provisorischen Vorarlberger Landesversammlung am 14. März 1919, S. 8.

doch ein bisschen missverstanden. Der Abgeordnete Dr. Feierle war im Verfassungsausschuss nicht anwesend, als dieser Paragraph behandelt wurde. Der Paragraph ist dort ohne Bedenken angenommen worden. „Der § 51 ist ja, wie ich weiß, nicht ganz Original, er ist ein wesentlicher Bestandteil der Verfassung aus einem Schweizer Kanton.“[467] Feierle gehe vielleicht von der Voraussetzung aus, es sei möglich, dass den Vorarlbergern die Liebe vergehen könnte. Es sei aber auch denkbar, dass der Bundesstaat das angegliederte Städtlein mit weniger Liebe behandeln und sich Sachen anmaßen würde, die sich das Land nicht gerne gefallen ließe. „In der Schweiz ist es schon einmal vorgekommen, dass die Kantone sich sehr energisch auf ihre Kantonsrechte berufen haben und das Recht des Bundesstaates beschränken wollten und nur die schwere Zeit des Krieges hat es mit sich gebracht, dass die Bundesgesetze in den einzelnen Kantonen einflussreicher wurden.“[468] Bei der Abfassung sei man hier wohl von der Annahme ausgegangen, dass Vorarlberg als selbständiges Land am allerehesten die Bedingung feststelle, welche das Land für seine weitere Entwicklung und für sein weiteres Gedeihen für nötig erachte.

Es sei ein Vertragsverhältnis, das sei sicher, fuhr Dr. Mittelberger fort. Er gebe dem Wort „Liebe auf Kündigung“ in gewissem Sinne Recht. Im staatlichen Leben, im Verhältnisse einzelner Staaten untereinander, könne man schon eine Trennbarkeit der Ehe zulassen. Er ersuche, den § 51 anzunehmen. „Es soll so gedacht sein, wenn Du ‚Bundesstaat‘ Deine Bedingung uns gegenüber erfüllst, dann erfüllen wir treu unsere Pflichten Dir gegenüber. Wenn Du Deine Pflichten nicht erfüllst, dann halten wir uns auch nicht mehr für verpflichtet, den Aufgaben, welche der Bundesstaat uns zugewiesen hat, nachzukommen, sondern wir fühlen uns frei und ledig.“ Die Verfassung lege nicht nur dem Land Pflichten auf, sondern auch dem Bundesstaat, und beide Teile müssten diesen Pflichten nachkommen. Wenn ein Teil die Pflicht nicht erfülle, dann sei die Ehe gelöst. „Wie es dann geht, weiß ich nicht. Den Prozeß können andere durchführen.“

Der Antrag des deutsch-freisinnigen Abgeordneten Dr. Feierle, den § 51 neuerlich im Verfassungsausschuss zu beraten, blieb in der Minderheit. Sein weiterer Antrag, den zweiten Teil dieses Paragraphen, also die Beschreibung der bundesstaatlichen Vertragsklausel, zu streichen, war gefallen, weil die Landesversammlung schon zuvor die Formulierung des Verfassungsausschusses mit Mehrheit angenommen hatte, wonach die auf den Bundesstaat bezüglichen Be-

---

467 Sitzungsbericht der 13. Sitzung der provisorischen Vorarlberger Landesversammlung am 14. März 1919, S. 8.

468 Sitzungsbericht der 13. Sitzung der provisorischen Vorarlberger Landesversammlung am 14. März 1919, S. 8.

stimmungen nur insolange und insoweit gelten sollen, als der Bundesstaat gegenüber dem Gliedstaat seinen eingegangenen Verpflichtungen nachkommt.[469]

2. Staatsrechtliche Bedeutung der Vertragsklausel

In der Vorarlberger Landesverfassung von 1919 sind im § 51 Bedingungen formuliert, die als Grundvoraussetzung für das Bestehen eines Bundesstaates eintreten müssen. Die Bestimmungen der Landesverfassung, die sich auf den Bundesstaat beziehen, gelten aus der Sicht des Gliedstaates nur insolange und insoweit, als der Bundesstaat dem Lande sein Gebiet, seine Selbständigkeit innerhalb gewisser Schranken, die Freiheit, die Rechte des Volkes und die verfassungsmäßigen Rechte der Volksgenossen sowie die Rechte und Befugnisse, die das Volk seinen Vertretern übertragen hat, garantiert. Wenn diese Garantien nicht gegeben sind, hat der Bundesstaat damit zu bestehen aufgehört. Wenn sie aber bestehen, bedeutet das ein gegenseitiges Anerkennen der jeweiligen Verfassungshoheit zwischen Gliedstaat und Bundesstaat.

Die „bundesstaatliche Vertragsklausel“ in der Vorarlberger Landesverfassung von 1919 ist ein Beleg für die praktische Anwendung eins völlig neuen Bundesstaatsverständnisses in der Verfassung eines Gliedstaates. Über die politischen Wirkungen dieser Vertragsklausel ist damit noch nichts ausgesagt. Staatsrechtlich gesehen ist es aber ein geradezu sensationeller Hinweis auf ein besonderes Zusammenwirken des Gliedstaates Vorarlberg mit der zentralen Verfassungshoheit – eben eines Zusammenwirkens, das auf einer Art wechselseitiger Anerkennung beruht, wie Peter Pernthaler in seinen Bemerkungen über die staatstheoretischen Voraussetzungen für die Entstehung eines Bundesstaates schreibt.

In dieser „bundesstaatlichen Vertragsklausel“ der Vorarlberger Landesverfassung von 1919 scheint die „dauernde eigenberechtigte und eigenverantwortliche Mitwirkung der Länder im Bundesstaat“ zumindest als Forderung im Verfassungstext verwirklicht zu sein, die eine rechtliche und politische „Existenz“ dieses Staatswesens in Verbindung mit der zentralen Verfassungshoheit ununterbrochen aufrecht erhält. „Das bedeutet aber, dass das Bundesrecht ebenso wie die politische Autorität der Bundesorgane in gleicher Weise ununterbrochen von der Verfassungshoheit der Länder (mit)getragen wird wie das Landesrecht von der Verfassungshoheit des Bundes. Eine Trennung dieser beiden Geltungsgründe des Bundesstaatsrechtes – bzw. Wurzeln der staatlichen Souveränität – ist bei

[469] Sitzungsbericht der 13. Sitzung der provisorischen Vorarlberger Landesversammlung am 14. März 1919, S. 9.

aufrechtem Bestand des Bundesstaates nicht denkbar."[470] Die „bundesstaatliche Vertragsklausel" geht mit großer Selbstverständlichkeit vom Bestehen der Verfassungshoheit der Länder im Bundesstaat aus.

Sie kann allerdings nicht als Beleg für eine tatsächlich gelebte Verfassungshoheit der Länder im deutschösterreichischen Bundesstaat herangezogen werden: Erstens war Vorarlberg mit dieser Vertragsklausel in einer Landesverfassung ein absoluter Einzelfall und zweitens war diese Landesverfassung von 1919 aus der Sicht der damals verantwortlichen Politiker nicht als Grundgesetz für eine lange Zukunft Vorarlbergs in Deutschösterreich gedacht, sondern dieses Grundgesetz sollte den möglichst komplikationslosen Übergang Vorarlbergs zur Schweiz absichern.

3. Das Schweizer Vorbild für die Vertragsklausel

Der Berichterstatter des Verfassungsausschusses hatte im Plenum der provisorischen Landesversammlung erklärt, der § 51 der Vorarlberger Landesverfassung von 1919, der bekanntlich die bundesstaatliche Vertragsklausel beinhaltet, sei „ein wesentlicher Bestandteil der Verfassung aus einem Schweizer Kanton".[471] Diese Feststellung ist unrichtig. Keine kantonale Verfassung hat eine vergleichbare Bestimmung. Wohl aber enthält die Bundesverfassung der schweizerischen Eidgenossenschaft vom 29. Mai 1874 eine vergleichbare Formulierung, die in die Vorarlberger Landesverfassung übernommen wurde. Im Art 5 der Schweizer Bundesverfassung heißt es: „Der Bund gewährleistet den Kantonen ihr Gebiet, ihre Souveränetät inner den Schranken des Artikels 3, ihre Verfassungen, die Freiheit, die Rechte des Volkes und die verfassungsmäßigen Rechte der Bürger gleich den Rechten und Befugnissen, welche das Volk den Behörden übertragen hat."[472] Diese Formulierung des Art 5 hat schon in der eidgenössischen Bundesverfassung von 1848 in dieser Form bestanden und wurde unverändert übernommen. Im zitierten Art 3 der Schweizer Bundesverfassung heißt es dann noch: „Die Kantone sind souverän, soweit ihre Souveränetät nicht durch die Bundesverfassung beschränkt ist, und üben als solche Rechte aus, welche nicht

---

[470] Pernthaler, Peter: Die Staatsgründungsakte der österreichischen Bundesländer. Eine staatsrechtliche Untersuchung über die Entstehung des Bundesstaates (= Schriftenreihe des Instituts für Föderalismusforschung, Bd. 14), Wien 1979, S. 17.

[471] Sitzungsbericht der 13. Sitzung der provisorischen Vorarlberger Landesversammlung am 14. März 1919, S. 8.

[472] Wolf, P(rosper) [Hrsg.]: Die schweizerische Bundesgesetzgebung. Nach Materien geordnete Sammlung der Gesetze, Beschlüsse, Verordnungen und Staatsverträge der Schweizerischen Eidgenossenschaft, sowie der Konkordate. Zweite Auflage, 4 Bde, Basel 1905-1909, Art 5 der Bundesverfassung.

der Bundesgewalt übertragen sind."[473] Im Vergleich dazu lautet der § 51 der Vorarlberger Landesverfassung von 1919: Die auf den Bundesstaat bezüglichen Bestimmungen der Landesverfassung „gelten insolange und insoweit, als der Bundesstaat dem Lande sein Gebiet, seine Selbständigkeit innerhalb der Schranken des § 1 dieser Verfassung, die Freiheit, die Rechte des Volkes und die verfassungsmäßigen Rechte der Volksgenossen, sowie die Rechte und Befugnisse, die das Volk seinen Vertretern übertragen hat, gewährleistet."[474] Der ebenfalls zitierte § 1 der Landesverfassung lautet: „Das Land ist selbständig, soweit seine Selbständigkeit nicht durch die Verfassung des Bundesstaates beschränkt ist; es übt als selbständiges Land alle Rechte aus, die nicht ausdrücklich der Gewalt des Bundesstaates vorbehalten sind."[475]

Es ist offensichtlich, dass in dieser Frage die Schweizer Bundesverfassung als Vorbild für die Vorarlberger Landesverfassung herhalten musste. In der Schweizer Bundesverfassung gilt die Formulierung allerdings aus der Sicht des Bundes, während die Formulierung, wie sie in die Vorarlberger Landesverfassung übernommen wurde, aus der Sicht eines Landes vorgenommen wurde, das ohne textliche Veränderung seiner Verfassung auch zu einem Kanton mutieren könnte.

Der Bund gewährleistet in Art 5 der Schweizer Bundesverfassung den Kantonen ihr Gebiet, ihre Hoheitsgewalt und die im kantonalen Recht vorgesehene verfassungsmäßige Ordnung. Die Gewährleistung ist ein Schutz gegen Verletzungen dieser Güter durch den Bund selbst. Sie ist aber auch ein Schutz gegen Übergriffe anderer Kantone. Ein Kanton darf einen anderen Kanton weder durch Anwendung von Gewalt noch durch eigenmächtige Gesetzgebung verletzen. Falls er es dennoch tut, muss der Bund aufgrund der Gewährleistung eingreifen.[476]

Art 5 der Schweizer Bundesverfassung von 1874 bietet auch Schutz gegen widerrechtliche Handlungen des Kantonsvolkes selbst. Der Bund gewährt seinen Schutz den Institutionen und Rechten, die in der Gesetzgebung konkret veran-

---

[473] Wolf, P(rosper) [Hrsg.]: Die schweizerische Bundesgesetzgebung. Nach Materien geordnete Sammlung der Gesetze, Beschlüsse, Verordnungen und Staatsverträge der Schweizerischen Eidgenossenschaft, sowie der Konkordate. Zweite Auflage, 4 Bde, Basel 1905-1909, Art 3 der Bundesverfassung.

[474] Gesetz vom 14. März 1919 über die Verfassung des Landes Vorarlberg, Vorarlberger LGBl. 22/1919, § 51.

[475] Gesetz vom 14. März 1919 über die Verfassung des Landes Vorarlberg, Vorarlberger LGBl. 22/1919, § 1.

[476] Blaise Knapp: Art 5 der Schweizer Bundesverfassung, Stand 1986. In: Kommentar zur Bundesverfassung der Schweizerischen Eidgenossenschaft vom 29. Mai 1874, [in Lieferungen] hg. von Jean-François Aubert, Kurt Eichenberger, Jorg Paul Müller, René A. Rhinow, Dietrich Schindler. Basel, Zürich und Bern 1987-1996.

kert sind und nicht etwa abstrakten Vorstellungen. Ein Kanton könnte auch den Schutz gegen das Kantonsvolk eines andern Kantons in Anspruch nehmen.[477]

Nach der herrschenden Schweizer Lehre verteidigt der Bund sein eigenes Gebiet, wenn er das Gebiet eines Kantons gegen einen anderen Staat schützt. Die Gewährleistung des Kantonsgebiets gegen Übergriffe anderer Staaten hat somit keine selbständige Bedeutung. Die Abwehr eines Angriffes von außen auf ein kantonales Territorium fällt ohnehin in den Kompetenzbereich des Bundes. Das Kantonsgebiet ist folglich nach außen Bundesgebiet.[478]

Ganz frei sind allerdings die Kantone in der Ausgestaltung ihrer Verfassungen nicht. Die Bundesverfassung macht vielmehr die Gewährleistung der Kantonsverfassungen durch den Bund von bestimmten Voraussetzungen abhängig. Bund und Kantone müssen nämlich, wie Kanton und Gemeinde, aus politischen Gründen eine gewisse Homogenität in den Grundzügen ihrer Organisation aufweisen.[479] Dies erscheint für das richtige Funktionieren des Bundesstaates unentbehrlich. Gleich der Bundesverfassung müssen daher auch die Kantonsverfassungen auf dem Prinzip der Volkssouveränität beruhen. Dem entsprechend verlangt die Bundesverfassung in Art 6 als Voraussetzung der Gewährleistung der Kantonsverfassungen eine demokratische Struktur der kantonalen Grundgesetze. Die Nichterfüllung dieser Bedingung hat aber außer der Nichtgewährleistung auch die Rechtsungültigkeit der Kantonsverfassung bzw. der betreffenden Verfassungsvorschriften zur Folge. Art 6 schreibt den Kantonen sowohl eine Demokratie der Verfassungsgesetzgebung als auch eine solche der einfachen Gesetzgebung vor. Aber auch sonst dürfen die Kantonsverfassungen nicht dem Bundesrecht widersprechen.

Gemäß Art 6 der eidgenössischen Bundesverfassung sind die Kantone verpflichtet, für ihre Verfassungen um die Gewährleistung des Bundes anzusuchen. Der Bund übernimmt diese Gewährleistung, insofern sie erstens nichts den Vorschriften der Bundesverfassung Zuwiderlaufendes enthalten, zweitens die Ausübung der politischen Rechte nach republikanischen (repräsentativen oder demokratischen) Formen sichern und drittens vom Volke angenommen worden

---

477 Blaise Knapp: Art 5 der Schweizer Bundesverfassung, Stand 1986. In: Kommentar zur Bundesverfassung der Schweizerischen Eidgenossenschaft vom 29. Mai 1874, [in Lieferungen] hg. von Jean-François Aubert, Kurt Eichenberger, Jorg Paul Müller, René A. Rhinow, Dietrich Schindler. Basel, Zürich und Bern 1987-1996.

478 Giacometti, Z[accaria]: Schweizerisches Bundesstaatsrecht. Neubearbeitung der ersten Hälfte des gleichnamigen Werkes von F[ritz] Fleiner, Zürich 1949, S. 52.

479 Giacometti, Z[accaria]: Schweizerisches Bundesstaatsrecht. Neubearbeitung der ersten Hälfte des gleichnamigen Werkes von F[ritz] Fleiner, Zürich 1949, S. 55-56.

sind und revidiert werden können, wenn die absolute Mehrheit der Bürger es verlangt.[480]

4. Alternative Lesart des Originals

Der Bund gewährleistet den Kantonen laut Art 5 der eidgenössischen Bundesverfassung ihr Gebiet, ihre Souveränität, ihre Verfassungen, die Freiheit, die Rechte des Volkes und die verfassungsmäßigen Rechte der Bürger „gleich den Rechten und Befugnissen, welche das Volk den Behörden übertragen hat".[481] Die Verfassungsrechtler in der Schweiz stehen diesem zweiten Teil der Formulierung etwas hilflos gegenüber. Es ergibt keinen rechten Sinn, wenn der Bund in Art 5 einerseits den Kantonen ihre Verfassung, die Rechte des Volkes, die verfassungsmäßigen Rechte der Bürger und zusätzlich noch die Rechte und Befugnisse, welche das Volk den Behörden übertragen hat, garantiert und ihnen anderseits im Art 6 noch einmal ihre kantonale Verfassung gewährleistet.

Gewisse Autoren sind der Meinung, dass die Gewährleistung der „Rechte und Befugnisse, welche das Volk den Behörden übertragen hat" in Art 5 der eidgenössischen Bundesverfassung neben der Gewährleistung der Kantonsverfassung laut Art 6 keine eigene Bedeutung hat.[482] Der Staatsrechtler Zaccharia Giacometti hat in seinem Werk über das „Schweizerische Bundesstaatsrecht" geschrieben, mit der Gewährleistung solcher demokratischer Kantonsverfassungen garantiere der Bund zugleich die Freiheit und die Rechte des Volkes und die verfassungsmäßigen Rechte der Bürger sowie die verfassungsmäßigen Befugnisse der Behörden im Sinne des Art 5 der schweizerischen Bundesverfassung, da diese in den Kantonsverfassungen verankert seien. Die besondere Gewährleistung dieser Rechte in Art 5 habe deshalb nur historische Bedeutung.[483]

---

[480] Wolf, P(rosper) [Hrsg.]: Die schweizerische Bundesgesetzgebung. Nach Materien geordnete Sammlung der Gesetze, Beschlüsse, Verordnungen und Staatsverträge der Schweizerischen Eidgenossenschaft, sowie der Konkordate. Zweite Auflage, 4 Bde, Basel 1905-1909, Art 6 der Bundesverfassung.

[481] Wolf, P(rosper) [Hrsg.]: Die schweizerische Bundesgesetzgebung. Nach Materien geordnete Sammlung der Gesetze, Beschlüsse, Verordnungen und Staatsverträge der Schweizerischen Eidgenossenschaft, sowie der Konkordate. Zweite Auflage, 4 Bde, Basel 1905-1909, Art 5 der Bundesverfassung.

[482] Blaise Knapp: Art 5 der Schweizer Bundesverfassung, Stand 1986. In: Kommentar zur Bundesverfassung der Schweizerischen Eidgenossenschaft vom 29. Mai 1874, [in Lieferungen] hg. von Jean-François Aubert, Kurt Eichenberger, Jorg Paul Müller, René A. Rhinow, Dietrich Schindler. Basel, Zürich und Bern 1987-1996, Fußnote 94.

[483] Giacometti, Z[accaria]: Schweizerisches Bundesstaatsrecht. Neubearbeitung der ersten Hälfte des gleichnamigen Werkes von F[ritz] Fleiner, Zürich 1949, Seite 62.

Es ist aber auch denkbar, den zweiten Teil des Textes von Art 5 der schweizerischen Bundesverfassung anders zu lesen. Es handelt sich schließlich um eine Formulierung, die aus der Mediationszeit der Schweizer Geschichte stammt und die viele Menschenalter lang in der Bundesverfassung nicht geändert wurde. Der erste Teil ist klar: „Der Bund gewährleistet den Kantonen ihr Gebiet, ihre Souveränetät inner den Schranken des Artikels 3, ihre Verfassungen, die Freiheit, die Rechte des Volkes und die verfassungsmäßigen Rechte der Bürger". Und nun kommt die andere Lesart: „gleich den Rechten und Befugnissen" kann auch heißen „in gleicher Weise wie die Rechte und Befugnisse", welche das Volk den Behörden übertragen hat. Bei dieser Lesart wäre auch das „Geschäft auf Gegenseitigkeit" zwischen Bund und Volk wieder sichtbar: Der Bund gewährleistet den Kantonen ihr Gebiet, ihre Souveränität, ihre Verfassungen, die Freiheit, die Rechte des Volkes und die verfassungsmäßigen Rechte der Bürger in der gleichen Weise, wie das Volk die Rechte und die Befugnisse gewährleistet, die sie den Behörden übertragen hat. Die Behörden sind in der schweizerischen Bundesverfassung die politischen Vertretungskörper vom Nationalrat über den Ständerat bis zur Bundesversammlung und zum Bundesrat. Bei dieser alternativen Lesart des historischen Textes kommen der vertragliche Charakter der Bestimmung und die Bedeutung der Volkssouveränität besser zur Geltung. Der Bund würde in diesem Falle den Kantonen ihr Gebiet, ihre Souveränität, ihre Verfassungen, die Freiheit, die Rechte des Volkes und die verfassungsmäßigen Rechte der Bürger nur insolange und insoweit garantieren, als das Volk die Rechte und Befugnisse garantiert, die sie an die gesetzgebenden Körperschaften übertragen hat.

Auf die Vorarlberger Landesverfassung von 1919 übertragen würde das bedeuten: Die auf den Bundesstaat bezüglichen Bestimmungen der Landesverfassung gelten insolange und insoweit, als einerseits der Bundesstaat dem Lande sein Gebiet, seine Selbständigkeit innerhalb der Schranken des § 1 dieser Verfassung, die Freiheit, die Rechte des Volkes und die verfassungsmäßigen Rechte der Volksgenossen garantiert und im Gegenzug das Volk die Rechte und Befugnisse, die es seinen Vertretern übertragen hat, gewährleistet.

11. Kapitel: Die Elemente der Vertragsklausel

Die „bundesstaatliche Vertragsklausel" in § 51 der Vorarlberger Landesverfassung von 1919 ist von der Textierung her gesehen die Übernahme des Art 5 der Schweizer Bundesverfassung von 1848. Das Jahr 1848 bildet für die Schweiz den entscheidenden Übergang vom Staatenbund zum Bundesstaat. Der Schweizer Georg Thürer schreibt in seinem Büchlein über „Die Bundesverfassung von 1848 – ein Meisterwerk des Ausgleichs", in Österreich habe man später den Bundesstaat nur als eine Vorform des Einheitsstaates betrachtet. „Darum hatte er als blosse Übergangsform auch wenig Rückhalt im Volke." Für die Schweizer sei der Bundesstaat die wesensgemäße politische Daseinsform. Die große Tat von 1848 sei es gewesen, dass aus den bisherigen Widersachern Föderalismus und Zentralismus die eigentlichen Zugkräfte des Bundes geworden seien.[484]

Im Jahr 1848 ist die direkte Vorgängerin der „bundesstaatlichen Vertragsklausel" der Vorarlberger Landesverfassung erstmals in einer Verfassung – eben der Schweizer Bundesverfassung – schriftlich fixiert worden. Schon dieser Art 5 der eidgenössischen Bundesverfassung von 1848 hat eine Geschichte, die bis in die Mediationszeit zurückführt. Er hat nicht nur eine einzige Wurzel. In diesem Art 5 und neben diesem Artikel haben unterschiedliche Strömungen und Entwicklungen dazu geführt, dass diese „bundesstaatliche Vertragsklausel" auch in der Vorarlberger Landesverfassung von 1919 aufscheinen konnte. Einzelne dieser potentiellen Elemente sollen kurz beleuchtet werden.

1. Der Gesellschaftsvertrag Rousseaus

Die auf den Bundesstaat bezüglichen Bestimmungen der Vorarlberger Landesverfassung von 1919 gelten „insolange und insoweit", als der Bundesstaat dem Lande sein Gebiet, seine Selbständigkeit, die Freiheit, die Rechte des Volkes und die verfassungsmäßigen Rechte der Volksgenossen garantiert. Das sind Elemente eines Vertrages, der auf wechselseitiges Zusammenwirken hin ausgelegt ist. Die philosophischen Anschauungen von Jean-Jacques Rousseau (1712-1778) wirken hier herein. Er hat es seinerzeit in seinem „contrat social" abgelehnt, alle Rechte an den absoluten Staat abzutreten. Stattdessen sollte in Freiheit ein so genannter Gesellschaftsvertrag ausgehandelt werden. Dieses vertragliche Element des „contrat social" ist in der „bundesstaatlichen Vertragsklausel" wieder zu finden.

Der Genfer Jean-Jacques Rousseau verbrachte die meiste Zeit seines Lebens in Frankreich und gilt deshalb als französischer Philosoph. Er musste zeitweise in die Schweiz zurückkehren, um der Verfolgung zu entgehen. In seiner politischen Philosophie forderte er gleiche Rechte für alle Bürger unter einer demokratisch ausgeübten Kontrolle. Rousseau ging davon aus, dass die Menschen von Natur

---

[484] Thürer, Georg: Die Bundesverfassung von 1848 – ein Meisterwerk des Ausgleichs. Zürich 1948, S. 12.

aus frei und gleich und dazu fähig seien, über sich selbst zu bestimmen. Auf diesem Wege kam er dazu, statt der Abtretung aller Rechte an den absoluten Staat einen in Freiheit ausgehandelten „contrat social“ zu fordern.

2. Die Gewährleistung im Bundesstaat

Die so genannte Gewährleistung des Art 5 der eidgenössischen Bundesverfassung ist ebenfalls ein wichtiges Element der „bundesstaatlichen Vertragsklausel“. Die Bedeutung der Gewährleistung für die Vertragsklausel wird aus ihrer Entstehungsgeschichte deutlich. Seit den Anfängen der Eidgenossenschaft schlossen sich die Schweizer Kantone zusammen, um Angriffe von außen abzuwehren. Ziel ihres Bundes war in allen Epochen die gemeinsame Sicherheit durch gegenseitigen Beistand. Ein Angriff gegen ein Mitglied der Eidgenossenschaft wurde als Angriff gegen alle ihre Mitglieder aufgefasst, und folglich schuldeten die anderen Mitglieder der Eidgenossenschaft dem Bedrängten Hilfe und Unterstützung. Art 5 der Schweizerischen Bundesverfassung geht auf die Mediationsakte zurück. Er wurde seit der Annahme der Bundesverfassung von 1848 nicht mehr geändert.

Zur Zeit des Wiener Kongresses im Jahre 1815 diente das Bündnis dem Schutz der „restaurierten Institutionen“ gegen revolutionäre Bedrohungen. Solange die Kantone souverän waren, war die Gewährleistung Pflicht eines jeden Kantons gegenüber allen anderen. Sobald jedoch die Souveränität auf den Bund überging, übernahm dieser die früheren Gewährleistungen.[485]

Die Gewährleistung soll dauerhafte Beziehungen zwischen den Kantonen ermöglichen und verhindern, dass sich interkantonale Streitigkeiten verschärfen. Sie soll außerdem die Stabilität der Kantone innerhalb ihrer Grenzen sicherstellen. Dass die Gewährleistung bewahrende Wirkung hat, erklärt sich aus ihrer Entstehung, doch ist nicht jede Entwicklung ausgeschlossen, wenn diese mit rechtlichen Mitteln herbeigeführt wird und für den Bund, das heißt die Bundesbehörden, politisch annehmbar ist. Denn die Gewährleistung ist in erster Linie politischer Natur.

[485] Blaise Knapp: Art 5 der Schweizer Bundesverfassung, Stand 1986. In: Kommentar zur Bundesverfassung der Schweizerischen Eidgenossenschaft vom 29. Mai 1874, [in Lieferungen] hg. von Jean-François Aubert, Kurt Eichenberger, Jorg Paul Müller, René A. Rhinow, Dietrich Schindler. Basel, Zürich und Bern 1987-1996.

Durch Art 5 werden sowohl die Kantone als solche als auch die föderalistische Struktur der Eidgenossenschaft gewährleistet. Es ist nämlich nicht möglich, die Gliederung der Schweiz in Kantone aufzuheben, ohne den Art 5 abzuändern.[486]

Der Bund muss Mittel und Wege vorsehen, um seine Gewährleistungspflicht erfüllen zu können. Er verwendet rechtliche und politische Mittel und ergreift in schweren Fällen sogar Zwangsmaßnahmen. Der Bund kann alleine handeln oder die Unterstützung der Kantone anfordern, wenn die Bundesverfassung oder das Bundesrecht dies vorsehen.

Die Kantone ihrerseits haben die Pflicht, alle Handlungen zu unterlassen, welche die durch Art 5 gewährleisteten Elemente de Souveränität in anderen Kantonen gefährden könnten. Ihr Gebiet darf nicht als Stützpunkt für die Verübung solcher Handlungen dienen.

Die Gewährleistung, wie sie in Art 5 der Schweizer Verfassung formuliert ist, gilt nur für die Souveränitätselemente, die ausdrücklich in diesem Artikel genannt sind. Und auch da nur unter dem Vorbehalt einer Entwicklung, die mit dem Bundes- und Kantonsrecht vereinbar ist. Der Gehalt der Gewährleistung ist also je nach Ort und Zeit verschieden. So sind zum Beispiel die heute gewährleisteten Kantonsgebiete nicht mehr genau so abgegrenzt wie 1874. Auch haben die Kompetenzen der Kantone seither eine wesentliche Änderung erfahren. Gewährleistet werden also die genannten Elemente der Souveränität, so wie sie zu einem bestimmten Zeitpunkt vom Kantons- oder Bundesrecht definiert werden.[487]

Gegenstand der Gewährleistung sind das Gebiet im geographischen Sinn einerseits und die Hoheitsgewalt andererseits. In einem Kanton sind das Bundesrecht, daneben das kantonale Recht, doch keine Rechtsnormen eines anderen Kantons anwendbar. Weiters umfasst die Gewährleistung die Souveränität, die Verfassung sowie die Freiheit und Rechte des Volkes. Der Begriff der Freiheit des Volkes ist nur noch von historischem Interesse. Die Lehre sah darin eine Art Garantie gegen plötzliche und gewalttätige Beschränkungen der Volksrechte, z.

---

[486] Knapp, Blaise: Art 5 der Schweizer Bundesverfassung, Stand 1986. In: Kommentar zur Bundesverfassung der Schweizerischen Eidgenossenschaft vom 29. Mai 1874, [in Lieferungen] hg. von Jean-François Aubert, Kurt Eichenberger, Jorg Paul Müller, René A. Rhinow, Dietrich Schindler. Basel, Zürich und Bern 1987-1996.

[487] Knapp, Blaise: Art 5 der Schweizer Bundesverfassung, Stand 1986. In: Kommentar zur Bundesverfassung der Schweizerischen Eidgenossenschaft vom 29. Mai 1874, [in Lieferungen] hg. von Jean-François Aubert, Kurt Eichenberger, Jorg Paul Müller, René A. Rhinow, Dietrich Schindler. Basel, Zürich und Bern 1987-1996.

B. durch einen Staatsstreich.[488] Die Rechte des Volkes werden garantiert, wie sie in der Kantonsverfassung und in den kantonalen Gesetzen verankert sind. Ziel des Art 5 ist es, die in der kantonalen Gesetzgebung vorgesehenen Rechte des Individuums gegenüber dem Staat zu schützen.

Es mag überraschen, dass neben den Rechten des Volkes auch noch die verfassungsmäßigen Rechte der Bürger als Gegenstand der Gewährleistung angeführt sind. Diese Unterscheidung kann darauf hinweisen, dass verfassungsmäßige Rechte in der Kantonalverfassung verankert sein müssen, während die Rechte des Volkes auch in der kantonalen Gesetzgebung geregelt sein können.[489]

Der Bund gewährleistet zusammenfassend in Art 5 den Kantonen also ihr Gebiet, ihre Hoheitsgewalt, ihre Verfassungen, die Freiheit, die Rechte des Volkes und die verfassungsmäßigen Rechte der Bürger sowie die Rechte und Befugnisse, welche das Volk den Behörden übertragen hat. Diese Rechte und Befugnisse, die den Behörden übertragen wurden, beinhalten aber noch einige Unklarheiten, die auch auf die analoge Bestimmung in der Vorarlberger Landesverfassung von 1919 ausstrahlen.

3. Bundesbeschluss über Bundesgarantie

Die Schweizer Kantone sind verpflichtet, für ihre Verfassungen um die Gewährleistung des Bundes anzusuchen. Das sieht Art 6 der Bundesverfassung vor. Der Bund übernimmt diese Gewährleistung, insofern sie erstens nichts den Vorschriften der Bundesverfassung Zuwiderlaufendes enthalten, zweitens die Ausübung der politischen Rechte nach republikanischen (repräsentativen oder demokratischen) Formen sichern und drittens vom Volke angenommen worden sind und revidiert werden können, wenn die absolute Mehrheit der Bürger es verlangt. Auch darin sind in Zusammenhang mit Art 5 Elemente enthalten, die sich in der „bundesstaatlichen Vertragsklausel" wieder finden.

Die Verfassung des Kantons St. Gallen hat beispielsweise als unmittelbare Vorlage für die Vorarlberger Landesverfassung von 1919 gedient. An dieser kanto-

---

[488] Knapp, Blaise: Art 5 der Schweizer Bundesverfassung, Stand 1986. In: Kommentar zur Bundesverfassung der Schweizerischen Eidgenossenschaft vom 29. Mai 1874, [in Lieferungen] hg. von Jean-François Aubert, Kurt Eichenberger, Jorg Paul Müller, René A. Rhinow, Dietrich Schindler. Basel, Zürich und Bern 1987-1996, S. 11.

[489] Knapp, Blaise: Art 5 der Schweizer Bundesverfassung, Stand 1986. In: Kommentar zur Bundesverfassung der Schweizerischen Eidgenossenschaft vom 29. Mai 1874, [in Lieferungen] hg. von Jean-François Aubert, Kurt Eichenberger, Jorg Paul Müller, René A. Rhinow, Dietrich Schindler. Basel, Zürich und Bern 1987-1996, S. 21.

nalen Verfassung kann der Weg zum Bundesbeschluss über die Bundesgarantie genau nachvollzogen werden.

Der Große Rat von St. Gallen hat die Verfassung am 16. November 1890 beschlossen. Der Beschluss über die Verfassung wurde vom Großen Rat an den Bundesrat in Bern weitergeleitet. Der Bundesrat – also die Regierung auf Bundesebene – hat anschließend am 29. November 1890 eine Botschaft über die neue Verfassung des Kantons St. Gallen vom 16. November 1890 an die Bundesversammlung der schweizerischen Eidgenossenschaft geschickt. Darin hatte der Bundesrat erstens geprüft, ob diese Verfassung nichts enthalte, was den Vorschriften der Bundesverfassung zuwiderliefe, sowie zweitens, dass sie die Ausübung der politischen Rechte nach republikanischen Formen sichert und revidiert werden kann, wenn die absolute Mehrheit der stimmenden Bürger es verlangt, sowie drittens, dass sie am 16. November 1890 vom Volk des Kantons St. Gallen angenommen worden ist.

Nach Einsicht in diese Botschaft hat die Bundesversammlung in Anwendung von Art 6 der Bundesverfassung beschlossen, der Verfassung des Kantons St. Gallen vom 16. November 1890 die Bundesgarantie zu erteilen und den Bundesrat mit der Vollziehung dieses Beschlusses zu beauftragen. Dieser Beschluss der Bundesversammlung wurde dann am 13. Dezember 1890 noch vom Ständerat in Bern und am 18. Dezember 1890 vom Nationalrat in Bern gesondert beschlossen. Das hat man unter dem „Bundesbeschluss vom 18. Dezember 1890 betreffend die eidgenössische Gewährleistung der Verfassung des Kantons St. Gallen vom 16. November 1890" zu verstehen.[490]

Diese Bundesgarantie für die kantonale Verfassung ist, da sie in der Bundesverfassung in Art 6 geregelt ist, nur die eine Seite des wechselseitigen Vertrages zwischen Gliedstaat und Bundesstaat. Möglicherweise hat der Art 5 der eidgenössischen Bundesverfassung die zwischenzeitlich textlich verkümmerte andere Seite ebenfalls enthalten. Die alternative Lesart des historischen Textes von Art 5 würde das durchaus zulassen. Die „bundesstaatliche Vertragsklausel" der Vorarlberger Landesverfassung von 1919 umfasst im Text freilich beide Seiten der Vertragspartner, sowohl den namentlich nicht genannten Bundesstaat als auch den Gliedstaat Vorarlberg. Obwohl es sich dabei um eine Landesverfassung handelt, ist der Part, den der Bundesstaat zu leisten hat, aus der Sicht des Landes

[490] Verfassung des Kantons St. Gallen vom 16. November 1890, von der Bundesversammlung gewährleistet am 18. Dezember 1890 (mit den bis 31. Dezember 1914 vorgenommenen Abänderungen). - [St. Gallen] : [s.n.], [ca 1915], Seite 25: Bundesbeschluß betreffend die eidgenössische Gewährleistung der Verfassung des Kantons St. Gallen vom 16. November 1890. Vom 18. Dezember 1890.

Vorarlberg im § 51 der Landesverfassung genau umschrieben. Das ist durchaus eine Besonderheit.

4. Der Begriff der Bundestreue

Sehr wesentlich für die Entwicklung der „bundesstaatlichen Vertragsklausel" war das Element der schwer fassbaren Bundestreue. Schon der liberal-konservative Schweizer Jurist und Politiker Johann Caspar Bluntschli hat in der älteren schweizerischen Lehre den Begriff der „Bundestreue" - wenn schon nicht wörtlich, so doch sinngemäß – verwendet.[491] In seiner „Lehre vom modernen Staat" schreibt er an der Stelle, wo er das Verhältnis zwischen Bund und Gliedstaaten charakterisiert:

„Die Politik hat in diesen zusammengesetzten[492] *Staaten fortwährend mit Umsicht und Sorgfalt jeden Conflict zwischen den beiden Statsgewalten zu verhüten und das Einverständnisz beider zu bewahren. Wer den Gesammtstat leitet, musz daher neben der Einsicht in die Bedürfnisse des nationalen Gesammtlebens eine wohlwollende und schonende Rücksicht nehmen auf die berechtigte Selbständigkeit der Länder, aus denen der Gesammtstat besteht. Wer in einem einzelnen Lande regiert, musz jeder Zeit die Treue gegen den Bund oder das Reich bewähren. Jedes der beiden Statswesen ist unvollständig, jedes bedarf der Ergänzung durch das andere. Die Leitung wird daher schwieriger und complicirter als in dem Einheitsstat. Man musz oft sich mit Kompromissen behelfen, wo man lieber die Consequenz eines Princips oder Gedankens mit schneidiger Energie durchführen möchte. Aber so wenig diese Rücksichten dem strengen Logiker zusagen, so wohlthätig sind sie für die Völker. Sie schützen die Freiheit und nöthigen zur Mäszigung."*[493]

Johann Caspar Bluntschli war ein Vertreter der „organischen Staatslehre". Er hat den Gedanken der Treue für das Verhältnis zwischen Staaten verwendet. Die organische Staatslehre setzt die Staaten in weitgehende Analogie zum physischen Menschen. Es liegt deshalb nahe, das Prinzip der Treue, so wie es zwischen Menschen besteht, auf das Verhältnis zwischen Staaten zu übertragen.

---

[491] Bluntschli, Johann Caspar: Lehre vom Modernen Stat, Dritter Teil, Stuttgart 1876, S. 402.

[492] Mit „zusammengesetzte Staaten" hat Bluntschli „Bundesstaaten" gemeint.

[493] Kölz, Alfred: Bundestreue als Verfassungsprinzip? In: Kölz, Alfred: Der Weg der Schweiz zum modernen Bundesstaat: 1789 – 1798 – 1848 – 1998. Historische Abhandlungen. Chur und Zürich 1998, S. 122.

In der neueren schweizerischen Bundesstaatslehre findet sich der Begriff der Bundestreue einmal bei Zaccaria Giacometti.[494] Er geht von einem engen und einseitigen Bedeutungsinhalt der Bundestreue aus. Er stellt es dem freien Ermessen der Bundesbehörden anheim, gegenüber Kantonen, die bundesrechtliche Pflichten nicht erfüllen, die zweckdienlichen Anordnungen zu treffen. Unter „zweckdienlichen Maßnahmen" versteht Giacometti offenbar lediglich die Bundesexekution gegenüber den Kantonen; weitere Konkretisierungen der Bundestreue nimmt er nicht vor. Kennzeichnend für dieses einschränkende Verständnis der Bundestreue ist zudem die Tatsache, dass daraus ausschließlich eine Verpflichtung der Kantone gegenüber dem Bund und nicht eine solche umgekehrter Art abgeleitet wird.[495]

Die jüngere Schweizer Lehre ist entscheidend von Lehre und Praxis der Bundesrepublik Deutschland beeinflusst worden. Das Institut der Bundestreue in der Bundesrepublik Deutschland ist eine Schöpfung der Lehre. Rudolf Smend hat es in seiner berühmten Abhandlung „Ungeschriebenes Verfassungsrecht im monarchischen Bundesstaat" entwickelt. Diese Studie ist im Jahre 1916 in der Festschrift für Otto Mayer erschienen und wurde 1955 in Berlin wegen der großen Bedeutung in den „Staatsrechtlichen Abhandlungen" wieder abgedruckt.

Smend untersuchte einzelne Fälle aus dem Bereich der Beziehungen zwischen den deutschen Einzelstaaten und dem Reich. Er schloss daraus auf die Existenz eines Verfassungsprinzips, das sich nicht aus der geschriebenen Reichsverfassung ergab. In gewissen Eigentümlichkeiten der Beziehungen zwischen Reich und Einzelstaaten komme ein „föderativer Stil" zum Ausdruck, der daran erinnere, dass das Reich durch Vertrag entstanden sei und dass gewisse Elemente des Staatenbundes neben dem Bundesstaat auch weiterhin bestünden. Zum Ausdruck komme, so Smend, diese Eigentümlichkeit im Sprachgebrauch. Aus der vertragsmäßigen historischen Grundlage des Reiches – dem Deutschen Bund als einem Staatenbund – leitete Smend das Weiterbestehen einer Pflicht zu einer Art „Vertragstreue" auch unter der Herrschaft der Reichsverfassung ab.[496] Daraus könne man ersehen, dass die Beziehungen zwischen Bund und Gliedstaaten nicht unter dem Gesichtswinkel einer Über- oder Unterordnung, sondern aus jenem der Gleichordnung der Verbündeten zu sehen seien. Die Vertragstreue hat

[494] Giacometti, Z[accaria]: Schweizerisches Bundesstaatsrecht. Neubearbeitung der ersten Hälfte des gleichnamigen Werkes von F[ritz] Fleiner, Zürich 1949, S. 144.

[495] Kölz, Alfred: Bundestreue als Verfassungsprinzip? In: Kölz, Alfred: Der Weg der Schweiz zum modernen Bundesstaat: 1789 – 1798 – 1848 – 1998. Historische Abhandlungen. Chur und Zürich 1998, S. 123-124.

[496] Kölz, Alfred: Bundestreue als Verfassungsprinzip? In: Kölz, Alfred: Der Weg der Schweiz zum modernen Bundesstaat: 1789 – 1798 – 1848 – 1998. Historische Abhandlungen. Chur und Zürich 1998, S. 132.

in Form der „Bundestreue“ oder der Pflicht zu „bundesfreundlichem Verhalten“ nach seiner Auffassung als ungeschriebenes Verfassungsrecht auch im Bundesstaat rechtliche Wirkung. Das Gebot „bundesfreundlichen Verhaltens“ soll einerseits das Reich gegenüber den Einzelstaaten verpflichten, andererseits diese rechtlich an den Gesamtstaat binden. Smend ging so weit, die Bundestreue der Fürsten neben dem nationalen Einheitswillen als den Tragpfeiler des Deutschen Reiches zu bezeichnen.[497] Er betonte aber zugleich die technische Schwierigkeit, den Grundsatz in scharf gefasste Verfassungsartikel einzukleiden.

Gesamt- und Gliedstaaten werden bei Smend, der monarchischen Struktur des Reiches entsprechend, stark unter einem personalen Aspekt betrachtet. Die Fürsten repräsentieren als pars pro toto die Gliedstaaten, der Kaiser bzw. der Reichskanzler als solcher das Reich.[498] Das Verhältnis der Fürsten zum Kaiser hat mit der Vasallität vieles gemeinsam. Unter dieser monarchisch-personalen Betrachtungsweise liegt es nahe, die ethische Kategorie der Treue, die im zwischenmenschlichen Verkehr gebräuchlich ist, auf die Beziehungen zwischen Staaten zu übertragen. Auch Johann Caspar Bluntschli ist – zum Teil ebenfalls aus monarchischer Sicht, vor allem jedoch infolge seiner organischen Staatsauffassung – zu einer weitgehenden Personifizierung der Staaten gelangt und ließ deshalb den Gedanken der Treue in das Staatsrecht einfließen. In der geschriebenen Verfassung war die Unterordnung der Gliedstaaten unter das Reich statuiert. Aber durch das Einfließen des Treuebegriffs in das Staatsrecht wurde es Wissenschaftlern wie Smend erleichtert, durch ihre monarchische und damit personale Sicht von dieser Unterordnung der Gliedstaaten abzugehen.

5. Die Erbhuldigung in Liechtenstein

Die bundesstaatliche Vertragsklausel, wie sie in der Vorarlberger Landesverfassung und in der Schweizer Bundesverfassung besteht, hat als Grundlage ein vertragsähnliches Verhältnis zwischen Land oder Kanton und Bundesstaat. Eine Analogie dazu gibt es auch in der Erbmonarchie des zwischen Vorarlberg und der Schweiz liegenden Fürstentums Liechtenstein. Die Erbhuldigung im Fürstentum hat durchaus ebendiese vertragsähnlichen Züge – in diesem Fall aller-

[497] Kölz, Alfred: Bundestreue als Verfassungsprinzip? In: Kölz, Alfred: Der Weg der Schweiz zum modernen Bundesstaat: 1789 – 1798 – 1848 – 1998. Historische Abhandlungen. Chur und Zürich 1998, S. 133.
[498] Kölz, Alfred: Bundestreue als Verfassungsprinzip? In: Kölz, Alfred: Der Weg der Schweiz zum modernen Bundesstaat: 1789 – 1798 – 1848 – 1998. Historische Abhandlungen. Chur und Zürich 1998, S. 133.

dings zwischen dem Landesvolk oder Landtag und dem Staatsoberhaupt in der Person des Landesfürsten.

Im Falle eines Thronwechsels ist der Landtag des Fürstentums Liechtenstein innerhalb von dreißig Tagen zu einer außerordentlichen Sitzung einzuberufen, in der er zuerst die Erklärung des Regierungsnachfolgers anhört und anschließend die so genannte Erbhuldigung leistet.[499] Im zwanzigsten Jahrhundert hat es in Liechtenstein drei Erbhuldigungen gegeben. Das Quasi-Vertragsverhältnis zwischen Landesvolk und Landesherrscher, das sich bei diesen drei Erbhuldigungen gezeigt hat, ist in der Verfassung des Fürstentums Liechtenstein aus dem Jahre 1921 und auch in der Vorgängerverfassung von 1862 verankert. So wie der Bundesstaat in den republikanischen Verfassungen verpflichtet sich der Fürst, das Gebiet des Landes zu erhalten und die Verfassung zu beachten. So erklärte Fürst Hans-Adam als Regierungsnachfolger im Landtag: „Gemäss Artikel 3 und 13 der Verfassung habe ich als Fürst Hans Adam II. die Regierung des Fürstentums Liechtenstein übernommen. Gleichzeitig habe ich beurkundet, dass ich das Fürstentum Liechtenstein in Gemässheit der Verfassung und der übrigen Gesetze regieren, seine Integrität erhalten und die landesfürstlichen Rechte unzertrennlich und in gleicher Weise beobachten werde.“[500]

Nach dieser Erklärung des Landesfürsten setzt der Landtagspräsident das Ritual fort. Er wiederholt die kurze Erklärung des Staatsoberhauptes: „Gemäss Artikel 51 der Verfassung nimmt der Landtag die Erklärung Seiner Durchlaucht des Landesfürsten Hans-Adam II., dass er seine Regierung gemäss Verfassung und Gesetz ausüben, die Integrität des Fürstentums erhalten und die landesfürstlichen Rechte unzertrennlich und in gleicher Weise beobachten wird, als feierliches Gelöbnis des Regierungsnachfolgers entgegen.“[501]

Anschließend erfolgt die eigentliche Erbhuldigung: „Seinerseits gelobt der Landtag ebenso feierlich und gestützt auf den von allen Abgeordneten auf Verfassung und Gesetz geleisteten Eid, Seine Durchlaucht Hans-Adam von und zu Liechtenstein als neuen Landesfürsten anzuerkennen, die ihm zustehenden fürstlichen Ehren und Würden zu respektieren und das Wohl des Fürstlichen Hauses nach bestem Wissen und Gewissen zu fördern.“[502] Zur Bekräftigung dieses Ge-

[499] Liechtensteinisches Landes-Gesetzblatt, Jg. 1921, Nr. 15, Verfassung vom 26. Sept. 1862, mit Zustimmung unseres Landtags geändert; Art 15.
[500] Erklärung Seiner Durchlaucht Fürst Hans Adam II. als Regierungsnachfolger. In: Protokoll über die ausserordentliche Landtagssitzung vom 5. Dezember 1989, S. 4.
[501] Erbhuldigung. In: Protokoll über die ausserordentliche Landtagssitzung vom 5. Dezember 1989, S. 5.
[502] Erbhuldigung. In: Protokoll über die ausserordentliche Landtagssitzung vom 5. Dezember 1989, S. 5.

löbnisses werden die Abgeordneten vom Landtagspräsidenten gebeten, sich von ihren Plätzen zu erheben.

Die Schweizer Zeitungen beobachteten vor dem Hintergrund der eidgenössischen demokratischen Tradition diese Erbhuldigungen mit Interesse und konnten ebenfalls demokratische Elemente in ihr erkennen. Über die Erbhuldigung am Pfingstmontag 1939 berichtete die „Neue Zürcher Zeitung", das ganze Volk sei an diesem Pfingstmontag vor dem Schloss Vaduz versammelt gewesen, um dem neuen Landesherrn seine Huldigung darzubringen. Die gewaltige Teilnahme sei mit gegen 10.000 Personen – was beinahe der Einwohnerzahl des Landes entspreche – kaum zu hoch geschätzt. Die Schweizer „Bodensee-Zeitung" war beeindruckt von dem Treuegelöbnis, das in seiner Form wiederum das Wort von der „demokratischen Monarchie Liechtenstein" gerechtfertigt habe. Die Basler Zeitung berichtete, dort vor dem Schloss, auf dem historischen Platz der Erbhuldigung hätten sich wohl an die 9000 Liechtensteiner versammelt. „Wie eine große Landsgemeinde sah es aus, nur feierlicher und farbenfroher."[503] Wegen der Teilnahme praktisch des gesamten Landesvolkes sah man in Liechtenstein in der Erbhuldigung des Volkes eine direktdemokratische Maßnahme mit der „Wucht eines allgemeinen Volksbekenntnisses" auf der Schlosswiese. Man verglich den Akt mit dem Rütlischwur einer neun- bis zehntausendköpfigen Menge.[504]

Schon bei der ersten Erbhuldigung des zwanzigsten Jahrhunderts am 11. August 1929 hatten sich 10.000 Personen – diese Zahl entsprach der damaligen Einwohnerschaft – auf der Schlosswiese in Vaduz versammelt, um ein „dreifach donnerndes Hoch" auf den Fürsten auszusprechen.

Der Vertrags-Charakter der Erbhuldigung kam bei früheren Thronwechseln in Liechtenstein besonders gut zum Ausdruck. Die erste Huldigung an das hochfürstliche Haus Liechtenstein reicht ins Jahr 1699 zurück. Fürst Hans-Adam I. hat damals die Herrschaft Schellenberg durch Kauf in den Besitz des Hauses Liechtenstein gebracht. Als die Unterländer – die Bewohner des nördlichen Liechtenstein – zur Huldigung nach Bendern bestellt wurden, war von der Jubelstimmung späterer Huldigungen nichts zu spüren. Erst nach verschiedenen Ab-

---

503 „Die Wucht eines Volksbekenntnisses". Die Huldigung von 1939 im Spiegel von Presse-Auszügen. Aus: Liechtensteiner Volksblatt, Sonderbeilage zur Huldigungsfeier 1990, Dienstag 14. August 1990, Seite 21.

504 „Die Wucht eines Volksbekenntnisses". Die Huldigung von 1939 im Spiegel von Presse-Auszügen. Aus: Liechtensteiner Volksblatt, Sonderbeilage zur Huldigungsfeier 1990, Dienstag 14. August 1990, Seite 21.

klärungen und Zugeständnissen hoben die misstrauischen Unterländer nach siebenstündiger Verzögerung die „Schwörfinger".[505]

Aus dem amtlichen Protokoll geht hervor, dass der Huldigungsakt für den nicht persönlich anwesenden Fürsten Hans-Adam I. sich zwischen 9 und 10 Uhr morgens hätte abspielen sollen. Alle männlichen Unterländer ab 14 Jahren waren an jenem 16. März 1699 mit ihrem „Undergewehr" bewaffnet zur Huldigung vor dem Pfarrhof in Bendern bestellt. Die Unterländer waren aber durch die schlechten Erfahrungen mit ihren letzten Landesherren skeptisch geworden. Sie waren deshalb nur bereit, den Treueid zu leisten, wenn vorher verschiedene finanzielle Angelegenheiten zufriedenstellend geordnet wurden. Sie verlangten auch die Zusicherung, dass alles beim alten Herkommen bleibe. Mündliche Zusagen genügten nicht. Die Unterländer verlangten für alles Brief und Siegel. Und auch die wurden nur äußerst zögernd akzeptiert. Die Vertreter des Volkes benötigten alles Geschick, ehe die Unterländer „endlich nach vierstündigen Anstand und Unterreden sich mit der offerierten Signatur" einverstanden erklärten. Mit siebenstündiger Verspätung konnte nachmittags nach 4 Uhr der Huldigungsakt abgehalten werden. Erst nach vertraglicher Zusicherung ihrer Forderungen leisteten die Untertanen in diesem Geschäft auf Gegenseitigkeit den Eid durch Aufheben der Schwörfinger.[506]

6. Der Eid der Landsgemeinde

In der „bundesstaatlichen Vertragsklausel" werden auch Elemente der alten eidgenössischen Landsgemeinde sichtbar. Die Versammlung der stimmfähigen Bürger tagt in den Landsgemeindekantonen in der Regel einmal jährlich unter freiem Himmel mit einem besonderen Zeremoniell auf einem historischen Platz. Hauptgeschäft der Landsgemeinde ist die Leistung des Eides.[507] Nicht nur Landammann und Mitglieder der Behörden werden feierlich vereidigt, sondern auch – abgesehen von Unterwalden – das Landsgemeindevolk. In Innerrhoden schwören zu Beginn der Landsgemeinde Landammann und Volk, in Außerrhoden tun sie es am Schluss der Landsgemeinde. Es erfolgen jeweils zuerst die Eidesbelehrung und das Vorlesen der Eidesformel, und dann schwört das ganze

[505] Frommelt, Martin: Fürst Hans-Adam I. und die Huldigung 1699. Warum die misstrauischen Unterländer die Huldigung hinauszögerten. Aus: Liechtensteiner Volksblatt, Sonderbeilage zur Huldigungsfeier 1990, Dienstag 14. August 1990, Seite 11.

[506] Frommelt, Martin: Fürst Hans-Adam I. und die Huldigung 1699. Warum die misstrauischen Unterländer die Huldigung hinauszögerten. Aus: Liechtensteiner Volksblatt, Sonderbeilage zur Huldigungsfeier 1990, Dienstag 14. August 1990, Seite 11.

[507] Carlen, Louis: Die Landsgemeinde in der Schweiz. Schule der Demokratie. Sigmaringen 1976, S. 15

Volk, mit erhobenen Schwurfingern in dumpfem Chor: „Das habe ich wohl verstanden / was mir vorgelesen worden / Das will ich wahr und stets halten / treulich ohne alle Gefährde / so wahr ich wünsche und bitte / daß mir Gott helfe.“[508]

Im Kanton Appenzell-Innerrhoden gibt es einen neueren Beschluss des Kantonsparlaments, mit dem der jahrhundertealte Eid der Landsgemeinde auch für die Gegenwart und Zukunft weiterhin gesetzliche Geltung erlangt hat. Der Eid stammt aus dem Jahre 1409 und ist noch heute – von stilistischen Anpassungen an die Sprachentwicklung abgesehen – unverändert. Dieser „Grossratsbeschluss betreffend den Landsgemeindeeid vom 21. März 1994“, der sich auf Art 24 der Kantonsverfassung für den Eidgenössischen Stand Appenzell-Innerrhoden vom 24. Wintermonat 1872 stützt, regelt die wechselseitigen Eidesleistungen zwischen Landammann und Landsgemeindevolk.[509] Diese gegenseitigen Beteuerungen, die auf der einen Seite nur wirksam werden, wenn auch die andere Seite ihren Beitrag dazu leistet, finden sich ebenfalls als Element der „bundesstaatlichen Vertragsklausel“ wieder. Diese Vereidigung von Landammann und Landvolk, die einmal im Jahr an der Landsgemeinde unter feierlichem Zeremoniell abläuft, hat durch die gegenseitigen feierlichen Willensäußerungen des Landammanns einerseits und des gesamten Landvolkes anderseits eine vertragsähnliche Basis für ein gemeinsames Zusammenleben in einer Gesellschaft geschaffen.

Es zeigt sich am Beispiel der „bundesstaatlichen Vertragsklausel“ in der Vorarlberger Landesverfassung von 1919, dass die moderne Theorie des Bundesstaates starke historische Wurzeln hat. All die erwähnten Elemente – vom Gesellschaftsvertrag Rousseaus angefangen über die Instrumente der Gewährleistung und der Bundesgarantie für die Kantone in der Schweizer Bundesverfassung sowie dem Einfließen der Bundestreue in das Staatsrecht bis hin zur vertragsähnlichen Erbhuldigung in Liechtenstein und den Vertragsschwüren zwischen Landesvolk und Landammann auf der Landgemeinde – finden sich in der „bundesstaatlichen Vertragsklausel“ und in den Artikeln ihrer eidgenössischen Vorläuferinnen wieder.

---

[508] Carlen, Louis: Die Landsgemeinde in der Schweiz. Schule der Demokratie. Sigmaringen 1976, S. 22.

[509] Großratsbeschluss des Kantons Appenzell-Innerrhoden betreffend den Landsgemeindeeid vom 21. März 1994.

Vierter Teil:
Folgen der Landesverfassung

1. Kapitel: Reaktionen auf die Landesverfassung

Die neue Landesverfassung war von der provisorischen Vorarlberger Landesversammlung am 14. März 1919 in dritter Lesung einstimmig angenommen worden. Es ist keine Überraschung, dass deshalb auch die Zeitungen aller politischen Lager positiv über diesen Beschluss berichtet haben. Als hervorstechendes Merkmal wurde in den Presseerzeugnissen die Vorbildwirkung der Schweiz beim Erstellen der Vorarlberger Landesverfassung unterstrichen.

Die christlichsoziale „Reichspost“ in Wien hob diesen Schweiz-Bezug besonders hervor und berichtete unter dem Titel „Die neue Landesverfassung Vorarlbergs“ in einem „Drahtbericht“ aus Bregenz: „Die Vorarlberger Landesversammlung beschloß heute die neue Landesverfassung. Nach dem Vorbilde der Schweizer Verfassung steht die gesetzgebende und Vollzugsgewalt künftig der Gesamtheit des Volkes im Wege der Volksabstimmung zu. Das Land Vorarlberg erklärt seine Selbständigkeit in der Weise, wie sie der einzelne Schweizer Kanton im Rahmen des Gesamtstaates besitzt. Die drei im Lande verbreiteten christlichen Konfessionen genießen den Landesschutz.“[510]

Die Sozialdemokraten hatten der Landesverfassung in dritter Lesung zugestimmt, weil sie zum Teil ihre eigenen Ideen darin wieder fanden. Auch sie rechtfertigten ihre Zustimmung in ihrer Parteizeitung. In der „Vorarlberger Wacht“, die den Untertitel „Organ für das arbeitende Volk in Vorarlberg“ trug, wurde über die Ausführungen des Berichterstatters Johann Josef Mittelberger geschrieben:

„Er wies darauf hin, daß Vorarlberg wirklich ein Freistaat im vollsten Sinne des Wortes werden solle. Die Artikel des Verfassungsentwurfes seien aus den verschiedenen Verfassungen einiger Schweizerkantone und sei dabei die Gesetzgebung dem Volke ganz in die Hand gegeben und trage dasselbe deshalb mehr Mitverantwortung. Wichtig in dieser neuen Verfassung ist das Vorschlag- und Verwerfungsrecht der Gesetze durch das Volk (Referendum und Initiative), ein Recht, das die Sozialdemokratie schon seit Jahrzehnten in ihrem Programm gefordert hat. Es können dadurch Gesetze, die sich in der Praxis nicht bewährt ha-

[510] Die neue Landesverfassung Vorarlbergs. Aus: Mittagsblatt der „Reichspost“, Jg. 26, Nr. 127, Wien, 15. März 1919, S 2.

ben, durch eine Anregung aus dem Volke heraus verworfen werden, und zwar sollen alle Gesetze, die nicht dringlicher Natur sind, wenn binnen 21 Tagen nach Erlaß des Gesetzes 10.000 Wähler es fordern, durch Abstimmung beglaubigt werden. Auch können einzelne Grundsätze in ein zu erlassendes Gesetz durch Volksabstimmung zur Aufnahme gelangen. Bei allen Wahlen in irgendeinen mehrgliedrigen Vertretungskörper des Landes soll die Verhältniswahl angewendet werden." [511]

Der Schweiz-Bezug der Landesverfassung wurde in dem Bericht der „Vorarlberger Wacht" ebenfalls hervorgehoben, obwohl die Sozialdemokraten die gesellschaftlichen Verhältnisse bei den Eidgenossen wegen des mangelnden Fortschritts des Klassenkampfes nicht als Vorbild sahen: „Alles in allem ist dies eine Landesverfassung ganz ähnlich den Kantonalverfassungen der Schweiz. Wenn auch das Volk in wirtschaftlicher Beziehung noch in Abhängigkeit sich befindet gegenüber den Besitzenden, so ist in politischer Beziehung doch ein Fortschritt zu verzeichnen, wie wir ihn ohne diese Umwälzungen nie hätten erreichen können. Aus diesem Grunde stimmten unsere Genossen in 3. Lesung dem Gesetze zu, wobei Gen. Preiß erklärte, daß damit das Einverständnis zu § 13 und 40 (fünfjährige Legislaturperiode und Wahlpflicht) nicht gegeben ist. Aber diese Punkte sind der Wahlordnung entnommen, daher erschiene die Ablehnung des Gesetzes als eine zwecklose Demonstration." [512]

In den Schweizer Zeitungen wurde der offensichtliche Schweiz-Bezug der Vorarlberger Landesverfassung aus politischen Gründen vorerst verschwiegen. Es dauerte einige Monate, bis auch dort die Vorbildwirkung der Schweizer Verfassungen öffentlich behandelt wurde. Erst als Mitglieder der Schweizer Bundesversammlung im November 1919 wegen Vorarlberg eine Eingabe an den Bundesrat in Bern machten, wurde dieser Schweiz-Bezug der neuen Vorarlberger Landesverfassung zum Thema gemacht. Die „Basler Nachrichten" übernahmen am 21. November 1919 den Wortlaut dieser Eingabe an den schweizerischen Bundespräsidenten und an die Bundesräte, in der es wörtlich hieß: „Vorarlberg trennte sich von Tirol und bestellte seine eigenen Landesbehörden. Am 14. März 1919 gab es sich als ‚selbständiges Land' eine Verfassung, deren Grundzüge dem schweizerischen öffentlichen Recht angepaßt sind." [513]

---

[511] Aus der Landesversammlung. Bericht der Landtagsitzung vom 14. ds [14. März 1919]. Aus: Vorarlberger Wacht, Organ für das arbeitende Volk in Vorarlberg, Jg. 10, Nr. 64, Dornbirn, 17. März 1919, S. 1.

[512] Aus der Landesversammlung. Bericht der Landtagsitzung vom 14. ds [14. März 1919]. Aus: Vorarlberger Wacht, Organ für das arbeitende Volk in Vorarlberg, Jg. 10, Nr. 64, Dornbirn, 17. März 1919, S. 1.

[513] Eingabe von Mitgliedern der eidgenössischen Räte an den Bundesrat betr. Vorarlberg. Aus: Basler Nachrichten, 21. November 1919.

2. Kapitel:
Auswirkungen der Landesverfassung

Am Beispiel der Vorarlberger Landesverfassung vom 14. März 1919 wird das Wechselspiel von Politik und Verfassungsrecht besonders deutlich. Der Beschluss der Landesverfassung in der Landesversammlung hatte interessante Auswirkungen auf den Fortgang der Landesgeschichte. Am 14. März war die Verfassung beschlossen worden. Am Tag danach wurden alle Ideen für einen Anschluss an die Schweiz, die vorher in privaten Aktionen geäußert wurden, zur offiziellen Landessache. Was vorher im Verborgenen blühte oder – um politische Verwicklungen mit dem Ausland zu vermeiden – zur Privatsache erklärt werden musste, wurde durch den Beschluss der Landesverfassung nach Schweizer Vorbild zur „Causa prima". Die Landesverfassung hatte beschleunigende Wirkung für alle Anschluss-Ideen an die Schweiz. Vorarlberger Politiker, die sich vorher in den Augen der wenigen Anschluss-Gegner mit ihren Ideen im Bereich des Hochverrates bewegten, konnten sich nun auf das einstimmig beschlossene Grundgesetz ihres Landes stützen. Der 14. März 1919 wurde durch den Beschluss der Landesverfassung zu einem vielfach unterschätzten Wendepunkt in der Vorarlberger Landesgeschichte.

1. Bericht des Landrates über die Anschlussfrage

Am 14. März 1919 wurde die neue Landesverfassung beschlossen. Am 15. März sprach der Vorarlberger Landeshauptmann in der Landesversammlung zum ersten Mal über die Anschlussfrage. „Es ist jetzt der Zeitpunkt gekommen, wo sich die Landesversammlung mit der Angelegenheit befassen muß, weil sie dafür reif geworden ist", meinte Dr. Otto Ender. „Ich meine, wenn wir die geographische Lage besehen, das liegt auf der Hand, daß wir offen sind nach der Schweiz, nicht geschlossen nach Deutschland, dagegen von Deutschösterreich durch Berge sehr geschieden. Wir hängen geographisch mit Österreich nicht sehr innig zusammen. Wir gehören auch nicht dem Flußgebiete der Donau an, sondern dem Flußgebiete des Rheines. Geographisch liegen die Dinge sehr einfach und klar."[514] Auch von der Abstammung her gesehen gab es für Otto Ender Gemeinsamkeiten. „Die Vorarlberger sind teils Alemannen, teils Walser, teils germani-

[514] Bericht des Landesrates über die Anschlußfrage. 14. Sitzung am 15. März 1919 unter dem Vorsitze des Herrn Landeshauptmannes Dr. Otto Ender. In: Stenographische Sitzungsberichte der provisorischen Vorarlberger Landesversammlung zu Bregenz. Eröffnung der Landesversammlung am 3. November 1918; 14. Sitzung, S. 5.

sierte Romanen. In der Schweiz finden wir genau dieselbe Zusammensetzung der deutschen Bevölkerung".[515]

Es sei zu sehr in die Augen springend, dass die Vorarlberger bezüglich Abstammung und Sprache mit der Schweiz und mit Schwaben viel verwandter seien als mit Tirol. Die Bevölkerung sei sich durchaus bewusst gewesen, dass sie demokratischer gesinnt und veranlagt gewesen sei als die Tiroler. „Daß der Patriotismus, der vorhanden war, einen anderen Charakter trug, hat man auch in Wien gefühlt, wo man uns scherzweise als den 23. Kanton bezeichnete", berichtete der Vorarlberger Landeshauptmann.[516] Es war deshalb für ihn nicht verwunderlich, dass im Lande eine Bewegung für den Anschluss an die Schweiz aus dem Volk herausgewachsen war. Eine private Initiative hatte im Vorfeld Unterschriften für einen Anschluss an die Schweiz gesammelt. Bei dieser Unterschriftensammlung hatten 70% der stimmberechtigten Bevölkerung für einen Anschluss an die Schweiz unterschrieben.

Die Vorarlberger sähen in der Schweiz schon lange das Ideal eines demokratischen und gut verwalteten Landes, das ihnen immer imponiert habe. Sie hatten vor allem miterlebt, dass die Schweiz vom Ersten Weltkrieg verschont geblieben ist. „Daß die Ordnung in der Schweiz heute noch aufrecht erhalten ist, während ringsum zum Unglück der Völker die schrecklichste Unordnung überhand nimmt, das ist auch ein Moment, was das Volk ungemein hinneigen läßt zur Schweiz und es ungemein gestimmt macht für den Anschluß an die Schweiz, an das in Ordnung bestehende Friedenseiland."[517]

Wenn sich Vorarlberg entschließen würde, von Deutschösterreich wegzugehen, um sich einem anderen Staatswesen anzuschließen, würde das sehr große Amputationsschmerzen bereiten, führte Otto Ender aus. Jede Amputation sei mit Schmerzen verbunden. Die Amputation Vorarlbergs von Tirol sei klein gewesen. Die Amputationsschmerzen bei der Loslösung von Deutschösterreich wür-

[515] Bericht des Landesrates über die Anschlußfrage. 14. Sitzung am 15. März 1919 unter dem Vorsitze des Herrn Landeshauptmannes Dr. Otto Ender. In: Stenographische Sitzungsberichte der provisorischen Vorarlberger Landesversammlung zu Bregenz. Eröffnung der Landesversammlung am 3. November 1918; 14. Sitzung, S. 6.

[516] Bericht des Landesrates über die Anschlußfrage. 14. Sitzung am 15. März 1919 unter dem Vorsitze des Herrn Landeshauptmannes Dr. Otto Ender. In: Stenographische Sitzungsberichte der provisorischen Vorarlberger Landesversammlung zu Bregenz. Eröffnung der Landesversammlung am 3. November 1918; 14. Sitzung, S. 6-7.

[517] Bericht des Landesrates über die Anschlußfrage. 14. Sitzung am 15. März 1919 unter dem Vorsitze des Herrn Landeshauptmannes Dr. Otto Ender. In: Stenographische Sitzungsberichte der provisorischen Vorarlberger Landesversammlung zu Bregenz. Eröffnung der Landesversammlung am 3. November 1918; 14. Sitzung, S. 7.

den sehr groß sein, aber sie würden vorübergehen, „wie es bei Schmerzen jeder Amputation naturgemäß der Fall ist".[518]

2. Das Selbstbestimmungsrecht der Vorarlberger

Wenn man es ehrlich ausspreche, seien die Vorarlberger im Weltkrieg unterlegen und gehörten somit zu den Besiegten. Es sei nicht ausgeschlossen, daß die Entente mit Vorarlberg machen könne, was sie wolle. „Wenn sie uns an die Schweiz angliedert, ist die Sache erledigt, wenn sie uns zu Deutschösterreich schlägt, so ist das Wort gesprochen. Wenn sie uns den politischen Anschluß an Deutschland unmöglich macht, so sind wir vielleicht außerstande, dagegen aufzukommen. Ich weiß es nicht."[519] Man habe wohl das schöne Wort „Selbstbestimmungsrecht" ausgegeben, aber mehr als ein schönes Wort sei es nicht.

Die Frage des Selbstbestimmungsrechtes ist durch den erwünschten Anschluss an die Schweiz von Wien aus plötzlich zum großen Hindernis aufgebaut worden. Es war ungewiss, ob nicht unter Umständen andere über das Schicksal der Vorarlberger entscheiden würden.

Auch wenn das Selbstbestimmungsrecht für Vorarlberg gesichert wäre, konnte man es unter Umständen nicht frei ausüben, weil Vorarlberg von einer Entscheidung abhängen konnte, die andere Länder trafen. Wenn beispielsweise Tirol erklärt hätte, es wolle eine selbständige Republik sein und wenn es Tirol gelungen wäre, die internationale Anerkennung zu finden, dann wäre es von vornherein ausgeschlossen gewesen, dass Vorarlberg weiterhin zu Deutschösterreich gehört und dass es noch einen Zusammenhang mit Wien behalten hätte. Dann bleiben ihm nur mehr die beiden Wege offen: „Da hinaus oder da hinüber". Gemeint hat Otto Ender mit diesem abgekürzten Ausspruch: Die Vorarlberger können dann entweder da hinaus ins Deutsche Reich oder da hinüber über den Rhein zur Schweiz.

Ein anderes wichtiges Moment konnte noch die freie Selbstbestimmung der Vorarlberger beeinflussen: das Verhalten des anderen Teiles, an den man sich

[518] Bericht des Landesrates über die Anschlußfrage. 14. Sitzung am 15. März 1919 unter dem Vorsitze des Herrn Landeshauptmannes Dr. Otto Ender. In: Stenographische Sitzungsberichte der provisorischen Vorarlberger Landesversammlung zu Bregenz. Eröffnung der Landesversammlung am 3. November 1918; 14. Sitzung, S. 8.

[519] Bericht des Landesrates über die Anschlußfrage. 14. Sitzung am 15. März 1919 unter dem Vorsitze des Herrn Landeshauptmannes Dr. Otto Ender. In: Stenographische Sitzungsberichte der provisorischen Vorarlberger Landesversammlung zu Bregenz. Eröffnung der Landesversammlung am 3. November 1918; 14. Sitzung, S. 9.

anschließen wolle. Offiziell genannt wurden von Otto Ender immer noch Schwaben und die Schweiz, gemeint waren aber einzig die Eidgenossen. Wenn dieser andere Teil nicht wolle, sei die Sache wieder erledigt. „Zum Heiraten gehören immer zwei“, pflegte Otto Ender zu sagen.[520]

Das Deutsche Reich werde so gut wie Deutschösterreich mindestens ein Menschenalter benötigen, um wieder voll auf die Höhe zu kommen. Wenn man sich der Schweiz anschließe, würde man wahrscheinlich schneller in geordnete Lebensverhältnisse hineinkommen. Und wenn es später wahr werden sollte, dass die Schweiz in ihre nationalen Bestandteile auseinander falle, so würde Vorarlberg immer noch als Bestandteil der deutschen Schweiz an das große Deutsche Reich kommen.[521]

Um dem Volk die Grundlagen zu schaffen, die es für eine Entscheidung für oder gegen den Anschluss an die Schweiz brauchte, hat der Vorarlberger Landesrat am Tag nach dem Beschluss der Landesverfassung einen fünfgliedrigen Antrag an die Landesversammlung gestellt, der einhellig angenommen wurde. Die einzelnen Teile des Antrages lauteten:

„1. Die Erklärung vom 3. November 1918, in welcher sich das Land Vorarlberg im Rahmen von Deutschösterreich selbständig erklärte, trägt provisorischen Charakter wie die Landesversammlung selbst.

2. Der neuzuwählende Landtag entscheidet über den definitiven Anschluß des Landes an ein grösseres Staatswesen. Fällt der Landtag die Entscheidung für den Anschluß an ein anderes Staatswesen als an Deutschösterreich, oder ist die provisorische Landesversammlung schon zur Entscheidung genötigt, so muß der Beschluß der Volksabstimmung unterbreitet werden.

3. Die Landesversammlung wählt aus ihrer Mitte einen fünfgliedrigen Verhandlungsausschuß, der durch Fühlungnahme mit den Regierungen in Deutschösterreich, in der Schweiz und in Deutschland die Bedingungen zu erfahren trachtet, unter welchen sich das Land Vorarlberg anschließen könnte. Die Erhebungen

---

[520] Bericht des Landesrates über die Anschlußfrage. 14. Sitzung am 15. März 1919 unter dem Vorsitze des Herrn Landeshauptmannes Dr. Otto Ender. In: Stenographische Sitzungsberichte der provisorischen Vorarlberger Landesversammlung zu Bregenz. Eröffnung der Landesversammlung am 3. November 1918; 14. Sitzung, S. 9.

[521] Bericht des Landesrates über die Anschlußfrage. 14. Sitzung am 15. März 1919 unter dem Vorsitze des Herrn Landeshauptmannes Dr. Otto Ender. In: Stenographische Sitzungsberichte der provisorischen Vorarlberger Landesversammlung zu Bregenz. Eröffnung der Landesversammlung am 3. November 1918; 14. Sitzung, S. 11.

haben insbesondere in politischer, kultureller und finanzwirtschaftlicher Richtung zu erfolgen.

4. Der Landesrat hat ein Prüfungskomitee zu bestellen, das die wirtschaftlichen Folgen der möglichen Anschlüsse für die Gesamtheit des Volkes und für die einzelnen Berufsgruppen zu untersuchen hat.[522]

5. Der Landesrat wird ermächtigt, wenn die Verhandlungen mit einem fremden Staate weiter gedeihen, dem fünfgliedrigen Verhandlungsausschuß sachverständige Vertreter aus den Kreisen der Industriellen und anderer Berufsgruppen beizugeben."

Hierauf wurden die Mitglieder des Verhandlungsausschusses gewählt. Es waren dies von der christlichsozialen Partei Dr. Otto Ender, Dr. Ferdinand Redler und Engelbert Luger; als Ersatzmänner für dieselben wurden Dr. Josef Mittelberger, Franz Unterberger und Dr. Andreas Konzett gewählt. Von der deutschfreiheitlichen Partei wurden Franz Natter als Mitglied und Dr. Ferdinand Kinz als dessen Ersatzmann in den Ausschuss entsandt. Die Sozialdemokraten schickten Fritz Preiß als Mitglied und Franz Rauscher als Ersatzmann.

3. Kapitel: Vorarlberg als „Kanton Übrig"

Als Vorarlberg seine Selbständigkeit erklärte und Österreich auseinander fiel, als sich die Liebe zur Schweiz in einzelnen Teilen Vorarlbergs sofort kundgab, habe man in der Schweiz ziemlich kühles Blut bewahrt, meinte Otto Ender. Die „Thurgauer Zeitung" hat damals scharf gegen einen Anschluss Vorarlbergs geschrieben, weil sie im Gegenzug den Verlust des Kantons Tessin befürchtete.[523] Später habe sich die Stimmung der öffentlichen Meinung in der Schweiz zersplittert gezeigt, berichtete Ender der Landesversammlung. In der Schweiz galt der Grundsatz, dass ihr Staatsgebiet unantastbar sei und dass sie nichts abtreten wolle.

---

522 Bericht des Landesrates über die Anschlußfrage. 14. Sitzung am 15. März 1919 unter dem Vorsitze des Herrn Landeshauptmannes Dr. Otto Ender. In: Stenographische Sitzungsberichte der provisorischen Vorarlberger Landesversammlung zu Bregenz. Eröffnung der Landesversammlung am 3. November 1918; 14. Sitzung, S. 12-13.

523 Bericht des Landesrates über die Anschlußfrage. 14. Sitzung am 15. März 1919 unter dem Vorsitze des Herrn Landeshauptmannes Dr. Otto Ender. In: Stenographische Sitzungsberichte der provisorischen Vorarlberger Landesversammlung zu Bregenz. Eröffnung der Landesversammlung am 3. November 1918; 14. Sitzung, S. 10.

In der ostschweizerischen Presse sei viel natürliche Zuneigung vorhanden, weil auch das wirtschaftliche Interesse weit näher liege. In der Westschweiz habe man das wirtschaftliche Interesse erst später erkannt. Nunmehr schrieben auch die westschweizerischen Zeitungen von der Bedeutung, die der Besitz der Arlberglinie für die Schweiz hätte. Sie schrieben auch von der weit besseren Grenze, die die Schweiz gegenüber dem Deutschen Reich finden würde, wenn die Grenze über den Arlberg und die Gebirgskämme verlaufe, als wenn der Rhein die Grenze bilden würde.[524]

Wenn man am Anfang die Meinung hatte, es würden in der Schweiz konfessionelle Bedenken gegen einen Anschluss Vorarlbergs entstehen, so sei das eigentlich nicht festzustellen. Die Schweiz stehe auf dem Standpunkt, dass dies bei einer Bevölkerungszahl von nur 140.000 Einwohnern, die dazukämen, kein Problem darstelle und dass man überhaupt früher mit Berücksichtigung konfessioneller Gesichtspunkte soviel Dummheiten gemacht habe, dass man sie heute nicht mehr zum Gegenstand einer Diskussion machen soll.

Es erhebt sich nun die Frage, wie es denn zu der spöttischen Bezeichnung „Kanton Übrig" kommen konnte, wenn doch die Eidgenossen Vorarlberg unmittelbar nach Beschluss der Landesverfassung im März 1919 als 23. Kanton nicht ungern gesehen hätten?

In Otto Enders Nachlass findet sich ein großformatiges, in Lustenau gedrucktes Flugblatt mit dem Titel „Kanton Übrig". Es wies keinen Verfasser auf, es war lediglich mit einem großen „Z" als Namenskürzel unterzeichnet und wurde im ganzen Land unters Volk gebracht.[525] Der anonyme Schreiber hat darin den Vorarlbergern das Gefühl vermitteln wollen, ihr Land sei den Eidgenossen als neuer Kanton nicht willkommen. Es heißt darin:

„Im Schweizer Roman ‚Die Erlhöferin' vergleicht der Schweizer Verfasser sein Heimatland mit einem Turm, in dessen Glockenstube viele kleine, gut zusammenstimmende Glocken hängen, und sagt, der Turm sei voller Glocken, daß keine weitere mehr Platz hätte, und müßte man eine solche rein außer dem Turme aufhängen. Das ist doch etwas schöner gesagt, als wie mit dem etwas derben

[524] Bericht des Landesrates über die Anschlußfrage. 14. Sitzung am 15. März 1919 unter dem Vorsitze des Herrn Landeshauptmannes Dr. Otto Ender. In: Stenographische Sitzungsberichte der provisorischen Vorarlberger Landesversammlung zu Bregenz. Eröffnung der Landesversammlung am 3. November 1918; 14. Sitzung, S. 10.

[525] Bregenz: Vorarlberger Landesarchiv, Nachlass Otto Ender, Korrespondenz Landeshauptmann, Schachtel 1, 1919-1921, Ordner 1: Großformatiges Flugblatt, einseitig gedruckt, Buchdruckerei Lustenau, gezeichnet mit Z.

‚Kanton Übrig', wie man in der Schweiz zum Streben einzelner Vorarlberger, zur Schweiz zu kommen, Stellung nimmt, bzw. es spöttisch abtut.

Was hätte auch die Schweiz für ein Interesse an dieser Vorarlberger Aufdringlichkeit? Jetzt hat die Schweiz am Rhein und am Rhätikon eine ideale Grenze, die nicht besser würde, wenn unser Ländchen zur Schweiz käme, vielmehr würde sie an Klarheit gegen das Allgäu hin sehr zu wünschen übrig lassen. Abgesehen von diesen nebensächlichen Bedenken, ist der Zuwachs für die Schweiz in keiner Weise wünschenswert. Wir brächten nur Industrie mit, die die Schweiz ohnedies im Überfluß hat, nämlich Baumwollspinnereien und Webereien und eine gutentwickelte Stickereiindustrie, lauter Erzeugnisse, welche die Schweiz ohnedies im Ausfuhrhandel absetzen muß und für das Land selbst nicht braucht."[526]

Dann ging der Verfasser mit dem Namenskürzel „Z" auch offen gegen die Schweizer los: „Die deutschsprechenden Schweizer haben sich durch jahrhundertelange Erziehung daran gewöhnt, darauf zu vergessen, daß auch sie ein Teil des deutschen Volkes sind und glauben ehrlich, daß die Schweiz eine eigene Nation mit dreierlei Sprachen sei, ja noch mehr als das: ein Teil der deutschsprechenden Schweizer hat sich unter dem Einflusse der uns feindlichen Presse vom deutschen Volke losgesagt und sich seiner Sprache geschämt und ‚französelt' in Zürich und Umgebung. Mit solchen Leuten würden wir deutschbewußte Vorarlberger wohl kaum ruhig an einem Tische sitzen und es wäre leicht möglich, daß hieraus ein Zwiespalt zwischen den Deutsch-Schweizern und den Welsch-Schweizern entstände. So glaube ich, daß die klugen Schweizer nach keiner Seite hin den Anschluß Vorarlbergs an die Schweiz wünschen können und daß wir ihnen wirklich ein ‚Kanton Übrig' wären."[527]

Im nächsten Absatz ließ der anonyme Schreiber „Z" bereits durchblicken, dass er ein Befürworter eines Anschlusses an das Deutsche Reich war, der sich deshalb entschieden gegen einen Beitritt zur Schweiz wehrte. Er zog nämlich den Schluss: „Und nun, da das große Ringen beendet, und wir uns in gegenseitiger Achtung neuen Friedenszielen zuwenden können, sollen wir uns abseits stellen von Deutschösterreich, um eines Augenblickserfolges willen? Sollen wir uns nicht freuen, daß endlich ein geeinigtes Deutschland entsteht, von der Maas bis

[526] Bregenz: Vorarlberger Landesarchiv, Nachlass Otto Ender, Korrespondenz Landeshauptmann, Schachtel 1, 1919-1921, Ordner 1: Großformatiges Flugblatt, einseitig gedruckt, Buchdruckerei Lustenau, gezeichnet mit Z.

[527] Bregenz: Vorarlberger Landesarchiv, Nachlass Otto Ender, Korrespondenz Landeshauptmann, Schachtel 1, 1919-1921, Ordner 1: Großformatiges Flugblatt, einseitig gedruckt, Buchdruckerei Lustenau, gezeichnet mit Z.

an die Memel, von der Etsch bis an die Belt, und sollen abseits stehen wollen? Ist es nicht verlockender, einem Staate anzugehören, den ein einig Volk von über siebzig Millionen in freier Selbstbestimmung bildet, dem die Handelswege des Meeres offen stehen und die gewaltige Verkehrsader, die Donau, dienstbar ist, als einem kleinen Binnenstaate von wenigen Millionen, gebildet aus drei so verschiedenen Völkern?"

Die Bevölkerung kannte nun die Beweggründe des Flugblatt-Verfassers, aber sie rätselte immer noch über den geheimnisvollen Autor „Z". Landeshauptmann Dr. Otto Ender lüftete das Geheimnis in der sechsten Sitzung des Vorarlberger Landtags am 6. Juli 1919 anlässlich der Debatte über den „Bericht des Landesrates über die Zuschrift der deutschösterreichischen Staatskanzlei in Sachen der Vorarlberger Anschlußfrage". Der deutschfreiheitliche Abgeordnete Dr. Anton Zumtobel, ein Rechtsanwalt aus Dornbirn, hatte in einer Anfrage an den Landeshauptmann wissen wollen, ob es dem Landeshauptmann bekannt sei, dass die Schweiz hauptsächlich aus dem Grunde den Anschluss Vorarlbergs wünsche, damit es in Zukunft eine günstige strategische Grenze für Frankreich gegen Deutschland bilde.[528]

Landeshauptmann Dr. Ender erwähnte, dass der deutschfreiheitliche Abgeordnete Dr. Zumtobel das anschlussfeindliche Flugblatt mit dem Titel „Kanton Übrig" geschrieben und in tausenden Exemplaren gedruckt und ins Land hinaus gegeben habe. Darin habe er doch selber geschrieben, dass die Schweiz am Rhein und am Rhätikon jetzt eine ideale Grenze habe, die nicht besser würde, wenn Vorarlberg zur Schweiz käme. Im Übrigen solle Dr. Zumtobel ins Volk hinausgehen und fragen, ob die Vorarlberger Bevölkerung den Kummer habe, dass sie bei der Schweiz rascher wieder zu den Kriegswaffen greifen müsse, als wenn sie bei Deutschösterreich bliebe.[529]

Der Deutschfreiheitliche Dr. Zumtobel erwiderte: „Ich habe, wie der Herr Landeshauptmann ganz richtig bemerkt hat, seinerzeit bald nach meiner Heimkehr vom vierjährigen Kriegsdienst jenen Artikel ‚Kanton Übrig' verbrochen, aller-

---

[528] Bericht des Landesrates über die Zuschrift der deutschösterreichischen Staatskanzlei in Sachen der Vorarlberger Anschlußfrage. 6. Sitzung des Vorarlberger Landtags am 8. Juli 1919 unter dem Vorsitze des Herrn Landeshauptmannes Dr. Otto Ender, S. 71-120. In: Stenographische Sitzungsberichte der I. (ordentlichen) Landtagssession in Vorarlberg zu Bregenz. (XI. Landtags-Periode). Eröffnung des Landtages am 17. Juni 1919, Bregenz 1920.

[529] Bericht des Landesrates über die Zuschrift der deutschösterreichischen Staatskanzlei in Sachen der Vorarlberger Anschlußfrage. 6. Sitzung des Vorarlberger Landtags am 8. Juli 1919 unter dem Vorsitze des Herrn Landeshauptmannes Dr. Otto Ender, S. 71-120, hier S. 79. In: Stenographische Sitzungsberichte der I. (ordentlichen) Landtagssession in Vorarlberg zu Bregenz. (XI. Landtags-Periode). Eröffnung des Landtages am 17. Juni 1919, Bregenz 1920.

dings nicht unterfertigt, sondern lediglich mit ‚Z' signiert, woran alle erkennen konnten, daß ich der Urheber dieses Artikels bin. Ich muß gestehen, daß ich in diesem Artikel viel geschrieben habe, was sich später leider nicht als wahr erwiesen hat."[530] Das geflügelte Wort vom „Kanton Übrig" für den angeblich von den Schweizern nicht gewünschten Kanton Vorarlberg ist geblieben.

4. Kapitel: Volksabstimmung auf Schweizer Geheiß

Die fünf Mitglieder des Werbeausschusses für den Anschluss an die Schweiz hatten versucht, auf direktem Wege bei der schweizerischen Bundesregierung – dem Bundesrat in Bern – vorzusprechen. Das hätte aber für die Schweiz außerordentliche politische Verwicklungen ausgelöst. Der Werbeausschuss wurde in Bern nicht empfangen. Die Begründung dafür konnte man am 9. April 1919 in der „Neuen Zürcher Zeitung" lesen, die in einem offiziösen Artikel den Vorarlbergern den Standpunkt des Bundesrates mitteilte. Es hieß darin:

Der abschlägige Bescheid des Bundesrates hänge mit dem letzten Beschluss der Vorarlberger Landesbehörde zusammen, der die Frage des Anschlusses auf das Niveau eines Wettbewerbs herabgedrückt hätte. Damit wäre diese Frage jenes idealen Charakters entkleidet worden, den man in der Schweiz unmöglich missen könne. Die Sache habe sich inzwischen so weit aufgeklärt, dass auf vorarlbergischer Seite der Anschluss an die Schweiz nicht nur in vorderster Linie stehe, sondern andere Lösungsformen solange direkt ausschließe, als er diskutiert werden könne. Erst wenn der Anschluss an die Schweiz gar nicht mehr in Frage käme, würde mit anderen Anschlussmöglichkeiten gerechnet. Von vertrauenswürdiger Seite vernehme man, dass diese Meinung von 80 Prozent der Vorarlberger Bevölkerung geteilt werde.[531]

---

530 Bericht des Landesrates über die Zuschrift der deutschösterreichischen Staatskanzlei in Sachen der Vorarlberger Anschlußfrage. 6. Sitzung des Vorarlberger Landtags am 8. Juli 1919 unter dem Vorsitze des Herrn Landeshauptmannes Dr. Otto Ender, S. 71-120, hier S. 85-86. In: Stenographische Sitzungsberichte der I. (ordentlichen) Landtagssession in Vorarlberg zu Bregenz. (XI. Landtags-Periode). Eröffnung des Landtages am 17. Juni 1919, Bregenz 1920.

531 Zur Vorarlberger Anschlußfrage. Aus: Neue Zürcher Zeitung, Nr. 526, Zürich, 9. April 1919, zitiert nach: Antrag des Landesrates wegen Veranstaltung eines Volksabstimmung über den Anschluß an die Schweiz. In: Stenographische Sitzungsberichte der provisorischen Vorarlberger Landesversammlung zu Bregenz, Eröffnung der Landesversammlung am 3. November 1918, Bregenz 1919, 16. Sitzung am 25. April 1919 unter dem Vorsitze des Herrn Landeshauptmannes Dr. Otto Ender, S. 3-18, hier S. 7.

Dann wurde den Vorarlbergern von der eidgenössischen Bundesregierung auf dem Weg über die „Neue Zürcher Zeitung“ die Richtung gewiesen, wie sie doch noch zu einem Anschluss ihres Landes an die Schweiz kommen würden. Die Schweiz werde „durch das Prinzip der Nichteinmischung und der vorbehaltlosen Anerkennung des Selbstbestimmungsrechtes, aber auch aus internen und externen Gründen davon abgehalten, sich in einem Vorstadium zur Angelegenheit zu äußern. Ein Ausweg aus dieser Situation würde unseres Erachtens darin liegen, daß Vorarlberg seine Meinung über den Anschluss unverbindlich auf dem Wege einer amtlichen Volksbefragung feststellte, in der Gewißheit, daß ein eventuelles Vertragsinstrument über den Anschluß nochmals dem Volke zur Abstimmung unterbreitet würde. Durch diese Legitimierung der Vorarlberger Behörden, die Anschlußfrage bei der Schweiz anhängig zu machen, wäre auch diese legitimiert, ihr näher zu treten.“[532]

Der Landeswerbeausschuss für den Anschluss Vorarlbergs an die Schweiz hat daraufhin am 13. April 1919 in Bregenz beschlossen, den Landesrat von Vorarlberg dringend aufzufordern, „er möge die amtliche Befragung des Vorarlberger Volkswillens, ob Vorarlberg ein staatsrechtlicher Bestandteil der Schweiz werden solle, ohne Verzug durchführen.“ Das Mandat zu dieser Aufforderung begründete der Landeswerbeausschuss „mit dem Ergebnis der privaten Volksbefragung, welche einem Volksbegehren gleichkommt.“[533]

Tatsächlich findet sich auf der Tagesordnung für die letzte Sitzung der provisorischen Vorarlberger Landesversammlung am Freitag, den 25. April 1919 im Landhaus in der Seestraße in Bregenz als erster Punkt ein „Antrag des Landesrates wegen Veranstaltung einer Volksabstimmung über den Anschluss an die Schweiz“.[534] Otto Ender hatte auch bereits einen entsprechenden Textvorschlag ausgearbeitet, der dem Vorarlberger Volk zur Abstimmung vorgelegt werden sollte. Die Frage lautete: „Wünscht das Vorarlberger Volk, dass der Landesrat

---

[532] Zur Vorarlberger Anschlußfrage. Aus: Neue Zürcher Zeitung, Nr. 526, Zürich, 9. April 1919, zitiert nach: Antrag des Landesrates wegen Veranstaltung eines Volksabstimmung über den Anschluß an die Schweiz. In: Stenographische Sitzungsberichte der provisorischen Vorarlberger Landesversammlung zu Bregenz, Eröffnung der Landesversammlung am 3. November 1918, Bregenz 1919, 16. Sitzung am 25. April 1919 unter dem Vorsitze des Herrn Landeshauptmannes Dr. Otto Ender, S. 3-18, hier S. 7.

[533] Bregenz: Vorarlberger Landesarchiv, Nachlass Otto Ender, Korrespondenz Landeshauptmann, Schachtel 1, 1919-1921, Ordner 1: Schreiben des engeren Ausschusses des Landeswerbeausschusses an den Landesrat des Landes Vorarlberg vom 13. April 1919, unterzeichnet vom Obmann Ferdinand Riedmann und 7 weiteren Mitgliedern.

[534] Bregenz: Vorarlberger Landesarchiv, Nachlass Otto Ender, Korrespondenz Landeshauptmann, Schachtel 1, 1919-1921, Ordner 1: Tagesordnung für die Sitzung der Vorarlberger Landesversammlung am 25. April 1919.

der Schweizerischen Bundesregierung die Absicht des Vorarlberger Volkes, in die schweizerische Eidgenossenschaft einzutreten, bekanntgebe und mit der Bundesregierung in Verhandlungen eintrete?"

Einer Zustimmung sollte nur die Bedeutung zugemessen werden, dass der Abstimmende grundsätzlich den Wunsch der Aufnahme des Landes in die Eidgenossenschaft hege. Die Bedingungen der Aufnahme sollten aber erst durch Verhandlungen festgestellt werden. Erst dann könnte eine neuerliche Volksabstimmung endgültig entscheiden, ob unter den vereinbarten Bedingungen der Anschluss vollzogen werden soll oder nicht.[535]

Landeshauptmann Dr. Ender hatte die schwierige Aufgabe, diese Vorgangsweise der Landesversammlung der deutschösterreichischen Staatsregierung in Wien zu verdolmetschen. Er schrieb in einem sehr vorsichtig gehaltenen Brief: Es sei der Staatsregierung bekannt, dass in Vorarlberg ein Werbeausschuss für den Anschluss des Landes an die Schweiz bestehe. Derselbe habe im vergangenen Winter eine private Unterschriftensammlung veranstaltet, bei welcher er einen großen Erfolg erzielt habe. Die provisorische Landesversammlung für Vorarlberg habe sich genötigt gesehen, sich offiziell mit der Angelegenheit zu befassen. Schon einen Tag nach Beschluss der neuen Landesverfassung wurden dort entsprechende Schritte gesetzt. „Der Landesrat wandte sich dann an den schweizerischen Bundesrat und ersuchte, von demselben empfangen zu werden, erhielt aber den Bescheid, dass der Bundesrat leider derzeit nicht in der Lage sei, das Fünferkomitee zu empfangen."

Auf den Artikel in der „Neuen Zürcher Zeitung" hin habe der Werbeausschuss neuerdings beim Landesrat die Veranstaltung einer amtlichen Volksabstimmung gefordert. Der Landesrat habe sich dem Begehren nicht verschließen können und habe die entsprechenden Anträge in der Landesversammlung vom 25. April eingebracht, wo sie angenommen worden seien. „Von einem großen Teile des Volkes wären den Landesabgeordneten schwere Vorwürfe gemacht worden, wenn man die Sache noch weiter hinausgezögert hätte, bis in Paris die Würfel über Deutschösterreich gefallen sind. Wir glauben, dass die eingeschlagene Taktik die beste ist, weil sich das Volk dabei beruhigt."[536]

---

[535] Bregenz: Vorarlberger Landesarchiv, Nachlass Otto Ender, Korrespondenz Landeshauptmann, Schachtel 1, 1919-1921, Ordner 1: Tagesordnung für die Sitzung der Vorarlberger Landesversammlung am 25. April 1919.

[536] Bregenz: Vorarlberger Landesarchiv, Nachlass Otto Ender, Korrespondenz Landeshauptmann, Schachtel 1, 1919-1921, Ordner 1: Brief des Präsidiums der Vorarlberger Landesregierung, Zl. 305/1 prs, an die d.ö. Staatsregierung in Wien vom 27. April 1919, S. 1.

Dann versuchte der Landeshauptmann aber in seinem Brief auch die Staatsregierung zu beruhigen: „Bis zur endgiltigen Abstimmung wäre ja noch ein weiter Weg. Die Bevölkerung stoßt erst auf die ernsten Hindernisse, wenn das Verhandeln mit der Schweiz beginnt. Zuerst wird es sich nun zeigen, ob bei einer offiziellen Abstimmung eine so starke Mehrheit zutage tritt, daß die Schweiz in Verhandlungen überhaupt eingeht. Dann wird es sich zeigen, ob die Schweiz so großes Entgegenkommen in meritorischer Hinsicht bekundet, wie manche erwarten. Endlich wird sich zeigen, ob in der Schweiz eine Mehrheit für den Anschluß besteht. Das ist alles sehr fraglich."

Was Deutschösterreich angehe, so halte er dafür, dass es nicht klug wäre, absolut Widerstand zu leisten, sei es direkt oder durch indirekte Maßregeln. „Das gäbe eine böse Stimmung. Das Beste wäre, wenn Deutschösterreich bald zu einer Verfassung käme, die der Länderautonomie weitest entgegenkommt. Dann würde die Freude Vorarlbergs an Deutschösterreich zunehmen. Zentralistische Bestrebungen verschnupfen bei uns sehr. Die Abschaffung der religiösen Übungen in den Volks- und Bürgerschulen wird z. B. hierzulande ungünstig beurteilt. Die Regelung dieser Angelegenheit wird für die Kompetenz des Landes beansprucht. Ich möchte die baldige Erstellung einer Verfassung und zwar einer nicht von zentralistischem Geiste beseelten Verfassung sehr empfehlen."[537]

Der Landeshauptmann schloss mit den Worten, er wäre sehr verbunden, wenn er telegrafisch verständigt würde, dass die Staatsregierung die Beschlüsse der Landesversammlung vom 25. April 1919 zur Kenntnis genommen habe. „Mein Bestreben ist es, ohne Gewaltsamkeit das Volk möglichst bald zu klarer Einsicht seiner Lage und der seinen Wünschen entgegenstehenden Schwierigkeiten zu führen."[538]

Jodok Fink, der christlichsoziale Vizekanzler der Regierung Renner, wurde vom Vorarlberger Landeshauptmann wegen der geplanten Volksabstimmung noch gesondert konsultiert. Er schickte umgehend ein Telegramm mit dem Wortlaut: „wien reichsrat 484 21 27 11-30 m. := der befragte haelt gefuehlsabstimmung fuer unerwuenscht und mit ruecksicht auf momentane auszenpolitische orientierung nicht im landesinteresze gelegen := fink"[539] Am 3. Mai – die Staatsregie-

[537] Bregenz: Vorarlberger Landesarchiv, Nachlass Otto Ender, Korrespondenz Landeshauptmann, Schachtel 1, 1919-1921, Ordner 1: Brief des Präsidiums der Vorarlberger Landesregierung, Zl. 305/1 prs, an die d.ö. Staatsregierung in Wien vom 27. April 1919, S. 2.

[538] Bregenz: Vorarlberger Landesarchiv, Nachlass Otto Ender, Korrespondenz Landeshauptmann, Schachtel 1, 1919-1921, Ordner 1: Brief des Präsidiums der Vorarlberger Landesregierung, Zl. 305/1 prs, an die d.ö. Staatsregierung in Wien vom 27. April 1919, S. 3.

[539] Bregenz: Vorarlberger Landesarchiv, Nachlass Otto Ender, Korrespondenz Landeshauptmann, Schachtel 1, 1919-1921, Ordner 1: Telegramm von Jodok Fink an den Landeshaupt-

rung musste nun den Brief erhalten haben – sandte er neuerlich ein Telegramm aus Wien an den Landeshauptmann: „Staatskanzlei antwortet weder ja noch nein. brief folgt.“[540] In dem telegrafisch angekündigten Brief hieß es: „Im Nachhang zum heutigen Telegramm lautend: ‚Staatskanzlei antwortet weder ja noch nein', folgendes: Kanzler sagte nach mehrmaliger Besprechung mit mir, die Sache sei dem Kabinettsrat vorzulegen. Im gestrigen Kabinettsrat war nach dreistündiger Verhandlung über Tiroler Selbständigkeitserklärung die Vorarlberger Anschlussfrage auf der Tagesordnung. Nach kurzem Referat von mir äusserte sich Kanzler wohlwollend und wäre geneigt gewesen zur gewünschten Kenntnisnahme. Unterstaatssekretär Miklas drückte das Gewissen, Kabinettsmitglieder hätten das Gelöbnis auf die Verfassung geleistet, die Kenntnisnahme der Verhandlungen eines Landes mit dem Auslande verstosse gegen diese Verfassung und die Staatssekretäre könnten unter Ministeranklage gestellt werden. Infolgedessen Tableau und Resultatt [sic!] nicht ja und nicht nein. Einer bemerkte privat, die ganze Sache sei schlau eingeleitet. Tut also, wie Euch Gott ermahnt! [...] Jodok Fink.“

In Vorarlberg blieb man auf dem eingeschlagenen Weg. Die christlichsoziale Mehrheit wurde bei den ersten Landtagswahlen am 27. April 1919 eindrucksvoll bestätigt: Sie erreichte mit 22 Mandaten eine Zweidrittelmehrheit. Die Sozialdemokraten erhielten fünf Mandate, die Deutschfreiheitlichen zwei und der Unabhängige Bauernbund erzielte ein Mandat. Der Landeshauptmann ließ am 5. Mai 1919 kundmachen: „Auf Grund des Beschlusses der Vorarlberger Landesversammlung vom 25. April 1919, sowie des Vorarlberger Landesrates vom 6. Mai 1919 wird hiemit die Abstimmung über die Frage: ‚Wünscht das Vorarlberger Volk, dass der Landesrat der schweizerischen Bundesregierung die Absicht des Vorarlberger Volkes, in die schweizerische Eidgenossenschaft einzutreten, bekanntgebe und mit der Bundesregierung in Verhandlungen eintrete?' auf Sonntag, den 11. Mai 1919 ausgeschrieben.“[541] Jeder Stimmberechtigte war verpflichtet, an der Abstimmung teilzunehmen.

Der Werbeausschuss für den Anschluss an die Schweiz gab unter dem Titel „Wie stimmen wir am Sonntag in der Anschlussfrage? Mit ‚Ja'“ ein landesweites Flugblatt heraus und begründete die Parole:

---

mann in Bregenz vom 27. April 1919, 11.30 Uhr aus dem Reichsrat in Wien, Eingangsnummer 2769.

[540] Bregenz: Vorarlberger Landesarchiv, Nachlass Otto Ender, Korrespondenz Landeshauptmann, Schachtel 1, 1919-1921, Ordner 1: Telegramm von Jodok Fink an den Landeshauptmann von Vorarlberg vom 3. Mai 1919. Telegramm-Eingangsnummer 287.

[541] VLA Bregenz, Nachlass Otto Ender, Korrespondenz Landeshauptmann, Schachtel 1, Nr. 2, 1918-1923, Buchstaben A-Z. Schreiben von Jodok Fink an Otto Ender vom 3. Mai 1919.

„Wer ‚Ja' stimmt, der wünscht damit, daß wir mit der Schweiz über unsere Zukunft verhandeln. Wer ‚Nein' stimmt, raubt uns diese Möglichkeit. Warum stimmt der vernünftige Vorarlberger mit ‚Ja'? Der gesunde Menschenverstand sagt, daß Deutschland arm ist, weil es einen verlorenen Krieg zahlen muß und in der ganzen Welt verhaßt ist." Deutschland sei im Handel dem Feinde ausgeliefert und müsse der feindlichen Ware die Türe öffnen. Da der Krieg wegen Deutschlands Handel geführt worden sei, so werde jetzt eben dieser Handel vernichtet werden. Somit würde beim Anschluss an Deutschland nicht nur die einst blühende Stickereiindustrie Vorarlbergs, sondern auch die Baumwollindustrie vernichtet. Beim schlechten Geldwert werde nämlich die Beschaffung der Rohstoffe so teuer sein, dass nicht einmal der innere Markt trotz des nahen Absatzes behauptet werden könne. Die Bauernschaft Deutschlands müsse das amerikanische Mehl und Fleisch, welches früher durch einen hohen Zoll abgehalten worden sei, ins Land lassen. Die deutschen Bauen würden verarmen.

„In der Schweiz aber steht unserer Industrie der Weltmarkt offen, wir bleiben im Nutzgenusse guter Handelsverträge und unseren Kindern steht die ganze Welt offen. Unsere Bauernschaft schließt sich drüben einem Stande mit ganz gleichen Interessen an, übernimmt kostenlos den Weltruf des Schweizerkäses und findet im Kondensmilchhandel ihre Milch auf den Weltmarkt geführt. In der Schweiz kommen wir zu unseren nächsten Verwandten, den Alemannen, deren demokratische Verfassung und freier Geist schon im Frieden uns anzogen, die unseren Eintritt in die Eidgenossenschaft begrüßen und wohl wissen, was uns not tut."

Nach den am 8. Mai amtlich bekannt gewordenen Friedensbedingungen bleibe den Vorarlbergern auch gar kein anderer Weg übrig. Die Pariser Friedenskonferenz verbiete einen Anschluss an Deutschland und niemand sei imstande, daran zu rütteln. Wer den Vorarlbergern die Möglichkeit einer segensreichen Zukunft nicht verschließen wolle, der müsse mit ‚Ja' stimmen".[542]

Die Volksabstimmung vom 11. Mai 1919 brachte in Vorarlberg insgesamt 46.934 Ja-Stimmen oder 80,6% für einen Anschluss an die Schweiz und nur 11.176 Nein-Stimmen. Das sind 19,4% für die Gegner des Anschlusses.

„Vier Fünftel des Vorarlberger Volkes wünschen, daß unsere Landesregierung mit der Schweiz in Verhandlungen eintrete und die Bedingungen ausforsche, unter denen Vorarlberg als selbständiger Kanton in den Bundesstaat Schweiz aufgenommen werden könnte", schrieb das „Vorarlberger Volksblatt". „Nennt uns die Schweizer Regierung die Anschlußbedingungen, so werden wir sie nach

[542] VLA Bregenz, Nachlass Otto Ender, Korrespondenz Landeshauptmann, Schachtel 1, Nr. 2, 1918-1923, Buchstaben A-Z. Schreiben von Jodok Fink an Otto Ender vom 3. Mai 1919.

allen Seiten prüfen, ob sie für das Land als Ganzes und für die einzelnen Stände vorteilhaft sind, und wenn nötig weitere Verhandlungen pflegen. Am Schluss der Auseinandersetzungen zwischen Bregenz und Bern erfolgt eine zweite Volksabstimmung, hüben und drüben, vorausgesetzt, daß die Frage des Anschlusses inzwischen nicht durch anderweitige Ereignisse hinfällig wird.[543]

Am 13. Mai 1919 fuhr Landeshauptmann Dr. Ender mit der österreichischen Delegation nach Paris zur Friedenskonferenz in St. Germain. Er hatte jedoch keine Möglichkeit, dort eine Erklärung zur Vorarlberger Frage abzugeben, da nur Staatskanzler Dr. Renner vertretungsbefugt war. In einer Unterredung am 30. Mai 1919 lehnte es Dr. Renner ab, die Frage des Anschlusses Vorarlbergs an die Schweiz auf der Friedenskonferenz anhängig zu machen, worauf Dr. Ender seine weitere Anwesenheit in Paris für zwecklos hielt und in die Heimat abreiste."[544]

In Wien machte sich Häme über den Vorarlberger Jodok Fink breit, der als Vizekanzler Deutschösterreichs von seinen Vorarlbergern im Stich gelassen worden sei. Ein Rücktritt kam für ihn aber nicht in Frage. Er musste sich in Diplomatenkreisen dem Vorwurf aussetzen, er klebe zu sehr an seinem Sessel. In einem Tagesrapport vom 24. Mai 1919 wurde dem Staatskanzler Renner nach St. Germain berichtet: „Die Abgeordneten Straffner, Wutte und Genossen haben gestern eine Anfrage an den Herrn Präsidenten gerichtet, was er zu tun gedenke, um die Stellung des Herrn Vizepräsidenten zu stärken, da derselbe mit Rücksicht auf die Vorarlberger Anschlussbestrebungen sich in einer schwierigen Lage befinde. Die Arbeiterzeitung reproduziert diese Anfrage unter der Spitzmarke: ‚Der Vizekanzler, der Deutschösterreich vertreten will.'"[545]

Dass die Volksabstimmung vom 11. Mai 1919 in Vorarlberg tatsächlich auf Schweizer Geheiß angeordnet und durchgeführt wurde, ist auch durch spätere Zeugnisse aus der Schweiz belegt. Der Abgeordnete Wininger vom Ständerat in Bern hatte in seiner Interpellation vom 13. November 1919 an den Bundesrat ebenfalls darauf hingewiesen, dass verlaute, die Volksabstimmung in Vorarlberg

---

[543] Vorarlberger Volksblatt, Jg. 54, Nr. 108, Bregenz, 13. Mai 1919, Seite 1.

[544] Brandtner, Werner, Franz Hämmerle und Johannes Müller: Der Vorarlberger Landtag. In: Föderalismus und Parlamentarismus in Österreich, hg. von Herbert Schambeck, Wien 1992, S. 539-588, hier S. 544. Weiters ein Bericht von Otto Ender persönlich in: Denkschrift des Vorarlberger Landesrates an den Völkerbund. Bregenz, 1. August 1920. [Druckerei Ludwig Sausgruber, Feldkirch], 31 Seiten, hier S. 4.

[545] Wien, Kriegsarchiv, Nottendorferstraße 2: Nachlässe, E/1731 Nachlass Karl Renner; Karton 27, Mappe 15, Mai 1919, Tagesrapport vom 24. Mai 1919 nach St. Germain [?] für den Staatskanzler.

sei auf Veranlassung der Schweiz vor sich gegangen.[546] Weder Bundesrat noch Abgeordnete haben ihm widersprochen.

In einer Eingabe mit 101 Unterschriften von Vertretern eidgenössischer Räte aller Kantone – darunter 15 Ständeräte und 86 Nationalräte – an den schweizerischen Bundespräsidenten und die anderen Bundesräte erklärten diese am 21. November 1919, die Formulierung der Abstimmungsfrage sei nach einer Feststellung des Landeshauptmanns die Folge von Verhandlungen mit dem schweizerischen Politischen Departement gewesen. In der amtlichen Bekanntmachung zur Abstimmung sei zu lesen gewesen, dass das Politische Departement erklärt habe, wenn die überwiegende Mehrheit des Vorarlberger Volkes den Wunsch nach Anschluss an die Schweiz ausspreche, so werde der Bundesrat diese Frage einer Prüfung unterziehen.[547]

5. Kapitel: Der virtuelle Kanton Vorarlberg

Nach dem Inkrafttreten der neuen Vorarlberger Landesverfassung und nach der Volksabstimmung über den Anschluss an die Schweiz wurde auf beiden Seiten des Rheines eifrig an der Harmonisierung der beiden Rechtssysteme gearbeitet. Diese Schritte für einen reibungslosen rechtlichen Übergang Vorarlbergs von Deutschösterreich zur Eidgenossenschaft wurden sehr diskret beraten und geprüft, weil die Frage staatsrechtlich und politisch längst nicht entschieden war. Man wollte aber für den entscheidenden Moment gut vorbereitet sein. Im Bundesarchiv in Bern liegt ein umfassendes Dossier über die Maßnahmen, die im Zuge des Übergangs vom deutschösterreichischen Land Vorarlberg zum eidgenössischen Kanton Vorarlberg getroffen werden müssten. Diesen Akt hatte das Politische Departement in Bern, also das eidgenössische Außenministerium, angelegt. Die neun vertraulichen „Beilagen zu den verschiedenen, teils ergänzenden, teils neuen Auskünften über Vorarlberg“ stammen aus der Zeit von Mai bis Juli 1919 und waren für den Gesandtschaftsakt bestimmt, da die Verhandlungen

546 Vorarlberg-Interpellation Winiger. [Nachmittagssitzung des Ständerates vom 21. November 1919]. Aus: Der Bund. Organ der freisinnig-demokratischen Politik, Jg. 70, Nr. 497, Bern, 23. November 1919, Sonntagsausgabe, S. 2.

547 Eingabe von Mitgliedern der eidgenössischen Räte an den Bundesrat betr. Vorarlberg. Aus: Basler Nachrichten, 21. November 1919.

eigentlich zwischen der Schweizer Botschaft in Wien und der deutschösterreichischen Regierung geführt werden hätten müssen.[548]

1. Der Kanton Vorarlberg und das öffentliche Recht

Die verfassungsrechtliche Stellung des virtuellen Kantons Vorarlberg war an sich völlig klar. Auf kantonaler Ebene galt die Vorarlberger Landesverfassung vom 14. März 1919, die in Hinblick auf eine staatsrechtliche Annäherung an die Eidgenossen schon „schweizgerecht" gefertigt und zum Großteil von Schweizer Vorbildern abgeschrieben wurde.

Art 1 der „Bundesverfassung der Schweizerischen Eidgenossenschaft" müsste nach dem Anschluss Vorarlbergs im Jahre 1919 lauten: „Die durch gegenwärtigen Bund vereinigten Völkerschaften der drei und zwanzig souveränen Kantone, als: Zürich, Bern, Luzern, Uri, Schwyz, Unterwalden (ob und nid dem Wald), Glarus, Zug, Freiburg, Solothurn, Basel (Stadt und Landschaft), Schaffhausen, Appenzell (beider Rhoden), St. Gallen, Graubünden, Aargau, Thurgau, Tessin, Waadt, Wallis, Neuenburg, Genf und Vorarlberg bilden in ihrer Gesamtheit die Schweizerische Eidgenossenschaft."

Nach Art 5 der schweizerischen Bundesverfassung gewährleistet der Bund den Kantonen unter anderem ihr Gebiet, ihre Souveränität innerhalb gewisser Schranken und vor allem ihre Verfassung. Der Kanton Vorarlberg wäre gemäß Art 6 der schweizerischen Bundesverfassung verpflichtet, für seine Verfassung um die Gewährleistung des Bundes nachzusuchen. Der Bund übernimmt diese Gewährleistung, insofern die Vorarlberger Kantonsverfassung nichts den Vorschriften der eidgenössischen Bundesverfassung Zuwiderlaufendes enthält.[549] In diesem Punkt hat die provisorische Landesversammlung in Bregenz ganze Arbeit geleistet, denn die Vorarlberger Landesverfassung vom 14. März 1919 passt

---

[548] Bundesarchiv Bern (BAR) : Bestand E 2200.53(-), Akzessionsnummer. : -/10, Aktenzeichen C 10.19.95, Bd. 10 (Vorarlberg & Tirol), Anschluss des Vorarlbergs. Auskünfte verschiedener Natur. Ad Schreiben: Politisches Departement B 14.211.P.21.2.111 My vom 14. und 23. Mai 1919. Verschiedene, teils ergänzende, teils neue Auskünfte über Vorarlberg. XI. Vergleichung der gesamten Gesetzgebung Vorarlbergs und der Schweiz; Teil 2: Beilage 9: Summarische Darstellung des Einflusses des eventuellen Anschlusses Vorarlbergs an die Schweiz auf die Strafgerichtsverfassung, das Strafverfahren und das materielle bürgerliche Strafrecht, wie es zurzeit in Vorarlberg gilt. Von Prof. Dr. Carl Stooss. Wien 19. Juni 1919.

[549] Wolf, P(rosper) [Hrsg.]: Die schweizerische Bundesgesetzgebung. Nach Materien geordnete Sammlung der Gesetze, Beschlüsse, Verordnungen und Staatsverträge der Schweizerischen Eidgenossenschaft, sowie der Konkordate. Zweite Auflage, 4 Bde, Basel 1905-1909, Art 5 und 6.

fugenlos in das eidgenössische System hinein. Nichts in der Vorarlberger „Kantonsverfassung“ vom 14. März 1919 läuft den Vorschriften der Bundesverfassung in Bern zuwider. Der Bund übernimmt die Gewährleistung der Vorarlberger Kantonsverfassung auch nur, wenn sie weiters die Ausübung der politischen Rechte nach republikanischen (das heißt, nach repräsentativen oder demokratischen) Formen sichert und wenn sie vom Volk angenommen worden ist und revidiert werden kann, wenn die absolute Mehrheit der Bürger es verlangt. Das waren gerade die Schwerpunkte der Vorarlberger Landesverfassung: Das Modul „Vorarlberg“ wurde von der Landesversammlung so angefertigt, dass es ohne Betriebsstörung in das schweizerische System eingebaut werden kann.

In militärischen Angelegenheiten würde der Kanton Vorarlberg wieder zu militärischen Kompetenzen kommen, nachdem das Land im Dezember 1918 auf seine alten Standschützen-Privilegien verzichtet hatte. Gemäß Art 13 der Schweizer Bundesverfassung dürfte der Kanton Vorarlberg ohne Bewilligung der Bundesbehörde eine stehende Truppe von 300 Mann halten – die Landjägerkorps nicht inbegriffen.[550]

Auch in anderen Bereichen gäbe es für den Kanton Vorarlberg einen bedeutenden Machtzuwachs. Im Schulbereich wäre es die Kompetenz und die Verpflichtung des Kantons Vorarlberg, gemäß Art 27 der Bundesverfassung für genügenden Primarunterricht zu sorgen, der ausschließlich unter staatlicher Leitung stehen soll.[551] Die Organisation, Leitung und Beaufsichtigung des Primarschulwesens bliebe Sache des Kantons Vorarlberg.[552]

Im Bereich der Justiz würde die Organisation der Gerichte, das gerichtliche Verfahren und die Rechtssprechung laut Art 64bis der Schweizer Bundesverfassung

550 Wolf, P(rosper) [Hrsg.]: Die schweizerische Bundesgesetzgebung. Nach Materien geordnete Sammlung der Gesetze, Beschlüsse, Verordnungen und Staatsverträge der Schweizerischen Eidgenossenschaft, sowie der Konkordate. Zweite Auflage, 4 Bde, Basel 1905-1909, Art 13.

551 Wolf, P(rosper) [Hrsg.]: Die schweizerische Bundesgesetzgebung. Nach Materien geordnete Sammlung der Gesetze, Beschlüsse, Verordnungen und Staatsverträge der Schweizerischen Eidgenossenschaft, sowie der Konkordate. Zweite Auflage, 4 Bde, Basel 1905-1909, Art 27.

552 Wolf, P(rosper) [Hrsg.]: Die schweizerische Bundesgesetzgebung. Nach Materien geordnete Sammlung der Gesetze, Beschlüsse, Verordnungen und Staatsverträge der Schweizerischen Eidgenossenschaft, sowie der Konkordate. Zweite Auflage, 4 Bde, Basel 1905-1909, Art 27bis.

beim Kanton Vorarlberg verbleiben.[553] Im Gebiet des Strafrechts wäre der Bund für die Gesetzgebung zuständig.

2. Das Privatrecht des Kantons Vorarlberg

Das Politische Departement hatte in einem Schreiben vom 14. Mai 1919 gefordert, dass die gesamte Gesetzgebung Vorarlbergs vergleichsweise mit der schweizerischen studiert werden müsse. Der diskrete österreichische Vertrauensmann der Schweizer in Wien – es war Herr Wiedemann von der Orientalischen Eisenbahn – bemerkte dazu in einer Depesche an die Gesandtschaft: „Es leuchtet ein, dass nicht nur eine vergleichende Darstellung des öffentlichen Rechtes Vorarlbergs, das zum Grossteil in den Verfassungsgesetzen des ehemaligen Österreichs und jetzt Deutschösterreichs niedergelegt ist, sondern auch eine Vergleichung des Privatrechtes eine Arbeit ist, die, wenn sie praktischer Brauchbarkeit standhalten soll, Monate in Anspruch nimmt und wohl am besten im Wege von kommissionellen Beratungen stattfände, die aus Fachleuten beider Länder zu beschicken wären. Auf diese Weise könnte am raschesten und sichersten festgestellt werden, welche bestehenden gesetzlichen Bestimmungen, soweit sie Vorarlberg betreffen, dann dem schweizerischen Bundesrecht weichen müssen, bezw. in welchen Punkten beim Anschluss Vorarlbergs an die Schweiz eine eventuelle partielle Bundesverfassungsrevision, bezw. Anpassung der schweizerischen Bundesgesetzgebung an diejenige Vorarlbergs notwendig würde. Diese Frage hängt eben in engster Weise mit der weiteren Frage zusammen, bis zu welchem Grade die Schweiz im Anschlussfall zu politischen Konzessionen geneigt ist."[554]

3. Das Strafrecht des Kantons Vorarlberg

In einem Rechtsbereich war der Vergleich zwischen dem deutschösterreichischen und schweizerischen Recht besonders leicht durchzuführen, nämlich im

---

553 Wolf, P(rosper) [Hrsg.]: Die schweizerische Bundesgesetzgebung. Nach Materien geordnete Sammlung der Gesetze, Beschlüsse, Verordnungen und Staatsverträge der Schweizerischen Eidgenossenschaft, sowie der Konkordate. Zweite Auflage, 4 Bde, Basel 1905-1909, Art 64bis.

554 Bundesarchiv Bern (BAR) : Bestand E 2200.53(-), Akzessionsnummer. : -/10, Aktenzeichen C 10.19.95, Bd. 10 (Vorarlberg & Tirol), Anschluss des Vorarlbergs. Auskünfte verschiedener Natur. Ad Schreiben: Politisches Departement B 14.211.P.21.2.111 My vom 14. und 23. Mai 1919. Verschiedene, teils ergänzende, teils neue Auskünfte über Vorarlberg. XI. Vergleichung der gesamten Gesetzgebung Vorarlbergs und der Schweiz, Begleitschreiben des Herrn Wiedemann vom 10. Juli 1919.

Bereich des Strafrechts. Dieser Rechtsvergleich hat den Experten im Jahre 1919 deshalb so wenig Schwierigkeiten bereitet, weil das Strafrecht in der Schweiz kantonal geordnet ist. Es hieß zwar in den Quellen, es sei „zur Zeit noch" kantonal geregelt. Dabei ist es aber geblieben. Man hat den schweizerischen Ordinarius für Strafprozess und Strafrecht an der Wiener Universität, Professor Dr. Carl Stooss, gebeten, summarisch zusammenzustellen, welche Bestimmungen des österreichischen Strafverfahrens und des österreichischen materiellen Strafrechts geändert oder außer Kraft gesetzt werden müssten, wenn Vorarlberg ein Schweizerkanton würde. Das Resultat dieser „mit grosser Zuvorkommenheit gelieferten Prüfung" sandte man nach Bern. „Die Darstellungen und die Schlussfolgerungen des Herrn Professor Stooss bestätigten die Annahme, dass in dieser Hinsicht durch einen Anschluss keine erheblichen Schwierigkeiten entstehen würden."[555]

Für die Behörden in Bern, die für den Kanton Vorarlberg ein passendes rechtliches Kleid schneidern sollten, wurde gleich eine Anweisung mitgeliefert, wie sie mit den Resultaten verfahren sollten: „Die von Herrn Professor Stooss mit Angabe ihres Hauptinhaltes, jedoch ohne Textzitierung in extenso aufgeführten Gesetzesbestimmungen findet man am leichtesten in der bekannten Taschenausgabe der österreichischen Gesetze, die in der Manz'schen ehemaligen k. k. Hof- und Verlagsbuchhandlung verlegt wird; siehe insbesondere Bd. V enthaltend die Strafprozessordnung vom 23. Mai 1873 samt Einführungsgesetz (R.G.B. No. 119), Bd. IV enthaltend das Strafgesetz über Verbrechen, Vergehen und Übertretungen vom 27. Mai 1852 (R.G.B.No. 117), sowie Bd. XV enthaltend das Strafgesetz über Gefällsübertretungen vom 11. Juli 1835. Es würde sich vielleicht empfehlen, wenn das Departement als Vorarbeit für kommissionelle Besprechung andere mit entsprechender juristischer Vorbildung versehene Spezialisten in direktem Wege um die Vorlage ähnlicher orientierender Arbeiten ersuchen würde. Der Vollständigkeit halber mag beigefügt werden, dass Herr Professor Stooss einverständlich mit dem Verfasser des gegenwärtigen Berichtes von einer entsprechenden vergleichsweisen Besprechung des *Militär*strafgerichtsverfahren und des Militärstrafrechtes abgesehen hat, nachdem diesbezüglich die früheren Voraussetzungen des österreichischen Militärstrafkodexes zusammengestürzt sind und Vorarlberg sich wohl ohne weiteres den hiefür in der Schweiz geltenden bundesrechtlichen Normen zu unterwerfen bereit wäre, die

[555] (Vorarlberg & Tirol) Anschluss Vorarlbergs. Beilage 9: Summarische Darstellung des Einflusses des eventuellen Anschlusses Vorarlbergs an die Schweiz auf die Strafgerichtsverfassung, das Strafverfahren und das materielle bürgerliche Strafrecht, wie es zurzeit in Vorarlberg gilt. Von Prof. Dr. Carl Stooss. Wien 19. Juni 1919.

bedeutend demokratischer gehalten sind, als das bisher für jenes Land geltende Militärstrafwesen."[556]

Die „Summarische Darstellung des Einflusses des eventuellen Anschlusses Vorarlbergs an die Schweiz auf die Strafgerichtsverfassung, das Strafverfahren und das materielle bürgerliche Strafrecht, wie es zurzeit in Vorarlberg gilt" brachte ein klares Ergebnis: Wird Vorarlberg ein Kanton der Schweiz, so gelten die Bundesgesetze auch für diesen Kanton. Die kantonalen Bestimmungen, die dem Bundesrechte widersprechen, sind unwirksam. Die Bundesstrafgerichtsbarkeit tritt für die Fälle ein, die Verfassung und Gesetz bestimmen. Das alles vollzieht sich gleichsam automatisch. Weder die Bundesgesetzgebung noch die kantonale Gesetzgebung muss weiter eingreifen. Es ist daher nicht notwendig gewesen, genau und vollständig nachzuweisen, welche strafrechtlichen und strafprozessualen Bestimmungen eines Kantons Vorarlberg mit dem schweizerischen Bundesrecht unvereinbar wären. Es genügte eine summarische Übersicht. Dringlicher war die Frage, ob Vorarlberg seine bisherige Organisation der Gerichts- und Strafjustizbehörden aufrechterhalten konnte.[557]

a. Strafgerichtsverfassung und Strafprozess

Die Strafprozessordnung Glasers vom Jahre 1873 war reformatorisch, stellte Professor Carl Stooss am 19. Juni 1919 in seinem Gutachten in Wien fest. Das Verfahren ist öffentlich und mündlich. Der Anklagegrundsatz ist durchgeführt: „Wo kein Kläger, da ist kein Richter". Für schwere Verbrechen und für politische und Presseverbrechen und -vergehen sind Schwurgerichte zuständig.

Das standesrechtliche Verfahren in Österreich (§§ 429-446) war mit der eidgenössischen demokratischen Auffassung nicht vereinbar. Es sollte in Österreich 1919 namentlich zur Unterdrückung von Aufruhr dienen (§ 429); es kann auch angeordnet werden, wenn Mord, Raub, Brandlegung, Eigentumsbeschädigung in gefahrdrohender Weise um sich greifen. Wird der Beschuldigte einstimmig für

[556] Bundesarchiv Bern (BAR) : Bestand E 2200.53(-), Akzessionsnummer. : -/10, Aktenzeichen C 10.19.95, Bd. 10 (Vorarlberg & Tirol), Anschluss des Vorarlbergs. Auskünfte verschiedener Natur. Ad Schreiben: Politisches Departement B 14.211.P.21.2.111 My vom 14. und 23. Mai 1919. Verschiedene, teils ergänzende, teils neue Auskünfte über Vorarlberg. XI. Vergleichung der gesamten Gesetzgebung Vorarlbergs und der Schweiz.

[557] Bundesarchiv Bern (BAR) : Bestand E 2200.53(-), Akzessionsnummer. : -/10, Aktenzeichen C 10.19.95, Bd. 10 (Vorarlberg & Tirol) Anschluss Vorarlbergs. Beilage 9: Summarische Darstellung des Einflusses des eventuellen Anschlusses Vorarlbergs an die Schweiz auf die Strafgerichtsverfassung, das Strafverfahren und das materielle bürgerliche Strafrecht, wie es zurzeit in Vorarlberg gilt. Von Prof. Dr. Carl Stooss. Wien 19. Juni 1919.

schuldig erklärt, so ist auf Todesstrafe zu erkennen. Deutschösterreich hatte die Todesstrafe im Übrigen aufgehoben. Der Gerichtshof zweiter Instanz (das Oberlandesgericht) und der Oberste Gerichtshof sind 1919 die Rechtsmittelinstanzen für Berufung und Nichtigkeitsbeschwerde gegen Urteile der Gerichtshöfe erster Instanz und der Schwurgerichte wegen Verbrechen und Vergehen. Für weniger schwere Fälle ist zur Zeit – wie es im Stooss-Gutachten heißt – ein vereinfachtes Verfahren vor dem Einzelrichter zulässig. Die Berufung geht in diesen Fällen an den Gerichtshof erster Instanz.

Da das Oberlandesgericht für Vorarlberg seinen Sitz in Innsbruck hat und der Oberste Gerichtshof in Wien, so würden dem Kanton Vorarlberg laut Professor Stooss das Berufungsgericht und das Kassationsgericht fehlen. Das Oberlandesgericht ist nicht nur Berufungsgericht; es ist auch Oberaufsichtsbehörde und es entscheidet über Einsprüche gegen die Anklageschrift. Der Oberste Gerichtshof beurteilt auch Nichtigkeitsbeschwerden zur Wahrung des Gesetzes und die außerordentliche Wiederaufnahme. „Es wird nicht schwer sein, für den wenig volksreichen Kanton Vorarlberg eine einheitliche zweite Instanz zu schaffen.“[558]

Dem Kanton Vorarlberg werden laut Gutachten auch der Oberstaatsanwalt, der beim Oberlandesgericht seinen Sitz hat, und der Generalanwalt fehlen, die beide dem Staatssekretär für Justiz unterstehen. Es werde genügen, dem neuen Gericht zweiter Instanz einen Oberstaatsanwalt beizugeben. Das umständliche Verfahren über Nichtigkeitsbeschwerden wäre zu vereinfachen. Welche Strafsachen im Kanton Vorarlberg vor die Bundesassisen gehören, bestimmt die schweizerische Bundesverfassung (Art 112). Das eidgenössische Bundesstrafgericht urteilt über alle Strafsachen, die ihm die Bundesgesetzgebung zur Beurteilung überweist (Bundesgesetz über die Organisation der Bundesrechtspflege vom 22. März 1893). Da es sich überall um Bundesstrafsachen handelt, greift das Bundesrecht hier einheitlich ein. Die Bundesstrafgerichtsbarkeit entlaste die kantonale Gerichtsbarkeit, schreibt der schweizerische Ordinarius für Strafprozess und Strafrecht an der Wiener Universität. „In keinem Falle entstehen daraus Schwierigkeiten für den Kanton Vorarlberg.“[559]

---

[558] Bundesarchiv Bern (BAR) : Bestand E 2200.53(-), Akzessionsnummer. : -/10, Aktenzeichen C 10.19.95, Bd. 10 (Vorarlberg & Tirol) Anschluss Vorarlbergs. Beilage 9: Summarische Darstellung des Einflusses des eventuellen Anschlusses Vorarlbergs an die Schweiz auf die Strafgerichtsverfassung, das Strafverfahren und das materielle bürgerliche Strafrecht, wie es zurzeit in Vorarlberg gilt. Von Prof. Dr. Carl Stooss. Wien 19. Juni 1919.

[559] Bundesarchiv Bern (BAR) : Bestand E 2200.53(-), Akzessionsnummer. : -/10, Aktenzeichen C 10.19.95, Bd. 10 (Vorarlberg & Tirol) Anschluss Vorarlbergs. Beilage 9: Summarische Darstellung des Einflusses des eventuellen Anschlusses Vorarlbergs an die Schweiz auf die Strafgerichtsverfassung, das Strafverfahren und das materielle bürgerliche Strafrecht, wie es zurzeit in Vorarlberg gilt. Von Prof. Dr. Carl Stooss. Wien 19. Juni 1919.

b. Das materielle Strafrecht im Kanton Vorarlberg

Ist Vorarlberg ein schweizerischer Kanton, so gelten das Bundesgesetz über das Bundesstrafrecht von 1853 und dessen Ergänzung von 1894 (das so genannte Anarchistengesetz), sowie alle übrigen Bundesgesetze strafrechtlichen Inhaltes sofort für das Gebiet des neuen Kantons. Alle Bestimmungen des kantonalen Strafrechtes sind unwirksam, wenn und soweit sie mit dem Bundesrecht nicht übereinstimmen. Manche Bundesstrafbestimmungen beziehen sich jedoch nur auf Bundeseinrichtungen, nicht auf kantonale, so dass das kantonale Strafrecht, soweit es kantonale Einrichtungen betrifft, in Kraft bleibt.

Das schweizerische Bundesrecht hebt auch einige Bestimmungen österreichischer Herkunft eines kantonalen Strafgesetzes für Vorarlberg auf. Professor Stooss zitiert in dieser Aufstellung die §§ des österreichischen Strafgesetzes und die Artikel schweizerischer Bundesgesetze. Wenn die österreichische Bestimmung nicht vollständig aufgehoben wird, so ist dies ausdrücklich bemerkt:[560]

---

[560] Bundesarchiv Bern (BAR) : Bestand E 2200.53(-), Akzessionsnummer. : -/10, Aktenzeichen C 10.19.95, Bd. 10 (Vorarlberg & Tirol) Anschluss Vorarlbergs. Beilage 9: Summarische Darstellung des Einflusses des eventuellen Anschlusses Vorarlbergs an die Schweiz auf die Strafgerichtsverfassung, das Strafverfahren und das materielle bürgerliche Strafrecht, wie es zurzeit in Vorarlberg gilt. Von Prof. Dr. Carl Stooss. Wien 19. Juni 1919.

STRAFGESETZ FÜR DEN KANTON VORARLBERG		
	Österreichisches Strafgesetz wird aufgehoben	***Schweizerische Bundesgesetze treten in Kraft***
1	*Hochverrat.* §§ 58-62.	Vergl. *Bundesstrafrecht* Art 36-40 und Art 45.
2	So genannte *Störung der öffentlichen Ruhe.* §§ 65, 300 betrifft Aufreizung zum Hass oder zum Ungehorsam.	Vergl. *Bundesstrafrecht* Art 48. Die kantonalen Bestimmungen bleiben für Angriffe auf den Kanton in Kraft.
3	*Hochverrat gegen fremde Staaten.* § 66.	Vergl. *Bundesstrafrecht* Art 41-44.
4	*Ausspähung und andere Einverständnisse mit dem Feinde.* § 67.	Vergl. *Eidg. Militärstrafgesetz* Art 41 ff.
5	*Aufruhr und Aufstand.* §§ 68-75, §§ 279-284.	Vergl. *Bundesstrafrecht* Art 46. Die kantonalen Bestimmungen bleiben für Angriffe auf den Kanton in Kraft.
6	*Öffentliche Gewalttätigkeit durch gewaltsames Handeln gegen eine von der Regierung zur Verhandlung öffentlicher Angelegenheiten berufenen Versammlung, gegen ein Gericht oder eine andere öffentliche Behörde.* §§ 76-82.	Vergl. *Bundesstrafrecht* Art 47 und 48. Die kantonale Bestimmung bleibt für Angriffe auf den Kanton in Kraft.

7	*Boshafte Beschädigung an Eisenbahnen und Dampfschiffen.* § 85 c, 86.	Vergl. *Bundesstrafrecht* Art 67.
8	*Beschädigung oder Störung an Staatstelegraphen.* § 89.	Vergl. *Bundesgesetz betr. die elektrischen Schwach- und Starkstromanlagen* vom 24. Juni 1902. Art 57.
9	*Behandlung unbefugter Werber.* § 92.	Vergl. *Eidg. Militärstrafgesetz* Art 98.
10	*Missbrauch der Amtsgewalt.* §§ 101-105, § 331.	Vergl. *Bundesstrafrecht* Art 53. Die §§ 101-105 und § 321 bleiben für den Missbrauch kantonaler Amtsgewalt in Kraft.
11	*Hilfe zur Entweichung eines wegen Verbrechens Verhafteten.* § 217.	Vergl. *Bundesstrafrecht* Art 50. § 217 bleibt in Kraft für den Fall, dass ein kantonaler Beamter die Verhaftung angeordnet hat, nicht eine Bundesbehörde.
12	*Verhehlung eines Deserteurs.* § 220.	Die Bestimmung gehört *nicht* in den Bereich des *kantonalen* Strafrechts. Vergl. *Eidg. Militärstrafgesetz* Art 93 ff.
13	*Verleitung zur Desertion.* § 222.	Gehört *nicht* in den Bereich der *kantonalen* Strafgesetzgebung.

14	*Abschaffung.* § 249.	Nach Art 44 der Bundesverfassung darf kein Kanton einen Kantonsbürger verweisen. Dieses Bundesverbot schränkt die Abschaffung insoweit ein.
15	*Teilnahme an geheimen Gesellschaften.* §§ 285 bis 299.	Art 56 der Bundesverfassung bestimmt: „Die Bürger haben das Recht, Vereine zu bilden, sofern solche weder in ihrem Zweck noch in den dafür bestimmten Mitteln rechtswidrig oder staatsgefährlich sind.“ Die reaktionären Bestimmungen der §§ 285 ff. sind mit dem Bundesgrundgesetz unvereinbar.

Österreich und die Schweiz haben eine große Zahl von Nebenstrafgesetzen erlassen, die zum Teil denselben Gegenstand betreffen: so das Auswanderungswesen, das Gesundheitswesen, die Viehseuchenpolizei, die Forstpolizei, das Urheberrecht, das Markenrecht, das Patentrecht. „Gehört Vorarlberg zu der Schweiz, so gelten nur die schweizerischen Bundesstrafnebengesetze in diesem Kanton und die entsprechenden Nebenstrafgesetze österreichischen Ursprungs sind aufgehoben.“[561]

4. Weitere Erhebungen über den Kanton Vorarlberg

Die Schweiz hatte den virtuellen Kanton Vorarlberg gehörig durchleuchtet, bevor sie ihn in den Bund der Eidgenossen aufnehmen wollte. In dem Dossier, das Herr Wiedemann als Vertrauensmann der Schweizer in Wien organisiert hatte,

[561] Bundesarchiv Bern (BAR) : Bestand E 2200.53(-), Akzessionsnummer. : -/10, Aktenzeichen C 10.19.95, Bd. 10 (Vorarlberg & Tirol) Anschluss Vorarlbergs. Beilage 9: Summarische Darstellung des Einflusses des eventuellen Anschlusses Vorarlbergs an die Schweiz auf die Strafgerichtsverfassung, das Strafverfahren und das materielle bürgerliche Strafrecht, wie es zurzeit in Vorarlberg gilt. Von Prof. Dr. Carl Stooss. Wien 19. Juni 1919.

wurden insgesamt elf Bereiche Vorarlbergs untersucht. Der erste Teil umfasste eine Untersuchung über die Einnahmen und Ausgaben des Landes Vorarlberg in den Jahren 1902-1914. Den zweiten Teil bildete ein schätzungsweiser Staatshaushaltungsvoranschlag pro 1919 für Vorarlberg. Der dritte Problembereich war die Übernahme eines Teils der österreichischen Staatsschuld durch Vorarlberg. Die weiteren Bereiche, die die Schweizer interessierten, waren die Eisenbahnen, die Wasserkräfte und Elektrizitätsversorgung Vorarlbergs, die bergbaulichen Verhältnisse in Vorarlberg, der forstärarische Besitz, der Viehstand sowie Industrie, Gewerbe und Handel. Als Punkt elf folgte dann die „Vergleichung der gesamten Gesetzgebung Vorarlbergs und der Schweiz".[562]

Auf Grund der Erfahrungen, welche der Vertrauensmann der Schweizer in Wien bei der Sammlung der Unterlagen gemacht hatte, die den beiden ersten Berichten über vorarlbergische Verhältnisse vom 20. und 21. Mai sowie der ergänzenden Berichterstattung vom Juni 1919 zu Grunde gelegt wurden, schlug Wiedemann der Abteilung für Auswärtiges im Politischen Departement in Bern für die Zukunft eine andere Vorgangsweise vor: Im Interesse einer raschen, verlässlichen und möglichst objektiven Orientierung gestatte man sich die Anregung zu machen, diesbezügliche weitere tatsächliche Erhebungen gegebenenfalls nicht mehr durch die Gesandtschaft in Wien, sondern durch eine geeignete Persönlichkeit zu pflegen, die von Bern aus direkt nach dem Vorarlberg delegiert würde, um dort mit den weltlichen und geistlichen Behörden sowie mit den verschiedenen Berufsständen offiziös Fühlung zu nehmen und in den in Vorarlberg befindlichen Archiven die notwendigen Daten zu erheben. „Schon vor und namentlich während der Kriegsjahre, sowie insbesondere seit dem Zusammenbruch des alten Österreichs, beschäftigt sich die Staatsregierung in Wien nur ganz sporadisch und soweit es für ihre eigenen politischen und administrativen Zwecke notwendig, mit den Verhältnissen im Vorarlberg. A jour gehaltene Aufstellungen müssen also seitens der hiesigen Ämter selbst aus dem Vorarlberg bezogen werden, wo ein so weitgehendes Misstrauen gegen die jetzigen Staatsämter in Wien besteht, dass auf eine rasche Erledigung nicht gerechnet werden kann. Auch beobachten die Wiener Staatsämter, da ihnen die separatistischen Bestrebungen Vorarlbergs unsympathisch sind, bei ihrer Auskunftgabe grosse Zurückhaltung. Ist der Anschlusswille im Vorarlberg ein aufrichtiger, so dürfte es einem mit dem nötigen Takt und der nötigen Vorbildung ausgestatteten und von Bern aus mit den nötigen Vollmachten ausgerüsteten Funktionär oder Priva-

---

[562] Bundesarchiv Bern (BAR) : Bestand E 2200.53(-), Akzessionsnummer. : -/10, Aktenzeichen C 10.19.95, Bd. 10 (Vorarlberg & Tirol), Anschluss des Vorarlbergs. Auskünfte verschiedener Natur. Ad Schreiben: Politisches Departement B 14.211.P.21.2.111 My vom 14. und 23. Mai 1919. Verschiedene, teils ergänzende, teils neue Auskünfte über Vorarlberg. Begleitschreiben des Herrn Wiedemann vom 10. Juli 1919.

ten gewiss nicht schwer fallen, im Vorarlberg selbst rasch und in relativ objektiver Weise das zu erheben, was zur Kompletierung der Dossiers des Politischen Departements und für die Vorbereitung eines eventuellen Beschlusses des Bundesrates, der Bundesversammlung und des Schweizervolkes noch benötigt wird."[563]

6. Kapitel: Das Selbstbestimmungsrecht auf dem Prüfstand

Aus Vorarlberger Sicht waren die Länder die ursprünglichen Gebilde, von denen die eigentliche Staatsmacht ausging. Sie wurden durch die Pragmatische Sanktion, durch die Dynastie Habsburg und durch die Verfassung vom Jahre 1867 zusammengehalten. Nicht von ungefähr wurden sie deshalb als „die im Reichsrate vertretenen Königreiche und Länder" bezeichnet. Als im Herbste 1918 alle diese Bande wegfielen, war man offenbar auch in Wien der Überzeugung, die Länder stünden nun als eigene Gebilde da. Man nahm ihre Beschlüsse, sich der neu gebildeten Republik Deutschösterreich anzuschließen, entgegen. Vorarlberg erklärte sich damals selbständig und schloss sich provisorisch Deutschösterreich an.[564]

Die Länder waren aus Vorarlberger Sicht eigenberechtigte, selbständige Rechtspersonen, die sich kraft ihres Rechtes zu einem Bunde zusammenschließen wollten, dem sie Rechte und Befugnisse abzutreten bereit waren, soweit es die Lebensnotwendigkeit und die Lebensmöglichkeit des Bundes und der Länder verlangten.[565] Dieser Zusammenschluss, der von der provisorischen Landesversammlung ausgesprochen worden war und der deshalb von Vorarlberg im Nachhinein als provisorisch dargestellt wurde wie die Landesversammlung selbst, war freiwillig. Es war eine Maßnahme, zu der sich die Landesversamm-

[563] Bundesarchiv Bern (BAR) : Bestand E 2200.53(-), Akzessionsnummer. : -/10, Aktenzeichen C 10.19.95, Bd. 10 (Vorarlberg & Tirol), Anschluss des Vorarlbergs. Auskünfte verschiedener Natur. Ad Schreiben: Politisches Departement B 14.211.P.21.2.111 My vom 14. und 23. Mai 1919. Verschiedene, teils ergänzende, teils neue Auskünfte über Vorarlberg. XI. Vergleichung der gesamten Gesetzgebung Vorarlbergs und der Schweiz, S. 25-26: Begleitschreiben des Herrn Wiedemann vom 10. Juli 1919.

[564] Ender, Otto: Die Verfassung unserer Föderation. Aus: Reichspost. Unabhängiges Tagblatt für das christliche Volk, Morgenblatt, Jg. 27, Nr. 20, Wien 20. Jänner 1920, S. 1-2, hier S. 1.

[565] Ermacora, Felix: Materialien zur österreichischen Bundesverfassung (I). Die Länderkonferenzen 1919/20 und die Verfassungsfrage. Mit Anmerkungen und begleitenden Texten versehen unter Mitarbeit von Ingrid Moser (Österreichische Schriftenreihe für Rechts- und Politikwissenschaft, Bd. 9, Teil I), Wien 1989, S. 165.

lung kraft des Selbstbestimmungsrechtes der Vorarlberger entschlossen hatte. Doch mitten in den Bemühungen um einen Anschluss kamen Zweifel auf, ob es dieses Selbstbestimmungsrecht überhaupt gebe.

1. Zweifel am Bestehen des Selbstbestimmungsrechtes

Das Schweizerische Politische Departement, Abteilung für Äußeres, wurde am 13. Mai 1919 offiziell durch ein Schreiben des Vorarlberger Landesrates über das Ergebnis der Volksabstimmung über Anschlussverhandlungen mit der Schweiz in Kenntnis gesetzt. Das Politische Departement hat die überzeugenden Zahlen sofort dem Bundesrat unterbreitet und bedankte sich beim Landeshauptmann. „Da in letzter Zeit laut gewissen Zeitungsnachrichten in Zweifel gezogen wird, ob das Selbstbestimmungsrecht des Vorarlberges anerkannt werden wird oder nicht, so bittet das Politische Departement den Landesrat, ihm diesbezüglich möglichst bald Abklärung zu verschaffen, damit der Bundesrat in die Lage versetzt werde, die Frage des Anschlusses Vorarlbergs unverzüglich einer eingehenden Prüfung zu unterstellen." Der Bundesrat behalte sich vor, von dem freundlichen Anerbieten des Vorarlberger Landesrates, ihm alle gewünschten Auskünfte zu geben, Gebrauch zu machen.[566]

Die Frage, ob die Vorarlberger über das Selbstbestimmungsrecht verfügten oder nicht, wurde zum zentralen Problem. Der Landeshauptmann meldete die Wünsche des Schweizer Außenministeriums nach Abklärung der Frage, ob man in Wien das Selbstbestimmungsrecht der Vorarlberger anerkenne, sofort der Staatsregierung. Die Forderung der Schweiz nach einer ausdrücklichen Anerkennung erschien dem Landesrat korrekt. Tatsächlich werde ja bei der deutschösterreichischen Staatsregierung das Selbstbestimmungsrecht Vorarlbergs anerkannt. Das gehe schon daraus hervor, dass gegen die Volksabstimmung vom 11. Mai 1919 kein Einwand erhoben worden sei und dass ein Vertreter Vorarlbergs – eben wegen des Bestehens seiner Anschlussfrage – zur Friedenskonferenz nach St. Germain entsandt wurde. Es erschien den Vorarlbergern notwendig, diese Anerkennung des Selbstbestimmungsrechtes auch von der Entente zu erwirken. Staatskanzler Dr. Renner habe es trotz Ersuchens von Landeshauptmann Dr. Ender verweigert, die Frage auf der Friedenskonferenz zur Sprache zu brin-

566 Bregenz: Vorarlberger Landesarchiv, Nachlass Otto Ender, Korrespondenz Landeshauptmann, Schachtel 1, 1919-1921, Ordner 1: Brief des Schweizerischen Politischen Departements, Abteilung für Auswärtiges, an den Landeshauptmann von Vorarlberg vom 12. Juni 1919, maschinschriftlich.

gen.[567] Staatskanzler Renner hatte gewünscht, dass die Anschlussfrage als eine Angelegenheit betrachtet werde, die später zwischen Deutschösterreich und der Schweiz zu behandeln sei.

Der Vorarlberger Landesrat war der Auffassung, dass er seiner Aufgabe, den Willen des Vorarlberger Volkes zu vertreten, nicht gerecht werden könnte, wenn er dagegen keinen Einwand erheben würde. Es unterliege wohl keinem Zweifel, dass Änderungen in den Grenzen der Staaten, die anlässlich der Friedensverhandlungen nicht vorgenommen werden, erledigt seien: „Ohne Zustimmung des Völkerbundes werden sie später nicht möglich sein und dieser wird gewiss keine Lust haben sich wieder mit Grenzfragen zu befassen, sondern froh sein, dass die Weltaufteilung beendet ist."[568]

Der Landesrat erhebe nicht die Forderung, dass Vorarlberg der Schweiz angeschlossen werde. Der diesbezügliche Wille des Vorarlberger Volkes sei nur ein bedingter. Der Landesrat ersuche nur die Staatsregierung, dem Wunsche des Vorarlberger Volkes Rechnung zu tragen und die Möglichkeit seines Anschlusses an Deutschösterreich, an ein süddeutsches Staatsgebilde oder an die Schweiz offen zu lassen und nicht zu präjudizieren.[569]

Der Landesrat hatte in seiner Sitzung vom 14. Juni 1919 die Beschlüsse gefasst: erstens die deutschösterreichische Regierung zu ersuchen, sie möge ausdrücklich anerkennen, dass sie dem Lande Vorarlberg die Wahl zuerkenne, welchem Staatswesen es sich anschließen wolle, dass sie also sein Selbstbestimmungsrecht anerkenne; und zweitens: die deutschösterreichische Regierung wolle bei der Entente ehestens die Anerkennung des Selbstbestimmungsrechtes für Vorarlberg erwirken.

Der Landesrat bat die Staatsregierung in Wien um dringliche Behandlung der Sache, weil man in Vorarlberg durch eine weitere Verschleppung der Frage ernsthaft eine Präjudizierung auf der Friedenskonferenz befürchtete. Der Landesrat ersuchte die Staatsregierung auch, ihn möglichst rasch in Kenntnis zu set-

---

567 Bregenz: Vorarlberger Landesarchiv, Nachlass Otto Ender, Korrespondenz Landeshauptmann, Schachtel 1, 1919-1921, Ordner 1: Brief des Landesrates an die d.ö.. Staatsregierung in Wien, handschriftlicher Vermerk Enders: LR Sitzung 14. Juni 1919, maschinschriftlich, 2 fol.

568 Bregenz: Vorarlberger Landesarchiv, Nachlass Otto Ender, Korrespondenz Landeshauptmann, Schachtel 1, 1919-1921, Ordner 1: Brief des Landesrates an die d.ö.. Staatsregierung in Wien, handschriftlicher Vermerk Enders: LR Sitzung 14. Juni 1919, maschinschriftlich, 2 fol.

569 Bregenz: Vorarlberger Landesarchiv, Nachlass Otto Ender, Korrespondenz Landeshauptmann, Schachtel 1, 1919-1921, Ordner 1: Brief des Landesrates an die d.ö.. Staatsregierung in Wien, handschriftlicher Vermerk Enders: LR Sitzung 14. Juni 1919, maschinschriftlich, 2 fol, S.2.

zen, ob die deutschösterreichische Regierung der schweizerischen Bundesregierung eine Mitteilung gemacht habe und welche, und welche Schritte sie bei der Entente zu unternehmen gedenke und in welchem Zeitpunkt. Wenn die deutschösterreichische Regierung es vorziehe, der schweizerischen Bundesregierung nicht selbst eine Mitteilung zu machen, sondern diese Sache den Vorarlberger Landesrat besorgen zu lassen, so nehme der Vorarlberger Landesrat gerne davon Kenntnis.[570]

Die Regierung in Wien widersprach in ihrer Antwortnote vom 26. Juni 1919 dem Vorarlberger Landesrat entschieden. Die Staatsregierung teile nicht die Ansicht, dass die Frage der staatlichen Zugehörigkeit Vorarlbergs schon bei Vertragsabschluss entschieden werden müsse oder entschieden werden solle. Das Aufwerfen der Vorarlberger Frage in St. Germain würde die ohnehin sehr schwierigen Verhandlungen noch weiter komplizieren und den Vertrag mit dem ganzen Komplex schwieriger wirtschaftlicher, staatsfinanzieller und rechtlicher Fragen, die im Falle der Trennung Vorarlbergs von Deutschösterreich entschieden werden müssten, noch mehr belasten. Dadurch würde eine Verlängerung der Verhandlungen erforderlich werden, die weder den Ententemächten, die auf möglichst schnellen Abschluss ungeduldig drängten, noch Deutschösterreich, dessen Volk den Eintritt geregelter Verhältnisse dringend brauche, erwünscht sein könne. Wenn aber die Frage durch den Vertrag nicht entschieden werde, so bleibe ihre Regelung in einem späteren Zeitpunkt durchaus möglich.[571]

Der Völkerbund werde dem etwaigen Anschluss Vorarlbergs an die Schweiz oder an Süddeutschland keine Schwierigkeiten bereiten, wenn in dieser Frage ein vollständiges Einvernehmen zwischen Deutschösterreich, Vorarlberg und der Schweiz bzw. Süddeutschland zustande komme. Einer Absonderung ohne solches Einvernehmen könnte aber auch die deutschösterreichische Regierung nicht zustimmen.[572] „Der Vorarlberger Landesrat wird selbst keinesfalls verkennen, dass jene Möglichkeit, die er aus dem Selbstbestimmungsrechte der Völker

---

570 Bregenz: Vorarlberger Landesarchiv, Nachlass Otto Ender, Korrespondenz Landeshauptmann, Schachtel 1, 1919-1921, Ordner 1: Brief des Landesrates an die d.ö.. Staatsregierung in Wien, handschriftlicher Vermerk Enders: LR Sitzung 14. Juni 1919, maschinschriftlich, 2 fol., S. 3. und Wien, AdR, Gesandtschaft Bern, 1918-1919, Vorarlberger Anschlussfrage, fas. 48, 1919, ad Zl. I-5091/2, Kopie der Zuschrift des Landesrates in Vorarlberg an die d.ö. Staatsregierung in Wien. Z. 2181/2.

571 Wien, AdR, Gesandtschaft Bern, 1918-1919, Vorarlberger Anschlussfrage, fas. 48, 1919, ad Zl. I-5091/2, Abschrift der Antwortnote der d.ö. Staatskanzlei Z. 909/5 an den Landesrat in Vorarlberg vom 26. Juni 1919.

572 Wien, AdR, Gesandtschaft Bern, 1918-1919, Vorarlberger Anschlussfrage, fas. 48, 1919, ad Zl. I-5091/2, Abschrift der Antwortnote der d.ö. Staatskanzlei Z. 909/5 an den Landesrat in Vorarlberg vom 26. Juni 1919.

ableitet, nämlich die Absonderung vom konnationalen Staatsganzen und der Anschluß an einen anderen Staat, eine Auseinandersetzung in den verschiedensten Beziehungen nötig macht, über deren Grundlagen zuerst eine gewisse Klarheit hergestellt sein muß, ehe die Staatsregierung ihrerseits eine förmliche Erklärung abgeben bzw. eine Intervention in der gewünschten Richtung unternehmen kann." Diese Notwendigkeit werde umso unvermeidlicher, als der Vorarlberger Landesrat nicht nur die Anerkennung des Selbstbestimmungsrechtes des Landes von Seite der Staatsregierung wünsche, sondern auch die Dienste der Staatsregierung in Anspruch nehme, um die Anerkennung des Selbstbestimmungsrechtes durch die Ententemächte zu erwirken. Ein solcher Schritt erheische, wenn er mehr als ein formeller Akt sein und zu einer meritorischen Prüfung führen solle, unbedingt, dass die Richtlinien der erwähnten Auseinandersetzung den interessierten Mächten aufgezeigt würden.[573]

Die Staatsregierung nahm nicht zu Unrecht an, dass es auch für die schweizerische Eidgenossenschaft eine Voraussetzung für ernstere Verhandlungen über den Eintritt des Teiles eines fremden Staates sein müsse, die Bedingungen zu kennen, unter denen dieser Staatsteil aus seinem bisherigen Staatsverband ausscheiden könne. Die Staatsregierung in Wien stellte damit dem Bundesrat in Bern die Rute ins Fenster: Den entsprechenden Anteil Vorarlbergs an den Staatsschulden Deutschösterreichs werde wohl das Schweizer Volk bezahlen müssen, wollte die österreichische Regierung den Schweizern mit diesen Worten vermitteln. Die Vorarlberger selbst hätten dazu mit Sicherheit nicht die nötigen Mittel. Die wichtigste Teilfrage des aufgeworfenen Fragenkomplexes sei gewiss die der Art und Weise der staatsfinanziellen Auseinandersetzung, doch würden auch anderweitige, aus besonderen Abkommen fließende Rechte und Verbindlichkeiten nicht zu übersehen sein. Die Staatsregierung ersuche daher das Land Vorarlberg, ihr die Modalitäten mitzuteilen, unter denen sich nach Absicht des Landesrates der etwaige Austritt aus dem Staatsverband vollziehen würde.[574] Der nächste Satz in der Antwortnote der deutschösterreichischen Staatsregierung an den Vorarlberger Landesrat klang wie eine Drohung und war wohl auch eine. Die Wiener Regierung schrieb nämlich, bei der Mitteilung der Modalitäten über einen Austritt Vorarlbergs aus dem deutschösterreichischen Staatsverband „wolle hiebei insbesondere auf die finanziellen Fragen (Schuldenübernahme, usw.)

[573] Wien, AdR, Gesandtschaft Bern, 1918-1919, Vorarlberger Anschlussfrage, fas. 48, 1919, ad Zl. I-5091/2, Abschrift der Antwortnote der d.ö. Staatskanzlei Z. 909/5 an den Landesrat in Vorarlberg vom 26. Juni 1919.
[574] Wien, AdR, Gesandtschaft Bern, 1918-1919, Vorarlberger Anschlussfrage, fas. 48, 1919, ad Zl. I-5091/2, Abschrift der Antwortnote der d.ö. Staatskanzlei Z. 909/5 an den Landesrat in Vorarlberg vom 26. Juni 1919.

eingegangen werden."[575] Die Frage war, ob sich Vorarlberg einen Austritt aus dem bisherigen Staatsverband überhaupt leisten könne.

Die endgültige Entscheidung eines Ausscheidens aus dem Staatsverband – diese Klarstellung bildete den Schluss der Antwortnote – könne nicht durch die Staatsregierung allein erfolgen. Sie bedürfe vielmehr der Zustimmung der Nationalversammlung.[576]

2. Vorarlbergs Kampf um das Selbstbestimmungsrecht

Die Staatskanzlei hatte in ihrer Antwortnote vom 26. Juni 1919 erklärt, der Völkerbund werde einem etwaigen Anschluss Vorarlbergs an die Schweiz oder an Süddeutschland keine Schwierigkeiten bereiten, wenn über diese Frage ein vollständiges Einvernehmen zwischen Deutschösterreich, Vorarlberg und der Schweiz bzw. Süddeutschland zustande komme.[577] Natürlich ging jedermann in der Staatskanzlei davon aus, dass ein vollständiges Einvernehmen nie zu erzielen sein werde. Diese Zuschrift der deutschösterreichischen Staatskanzlei in Wien münzte der Vorarlberger Landesrat in einer weiteren Note an die Staatskanzlei vom 12. Juli 1919 allerdings in eine Zusage der Staatsregierung zur Unterstützung der Vorarlberger Bestrebungen um. Der Vorarlberger Landesrat habe die Zuschrift der deutschösterreichischen Staatskanzlei vom 26. Juni 1919 empfangen, heißt es darin, „wonach die d.ö. Regierung Gewissheit darüber besitzt, dass der Völkerbund einem etwaigen Anschlusse Vorarlbergs an die Schweiz oder an Süddeutschland auch nach dem Friedensschlusse keine Schwierigkeiten bereiten wird, und wonach die deutschösterreichische Regierung einer Absonderung nach vorausgegangenem Einvernehmen mit der Schweiz oder mit Süddeutschland zustimmen und die Zustimmung der Nationalversammlung einholen wird."[578] Dieser eigenwillige Schluss aus dem Wortlaut der Note der Staatskanzlei beeindruckte Wien aber nicht.

---

[575] Wien, AdR, Gesandtschaft Bern, 1918-1919, Vorarlberger Anschlussfrage, fas. 48, 1919, ad Zl. I-5091/2, Abschrift der Antwortnote der d.ö. Staatskanzlei Z. 909/5 an den Landesrat in Vorarlberg vom 26. Juni 1919.

[576] Wien, AdR, Gesandtschaft Bern, 1918-1919, Vorarlberger Anschlussfrage, fas. 48, 1919, ad Zl. I-5091/2, Abschrift der Antwortnote der d.ö. Staatskanzlei Z. 909/5 an den Landesrat in Vorarlberg vom 26. Juni 1919.

[577] Wien, AdR, Gesandtschaft Bern, 1918-1919, Vorarlberger Anschlussfrage, fas. 48, 1919, ad Zl. I-5091/2, Abschrift der Antwortnote der d.ö. Staatskanzlei Z. 909/5 an den Landesrat in Vorarlberg vom 26. Juni 1919.

[578] Wien, Archiv der Republik, Nottendorferstraße 2 (AdR): Staatskanzlei, 1919, Nr. 909: Bewegung für den Anschluß an die Schweiz. Deutschösterreichische Staatskanzlei, Zahl 909/9, Einbringer: Landesrat Vorarlberg. Gegenstand: Frage des Anschlusses Vorarlbergs an

Bei der Beurteilung der Frage, ob die Vorarlberger über das Selbstbestimmungsrecht verfügten, legte man in Bregenz der bisherigen Duldung eigenständiger Entscheidungen durch die Staatsregierung großes Gewicht bei. Der Landesrat bezog sich deshalb in seiner Antwortnote auf das „praktizierte Selbstbestimmungsrecht" der Vorarlberger. Dieses war schlicht und einfach durch den Umstand begründet, dass nach dem Zusammenbruch der Monarchie die ganze Macht bei den Ländern lag und die Staatskanzlei in Wien den eigenständigen Entscheidungen eines Landes nur ohnmächtig gegenüberstand. Der Landeshauptmann nannte vier Beispiele dieses gelebten Selbstbestimmungsrechtes:

Die provisorische Landesversammlung hat – erstens – das Land Vorarlberg am 3. November 1918 zum selbständigen Land im Rahmen von Deutschösterreich erklärt.

Die provisorische Landesversammlung fasste – zweitens – am 15. März 1919 einhellig den Beschluss: „Die Erklärung vom 3. November 1918, in welcher sich das Land Vorarlberg im Rahmen von Deutschösterreich selbständig erklärte, trägt provisorischen Charakter wie die Landesversammlung selbst. Der neu zu wählende Landtag entscheidet über den definitiven Anschluß des Landes an ein größeres Staatswesen. Fällt der Landtag die Entscheidung für den Anschluß an ein anderes Staatswesen als an Deutschösterreich, so muß der Beschluß der Volksabstimmung unterbreitet werden."

Die Abgeordneten, die aus Vorarlberg in die Nationalversammlung gewählt wurden, hätten – drittens – dieser Sachlage durch eine entsprechende Erklärung beim Zusammentritt der Nationalversammlung am 12. März 1919 Rechnung getragen. Daraus folge, dass der Landesrat als ausführendes Organ der provisorischen Landesversammlung und nunmehr des Landtages für den Landtag bzw. für das wahlberechtigte Volk die Entscheidung über seine Zugehörigkeit beanspruchen müsse. Sollte der Landtag oder das Volk in die Lage kommen, dereinst die Entscheidung zu treffen, so müssten durch Verhandlungen mit den in Betracht kommenden Staaten die Grundlagen für eine Entscheidung geschaffen werden und zwar entweder durch die deutschösterreichische Regierung oder durch die Landesvertretung selbst.

Am 11. Mai 1919 habe das Vorarlberger Volk – viertens – in einer über Beschluss der Landesversammlung nach vorheriger Verständigung der deutschös-

---

die Schweiz. Schreiben des Landeshauptmannes Dr. Ender für den Vorarlberger Landesrat an die d.ö. Staatskanzlei, Zl. 5368, Bregenz, am 12. Juli 1919, S. 4. Der Vorarlberger Landtag stimmte der Absendung dieses Schreibens mit Beschluss vom 8. Juli 1919 zu. [Eingangsstempel: Deutschösterreichische Staatskanzlei 909, eingelangt 15. VII. 1919, St.K. 9 (2630)].

terreichischen Regierung vorgenommenen Volksabstimmung mit überwältigender Mehrheit seinen Willen ausgesprochen, dass mit der schweizerischen Bundesregierung Verhandlungen über den Anschluss Vorarlbergs an die Schweiz gepflogen werden sollen. Von dieser Abstimmung seien die deutschösterreichische Regierung und der schweizerische Bundesrat in Kenntnis gesetzt worden. „Die d.ö. Regierung hat dagegen keinen Einspruch erhoben, sondern vielmehr einen Vertreter Vorarlbergs als Mitglied der d.ö. Friedensdelegation nach St. Germain berufen. Wozu diese Berufung erfolgte, ist heute freilich nicht ersichtlich, da sich sowohl der bevollmächtigte Vertreter des Staates auf der Friedenskonferenz als auch nunmehr die Staatsregierung selbst auf den Standpunkt stellen, die Abtrennungsfrage soll auf der Friedenskonferenz nicht zur Sprache gebracht werden, weil dadurch die ohnehin schwierigen Verhandlungen noch mehr kompliziert würden."[579]

Der Vorarlberger Landesrat ersuchte nochmals, die Staatsregierung solle dem Willen des Vorarlberger Volkes Rechnung tragen und die Anschlussfrage doch bei der Friedenskonferenz zur Sprache bringen.

Die Staatsregierung in Wien hatte in ihrer Note vom 26. Juni 1919 gemeint, auch für die schweizerische Eidgenossenschaft dürfe es wohl mit eine Voraussetzung für ernstere Unterhandlungen bezüglich des Eintrittes des Teiles eines fremden Staates sein, die Bedingungen zu kennen, unter denen dieser Staatsteil aus seinem bisherigen Staatsverbande ausscheiden könne.[580] Dem widersprach der Vorarlberger Landeshauptmann in der Antwortnote vom 12. Juli 1919: Für die schweizerische Eidgenossenschaft sei die Kenntnis der Bedingungen, unter welchen Vorarlberg in die Eidgenossenschaft eintreten könne, keine Voraussetzung zur Einleitung von Verhandlungen. Die schweizerische Bundesregierung in Bern habe nur den Wunsch, dass Deutschösterreich, dem Vorarlberg provisorisch angeschlossen sei, grundsätzlich die Anschlussmöglichkeit Vorarlbergs an

[579] Wien, Archiv der Republik, Nottendorferstraße 2 (AdR): Staatskanzlei, 1919, Nr. 909: Bewegung für den Anschluß an die Schweiz. Deutschösterreichische Staatskanzlei, Zahl 909/9, Einbringer: Landesrat Vorarlberg. Gegenstand: Frage des Anschlusses Vorarlbergs an die Schweiz. Schreiben des Landeshauptmannes Dr. Ender für den Vorarlberger Landesrat an die d.ö. Staatskanzlei, Zl. 5368, Bregenz, am 12. Juli 1919, S. 4. Der Vorarlberger Landtag stimmte der Absendung dieses Schreibens mit Beschluss vom 8. Juli 1919 zu. [Eingangsstempel: Deutschösterreichische Staatskanzlei 909, eingelangt 15. VII. 1919, St.K. 9 (2630)].
[580] Wien, AdR, Gesandtschaft Bern, 1918-1919, Vorarlberger Anschlussfrage, fas. 48, 1919, ad Zl. I-5091/2, Abschrift der Antwortnote der d.ö. Staatskanzlei Z. 909/5 an den Landesrat in Vorarlberg vom 26. Juni 1919.

die Schweiz anerkenne. „Dann ist die Schweiz bereit, die nötigen sachlichen Untersuchungen zu pflegen."[581]

3. Tiroler Zweifel am Selbstbestimmungsrecht

Der Staatskanzler weilte in Saint Germain. Jodok Fink, der Vizekanzler aus Vorarlberg, hatte die schwierige Aufgabe, die Antwort des Vorarlberger Landesrates auf die Zuschrift der Staatskanzlei vom 26. Juni 1919 zu beurteilen und weitere Schritte zu setzen. Er gab die Weisung, die Antwort aus Vorarlberg dem Kabinettsrat in dessen Sitzung am 18. Juli 1919 vorzutragen. Vorher mussten noch am 17. Juli Abschriften „höchstpersönlich" an die Staatssekretäre - wie damals die Kabinettsmitglieder genannt wurden – weitergeleitet werden.

Nach Ansicht der Abteilung für Verfassungsgesetzgebungsdienst empfahl es sich, dem Kabinettsrat aus Anlass dieses Vortrages auch die Zuschrift des Landesverkehrsrates von Tirol[582] mitzuteilen, in welcher der Landesverkehrsrat gegen die beabsichtigte Lostrennung Vorarlbergs von Deutschösterreich im Interesse des Landes Tirol Protest erhebt und darlegt, dass die Entscheidung über diese Frage nicht nur eine Angelegenheit Vorarlbergs und der Schweiz sei, sondern auch eine solche des Landes Tirol, „welches durch die Unterbindung seiner wichtigsten Verkehrslinien ein lebensunfähiges Fragment verbleiben würde".[583] Es gehe nicht an, das Selbstbestimmungsrecht der Völker soweit auszulegen, dass ohne Rücksicht auf ein anderes Land ein Land allein einen solchen Schritt beschließen könne.[584]

---

[581] Wien, Archiv der Republik, Nottendorferstraße 2 (AdR): Staatskanzlei, 1919, Nr. 909: Bewegung für den Anschluß an die Schweiz. Deutschösterreichische Staatskanzlei, Zahl 909/9, Einbringer: Landesrat Vorarlberg. Gegenstand: Frage des Anschlusses Vorarlbergs an die Schweiz. Schreiben des Landeshauptmannes Dr. Ender für den Vorarlberger Landesrat an die d.ö. Staatskanzlei, Zl. 5368, Bregenz, am 12. Juli 1919, S. 4. Der Vorarlberger Landtag stimmte der Absendung dieses Schreibens mit Beschluss vom 8. Juli 1919 zu. [Eingangsstempel: Deutschösterreichische Staatskanzlei 909, eingelangt 15. VII. 1919, St.K. 9 (2630)].

[582] Wien, Staatskanzlei, Z. 909/6 Zuschrift des Landesverkehrsrates in Tirol vom 26. Juni 1919, Z. 1684.

[583] Wien, Archiv der Republik, Nottendorferstraße 2 (AdR): Staatskanzlei, 1919, Nr. 909: Bewegung für den Anschluß an die Schweiz. Deutschösterreichische Staatskanzlei, Zahl 909/9, Einbringer: Landesrat Vorarlberg. Gegenstand: Frage des Anschlusses Vorarlbergs an die Schweiz, S. 1.

[584] Wien, Archiv der Republik, Nottendorferstraße 2 (AdR): Staatskanzlei, 1919, Nr. 909: Bewegung für den Anschluß an die Schweiz. Deutschösterreichische Staatskanzlei, Zahl 909/9, Einbringer: Landesrat Vorarlberg. Gegenstand: Frage des Anschlusses Vorarlbergs an die Schweiz, S. 1.

Der Verfassungsgesetzgebungsdienst der Staatskanzlei bemerkte dazu, dass es sich „bei dem dermalen schon zum Schlagworte ausgearteten Selbstbestimmungsrechte“ nur um ein Recht eines Volkes, nicht aber um das Recht von Teilen eines Volkes handeln könne. Nun sei zweifellos die Bevölkerung Vorarlbergs nicht ein national abgeschlossenes Ganzes, sondern bloß ein Segment des ganzen deutschen Volkes oder, wenn man schon den Begriff des Volkes einschränkend auffassen wolle, des deutschösterreichischen Volkes. Daher könne wohl die Bevölkerung eines solchen Teilgebietes einen Wunsch nach Änderung ihrer staatlichen Zugehörigkeit äußern. Ein Anspruch auf unbedingte Berücksichtigung dieses Wunsches ohne Rücksichtnahme auf die Folgen, welche eine solche Trennung für den übrig bleibenden Teil desselben Volkes habe, könne aber aus dem Selbstbestimmungsrecht der Völker wohl nicht abgeleitet werden.[585] Daher hatte auch die Staatskanzlei in ihrer ursprünglichen Note dem Vorarlberger Landesrat unter anderem mitgeteilt, dass eine endgültige Entscheidung der Vorarlberger Frage ohne Genehmigung der Nationalversammlung nicht möglich wäre.

4. Der Schweizer Bundesrat zum Selbstbestimmungsrecht

Im Nationalrat in Bern hatte am 28. Juni 1919 der bekannte Verkehrspolitiker Gelpke aus Basel beim Bundesrat über die Stellungnahme der Schweizer Regierung zur Vorarlberger Anschlussfrage angefragt. Der Abgeordnete Gelpke befürwortete aus historischen, geographischen, ethnographischen und besonders aus verkehrspolitischen Gründen den Zusammenschluss Vorarlbergs mit der Schweiz.[586]

Der Leiter der politischen Abteilung, Bundesrat Louis Calonder, erklärte in der Antwort, dass der Bundesrat zu dieser Angelegenheit noch nicht offiziell Stellung genommen habe. Der Bundesrat habe der Vertretung des Vorarlberger Volkes erklärt, er werde die Frage für den Fall prüfen, dass die überwiegende Mehrheit des Vorarlberger Volkes sich für den Anschluss an die Schweiz ausspreche. Der Bundesrat wurde dann in offizieller Weise verständigt, dass sich über 80 Prozent stimmberechtigter Bürger für Verhandlungen mit der Schweiz ausgesprochen haben. Im Anschluss an die Pariser Konferenz wurden in der

---

585 Wien, Archiv der Republik, Nottendorferstraße 2 (AdR): Staatskanzlei, 1919, Nr. 909: Bewegung für den Anschluß an die Schweiz. Deutschösterreichische Staatskanzlei, Zahl 909/9, Einbringer: Landesrat Vorarlberg. Gegenstand: Frage des Anschlusses Vorarlbergs an die Schweiz, S. 2.

586 Die Vorarlberger Frage. [Beantwortung einer Anfrage des Abgeordneten Gelpke durch den Bundesrat Calonder]. Aus: Baseler Nachrichten, Basel, 2. Juli 1919.

Presse Zweifel über das Selbstbestimmungsrecht des Vorarlberger Volkes geäußert. Diese Zweifel haben den Bundesrat veranlasst, der Regierung von Vorarlberg mitzuteilen, dass die Frage des Selbstbestimmungsrechtes in erster Linie erledigt werden müsse, bevor der Bundesrat sich weiter mit der Angelegenheit befassen könne. Es sei Sache des Vorarlberger Volkes, selbst sein Recht zu vertreten und zu verteidigen. In diesem Augenblick müsse es zeigen, dass es demokratisch veranlagt und imstande sei, seine höchsten Güter zu wahren. Der Bundesrat nehme an, sagte Calonder, dass sowohl Deutschösterreich, wie auch die Pariser Konferenz das Selbstbestimmungsrecht des Vorarlberger Volkes klar, deutlich und vorbehaltlos anerkennen werde.

Der schweizerische Standpunkt war klar. Die Schweizer würden ihre Politik unter keinen Umständen mit irgendeiner Verwicklung, mit irgendeiner Unklarheit oder irgendeinem ungeklärten Punkt belasten. „Bevor wir auf die Sache eingehen, muß in internationalen Verhandlungen vollständige Klarheit geschaffen werden. In der Anschlußfrage muß vor allen Dingen vollständige Klarheit darüber herrschen, daß die Schweiz nie gestatten wird, den Anschluß Vorarlbergs an die Schweiz irgendwie zum Ausgangspunkte von Kompensationsfragen zu machen. Die Schweiz verfügt über ein kleines Gebiet, das gut und gerecht verwaltet wird. Darum wird sie unter keinen Umständen irgend etwas von dem, was wir von unseren Vätern geerbt haben, abtreten. Der Kern der Anschlußfrage liegt darin, daß das Vorarlberger Volk so mit dem schweizerischen verschmolzen werden kann, daß dieses mit der Zeit Blut wird von unserem Blute, Geist von unserem Geiste. Wenn die Vorarlberger nur aus wirtschaftlichen Gründen und materiellen Berechnungen, nur um einen Ausweg aus der verworrenen unglücklichen Situation zu suchen, zu uns kommen wollten, würden wir sie zurückweisen."[587] Wer zur Schweiz kommen wolle, müsse dies aus wirklicher Neigung tun, ohne Neben- und Hintergedanken irgendwelcher Art. „Voraussetzung der Aufnahme Vorarlbergs ist, daß die demokratischen Ideen der Schweizer in den Vorarlbergern leben und daß sie aus Herzensbedürfnis sich mit uns verbinden wollen auf Glück und Verderben."

Calonder wiederholte zum Schluss, die Angelegenheit sei noch nicht spruchreif. Das Vorarlberger Volk habe durch seine Abstimmung der Schweiz großes Vertrauen entgegengebracht. Er dankte für dieses Vertrauen und entbot dem Vorarlberger Volk seinen Gruß, den die Abgeordneten durch spontanen Beifall unterstützten.[588]

---

[587] Die Vorarlberger Frage. [Beantwortung einer Anfrage des Abgeordneten Gelpke durch den Bundesrat Calonder]. Aus: Baseler Nachrichten, Basel, 2. Juli 1919.

[588] Die Vorarlberger Frage. [Beantwortung einer Anfrage des Abgeordneten Gelpke durch den Bundesrat Calonder]. Aus: Baseler Nachrichten, Basel, 2. Juli 1919.

5. Adolf Julius Merkls Analyse der Schweizer Erklärung

In der Staatskanzlei in Wien wurde die Rede des schweizerischen Bundesrates und Außenministers Calonder Absatz für Absatz analysiert. Zuständiger Referent für die Vorarlberger Frage war Dr. Adolf Julius Merkl. Bemerkenswert erschienen Dr. Merkl insbesondere die Feststellungen aus der Rede Calonders, dass die Regierung in Bern die Frage des Anschlusses Vorarlbergs selbstverständlich nur unter der Voraussetzung prüfen würde, dass das Selbstbestimmungsrecht des Vorarlberger Volkes in bestimmter, klarer und vorbehaltloser Weise seitens Deutschösterreichs, zu dem es formell gehöre, und seitens der Pariser Konferenz anerkannt werde.[589]

Weiters fand die Bemerkung Calonders das Interesses Merkls in der Staatskanzlei, wonach es nun Sache des Vorarlberger Volkes selbst sei, die Frage des Selbstbestimmungsrechtes in die Hand zu nehmen und sein Recht zu vertreten und zu verteidigen. Die Bemerkung Calonders, das Vorarlberger Volk müsse schon in diesem Augenblick beweisen, dass es demokratisch veranlagt und imstande sei, sich für seine höchsten Güter zu wehren, hat die Staatskanzlei doch ein wenig irritiert.

Wichtig erschien der Staatskanzlei auch noch die Klarstellung Calonders, dass der Anschluss Vorarlbergs an die Schweiz niemals zum Ausgangspunkt von Kompensationsfragen werden dürfe und dass deshalb unter keiner Begründung und in gar keinem Falle irgendetwas von demjenigen Gebiete, das die Schweizer von ihren Vätern ererbt hätten, abgetreten würde.[590]

Referent Dr. Merkl leitete diese Ausschnitte aus der Rede des schweizerischen Außenministers am 9. Juli 1919 an das Staatsamt für Äußeres weiter.

6. Das Abrücken der Sozialdemokraten von der Anschlussbewegung

Die Sozialdemokraten gingen inzwischen schon auf Distanz zur Anschlusspolitik des Vorarlberger Landtags. Sie witterten Hochverrat. Es gab keine gemein-

---

[589] Wien, Archiv der Republik, Nottendorferstraße 2 (AdR): Staatskanzlei, 1919, Nr. 909: Bewegung für den Anschluß an die Schweiz. [Adolf Julius Merkls Analyse der Schweizer Erklärung von Bundesrat Calonder vom 9. Juli 2004], Zahl 909/7 St.K. 2630, Vorzahl: 909/6; Referent: Dr. Merkl; Einbringer: Staatsamt für Äußeres; Gegenstand: Die Vorarlberger Frage.

[590] Wien, Archiv der Republik, Nottendorferstraße 2 (AdR): Staatskanzlei, 1919, Nr. 909: Bewegung für den Anschluß an die Schweiz. [Adolf Julius Merkls Analyse der Schweizer Erklärung von Bundesrat Calonder vom 9. Juli 2004], Zahl 909/7 St.K. 2630, Vorzahl: 909/6; Referent: Dr. Merkl; Einbringer: Staatsamt für Äußeres; Gegenstand: Die Vorarlberger Frage.

same Linie mehr. In der „Vorarlberger Wacht", dem „Organ für das arbeitende Volk in Vorarlberg", schrieben sie vom großen und selbst verschuldeten Demokratiegefälle zwischen Vorarlberg und der Schweiz: Die Schweizer sagten, dass sie die Vorarlberger zurückweisen würden, wenn diese den Anschluss an die Schweiz aus wirtschaftlichen Gründen und materiellen Berechnungen suchen würden, und um einen Ausweg aus der verworrenen unglücklichen Situation zu suchen. Wer wird bestreiten, fragten sich die Sozialdemokraten, dass dies nicht der Fall ist, dass die meisten nur aus wirtschaftlichen Gründen, „aus der reinen Magenfrage heraus", den Anschluss wollten.

„Daß die demokratischen Ideen der Schweizer in den Vorarlbergern leben, wer wäre so kühn, das zu behaupten?" fragte sich das Organ des arbeitenden Volkes. Was können die Machthaber im Lande für Beweise dafür erbringen? „Hatte Vorarlberg nicht die Möglichkeit im Lande und in den Gemeinden vor dem Kriege das *Schweizer* Beispiel nachzuahmen, trotz *Wien*? Wo ist im Lande etwas davon zu finden?" Es sei in Vorarlberg nicht anders wie in jedem anderen ehemaligen Kronland! Der Reaktion sei es gar nicht eingefallen, in Vorarlberg demokratische Einrichtungen zu schaffen, oder im Sinne der Demokratie zu arbeiten.[591] Dann richtete sich der Redakteur der „Vorarlberger Wacht" direkt an die Eidgenossen: „Was ‚Demokratie' anlangt, bekämt ihr Schweizer einen großartigen Zuwachs, daß sich euer Land verfinstern würde! Das beste wäre, eine Anzahl Schweizer bereisen, ganz unauffällig und unerkannt das Land um die Anschlußgründe zu erforschen, sie wären kuriert für immer."[592]

7. Kapitel:
Der Staatsvertrag von St. Germain

„Ein Schrei der Entrüstung geht durch das Land, dass dem Volke trotz feierlicher Verkündung das Selbstbestimmungsrecht nicht von den Feinden, sondern von denen vorenthalten wird, die nicht müde werden, das genannte Recht für sich in Anspruch zu nehmen." Mit diesen Worten berichtete das Vorarlberger Volksblatt von den Massenkundgebungen, die im ganzen Land für das Selbstbestimmungsrecht und gegen die Staatsregierung in Wien organisiert wurden.[593] In

[591] Die „Anschlußfrage" Vorarlbergs. Aus: Vorarlberger Wacht. Organ für das arbeitende Volk in Vorarlberg, Jg. 10, Nr. 148, Dornbirn 2. Juli 1919, S. 1.
[592] Die „Anschlußfrage" Vorarlbergs. Aus: Vorarlberger Wacht. Organ für das arbeitende Volk in Vorarlberg, Jg. 10, Nr. 148, Dornbirn 2. Juli 1919, S. 1.
[593] Brandtner, Werner, Franz Hämmerle und Johannes Müller: Der Vorarlberger Landtag. In: Föderalismus und Parlamentarismus in Österreich, hg. von Herbert Schambeck, Wien 1992,

allen größeren Orten fanden Volksversammlungen statt, die über hundert Delegierte auswählten und zur Landesregierung entsandten, um entschieden die Verwirklichung des Selbstbestimmungsrechtes zu fordern. Die Delegiertenversammlung richtete auch „einen warmen Aufruf an das Schweizervolk" und ermächtigte zwei Delegierte – es waren Dr. Neubner und Dr. Pirker –, sich von der Schweiz aus direkt an die Friedenskonferenz in St. Germain zu wenden und dort die Anerkennung des Selbstbestimmungsrechtes für die Vorarlberger zu fordern.[594]

1. Telegramm des Werbeausschusses an Clemenceau

Am 18. August 1919 sandten Dr. Pirker und Dr. Neubner vom Werbeausschuss für einen Anschluss an die Schweiz „im Namen des Volkes von Vorarlberg" ein Telegramm an den Vorsitzenden der Friedenskonferenz, Clemenceau: Am 3. November 1918 habe Vorarlberg von seiner wieder erlangten Souveränität Gebrauch gemacht und habe sich für unabhängig erklärt. Durch einen ordnungsgemäßen Volksbeschluss habe dieses Land mit erdrückender Mehrheit seine Regierung beauftragt, Verhandlungen für einen Anschluss an die Schweiz zu beginnen. „Leider war es unserem Abgeordneten Dr. Ender, der sich über Einladung der österreichischen Regierung nach St. Germain begeben hatte, durch den Chef der österreichischen Delegation unmöglich gemacht worden, vor der Friedenskonferenz die gerechten Forderungen und den unauslöschlichen Wunsch seiner Bürger vorzubringen." Die österreichische Regierung habe nicht nur das Recht der Völker, sondern auch alle Grundsätze, die sie ohne Unterlass für sich in Anspruch nehme, verleugnet. Sie setze sich mit ihren Erklärungen in Gegensatz zu ihrem Verhalten, durch welches sie die Unabhängigkeit und das Selbstbestimmungsrecht Vorarlbergs anerkannt habe. Die Staatsregierung hatte die „Unabhängigkeitserklärung" Vorarlbergs vom 3. November 1918 – worauf man in Vorarlberg immer wieder pochte – ohne Widerrede hingenommen. Die beiden Delegierten der Volksversammlungen protestieren in dem Telegramm an Clemenceau feierlichst gegen einen Vorgang, der Vorarlberg jeder Mittel beraube, um seine Stimme hören zu lassen. Sie erklärten im Namen ihrer Mitbürger, dass sie der österreichischen Delegation in St. Germain so lange das moralische Recht aberkennen würden, das Volk von Vorarlberg zu vertreten, bis der Vorarlberger Abgeordnete Dr. Ender, der noch Mitglied der österreichischen Delegation sei, selbst den Willen der Vorarlberger kundtun dürfe. Die Vorarlberger

S. 539-588, hier S. 544. Das Zitat aus dem „Vorarlberger Volksblatt" stammt vom 13.August 1919.

[594] Denkschrift des Vorarlberger Landesrates an den Völkerbund. Bregenz, 1. August 1920. [Druckerei Ludwig Sausgruber, Feldkirch], 31 Seiten, hier S. 5.

würden sich durch die Erklärungen der österreichischen Delegation, die sie auch im Namen der Vorarlberger abgebe, nicht gebunden fühlen. „Dies hat das Volk Vorarlbergs aufs Neue mit Macht in zahlreichen Versammlungen bestätigt, in welchen es einstimmig und feierlichst dem Willen des Landes Ausdruck verlieh, sich von Österreich zu trennen, um sich mit der Schweiz zu verbinden, welche wir als unser wahres Vaterland nach Wahl betrachten."[595]

Die Unterzeichner des Telegramms zeigten sich überzeugt, dass die Kraft dieses Willensschlusses, dessen Hartnäckigkeit keine gegenteilige Entscheidung brechen könne, der Friedenskonferenz bisher entgangen sei. Daher baten sie ehrerbietigst durch Vermittlung der in Bern akkreditierten Gesandtschaft der Friedenskonferenz um die Bewilligung, sich nach Paris begeben zu dürfen, um den alliierten und assoziierten Mächten die wirkliche Lage der Dinge zu schildern und dem brennenden Wunsch ihrer Vollmachtgeber nachzukommen. Die beiden Delegierten Dr. Pirker und Dr. Neubner würden dieser Gesandtschaft gerne deutlich erklären, „warum das Volk von Vorarlberg verlangt, dass der Friedensvertrag, der mit den alliierten und assoziierten Regierungen geschlossen, ausdrücklich das Selbstbestimmungsrecht Vorarlbergs anerkenne".[596]

2. Die Reaktion des Schwabenkapitels

Dieses Telegramm, das der Werbeausschuss für einen Anschluss an die Schweiz „im Namen des Vorarlberger Volkes" an Clemenceau gesandt hatte, erregte den Zorn und die tiefste Entrüstung des „Vorarlberger Schwabenkapitels". Das war eine Gruppe von zumeist deutschfreiheitlichen Befürwortern eines Anschlusses an das Deutsche Reich, unter ihnen etliche Industrielle. Im Namen dieses „Vorarlberger Schwabenkapitels" wandten sich seine Mitglieder Dr. Ritter, Julius Rhomberg und Dr. Zumtobel, der den Begriff des „Kantons Übrig" für Vorarlberg geprägt hatte, auf dem Weg über die deutschösterreichische Gesandtschaft in Bern ebenfalls mit einem Telegramm direkt an den Staatskanzler Dr. Renner in St. Germain: „Dr. Neubner und Dr. Pirker haben sich angemaßt, namens des

[595] Wien, Archiv der Republik, Nottendorferstraße 2 (AdR): Staatskanzlei, 1919, Nr. 909: Bewegung für den Anschluß an die Schweiz. Telegramm der Mitglieder des Werbeausschusses aus Vorarlberg Dr. Pirker und Dr. Neubner an den Vorsitzenden der Friedenskonferenz Clemenceau vom 22. August 1919. Deutschösterreichische Staatskanzlei, Zahl 909/17, Vorzahl: 909/16.

[596] Wien, Archiv der Republik, Nottendorferstraße 2 (AdR): Staatskanzlei, 1919, Nr. 909: Bewegung für den Anschluß an die Schweiz. Telegramm der Mitglieder des Werbeausschusses aus Vorarlberg Dr. Pirker und Dr. Neubner an den Vorsitzenden der Friedenskonferenz Clemenceau vom 22. August 1919. Deutschösterreichische Staatskanzlei, Zahl 909/17, Vorzahl: 909/16.

Vorarlberger Volkes bei Clemenceau Anschluß Vorarlbergs an die Schweiz zu betreiben. Für die deutschbewussten Vorarlberger erhebt Schwabenkapitel entrüsteten Einspruch gegen diesen Volksverrat und bittet Staatskanzler zu unterrichten, dass die sogenannte Delegation weder Vorarlberger Abstammung, noch ermächtigt ist, für das Land zu sprechen."[597]

3. Unterzeichnung des Friedensvertrages

Nach seiner Rückkehr aus St. Germain hat Staatskanzler Renner die Ländervertreter zur sechsten Länderkonferenz am 15. September 1919 zusammengerufen und ihnen die Konsequenzen des Staatsvertrages vor Augen geführt. Am 10. September 1919 war in St. Germain der Friedensvertrag für Deutschösterreich unterschrieben worden. Nach Ansicht von Staatskanzler Renner ist auch die Vorarlberger Frage durch den Friedenskongress entschieden worden. Aus Vorarlberg waren bei der Länderkonferenz Vizekanzler Jodok Fink, Landesrat Kennerknecht und Statthaltereisekretär Diesner anwesend, die Renner vor allem ins Visier nahm.[598]

Die Vertreter Deutschösterreichs hätten nach mühseligen Verhandlungen, die unter den ungünstigsten Umständen stattfanden, einen Friedensvertrag erzielt, der für das ganze Land ökonomisch und finanziell kaum erträglich sei, für den deutschösterreichischen Besitzstand an Gebieten und an deutschem Volkstum die schwersten Opfer bedeute, der aber nach der Meinung der Nationalversammlung und nach seiner eigenen Meinung angenommen werden musste, weil ein besserer nicht zu erlangen gewesen sei.

Es hätten sich im Namen des Landes Vorarlberg einige Herren an die Friedenskonferenz gewandt, um eine Abtretung Vorarlbergs an die Schweiz zu erzielen. Der Friedenskongress habe diese Anregung abgelehnt. „Er hat es nicht nötig gefunden, ausdrücklich auf diese Ablehnung zurückzukommen. Aber in der Karte und in der Gebietsbeschreibung, die einen wesentlichen Bestandteil des Friedensvertrages bilden, ist das Staatsgebiet der nun sogenannten Republik Öster-

---

[597] Wien, Archiv der Republik, Nottendorferstraße 2 (AdR): Staatskanzlei, 1919, Nr. 909: Bewegung für den Anschluß an die Schweiz. Telegramm der Mitglieder des Werbeausschusses aus Vorarlberg Dr. Pirker und Dr. Neubner an den Vorsitzenden der Friedenskonferenz Clemenceau vom 22. August 1919. Deutschösterreichische Staatskanzlei, Zahl 909/17, Vorzahl: 909/16.

[598] Wien, Kriegsarchiv, Nottendorferstraße 2: Nachlässe, E/1717 Nachlass Jodok Fink; Karton 1, Material zu den Sitzungen des Kabinetts der Staatssekretäre, 1919-1920, laufende Nummern 1-505: Nr. 430; Protokoll über die 6. Länderkonferenz (15. September 1919), Stenographische Aufnahme. Gedruckt. Vertraulich. Fol. 1-21, hier S. 2.

reich endgültig und auf die Dauer beschrieben und damit sind die bisher etwa als strittig behandelten Gebietsfragen entschieden."[599]

Es könne also im Rahmen dieses Friedensvertrages von einer Änderung des Gebietsbestandes nicht mehr geredet werden. Was man in dieser Hinsicht durchzusetzen wünsche, sei ausschließlich dem Völkerbunde vorbehalten.[600]

4. Warnung des Staatskanzlers an die Separatisten

Nachdem Österreich durch den Staatsvertrag von St. Germain als Republik anerkannt worden sei, übernehme die Staatsregierung nach außen hin die volle Verantwortung für die äußere Politik. „Seit unserer Anerkennung als Staat ist niemand, keine Stadt, kein Land und keine große oder kleine Gemeinde befugt, irgendwelche Verhandlungen völkerrechtlicher Natur zu führen. Wer solche wünscht, muß sie beim Staatsamte für Äußeres anbringen und durch dieses Staatsamt führen lassen." Da der Staat für alle seine Bürger die völkerrechtliche Verantwortung übernehme, seien ab diesem Zeitpunkt alle Sonderverträge und Sonderverhandlungen absolut unzulässig. Solange Deutschösterreich als Staat nicht anerkannt gewesen sei, habe man sich gegen solche Sonderverhandlungen nicht wehren können. Aber vom Augenblick der völkerrechtlichen Anerkennung des Staates an erwachse dem Staat das Recht und die Pflicht, auswärtige Verhandlungen allein zu führen.

Daraus folgte, dass die Sondermissionen oder Sonderstellen, die einzelne Länder in der Schweiz errichtet hatten, von diesen zurückgezogen werden mussten. Renner sparte nicht mit Vorwürfen gegen die Länder, die eigenständig Verhandlungen mit dem Ausland geführt hatten: „Ich möchte hierbei noch darauf aufmerksam machen, dass diese sich vielfach widersprechenden Vertretungen im Auslande per Saldo uns weit mehr Schaden als Nutzen gebracht, und dass sie uns namentlich vor dem Auslande lächerlich gemacht haben."[601] Er müsse die

---

[599] Wien, Kriegsarchiv, Nottendorferstraße 2: Nachlässe, E/1717 Nachlass Jodok Fink; Karton 1, Material zu den Sitzungen des Kabinetts der Staatssekretäre, 1919-1920, laufende Nummern 1-505: Nr. 430; Protokoll über die 6. Länderkonferenz (15. September 1919), Stenographische Aufnahme. Gedruckt. Vertraulich. Fol. 1-21, hier fol 4.

[600] Wien, Kriegsarchiv, Nottendorferstraße 2: Nachlässe, E/1717 Nachlass Jodok Fink; Karton 1, Material zu den Sitzungen des Kabinetts der Staatssekretäre, 1919-1920, laufende Nummern 1-505: Nr. 430; Protokoll über die 6. Länderkonferenz (15. September 1919), Stenographische Aufnahme. Gedruckt. Vertraulich. Fol. 1-21, hier fol 4.

[601] Wien, Kriegsarchiv, Nottendorferstraße 2: Nachlässe, E/1717 Nachlass Jodok Fink; Karton 1, Material zu den Sitzungen des Kabinetts der Staatssekretäre, 1919-1920, laufende Num-

Ländervertreter bitten, diese geänderte Rechtslage den Landesregierungen vollständig deutlich darzulegen und sie darauf aufmerksam zu machen, dass gerade in diesem Punkt bei allem Entgegenkommen irgendein Abweichen von der internationalen Regel ganz unmöglich und ganz unerträglich sei.[602]

5. Kritik der Staatskanzlei an der Schweizer Haltung

Die Hoffnung der Staatsregierung, dass durch den Friedensvertrag von St. Germain die staatsrechtliche Stellung Vorarlbergs ein für allemal entschieden worden sei, war trügerisch. In der Republik Österreich konnte man dieser Haltung durch eine härtere Gangart noch eher zum Durchbruch verhelfen. Wie aber sollte das im Ausland geschehen?

Dem Staatsamt für Äußeres waren verschiedene Pressestimmen bekannt geworden, aus denen hervorging, dass in manchen Schweizer Kreisen das Interesse für die Vorarlberger Anschlussbewegung noch immer anhielt und dass man sich „in diesen Kreisen der irrigen Anschauung hingibt, als ob diese Frage durch den Frieden von St. Germain noch nicht erledigt wäre".[603]

Das Staatsamt für Äußeres erachtete es zwar nicht für angemessen, diese Angelegenheit und die mit ihr zusammenhängenden Presse- und anderen Kundgebungen zum Gegenstand von Vorstellungen bei der Schweizer Bundesregierung zu machen, aber sie legte doch Wert darauf, über die diesbezüglichen Vorgänge und die Haltung, welche die dortige Regierung und offizielle Kreise zu dieser Sache einnahmen, genauestens informiert zu sein. Die Gesandtschaft in Bern wurde daher ersucht, dem Gegenstand ihre besondere Aufmerksamkeit zu widmen und hierüber fortlaufend nach Wien berichten zu wollen.[604]

---

mern 1-505: Nr. 430; Protokoll über die 6. Länderkonferenz (15. September 1919), Stenographische Aufnahme. Gedruckt. Vertraulich. Fol. 1-21, hier S. 5.

602 Wien, Kriegsarchiv, Nottendorferstraße 2: Nachlässe, E/1717 Nachlass Jodok Fink; Karton 1, Material zu den Sitzungen des Kabinetts der Staatssekretäre, 1919-1920, laufende Nummern 1-505: Nr. 430; Protokoll über die 6. Länderkonferenz (15. September 1919), Stenographische Aufnahme. Gedruckt. Vertraulich. Fol. 1-21, hier S. 5.

603 Wien, Archiv der Republik: Gesandtschaft Bern, 1918-1919, Vorarlberger Anschlußfrage, fasc. 48, 1919. Vertrauliches Schreiben des Deutschösterreichischen Staatsamtes für Äußeres in Wien vom 11. Oktober 1919 an die deutschösterreichische Gesandtschaft in Bern, Zahl I-6547/F: Vorarlberger Anschlußfrage; Kundgebungen in der Schweiz.

604 Wien, Archiv der Republik: Gesandtschaft Bern, 1918-1919, Vorarlberger Anschlußfrage, fasc. 48, 1919. Vertrauliches Schreiben des Deutschösterreichischen Staatsamtes für Äußeres in Wien vom 11. Oktober 1919 an die deutschösterreichische Gesandtschaft in Bern, Zahl I-6547/F: Vorarlberger Anschlußfrage; Kundgebungen in der Schweiz.

6. Offensive Anschluss-Politik der Schweiz nach St. Germain

Die dritte Staatsregierung Renner, die seit dem 17. Oktober 1919 im Amt war und der Jodok Fink wieder als Vizekanzler und Karl Renner als Staatskanzler und Staatsekretär – also Minister – für Äußeres angehörten, musste erleben, dass man die Anschlussbewegung Vorarlbergs an die Schweiz nicht einfach auf Knopfdruck für beendet erklären konnte. Im Gegenteil! In der Schweiz ließ man nach der Unterzeichnung des Staatsvertrages von St. Germain alle diplomatischen Rücksichten fallen und trat ganz offensiv für einen Anschluss Vorarlbergs ein.

Schon am 13. November 1919 hat der Abgeordnete Winiger im Ständerat – ohne Rücksicht auf den Friedensvertrag von St. Germain – eine Vorarlberg-Interpellation eingebracht. Er wünschte vom Bundesrat zu vernehmen, was von diesem geschehen sei und noch geschehen werde, um der Bevölkerung von Vorarlberg in ihrer Notlage Hilfe zu leisten. Er wünschte zugleich, über die Auffassung und die Absichten des Bundesrates in Hinsicht auf die Bestrebungen des Landes Vorarlberg zum Anschluss an die Schweiz erneut Aufschluss zu erhalten.

Es verlaute, dass der Valutastand zu einem wenig löblichen Verhalten schweizerischer Käufer geführt habe, die in Vorarlberg das Wenige aufkaufen, was dort noch zu finden sei. Er wolle wissen, ob dem Bundesrat etwas hievon bekannt sei.[605]

Es verlautete auch, dass die Volksabstimmung in Vorarlberg auf Veranlassung der Schweiz vor sich gegangen sei.

Es bestehe die Möglichkeit, dass sich bei einer Umwälzung für die Schweiz Grenzverhältnisse ergeben könnten, die wenig beruhigend wären. Dann müsste das gemütliche Nachbarverhältnis, das jetzt mit Vorarlberg bestehe, eine Änderung erfahren. Die Schweiz könne schon auf verschiedene verpasste Gelegenheiten, ihr Gebiet abzurunden, zurückblicken. Es sei auch bekannt, dass man sich von anderer Seite bemühe, der Notlage Vorarlbergs abzuhelfen. Angesichts die-

---

[605] Vorarlberg-Interpellation Winiger. [Nachmittagssitzung des Ständerates vom 21. November 1919]. Aus: Der Bund. Organ der freisinnig-demokratischen Politik, Jg. 70, Nr. 497, Bern, 23. November 1919, Sonntagsausgabe, S. 2.

ser Sachlage dränge sich die Frage auf, ob nicht der Augenblick gekommen sei, um die bis dahin beobachtete Zurückhaltung aufzugeben?[606]

Das Politische Departement in Bern stellte schon einen Tag nach der Interpellation im Ständerat in Abänderung seiner bisherigen Politik den Antrag, der Bundesrat – also die schweizerische Bundesregierung – möge das Politische Departement ermächtigen, den Landeshauptmann von Vorarlberg Folgendes wissen zu lassen: „Die Schweiz mischt sich in keiner Weise in die inneren Verhältnisse zwischen Vorarlberg und Österreich. Falls aus irgendeinem Grunde eine Loslösung des Vorarlbergs von Österreich erfolgen sollte, würde die Schweiz das Vorarlberg nach Möglichkeit wirtschaftlich und politisch unterstützen bis zur Abklärung der Frage seiner Selbständigkeit und seiner politischen Zukunft.“[607]

Der Vorsteher des Politischen Departements hat in diesem Zusammenhang darauf hingewiesen, dass angesichts der Anstrengungen Deutschlands, sich Vorarlberg einzuverleiben und angesichts des drohenden Zerfalls Österreichs, dessen Regierung den Anschluss an Deutschland begünstige, angesichts der Notlage Vorarlbergs und mit Rücksicht auf die Interpellationen von Abgeordneten in den eidgenössischen Räten der Moment gekommen sei, in dem der Bundesrat zur Vorarlbergfrage Stellung nehmen müsse. Die Sachlage habe sich durch das entschiedene Eingreifen Deutschlands geändert. Die Gefahr, dass die Schweiz auch im Osten gänzlich von Deutschland umklammert werde, wenn sich Österreich mit Vorarlberg zu Deutschland schlage, sei groß und müsste von den unangenehmsten Folgen für die Schweiz sein. Halte man die Abwendung dieser Gefahr und die übrigen politischen Gründe für ausschlaggebend, so müssten finanzielle Erwägungen in diesem historischen Moment zurücktreten. Es müsse diese letzte Gelegenheit benützt werden, um die Vorarlbergfrage nicht durch die Macht der Umstände zu Gunsten Deutschlands präjudizieren zu lassen. Die Unterstützung Vorarlbergs auch in politischer Beziehung werde zwar Deutschland und Österreich unangenehm berühren, aber weder von dieser noch von anderer Seite diplomatische Folgen zeitigen. Tue der Bundesrat jetzt nichts, so werde in Vorarlberg der Umschwung zu Gunsten des Anschlusses an Deutschland unweigerlich und zwar in den nächsten Tagen eintreten.[608]

---

[606] Vorarlberg-Interpellation Winiger. [Nachmittagssitzung des Ständerates vom 21. November 1919]. Aus: Der Bund. Organ der freisinnig-demokratischen Politik, Jg. 70, Nr. 497, Bern, 23. November 1919, Sonntagsausgabe, S. 2.

[607] Bern, Bundesarchiv (BAR): E 2001 (B) Akz. -/1; Auszug aus dem Protokoll der Sitzung des schweizerischen Bundesrates; Freitag 14. November 1919; Vorarlberg-Frage; Polit. Departement.

[608] Bern, Bundesarchiv (BAR): E 2001 (B) Akz. -/1; Auszug aus dem Protokoll der Sitzung des schweizerischen Bundesrates; Freitag 14. November 1919; Vorarlberg-Frage; Polit. Departement.

8. Kapitel:
Vorarlberg als eigener Staat

Im Bundeshaus in Bern wurde der Vorarlberger Anschluss in beiden Kammern in kurzen Abständen behandelt. Am 28. Juni 1919 stand die Vorarlberger Frage im eidgenössischen Nationalrat auf der Tagesordnung. Damals ging es um die Beantwortung der Interpellation des Abgeordneten Gelpke, der sich für einen Anschluss stark machte. Und am 22. November 1919 gab der eidgenössische Außenminister Calonder im Ständerat – also in der zweiten Kammer in Bern – eine wegweisende Erklärung zum Anschluss Vorarlbergs ab. Er beantwortete damals eine Interpellation des Abgeordneten Winiger. In der Zwischenzeit war der Staatsvertrag von St. Germain beschlossen worden, aber die Schweiz versuchte trotzdem mit großen Anstrengungen, den Weg für einen Anschluss Vorarlbergs zu finden.

1. Enttäuschung über fehlendes Selbstbestimmungsrecht

Bundesrat Calonder erklärte, der gesamte Bundesrat habe nicht daran gezweifelt, dass das Selbstbestimmungsrecht des Vorarlberger Volkes sowohl seitens Deutschösterreichs wie auch seitens der Pariser Konferenz anerkannt würde. Die Vorarlberger selber hätten darauf gezählt, dass ihr Selbstbestimmungsrecht von Deutschösterreich und von der Pariser Konferenz anlässlich des Friedensvertrages vorbehaltlose Anerkennung finden würde. Der Bundesrat wie die Vorarlberger hätten eine bittere Enttäuschung erfahren. Die Anerkennung des Selbstbestimmungsrechtes der Vorarlberger wurde von Deutschösterreich nie ausgesprochen.[609]

Die Eidgenossenschaft konnte sich aber nicht in die internen Verhältnisse zwischen Deutschösterreich und Vorarlberg einmischen und die ersten Schritte in dieser Frage tun, weil sie der Ansicht war, dass es in erster Linie Sache des Vorarlberger Volkes selbst sei, die Initiative zu ergreifen und mit aller Energie sein Selbstbestimmungsrecht geltend zu machen, wenn es darin sein höchstes Gut erblicke.[610]

---

[609] Erklärung des Bundesrates in der Vorarlbergerfrage. Abgegeben im Ständerat von Bundesrat Calonder, Chef des politischen Departements. Aus: Der Bund. Organ der freisinnig-demokratischen Politik, Jg. 70, Nr. 497, Bern, 23. November 1919, Sonntagsausgabe, S. 1.
[610] Erklärung des Bundesrates in der Vorarlbergerfrage. Abgegeben im Ständerat von Bundesrat Calonder, Chef des politischen Departements. Aus: Der Bund. Organ der freisinnig-demokratischen Politik, Jg. 70, Nr. 497, Bern, 23. November 1919, Sonntagsausgabe, S. 1.

2. Gefahr eines Anschlusses an Deutschland

Seit dem Abschluss des Friedensvertrages zwischen den Parisermächten und Österreich hätten sich aber neue Gesichtspunkte zur Beurteilung der Vorarlberger Frage aufgedrängt. Von Süddeutschland her wurde den Vorarlbergern in bereitwilligster Weise Hilfe geleistet. Es drohe die Gefahr, dass die Vorarlberger in die wirtschaftliche Abhängigkeit Deutschlands gerieten und dadurch auch politisch zum Anschluss an Deutschland gezwungen würden. Es unterliege auch keinem Zweifel, dass man in Wien den Anschluss Vorarlbergs an Deutschland begünstige, falls die Loslösung Vorarlbergs von Österreich in Frage kommen sollte.

3. Die Schweiz für eigenen Staat Vorarlberg

„Trotz allen bisherigen Enttäuschungen ist es nach wie vor der heiße Wunsch des Vorarlbergervolkes, sich an die Schweizerische Eidgenossenschaft anzuschließen", erklärte der Schweizer Außenminister mehr als zwei Monate nach der Unterzeichnung des Friedensvertrages von St. Germain. In einer öffentlichen Abstimmung im Mai 1919 hätten sich über 80% der Vorarlberger für den Anschluss an die Schweiz ausgesprochen. Auf Grund zuverlässiger Berichte dürfe man annehmen, dass die nach der Schweiz gerichtete Mehrheit – trotz der alldeutschen Propaganda einer kleinen, aber sehr rührigen Minderheit – noch bedeutend sei. „Nach wie vor erblickt das tüchtige, demokratisch gesinnte Völklein sein politisches Ideal in einer engen Verbindung mit der schweizerischen Republik."

Diese Standhaftigkeit des Willens und Aufrichtigkeit der Gesinnung habe einen tiefen und nachhaltigen Eindruck auf das Schweizer Volk gemacht. Das Schweizer Volk habe sich in dieser Frage anfänglich große Zurückhaltung auferlegt. In der Folge habe es aber immer lebhafteren Anteil am Schicksal seines kleinen, unglücklichen Nachbarn genommen. Nunmehr gebe es eine starke Strömung der öffentlichen Meinung, namentlich in der deutschen Schweiz, zu Gunsten des Vorarlberger Volkes. In Versammlungen, Petitionen und in der Presse komme das Verlangen zum Ausdruck, der Bundesrat möge sich der hart bedrängten Vorarlberger annehmen. Diese Volksbewegung sei vorläufig nicht auf die Angliederung des Vorarlbergs an die Schweiz gerichtet. Man verlange bloß, der Bundesrat möge tun, was in seiner Kraft liege, um zu verhindern, dass die Vorarlberger durch ihre Notlage zum Anschluss an Deutschland gezwungen würden. Es solle das freie Selbstbestimmungsrecht des Vorarlberger Volkes gewahrt werden, damit es sich, falls es sich von Österreich trennen sollte, wie

Liechtenstein, als selbständiger Staat mit wirtschaftlicher Anlehnung an die Schweiz konstituieren könne. Eine weitere Zukunft solle dann darüber entscheiden, ob Vorarlberg in die eidgenössische Familie aufzunehmen sei oder nicht. Die Vorarlberger Frage soll nicht durch die Untätigkeit des Bundesrates für alle Zukunft zugunsten Deutschlands und zum Schaden der Schweiz präjudiziert werden.[611]

Diese Sätze in der Rede Calonders hatten nach der Einschätzung Otto Enders am meisten Aufsehen erregt.[612] Die Idee eines eigenen Staates Vorarlberg hatten nämlich die Christlichsozialen in Vorarlberg noch nie vertreten. Sie betrieben ja den Anschluss an die Schweiz, weil sie kein Vertrauen in die Lebensfähigkeit Deutschösterreichs hatten. Die Überlebensfähigkeit eines eigenen Staates Vorarlberg erschien ihnen deshalb bisher als denkunmöglich. Wenn aber dieser Staat Vorarlbergs wirtschaftlich an die Schweiz angelehnt wäre und unter der Patronanz der Eidgenossen stünde, wäre das auch für Vorarlberg eine interessante Übergangslösung gewesen. Außenminister Calonder hatte für Vorarlberg eine Lösung nach dem Vorbild Liechtensteins angesprochen, das sich nach dem Ersten Weltkrieg aus dem einheitlichen Währungsgebiet mit Österreich-Ungarn herauslöste und sich vertraglich dem lukrativeren Gebiet der Frankenwährung anschloss.

4. Volkswirtschaftliche Vorteile für die Schweiz

Selbstverständlich müsse bei einem eventuellen Anschluss Vorarlbergs an die Schweiz auch die volkswirtschaftliche Seite der Angelegenheit in Betracht gezogen werden, meinte Außenminister Calonder.

Staatskanzler Dr. Renner hatte in der Nationalversammlung in Wien erklärt, die Vereinigung Vorarlbergs mit der Schweiz würde den Arlberg verkehrspolitisch veröden. Ganz abgesehen von der schweren Schädigung anderer Teile des Vaterlandes, namentlich Tirols, würde nach Renners Ansicht die blühende Industrie Vorarlbergs, die in der Republik Österreich ein gutes Absatzgebiet und als gesunder Zweig der österreichischen Volkswirtschaft im Nahen Osten ein weites

[611] Erklärung des Bundesrates in der Vorarlbergerfrage. Abgegeben im Ständerat von Bundesrat Calonder, Chef des politischen Departements. Aus: Der Bund. Organ der freisinnig-demokratischen Politik, Jg. 70, Nr. 497, Bern, 23. November 1919, Sonntagsausgabe, S. 1.
[612] Bericht des Landesrates über die Frage des Selbstbestimmungsrechtes des Landes. In: Stenographische Sitzungsberichte der I. (ordentlichen) Landtagssession in Vorarlberg zu Bregenz. (XI. Landtags-Periode.) Eröffnung des Landtages am 17. Juni 1919, Bregenz 1920; 9. Sitzung des Vorarlberger Landtags am 5. Dezember 1919 unter dem Vorsitze des Herrn Landeshauptmannes Dr. Otto Ender, S. 6-59, hier S. 13.

Feld gewinnbringender Betätigung besitze, im Falle der Eingliederung in die schweizerische Volkswirtschaft von der übermächtigen Konkurrenz der schweizerischen Industrie zweifellos erdrückt werden. Ähnliches gelte von der Viehzucht Vorarlbergs, die wohl im Rahmen der Republik Österreich, nicht aber in einem Lande lohnenden Absatz zu erzielen vermag, das eine so hoch entwickelte Viehzucht aufweise wie die Schweiz.[613]

Die Einschätzung Calonders im Ständerat in Bern war grundlegend anders. Es ist erstaunlich, mit welcher Offenheit der Schweizer Außenminister das brennende wirtschaftliche Interesse der Eidgenossen an einem Anschluss Vorarlbergs darlegte.

Das eidgenössische Volkswirtschaftsdepartement hatte schon vor einiger Zeit eine Kommission bestellt, welche die Konsequenzen einer wirtschaftlichen Angliederung Vorarlbergs an die Schweiz zu prüfen hatte: Für gewisse kleinere Industrien biete dieser Anschluss keine Vorteile. Vom industriellen und handelspolitischen Standpunkt aus liege der Anschluss aber im Interesse der schweizerischen Stickerei. Jede andere Lösung müsste unzweifelhaft eine schwere Schädigung verursachen.

Bezüglich der Elektrizitätsindustrie stellte sich dieselbe Kommission auf den Standpunkt, dass es für die Schweiz weit wichtiger sei, billige Kraft zu bekommen als dass die bestehenden Elektrizitätswerke vor allfälliger Konkurrenz beschützt werden. Eine Vereinigung mit Vorarlberg würde deshalb einen Vorteil für die Schweiz im Ganzen bedeuten. Laut Bericht des Departements des Innern sei das Nationalvermögen Vorarlbergs in Bezug auf die Zahl der Wasserkräfte pro Quadratkilometer demjenigen der Schweiz mindestens gleich.

Auch die Schweizerischen Bundesbahnen sprachen sich entschieden zugunsten des Anschlusses aus. Falls die Angliederung Vorarlbergs mit Deutschösterreich an die Deutsche Republik verwirklicht würde, wäre mit einer vollständigen Umgestaltung der Verkehrsverhältnisse – und zwar zum Nachteil der Schweiz – zu rechnen. Sowohl die Vorarlberger Linien als auch die Arlbergbahn kämen dadurch mehr oder weniger unter den Einfluss der reichsdeutschen Verkehrspolitik. Diese werde selbstverständlich dahin streben, den gesamten in Frage kom-

[613] Wien, Archiv der Republik, Nottendorferstraße 2 (AdR): Staatskanzlei, 1919, Nr. 909: Bewegung für den Anschluß an die Schweiz. Deutschösterreichische Staatskanzlei, Zahl 909/20. Gegenstand: Anfrage der Abgeordneten Dr. Waber und Genossen an den Herrn Staatskanzler betreffend das Verhalten der Regierung gegenüber den Anschlussbestrebungen Vorarlbergs an die Schweiz, vom 6. September 1919. Zu Nr. 152/I K.N.V./72: Anfragebeantwortung des Staatskanzlers vom 25. November 1919.

menden Verkehr so weit wie möglich den deutschen Interessen dienstbar zu machen. Die Schweiz wäre hinsichtlich der Leitung von Osten her, der bekanntlich viel stärker sei als derjenige in der umgekehrten Richtung, sozusagen vollständig an Deutschland ausgeliefert.

Falls mit der Verwirklichung des Anschlusses von Vorarlberg an Bayern oder Württemberg zu rechnen sei, würden sich die Verhältnisse für die Schweiz hinsichtlich des Verkehrs von Lindau weiter in die Südostschweiz nicht besser gestalten als im anderen Fall. Für den Ost-West-Verkehr würde sich die Sachlage für die Schweiz insofern günstig gestalten, als deutsche Interessen und deutscher Einfluss sich auch auf der Arlbergroute geltend machen könnten.

Die Ausdehnung des schweizerischen Tarifrechtes und der schweizerischen Tarifkraft bis zum Arlbergtunnel würde der Schweiz ein wirksames Mittel an die Hand geben, die künftige Entwicklung des Arlbergverkehrs durch geeignete Tarifmaßnahmen günstig zu beeinflussen und zu fördern.

Bei den früher oder später zu gewärtigenden Verhandlungen über eine Teilung des Verkehrs zwischen Osten und Westen hätten die Bundesbahnen als Eigentümer der Vorarlbergbahn naturgemäß eine bessere und stärkere Stellung als bisher.

Durch den unmittelbaren Anschluss des Schweizer Netzes an den Arlbergtunnel käme der ganze Arlbergverkehr unter eidgenössischen Einfluss. Die Schweiz wäre in der Lage, sagte der Außenminister, über die Leitung des Arlbergverkehrs frei zu verfügen und diese Leitung den Schweizer Interessen entsprechend zu gestalten. Besonders bezüglich des Transitverkehrs wäre dies von großem Vorteil.

Für den Verkehr mit dem St. Galler Rheintal und der Südostschweiz würden die Eidgenossen in Lindau einen direkten Anschluss mit Bayern erhalten, womit dieser Verkehr, der jetzt auf der Strecke Lindau-Buchs ein Gemeinschaftsobjekt zwischen der Rheintaler und der Feldkircher Linie bilde, ganz der Schweiz anheim fiele.

Zweifellos würde der wirtschaftliche Anschluss Vorarlbergs an die Schweiz dieser auch große Vorteile hinsichtlich der Bodenseeschifffahrt in Verbindung mit der künftigen Rheinschifffahrt Basel-Bodensee bringen.[614]

---

[614] Erklärung des Bundesrates in der Vorarlbergerfrage. Abgegeben im Ständerat von Bundesrat Calonder, Chef des politischen Departements. Aus: Der Bund. Organ der freisinnig-demokratischen Politik, Jg. 70, Nr. 497, Bern, 23. November 1919, Sonntagsausgabe, S. 1.

5. Finanzielle Opfer der Schweiz für Vorarlbergs Anschluss

Diesen bedeutenden wirtschaftlichen Vorteilen stünden große finanzielle Opfer der Schweiz behufs Gesundung der wirtschaftlichen Lage Vorarlbergs gegenüber. Wenn auch die dortigen Wasserkräfte eine große Bedeutung haben, sagte Calonder, so brauche es doch Kapital, um sie auszubauen. Die Übernahme und Verbesserung der Verkehrsanstalten wären mit großen Kosten verbunden. Die finanzielle Lage Vorarlbergs sei sehr schlecht. Vorarlberg werde wahrscheinlich eine gewisse Quote der Kriegsschulden, der Kriegsentschädigungen, der Pensionen an die Invaliden und an die Familien der Gefallenen zu tragen haben. Die Umstellung der Valuta erfordere ebenfalls große Opfer. Wenn sich Vorarlberg wirtschaftlich an die Schweiz anschließe, so müsse ihm diese nach Möglichkeit finanziell helfen. Der Bundesrat behalte sich eventuell vor, die entsprechenden Kreditbegehren an die Bundesversammlung zu richten.

6. Politische Bedeutung des Anschlusses für die Schweiz

Entscheidend war aber für den eidgenössischen Außenminister in der ganzen Vorarlberg-Frage deren große politische Bedeutung für die Schweiz und für Vorarlberg. Der Bundesrat sei sich seiner großen Verantwortung in dieser Richtung bewusst und sei überzeugt, der entscheidende Moment sei gekommen, um so oder anders Stellung zu nehmen. „Entweder wir erklären, daß die Vorarlberger Frage uns nicht interessiert und lassen sie endgültig auf sich beruhen, oder aber wir anerkennen, daß es dabei auch um große schweizerische Interessen geht und dann müssen wir eine bestimmte und klare Richtlinie für unser Verhalten ziehen."

Nach der Überzeugung des Bundesrates bedeute der eventuelle Anschluss des tüchtigen Vorarlberger Volkes an die Schweiz eine Stärkung der eidgenössischen Volkskraft. „Es liegt in der natürlichen Entwicklung unseres Staates, diese Bevölkerung, die gleichen Stammes und gleicher Sprache ist wie ein Teil unserer Deutschschweizer, nicht von uns zu stoßen, sondern durch freundschaftliche Hilfe sie zu uns zu ziehen."[615]

Im Vordergrund aber stand das Interesse der Schweiz, zu verhindern, dass Vorarlberg an Deutschland gelange. Vorarlberg bilde einen tiefen Keil in der Ostflanke der Schweiz. Bisher gehörte dieses Land zu Österreich und Österreich

[615] Erklärung des Bundesrates in der Vorarlbergerfrage. Abgegeben im Ständerat von Bundesrat Calonder, Chef des politischen Departements. Aus: Der Bund. Organ der freisinnig-demokratischen Politik, Jg. 70, Nr. 497, Bern, 23. November 1919, Sonntagsausgabe, S. 1.

hatte weder die Kraft noch die Tendenz, mit seinen politischen Anschauungen von Vorarlberg aus die Ostschweiz zu beeinflussen. Wenn aber dieser Keil einmal zu Deutschland gehöre, so bedeute er für die Ostschweiz eine große politische Gefahr. Vorarlberg wäre für die Bestrebungen Deutschlands, die Schweiz wirtschaftlich und moralisch zu durchdringen, ein vorzüglich gelegenes Betätigungsfeld. Wenn die Schweizer dies frei und offen aussprächen, verletzten sie das deutsche Volk in keiner Weise. Im Gegenteil, eine große Expansionskraft sei ein Zeichen seiner Tüchtigkeit und Arbeitslust und gereiche ihm zur Ehre. „Aber uns würde sie unzweifelhaft zum Verderben gereichen." Ein Teil der Ostschweiz stünde in Gefahr, von reichsdeutscher Denkart durchdrungen und so entnationalisiert zu werden.

7. Notwendige Volksentscheidung in der Schweiz

Die Schweiz habe ein großes Interesse, zu der von Vorarlberg gesuchten wirtschaftlichen und politischen Verbindung die Hand zu bieten. Es frage sich aber, wie diese Verbindung zu gestalten sein werde. Der Bundesrat war der Ansicht, dass es noch verfrüht sei, die Frage der Aufnahme Vorarlbergs in den Verband der schweizerischen Eidgenossenschaft schon zu entscheiden oder irgendwie präjudizieren zu wollen. Diese Frage, deren Entscheid unter allen Umständen dem Volk und den Ständen vorbehalten bleibe, sei auch gar nicht aktuell. Die Aufnahme Vorarlbergs als Glied der Eidgenossenschaft sei aber nur dann denkbar, wenn sich auch die romanische Schweiz in ihrer Mehrheit dafür ausspreche. Im französisch sprechenden Teil hegte man die Befürchtung, dass der Anteil der deutsch sprechenden Schweizer in der neuen Eidgenossenschaft im Verhältnis zu stark anwachsen könnte: „La proportion de langue et de race est déplacée", hieß es in der Westschweiz.[616] Auch aus diesem Grund wäre die Schaffung eines eigenen Staates Vorarlberg als Übergangslösung für die Eidgenossenschaft von Vorteil gewesen: „Unter allen Umständen entspricht es der Auffassung des Schweizervolkes, wenn das Vorarlberg, falls es sich von Österreich loslösen will, vorläufig als selbständiger, kleiner Staat sich konstituiert und auf dieser Grundlage in ein enges politisches und wirtschaftliches Verhältnis zur Schweiz tritt. Wir werden dem Vorarlberger Volk gegebenenfalls in jeder Beziehung behilflich sein, seine staatliche Selbständigkeit zu erlangen. Wir werden den Vorarlbergern, wenn sie sich neuerdings an uns wenden, erklären, daß wir sie gege-

[616] Bern, Bundesarchiv, BAR 2200.53(-), Akz. -/10; Vorarlberg: Objections à l'annexion, 1919: La proportion de langue et de race est déplacée: C'est l'objection que présente toute la Suisse française, sauf une partie de Genève et sauf les feuilles catholiques. M. Bovet (Revue) me dit que ce sera la seule vrai raison qui fera voter la Suisse Romande contre l'annexion. Si elle en invoque d'autres, ce sera pour éviter de froisser les Confédérés de la Suisse allemande.

benenfalls wirtschaftlich und politisch unterstützen und in ein enges freundnachbarliches Verhältnis zu ihnen zu treten bereit sind. Dabei nehmen wir an, daß der Völkerbund nicht anstehen wird, auf Wunsch des Vorarlberger Volkes dessen Selbstbestimmungsrecht anzuerkennen.“[617]

8. Keine Anschluss-Hindernisse aus Italien

Obwohl es sich – wie Calonder im Ständerat berichtete – um eine Prüfung der ganzen Anschlussfrage handle und eine Vergrößerung des schweizerischen Gebietes unter allen Umständen vorläufig gar nicht in Frage komme, möchte die Schweizer Bundesregierung doch auch bei diesem Anlass betonen, dass die Anlehnung oder der Anschluss Vorarlbergs an die Schweiz niemals zum Ausgangspunkt irgendwelcher Gebietskompensationen werden dürfe. Die Eidgenossen würden solche Zumutungen unter allen Umständen ablehnen, von welcher Seite sie auch kommen sollten.

In den ersten Septembertagen ging das Gerücht, Italien habe gegen eine eventuelle Angliederung Vorarlbergs an die Schweiz Einspruch erhoben oder Kompensationsansprüche angemeldet. Wie Calonder mitteilte, beruhte dieses Gerücht auf einer Erfindung. Der italienische Minister des Auswärtigen, Herr Tittoni, habe seinen Kabinettschef beauftragt, dem Schweizer Gesandten in Rom mitzuteilen, er dementiere in formellster Weise, dass Italien einem Anschluss Vorarlbergs an die Schweiz Opposition gemacht habe. Im Auftrag des Herrn Tittoni habe der italienische Gesandte beim Schweizer Bundespräsidenten vorgesprochen und ihm mitgeteilt, dass die auch an die Schweizerpresse gegangene Nachricht, dass Italien gewisse Ansprüche auf den Kanton Tessin geltend machen werde, sofern die Schweiz den Anschluss Vorarlbergs anstreben sollte, durchaus falsch sei.

Die Presse berichtete freilich Gegenteiliges. Am 3. Dezember 1919 brachte der „Wiener Mittag“ ein Telegramm aus Lugano, wonach große Opposition im Tessin mit irredentistischen Tendenzen herrsche, die von Italien sehr unterstützt würden.[618]

---

[617] Erklärung des Bundesrates in der Vorarlbergerfrage. Abgegeben im Ständerat von Bundesrat Calonder, Chef des politischen Departements. Aus: Der Bund. Organ der freisinnig-demokratischen Politik, Jg. 70, Nr. 497, Bern, 23. November 1919, Sonntagsausgabe, S. 2.

[618] Bundesarchiv Bern (BAR) : Bestand E 2200.53(-), Akzessionsnummer: -/10, Aktenzeichen C 10.19.95, Bd. 10 (Vorarlberg & Tirol), C 10.19.95/39, Wien den 3. Dezember 1919, Lagebericht aus Wien an das Auswärtige Departement in Bern.

9. Überlegungen des Bundesrates zum Anschluss

Für den eidgenössischen Bundesrat in Bern ergab sich aufgrund der politischen und wirtschaftlichen Umstände eine klare Strategie: Die Schweiz mischt sich in keiner Weise in die inneren Verhältnisse zwischen Vorarlberg und Österreich ein. Für den Fall aber, dass aus irgend einem Grunde die Loslösung Vorarlbergs von Österreich in Frage kommen sollte, würde der Bundesrat auf Wunsch Vorarlbergs mit ganzer Kraft dessen Bestrebungen zur Verwirklichung seines Selbstbestimmungsrechtes, sei es beim Völkerbund, sei es bei der Pariser Konferenz, unterstützen. Der Bundesrat war ferner bereit, Vorarlberg auf Wunsch angemessene wirtschaftliche Unterstützung angedeihen zu lassen, namentlich in der Form von Kreditgewährung und Lieferung von Lebensmitteln.[619]

Die Hauptbotschaft des Außenministers an die Abgeordneten im Ständerat war aber, dass die Schweiz aufs Ganze gehen werde und den Anschluss Vorarlbergs aus schweizerischen Interessen heraus unter allen Umständen betreiben werde. Die Schweiz sah, dass ihr nach der Unterzeichnung des Staatsvertrages von St. Germain die Anschlussfrage ein bisschen aus den Händen geglitten war. Gebiets- und Grenzfragen waren eindeutig festgeschrieben und ein Anschluss Österreichs an das Deutsche Reich nicht mehr möglich. Die Schweizer Bundesregierung aber handelte, wie wenn es den Friedensvertrag gar nicht gegeben hätte.

9. Kapitel:
Szenario eines Putsches

Die Rede des Bundesrates Calonder im Ständerat in Bern hatte die Befürworter eines Anschlusses auf beiden Seiten des Rheines noch einmal aufgerüttelt. Im Nachlass des Landeshauptmannes Dr. Otto Ender befindet sich ein Brief, den der Lehrer Ferdinand Riedmann aus Lustenau kurz nach der Erklärung Calonders zur Vorarlberger Frage mit Bleistift an ihn geschrieben hat.[620] Riedmann

---

[619] Erklärung des Bundesrates in der Vorarlbergerfrage. Abgegeben im Ständerat von Bundesrat Calonder, Chef des politischen Departements. Aus: Der Bund. Organ der freisinnig-demokratischen Politik, Jg. 70, Nr. 497, Bern, 23. November 1919, Sonntagsausgabe, S. 2.

[620] Bregenz: Vorarlberger Landesarchiv, Nachlass Otto Ender, Korrespondenz Landeshauptmann, Schachtel 2, 1919-1920, A-Z (aus Ordner 1): Brief von Ferdinand Riedmann an Otto Ender, ohne Datum [21. November 1919 oder kurz danach], mit Bleistift geschrieben. Von Otto Ender in diesem Ordner eingereiht. Dieser Brief wurde veröffentlicht in: Pichler, Meinrad: Chronik der Anschlußbewegung (1918-1920). In: Dreier, Werner und Meinrad Pichler: Vergebliches Werben. Mißlungene Vorarlberger Anschlußversuche an die Schweiz und an

war Obmann des Werbeausschusses für den Anschluss an die Schweiz und ein großer Populist. Otto Ender, der sich in der Politik nach dem Ersten Weltkrieg als realistisch denkender Politiker erwiesen hatte, musste in der emotional aufgeladenen Frage des Anschlusses Vorarlbergs an die Schweiz – nolens volens – mit Ferdinand Riedmann zusammenarbeiten, obwohl man sich kaum zwei unterschiedlichere Typen vorstellen kann. Der Lehrer Riedmann hatte einen ausgeprägten Hang zur Selbstüberschätzung und zur Wichtigtuerei. Er hat in dem vertraulichen Brief an Otto Ender ein Ende der Verhandlungen gefordert und das Szenario eines Putsches in Vorarlberg entwickelt, um den Anschluss an die Schweiz zu erreichen.[621]

„Die schwersten Stunden Ihrer Regierungszeit sind nun gekommen", schrieb Riedmann an Otto Ender, „deshalb gestatten Sie mir, daß ich Ihnen – auf dessen Schultern die größte Verantwortung, die je ein Vorarlberger zu tragen hatte, lastet, ich der moralisch in der Verantwortung an zweiter Stelle steht – meine ganze Kraft neuerlich zur Verfügung stelle." Durch die Rede Calonders sei die Anschlussfrage in ihr letztes Stadium getreten. Die Zeit, unverzüglich zu handeln, sei gekommen, damit die Anschluss-Gegner in der Schweiz und in Vorarlberg, die beiderseits in einer ganz unbedeutenden Minderheit seien, nicht Zeit bekämen, Wasser in den Wein zu gießen. „Es war jetzt Zeit genug zu überlegen", meinte der Obmann des Werbeausschusses, „es braucht nur noch einen Schlag, die Frage abzuschließen." Hier setze ihre beiderseitige Verantwortung ein. „Denn bisher war unsere Arbeit mehr getrennt, indem ich die Volksstimmung feststellte und wach erhielt hüben und drüben über dem Rhein und Sie mit den Regierungen und den Parteien sprachen." Jetzt hänge es aber von ihnen beiden ab, dass der Zeitpunkt des Anschlusses nicht verpasst werde. Wenn die Regierung bei der Arbeit sei, werde das Volk nicht fehlen.[622]

Schwaben (1918-1920) (= Studien zur Geschichte und Gesellschaft Vorarlbergs, Bd. 5), Bregenz 1989, S. 12-32, hier S. 23-26.

[621] Zur Datierung dieses undatierten „Putsch-Briefes" von Lehrer Riedmann: Im Brief sind zwei Fakten für die Datierung erwähnt. Erstens ist die Rede Calonders gerade vorbei, der terminus post quem ist also der 21. November 1919. Zweitens ist davon die Rede, dass Minister Lardi in Bern am 1. Jänner 1920 aus dem Amt ausscheiden werde. Dies ist der terminus ante quem. Der undatierte Brief Ferdinand Riedmanns an Dr. Otto Ender ist somit nach dem 21. November 1919 und vor dem 31. Dezember 1919 geschrieben worden. Sehr wahrscheinlich ist er bald nach der Rede Calonders am 21. November 1919 und stark unter dem Eindruck dieser Rede verfasst worden.

[622] Bregenz: Vorarlberger Landesarchiv, Nachlass Otto Ender, Korrespondenz Landeshauptmann, Schachtel 2, 1919-1920, A-Z (aus Ordner 1): Brief von Ferdinand Riedmann an Otto Ender, ohne Datum [21. November 1919 oder kurz danach], mit Bleistift geschrieben. Von Otto Ender in diesem Ordner eingereiht. Dieser Brief wurde veröffentlicht in: Pichler, Meinrad: Chronik der Anschlußbewegung (1918-1920). In: Dreier, Werner und Meinrad Pichler: Vergebliches Werben. Mißlungene Vorarlberger Anschlußversuche an die Schweiz und an

Dem Staat gegenüber gebe es zwei verschiedene Wege sich loszulösen: Eine Selbständigkeitserklärung durch Putsch oder eine Selbständigkeitserklärung durch Volksabstimmung. Beides – Putsch und Volksabstimmung – müssten bis in die Details vorbereitet sein. Zu diesem Zweck trete man an die schweizerische Bundesregierung mit folgenden Forderungen heran:

„1. Die Schweiz muß am Tage der Selbständigkeitserklärung mit soviel Lebensmittelzügen an der Grenze bereitstehen und sofort, auf Ruf, dieselben einlaufen lassen, daß das Land für 3-4 Wochen ganz gleich versorgt wird wie die Schweizer Bevölkerung. Diese erleichtert die Ordnungsarbeit beim Putsche und verfolgt politische Zwecke. Die Liebe geht schließlich durch den Magen und die soz. dem. Partei denkt nur daran.

2. Die Schweiz hält an der Grenze einen Teil des Landjägerkorps bereit, sodaß je ein Mann desselben a) jedem Finanzwachtposten b) jedem Gendarmerieposten, c) jedem Volkswehrkommando gemeinsam mit je 4-10 Mann, der, während der Bolschewikengefahr organisierten Bürgerwehr (ausgenommen die Alldeutschen), die beeidigt wird, beigegeben werden kann. NB: Die Gendarmerie ist mindestens zu 2/3 ihres Bestandes sicher. Auch muß die Landesregierung samt dem Landtage, der während der unsicheren Tage fortwährend tagt, durch sichere Leute geschützt werden.

3. Da vorauszusehen ist, daß die Eisenbahner streiken werden, muß die Bundesbahn mit einigen Personenzügen, die unter Schutz von bewaffneter Mannschaft stehen, einfahren. Postämter, Telegraph und Telefon sind von der christlichsozialen Organisation zu besetzen und stehen nur den Landes- und Gemeindebehörden zur Verfügung.

4. Die Schweiz hat dem Lande einen Kredit von 50,000.000 sFr zu gewähren und sofort 20 Mill. Franken in Gold und 30 Mill. in anderen Geldsorten zu übergeben. Die 20 Mill. in Gold hat sie nur von staatswegen zu garantieren und braucht sie nicht herüberzugeben.

5. Das Land hat vor der Selbständigkeitserklärung ein Vermögensabgabegesetz im Landtage (sehr dringend, nur einige Tage vorbereiten) durchzubringen und dieses bekanntzugeben, damit eventuell jetzt schon spekulativ eingeschmuggelte Gelder wieder zurückgezogen werden. Der Tag der Vermögensabgabe soll (mit alleinigem Wissen der Landesregierung) mit dem Tage der Selbständigkeitserklärung zusammenfallen.

Schwaben (1918-1920) (= Studien zur Geschichte und Gesellschaft Vorarlbergs, Bd. 5), Bregenz 1989, S. 12-32, hier S. 23-26.

6. Die Vermögensabgabe soll so hoch gegriffen sein, daß mindestens 35% der gesamten Banknoten einlaufen. Sie hat am selben Tage mit der Notenabstempelung zu geschehen und auch am selben Orte.

7. Die Abstempelung hat zu erfolgen, indem man sämtliche Vorsteher des Landes ohne Ausnahme strengstens am Tage vorher zur Landesregierung beordert, dort beeidigt separat für diesen Fall und jedem den Stempel zur Abstempelung überreicht, womit er dann am nächsten Tage, am Zeitpunkte der Selbständigkeitserklärung 9 Uhr vormittags mit der Abstempelung beginnt. Der Zeitpunkt wird bei Bekanntgabe der Vermögensabgabe genau festgelegt und das Erscheinen nach Brotbuchnummern geordnet. – Da die Leute voraussichtlich das Bargeld nicht mitbringen werden, wenn von der Abstempelung nichts bekanntgemacht werden wird, ist jedem zu sagen, dass er am gleichen Tage noch mit dem Reste des Geldes zu erscheinen habe, denn durch die Abstempelung werde das Geld den mehrfachen Wert bekommen, und das andere werde ungiltig. Das abgestempelte Geld wird neben der Vermögensabgabe in eine Liste eingetragen und so läßt sich dann die Vermögensabgabe kontrollieren. Das Vermögen schätzt jedermann selbst, nach einer genauen Anweisung vonseite der Gesetzgebung, ein und wird dann nachkontrolliert. Grundlage ist bei allen Realitäten der halbe Verkehrs- oder Grundwert. Geld wird voll eingerechnet.

8. Um 11 Uhr vormittags müssen alle Gemeinden von der Selbständigkeitserklärung unterrichtet sein und ist dieselbe nach einstündigem Glockengeläute öffentlich zu proklamieren. Auf Abend Böllerschüsse und Höhenfeuer anordnen.

8. Die noch im Volke verbliebenen Millionen werden durch die 20 Millionen Gold, das in Bern liegt, fundiert. Außerdem werden ein Teil der versetzten Wälder durch Abzahlen der Schulden gelöst und mit den noch freien als Geldgrundlage (Bedeckung) verwendet. Dies muß mit dem Tage der Proklamation bekanntgegeben werden, wodurch unser Geld emporschnellen wird.

9. Damit aber keine Lücke wird, sind durch Erlaß alle Handelswaren auf die Hälfte oder ein Drittel ihres bisherigen Wertes herabzusetzen.

10. Eventuelle Schulden an Österreich werden mit dem bei der Vermögensabgabe gesammelten Gelde oder mit dem von der Bevölkerung in Franken oder abgestempeltes Geld gekauften Kriegsanleihepapieren bezahlt.

11. Die Grenzen nach allen Richtungen werden während der Abstempelung strengstens geschlossen und nachher nur gegen die Schweiz geöffnet.

12. Die Geleise am Arlberg werden für einige Zeit aufgerissen, eventuell sogar der Tunneleingang bei Langen gesprengt.

13. Zur Sicherung nach einwärts werden Spione nach Innerösterreich entsendet, die chiffriert telegraphieren und zwar nach der Schweiz.

14. Die Montafoner Bevölkerung wird mit Aufruf und durch Vorarbeit durch die Landesabgeordneten Wachter und Keßler und durch Gemeinderat Stofflet, Schruns, mobilgemacht.

15. Die von der Schweiz in Vorigem genannten Beistellungen und Unterstützungen müssen vom Bundesrate verlangt werden, bevor etwas Entscheidendes geschieht. Er wird gewiß ja sagen. Dr. Vetsch[623] soll beim Überreichen sein.

16. Vorarlberg unterstellt sich mit seiner Selbständigkeit dem Völkerbunde und wirtschaftlich ruft es den Schutz der Schweiz an.

17. Will man keinen Putsch machen, so wird durch Volksabstimmung, die innerhalb drei Tagen nach Verkündigung derselben, lanciert durch die christlichsoziale Partei und durch die Bauernbündler stattzufinden hat, entschieden. Sagt Wien nein, so versperrt man ihm das Loch und macht Putsch, denn dann ist uns der Völkerbund gewonnen, weil Wien dadurch die Freiheit mit Füßen treten würde."

Lehrer Ferdinand Riedmann schloss sein Szenario eines Putsches in dem Brief an Landeshauptmann Otto Ender mit dem Aufruf „Also mit Gott zu Kampf und Sieg! Ich bitte um Antwort, ich kann schweigen." Eine Antwort des Landeshauptmannes ist nicht überliefert. Es hat wohl mit großer Sicherheit auf diesen Brief Riedmanns keine schriftliche Antwort gegeben.

10. Kapitel: Mit Schweizer Hilfe zum Völkerbund

Im Staatsvertrag von St. Germain waren genaue Bestimmungen über die zukünftigen Grenzen Deutschösterreichs enthalten. Der Grenzverlauf zwischen Vorarlberg und der Eidgenossenschaft hatte sich durch den Friedensvertrag nicht geändert. Die Grenze zwischen Österreich und der Schweiz wurde durch den Ver-

[623] Dr. Vetsch lebte in Rorschach in der Schweiz und war auf der Schweizer Seite Agitator für den Anschluss Vorarlbergs.

tragstext von St. Germain vom 10. September 1919 neuerlich bestätigt. Abänderungen konnten in der Folge nur noch vom Völkerbund vorgenommen werden. Für den Gliedstaat Vorarlberg entstand das Problem, wie man mit seinen Anliegen nach einem Anschluss an die Schweiz vor den Völkerbund gelangen konnte. Durfte das über den Gliedstaat selbst erfolgen, musste das Problem über die Zentralregierung in Wien an den Völkerbund herangetragen werden oder führte der Erfolg versprechendste Weg vielleicht über die Schweiz?

1. Die Eingabe der eidgenössischen Räte

Hundertundein Mitglieder der eidgenössischen Räte aus allen Kantonen machten am 20. November 1919 eine Eingabe an den Bundesrat in Bern: Fünfzehn Ständeräte und sechsundachtzig Nationalräte hatten sich an den Bundespräsidenten und die anderen Bundesräte gewandt, um mehr Druck in der Frage des Anschlusses zu machen. Zum Vorteil Vorarlbergs führten sie an, dass sich Vorarlberg am 14. März 1919 als „selbständiges Land“ eine Landesverfassung gegeben habe, deren Grundzüge dem schweizerischen öffentlichen Recht angepasst seien.[624]

Die Voraussetzung für die unverbindliche Prüfung der Anschlussfrage durch den Bundesrat seien erfüllt: Eine überwiegende Mehrheit des Vorarlberger Volkes habe sich am 11. Mai 1919 für den Anschluss an die Schweiz ausgesprochen. Damit sei mit Zustimmung Deutschösterreichs die Grundlage geschaffen worden, dass die Schweiz – ohne neutralitätswidrig in die inneren Verhältnisse eines andern Staates einzugreifen – ihre Interessen, die mit dem ferneren politischen Schicksal Vorarlbergs verknüpft seien, prüfen und wahren sollte.[625]

Das Selbstbestimmungsrecht war nach Ansicht der 101 eidgenössischen Räte nicht zuletzt zur Befreiung der Völker proklamiert worden, die in der österreichisch-ungarischen Monarchie zurückgehalten wurden.[626] Und nun werde ausgerechnet jenes Volk der österreichisch-ungarischen Monarchie, das sich an die Schweiz wenden möchte, an der Ausübung der Selbstbestimmung verhindert.

[624] Eingabe von Mitgliedern der eidgenössischen Räte an den Bundesrat betr. Vorarlberg. Aus: Basler Nachrichten, 21. November 1919; Vorarlberg. Eine Kundgebung aus der Bundesversammlung. Aus: Der Bund, Nr. 495, 21. November 1919, S. 3.

[625] Eingabe von Mitgliedern der eidgenössischen Räte an den Bundesrat betr. Vorarlberg. Aus: Basler Nachrichten, 21. November 1919; Vorarlberg. Eine Kundgebung aus der Bundesversammlung. Aus: Der Bund, Nr. 495, 21. November 1919, S. 3.

[626] Eingabe von Mitgliedern der eidgenössischen Räte an den Bundesrat betr. Vorarlberg. Aus: Basler Nachrichten, 21. November 1919; Vorarlberg. Eine Kundgebung aus der Bundesversammlung. Aus: Der Bund, Nr. 495, 21. November 1919, S. 3.

Wenn es Vorarlberg verwehrt wurde, seine Wünsche der Friedenskonferenz vorzulegen, so könne die Angelegenheit damit nicht erledigt sein. Es erhebe sich vielmehr die Frage, ob nicht die Schweiz, die im Hilferuf des Vorarlberger Volkes vom 9. August 1919 als Fürsprecher bezeichnet wurde, die Angelegenheit vor den Völkerbund bringen sollte. Dem Vorarlberger Volk fehle jedes Organ, durch das es sich international aussprechen und zur Geltung bringen könnte. Es sei daher darauf angewiesen, seine gute Sache von anderen vertreten zu lassen. Die Schweiz habe um so mehr Anlass, diesen Freundschaftsdienst zu leisten, als wichtige eigene Interessen den Wunsch nahe legen müssten, dass der Ruf Vorarlbergs nach Selbständigkeit und Freiheit von einem Staatswesen, dem es sich nur provisorisch angeschlossen habe, erhört werde.

Die Lage wäre weniger ernst, wenn nicht von dritter Seite Bemühungen eingesetzt hätten, um Vorarlberg wirtschaftlich und politisch in den Machtbereich eines Großstaates zu ziehen, dem es nach dem klaren Ergebnis der amtlichen Abstimmung vom 11. Mai 1919 und nach seinem Hilferuf an das Schweizervolk vom 9. August 1919 nicht anzugehören wünsche.

Es scheine sich in Vorarlberg die Antwort auf die Frage zuzuspitzen, ob das Staatsideal, das nach schweizerischer und vorarlbergischer Auffassung über dem Unterschied von Sprache und Rasse stehe, siegen soll, oder ob der alldeutsche politische Gedanke vorwiegen solle. Nach der politischen Auffassung der Alldeutschen hätten die Vorarlberger als deutsch sprechende Menschen kein Recht, sich einem vielleicht von ganz Deutschösterreich angestrebten Anschluss an Großdeutschland zu widersetzen. An leitender Stelle sei bereits das Wort gefallen, dass das Selbstbestimmungsrecht im Falle eines erzwungenen Anschlusses der Vorarlberger an das Deutsche Reich nicht verletzt sei: „Denn Deutsche bleiben bei Deutschen!“

„Man braucht noch nicht an die Aufnahme eines neuen Kantons zu denken, aber eine sichere politische und wirtschaftliche Anlehnung an die Schweiz hat Vorarlberg zweifellos nötig, um im Sinne seiner wiederholten und dringend ausgesprochenen Wünsche über sein ferneres Schicksal bestimmen zu können.“

Die 15 Ständeräte und 86 Nationalräte aus allen Kantonen waren der Überzeugung, die Schweiz sei es ihrem politischen Ideal und ihren dauernden Interessen schuldig, das Vorarlberger Volk durch alle zulässigen friedlichen Mittel in seinem Kampf um die Ausübung eines allgemein anerkannten Rechtes zu unterstützen.[627] Und diese Unterstützung wäre im konkreten Fall das offizielle Vortragen des Vorarlberger Anliegens vor dem Völkerbund durch die Schweizer Eidgenossenschaft gewesen. Vorarlberg hatte seine Vorleistung unter anderem auch dadurch erbracht, dass es sich – wie es in der Eingabe der 101 eidgenössischen Räte ausdrücklich heißt – am 14. März 1919 als „selbständiges Land" eine Verfassung gegeben habe, „deren Grundzüge dem schweizerischen öffentlichen Recht angepaßt sind".[628]

2. Die Taktik des Staatskanzlers in Wien

Die Staatsregierung in Wien hatte entschieden andere Vorstellungen über Vorarlbergs Bestreben, beim Völkerbund vorstellig zu werden. Staatskanzler Dr. Renner musste am 25. November 1919 in der Nationalversammlung eine parlamentarische Anfrage über das Verhalten der Regierung gegenüber den Anschlussbestrebungen Vorarlbergs an die Schweiz beantworten. Die Anfrage war von den Abgeordneten Dr. Waber und Genossen schon vor Unterzeichnung des Friedensvertrages eingebracht worden. Sie wollten wissen, welche Stellung die Staatsregierung „zur Staatsflucht der Vorarlberger" einnehme und ob die Regierung bereit sei, die Verfassung des Staates sofort auszubauen, damit den Bestrebungen, die auf die Sprengung des Staates gerichtet seien, der Boden entzogen werde.[629]

In Teilen der Bevölkerung Vorarlbergs seien im Stadium der Friedensverhandlungen mit der Entente Bestrebungen auf Loslösung von Österreich und Anschluss an die Schweiz zu Tage getreten, antwortete Renner auf die bestellte Anfrage. Die Staatsregierung habe trotzdem keineswegs den Standpunkt der Repression oder des moralischen Zwanges eingenommen, sondern vorerst das Ergebnis der Verhandlungen abgewartet, denen es vorbehalten war, die künftige politische Weltkarte zu zeichnen. Vor dem Abschluss dieser Verhandlungen in der einen oder anderen Richtung in Fragen der staatlichen Zugehörigkeit von

---

627 Eingabe von Mitgliedern der eidgenössischen Räte an den Bundesrat betreffend Vorarlberg. Aus: Basler Nachrichten, 21. November 1919; Vorarlberg. Eine Kundgebung aus der Bundesversammlung. Aus: Der Bund, Nr. 495, 21. November 1919, S. 3.

628 Eingabe von Mitgliedern der eidgenössischen Räte an den Bundesrat betreffend Vorarlberg. Aus: Basler Nachrichten, 21. November 1919.

629 Wien, Archiv der Republik, Nottendorferstraße 2 (AdR): Staatskanzlei, 1919, Nr. 909: Bewegung für den Anschluß an die Schweiz. Deutschösterreichische Staatskanzlei, Zahl 909/20. Gegenstand: Anfrage der Abgeordneten Dr. Waber und Genossen an den Herrn Staatskanzler betreffend das Verhalten der Regierung gegenüber den Anschlussbestrebungen Vorarlbergs an die Schweiz, vom 6. September 1919. Zu Nr. 152/I K.N.V./72: Anfragebeantwortung des Staatskanzlers vom 25. November 1919, S. 1.

Volksteilen einzugreifen, wäre vom politischen Standpunkt her gewiss nicht zweckmäßig, wahrscheinlich auch nicht möglich gewesen, meinte Renner.

Die Staatsregierung sei auch davon überzeugt, dass das wohl verstandene eigene Interesse der Bevölkerung Vorarlbergs ganz entschieden verlange, dass sie im Verbande des österreichischen Staatswesens verbleibe. „Gegenwärtig ist Vorarlberg das hochkultivierte westliche Vorland der Republik Österreich am Rhein. Im Falle seines Anschlusses an die schweizerische Eidgenossenschaft würde es auch bei wohlwollendster Aufnahme naturgemäß zu einem abgelegenen Hinterlande der Schweiz und würde trotz aller bereits bestehender Wechselbeziehungen lange brauchen, um mit diesem Staate zu einem organischen Ganzen zu verwachsen.“[630]

Die Staatsregierung habe sich darauf verlassen, dass die Vorarlberger Bevölkerung diese bedeutenden Vorteile bei ruhiger und nüchterner Überlegung nicht verkennen und sich sowohl aus Gründen des eigenen wirtschaftlichen Vorteiles als auch durch die Treue zu den Volksgenossen, mit denen sie durch Jahrhunderte eine historische Schicksalsgemeinschaft bildete, bewogen fühlen würde, das Richtige zu tun und jeden voreiligen und ungesetzlichen Schritt zu unterlassen.[631]

Der Staatsvertrag von St. Germain war in Kraft. In seinen Grenzbestimmungen stand geschrieben, dass Vorarlberg einen Teil des Staatsgebietes der Republik Österreich bildet. Die Frage der staatlichen Zugehörigkeit Vorarlbergs war nach Renners Meinung damit dem Streite entrückt. Mit dem Staatsvertrag von St. Germain erhielt die Zugehörigkeit Vorarlbergs zum österreichischen Staatswesen, die schon früher rechtlich und tatsächlich bestanden habe, nach Renners Überzeugung eine weitere rechtliche Grundlage und Garantie. Die Republik Österreich habe damit das Recht und die Pflicht übernommen, das Land Vorarlberg als ihren integrierenden Bestandteil anzusehen und seine Rechte zu schützen.

---

[630] Wien, Archiv der Republik, Nottendorferstraße 2 (AdR): Staatskanzlei, 1919, Nr. 909: Bewegung für den Anschluß an die Schweiz. Deutschösterreichische Staatskanzlei, Zahl 909/20. Gegenstand: Anfrage der Abgeordneten Dr. Waber und Genossen an den Herrn Staatskanzler betreffend das Verhalten der Regierung gegenüber den Anschlussbestrebungen Vorarlbergs an die Schweiz, vom 6. September 1919. Zu Nr. 152/I K.N.V./72: Anfragebeantwortung des Staatskanzlers vom 25. November 1919.

[631] Wien, Archiv der Republik, Nottendorferstraße 2 (AdR): Staatskanzlei, 1919, Nr. 909: Bewegung für den Anschluß an die Schweiz. Deutschösterreichische Staatskanzlei, Zahl 909/20. Gegenstand: Anfrage der Abgeordneten Dr. Waber und Genossen an den Herrn Staatskanzler betreffend das Verhalten der Regierung gegenüber den Anschlussbestrebungen Vorarlbergs an die Schweiz, vom 6. September 1919. Zu Nr. 152/I K.N.V./72: Anfragebeantwortung des Staatskanzlers vom 25. November 1919, S. 2.

Zur Erfüllung dieser Aufgaben, die ihr als Vollmachtträgerin des Gesamtvolkes der Republik Österreich, von dem auch die Vorarlberger Bevölkerung ein Teil sei, erwachsen sind, glaubte die Staatsregierung keiner Maßnahmen oder Aufklärungsaktionen zu bedürfen, die auf die besonderen Verhältnisse Vorarlbergs abgestellt wären. Sie erachtete vielmehr die bestehenden allgemeinen Gesetze für vollkommen hinreichend, um ihrer Aufgabe auch in Hinblick auf Vorarlberg gerecht werden zu können. Der Grundsatz des Selbstbestimmungsrechtes im Völkerleben des österreichischen Staates könne nur für diesen als Ganzen in Frage kommen.

Nach der völkerrechtlichen Bindung, die Österreich in dieser Richtung durch die Annahme des Vertrages von St. Germain auferlegt sei, könne man das begreifliche Bestreben nach Vereinigung der ganzen deutschen Nation allein auf den Völkerbund stellen. Dieser werde zur geeigneten Zeit darüber entscheiden, ob Österreich – und selbstverständlich Vorarlberg mit eingeschlossen – auf Grund eines Beschlusses der Nationalversammlung dem Deutschen Reich beitreten könne und beitreten soll. Bis dahin seien alle Agitationen zwecklos und hinderten die Staatskanzlei bloß an der Konzentration aller Kräfte zum Werte des wirtschaftlichen und sozialen Wiederaufbaues.[632]

Staatskanzler Dr. Renner hat zwar den Völkerbund als jenes Gremium genannt, das über Grenzänderungen, das weitere Schicksal und die zukünftige Zugehörigkeit Vorarlbergs zu einem anderen Staatswesen entscheiden werde. Er hat darunter aber Vorarlberg nur als Teil der gesamten Republik Deutschösterreich gesehen, die seiner Meinung nach als Ganzes durch eine Entscheidung des Völkerbundes dem Deutschen Reich angeschlossen werden sollte.

3. Der Weg des Landesrates in Bregenz

In der Ablehnung des Vorarlberger Anschlusses an die Schweiz waren sich der sozialdemokratische Staatskanzler und sein christlichsozialer Vizekanzler aus Vorarlberg einig. Diese gemeinsame Haltung spiegelte sich auch in den Zeitungen der beiden Lager wider. Ein Wiener Beobachter im Auftrag der Schweizer Regierung telegraphierte am 3. Dezember 1919 nach Bern: „Die ganze gegen

[632] Wien, Archiv der Republik, Nottendorferstraße 2 (AdR): Staatskanzlei, 1919, Nr. 909: Bewegung für den Anschluß an die Schweiz. Deutschösterreichische Staatskanzlei, Zahl 909/20. Gegenstand: Anfrage der Abgeordneten Dr. Waber und Genossen an den Herrn Staatskanzler betreffend das Verhalten der Regierung gegenüber den Anschlussbestrebungen Vorarlbergs an die Schweiz, vom 6. September 1919. Zu Nr. 152/I K.N.V./72: Anfragebeantwortung des Staatskanzlers vom 25. November 1919, S. 2.

Anschluss an Schweiz gerichtete Pressebewegung geht offenbar von der Regierung aus, auf christlichsozialer Seite von Vize-Kanzler Jodok Fink. Punkt. Von klerikaler Seite wird mir erklärt, dass Fink sehr stark an seinem Ministerialsitz hange und daher keine Trennung von Österreich wolle."[633]

Jodok Fink geriet aber in der Anschluss-Frage immer stärker unter den Druck seiner Parteifreunde in Vorarlberg. Der Vizekanzler hatte sich mit Karl Renner geeinigt, dem Vorarlberger Landtag den – wie sie ahnten und auch wünschten – aussichtslosen Weg zum Völkerbund nicht zu verbauen. Sie hatten dabei zusätzlich ein paar Erschwernisse eingebaut. Der Staatskanzler schickte dem Vorarlberger Landesrat zu Handen des Landeshauptmannes Otto Ender am 3. Dezember 1919 um 6 Uhr abends ein Telegramm mit dem Inhalt: „Staatsregierung wird Vorarlberg keinen gesetzlichen Weg verschließen. Wenn der Landtag einen Antrag auf Zulassung von Verhandlungen Vorarlbergs mit der Schweiz über Anschluss an dieselbe dem Völkerbund im Wege der Wiener Regierung unterbreiten will, wird diese den Antrag nach Paris weiterleiten, behält sich jedoch gleichzeitige Abgabe einer Äusserung zur Wahrung der Interessen Österreichs vor. Der von Vizekanzler dort am Dienstag gemachte Vorschlag wird daher von Staatsregierung akzeptiert. Jeder anderen wider den Friedensvertrag oder die bestehenden Gesetze gerichteten Aktion müsste Regierung selbstverständlich mit allen ihr zu Gebote stehenden Mitteln entgegentreten. Sie empfiehlt den Weg des Rechtes und Gesetzes."[634]

Der Vorarlberger Landtag hat daraufhin den Weg beschritten, der vom Vizekanzler und vom Staatskanzler vorgegeben wurde. In seiner Sitzung vom 6. Dezember 1919 hat er den Beschluss gefasst, den Landesrat zu beauftragen, bei der österreichischen Staatsregierung die Anerkennung des Selbstbestimmungsrechtes zu verlangen und dieselbe aufzufordern, das diesbezügliche Vorarlberger Begehren beim Obersten Rat und dann beim Völkerbund anhängig zu machen.[635] Der Landesrat wurde weiters beauftragt, alle ihm nötig scheinenden Vorkehrungen für den Fall zu treffen, dass das Land in die Lage kommen sollte, von seinem Selbstbestimmungsrecht Gebrauch zu machen. Der Landesrat wurde

[633] Bundesarchiv Bern (BAR) : Bestand E 2200.53(-), Akzessionsnummer: -/10, Aktenzeichen C 10.19.95, Bd. 10 (Vorarlberg & Tirol), C 10.19.95/39, Wien den 3. Dezember 1919, Lagebericht aus Wien an das Auswärtige Departement in Bern.

[634] Wien, Archiv der Republik, Nottendorferstraße 2 (AdR): Staatskanzlei, 1919, Nr. 909: Bewegung für den Anschluß an die Schweiz. Zahl 909/21 St.K. 2935, Vorzahl: 909/20 St.K. Gegenstand: Depesche des Staatskanzlers an den Vorarlberger Landesrat in Angelegenheit des eventuellen Anschlusses Vorarlbergs an die Schweiz. Telegramm von Staatskanzler Dr. Renner an Landeshauptmann Dr Ender vom 3. Dezember 1919, 6 Uhr abends.

[635] Denkschrift des Vorarlberger Landesrates an den Völkerbund. Bregenz, 1. August 1920. [Druckerei Ludwig Sausgruber, Feldkirch], 31 Seiten, S. 5-6.

ermächtigt, das Begehren und das Selbstbestimmungsrecht beim Völkerbund nötigenfalls selbst vorzubringen. Die Beschlüsse wurden gegen die Stimmen der Deutsch-Freiheitlichen und der Sozialdemokraten gefasst, die Sozialdemokraten verließen den Saal.[636]

Die Staatsregierung der Republik Österreich hatte sich, wie Otto Ender meinte, erst zu dem Zeitpunkt erbötig gemacht, dem Völkerbund einen Antrag auf Zulassung von Verhandlungen Vorarlbergs mit der Schweiz zu unterbreiten, als sie von der Stimmung im Vorarlberger Volk unterrichtet worden sei. Das Anrufen des Völkerbundes war kein Streitpunkt mehr, der Standpunkt der Staatsregierung und der Landesregierung hatten sich aber dennoch nicht gedeckt: Das Land Vorarlberg beanspruchte das Selbstbestimmungsrecht und wollte die Anerkennung dieses Selbstbestimmungsrechtes beim Obersten Rat oder beim Völkerbund erreichen. Die Staatsregierung dagegen wollte nur das Begehren zur Sprache bringen, dem Land Vorarlberg und der Eidgenossenschaft Verhandlungen über einen eventuellen Anschluss des Landes Vorarlberg an die Schweiz zu gestatten.[637]

Die Note des Obersten Rates aus Paris ließ nicht lange auf sich warten. In einem Schreiben vom 17. Dezember 1919 vertrat der Oberste Rat die Ansicht, dass eine Lostrennung Vorarlbergs oder irgend eines Teiles der Republik den vollständigen Zerfall des österreichischen Staates nach sich ziehen und das Gleichgewicht Mitteleuropas stören könnte: „Von dem Wunsche geleitet, den Bestand Österreichs in den Grenzen sicher zu stellen, die ihm angewiesen worden sind, und entschlossen, die Bestimmungen des Vertrages von St. Germain zur Geltung zu bringen, erklären die alliierten und assoziierten Mächte, daß sie sich allen Versuchen widersetzen werden, die geeignet sind, die Integrität des österr. Gebietes zu beeinträchtigen oder die im Gegensatz zu den Bestimmungen des Artikel 88 des erwähnten Vertrages in irgend einer Weise, sei es unmittelbar, sei es mittelbar, die politische oder wirtschaftliche Unabhängigkeit Österreichs beeinträchtigen könnten.“[638] Das Land Vorarlberg hat ein paar Monate verstreichen lassen und dann in einer „Denkschrift des Vorarlberger Landesrates an den Völkerbund“ wiederum gebeten, in Abänderung der bezüglichen Grenzbestimmun-

---

[636] Brandtner, Werner, Franz Hämmerle und Johannes Müller: Der Vorarlberger Landtag. In: Föderalismus und Parlamentarismus in Österreich, hg. von Herbert Schambeck, Wien 1992, S. 539-588, hier S. 545.

[637] Denkschrift des Vorarlberger Landesrates an den Völkerbund. Bregenz, 1. August 1920. [Druckerei Ludwig Sausgruber, Feldkirch], 31 Seiten, S. 5-6.

[638] Denkschrift des Vorarlberger Landesrates an den Völkerbund. Bregenz, 1. August 1920. [Druckerei Ludwig Sausgruber, Feldkirch], 31 Seiten, S. 5-6.

gen des Friedensvertrages von St. Germain seine Selbständigkeit anzuerkennen.[639]

11. Kapitel: Streit über Selbstbestimmungsrecht

Nach der Unterzeichnung des Friedensvertrages von St. Germain, als nur noch der Gang zum Völkerbund als letzte Chance für einen Anschluss Vorarlbergs an die Schweiz geblieben war, entbrannte ein politischer Streit, ob denn Vorarlberg als Gliedstaat überhaupt Träger des Selbstbestimmungsrechtes oder der Souveränität sein könne oder ob es sich in Zukunft dem Gesamtstaat unterordnen müsse. Je nach politischem Standpunkt änderte sich auch die Antwort auf diese Frage.

In der Landesverfassung vom 14. März 1919 hieß es in § 1, das Land sei selbständig, soweit seine Selbständigkeit nicht durch die Verfassung des Bundesstaates beschränkt sei. Es übe als selbständiges Land alle Rechte aus, die nicht ausdrücklich der Gewalt des Bundesstaates vorbehalten seien. Aber die Bestimmungen der Landesverfassung, die sich auf den Bundesstaat bezogen, sollten nur insolange und insoweit gelten, als der Bundesstaat dem Land sein Gebiet, seine Selbständigkeit innerhalb der Schranken des § 1 dieser Verfassung, die Freiheit, die Rechte des Volkes und die verfassungsmäßigen Rechte der Volksgenossen, sowie die Rechte und Befugnisse, die das Volk selbst seinen Vertretern übertragen hat, gewährleistete.[640]

Die 101 eidgenössischen Räte, die in Bern weiterhin aktiv den Anschluss betrieben, behaupteten das Bestehen des Selbstbestimmungsrechtes. Die Staatsregierung in Wien wollte Vorarlberg nicht verlieren und leugnete die Souveränität des Gliedstaates. Selbst innerhalb der christlichsozialen Mandatsträger gab es unterschiedliche Auffassungen über diese zentrale Frage.

[639] Denkschrift des Vorarlberger Landesrates an den Völkerbund. Bregenz, 1. August 1920. [Druckerei Ludwig Sausgruber, Feldkirch], 31 Seiten, S. 5-6.
[640] Gesetz vom 14. März 1919 über die Verfassung des Landes Vorarlberg, Vorarlberger LGBl. 22/1919, §§ 1 und 51.

1. Der Standpunkt der eidgenössischen Räte

Die 101 eidgenössischen Räte aus allen Kantonen stützten sich bei ihrer Aussage über das Selbstbestimmungsrecht der Vorarlberger nicht zuletzt auf die Landesverfassung vom 14. März 1919. Die Haltung der 15 Ständeräte und 86 Nationalräte unterschied sich nicht sehr stark von der Haltung des Vorarlberger Landesrates: Am 3. November 1918 hat sich Vorarlberg selbständig erklärt und gleichzeitig provisorisch an Deutschösterreich angeschlossen. Diese Erklärung erfolgte, noch bevor die Republik Deutschösterreich ausgerufen war. Vorarlberg trennte sich von Tirol und bestellte seine eigenen Landesbehörden. Am 14. März 1919 gab es sich als „selbständiges Land“ eine Verfassung, deren Grundzüge dem schweizerischen öffentlichen Recht angepasst waren. Dieser Umstand hat die eidgenössischen Räte besonders für Vorarlberg eingenommen. Vor allem, weil diese Landesverfassung nach Schweizer Vorbildern den Startschuss für die weitere Entwicklung auslöste: Am 15. März 1919 fasste die provisorische Landesversammlung einhellig den Beschluss, das Selbstbestimmungsrecht für das Vorarlberger Volk in Anspruch zu nehmen, „nicht mehr und nicht weniger als die anderen Völker der ehemaligen Donaumonarchie“. In Ausübung dieses Rechtes und im Einverständnis mit der deutschösterreichischen Regierung habe das Vorarlberger Volk am 11. Mai 1919 in amtlicher Abstimmung seinen Landrat – wie die Schweizer den Vorarlberger Landesrat bezeichneten – beauftragt, dem schweizerischen Bundesrat „die Absicht des Eintrittes in die Eidgenossenschaft mitzuteilen und mit dem Bundesrat in Unterhandlungen einzutreten“.[641]

Das von Volk und Behörden Vorarlbergs eingeschlagene Verfahren entsprach in den Augen der 101 eidgenössischen Räte aus allen Kantonen anerkannten allgemeinen Prinzipien und stand im Einklang mit den Grundsätzen, auf denen sich die Eidgenossenschaft selber aufgebaut hatte, „deren Existenz ja nicht denkbar wäre ohne Ausübung und Verteidigung des Selbstbestimmungsrechtes der Bundesglieder“. Es dürfe auch darauf hingewiesen werden, meinten die eidgenössischen Räte, dass dieses Recht nicht zuletzt zum Zwecke der Befreiung der in der österreichisch-ungarischen Monarchie zurückgehaltenen Völker proklamiert worden sei.[642]

---

[641] Eingabe von Mitgliedern der eidgenössischen Räte an den Bundesrat betreffend Vorarlberg. Aus: Basler Nachrichten, 21. November 1919; Vorarlberg. Eine Kundgebung aus der Bundesversammlung. Aus: Der Bund, Nr. 495, 21. November 1919, S. 3.

[642] Eingabe von Mitgliedern der eidgenössischen Räte an den Bundesrat betr. Vorarlberg. Aus: Basler Nachrichten, 21. November 1919; Vorarlberg. Eine Kundgebung aus der Bundesversammlung. Aus: Der Bund, Nr. 495, 21. November 1919, S. 3.

2. Die Meinung der Staatskanzlei in Wien

Die deutschösterreichische Staatsregierung betrachtete den Grundsatz der Selbstbestimmung der Nationen als ein im modernen Kulturbewusstsein siegreich durchdrungenes Prinzip, dem sie sich voll und ganz anschloss. Als Trägerin des Rechtes der Selbstbestimmung der Nationen konnte aber – schon gemäß der sprachlichen Bezeichnung dieser weltpolitischen Idee – nur die Nation in Betracht kommen. Dieses Recht konnte nach Auffassung der Staatskanzlei nur dahin verstanden werden, dass die Nation die Freiheit haben soll, zu entscheiden, ob sie als Ganzes eine staatsrechtliche Einheit bilden oder ob sie im staatsrechtlichen Vereine mit anderen Nationen ihre geschichtliche Bestimmung erfüllen wolle. Das Selbstbestimmungsrecht konnte nach Ansicht der Staatskanzlei keineswegs jedem Nationsteile zukommen, wenn auch infolge geographischer, historischer oder wirtschaftlicher Momente zwischen Segmenten einer Nation und den übrigen Teilen des Nationsganzen gewisse Verschiedenheiten bestanden. Aber diese Verschiedenheiten könnten nie das verbindende Große, eben die Zugehörigkeit zu einer Nation, die Gleichheit der kulturellen Entwicklung, das Streben nach achtungsgebietender Stellung der ganzen Nation in der Weltpolitik aufheben. Im Gegenteil: Die Realisierung eigenbrötlerischer Einzelbestrebungen von Nationsteilen würde anderen Teilen der Nation und damit dieser als Ganzen schweren Schaden zufügen.[643]

Im Stadium der Friedensverhandlungen mit der Entente waren nach Darstellung der Staatskanzlei „in Teilen der Bevölkerung Vorarlbergs" Bestrebungen auf Loslösung von Österreich und Anschluss an die Schweiz zu Tage getreten. Die Staatsregierung habe gegenüber diesen Teilen der Bevölkerung Vorarlbergs keineswegs den Standpunkt der Repression oder des moralischen Zwanges eingenommen. Sie musste vielmehr berücksichtigen, dass das deutschösterreichische Staatswesen vorerst das Ergebnis der Verhandlungen mit der Entente abzuwarten hatte, „denen es vorbehalten war, die künftige politische Weltkarte zu zeichnen". Vor dem Abschluss dieser Verhandlungen in der einen oder anderen Richtung in Fragen der staatlichen Zugehörigkeit von Volksteilen einzugreifen, wäre aus Sicht der Staatsregierung vom politischen Standpunkt her, wenn überhaupt möglich, so gewiss nicht zweckmäßig gewesen.[644]

[643] Wien, Archiv der Republik, Nottendorferstraße 2 (AdR): Staatskanzlei, 1919, Nr. 909: Bewegung für den Anschluß an die Schweiz. Deutschösterreichische Staatskanzlei, Zahl 909/20. Gegenstand: Anfrage der Abgeordneten Dr. Waber und Genossen an den Herrn Staatskanzler betreffend das Verhalten der Regierung gegenüber den Anschlussbestrebungen Vorarlbergs an die Schweiz, vom 6. September 1919. Zu Nr. 152/I K.N.V./72: Anfragebeantwortung des Staatskanzlers vom 25. November 1919, S. 1.

[644] Wien, Archiv der Republik, Nottendorferstraße 2 (AdR): Staatskanzlei, 1919, Nr. 909: Bewegung für den Anschluß an die Schweiz. Deutschösterreichische Staatskanzlei, Zahl

Die Staatsregierung wollte Vorarlberg nicht verlieren und hat diesem Gliedstaat auch aus politischen Gründen das Selbstbestimmungsrecht abgesprochen. Auffallend war, dass diese politische Linie sehr stark mit staatsrechtlichen Argumenten gefahren wurde, die eindeutig aus der Feder des Wissenschaftlers und Ministerialvizesekretärs der Staatskanzlei Dr. Adolf Julius Merkl in das Manuskript des Staatskanzlers Dr. Karl Renner geflossen waren, der diesen Standpunkt in der Nationalversammlung vertrat.

3. Der christlichsoziale Zwist über die Souveränität

Das Einfordern des Selbstbestimmungsrechtes durch christlichsoziale Politiker in Vorarlberg fand unter ihren christlichsozialen Parteikollegen in Innerösterreich erwartungsgemäß keine Zustimmung. In der Wiener „Reichspost", dem Organ für das christliche Volk, wurde in diesem Zusammenhang ein Disput über die Souveränität der Länder losgetreten.

Man würde diesen Streit heute als typische Auseinandersetzung zwischen den Anhängern der dualistischen Bundesstaatstheorie und der Dezentralisationstheorie bezeichnen. Nach der dualistischen Bundesstaatstheorie, wie sie in den klassischen Bundesstaaten USA, Schweiz und Deutschland vertreten wird, sind in einem Bundesstaat nicht nur der Bund, sondern auch die Länder Träger ursprünglicher, nicht abgeleiteter Staatsgewalt. In Österreich wird diese dualistische Bundesstaatstheorie von einem Teil der Lehre unter Bezugnahme auf die Reine Rechtslehre von Hans Kelsen und Adolf Julius Merkl abgelehnt. Sie vertreten die Dezentralisationstheorie, nach der Souveränität und damit Staatsqualität nur dem Bund zukommen, während die Länder Gebietskörperschaften ohne Staatsqualität seien.[645]

Der christlichsoziale Abgeordnete Dr. Richard Weiskirchner hatte in einem Artikel „Zur Neuordnung der Verfassung" geschrieben, für ihn sei die Souveränität der Länder ein historischer Begriff. Die Länder seien in der alten Monarchie zweifellos nicht souverän gewesen, sondern hätten eine mehr oder weniger aus-

909/20. Gegenstand: Anfrage der Abgeordneten Dr. Waber und Genossen an den Herrn Staatskanzler betreffend das Verhalten der Regierung gegenüber den Anschlussbestrebungen Vorarlbergs an die Schweiz, vom 6. September 1919. Zu Nr. 152/I K.N.V./72: Anfragebeantwortung des Staatskanzlers vom 25. November 1919, S. 1.

[645] Pernthaler, Peter und Georg Lukasser: [Kommentierte Ausgabe der Vorarlberger Landesverfassung von 1984.] Das Verfassungsrecht der österreichischen Bundesländer. Vorarlberg. (= Handausgabe österreichischer Gesetze und Verordnungen, Neue Folge, Gruppe I, Verfassung, Organisation, Verwaltungsverfahren, Beamtenrecht, Staatskirchenrecht, Band 2/8), Wien 1995, S. 28-29.

gebaute Autonomie besessen. „Wenn Vertreter der Länder behaupten, dass dieselben durch den Zerfall der alten Monarchie die Souveränität wieder erlangt hätten, so ist dies eine staatsrechtliche Streitfrage, welche allenfalls für die Übergangszeit bis zum Staatsvertrage von St. Germain bejaht werden könnte." Mit diesem Staatsvertrag sei die Republik Österreich mit einem bestimmten Gebietsumfang geschaffen worden. Diesem Staat, der von den alliierten und assoziierten Mächten geschaffen wurde, sind nach Weiskirchner die völkerrechtliche Existenz und die internationale Rechts- und Handlungsfähigkeit zuerkannt worden. Die einzelnen Länder besäßen diese Fähigkeit nicht. Auch Vorarlberg habe seine Loslösung im Wege der Zentralregierung angestrebt. Wie die Republik Österreich ihre innere Organisation durchführe, sei ausschließlich ihre Sache – eben auf Grund des Souveränitätsprinzips.[646]

Der Vorarlberger Landeshauptmann Otto Ender antwortete seinem Parteikollegen in der „Reichspost" in einem Beitrag über „Die Verfassung unserer Föderation". Er machte den Lesern klar, dass dies nicht der Vorarlberger Standpunkt sei. In Vorarlberg war man durchaus der Überzeugung, dass die Länder die ursprünglichen Gebilde waren. Sie wurden durch die Pragmatische Sanktion, durch die Dynastie Habsburg und durch die Verfassung vom Jahre 1867 zusammengehalten. Aus diesem Grunde wurden sie „die im Reichsrate vertretenen Königreiche und Länder" genannt. Im Herbst 1918 fielen alle diese Bande weg. Nun hatte man – wie Ender schrieb – offenbar auch in Wien das Empfinden, dass die Länder als eigene Gebilde dastünden. Man habe die Länderbeschlüsse, sich der neu gebildeten Republik Deutschösterreich anzuschließen, in Wien nur zu gerne entgegengenommen. Vorarlberg erklärte sich damals als selbständiges Land und schloss sich provisorisch Deutschösterreich an. Aus diesem provisorischen und freiwilligen Anschluss habe es die natürliche Folgerung gezogen, dass bis auf Weiteres die Reichsregierung die auswärtige Vertretung Vorarlbergs zu besorgen habe. Etwas Weiteres könne aus dem Umstand, dass Vorarlberg die Zentralregierung wiederholt und ernstlich ersucht habe, beim Obersten Rat die Anerkennung seines Selbstbestimmungsrechtes zu erwirken und Verhandlungen mit der Schweiz einzuleiten, nicht geschlossen werden.[647]

Das Diktat von St. Germain bestehe leider, schrieb Otto Ender. Die Vorarlberger seien zu schwach, sich dagegen aufzulehnen. „Aber der Wille unseres Volkes ist nicht gebeugt. Wir haben keinen Verzicht auf unsere Landesrechte geleistet." Ob das Gebilde „Republik Österreich" bestehen, leben und sich entwickeln kön-

---

646 Weiskirchner, Richard: Zur Neuordnung der Verfassung. Aus: Reichspost. Unabhängiges Organ für das christliche Volk, Morgenblatt, Jg. 27, Nr. 1, Wien, 1. Jänner 1920, S. 2.

647 Ender, Otto: Die Verfassung unserer Föderation. Aus: Reichspost. Unabhängiges Tagblatt für das christliche Volk, Morgenblatt, Jg. 27, Nr. 20, Wien 20. Jänner 1920, S. 1-2, hier S. 1.

ne, werde die Zukunft lehren. Gezweifelt werde daran in Wien und in Paris. Da man an berufenen Stellen die Republik Deutschösterreich als den Staat der ungelösten und unlösbaren Probleme betrachte, könne man es dem Vorarlberger Volk nicht verargen, wenn es mit der Möglichkeit einer Änderung rechne. „Kommt sie: dann will unser Volk als souveränes Land sein Schicksal bestimmen."[648]

Otto Ender betonte, er verstehe jeden Wiener sehr gut, der in Sorge um seine einst so schöne und herzlich geliebte stolze Reichshaupt- und Residenzstadt nach neuen Verbindungen suche, und seien es auch vorerst nur wirtschaftliche, die Wien wieder in den Mittelpunkt eines reichen Handels und eines lebendigen Verkehrs setzen, „damit der große Apparat, den die Millionenstadt darstellt, nicht wie eine leere klappernde Mühle läuft, sondern nutzbringend und daher daseinsberechtigt wird." Dass Wien zu diesem Zwecke das kleine Vorarlberg notwendig brauche, stelle er in Abrede. „Wer die Karte zur Hand nimmt, sieht, dass wir ein verlorener Außenposten sind, nur durch eine Gebirgsbahn mit Wien verbunden, die weite Strecken durch einen schmalen Streifen Landes zu den Donauländern führt, während wir mitten im Verkehrsnetze der süddeutschen Staaten und der Schweiz sitzen."[649]

Und dann kehrte der Vorarlberger Landeshauptmann zu seinem „Ceterum censeo" zurück: Vorarlberg werde an der österreichischen Verfassung mitarbeiten. Aber das Land werde sich erlauben, immer wieder an das Versprechen zu erinnern, dass Österreich eine föderative Verfassung nach dem Muster der Schweiz bekomme.[650]

[648] Ender, Otto: Die Verfassung unserer Föderation. Aus: Reichspost. Unabhängiges Tagblatt für das christliche Volk, Morgenblatt, Jg. 27, Nr. 20, Wien 20. Jänner 1920, S. 1-2, hier S. 1.
[649] Ender, Otto: Die Verfassung unserer Föderation. Aus: Reichspost. Unabhängiges Tagblatt für das christliche Volk, Morgenblatt, Jg. 27, Nr. 20, Wien 20. Jänner 1920, S. 1-2, hier S. 1.
[650] Ender, Otto: Die Verfassung unserer Föderation. Aus: Reichspost. Unabhängiges Tagblatt für das christliche Volk, Morgenblatt, Jg. 27, Nr. 20, Wien 20. Jänner 1920, S. 1-2, hier S. 1.

12. Kapitel:
Adolf Julius Merkl zur Vorarlberger Frage

1. Der Autor Adolf Julius Merkl

Die Frage des Anschlusses Vorarlbergs an die Schweiz und das damit zusammenhängende Selbstbestimmungsrecht der Vorarlberger haben seinerzeit auch renommierte Staatsrechtler veranlasst, sich rechtstheoretisch mit diesem Problem zu befassen. Der berühmte österreichische Staatsrechtler Adolf Julius Merkl, der zu den Mitbegründern und Hauptvertretern der Wiener Schule des Rechtspositivismus gehört, hat als junger Beamte der Staatskanzlei und Privatdozent an der Wiener Universität den Aufsatz „Die Vorarlberger-Frage im Lichte des Rechtes der Selbstbestimmung" verfasst. Diese staatsrechtliche Abhandlung erschien in der „Schweizer Juristen-Zeitung" zu einem Zeitpunkt, als nach Merkls Meinung die politische Frage der staatlichen Stellung des Landes Vorarlberg mehr oder weniger verebbt war.[651]

Der 1890 in Wien geborene Adolf Julius Merkl war noch in den letzten Monaten der Monarchie als Beamter in das Ministerratspräsidium berufen worden. Nach dem Zusammenbruch der österreichisch-ungarischen Monarchie wurde Merkl als erster Beamter des Ministerratspräsidiums durch Dienstbefehl seiner eigenen Dienstbehörde verpflichtet, sich am 2. November 1918 – also noch 9 Tage vor der Verzichtserklärung Kaiser Karls – dem designierten Kanzler der neuen deutschösterreichischen Regierung Dr. Karl Renner zur Dienstleistung zur Verfügung zu stellen.[652] Am 24. Juni 1919 wurde Merkl endgültig in den Stand der Staatskanzlei übernommen und mit Wirkung vom 1. Juli desselben Jahres aufgrund seiner bisherigen vorzüglichen Dienste in der legistischen Abteilung zum Ministerialvizesekretär ernannt. In dieser Stellung nahm Merkl zunächst bedeutenden Anteil an der Behandlung aller staatsrechtlichen Fragen, die mit dem Abschluss und der Durchführung des Staatvertrages von St. Germain verbunden waren.[653] Neben seiner amtlichen Tätigkeit entfaltete Merkl eine überaus reiche wissenschaftliche Produktion. In der Zeit seiner ministeriellen Verwendung entstand ein Teil seiner wichtigsten rechtstheoretischen Schriften. In ihnen entwi-

---

[651] Merkl, Adolf: Die Vorarlberger-Frage im Lichte des Rechtes der Selbstbestimmung. In: Schweizerische Juristen-Zeitung, Jg. 17, 1920, S. 133-137. Das Heft 9, in dem dieser Aufsatz abgedruckt wurde, erschien in Zürich am 1. November 1920.

[652] Grussmann, Wolf-Dietrich: Adolf Julius Merkl. Leben und Werk, (= Schriftenreihe des Hans Kelsen-Instituts, Bd. 13), Wien 1989, S. 25-26.

[653] Grussmann, Wolf-Dietrich: Adolf Julius Merkl. Leben und Werk, (= Schriftenreihe des Hans Kelsen-Instituts, Bd. 13), Wien 1989, S. 27-28.

ckelte Merkl vor allem seine Theorie vom Stufenbau der Rechtsordnung und seine Rechtskraftlehre. Insbesondere Merkls Einsicht in den Stufenbau der Rechtsordnung stellt eine seiner hervorragendsten rechtstheoretischen Leistungen und einen seiner wesentlichsten Beiträge zur Wiener Schule des Rechtspositivismus dar. Merkl erhielt von der Universität Wien 1919 die Lehrbefugnis für die Fächer *Allgemeines und österreichisches Staatsrecht, Verwaltungslehre und österreichisches Verwaltungsrecht* und befasste sich als Privatdozent bald nach der Unterzeichnung des Staatsvertrages von St. Germain mit der Vorarlberger Frage. Wenn sich Merkl als Wissenschaftler auch um Objektivität bemühte, wird in seinem Aufsatz doch klar, dass dieser treueste Schüler von Hans Kelsen von Beginn der Ersten Republik an ein leidenschaftlicher Befürworter des Anschlusses an Deutschland war.

2. Das Selbstbestimmungsrecht als juristische Frage

Die in erster Linie politische Frage der staatlichen Stellung des Landes Vorarlberg ist nach Adolf Merkl regelmäßig im Gewande einer Rechtsfrage aufgetreten und nach behaupteten *rechtlichen* Grundsätzen in bestimmtem Sinne zu lösen versucht worden. Man habe sich von *politischer* Seite so viel in dieser Sache auf das Recht der Selbstbestimmung, das vermeintlich diese oder jene Lösung der Frage bedinge oder wenigstens rechtfertige, berufen, dass man sich eigentlich wundern müsse, wenn dieses Argument bisher kaum von irgendeiner berufenen *juristischen* Seite nachgeprüft worden sei. Zu einem Zeitpunkt, als die politische Frage der staatlichen Stellung des Landes Vorarlberg nach Merkls Meinung mehr oder weniger verebbt war, wollte er leidenschaftslos und vorurteilsfrei – nicht als Österreicher und nicht als Bewunderer der Schweiz, aber auch nicht vom Standpunkt des Landes Vorarlberg, das für ihn in so vielen Belangen schätzenswert sei, sondern einfach als Jurist – die Rechtsfrage nach der staatlichen Stellung des Landes Vorarlberg aufwerfen und die Argumente aus dem Rechtsbereich auf ihre juristische Stichhaltigkeit nachprüfen. Diese Aufgabe erschien ihm um so verlockender, als sich aus dem behaupteten Anwendungsfall des Rechtes der Selbstbestimmung, der nur die Schweizer und Österreicher und von diesen wiederum als Nächstbeteiligte die Vorarlberger berühre und interessiere, aufschlussreiche Ausblicke auf den Gedankengehalt der „jungen, aber weltbewegenden, ja welterschütternden Idee des Selbstbestimmungsrechtes" ergäben.[654]

[654] Merkl, Adolf: Die Vorarlberger-Frage im Lichte des Rechtes der Selbstbestimmung. In: Schweizerische Juristen-Zeitung, Jg. 17, 1920, S. 133-137, hier S. 134.

3. Vorarlberg als Bestandteil der Republik Österreich

Vom Standpunkt der österreichischen Rechtsordnung war das Land Vorarlberg zweifelsohne als Bestandteil der Republik Österreich anzusehen. Die innere staatsrechtliche Stellung des Landes, sein rechtliches Verhältnis zum österreichischen Gesamtstaat könne bestritten und fraglich sein, weil es in der bestehenden provisorischen Verfassung nicht deutlich genug umschrieben werde, aber dass das Land Vorarlberg ein Bestandteil der Republik Österreich sei, dass es zu ihr in einer staatsrechtlichen Beziehung, in einem staatlichen Gemeinschaftsverhältnis stehe, das stehe vom Standpunkt der in Österreich einschließlich des Landes Vorarlberg noch *geltenden* und insoweit auch voll *wirksamen* Rechtsordnung außer Frage.[655]

4. Das Selbstbestimmungsrecht nach dem Völkerrecht

Auch vom Standpunkt des Völkerrechts sei Vorarlberg unbestritten Bestandteil der Republik Österreich. Nicht zuletzt habe der Staatsvertrag von St. Germain, der österreichische Friedensvertrag, als wichtigste Völkerrechtsquelle für Österreich die rechtliche Zugehörigkeit Vorarlbergs zur österreichischen Republik anerkannt, indem er ihr Grenzen zog, die das jetzt umstrittene Land einschließen. Ferner sei aber auch für alle Staaten, die auf dem Boden des Völkerrechts stünden, die zum guten Teil das Völkerrecht auch ausdrücklich für ihre heimischen Rechtsordnungen rezipiert hätten, die völkerrechtlich getroffene oder anerkannte Landesverteilung innerstaatlich bindend. Es gebe kein Mitglied der Völkerrechtsgemeinschaft – ausgenommen natürlich Österreich –, für das nicht auch vom Standpunkt seiner eigenen Rechtsordnung Vorarlberg als Ausland anzusehen wäre.[656]

5. Die umstrittene Eigenstaatlichkeit Vorarlbergs

Im Rahmen einer auf *positives Recht* abgestellten Betrachtung bleibt für Adolf Merkl folglich nur noch die Erwägung, ob überhaupt eine staatliche Zugehörigkeit des Landes Vorarlberg zu einem anderen Staat oder nicht vielmehr seine Eigenstaatlichkeit in Frage komme. Aber auch darüber bestehe kein Zweifel, dass das Land diese Eigenstaatlichkeit höchstens – wenn überhaupt –

[655] Merkl, Adolf: Die Vorarlberger-Frage im Lichte des Rechtes der Selbstbestimmung. In: Schweizerische Juristen-Zeitung, Jg. 17, 1920, S. 133-137, hier S. 134.
[656] Merkl, Adolf: Die Vorarlberger-Frage im Lichte des Rechtes der Selbstbestimmung. In: Schweizerische Juristen-Zeitung, Jg. 17, 1920, S. 133-137, hier S. 134.

erstrebt, sie eben darum aber noch nicht habe, mangels einer irgendwie wirksamen selbständigen Rechtsordnung gar nicht haben könne. *Positivrechtlich* finde also die mit dem Selbstbestimmungsrecht begründete Behauptung der Selbständigkeit des Landes in keiner Richtung irgend einen Halt.[657]

6. Das Selbstbestimmungsrecht als Verheißung für die Zukunft

Nun könnte man aber nach Adolf Merkl dieser Feststellung gegenüber einwenden, dass *dieses* Recht des Landes auf Selbstbestimmung gar nicht gemeint sei. Was sich aus dem Selbstbestimmngsrecht ergeben soll, sei noch gar keine *rechtliche* Gegebenheit, sondern eine Verheißung auf die Zukunft. Es sei das Recht, aus der bestehenden staatlichen Gemeinschaft auszuscheiden, ein Recht, von dem erst noch Gebrauch zu machen sei. Wieder würde man aber eine positive Rechtsordnung vergeblich suchen, die ein solches Recht gewährt oder anerkannt hätte. Nicht nur, dass im Sinne aller in Betracht kommenden Rechtsordnungen die Frage nach der staatlichen Stellung des Landes Vorarlberg im Sinne seiner staatlichen Zugehörigkeit zur Republik Österreich entschieden sei, gäben auch kein Völkerrecht und kein staatliches Recht der Welt dem Lande das Recht, diese gegebene staatliche Stellung nach freier Entschließung zu ändern.

7. Das Selbstbestimmungsrecht als Teil des Naturrechts

Mit dieser negativen Feststellung sind nach Merkl nun aber schon die positiven ideologischen Wurzeln dieses und jedes so genannten Rechtes auf Selbstbestimmung bloßgelegt. Es gehöre dem Gedankenkreis des Naturrechtes an, und stehe als solches jeglichem positiven Recht gegensätzlich, wenn nicht feindlich gegenüber. Es sei kein Ausfluss geltender Rechtsordnungen, sondern ziele auf die Sprengung staatlicher Rechtsordnungen, auf die Spaltung staatlicher Gemeinschaften ab. Es wirke nicht staatenerhaltend, sondern staatengründend. Es sei mit einem Worte revolutionär. Es knüpfe an naturrechtliche Denkgebilde vergangener Jahrhunderte an. Man werde vor allem an das von der naturrechtlichen Doktrin eingehend herausgearbeitete „jus resistendi" – das Recht des Widerstandes gegen die Staatsgewalt – erinnert, als dessen modernisierte Formulierung förmlich das in aller Munde stehende Selbstbestimmungsrecht erscheine.

---

[657] Merkl, Adolf: Die Vorarlberger-Frage im Lichte des Rechtes der Selbstbestimmung. In: Schweizerische Juristen-Zeitung, Jg. 17, 1920, S. 133-137, hier S. 134.

Doch mit dieser Charakterisierung des Rechtes der Selbstbestimmung als Naturrecht soll nach Merkl noch kein Urteil, und keineswegs seine Verurteilung, am allerwenigsten seine Verneinung ausgesprochen sein. Wer sich der kulturellen Funktion naturrechtlicher Prinzipien bewusst sei, wer der Mission des Naturrechtes eingedenk sei, geradezu als Durchgangsstadium grundlegender positivrechtlicher Einrichtungen zu dienen, dem ist nach Merkl mit der Erkenntnis, dass das Selbstbestimmungsrecht blankes Naturrecht sei, dieses Selbstbestimmungsrecht selbst noch keineswegs problematisch geworden. Die bestehenden verfassungsmäßigen Einrichtungen moderner Demokratien waren vor ihrer Verwirklichung im Gegensatz zur absolutistischen Wirklichkeit der Staaten vielfach naturrechtlich gefordert, schreibt Merkl. Problematisch sei höchstens der Name des Selbstbestimmungsrechtes, die Bezeichnung als „Recht“, was aber offenbar nur eine untergeordnete terminologische Frage bedeute.[658]

8. Das Selbstbestimmungsrecht als schwankende Phrase

Man muss nach Merkl zugeben, dass die so genannte „Selbstbestimmung“ im Sinne einer politischen Ethik, einer bestehenden überstaatlichen Ordnung insbesondere die Sezession von Staatsteilen aus bestehenden Staaten rechtfertigt oder fordert. Es fragt sich also, ob etwa die Forderung des Landes Vorarlberg nach Selbstbestimmung, namentlich in der Form der Sezession, dem Wesen des als zu Recht bestehend angenommenen Selbstbestimmungsrechtes entsprechen würde. Und es fragt sich auch, in welcher Form gegebenenfalls die Sezession dem Selbstbestimmungsrecht entsprechen würde. Da zeigt sich nun allerdings nach Merkl, dass der Begriff des Selbstbestimmungsrechts noch nicht recht durchdacht und mit festem Inhalt erfüllt ist. Mangels eines generellen Vergleichsmaßstabes wird ihm im einzelnen Fall je nach Belieben ein sehr verschiedener Inhalt gegeben, der mit den verblassten begrifflichen Schemen des Selbstbestimmungsrechtes leicht in Einklang stehe. Was ein unverrückbarer Wesenskern sein könnte, an dem die konkreten Forderungen nach Selbstbestimmung orientiert sein müssten und in denen sie ihren Halt finden würden, ist nach Merkl „leider nur noch allzuschwankende Phrase“, die für jede beliebige konkrete Forderung nach „Selbstbestimmung“ gefügig sei und moduliert werden könne. So werde das Recht der Selbstbestimmung, das richtig verstanden, ein regulatives Prinzip für die Zeichnung der wirklich verschrobenen und phantastischen politischen Landkarte der Erde sein könnte, Vorspann für Forderungen und Wünsche, deren

---

[658] Merkl, Adolf: Die Vorarlberger-Frage im Lichte des Rechtes der Selbstbestimmung. In: Schweizerische Juristen-Zeitung, Jg. 17, 1920, S. 133-137, hier S. 134-135.

Verwirklichung eben dieser Landkarte ein noch viel bunteres und bizarreres Bild verleihen würde.[659]

9. Das Selbstbestimmungsrecht als relatives Prinzip

Das Selbstbestimmungsrecht als allgemeines Prinzip für die Gestaltung der politischen Beziehungen auf der Erdoberfläche kann nach Adolf Merkl nicht absolut, sondern nur relativ verstanden werden. Dieser begrifflichen Schranke des Selbstbestimmungsrechtes sei man sich bisher allerdings noch nicht recht bewusst geworden. Das Selbstbestimmungsrecht könne vernünftigerweise nicht ein Recht jedermanns sein, und es kann sich auch nicht gegen *jeden* Staat kehren. Dem Namen nach könnte das Selbstbestimmungsrecht ja bedeuten, dass jedes *Selbst*, das heißt jedes Individuum, seine staatliche Zugehörigkeit – und zwar das Ob und das Wie dieser Zugehörigkeit – selbst zu bestimmen habe. Ein derart verstandenes Selbstbestimmungsrecht, das Selbstbestimmungsrecht des Individuums, bedeutet nach Merkl aber Anarchismus. Das Selbstbestimmungsrecht in der Gestalt, in der es sich jetzt herausgebildet habe, bedeute jedoch in allen seinen untereinander noch so stark differierenden Gestaltungen keine Verneinung des Staates als solchen, sondern seine Bejahung, noch dazu mit der Tendenz seiner *Vervollkommnung*. Bei grundsätzlicher Beibehaltung der Form des Staates soll nur sein jeweiliger Inhalt geändert werden, soll eine gerechtere, rationellere Organisation der Staaten hergestellt werden. An Stelle der wild aufgewachsenen Gewächse im Urwald der staatlichen Gebilde sollen gepflegte Gewächse treten. Es handle sich um eine „großzügige Ramassation im politischen Sinn".[660]

10. Unterschiedliche Träger des Selbstbestimmungsrechtes

Träger eines Selbstbestimmungsrechtes kann bei Merkl nur eine *gesellschaftliche Gruppe* sein, der die Fähigkeit der Staatenbildung zukommt. Hiebei müsse freilich von der Unstimmigkeit abgesehen werden, dass *innerhalb* einer sozialen Gruppe, welche die Staatsform annehme, von einer Selbstbestimmung der *Gruppenangehörigen* streng genommen nicht mehr die Rede sein könne. Hier werde der Wille des einen vom anderen und vom Willen des Führers bestimmt. Es gehe darum, dass die *gesellschaftliche Gruppe als Ganzes*, gleich-

---

[659] Merkl, Adolf: Die Vorarlberger-Frage im Lichte des Rechtes der Selbstbestimmung. In: Schweizerische Juristen-Zeitung, Jg. 17, 1920, S. 133-137, hier S. 135.

[660] Merkl, Adolf: Die Vorarlberger-Frage im Lichte des Rechtes der Selbstbestimmung. In: Schweizerische Juristen-Zeitung, Jg. 17, 1920, S. 133-137, hier S. 135.

gültig durch wen sie repräsentiert werde, über ihr staatliches Schicksal frei verfügen könne.

Als Träger des Selbstbestimmungsrechtes kommen für Merkl im Grunde die *verschiedensten gesellschaftlichen Gruppen* in Frage. Der Weltkrieg und seine Beendigung haben seiner Meinung nach die *Selbstbestimmung der Nationen* zum geflügelten Wort gemacht. Wo von der Selbstbestimmung schlechthin gesprochen werde, habe man an die nationale *Selbstbestimmung* zu denken, obwohl diese *Verengung* der Bedeutung des Selbstbestimmungsrechtes *keineswegs begriffsnotwendig* sei. Bedenke man, dass sich diese Form des Selbstbestimmungsrechtes grundsätzlich gegen den Nationalitätenstaat wende und den Nationalstaat postuliere, so wird man nach Merkl vielleicht in Anbetracht etwa des Schweizer Vorbildes eines Nationalitätenstaates von einer Überschätzung und *ausnahmslosen* Bevorzugung dieser Form des Selbstbestimmungsrechtes abkommen. Es sei durchaus möglich, sich auch andere gesellschaftliche Verbände als Träger des Selbstbestimmungsrechtes vorzustellen, zum Beispiel wirtschaftliche Komplexe. Religiöse Gemeinschaften oder auch Klassen seien weniger geeignet, als Träger des Selbstbestimmungsrechtes zu fungieren, weil dies bei den bestehenden Siedlungsverhältnissen entweder eine territoriale Staatsorganisation ausschließen oder eine Terrorisierung der in ihrem Gebiete siedelnden Outsider bedingen würde. Das treffe übrigens auch bei der Herrschaft des Prinzipes der nationalen Selbstbestimmung in gemischtsprachigen Gebieten notwendig zu.[661]

11. Historische Zusammengehörigkeit als ungeeignetes Prinzip

Ganz ungeeignet als Prinzip der Selbstbestimmung sei wohl das Schlagwort der *historischen Zusammengehörigkeit, der historischen Individualität.* Auf dieses Prinzip könnten sich nämlich ebenso gut auch alle *bestehenden* Staaten in ihrer gegenwärtigen Zusammensetzung stützen. Es sei deshalb kein durchschlagender Grund einzusehen, sie zu Gunsten anderer, aber *ideologisch nicht anders fundierter* Staaten aufzulösen oder auch nur zu schmälern.

Die verschiedenen Prinzipien der Selbstbestimmung widersprechen sich offenbar in ihren Ergebnissen und würden, in die Wirklichkeit umgesetzt, sehr verschiedenartig konstruierte Staaten ergeben. Die eine wirtschaftliche Einheit umschließende Staatsgemeinschaft wird nach Merkl einerseits zum Beispiel in der Regel nicht dem Ideal der nationalen Selbstbestimmung entsprechen, und

---

[661] Merkl, Adolf: Die Vorarlberger-Frage im Lichte des Rechtes der Selbstbestimmung. In: Schweizerische Juristen-Zeitung, Jg. 17, 1920, S. 133-137, hier S. 135-136.

die reine Verwirklichung *dieses* Prinzipes wiederum könnte anderseits sozusagen wirtschaftlich unmögliche Staatsgebilde schaffen.

Was immer man aber unter dem Titel des Selbstbestimmungsrechtes als staatsbildendes Prinzip verkünde – wobei eine Wahlmöglichkeit bekanntlich gegeben sei –, so müsse es doch für alle Fälle unter allen Umständen *dasselbe* sein. Es sei ein Widerspruch in sich, den *eigenen* Staat in seiner bestehenden Zusammensetzung etwa als *„historische Individualitat"* zu rechtfertigen, die *„territoriale Integrität"* bedinge, während man zugleich an einen *andern* Staat den zerstörenden Maßstab der *nationalen Selbstbestimmung* anlege.[662]

12. Der Missbrauch des Selbstbestimmungsrechtes

Überhaupt muss man nach Merkl von dem an sich erhabenen, dem Freiheitsgedanken so eng verwandten Ideal der Selbstbestimmung feststellen, dass es – nicht anders, wie auch der Freiheitsgedanke – nur zu oft missbraucht werde, „wenn es nicht gar zum Mißbrauche erfunden wurde: die Selbstbestimmung als *Programm für andere ohne Nutzanwendung auf sich selbst* ist nur allzu bekannt."

Was das Verhältnis zu bestehenden Staaten betreffe, so könne die Ausübung des Rechtes der Selbstbestimmung entweder einen bestehenden Staat in unabhängige Einzelstaaten zerschlagen, was das Schicksal Österreichs im Weltkrieg war, oder mehrere bestehende Staaten in einen einzigen Staat zusammenfassen, wie es beim Anschluss Deutschösterreichs an das deutsche Reich der Fall wäre, oder endlich Teile des einen Staates mit einem anderen Staat oder mit Teilen eines anderen Staates vereinigen.

Der Fall, dass innerstaatlich dem Prinzip der Selbstbestimmung durch organisationstechnische Maßnahmen Rechnung getragen werde, indem etwa ein Einheitsstaat in einen Bundesstaat verwandelt oder Autonomie eingeführt oder endlich bloß eine Demokratisierung der Verfassung vollzogen werde, sei kein revolutionärer, sondern ein verfassungsmäßiger Vorgang, der überdies nur einen einzelnen Staat berühre. Er sei mithin nur ein Grenzfall der Ausübung des Selbstbestimmungsrechtes, für die überstaatliche, internationale Wirkungen charakteristisch seien.

---

[662] Merkl, Adolf: Die Vorarlberger-Frage im Lichte des Rechtes der Selbstbestimmung. In: Schweizerische Juristen-Zeitung, Jg. 17, 1920, S. 133-137, hier S. 136.

13. Das behauptete Selbstbestimmungsrecht Vorarlbergs

„Wenn wir nun zu unserem konkreten Falle des behaupteten Selbstbestimmungsrechtes Vorarlbergs zurückkehren, so muß wohl angenommen werden, daß sich die Vorarlberger Separationsbestrebungen auf den Titel der *nationalen* Selbstbestimmung stützen wollen. Da sieht man aber auf den ersten Blick, daß der Idealtypus der nationalen Selbstbestimmung hier nicht zutrifft. Niemand wird behaupten wollen, daß Vorarlberg im Rahmen Deutschösterreichs unter nationaler Fremdherrschaft stehe, wobei übrigens noch vermerkt werden soll, daß die demokratischen Verfassungseinrichtungen der österreichischen Republik jedem Lande im Rahmen des Gesamtstaates einen solchen Grad von Unabhängigkeit verbürgen, als mit der Staatseinheit vereinbar ist."[663]

Das Problem der Selbstbestimmung könne im Falle Vorarlberg überhaupt nur aus dem Grunde aufgeworfen werden, weil die *deutsche Nation staatlich nicht einheitlich* organisiert sei, also die Möglichkeit bestehe, dass sich *Deutsche des einen Staates* einem *anderen deutschen Staate* anschließen. Niemals könnte selbstverständlich die Ausübung des nationalen Selbstbestimmungsrechtes darin bestehen, dass sich Teile eines geschlossenen Nationalstaates – wie zum Beispiel Vorarlberg ein Teil Deutschösterreichs sei – absondern, um sich einem *fremdnationalen* Staate anzuschließen. Wenn aber ein Anschluss an einen anderen konnationalen Staat möglich sei, dann könne – was billigerweise auch im Falle Vorarlberg zugegeben werden müsse – ein solcher *Anschluss*wunsch immerhin *noch im Rechte der nationalen Selbstbestimmung* begründet werden.

Wenn man aber die Ausübung des nationalen Selbstbestimmungsrechtes in der *einen* Richtung zulasse, so müsse sie auch in der *entgegengesetzten* Richtung zugestanden werden. Es bestünde also die theoretische Möglichkeit, dass der für einen anderen Staat optierende Volksteil nach Wunsch und nach Maßgabe der praktischen Durchführbarkeit wieder zum früheren Staate zurückoptiert, dass überhaupt die einzelnen Teile der Staaten von gleicher Nationalität je nach Belieben unaufhörlich fluktuieren. Wenn aber das nationale Selbstbestimmungsrecht mit der Erwägung nationalisiert werde, dass es allein geeignet sei, den noch *labilen* Gleichgewichtszustand der Staaten in einen *stabilen* überzuführen, so könne man von der eben versuchten Ausdeutung des Rechtes der Selbstbestimmung das Dichterwort gebrauchen: „Vernunft wird Unsinn, Wohltat Plage".

---

[663] Merkl, Adolf: Die Vorarlberger-Frage im Lichte des Rechtes der Selbstbestimmung. In: Schweizerische Juristen-Zeitung, Jg. 17, 1920, S. 133-137, hier S. 136.

Die von Merkl eingeräumte *theoretische Möglichkeit* der Ausdeutung des Selbstbestimmungsrechtes wird seiner Überzeugung nach *praktisch* zu seiner *Überspannung* und mithin zur *Unmöglichkeit*. Deshalb gab Adolf Julius Merkl den Vorarlbergern und auch den Eidgenossen in seiner wissenschaftlichen Abhandlung über „Die Vorarlberger-Frage im Lichte des Rechtes der Selbstbestimmung", die er nicht ohne Absicht in der „Schweizer Juristen-Zeitung" erscheinen ließ, den staatsrechtlichen Rat: „*Vor* der Selbstbestimmung tut die Selbstbesinnung not!"[664]

[664] Merkl, Adolf: Die Vorarlberger-Frage im Lichte des Rechtes der Selbstbestimmung. In: Schweizerische Juristen-Zeitung, Jg. 17, 1920, S. 133-137, hier S. 137.

Fünfter Teil:
Eine Bundesverfassung nach Schweizer Vorbild

1. Kapitel:
Eine föderative Bundesverfassung nach dem Muster der Schweiz

Die tonangebenden christlichsozialen Vorarlberger Politiker auf der Staats- und auf der Landesebene haben alles unternommen, um für Österreich eine Bundesverfassung nach dem Vorbild der Schweiz zu erreichen. Das geht aus den Stellungnahmen hervor, die sie im Laufe des Jahres 1920 bei den verschiedensten Anlässen abgegeben haben:

Der Landeshauptmann hatte am 20. Jänner in der „Reichspost" einen Artikel über die ersehnte Verfassung der deutschösterreichischen Föderation veröffentlicht.[665] Am 25. Jänner 1920 war Staatssekretär Michael Mayr mit seinem Vorentwurf einer Bundesverfassung nach Bregenz gekommen. Die Mitglieder des Vorarlberger Landesrates mit Landeshauptmann Otto Ender an der Spitze ließen sich den Vorentwurf erläutern und gaben dann ihre Stellungnahme ab.[666] Vom 15. bis zum 17. Februar 1920 fand in Salzburg eine Länderkonferenz über die zukünftige Bundesverfassung statt, an der eine Vorarlberger Delegation teilnahm.[667] Vom 20. bis 23. April waren die Vorarlberger Vertreter auf der Linzer Länderkonferenz wieder an der Ausarbeitung der Bundesverfassung beteiligt. Und am 3. Mai 1920 hatten Landeshauptmann Dr. Otto Ender sowie der christlichsoziale Landtagsabgeordnete Dr. Johann Josef Mittelberger für den Vizekanzler Jodok Fink in Wien Bemerkungen zur zweiten Fassung des Mayr'schen Vorentwurfes der Bundesstaatsverfassung – und zwar Paragraph für Paragraph – verfasst. Dr. Mittelberger gab jeweils zuerst seinen Kommentar ab und dann fügte Otto Ender noch seine handschriftlichen Bemerkungen für den Vizekanzler hinzu.[668] Wenn man die Aussagen der Vorarlberger bei diesen Anlässen zu-

[665] Ender, Otto: Die Verfassung unserer Föderation. Aus: Reichspost. Unabhängiges Tagblatt für das christliche Volk, Morgenblatt, Jg. 27, Nr. 20, Wien 20. Jänner 1920, S. 1-2.
[666] Archiv der Republik, Wien: Inneres/Justiz, Verzeichnis 04/8: Staatskanzlei – BKA/alt. Varia. 1919-1924, Material zur Verfassungsreform: f) Verhandlungen mit den Ländern, 7. Bregenz, S. 288-297: Protokoll über die Besprechung des Verfassungsentwurfes für Österreich am 25. Jänner 1920.
[667] Ermacora, Felix: Materialien zur österreichischen Bundesverfassung (I). Die Länderkonferenzen 1919/20 und die Verfassungsfrage. Mit Anmerkungen und begleitenden Texten versehen unter Mitarbeit von Ingrid Moser (Österreichische Schriftenreihe für Rechts- und Politikwissenschaft, Bd. 9, Teil I), Wien 1989.
[668] Wien, Kriegsarchiv, Nottendorferstraße 2: Nachlässe, E/1717 Nachlass Jodok Fink; Karton 3: Material des Verfassungsausschusses des Parlaments und Material zur Beratung über die

sammenfügt, ergibt sich geradezu eine Bundesverfassung nach Schweizer Muster.

Angesichts der Anschlussbestrebungen Vorarlbergs an die Schweiz war immer wieder die Frage gestellt worden, ob Vorarlberg überhaupt an der österreichischen Verfassung mitarbeiten werde. „Selbstverständlich", antwortete darauf Landeshauptmann Otto Ender öffentlich im Jänner 1920, „jedoch unter Wahrung seines grundsätzlichen Standpunktes. Dabei werden wir uns erlauben, immer wieder an das Versprechen zu erinnern, daß Österreich eine föderative Verfassung nach dem Muster der Schweiz bekomme."[669]

1. Grundcharakter des Bundesstaates

Österreich sollte nach Mayrs idealistischem Vorentwurf der Verfassung eine demokratische Republik bleiben, bei der alle Gewalten vom Volk eingesetzt und vom Volk ausgeübt würden. Otto Ender wollte rechtzeitig an das Versprechen des Staatskanzlers erinnern, dass „Österreich eine föderative Verfassung nach dem Muster der Schweiz bekomme."[670] Das war nach Enders Überzeugung in der Tat für Österreich mit seiner ganz unnatürlichen Verteilung der Bevölkerung und mit seiner höchst unnatürlichen territorialen Gestaltung das einzig Mögliche. Andernfalls würden die kleinen Länder wie Salzburg, Tirol, Vorarlberg, die unter ganz anderen wirtschaftlichen und kulturellen Verhältnissen lebten als die Großstadt Wien, von den Wählermassen dieser und einiger anderer Großstädte einfach erdrückt. Die Lebensmöglichkeit Österreichs vorausgesetzt, könnte sich seiner Meinung nach bei ihnen irgendeine Staatsfreudigkeit nie entwickeln. Im Gegenteil: Sie würden sich als unterdrückte Völker fühlen, die das Joch bei der ersten Gelegenheit abzuschütteln suchten.[671] Deshalb war die föderative Verfassung nach dem Muster der Schweiz für ihn eine absolute Notwendigkeit.

Bundesverfassung überhaupt, 1920, fol. 1-127: Bemerkungen zur 2. Fassung des Mayer'schen Vorentwurfes einer Bundesstaatsverfassung für Vizekanzler Jodok Fink von Dr. Mittelberger und Dr. Otto Ender. Maschinschriftliche Stellungnahme von Dr. Mittelberger mit zusätzlichen handschriftlichen Bemerkungen von Dr. Otto Ender. 3. Mai 1920.

[669] Ender, Otto: Die Verfassung unserer Föderation. Aus: Reichspost. Unabhängiges Tagblatt für das christliche Volk, Morgenblatt, Jg. 27, Nr. 20, Wien 20. Jänner 1920, S. 1-2, hier S. 1.

[670] Ender, Otto: Die Verfassung unserer Föderation. Aus: Reichspost. Unabhängiges Tagblatt für das christliche Volk, Morgenblatt, Jg. 27, Nr. 20, Wien 20. Jänner 1920, S. 1-2, hier S. 1.

[671] Ender, Otto: Die Verfassung unserer Föderation. Aus: Reichspost. Unabhängiges Tagblatt für das christliche Volk, Morgenblatt, Jg. 27, Nr. 20, Wien 20. Jänner 1920, S. 1-2, hier S. 1.

2. Das Bundesgebiet

Das Bundesgebiet, das die neue österreichische Verfassung zu definieren hätte, würde die Gesamtheit der Länder mit ihren historischen und nunmehr durch den Staatsvertrag von St. Germain festgesetzten Grenzen zu umfassen haben. Zu diesem Vorschlag in Michael Mayrs Verfassungsentwurf gab es aus Vorarlberg keine – also auch keine negativen – Stellungnahmen. Es war aber klar, dass Vorarlberg nicht davon ablassen würde, seinen Wunsch nach Trennung von Österreich und einem Anschluss an die Schweiz auch noch dem Völkerbund vorzutragen.

3. Die Bundesbürgerschaft

Die Grundlage hätte die Landesbürgerschaft zu bilden, mit welcher die Bundesbürgerschaft ipso jure gegeben ist. Die Landesbürgerschaft wäre von der Heimatsberechtigung in einer Gemeinde des Landes abhängig zu machen. Die Gleichheit aller Bundesbürger im ganzen Bundesgebiete wäre ausdrücklich festzulegen. Die Vorstelllungen bauten auf der dreistufigen Systematik auf, die aus der Schweizer Bundesverfassung entlehnt war.

4. Die Kompetenzverteilung zwischen Bund und Ländern

Bei der Kompetenzverteilung zwischen Bund und Ländern hatte nach Enders Ansicht als einziger Grundsatz zu gelten: „Alle Kompetenzen den Ländern, ausgenommen jene, die dem Staate übertragen werden. Das ist Föderation nach dem Muster der Schweiz." Darüber, was dem Staat zu überlassen sei, müsse man sich einigen. Das werde den wichtigsten Gegenstand der Verhandlungen bilden.

Dem Staat sollten folgende Bereiche überlassen werden: die Führung der auswärtigen Angelegenheiten; der Staatshaushalt, die Monopole und Regalien; das Geldwesen; Zoll- und Handelsangelegenheiten; Eisenbahn, Schifffahrt, Reichsstraßen, Post, Telegraph und Telefon; Maß und Gewicht; Marken- und Musterschutz; das Sanitätswesen; das Staatsbürgerrecht und Heimatrecht; Fremdenpolizei und Passwesen; das Vereins- und Versammlungsrecht; Presse und Schutz des geistigen Eigentums; Zivilrechtsgesetzgebung; Strafrecht; und die Universitäten.[672]

---

[672] Ender, Otto: Die Verfassung unserer Föderation. Aus: Reichspost. Unabhängiges Tagblatt für das christliche Volk, Morgenblatt, Jg. 27, Nr. 20, Wien 20. Jänner 1920, S. 1-2, hier S. 2.

Bezüglich der Mittelschulen sollte dem Staat nach Enders Überzeugung das Recht zustehen, bei Gymnasien und Realschulen gewisse Mindestanforderungen an den Lehrplan zu stellen, die einen Wechsel der Schule ermöglichen. „Übrigens dürfte es wesentlich billiger kommen, wenn man die Mittelschulen den Ländern überlässt und die neuen Schulen, wie Gewerbeschulen, Handwerkerschulen, landwirtschaftliche und andere Fachschulen dürften dann den praktischen Bedürfnissen weit mehr angepasst werden wie heute. Die Erfahrungen in der Schweiz sprechen wenigstens dafür."[673]

Bei der Volksschule müsse sich der Staat wohl darauf beschränken, ein Mindestmaß des Unterrichtes und eine Mindestdauer der Schulzeit zu fordern. Im Übrigen verlange keine Schule so sehr wie die Volksschule nach Anpassung an wirtschaftliche, kulturelle und örtliche Verhältnisse. „Die Schweiz gewährt den Gemeinden viel, den Kantonen volle Freiheit, und hat die besten Volks- und sehr viele praktische Fach- und Fortbildungsschulen."[674] Nach Enders Meinung war es ganz verfehlt, für die Großstadt Wien und für die Alpenländer dieselben pädagogisch-didaktischen Einrichtungen zu schaffen und zum Beispiel dieselben Lehrbücher herauszugeben. Er wies den Vizekanzler Jodok Fink in Hinblick auf eine österreichische Bundesverfassung eindringlich auf die Schweiz als Vorbild hin: „Wiener Lehrbücher und Steirer Lehrbücher sind Fremdkörper in unserer Volksschule und es fehlt jede Bodenständigkeit und heimatliche Wärme. Die Schweiz hat sich begnügt, das Lehrziel festzusetzen u. seine Erreichung zu überwachen u. in dieser Freiheit entwickelte sich ein musterhaftes Schulwesen. Dieser Punkt ist sehr wichtig."[675]

Hinsichtlich der konfessionellen Verhältnisse könnten gewisse Grundsätze aufgestellt werden, wonach jedes Land den in der Verfassung zu bezeichnenden Bekenntnissen die freie Religionsübung gewähren müsse.[676] Diese Lösung hatte Vorarlberg in der Landesverfassung von 1919 nach dem Vorbild der kantonalen Verfassungen der Schweiz verwirklicht. Otto Ender wollte nun erreichen, dass

---

[673] Ender, Otto: Die Verfassung unserer Föderation. Aus: Reichspost. Unabhängiges Tagblatt für das christliche Volk, Morgenblatt, Jg. 27, Nr. 20, Wien 20. Jänner 1920, S. 1-2, hier S. 2.
[674] Ender, Otto: Die Verfassung unserer Föderation. Aus: Reichspost. Unabhängiges Tagblatt für das christliche Volk, Morgenblatt, Jg. 27, Nr. 20, Wien 20. Jänner 1920, S. 1-2, hier S.2.
[675] Wien, Kriegsarchiv, Nottendorferstraße 2: Nachlässe, E/1717 Nachlass Jodok Fink; Karton 3: Material des Verfassungsausschusses des Parlaments und Material zur Beratung über die Bundesverfassung überhaupt, 1920, fol. 1-127: Bemerkungen zur 2. Fassung des Mayer'schen Vorentwurfes einer Bundesstaatsverfassung für Vizekanzler Jodok Fink von Dr. Mittelberger und Dr. Otto Ender. Maschinschriftliche Stellungnahme von Dr. Mittelberger mit zusätzlichen handschriftlichen Bemerkungen von Dr. Otto Ender. 3. Mai 1920, fol. 65.
[676] Ender, Otto: Die Verfassung unserer Föderation. Aus: Reichspost. Unabhängiges Tagblatt für das christliche Volk, Morgenblatt, Jg. 27, Nr. 20, Wien 20. Jänner 1920, S. 1-2, hier S. 2.

diese Vorgangsweise der Vorarlberger Landesverfassung nach Schweizer Muster durch die neue Bundesverfassung gedeckt würde.

Weiters war für Landeshauptmann Ender auch das Heerwesen eine Kompetenz des Bundes, und ebenso selbstverständlich sollte es nach dem Schweizer Vorbild gestaltet sein: Ein Heer muss so gegliedert werden, dass in jedem Lande eine gewisse militärische Einheit besteht, meinte Ender. Und soweit es den Zweck habe, Ruhe und Ordnung im Innern zu erhalten, „muß es der verantwortlichen Landesregierung dienen, die ja auch die Exekutive der Staatsregierung ist."[677] In Art 19 der eidgenössischen Bundesverfassung heißt es, dass die Kantone über die Wehrkraft ihres Gebietes verfügen, soweit sie nicht durch verfassungsmäßige oder gesetzliche Anordnungen des Bundes beschränkt sind.[678] Soweit nicht militärische Gründe entgegenstehen, sollen die Truppenkörper – wie es in Art 21 der Schweizer Bundesverfassung heißt – aus der Mannschaft desselben Kantons gebildet werden.[679]

Der Vorentwurf der Staatskanzlei sah vor, dass das Bundesheer ein Berufsheer zu sein habe, das auf dem Wege freiwilliger Verpflichtung aufgestellt und ergänzt werden soll. Das Nähere würde durch das Wehrgesetz geregelt. Otto Ender war aber der Ansicht, das Söldner-System solle nicht in der Verfassung garantiert werden. Viel besser erschiene es ihm, wenn man darauf hinweisen würde, dass eine Volksmiliz nach Schweizer Muster geschaffen werde, sobald die internationalen Verträge es zulassen. Das Wehrgesetz habe vorzusehen, in welchen Fällen die Länder über das Heer verfügen könnten.[680] Insgesamt wollte er die Ideen des schweizerischen Aufgebotes mit dem Milizsystem verwirklicht sehen.

---

677 Ender, Otto: Die Verfassung unserer Föderation. Aus: Reichspost. Unabhängiges Tagblatt für das christliche Volk, Morgenblatt, Jg. 27, Nr. 20, Wien 20. Jänner 1920, S. 1-2, hier S. 1.

678 Wolf, P(rosper) [Hrsg.]: Die schweizerische Bundesgesetzgebung. Nach Materien geordnete Sammlung der Gesetze, Beschlüsse, Verordnungen und Staatsverträge der Schweizerischen Eidgenossenschaft, sowie der Konkordate. Zweite Auflage, 4 Bde, Basel 1905-1909, Bd. 1, S. 3, Art 19.

679 Wolf, P(rosper) [Hrsg.]: Die schweizerische Bundesgesetzgebung. Nach Materien geordnete Sammlung der Gesetze, Beschlüsse, Verordnungen und Staatsverträge der Schweizerischen Eidgenossenschaft, sowie der Konkordate. Zweite Auflage, 4 Bde, Basel 1905-1909, Bd. 1, S. 3, Art 21.

680 Wien, Kriegsarchiv, Nottendorferstraße 2: Nachlässe, E/1717 Nachlass Jodok Fink; Karton 3: Material des Verfassungsausschusses des Parlaments und Material zur Beratung über die Bundesverfassung überhaupt, 1920, fol. 1-127: Bemerkungen zur 2. Fassung des Mayer'schen Vorentwurfes einer Bundesstaatsverfassung für Vizekanzler Jodok Fink von Dr. Mittelberger und Dr. Otto Ender. Maschinschriftliche Stellungnahme von Dr. Mittelberger mit zusätzlichen handschriftlichen Bemerkungen von Dr. Otto Ender. 3. Mai 1920, fol. 82-83, Art 68.

Schließlich war das Wasserrecht in Hinblick auf den erwünschten Ausbau der Vorarlberger Wasserkräfte ein großes Anliegen Enders. Er billigte dem Gesamtstaat die Kompetenz im Wasserrecht nur zu, soweit es sich um die Errichtung von Werken handelt, die auf der Grenze zwischen zwei Ländern liegen oder an Flüssen errichtet werden, wo diese die Reichsgrenze bilden.[681] Die Gesetzgebung auf dem Gebiete des Wasserrechts stand zu diesem Zeitpunkt als eine Angelegenheit der Landeskultur ansonsten noch den Ländern zu. In Wien war man jedoch überzeugt, dass der Wasserwirtschaft in staatsfinanzieller und verkehrspolitischer – und daher gesamtstaatlicher Hinsicht – „wegen der elektrischen Traktion der Bundesbahnen" eine Bedeutung zukomme, die den Rahmen einer Landeskulturangelegenheit weit übersteige.

Otto Ender wünschte bezüglich der Umschreibung jener Gewässer, auf die sich die Kompetenz des Bundes erstrecken sollte, eine Anlehnung an die Bestimmung der Schweizer Verfassung. Felix Ermacora ist in seinem Werk über „Die Entstehung der Bundesverfassung 1920; Materialien und Erläuterungen" der Auffassung, es werde hier offenbar auf Art 32 der eidgenössischen Bundesverfassung Bezug genommen.[682] Das ist wohl nicht der Fall, denn Art 32 der Schweizer Bundesverfassung handelt nur von gebrannten Wassern und geistigen Getränken.[683] Hinsichtlich der Frage, welche wasserrechtlichen Bestimmungen in der Schweiz im Falle mehrerer Kantone mit verschiedenen Wasserrechten zur Anwendung kommen, wäre – so einigte man sich auf der Linzer Länderkonferenz – noch bei der Schweiz nachzufragen.[684]

---

681 Ender, Otto: Die Verfassung unserer Föderation. Aus: Reichspost. Unabhängiges Tagblatt für das christliche Volk, Morgenblatt, Jg. 27, Nr. 20, Wien 20. Jänner 1920, S. 1-2, hier S. 2.

682 Ermacora, Felix: Die Entstehung der Bundesverfassung 1920. Materialien und Erläuterungen. Die Aufgabenverteilung zwischen Bund und Ländern. Erarbeitung und Beschlussfassung, (= Österreichische Schriftenreihe für Rechts- und Politikwissenschaft, Bd. 9, Teil III), Wien 1986, S. 175, Fußnote 5: „ Hier wird offenbar auf Art. 32 BV Bezug genommen".

683 Wolf, P(rosper) [Hrsg.]: Die schweizerische Bundesgesetzgebung. Nach Materien geordnete Sammlung der Gesetze, Beschlüsse, Verordnungen und Staatsverträge der Schweizerischen Eidgenossenschaft, sowie der Konkordate. Zweite Auflage, 4 Bde, Basel 1905-1909, Bd. 1, S. 5, Art 32.

684 Aufzeichnungen über die Ergebnisse der im Anschlusse an die Salzburger Länderkonferenz abgehaltenen inoffiziellen Besprechungen mit Vertretern der christlichsozialen und der deutsch-freiheitlichen Partei aus mehreren Ländern über die Kompetenzverteilungsbestimmungen des Vorentwurfes der Bundesstaatsverfassung. (Art. 10-13). In:Ermacora, Felix: Die Entstehung der Bundesverfassung 1920. Materialien und Erläuterungen. Die Aufgabenverteilung zwischen Bund und Ländern. Erarbeitung und Beschlussfassung, (= Österreichische Schriftenreihe für Rechts- und Politikwissenschaft, Bd. 9, Teil III), Wien 1986, S. 175.

5. Die Organe des Bundes

Als Organe des Bundes kamen in der neuen Bundesverfassung der Bundestag, der Bundesrat, das Amt des Bundespräsidenten, die Bundesregierung und die ihr unterstehenden Bundesbehörden in Betracht. Die Vorarlberger Landespolitiker, die wenige Monate vorher gemeinsam eine Landesverfassung nach Schweizer Muster beschlossen hatten, wollten auch bei den Organen des Bundes bewährte Organisationsformen der benachbarten Schweiz verwirklicht sehen.

a. Bundestag

Der Bundestag entsprach nach dem Vorentwurf aus Wien der bisherigen Nationalversammlung und wäre nach denselben Grundsätzen wie die konstituierende Nationalversammlung vom ganzen Volk zu wählen. Er ist die erste Kammer. In der Schweiz wurde diese erste Kammer gemäß Art 72 der Bundesverfassung der Eidgenossenschaft schon damals als „Nationalrat" bezeichnet, der aus Abgeordneten des schweizerischen Volkes gebildet wurde.[685] In Vorarlberg hatte man die Vorliebe für diese eidgenössische Bezeichnung für die erste Kammer noch nicht entdeckt.

b. Bundesrat

Die zweite Kammer wäre nach Mayrs Entwurf aus Vertretern der Länder zu bilden und sollte Bundesrat heißen. Otto Ender hat diese Bezeichnung mit Hinblick auf die Schweiz kritisiert. Der Bundesrat würde laut Verfassungsentwurf in Österreich die Länderkammer bezeichnen, während man bei den Eidgenossen unter dieser Bezeichnung die Bundesregierung verstehe. Der Landeshauptmann schrieb deshalb dem Vizekanzler: „Ob die Bezeichnung ‚Bundesrat' glücklich ist, möchte ich bezweifeln. Für Vorarlberg ist sie schlecht. Wir sind zu nah an der Schweiz und unserem Volke wird entweder die Funktion des Bundesrates in Wien oder jene des Bundesrates in Bern nicht klar werden." Er schlug deshalb die Bezeichnung „Ländertag" statt „Bundesrat" vor.[686]

---

[685] Wolf, P(rosper) [Hrsg.]: Die schweizerische Bundesgesetzgebung. Nach Materien geordnete Sammlung der Gesetze, Beschlüsse, Verordnungen und Staatsverträge der Schweizerischen Eidgenossenschaft, sowie der Konkordate. Zweite Auflage, 4 Bde, Basel 1905-1909, Bd. 1, S. 11, Art 72.

[686] Wien, Kriegsarchiv, Nottendorferstraße 2: Nachlässe, E/1717 Nachlass Jodok Fink;Karton 3: Material des Verfassungsausschusses des Parlaments und Material zur Beratung über die Bundesverfassung überhaupt, 1920, fol. 1-127: Bemerkungen zur 2. Fassung des Mayer'schen Vorentwurfes einer Bundesstaatsverfassung für Vizekanzler Jodok Fink von Dr. Mittelberger

Ein gröberes Problem sah man in Vorarlberg in der Gefahr der Majorisierung der kleineren Länder durch die größeren. Der Bundesrat sollte nach Ender ein Schutz der kleinen Länder gegen die Erdrückung durch die großen Gebilde sein. Wenn er das nicht sei, dann habe er keine unbedingte Existenznotwendigkeit. „Das Missverhältnis in den österreichischen Ländern ist kleiner als in Nordamerika. Auch in der Schweiz bestehen grosse Verschiedenheiten in der Bevölkerungszahl der Länder. Und doch entsendet dort jeder Staat bezw. Kanton gleichviel Vertreter in die zweite Kammer."[687]

Der Bundesrat solle nicht mehr als dreißig Mitglieder haben. Die weiteste Konzession, welche die kleinen Länder machen könnten, wäre Enders Meinung nach, dass die kleinen Länder je drei, Oberösterreich und Steiermark je vier, Niederösterreich und Wien je fünf Mitglieder in den Bundesrat entsenden.[688] Der Landeshauptmannstellvertreter Dr. Redler trat grundsätzlich für eine gleiche Stimmenzahl für jedes Land ein, würde sich jedoch auch dem Vorschlag des Landeshauptmanns Dr. Ender anschließen.[689]

Der Vorarlberger Landtagsabgeordnete und politische Schweizerfreund Dr. Mittelberger nahm am zweiten Tag der Salzburger Länderkonferenz zum Bundesrat Stellung. Er wollte den Bundesrat viel lieber Länderkammer nennen, um damit eindeutig festzulegen, was diese neue Schöpfung sei. Das Wort Bundesstaat habe aber nur dann einen Sinn, wenn sich Gleichberechtigte zu einem Bunde zusammenschließen.[690]

---

und Dr. Otto Ender. Maschinschriftliche Stellungnahme von Dr. Mittelberger mit zusätzlichen handschriftlichen Bemerkungen von Dr. Otto Ender. 3. Mai 1920, fol. 71.

687 VLA Bregenz: Präsidium der Vorarlberger Landesregierung, Jahr 1920, Stammzahl 190, Registraturzeichen XIII 109, Verfassungsentwurf für Österreich: Protokoll vom 30. Jänner 1920 über die Stellungnahme des Vorarlberger Landesrates zu dem am 25. Jänner 1920 vorgelegten Verfassungsentwurf für Österreich, S. 4.

688 VLA Bregenz: Präsidium der Vorarlberger Landesregierung, Jahr 1920, Stammzahl 190, Registraturzeichen XIII 109, Verfassungsentwurf für Österreich: Protokoll vom 30. Jänner 1920 über die Stellungnahme des Vorarlberger Landesrates zu dem am 25. Jänner 1920 vorgelegten Verfassungsentwurf für Österreich, S. 4.

689 Archiv der Republik, Wien: Inneres/Justiz, Verzeichnis 04/8: Staatskanzlei – BKA/alt. Varia. 1919-1924, Material zur Verfassungsreform: f) Verhandlungen mit den Ländern, 7. Bregenz, S. 288-297: Protokoll über die Besprechung des Verfassungsentwurfes für Österreich am 25. Jänner 1920, S. 290.

690 Ermacora, Felix: Materialien zur österreichischen Bundesverfassung (I). Die Länderkonferenzen 1919/20 und die Verfassungsfrage. Mit Anmerkungen und begleitenden Texten versehen unter Mitarbeit von Ingrid Moser (Österreichische Schriftenreihe für Rechts- und Politikwissenschaft, Bd. 9, Teil I), Wien 1989, S. 165.

Man werde vielleicht sagen, es sei eine himmelschreiende Ungerechtigkeit, dass das kleine Land Vorarlberg, das noch nicht einmal 180.000 Einwohner hatte, am Ende dieselbe Vertretung hätte, wie das große Niederösterreich oder das große Wien. Die Schwierigkeiten der Beschickung der Länderkammer in Österreich wolle er keinen Augenblick leugnen. Die Verhältnisse der Umgebung zeigten aber, dass in den anderen Ländern – und zwar in demokratischen Republiken – Körperschaften bestünden, die von den Ländern ganz unabhängig nach ihrer Größe gleichartig beschickt würden. „Zwischen einem kleinen Ur-Kanton der Schweiz und dem großen Kanton Bern ist mindestens derselbe Unterschied wie zwischen Vorarlberg und Wien. Und trotzdem entsendet jeder Kanton gleichviel Vertreter."[691]

c. Der Bundespräsident

Als Bundespräsident war im Vorentwurf der Verfassung der Präsident des Bundestages gedacht. Gegen die Vereinigung der Funktionen des Bundespräsidenten mit den Funktionen des Präsidenten des Bundestages haben sich aber alle Länder ausgesprochen. Der Tiroler Verfassungsentwurf sprach sich für das Schweizer System aus. Nach diesem System wird der Präsident bei den Eidgenossen für ein Jahr aus dem Bundesrat – also der Bundesregierung – genommen. Die meisten Länder sind jedoch für das Ministerialsystem eingetreten.[692]

Der Vorarlberger Landeshauptmann riet beim Amt des Bundespräsidenten hingegen ebenfalls zu einer Vorgangsweise nach Schweizer Muster. Unmittelbar nach dem Ende der Monarchie gingen die Rechte des Kaisers auf den den Präsidenten der Nationalversammlung über. Diese kaiserähnliche Stellung des Präsidenten der Nationalversammlung wäre in der neuen Verfassung laut Ender unmöglich. Wenn man dem neuen Präsidenten der Republik alle Rechte wieder geben wollte, die er nach dem Zusammenbruch der Monarchie und noch immer als Kaiserersatz hatte, dann müsste er nach Enders Meinung aus dem politischen

---

[691] Ermacora, Felix: Materialien zur österreichischen Bundesverfassung (I). Die Länderkonferenzen 1919/20 und die Verfassungsfrage. Mit Anmerkungen und begleitenden Texten versehen unter Mitarbeit von Ingrid Moser (Österreichische Schriftenreihe für Rechts- und Politikwissenschaft, Bd. 9, Teil I), Wien 1989, S. 166. Im B-VG 1920 wurde ein Mittelweg zwischen föderalistischem Prinzip (gleiche Vertretung aller Länder) und demokratischem Prinzip (Vertretung je nach Bürgerzahl) gefunden. Dieses Prinzip wurde bis heute beibehalten (Art. 34 Abs. 2 und 3 B-VG 1929 idgF.). Eine "Länderkammer" ist demnach nicht eingerichtet worden.

[692] VLA Bregenz: Präsidium der Vorarlberger Landesregierung, Jahr 1920, Stammzahl 190, Registraturzeichen XIII 109, Verfassungsentwurf für Österreich: Protokoll über die Besprechung des Verfassungsentwurfes für Österreich am 25. Jänner 1920, S. 6.

Parteigetriebe gänzlich ausgeschaltet werden. Andernfalls müsse ein Teil seiner Befugnisse auf das Kollegium des Bundesrates übergehen, womit Ender – nach Schweizer Vorbild – die Mitglieder der Bundesregierung gemeint hat. „Der Bundespräsident muß die Stellung des ersten unter den Bundesräten, die Stellung ihres Vorsitzenden bekommen.“[693] Dem Präsidenten der Bundesversammlung falle dann nur die Leitung dieser Versammlung zu.

d. Die Bundesregierung

Die Bundesregierung wäre über den Vorschlag eines besonderen Ausschusses vom Bundestag zu wählen und ist diesem verfassungsrechtlich verantwortlich. Der Vorarlberger Landtagsabgeordnete Dr. Mittelberger stellte sich gegen die Beibehaltung des Prinzips der ressortmäßigen Verantwortlichkeit bei der künftigen Bundesregierung und trat für das Prinzip der kollegialen Behandlung der Regierungsgeschäfte nach dem Muster der Schweizer Verfassung ein.[694]

6. Die Bundesgesetzgebung

Die Bundesgesetzgebung ist vom Bundestag unter Mitwirkung des Bundesrates auszuüben. Die Kompetenzabgrenzung zwischen Bundesrat und Bundestag ist so gedacht, dass der Bundesrat als zweite Kammer weniger Rechte hat als der Bundestag. Der Bundesrat soll mehr oder weniger nur ein Zustimmungsrecht haben. Die Mitwirkung des Bundesrates hätte in dem Erfordernis der Genehmigung der angenommenen Gesetze, aber nur innerhalb einer bestimmten Frist zum Ausdruck zu kommen. Wenn der Bundesrat ein Gesetz des Bundestages nicht genehmigt, hätte die Volksabstimmung – das Referendum – einzutreten, soferne der Bundestag auf seinem ursprünglichen Beschluss beharrt.

Landeshauptmann Dr. Ender sah die Gefahr, dass wichtige Bestimmungen der Verfassung, namentlich über die Zusammensetzung der von den Ländern beschickten zweiten Kammer, hinterher durch Majorisierung seitens der größeren Länder zu Ungunsten der kleineren abgeändert werden könnten. Diesbezüglich hat er Sicherheiten in der Verfassung für die kleineren Länder als unbedingt

---

[693] Ender, Otto: Die Verfassung unserer Föderation. Aus: Reichspost. Unabhängiges Tagblatt für das christliche Volk, Morgenblatt, Jg. 27, Nr. 20, Wien 20. Jänner 1920, S. 1-2, hier S. 2.

[694] Archiv der Republik, Wien: Inneres/Justiz, Verzeichnis 04/8: Staatskanzlei – BKA/alt. Varia. 1919-1924, Material zur Verfassungsreform: f) Verhandlungen mit den Ländern, 7. Bregenz, S. 288-297: Protokoll über die Besprechung des Verfassungsentwurfes für Österreich am 25. Jänner 1920, S. 290.

notwendig erachtet. Landtagsabgeordneter Dr. Mittelberger machte in dieser Hinsicht auf die Bestimmungen der Schweizer Verfassung über das Mitwirkungsrecht der Länder bei Verfassungsänderungen aufmerksam.[695]

Gemäß dem Verfassungsentwurf der Staatskanzlei war jedes Bundesgesetz einer Volksabstimmung unterworfen, wenn dies von wenigstens 300.000 Stimmberechtigten oder von der Mehrheit der Stimmberechtigten dreier einzelner Länder innerhalb sechs Wochen nach erfolgter Kundmachung des Gesetzes gefordert wird. „Das Bundesvolk hat die vom Bundestag beschlossene und vom Bundesrat genehmigte Verfassungsänderung angenommen und es hat das bereits kundgemachte Bundesgesetz abgelehnt, wenn die Mehrheit der abgegebenen Stimmen sich für die Verfassungsänderung oder gegen das Bundesgesetz ausgesprochen hat."[696] Zu diesem Vorschlag schrieb Otto Ender als Kommentar für den Vizekanzler Jodok Fink dazu: „Hier klafft gegenüber der Schweizer Verfassung eine große Lücke. Zu einer Verfassungsänderung ist in der Schweiz nötig, daß die Mehrheit des Gesamtvolkes zustimmt, und daß bei der Abstimmung in der Mehrzahl der Kantone die Mehrheit erreicht wurde (also in 11 ½ Kantonen). Das ist jetzt bei der Abstimmung über den Beitritt zum Völkerbund sehr akut. Auch uns kann vor unliebsamen Verfassungsänderungen nur eine solche Bestimmung schützen."[697] Verfassungsänderungen über Zusammensetzung und Kompetenz des Bundesrates müssten vorher mindestens eine Mehrheit der Länder für sich haben.

---

[695] Archiv der Republik, Wien: Inneres/Justiz, Verzeichnis 04/8: Staatskanzlei – BKA/alt. Varia. 1919-1924, Material zur Verfassungsreform: f) Verhandlungen mit den Ländern, 7. Bregenz, S. 288-297: Protokoll über die Besprechung des Verfassungsentwurfes für Österreich am 25. Jänner 1920, S. 291.

[696] Wien, Kriegsarchiv, Nottendorferstraße 2: Nachlässe, E/1717 Nachlass Jodok Fink;Karton 3: Material des Verfassungsausschusses des Parlaments und Material zur Beratung über die Bundesverfassung überhaupt, 1920, fol. 1-127: Bemerkungen zur 2. Fassung des Mayer'schen Vorentwurfes einer Bundesstaatsverfassung für Vizekanzler Jodok Fink von Dr. Mittelberger und Dr. Otto Ender. Maschinschriftliche Stellungnahme von Dr. Mittelberger mit zusätzlichen handschriftlichen Bemerkungen von Dr. Otto Ender. 3. Mai 1920, fol. 73-74, Art 34 des Entwurfes.

[697] Wien, Kriegsarchiv, Nottendorferstraße 2: Nachlässe, E/1717 Nachlass Jodok Fink; Karton 3: Material des Verfassungsausschusses des Parlaments und Material zur Beratung über die Bundesverfassung überhaupt, 1920, fol. 1-127: Bemerkungen zur 2. Fassung des Mayer'schen Vorentwurfes einer Bundesstaatsverfassung für Vizekanzler Jodok Fink von Dr. Mittelberger und Dr. Otto Ender. Maschinschriftliche Stellungnahme von Dr. Mittelberger mit zusätzlichen handschriftlichen Bemerkungen von Dr. Otto Ender. 3. Mai 1920, fol. 72.

7. Die Gerichtsbarkeit im Bunde

Die Gerichtsbarkeit sollte laut Entwurf auch weiterhin vom Bund ausgehen. Es war geplant, das Gesetz vom 22. November 1918 über die richterliche Gewalt mit gewissen Änderungen in die neue Verfassung zu übernehmen.[698] Die Länder verlangten aber eine Mitwirkung bei der Ernennung der Richter, gegen die sich die Staatskanzlei ausgesprochen hat.

Die christlichsozialen Landespolitiker in Vorarlberg hatten bei der Regelung der Gerichtsbarkeit die schweizerischen Verhältnisse vor Augen, wo sich die Richter mitunter in den Kantonen einer Wahl durch das Volk stellen mussten. Landeshauptmann Dr. Ender wollte zwar einerseits grundsätzlich an den Bestimmungen über die Ernennung der Richter nichts ändern, er trat jedoch gleichzeitig dafür ein, dass den Ländern wenigstens durch die Gewährung eines Ablehnungsrechtes die Möglichkeit gegeben werden sollte, sich gegen die Ernennung minder geeigneter richterlicher Kräfte für ihr Gebiet zu wehren.[699] Als man gegen dieses geforderte Ablehnungsrecht des Landes Kritik vorbrachte, die aus der Unabhängigkeit des Richterstandes abgeleitet wurde, wies Landeshauptmannstellvertreter Dr. Redler darauf hin, dass ja auch der Staatssekretär für Justiz, also der Justizminister, der die Richterernennungen zu vollziehen habe, ein Politiker sei. Er schloss sich deshalb auch dem von Landeshauptmann Dr. Ender gestellten Verlangen nach Gewährung eines Ablehnungsrechtes für die Länder an.[700]

8. Die Organe der Länder

Als Organe der Länder kamen im Entwurf der Landtag, der Präsident des Landtages, die Landesregierung mit dem Landeshauptmann an der Spitze und die ihr unterstehenden Landesbehörden in Betracht.

---

[698] VLA Bregenz: Präsidium der Vorarlberger Landesregierung, Jahr 1920, Stammzahl 190, Registraturzeichen XIII 109, Verfassungsentwurf für Österreich: Protokoll über die Besprechung des Verfassungsentwurfes für Österreich am 25. Jänner 1920, S. 6.

[699] Archiv der Republik, Wien: Inneres/Justiz, Verzeichnis 04/8: Staatskanzlei – BKA/alt. Varia. 1919-1924, Material zur Verfassungsreform: f) Verhandlungen mit den Ländern, 7. Bregenz, S. 288-297: Protokoll über die Besprechung des Verfassungsentwurfes für Österreich am 25. Jänner 1920, S. 291.

[700] Archiv der Republik, Wien: Inneres/Justiz, Verzeichnis 04/8: Staatskanzlei – BKA/alt. Varia. 1919-1924, Material zur Verfassungsreform: f) Verhandlungen mit den Ländern, 7. Bregenz, S. 288-297: Protokoll über die Besprechung des Verfassungsentwurfes für Österreich am 25. Jänner 1920, S. 292.

a. Landtag

Für die Wahl in den Landtag sind die Bestimmungen der Landtagswahlordnung maßgebend. Die Landtagswahlordnung darf aber das Wahlrecht nicht mehr einengen, als es die jeweilige Bundeswahlordnung tut. Otto Ender hätte im Gegensatz dazu die Einführung einer gewissen Sesshaftigkeit des Wählers für wünschenswert und auch für begründet erachtet. Landtagsabgeordneter Dr. Mittelberger verwies diesbezüglich auf den Art 6 der Schweizer Verfassung, durch den Schweizer Kantonen bei solchen Fragen freie Hand gelassen sei.[701] Gemäß Art 6 der Bundesverfassung der Schweizerischen Eidgenossenschaft vom 29. Mai 1874 sind die Kantone verpflichtet, für ihre Verfassungen die Gewährleistung des Bundes nachzusuchen. „Der Bund übernimmt diese Gewährleistung, insofern sie nichts den Vorschriften der Bundesverfassung Zuwiderhandelndes enthalten, sie die Ausübung der politischen Rechte nach republikanischen (repräsentativen oder demokratischen) Formen sichern und sie vom Volke angenommen worden sind und revidiert werden können, wenn die absolute Mehrheit der Bürger es verlangt."[702]

Der Vorentwurf der Bundesverfassung sah auch die Möglichkeit einer Auflösung des Landtages durch den Bundespräsidenten vor. Diese Regelung wäre in der Schweiz unmöglich gewesen. Landeshauptmann Ender hielt sie für undemokratisch und sprach sich entschieden dagegen aus.

b. Präsident des Landtages

Die Funktion des Präsidenten des Landtages war nach dem Entwurf der neuen Bundesverfassung von der Funktion des Landeshauptmannes zu trennen. Der Landtagspräsident hatte sich auf die Beurkundung der Landesgesetze und den Vorsitz im Landtag zu beschränken. Gegen diese Bestimmung machten sich in einzelnen Ländern Bedenken breit.[703] Landeshauptmann Dr. Ender und Landes-

[701] Archiv der Republik, Wien: Inneres/Justiz, Verzeichnis 04/8: Staatskanzlei – BKA/alt. Varia. 1919-1924, Material zur Verfassungsreform: f) Verhandlungen mit den Ländern, 7. Bregenz, S. 288-297: Protokoll über die Besprechung des Verfassungsentwurfes für Österreich am 25. Jänner 1920, S. 292.

[702] Wolf, P(rosper) [Hrsg.]: Die schweizerische Bundesgesetzgebung. Nach Materien geordnete Sammlung der Gesetze, Beschlüsse, Verordnungen und Staatsverträge der Schweizerischen Eidgenossenschaft, sowie der Konkordate. Zweite Auflage, 4 Bde, Basel 1905-1909, Bd. 1, S. 1, Art 6.

[703] VLA Bregenz: Präsidium der Vorarlberger Landesregierung, Jahr 1920, Stammzahl 190, Registraturzeichen XIII 109, Verfassungsentwurf für Österreich: Protokoll über die Besprechung des Verfassungsentwurfes für Österreich am 25. Jänner 1920.

hauptmannstellvertreter Dr. Redler führten an, dass hinsichtlich der personellen Trennung in den Funktionen des Vorsitzenden der Landesvertretung und des obersten Chefs der Landesverwaltung in der Schweiz in den größeren Kantonen zwar günstige, in den kleineren Kantonen aber ungünstige Erfahrungen gemacht worden seien. Sie sprachen sich deshalb dafür aus, dass die Regelung dieser Frage den Ländern nach den Bedürfnissen des einzelnen Landes überlassen werde.[704] Alle Mitglieder des Landesrates und des Landtages, die mit Staatssekretär Michael Mayr den Entwurf der Bundesverfassung berieten, waren der Ansicht, dass die Entscheidung darüber, ob die Funktion des Präsidenten des Landtages von der Funktion des Landeshauptmannes zu trennen ist, den einzelnen Ländern zu überlassen sei.[705]

Otto Ender hat als Vorarlberger Delegierter bei der Salzburger Länderkonferenz gemeint, diese Trennung der Funktionen müsse geregelt werden, aber nicht in der Bundesverfassung, sondern in der Landesverfassung: „Es ist ein großer Unterschied, ob wir da ein großes Land haben oder ganz kleine Verhältnisse. In der Schweiz hat jeder Kanton andere Einrichtungen, was aber die Staatsverwaltung nicht tangiert. In ganz kleinen Kantonen sind zwei Funktionen in einer Person vereinigt, in großen Kantonen werden, den modernsten Theorien entsprechend, Vorsitzende, Regierung usw. streng auseinander gehalten. Was sich für den Großen schickt, schickt sich nicht immer für den Kleinen, der nur patzig ausschaut, wenn er es macht wie die Großen. Darum soll man das den Ländern individuell machen lassen [sic!].“[706] Ender selbst hatte sich in der Vorarlberger Landesverfassung nach Schweizer Vorbild beide Positionen gesichert.

c. Landesregierung und Landeshauptmann

Die Landesregierung mit dem Landeshauptmann an der Spitze ist vom Landtag, aber nicht notwendiger Weise aus der Mitte desselben zu wählen. Die Landesre-

---

[704] Archiv der Republik, Wien: Inneres/Justiz, Verzeichnis 04/8: Staatskanzlei – BKA/alt. Varia. 1919-1924, Material zur Verfassungsreform: f) Verhandlungen mit den Ländern, 7. Bregenz, S. 288-297: Protokoll über die Besprechung des Verfassungsentwurfes für Österreich am 25. Jänner 1920, S. 292.

[705] VLA Bregenz: Präsidium der Vorarlberger Landesregierung, Jahr 1920, Stammzahl 190, Registraturzeichen XIII 109, Verfassungsentwurf für Österreich: Protokoll vom 30. Jänner 1920 über die Stellungnahme des Vorarlberger Landesrates zu dem am 25. Jänner 1920 vorgelegten Verfassungsentwurf für Österreich, S. 6.

[706] Ermacora, Felix: Materialien zur österreichischen Bundesverfassung (I). Die Länderkonferenzen 1919/20 und die Verfassungsfrage. Mit Anmerkungen und begleitenden Texten versehen unter Mitarbeit von Ingrid Moser (= Österreichische Schriftenreihe für Rechts- und Politikwissenschaft, Bd. 9, Teil I), Wien 1989, S. 189.

gierung ist zu einem Landeskabinett auszugestalten und dem Landtag verantwortlich. Die Trennung in die Landesregierung, die für mittelbare Bundesverwaltung zuständig war, und in den Landesrat, der die Exekutive des Landtags darstellte, sollte beseitigt werden. Der Landeshauptmann und der ihm beigegebene Landesamtsdirektor sind durch die Bundesregierung zu bestätigen. Gegen diese Bestätigung haben sich in allen Ländern Politiker ausgesprochen. Vor allem wollte man sich mit dem Titel eines Landesamtsdirektors nicht anfreunden, der doch im Appenzell so einfach „Landschreiber" genannt wurde.

9. Die Landesgesetzgebung

Alle von den Landtagen gefassten Gesetzesbeschlüsse waren laut Verfassungsentwurf der Bundesregierung vor der Publizierung bekannt zu geben. Die Bundesregierung hat das Recht, wegen Gefährdung der Bundesinteressen binnen 4 Wochen Einspruch zu erheben.[707] Ender bemerkte, dass der Ausdruck „Gefährdung von Bundesinteressen" – damit konnte die Bundesregierung laut Entwurf immerhin gegen Landesgesetze Einspruch erheben – zu unbestimmt und zu weitgehend sei. Mit den Schweizer Erfahrungen vor Augen gab der Landeshauptmann auch seiner Meinung Ausdruck, dass die Erlassung von Vorschriften für die Kundmachung von Landesgesetzen den einzelnen Ländern zu überlassen wäre.

10. Verhältnis des Bundes zu den Ländern in den Bundesangelegenheiten

Der Landeshauptmann und der Landesamtsdirektor konnten laut Entwurf der Bundesverfassung vor dem Verfassungsgerichtshof zur Verantwortung gezogen werden, der gegebenenfalls auf Verlust des Amtes und der politischen Rechte erkennen konnte. Wenn der Landeshauptmann seines Amtes enthoben würde, konnte auf Beschluss der Bundesregierung ein außerordentlicher Bundeskommissär bestellt werden.

Laut Ender durfte wohl nichts dagegen eingewendet werden, dass der Landeshauptmann im Falle der Erhebung einer Anklage von der weiteren Ausübung seiner Funktion suspendiert würde. Er sprach sich aber absolut dagegen aus, dass auch der Verlust der politischen Rechte, also zum Beispiel des Landtagsmandates, damit verknüpft wäre. Ausgeschlossen sei es auch, dass der Lan-

[707] VLA Bregenz: Präsidium der Vorarlberger Landesregierung, Jahr 1920, Stammzahl 190, Registraturzeichen XIII 109, Verfassungsentwurf für Österreich: Protokoll über die Besprechung des Verfassungsentwurfes für Österreich am 25. Jänner 1920, S. 9.

desamtsdirektor vor dem Verfassungsgerichtshof angeklagt werden könne; eine derartige Bestimmung wäre mit der dem Landesamtsdirektor im Rahmen der Landesverwaltung zukommenden Stellung unvereinbar und würde nur beweisen, dass ihm durch die Verfassung eine ganz falsche Funktion zugedacht sei. Undenkbar sei auch die Möglichkeit der Einsetzung eines Bundeskommissärs in der beabsichtigten Weise. Eine solche außerordentliche Vorsorge könnte nur für den Fall in Erwägung gezogen werden, als vorübergehend keine gewählten Landesorgane vorhanden sein sollten.

11. Rechnungskontrolle

Zur Überprüfung der Gebarung des Bundes und der Länder, aller Stiftungen, Fonds und Anstalten des Bundes und der Länder war laut Verfassungsentwurf ein Bundesrechnungshof einzusetzen, der unmittelbar dem Bundesrat und dem Bundestag unterstellt würde. Landeshauptmann Dr. Ender erklärte zunächst, gegen die beabsichtigte Erstreckung der Rechnungskontrolle auf die ganze Gebarung der Länder keine Einwendung zu erheben, führte jedoch aus, dass die Ausübung einer wirksamen derartigen Kontrolle von Wien aus unmöglich sei. Eine Durchführung der Kontrolle wäre nach Ender in der Art in Erwägung zu ziehen, dass die Organe des Rechnungshofes von Wien aus zeitweise in die Länder entsendet würden. Auf keinen Fall dürfte die geplante erweiterte Funktion des Rechnungshofes zu einem weiteren Anschwellen seines Beamtenkörpers führen. In seiner gegenwärtigen Konstruktion stelle der Staatsrechnungshof in jeder Hinsicht einen Apparat dar, der unmöglich beibehalten werden könnte.[708] Landtagsabgeordneter Dr. Mittelberger fürchtete, durch den Bundesrechnungshof werde ein größeres, vielleicht recht unpraktisches Amt geschaffen, das auch die merkwürdige Aufgabe hätte, die Finanzverwaltung der Länder in die Hände zu nehmen. Nach Art 98 des Vorentwurfes der Verfassung war er zur Überprüfung der Gebarung in der gesamten Staatswirtschaft des Bundes und der Länder bestimmt. Nach Art 105 sollte dieser Rechnungshof sogar die Landesrechnungsabschlüsse verfassen, die er dem Bundesrat vorlegen muss. „Gegen die Unterstellung der Länder unter den Rechnungshof des Bundes werden wir uns auf das äußerste wehren“, teilte der Landeshauptmann dem Vizekanzler Jodok Fink mit. „Geschieht das, dann bekommen wir die ganze Kompliziertheit und zeitliche Schwerfälligkeit des staatlichen Rechnungswesens in unsere Länderfinanzen hinein. Für ein kleines Land passen dann diese Sachen am allerwenigsten. In der

[708] Archiv der Republik, Wien: Inneres/Justiz, Verzeichnis 04/8: Staatskanzlei – BKA/alt. Varia. 1919-1924, Material zur Verfassungsreform: f) Verhandlungen mit den Ländern, 7. Bregenz, S. 288-297: Protokoll über die Besprechung des Verfassungsentwurfes für Österreich am 25. Jänner 1920, S. 295.

Schweiz fehlt eine solche Kontrolle gänzlich und der finanzielle Stand und die Ordnung in den Kantonen hält m. M. eine Prüfung aus. Dieser Punkt verdient volle Beachtung!“[709]

12. Besondere Garantien für die Einhaltung der Verfassung und die Gesetzmäßigkeit der Verwaltung

Laut Verfassungsentwurf mussten in Wien ein Verwaltungsgerichtshof und ein Verfassungsgerichtshof sowie in jedem Land ein eigener Verwaltungsgerichtshof errichtet werden. Die Verwaltungsgerichtshöfe sollten auch reformatorische Erkenntnisse fällen. Sie waren also die letzte Berufungsinstanz in Verwaltungsangelegenheiten. Der Instanzenzug bei den Verwaltungsgerichtshöfen sollte so eingerichtet sein, dass in allen Angelegenheiten, in denen der Verwaltungsgerichtshof des Landes entscheidet, der Instanzenzug bei der Bezirkshauptmannschaft aufhört. In allen Angelegenheiten aber, in denen der Verwaltungsgerichtshof des Reiches entscheidet, würde der Instanzenzug bei der Landesregierung aufhören.

Wenn der Instanzenzug bei der Bezirkshauptmannschaft aufhört, wäre aber laut Ender die Landesregierung ausgeschaltet und dadurch derart entwertet worden, dass sie keinen Einfluss auf die Bezirkshauptmannschaften mehr gehabt hätte. Die Mitglieder des Vorarlberger Landesrates und auch führende Landtagsabgeordnete waren deshalb der Ansicht, dass man von der Errichtung von Landesverwaltungsgerichtshöfen absehen solle. Es genüge ein Verwaltungsgerichtshof in Wien, dessen Mitglieder allerdings mit den Verhältnissen in den einzelnen Ländern vertraut sein sollten. Bei der Frage der Heranziehung von Personen aus dem Laienstande zur verwaltungsrichterlichen Tätigkeit dürfte aber seiner Meinung nach im Allgemeinen nicht viel anzufangen sein. Wohl aber könnten Personen, die längere Zeit zwar nicht als Beamte, aber sonst in der Verwaltung praktisch tätig gewesen seien, zum Beispiel gewesene Landesräte, eine sehr nutzbringende Tätigkeit entfalten.

---

[709] Wien, Kriegsarchiv, Nottendorferstraße 2: Nachlässe, E/1717 Nachlass Jodok Fink;Karton 3: Material des Verfassungsausschusses des Parlaments und Material zur Beratung über die Bundesverfassung überhaupt, 1920, fol. 1-127: Bemerkungen zur 2. Fassung des Mayer'schen Vorentwurfes einer Bundesstaatsverfassung für Vizekanzler Jodok Fink von Dr. Mittelberger und Dr. Otto Ender. Maschinschriftliche Stellungnahme von Dr. Mittelberger mit zusätzlichen handschriftlichen Bemerkungen von Dr. Otto Ender. 3. Mai 1920, fol. 92.

2. Kapitel: Abkehr der Nationalversammlung vom Schweizer Vorbild

In der 100. Sitzung der Konstituierenden Nationalversammlung am 29. September 1920 wurde als erster Gegenstand auf der Tagesordnung der „Bericht des Verfassungsausschusses, betreffend ein Gesetz, womit die Republik Österreich als Bundesstaat eingerichtet wird“ – also das Bundesverfassungsgesetz – behandelt und am nächsten Tag in der 101. Sitzung beschlossen. Staatssekretär Dr. Mayr, der nun Vorsitzender im Kabinett war,[710] berichtete, von entscheidender Bedeutung für den Fortgang der Arbeiten seien die Koalitionsvereinbarungen der beiden großen Parteien vom 17. Oktober des Jahres 1919 gewesen, in denen der bundesstaatliche Charakter der künftigen Verfassung endgültig festgelegt worden war: „Auch die ganze geschichtliche Entwicklung und die Charakterveranlagung unseres alpenländischen deutschen Volkes, welches nunmehr, aller fremdnationalen Fesseln ledig, sich seine dem deutschen Geiste entsprechenden Formen des staatlichen Innenlebens autonom schaffen konnte, verwies auf die notwendige Umgestaltung der altösterreichischen Verfassung zu einer bundesstaatlichen, wofür als nächstes und bestes Muster die staatlichen Einrichtungen des benachbarten größtenteils stammesverwandten Schweizer Volkes dienen konnten.“ [711]

Der Abgeordnete Kunschak sah es durch die Erfahrungen des Lebens hinlänglich widerlegt, dass sich der Bundesstaat für das kleine Österreich mit seinen sechs Millionen Einwohnern nicht eigne. Man brauche nur auf die kleine Schweiz zu verweisen, auf die Entwicklung, die sie bis heute gefunden habe. Die habe ihr eine internationale politische Stellung von Rang und Ansehen vermittelt, die sie befähigte, während des Krieges, aber insbesondere nach dem Umsturz den Österreichern tatkräftige Hilfe zu bringen. „Man mag mit Vertretern der Schweiz reden, welcher politischen Anschauung, welcher Nationalität oder Konfession immer sie angehören mögen, sie werden übereinstimmend immer zu der Äußerung gelangen und sie aussprechen, daß die Schweiz, mit ihren ganz eigenartigen Verhältnissen hinsichtlich ihrer nationalen und konfessionellen Schichtung, ihren Bestand und ihre Entwicklung nur finden konnte, weil sie ein Bundesstaat ist und weil in der Schweiz mit heiliger Scheu die Rechte jedes

---

[710] Vom 7. Juli 1920 bis zum 20. November 1920 war Staatssekretär Michael Mayr Leiter des Kabinetts in der vierten Staatsregierung.

[711] Stenographische Protokolle über die Sitzungen der Konstituierenden Nationalversammlung der Republik Österreich, 1920, Band III, 80. bis 102. Sitzung (Seite 2445 bis 3516), Wien 1920; Beilagen zu den stenographischen Protokollen der Konstituierenden Nationalversammlung der Republik Österreich, 1920, Bd. VI (enthaltend die Beilagen 918 bis 1034), Österreichische Staatsdruckerei, Wien 1920, S. 9, Beilage 991, S. 3383.

einzelnen Gliedstaates, jedes einzelnen, auch des kleinsten Kantons beachtet und gewahrt werden. Das, was in der Schweiz möglich ist, könnte und müßte bei uns möglich sein, weil bei uns die volkswirtschaftliche, aber auch die nationale Struktur des Staates eine wesentlich günstigere ist und die konfessionellen Unterschiede in der Bevölkerung keine so tiefgehenden sind wie in der Schweiz."[712]

Für den Abgeordneten Dr. Schönbauer hielt der Vergleich mit der Schweiz durchaus nicht stand, denn die Schweiz habe sich in den letzten Jahrhunderten ganz anders entwickelt. „Die Schweiz wurde nicht plötzlich und unvermittelt aus einem großen einheitlichen Wirtschaftsgebiete von 50 Millionen Einwohnern herausgerissen. Daher sind alle Vergleiche mit der Schweiz durchaus unzutreffend. Wenn wir eine neue Schweiz schaffen wollen, dann muß die ganze Produktion, muß die Schichtung der Bevölkerung nach ihrer Berufstätigkeit eine völlig andere werden, das heißt aber, zu einer neuen Schweiz können wir nur kommen, wenn Hunderttausende unterdessen in den nächsten Jahren sterben und auswandern. Daher ist das Wort von einer neuen Schweiz, glaube ich, durchaus nur ein Schlagwort, und zwar ein gefährliches, weil es bei unserer Bevölkerung so leicht den Glauben erwecken kann, unser Staat könne in seiner heutigen Verfassung, in seiner heutigen wirtschaftlichen Gestaltung, mit seiner heutigen Einwohnerzahl dauernd selbständig bestehen."[713]

Der schönen Worte über die Schweiz sind bei der Beratung über die neue Bundesverfassung in der Nationalversammlung viel gefallen, aber die viel gepriesene Vorbildwirkung der Schweiz in verfassungs- und staatsrechtlicher Hinsicht blieb eine Worthülse. Das gegenseitige Misstrauen zwischen den politischen Lagern war so groß, dass man sich nicht einmal in der Theorie über die verfassungsrechtliche Organisation von Einrichtungen, die sich in der Schweiz bewährt hatten, einigen konnte. Am Beispiel der Länderkammer wurde dies besonders deutlich.

Der sozialdemokratische Abgeordnete Dr. Danneberg meinte am Rednerpult, es sei kein gleichgültiger Streit gewesen, der seit dem November des Jahres 1918 von den Ländern geführt worden sei, und die Sozialdemokraten hätten den tieferen Sinn dieses Streites immer verstanden. Das Schimpfen und Schreien gegen Wien habe seinen tiefen politischen Grund darin, dass ein Gegensatz existiere zwischen dem roten Wien und den meist schwarzen Ländern, zwischen der re-

[712] Stenographisches Protokoll. 101. Sitzung der Konstituierenden Nationalversammlung der Republik Österreich. Donnerstag, den 30. September 1920, Seite 3409.
[713] Stenographisches Protokoll. 101. Sitzung der Konstituierenden Nationalversammlung der Republik Österreich. Donnerstag, den 30. September 1920, Seite 3415-3416.

volutionären Hauptstadt mit ihrem Proletariat und den reaktionären Machthabern der Provinz. Da man die Zusammensetzung der Nationalversammlung selbst nicht verfälschen könne, sei man bestrebt gewesen, über diese Nationalversammlung ein neues Herrenhaus zu setzen, eine Länderkammer, die nach ganz anderen Grundsätzen zusammengesetzt sein sollte als der Nationalrat selbst und die darum eine Korrektur gegenüber dem Volkshaus im reaktionären Sinne hätte sein sollen.

Staatssekretär Mayr hatte im Mai 1919 als Abgeordneter der Nationalversammlung einen Verfassungsentwurf vorgelegt. Darin war eine Länderkammer vorgesehen, in der jedes Land – ohne Unterschied seiner Größe, ohne Unterschied der Bevölkerungszahl – drei Abgeordnete haben sollte: drei Vertreter von Vorarlberg mit seinen 137.000 oder 140.000 Einwohnern, drei Vertreter von Wien mit 1.800.000 Einwohnern. Auf diese Weise wäre Wien nach Dannebergs Ansicht „in der Tat enthauptstadtet" worden. Von 24 Vertretern in dieser Länderkammer wären 3 aus Wien gewesen.[714]

Im Februar des Jahres 1920 kam der Salzburger Verfassungsentwurf des Staatssekretärs Dr. Mayr auf den Tisch, der schon „ein ganz klein wenig besser" gewesen sei. Er habe eine Länderkammer vorgesehen, die 30 Mitglieder zählen sollte. Jeder Landtag sollte 3 Mitglieder schicken, Oberösterreich und Steiermark 4, Niederösterreich 5 und Wien auch 5. Fünf von 30! Nur der sechste Teil aller Mitglieder dieser Länderkammer sollte aus Wien sein, während Wien drei Zehntel der Bevölkerung des ganzen Reiches umfasse, kritisierte Danneberg.

Dann sei im April 1920 der Linzer Entwurf gekommen. Der sei wieder „ein ganz winziges Stück" besser geworden. Jeder Landtag hatte mindestens drei Vertreter, Oberösterreich und Steiermark vier, Niederösterreich fünf und Wien sechs. Eine Länderkammer von 31 Mitgliedern, von denen sechs aus Wien sein sollten. Nur sechs aus Wien, das allein drei Zehntel der Bevölkerung dieses ganzen Staates umfasse, kritisierte Danneberg dieses Mal.[715]

[714] Stenographische Protokolle über die Sitzungen der Konstituierenden Nationalversammlung der Republik Österreich, 1920, Band III, 80. bis 102. Sitzung (Seite 2445 bis 3516), Wien 1920; Beilagen zu den stenographischen Protokollen der Konstituierenden Nationalversammlung der Republik Österreich, 1920, Bd. VI (enthaltend die Beilagen 918 bis 1034), Österreichische Staatsdruckerei, Wien 1920, S. 9, Beilage 991, S. 3387-3388.
[715] Stenographische Protokolle über die Sitzungen der Konstituierenden Nationalversammlung der Republik Österreich, 1920, Band III, 80. bis 102. Sitzung (Seite 2445 bis 3516), Wien 1920; Beilagen zu den stenographischen Protokollen der Konstituierenden Nationalversammlung der Republik Österreich, 1920, Bd. VI (enthaltend die Beilagen 918 bis 1034), Österreichische Staatsdruckerei, Wien 1920, S. 9, Beilage 991, S. 3383.

Wirklichkeit geworden ist nach Danneberg ein Entwurf, dem gemäß der Bundesrat als Länderkammer 46 Vertreter zähle, von denen zwölf von Wien entsendet werden sollen. Mehr als der vierte Teil der Vertreter der Länderkammer werde wenigstens von der Stadt Wien entsandt. Und wenn das auch nicht ganz der Bevölkerungsanzahl entspreche, so komme es ihr doch wenigstens sehr, sehr nahe. Der Gemeinderat der Stadt Wien hatte kurz zuvor in einer Kundgebung verlangt, dass Wien im Bundesrat entsprechend seiner Bevölkerungszahl vertreten sein müsse.

Die Frage der Zusammensetzung des Bundesrates sei keine Frage der Mandatsjägerei, sondern es sei eine Machtfrage ersten Ranges gewesen. Sie sei von äußerster Wichtigkeit vor allem für die Arbeiterklasse. „Denn wenn man uns darauf verwiesen hat, daß es schließlich in dem Bundesstaate selbstverständlich wäre, daß jeder Gliedstaat ohne Rücksicht auf seine Größe, ohne Rücksicht auf seine Bevölkerungszahl eine gleich starke Vertretung hat, wenn man uns darauf verwiesen hat, daß das zum Beispiel auch in der Schweiz so ist, wo die Kantone ja auch nicht einander an Einwohnerzahl gleichen, so dürfen wir doch nicht vergessen, daß die Schweizer Verfassung aus ganz anderen geschichtlichen Umständen heraus geworden ist, daß die soziale Struktur der Schweiz eine ganz andere ist als die unseres Staates. Bei uns ist es so, daß infolge der Siedlungsverhältnisse der Industrie die Arbeiterklasse zum weitaus überwiegenden Teil auf dem Fleck von Wien zusammenwohnt und daß in allen Ländern dieses Staates mit Ausnahme von Wien die Arbeiterklasse nur eine Minderheit darstellt. Wien den anderen Ländern ohne Rücksicht auf die Einwohnerzahl gleichstellen heißt, die Arbeiterklasse nullifizieren, das heißt, die Arbeiter um ihren Einfluß, um ihre Geltung und um ihre politische Macht in diesem Staate bringen wollen."

Unter lebhaftem Beifall behauptete Danneberg, bei manchen gehe die bundesstaatliche Idee nur darauf zurück, auf einem Umwege die Arbeiterklasse wieder zu entrechten und sie um die Rechte zu bringen, die sie sich in den Tagen des Umsturzes geholt habe. Dieser Plan sei allerdings zu Schanden geworden. Man habe jetzt einen Bundesrat, der seiner Zusammensetzung nach – diese Sicherheit könnten die Arbeiter haben – nicht wesentlich von der Zusammensetzung der Nationalversammlung abweichen werde. „Es wird also zwischen Bundesrat und Nationalrat in den entscheidenden Fragen kaum eine wesentliche Meinungsverschiedenheit sein können."[716] Die in der Schweiz verwirklichte Idee von der gleichrangigen Vertretung sämtlicher Kantone im Ständerat – unabhängig von ihrer Einwohnerzahl – musste begraben werden.

[716] Stenographische Protokolle über die Sitzungen der Konstituierenden Nationalversammlung der Republik Österreich, 1920, Band III, 80. bis 102. Sitzung (Seite 2445 bis 3516), Wien 1920, S. 3388.

Der Berichterstatter Dr. Seipel hatte schon am Beginn der Debatte ein paar Vorbehalte gegenüber der neuen Verfassung angebracht. Der Verfassungsausschuss selbst, und zwar die Mitglieder aller Parteien, seien sich dessen bewusst, dass dem Verfassungsentwurf Mängel von nicht geringer Gewichtigkeit anhafteten. Es seien Mängel, die über den Charakter bloßer Schönheitsfehler hinausgingen. Der Entwurf weise sehr bedeutende Lücken auf. Er enthalte nichts über die Grund- und Freiheitsrechte der Bürger, die man doch sonst gewohnt sei, als ein selbstverständliches Requisit einer jeden Verfassung anzusehen. Weiters sei eine bedeutsame Lücke im Verfassungsentwurf hinsichtlich der Kompetenzabgrenzung enthalten. In der Frage des Schul-, Erziehungs- und Volksbildungswesens spreche sich der Entwurf gar nicht über die Kompetenzabgrenzung aus, sondern weise diese strittige Materie einfach einem künftigen Bundesverfassungsgesetz zu.[717] In der Debatte wurde wieder deutlich, dass diese Mängel am deutschösterreichischen Verfassungswerk deshalb als so schwerwiegend empfunden wurden, weil es sie in der Schweiz nicht gab.

Der Abgeordnete Leuthner zeigte das Fehlen der Grund- und Freiheitsrechte in der Verfassung am Beispiel der Religionsfreiheit auf, die wie alle anderen Grund- und Freiheitsrechte mangels Einigung nicht in den Entwurf aufgenommen werden konnte. In Genf sei die Frage des Verhältnisses zwischen Kirche und Staat genau so gelöst worden, wie es die Sozialdemokraten in Österreich gewünscht hätten, und in Basel hätten sich die Katholiken sogar durch freie Wahl für diese Lösung entschieden. Dort sei es den Religionsgemeinschaften zur Wahl gestanden, entweder öffentlich-rechtliche Körperschaften zu werden oder sich als Vereine zu konstituieren. Wenn sie öffentlich-rechtliche Körperschaften werden wollten, müssten sie die Bedingungen des Staates, nämlich ihre innere Verfassung auf demokratische Weise zu gestalten, annehmen. Wenn sie ihre Verfassung nicht in demokratischer Weise ausbauen wollten, konnten sie sich auf Grund des allgemeinen Vereinsrechtes als Verein konstituieren. Bevor nun die Katholiken in der Schweiz ihrer Verfassung eine demokratische Form gegeben hätten, hätten sie es vorgezogen, sich auf Grund des Vereinsrechtes zu konstituieren. Das hätten sie aus freiem Willen getan. Es könne also wohl nicht im Widerspruch zu den Grundsätzen der katholischen Kirche stehen, wenn man fordere, dass die Lösung des Verhältnisses zwischen Kirche und Staat darin gipfle, dass sich die Religionsgemeinschaften auf Grund des Vereinsrechtes konstituierten.[718] Mit dieser Lösung waren aber die Christlichsozialen nicht ein-

[717] Stenographisches Protokoll. 100. Sitzung der Konstituierenden Nationalversammlung der Republik Österreich. Mittwoch, den 29. September 1920, Seite 3378.
[718] Stenographisches Protokoll. 101. Sitzung der Konstituierenden Nationalversammlung der Republik Österreich. Donnerstag, den 30. September 1920, Seite 3426.

verstanden. Der Verfassungsentwurf enthielt nichts über die Grund- und Freiheitsrechte der Bürger.

Als weiteren gewichtigen Mangel hatte Dr. Seipel als Berichterstatter des Verfassungsausschusses vorgebracht, dass in der entscheidenden Schulfrage keine Einigung über die Kompetenzabgrenzung erzielt werden konnte. Abgeordneter Dr. Wagner sagte in der Debatte dazu: „Ich will darüber gar nicht viel reden, weil dieser Punkt heute nicht in Frage kommt; das ist einer zukünftigen Novellierung vorbehalten. Ich möchte aber nur darauf hinweisen, daß das Schulwesen in der Schweiz vielleicht nicht das schlechteste ist. Meines Erachtens haben sie in der Schweiz die Kantonalschule und haben nicht einmal ein Unterrichtsministerium für die gesamte Schweiz, wenn ich mich nicht irre. Ich glaube, das einmal gelesen zu haben. Es kann also das, was für die anderen paßt, vielleicht auch für uns passen, und wenn sich nun die Länder einmal diese Sache nicht ganz aus der Hand winden lassen wollten, so muß man halt da den Ländern ein bißchen nachgeben; es wird wohl nichts anderes übrig bleiben."[719]

Unter dem Strich blieb von der Vorbildwirkung der Schweiz in staats- und verfassungsrechtlicher Hinsicht nichts übrig. Die Forderungen, die Landeshauptmann Otto Ender und die Mitglieder des Landesrates und Landtages in Vorarlberg an die neue Bundesverfassung gestellt hatten, dass nämlich Österreich eine föderative Verfassung nach dem Muster der Schweiz bekommen müsse, blieben unberücksichtigt.

3. Kapitel: Zustimmung Vorarlbergs zur Bundesverfassung unter Bedingungen

Während sich die sozialdemokratische Partei von Anbeginn an über ihre Stellung in der Verfassungsfrage durchaus klar war und bis auf Einzelheiten über das anzustrebende Ziel auch einheitlich dachte, wichen die Auffassungen innerhalb der christlichsozialen Partei in buntester Mannigfaltigkeit voneinander ab. „Diese Partei erschien in Wien gemäßigt zentralistisch und der Trennung Wiens vom Lande abhold, in Niederösterreich zu dieser Trennung entschlossen, sonst jedoch gemäßigt autonomistisch, in Oberösterreich und Steiermark entschlossen autonomistisch, in Kärnten und Salzburg föderalistisch, in Tirol separatistisch

[719] Stenographisches Protokoll. 101. Sitzung der Konstituierenden Nationalversammlung der Republik Österreich. Donnerstag, den 30. September 1920, Seite 3442.

und in Vorarlberg direkt abfallbereit."[720] Das hatte auch Auswirkungen auf das Abstimmungsverhalten zu zwei Minderheitsanträgen, die im Laufe der Debatte über die neue Bundesverfassung gestellt wurden. Beide Anträge hatten im Verfassungsausschuss keine Mehrheit gefunden und wurden deshalb im Plenum der Nationalversammlung neuerlich gestellt.

Die Sozialdemokraten stellten einen Minderheitsantrag, der offensichtlich auf die Loslösung Wiens von Niederösterreich abzielte und deshalb die Verschiebung von Landesgrenzen innerhalb der Republik erleichtern sollte. Ein geschlossener Teil eines Landes, der so viele Einwohner zählte wie das kleinste Land in Deutschösterreich, nämlich Vorarlberg, sollte verlangen dürfen, dass sich dieser Landesteil entweder einem anderen Land der deutschösterreichischen Republik anschließen oder aber ein selbständiges Land dieser Republik werden könne. Alles musste sich aber innerhalb der Grenzen der Republik abspielen.

Der „Minderheitsantrag der Abgeordneten Fink und Genossen" begehrte hingegen, dass es für die Länder auch möglich sein sollte, die Außengrenzen der Republik zu verändern. Dem Art 3 des Entwurfes der Bundesverfassung sollten noch drei Absätze angefügt werden, die lauteten:

„(4) Innerhalb der ersten zehn Jahre des Bestandes dieser Verfassung kann ein Land durch Volksabstimmung beschließen, sich einem anderen Staatswesen anzuschließen oder einen selbständigen Staat zu bilden.

(5) Entscheidet die Volksabstimmung mit absoluter Mehrheit der gültig abgegebenen Stimmen für die Einverleibung in ein anderes angrenzendes Staatswesen oder für die Bildung eines selbständigen Staates, so ist dieser Entscheid der Bundesversammlung vorzulegen. Verweigert die Bundesversammlung die Zustimmung, so kann das Land die Entscheidung des Völkerbundes anrufen.

(6) In gleicher Weise kann das Land an den Völkerbund berufen, wenn sich aus Anlaß der Lösung des Bundesverhältnisses finanzrechtliche Schwierigkeiten ergeben, die nicht durch Einvernehmen des Bundes mit dem ausscheidenden Lande behoben werden können."[721]

---

[720] Wien, Kriegsarchiv, Nottendorferstraße 2: Nachlässe, E/1717 Nachlass Jodok Fink; Karton 3, Material des Verfassungsausschusses des Parlaments und Material zur Beratung über die Bundesverfassung überhaupt, 1920: Das Ergebnis der Vereinbarungen über die österreichische Bundesverfassung. Vertraulich. Als Manuskript gedruckt; S. II.

[721] Beilagen zu den stenographischen Protokollen der Konstituierenden Nationalversammlung der Republik Österreich, 1920, Bd. VI (enthaltend die Beilagen 918 bis 1034), Österreichische Staatsdruckerei, Wien 1920, S. 9, Beilage 991. Minderheitsantrag der Abgeordneten

Dem Berichterstatter Dr. Seipel war der Antrag des früheren Vizekanzlers Jodok Fink besonders peinlich. Er versuchte deshalb, den Fink-Antrag hinter dem Danneberg-Antrag zu verstecken, indem er sie vereinigte, obwohl sie keinen Zusammenhang hatten. Er meinte, durch die beiden Minderheitsanträge komme eine der schwierigsten Fragen wieder in Erinnerung, die für das Verfassungsleben in Deutschösterreich überhaupt gestellt sei. Vielleicht sei gerade die lange Dauer der Zeit, die verging, bevor die Nationalversammlung eine Bundesverfassung beschließen konnte, mit daran schuld gewesen, dass sich in manchen Teilen dieses Bundesstaates eine Art Verzweiflung herausgebildet habe, eine Missstimmung von der Bedeutung, „daß die Bürger dieser Teile sehr stark den Gedanken erwägen, ob nicht überhaupt der Anschluß an ein anders Staatswesen als das österreichische, wenigstens von dem Zeitpunkte, in welchem nicht mehr die äußere Klammer des Friedensvertrages von St. Germain sie mit den übrigen Gliedern unseres österreichischen Staatswesens zusammenschmiedet, das Bessere für sie wäre.“ Zur Entstehungsgeschichte der beiden Minderheitsanträge müsse er bemerken, dass der zuerst eingebrachte der des Abgeordneten Dr. Danneberg sei, der die Grenzen der Länder fließend erhalten, leicht beweglich machen wolle. „Es ist dann als eine Konsequenz dieses Antrages der Antrag des Abg. Fink gestellt worden, der freilich, nachdem er gestellt war, in verschiedenen Teilen unseres Bundesgebietes solchen Widerhall gefunden hat, daß er aufrecht erhalten werden mußte, nachdem die Mehrheit des Unterausschusses und des Ausschusses sich gegen ihn ausgesprochen hatte.“ Im Namen des Verfassungsausschusses könne er natürlich nur bitten, den beiden Minderheitsanträgen nicht zuzustimmen. „Daß wir die Grundlegung unseres Zusammenbleibens und damit einer gedeihlichen politischen Entwicklung für die Zukunft nicht selbst wieder in Frage stellen dürfen, versteht sich wohl von selbst.“[722]

Der Abgeordnete Dr. Danneberg widersprach dem Berichterstatter. Wenn der Staat jetzt neu eingerichtet werde, dann solle er zweckmäßig eingerichtet werden, und darauf ziele der sozialdemokratische Antrag ab. Dieser Antrag sei nichts Ungeheuerliches, sondern habe sein Vorbild in der jüngsten deutschen Verfassung. Art 18 der deutschen Verfassung sehe vor, dass die Gliederung des Reiches in Länder unter möglichster Berücksichtigung des Willens der beteiligten Bevölkerung erfolgen solle. Das sei etwas ganz anderes, als der Antrag Fink wolle und es scheine ihm sachlich nicht ganz richtig, wenn der Berichterstatter

---

Fink und Genossen [Dr. Ramek und Dr. Aigner] zu Artikel 3 des Bundesverfassungsentwurfes.

[722] Stenographische Protokolle über die Sitzungen der Konstituierenden Nationalversammlung der Republik Österreich, 1920, Band III, 80. bis 102. Sitzung (Seite 2445 bis 3516), Wien 1920; Stenographisches Protokoll. 100. Sitzung der Konstituierenden Nationalversammlung der Republik Österreich. Mittwoch, den 29. September 1920, Seite 3380.

diese beiden Anträge miteinander in einen zeitlichen und vielleicht auch ursächlichen Zusammenhang gebracht habe. Der sozialdemokratische Antrag wolle, dass die Landesgrenzen innerhalb des Staates nach dem Willen der Bevölkerung gebildet werden. Der Antrag Fink konstituiere hingegen ein Recht auf Losreißung der Länder von der Republik und vom Staat. Unter mehrfach vermerkter Zustimmung der Nationalversammlung sagte Danneberg: „Es ist wohl noch selten vorgekommen, daß in einem Parlament ein solcher Antrag überhaupt gestellt worden ist, vielleicht war das überhaupt noch nie in der Geschichte da.“[723]

Der Vorarlberger Abgeordnete Dr. Schneider meldete sich zum Minderheitsantrag seines Landsmannes Fink in der Spezialdebatte über das erste Hauptstück. Der § 2 des Gesetzes führe in indikativer Form die Länder auf, die den neuen Bundesstaat bilden sollen. In dieser Aufzählung nehme aber der Paragraph keinerlei Rücksicht auf die Sonderstellung Vorarlbergs, die dieses Land, das er vertrete, seit dem Bestand der österreichischen Republik eingenommen habe.[724] Der Minoritätsantrag seines Kollegen Fink hätte den speziellen Wünschen Vorarlbergs gewissermaßen Rechnung tragen können, umso mehr, als er nicht nur im Interesse Vorarlbergs, sondern im gemeinsamen Interesse der verschiedensten Länder des neuen Bundesstaates gestellt worden sei. Es sei dem Landtag von Vorarlberg und auch dem Volk Vorarlbergs leider nicht möglich gewesen, vor dem Inkrafttreten der Verfassung zu ihr Stellung zu nehmen.

Der Vorarlberger Abgeordnete legte alle jene Dokumente wieder vor, die in der Frage des Selbstbestimmungsrechtes Vorarlbergs seit dem 3. November 1918 von der provisorischen Landesversammlung und vom Landtag beschlossen worden waren. Er wolle dokumentarisch den Inhalt des staatlichen Provisoriums niedergelegt haben, in dem sich Vorarlberg zu Österreich befindet. „Ich will festlegen, daß das Land Vorarlberg sich aus Gründen des Zwanges insbesondere aus Gründen des Diktatfriedens von St. Germain in den Rahmen Österreichs gefügt hat. Daß das Ganze ein Provisorium ist, das ist die tiefste und festeste Überzeugung unseres Volkes. Unser Volk steht ganz unbeugsam auf dem Standpunkte und hält den Willen unter allen Umständen aufrecht, daß es selbständig sei, daß ihm die Freiheit gewährt sein müßte, sich im gegebenen Zeitpunkte zu entschließen, das Land allenfalls auch an einen anderen Staat anzuschließen. Diesen unbeugsamen Willen und diesen Standpunkt unseres Volkes zu vertreten, ist in der gegenwärtigen Stunde unsere Aufgabe.“ Abgeordneter Schneider gab in

[723] Stenographisches Protokoll. 100. Sitzung der Konstituierenden Nationalversammlung der Republik Österreich. Mittwoch, den 29. September 1920, Seite 3387.
[724] Stenographisches Protokoll. 101. Sitzung der Konstituierenden Nationalversammlung der Republik Österreich. Donnerstag, den 30. September 1920, Seite 3428.

seinem Namen und im Namen der Abgeordneten Fink und Jutz die Erklärung zu Protokoll:

„Die von allen Parteien der provisorischen Landesversammlung von Vorarlberg am 3. November 1918 und am 15. März 1919 einhellig gefaßten Beschlüsse bestehen voll aufrecht. Auf Grund dieser Beschlüsse ist das Land Vorarlberg an die Republik Österreich nur provisorisch angeschlossen. Landtag und Volk von Vorarlberg beanspruchen nach wie vor und unter allen Umständen das unbedingte Recht, sich zu gegebener Zeit über den definitiven Anschluß des Landes an ein lebensfähiges Staatswesen frei zu entschließen. Dem derzeit in Verhandlung stehenden Gesetze über die Verfassung kann daher lediglich in dem Sinne die Zustimmung erteilt werden, daß Vorarlberg unter voller Wahrung seiner Selbständigkeitsrechte und Entschlußfreiheit auch unter der neuen Verfassung nur provisorisch im Rahmen des Staates Österreich verbleibt, wie es unter der bisher geltenden, provisorischen Verfassung Österreichs der Fall war.“[725]

Der Abgeordnete und frühere Vizekanzler Jodok Fink, der den Minderheitsantrag als Auftragsarbeit aus Vorarlberg, aber mit eigener mentaler Reservation gestellt hatte, vermied es, das Wort zu ergreifen, und der Abgeordnete Dr. Emil Schneider wurde später Unterrichtsminister für die gesamte Republik Österreich einschließlich Vorarlberg. Die Zustimmung der drei christlichsozialen Abgeordneten aus Vorarlberg erfolgte unter der Bedingung, dass Vorarlberg auch unter der neuen Verfassung nur provisorisch im Rahmen des Staates Österreich verbleibe, wie es unter der bisher geltenden, provisorischen Verfassung Österreichs der Fall war.“[726]

Rechtlich gesehen haben die drei Vorarlberger Abgeordneten der Bundesverfassung zugestimmt. Sie haben aber durch ihre Erklärung, die sie zu Protokoll gaben, der Vorarlberger Landesregierung und dem Vorarlberger Landtag das moralische Recht erhalten, innerhalb der Bundesverfassung weiterhin für das Selbstbestimmungsrecht der Vorarlberger einzutreten und den Anschluss an die Schweiz trotz allem nicht aus den Augen zu verlieren. Die neue Bundesverfassung blieb aber in Vorarlberg ungeliebt, da das Versprechen, dass Österreich eine föderative Verfassung nach dem Muster der Schweiz bekomme, nicht eingehalten wurde.

---

[725] Stenographisches Protokoll. 101. Sitzung der Konstituierenden Nationalversammlung der Republik Österreich. Donnerstag, den 30. September 1920, Seite 3430.
[726] Stenographisches Protokoll. 101. Sitzung der Konstituierenden Nationalversammlung der Republik Österreich. Donnerstag, den 30. September 1920, Seite 3430.

Die österreichische Verfassung trat am 10. November 1920 in Kraft. Als der Vorarlberger Landtag seine Bundesräte für die neue Länderkammer wählte, fasste er gleichzeitig den Beschluss: „Getreu der Haltung, welche die Provisorische Landesversammlung durch die Beschlüsse vom 3. November 1918 und 15. März 1919 eingenommen hat, entsendet der Vorarlberger Landtag seine Vertreter in den Bundesrat unter der feierlichen Verwahrung gegen die Annahme, daß dadurch in der provisorischen Zugehörigkeit des Landes und im Recht des Landes auf freie Selbstbestimmung etwas geändert werde."[727]

[727] Vögel, Franz: Hundert Jahre Vorarlberger Landtag 1861-1961. In: Landstände und Landtag in Vorarlberg. Geschichtlicher Rückblick aus Anlaß der Wiedererrichtung einer Volksvertretung vor hundert Jahren (1861-1961), hg. vom Land Vorarlberg; Bregenz 1961, S. 87-192, hier S. 143.

Sechster Teil:
Das Ende der Landesverfassung nach Schweizer Vorbild

1. Kapitel:
Die Folgen der Bundesverfassung für die Landesverfassung

Die Einigung über die Bundesverfassung vom 1. Oktober 1920 in der Nationalversammlung hatte entscheidende Auswirkungen auf die damals noch geltende Landesverfassung vom 14. März 1919, die nach Schweizer Vorbildern erstellt worden war und die deshalb von ihrer Struktur her nicht zur österreichischen Bundesverfassung passte. Das bundesstaatliche Homogenitätsprinzip, das in Art 99 Abs 1 der Bundesverfassung festgelegt worden war, beinhaltete schließlich die Verpflichtung, in Bund und Ländern dieselbe verfassungsrechtliche Grundordnung festzulegen.[728]

1. Emotionales Festhalten an der Landesverfassung von 1919

Die christlichsozialen Mitglieder des Vorarlberger Landesrates und des Landtages hatten zuerst versucht, die Bundesverfassung ebenfalls nach dem Schweizer Modell auszurichten. Sie haben konkrete Forderungen erhoben, die aber in Wien nicht erfüllt wurden. Landeshauptmann Otto Ender hatte immer wieder – allerdings ohne Erfolg – an das Versprechen an die Länder erinnert, dass Österreich eine föderative Verfassung nach dem Muster der Schweiz bekomme.[729] Wenn auch die Bundesverfassung so wie die Vorarlberger Landesverfassung von 1919 nach Schweizer Vorbild gestaltet worden wäre, hätte anschließend die Landesverfassung nicht geändert werden müssen, weil sie auch weiterhin zur Bundesverfassung gepasst hätte. Dieser Versuch ist misslungen. Die Vorarlberger Landesverfassung von 1919, die wegen ihrer Nähe zu den eidgenössischen Kantonsverfassungen und ihrer unkonventionellen und modernen Auffassungen völlig den Rahmen sprengte, war in Gefahr. Die neue Bundesverfassung von 1920 erforderte über kurz oder lang eine Änderung der Landesverfassung von 1919.

---

728 Pernthaler, Peter und Georg Lukasser: [Kommentierte Ausgabe der Vorarlberger Landesverfassung von 1984.] Das Verfassungsrecht der österreichischen Bundesländer. Vorarlberg. (= Handausgabe österreichischer Gesetze und Verordnungen, Neue Folge, Gruppe I, Verfassung, Organisation, Verwaltungsverfahren, Beamtenrecht, Staatskirchenrecht, Band 2/8), Wien 1995, S. 30.

729 Ender, Otto: Die Verfassung unserer Föderation. Aus: Reichspost. Unabhängiges Tagblatt für das christliche Volk, Morgenblatt, Jg. 27, Nr. 20, Wien 20. Jänner 1920, S. 1-2, hier S. 1.

Die Landesverfassung vom 14. März 1919 war maßgeschneidert für die Anschlussbewegung Vorarlbergs an die Schweiz. Es hat deshalb im Lande auch eine emotionale Bindung zu dieser ungewöhnlichen Landesverfassung bestanden. Wenn man die Landesverfassung aufgab, die fugenlos in das staatsrechtliche System der Eidgenossen gepasst hat, dann gab man wohl auch die Hoffnung auf einen Anschluss an die Schweiz auf. So gesehen wäre das Ende der Landesverfassung von 1919 auch das Ende eines Traumes gewesen. Die Idee vom Anschluss an die Schweiz war aber sowohl in der Bevölkerung als auch bei den Landespolitikern noch sehr lebendig, da man nicht an die Lebensfähigkeit der Republik Österreich glaubte.

In dieser Situation ist es verständlich, dass die christlichsozialen Mitglieder des Landtags und des Landesrates versuchten, die Landesverfassung vom 14. März 1919 in Vorarlberg möglichst lange in Geltung zu erhalten, obwohl die neue Bundesverfassung längst eine Novellierung der Landesverfassung erfordert hätte. Jede nachfolgende Landesverfassung konnte für Vorarlberg angesichts der Rahmenbedingungen der Bundesverfassung nur eine Verschlechterung der politischen Mitwirkungsrechte des Landes und seiner Bürger bringen.

2. Zweiundzwanzig Widersprüche zur Bundesverfassung

Die Vertreter der sozialdemokratischen Landtagsfraktion hatten nach dem Beschluss der Bundesverfassung wiederholt das Begehren gestellt, nunmehr auch die Landesverfassung von 1919 abzuändern. Die Abgeordneten der Mehrheitspartei hätten aber immer „etwas dicke Ohren“ dazu gemacht, wie Landesrat Fritz Preiß dazu bemerkte.[730]

Am 10. November des Jahres 1920 war eine Reihe von Bestimmungen des neuen Bundesverfassungsgesetzes in Kraft getreten. Dazu gehörte auch Art 101 der Bundesverfassung. Nach diesem Art 101 übte die gesamte Vollzugsgewalt im Lande – also sowohl die staatliche als auch die bisherige autonome Vollzugsgewalt – nunmehr die Landesregierung aus. Damit wurde der letzte Rest der Zweiteilung in der Landesverwaltung beseitigt. Die Bundesverfassung kennt seit damals nur mehr eine einzige Vollzugsbehörde im Land, und das ist die Landesregierung. Der Landesrat verschwindet und geht in der Landesregierung auf.

[730] Bericht des Rechtsausschusses über den Entwurf einer Verfassung für das Land Vorarlberg. In: Stenographische Sitzungsberichte der 4. (ordentlichen) Tagung des 11. Vorarlberger Landtages zu Bregenz, 1923; Eröffnung des Landtages am 23. Jänner 1923; 10. Sitzung des Vorarlberger Landtags am 27. März 1923 unter dem Vorsitze des Herrn Landeshauptmannes Dr. Otto Ender, S. 8-65, hier S. 14.

Diesem geänderten Rechtszustand wurde in Vorarlberg Rechnung getragen, indem man mit Beginn des Jahres 1921 den Landesrat aufgelassen und mit der Landesregierung vereinigt hatte. Die Landesräte sind Mitglieder der Landesregierung geworden und das Amt des Landesrates wurde mit dem Amt der Landesregierung verschmolzen.

Dieser geänderte Rechtszustand stimmte aber mit der Landesverfassung vom 14. März 1919 nicht mehr überein. Bundesverfassung und Landesverfassung klafften auseinander. Im § 11 der Landesverfassung von 1919 heißt es: „Die Landesregierung besteht aus dem Landeshauptmanne als Vorsitzendem und zwei Mitgliedern des Landesrates als Beisitzern, die den Titel ‚Erster und Zweiter Landeshauptmann-Stellvertreter' führen."[731] Nach dem dritten Absatz des Art 101 der Bundesverfassung besteht aber die Landesregierung seit dem 10. November 1920 aus dem Landeshauptmann, den Landeshauptmannstellvertretern und aus weiteren Mitgliedern. Der Landtag hat deshalb beschlossen, dass es sich bei diesen weiteren Mitgliedern der Landesregierung im Sinne der Bundesverfassung um die Landesräte handeln soll.[732] Damit hatte der Vorarlberger Landtag – um der Bundesverfassung Genüge zu tun – einen Beschluss gefasst, der mit seiner eigenen Landesverfassung von 1919 in Widerspruch stand.

Angesichts der Tatsache, dass Bundesverfassung und Landesverfassung einander widersprachen, machte der christlichsoziale Landeshauptmannstellvertreter und Rechtsanwalt Dr. Ferdinand Redler in der 22. Sitzung des Vorarlberger Landtags am 20. Jänner 1921 ein „Geständnis": „Von Rechts wegen müßte man eigentlich unsere Landesverfassung abändern, ich gebe dies ohne weiteres zu. Es wäre überhaupt notwendig, einige Bestimmungen unserer Landesverfassung abzuändern. (Zwischenruf: So ist es!) Ein Herr Kollege hat sich kürzlich die Mühe genommen und hat jene Bestimmungen unserer Landesverfassung herausgesucht, welche mit der Bundesverfassung nicht mehr ganz in Einklang zu bringen sind. Er hat im ganzen 22 Stellen gefunden."[733]

---

731 Gesetz vom 14. März 1919 über die Verfassung des Landes Vorarlberg, Vorarlberger LGBl. 22/1919, § 11.

732 Bericht des Verfassungsausschusses über die Bestellung des bisherigen Landesrates als Landesregierung im Sinne des Bundesverfassungsgesetzes. In: Stenographische Sitzungsberichte der 2. (ordentlichen) Tagung des 11. Vorarlberger Landtages zu Bregenz 1920. Eröffnung des Landtages am 7. Mai 1920. Bregenz 21; 22. Sitzung des Vorarlberger Landtags am 20. Jänner 1921 unter dem Vorsitze des Herrn Landeshauptmannes Dr. Otto Ender, S. 33-37, hier S. 35.

733 Bericht des Verfassungsausschusses über die Bestellung des bisherigen Landesrates als Landesregierung im Sinne des Bundesverfassungsgesetzes. In: Stenographische Sitzungsberichte der 2. (ordentlichen) Tagung des 11. Vorarlberger Landtages zu Bregenz 1920. Eröff-

Nun bat der Christlichsoziale Dr. Ferdinand Redler als Berichterstatter aber zu bedenken, dass das Bundesverfassungswerk von 1920 noch nicht zum Abschluss gekommen sei. Es habe erst seinen Anfang genommen. Durch die Bundesverfassung wurde es notwendig, eine Reihe von weiteren Gesetzen zu schaffen. Die Bundesregierung hatte gerade das Bundesgesetz über die Bezirksvertretungen ausgearbeitet. Sobald es beschlossen werde, müssten die Landtage innerhalb von vier Monaten ein Ausführungsgesetz dazu schaffen. Damit kämen wieder wichtige Änderungen, die abermals eine Änderung der Landesverfassung von 1919 nach sich zögen. Es sei deshalb nicht am Platze, sagte Landeshauptmannstellvertreter Dr. Redler am 20. Jänner 1921 – knapp 22 Monate nach Beschluss der Landesverfassung nach Schweizer Vorbild – die Vorarlberger Verfassung zu ändern, um nach vier oder fünf Monaten wieder daran gehen zu müssen, sie abzuändern. Man solle überhaupt nicht zuviel an einem Gesetz ändern, sondern nur jene Änderungen vornehmen, die wirklich unbedingt notwendig seien. Wenn dieser Satz ganz allgemein gelte, dann gelte er ganz besonders für Verfassungsgesetze.[734]

3. Totalrevision der Schweiz-kompatiblen Landesverfassung

Die legendäre Landesverfassung nach Schweizer Vorbildern war von der Vorarlberger Landesversammlung am 14. März 1919 beschlossen worden. Nach dem Beschluss der österreichischen Bundesverfassung am 1. Oktober 1920 in der Nationalversammlung begann das Ablaufdatum der Landesverfassung von 1919 zu laufen. Die neue Landesverfassung, mit der Vorarlberg seine Schweizer Pläne endgültig begraben musste, wurde im Vorarlberger Landtag aber erst am 27. März 1923 beschlossen.

Der Entwurf der neuen Landesverfassung wurde den Abgeordneten zum Vorarlberger Landtag erst am 23. März 1923 im Rechtsausschuss übergeben. In der neuen Landesverfassung von 1923 sei eine Reihe von Dingen enthalten, die als gut bezeichnet werden könnten, meinten die Sozialdemokraten. Aber das Gute, das in der Verfassung zu finden sei, gehe nicht auf Rechnung der Mehrheitspartei, sondern sei deswegen in die Verfassung hineingekommen, „weil es dort ste-

---

nung des Landtages am 7. Mai 1920. Bregenz 21; 22. Sitzung des Vorarlberger Landtags am 20. Jänner 1921 unter dem Vorsitze des Herrn Landeshauptmannes Dr. Otto Ender, S. 33-37.

[734] Bericht des Verfassungsausschusses über die Bestellung des bisherigen Landesrates als Landesregierung im Sinne des Bundesverfassungsgesetzes. In: Stenographische Sitzungsberichte der 2. (ordentlichen) Tagung des 11. Vorarlberger Landtages zu Bregenz 1920. Eröffnung des Landtages am 7. Mai 1920. Bregenz 21; 22. Sitzung des Vorarlberger Landtags am 20. Jänner 1921 unter dem Vorsitze des Herrn Landeshauptmannes Dr. Otto Ender, S. 33-37, hier S. 34.

hen muß, weil unsere Verfassung sich ja der Bundesverfassung anpassen muß." Berichterstatter Dr. Redler entgegnete, dass die Bundesverfassung, als sie Ende 1920 verlautbart wurde, nicht vollständig gewesen sei. Sie sei erst im Laufe der Zeit vervollständigt worden. Daher sei es ganz am Platze gewesen, dass man in Vorarlberg mit der Schaffung der neuen Landesverfassung nicht allzu sehr übereilte.[735]

Nach Meinung des Berichterstatters Dr. Redler am 27. März 1923 standen die grundlegenden Bestimmungen der Landesverfassung von 1919 mit der Bundesverfassung 1920 im Einklang, besonders in der wichtigen Frage der staatsrechtlichen Stellung Vorarlbergs als Glied eines Bundesstaates. Ebenso klar war aber für ihn, dass da und dort Widersprüche aufschienen; denn es konnte im März 1919 niemand wissen, was die eineinhalb Jahre später erscheinende Bundesverfassung bringen werde. Es sei nun selbstverständlich, dass die Bestimmungen der Landesverfassung von 1919 mit der Bundesverfassung in Einklang zu bringen seien.[736] Die Feststellung Redlers, dass die Bestimmungen der Landesverfassung von 1919 mit der Bundesverfassung von 1920 durchaus in Einklang gestanden seien, würde einer Prüfung sicher nicht standhalten. Es gab zu viele strukturelle Unterschiede. Im Jänner 1921 hatte er selbst noch im Landtag erklärt, dass 22 Bestimmungen der Landesverfassung von 1919 mit der Bundesverfassung in Widerspruch stünden und die Vorarlberger Landesverfassung eigentlich von Rechts wegen abgeändert werden müsste.[737]

Es erhob sich im Jahre 1923 die Frage, ob die bisherige Landesverfassung beibehalten werden solle und ob lediglich durch eine Teilnovelle die erforderlichen Änderungen daran vorzunehmen seien oder ob die bisherige Landesverfassung zur Gänze aufgehoben und ein neues Verfassungswerk geschaffen werden soll. Dr. Redler glaubte, dass man sich für die zweite Möglichkeit entscheiden müsse

[735] Eine ausgezeichnete zusammenfassende Schilderung der Vorarlberger Landesverfassung von 1923 findet sich in: Brandtner, Werner, Franz Hämmerle und Johannes Müller: Der Vorarlberger Landtag. In: Föderalismus und Parlamentarismus in Österreich, hg. von Herbert Schambeck, Wien 1992, S. 539-588, hier S. 551-553.

[736] Bericht des Rechtsausschusses über den Entwurf einer Verfassung für das Land Vorarlberg. In: Stenographische Sitzungsberichte der 4. (ordentlichen) Tagung des 11. Vorarlberger Landtages zu Bregenz, 1923; Eröffnung des Landtages am 23. Jänner 1923; 10. Sitzung des Vorarlberger Landtags am 27. März 1923 unter dem Vorsitze des Herrn Landeshauptmannes Dr. Otto Ender, S. 8-65, hier S. 8.

[737] Bericht des Verfassungsausschusses über die Bestellung des bisherigen Landesrates als Landesregierung im Sinne des Bundesverfassungsgesetzes. In: Stenographische Sitzungsberichte der 2. (ordentlichen) Tagung des 11. Vorarlberger Landtages zu Bregenz 1920. Eröffnung des Landtages am 7. Mai 1920. Bregenz 21; 22. Sitzung des Vorarlberger Landtags am 20. Jänner 1921 unter dem Vorsitze des Herrn Landeshauptmannes Dr. Otto Ender, S. 33-37, hier S. 34.

und auch der Rechtsausschuss habe diese Meinung vertreten. Diese Äußerungen des Berichterstatters waren ebenfalls eine unzutreffende Einschätzung der Lage. Es wäre keineswegs möglich gewesen, nur eine Teilnovellierung der Landesverfassung von 1919 vorzunehmen. Sie war als Abbild einer kantonalen Verfassung völlig anders strukturiert als eine Landesverfassung, wie sie in Hinblick auf die Bundesverfassung vorgesehen und gefordert war. Es war – nach der Verlautbarung der Bundesverfassung – nur noch eine völlige Abkehr von der ideenreichen Landesverfassung von 1919 mit ihren Schweizer Vorstellungen und eine Hinwendung zur Republik Österreich möglich. Es steht jedenfalls fest, dass von der Originalität der Landesverfassung 1919 in der Landesverfassung 1923 nichts mehr zu finden ist.[738] Mit der neuen Landesverfassung[739] gliederte sich Vorarlberg endgültig in den Bundesstaat Österreich ein.[740]

2. Kapitel: Vorarlberg in der Landesverfassung als „Staat wie ein Kanton"

Der Entwurf des Vorarlberger Landesverfassungsgesetzes aus dem Jahre 1923 führte in Art 1 Abs 1 aus, dass Vorarlberg ein selbständiges Bundesland der demokratischen Republik Österreich sei. Im Abs 2 wurde Vorarlberg als selbständiger Staat bezeichnet: „Als selbständiger Staat übt Vorarlberg alle Hoheitsrechte aus, die nicht ausdrücklich dem Bunde übertragen sind oder übertragen werden."[741]

Damit sei nicht nur die Selbständigkeit als solche betont, erläuterte der Berichterstatter des Rechtsausschusses Dr. Redler, sondern es werde zum Ausdruck gebracht, dass Vorarlberg das Glied eines Bundesstaates sei. Durch den Umstand, dass das Land Vorarlberg das Glied eines Bundesstaates sei, komme dem Lande der Charakter eines selbständigen Staates zu, denn es gehöre bekanntermaßen zum Wesen eines Bundesstaates, dass er sich aus mehreren selbständigen Staaten, den so genannten Gliedstaaten, zusammensetze. Es heiße daher mit Absicht,

---

[738] Brandtner, Werner: Vorwort. In: Brandtner, Werner und Harald Schneider: Landesverfassung mit Materialien, 2. Auflage, Bregenz1999, S. 14.

[739]Gesetz über die Verfassung des Landes Vorarlberg, LGBl. Nr. 47/1923.

[740] Brandtner, Werner, Franz Hämmerle und Johannes Müller: Der Vorarlberger Landtag. In: Föderalismus und Parlamentarismus in Österreich, hg. von Herbert Schambeck, Wien 1992, S. 539-588, hier S. 553.

[741] Beilage 39/1923 zu den stenogr. Berichten des Vorarlberger Landtages, 4. Tagung des 11. Landtages 1923: Gesetz über die Verfassung des Landes Vorarlberg, Art 1 Abs 2. In: Stenographische Sitzungsberichte der 4. (ordentlichen) Tagung des 11. Vorarlberger Landtages zu Bregenz, 1923; Eröffnung des Landtages am 23. Jänner 1923, S. 221-230, hier S. 221.

Vorarlberg übe „als selbständiger Staat" alle Hoheitsrechte aus, die nicht ausdrücklich dem Bund übertragen seien oder noch übertragen würden.

Es solle damit klar zum Ausdrucke gebracht werden, dass man Vorarlberg als einen selbständigen Staat betrachten müsse. In diesem Satze kommt aber – wie der Berichterstatter weiter ausführte – auch noch ein weiterer Gedanke zum Ausdruck, nämlich, dass die Hoheitsrechte in erster Linie in die Kompetenz der Länder gehören und nicht in die des Bundes. Der Bund soll nur jene Hoheitsrechte haben, die ihm ausdrücklich übertragen worden sind oder in der Folge übertragen werden.[742]

Für die fünf sozialdemokratischen Abgeordneten war diese Einstufung Vorarlbergs als selbständiger Staat ein Dorn im Auge. Der Arbeitersekretär Anton Linder beantragte, das Wort „Staat" durch das Wort „Land" zu ersetzen.[743] Der sozialdemokratische Werkführer Franz Rauscher aus Levis bemerkte mit einer gewissen Häme, dass die 23 christlichsozialen Landtagsabgeordneten offenbar einen Schwenk von ihren Schweizer Vorbildern in Richtung Wien gemacht hätten: „Es hat eine Zeit gegeben, wo sich unser Rechtsgelehrter bei Erstellung von Verfassungen und Wahlordnungen so ziemlich enge an unser Nachbarland über dem Rheine angelehnt hat. Ich vermisse eigentlich sehr, daß man die Orientierung in diesem Punkte scheinbar in Wien geholt hat und nicht die Verfassung der Republik Schweiz angesehen hat für Artikel 1. Unter diesen 23 Kantonen mit einer Bevölkerung, die die Bevölkerung Vorarlbergs weit überragt, ist dennoch kein einziger als Staat bezeichnet und ich fürchte sehr, daß wir unser Ländchen bis zu einem gewissen Grade der Lächerlichkeit preisgeben, wenn wir mit unseren 130.000 Einwohnern uns als Staat fühlen wollen. Ich bitte daher das hohe Haus, dem Antrage zuzustimmen, daß die Streichung des Wortes ‚Staat' durchgeführt werde."[744]

---

[742] Bericht des Rechtsausschusses über den Entwurf einer Verfassung für das Land Vorarlberg. In: Stenographische Sitzungsberichte der 4. (ordentlichen) Tagung des 11. Vorarlberger Landtages zu Bregenz, 1923; Eröffnung des Landtages am 23. Jänner 1923; 10. Sitzung des Vorarlberger Landtags am 27. März 1923 unter dem Vorsitze des Herrn Landeshauptmannes Dr. Otto Ender, S. 8-65, hier S. 9.

[743] Bericht des Rechtsausschusses über den Entwurf einer Verfassung für das Land Vorarlberg. In: Stenographische Sitzungsberichte der 4. (ordentlichen) Tagung des 11. Vorarlberger Landtages zu Bregenz, 1923; Eröffnung des Landtages am 23. Jänner 1923; 10. Sitzung des Vorarlberger Landtags am 27. März 1923 unter dem Vorsitze des Herrn Landeshauptmannes Dr. Otto Ender, S. 8-65, hier S. 43.

[744] Bericht des Rechtsausschusses über den Entwurf einer Verfassung für das Land Vorarlberg. In: Stenographische Sitzungsberichte der 4. (ordentlichen) Tagung des 11. Vorarlberger Landtages zu Bregenz, 1923; Eröffnung des Landtages am 23. Jänner 1923; 10. Sitzung des Vorarlberger Landtags am 27. März 1923 unter dem Vorsitze des Herrn Landeshauptmannes Dr. Otto Ender, S. 8-65, hier S. 43.

Dr. Redler erwiderte den beiden Sozialdemokraten, dass die Größe eines Landes gar keine Rolle spiele, wenn es sich um die Frage handelt, ob ein Land ein Staat sei. Liechtenstein sei ein Staat, anerkanntermaßen ein Staat und habe kaum 10.000 Einwohner. Bei Entscheidung der Frage, ob Vorarlberg ein Staat sei oder nicht, sei nur die eine Vorfrage zu untersuchen, ob Österreich ein Bundesstaat sei. Diese Vorfrage sei ganz entschieden zu bejahen. Die Bundesverfassung bezeichne Österreich ausdrücklich als Bundesstaat. Österreich müsse kein Staatenbund sein, damit sich die Gliedstaaten als selbständige Staaten bezeichnen können. Nein, es genüge ein Bundesstaat. So habe er es wenigstens auf der Universität gelernt. Dort habe er im Staatsrecht gelernt, dass zum Wesen eines Bundesstaates gehöre, dass er sich aus mehreren Gliedern, die selbständige Staaten sind, zusammensetzt. „Nachdem Österreich tatsächlich ein Bundesstaat ist, sind seine Glieder Staaten; sie haben staatliche Selbständigkeit. So gut, wie die Kantone in der Schweiz Staaten sind, so gut sind auch die Länder Österreichs Staaten; auch die Schweiz ist ein Bundesstaat und kein Staatenbund.“[745]

Die Auseinandersetzungen über den Staatsbegriff in der Vorarlberger Landesverfassung, die sich über Jahrzehnte hinzogen, haben damals ihren Ausgang genommen. Mit der Bezeichnung Vorarlbergs als selbständiger „Staat“ wird in der Landesverfassung von 1923 ausgedrückt, dass im Bundesstaat nicht nur der Bund, sondern auch die Länder Träger „ursprünglicher, nicht abgeleiteter Staatsgewalt“ sind. Wie Peter Pernthaler schreibt, ist hier die Staatsgewalt bereits an der Wurzel, beim Träger der Volkssouveränität, nämlich dem Bundes- und Landesvolk, geteilt. Diese dualistische Bundesstaatstheorie wird in Österreich von einem Teil der Lehre heftig umkämpft und für theoretisch unrichtig erklärt.[746]

---

[745] Bericht des Rechtsausschusses über den Entwurf einer Verfassung für das Land Vorarlberg. In: Stenographische Sitzungsberichte der 4. (ordentlichen) Tagung des 11. Vorarlberger Landtages zu Bregenz, 1923; Eröffnung des Landtages am 23. Jänner 1923; 10. Sitzung des Vorarlberger Landtags am 27. März 1923 unter dem Vorsitze des Herrn Landeshauptmannes Dr. Otto Ender, S. 8-65, hier S. 43.

[746] Pernthaler, Peter und Georg Lukasser: [Kommentierte Ausgabe der Vorarlberger Landesverfassung von 1984.] Das Verfassungsrecht der österreichischen Bundesländer. Vorarlberg. (= Handausgabe österreichischer Gesetze und Verordnungen, Neue Folge, Gruppe I, Verfassung, Organisation, Verwaltungsverfahren, Beamtenrecht, Staatskirchenrecht, Band 2/8), Wien 1995, S. 28-29.

3. Kapitel: Beseitigung überholter Verfassungsbestimmungen

Vorarlberg erklärte sich in der Landesverfassung von 1923 als selbständiges Bundesland der Republik Österreich und als selbständiger Staat.[747] Vorarlberg ist ein Gliedstaat des Bundesstaates Österreich, der im Gegensatz zur Verfassung von 1919 dieses Mal vor dem Hintergrund der Bundesverfassung namentlich genannt ist. Die Landesverfassung von 1923 brachte in der politischen Orientierung Vorarlbergs einen offiziellen Schwenk von Bern nach Wien. In der neuen Landesverfassung wurden im Art 6 auch erstmalig die Hoheitszeichen des Landes auf Verfassungsstufe festgelegt und in Art 4 Bregenz als Landeshauptstadt bestimmt. Die Wahl- und Stimmpflicht wurde im Art 7 von der bisherigen Verfassung übernommen. Für die Landtagswahl wurde das Land in Art 8 in Wahlkreise eingeteilt. Die Landtagsperiode wurde nicht mehr in Sessionen unterteilt. Mit dieser Regelung in Art 9 wurde allerdings nur eine bereits lang gepflegte Übung in der Verfassung nachvollzogen, denn die Sessionen standen nur noch auf dem Papier. Der Landtag wurde schon lange das ganze Jahr über nach Bedarf einberufen.

Die direkte Demokratie, die mit dem Referendum und der Initiative nach Schweizer Vorbild ein Glanzstück der Landesverfassung von 1919 gebildet hatte, war in der Nachfolgeverfassung nicht mehr so ausgeprägt. Volksbegehren und Volksabstimmung wurden zwar übernommen, das zwingende Referendum bei Vorliegen eines Volksbegehrens entfiel jedoch, wie man aus Art 16 ersehen kann. Die Zahl der Unterschriften für die Einleitung einer Volksabstimmung wurde auf 15.000 erhöht, die Frist laut Art 26 nach Annahme des Gesetzes in dritter Lesung auf sechs Wochen verlängert.

Ursprünglich sollte die Landesregierung nach den Grundsätzen des Verhältniswahlverfahrens vom Landtag gewählt werden, wie dies auch in anderen Ländern der Fall war. Otto Ender stellte jedoch erst im Plenum des Landtags den Antrag, für die Wahl der Landesregierung das Mehrheitswahlrecht einzuführen.[748] Der vollkommen überraschte sozialdemokratische Abgeordnete Fritz Preiß erklärte nach einer Sitzungsunterbrechung, „daß der Herr Landeshauptmann plötzlich am Rednerpult erschienen ist und hier eine Bombe hineingeworfen hat, daß an

[747] Brandtner, Werner, Franz Hämmerle und Johannes Müller: Der Vorarlberger Landtag. In: Föderalismus und Parlamentarismus in Österreich, hg. von Herbert Schambeck, Wien 1992, S. 539-588, hier S. 551.
[748] Brandtner, Werner, Franz Hämmerle und Johannes Müller: Der Vorarlberger Landtag. In: Föderalismus und Parlamentarismus in Österreich, hg. von Herbert Schambeck, Wien 1992, S. 539-588, hier S. 552.

Stelle des Proporzverfahrens für die Landesregierung das Mehrheitsprinzip gelten soll".[749]

Der Landeshauptmann war durch eine Regelung des Art 11, die von der Bundesverfassung her nötig wurde, nicht mehr automatisch Vorsitzender des Landtages. Wenn man auch den Bestimmungen der Bundesverfassung und der geänderten rechtlichen Stellung des Landeshauptmannes im Entwurf Rechnung tragen wolle, so dürfe man aber doch auf der anderen Seite nicht so weit gehen, das Kind mit dem Bade auszuschütten. Es hatte nämlich im Rechtsausschuss auch Anträge der Sozialdemokraten gegeben, den Landeshauptmann sogar vom Landtagspräsidium auszuschließen. Das ging aber den Christlichsozialen zu weit. Sie waren der Meinung, das würde mit den alten Traditionen Vorarlbergs nicht in Übereinstimmung stehen. In Vorarlberg war die Gewaltenteilung – so wie in manchen Schweizer Kantonen – völlig unterentwickelt. Der Landeshauptmann war nach der Verfassung von 1919 gleichzeitig Vorsitzender des Landtags, des Landesrates und der Landesregierung. Man würde eine Bestimmung, die das ändern würde, im Lande nicht begreifen, meinte der Berichterstatter. Es sollte deshalb lediglich die Möglichkeit und keineswegs der Zwang geschaffen werden, einen anderen Landtagspräsidenten zu wählen als den Landeshauptmann. Der Landeshauptmann sollte aber ebenso gut zum Landtagspräsidenten gewählt werden können wie jedes andere Mitglied des Landtags.[750]

Der Landeshauptmann vereinigte nunmehr in sich alle Funktionen des früheren Landeshauptmannes, überdies wurde er aber jetzt auch noch der alleinige Träger der mittelbaren Bundesverwaltung und als solcher Rechtsnachfolger des früheren Statthalters.

Die Landesverfassung von 1919 sah auf dem Papier immer noch die Zweiteilung zwischen Landesregierung und Landesrat vor. Sie war aber in der Praxis bereits durch einen Landtagsbeschluss ausgemerzt worden. Die politische Wirklichkeit stand im Gegensatz zur geschriebenen Verfassung. Ein Überbleibsel aus der Zweiteilung in Landesrat und Landesregierung waren noch die zwei Lan-

---

[749] Bericht des Rechtsausschusses über den Entwurf einer Verfassung für das Land Vorarlberg. In: Stenographische Sitzungsberichte der 4. (ordentlichen) Tagung des 11. Vorarlberger Landtages zu Bregenz, 1923; Eröffnung des Landtages am 23. Jänner 1923; 10. Sitzung des Vorarlberger Landtags am 27. März 1923 unter dem Vorsitze des Herrn Landeshauptmannes Dr. Otto Ender, S. 8-65, hier S. 56.

[750] Bericht des Rechtsausschusses über den Entwurf einer Verfassung für das Land Vorarlberg. In: Stenographische Sitzungsberichte der 4. (ordentlichen) Tagung des 11. Vorarlberger Landtages zu Bregenz, 1923; Eröffnung des Landtages am 23. Jänner 1923; 10. Sitzung des Vorarlberger Landtags am 27. März 1923 unter dem Vorsitze des Herrn Landeshauptmannes Dr. Otto Ender, S. 8-65, hier S. 11.

deshauptmannstellvertreter. Vor dieser Zweiteilung hatte Vorarlberg stets nur einen Landeshauptmannstellvertreter. Nach der provisorischen Staatsverfassung mussten aber wenigstens zwei Landeshauptmannstellvertreter gewählt werden. Die frühere Landesregierung musste ein Kollegium sein, das die Aufgabe hatte, die mittelbare Bundesverwaltung, also die Geschäfte des Gesamtstaates im Lande, zu besorgen. Nach der provisorischen Verfassung musste dieses Kollegium aus dem Landeshauptmann und wenigstens zwei, höchstens vier Landeshauptmannstellvertretern bestehen. Nachdem die Zweiteilung in Landesrat und Landesregierung wieder beseitigt wurde, war nur noch die Landesregierung als Rechtsnachfolger des alten Landesausschusses vorhanden. Träger der mittelbaren Bundesverwaltung wurde eine Einzelperson, der Landeshauptmann. Er allein besorgte nunmehr die Geschäfte des Bundesstaates im Lande, soweit es sich um Angelegenheiten der mittelbaren Bundesverwaltung handelte. Im Falle seiner Verhinderung vertrat ihn der Landeshauptmannstellvertreter. Es gab kein Kollegium mehr, das die mittelbare Bundesverwaltung zu besorgen hatte. Infolgedessen entfiel nach Ansicht der Mehrheitspartei auch die Notwendigkeit der Bestellung eines zweiten Landeshauptmannstellvertreters. Die Verfassung sah daher nur noch die Wahl eines einzigen Landeshauptmannstellvertreters vor.[751]

4. Kapitel: Schweizer Vorbilder in der Landesverfassung von 1923

1. Der Landesstatthalter als Schweizer Aufputz

Am 27. März 1923 wurde die Landesverfassung in zweiter Lesung mit qualifizierter Mehrheit zum Beschluss erhoben. Der Landtag wurde noch vor der dritten Lesung vertagt und die Landesregierung hat den in zweiter Lesung beschlossenen Gesetzestext zur Vorgenehmigung an das Bundeskanzleramt geschickt. Otto Ender ersuchte, etwa bestehende Bedenken gegen den Verfassungstext bekannt zu geben, damit der Landtag in die Lage komme, diese noch vor Vornahme der dritten Lesung zu berücksichtigten und den Gesetzentwurf in einer solchen Fassung in dritter Lesung zu erledigen, dass kein Einspruch der Bundesre-

[751] Bericht des Rechtsausschusses über den Entwurf einer Verfassung für das Land Vorarlberg. In: Stenographische Sitzungsberichte der 4. (ordentlichen) Tagung des 11. Vorarlberger Landtages zu Bregenz, 1923; Eröffnung des Landtages am 23. Jänner 1923; 10. Sitzung des Vorarlberger Landtags am 27. März 1923 unter dem Vorsitze des Herrn Landeshauptmannes Dr. Otto Ender, S. 8-65, hier S. 13.

gierung auf Grund des Bundesverfassungsgesetzes zu erwarten sei.[752] Das Bundeskanzleramt hat in einem ausführlichen Erlass vom 7. April 1923 zur Landesverfassung Stellung genommen. Einige Artikel bedurften der Änderung. Sie wurden deshalb am 30. Juli 1923 im Landtag „in Wiedererwägung gezogen".

Bei dieser Gelegenheit erfüllte sich der christlichsoziale Abgeordnete Dr. Johann Josef Mittelberger einen persönlichen Wunsch. Der große Schweizerfreund, der die Landesverfassung von 1919 als maßgeblicher Mitstreiter nach Schweizer Vorbildern mitgestaltet hatte, beantragte, auch die Artikel 28 und 29 in Wiedererwägung zu ziehen, obwohl sie vom Bundeskanzleramt im Zuge der Vorgenehmigung nicht gerügt worden waren. In zweiter Lesung war bereits beschlossen, dass die Landesregierung gemäß Art 28 Abs 2 aus dem Landeshauptmann, dem Landeshauptmannstellvertreter und fünf weiteren Mitgliedern – den Landesräten – zu bestehen habe.

Dr. Mittelberger sagte, in den Paragraphen 28 und 29 komme der Titel Landeshauptmannstellvertreter vor. Man habe nach dem Zusammenbruch mit diesen Stellvertreter-Titeln sehr ausgiebig gewirtschaftet. Man sollte jede Gelegenheit benützen, um sie zu beseitigen. Er würde nun den Antrag stellen, den Artikel 28 in Wiedererwägung zu ziehen und den Titel „Landeshauptmannstellvertreter" durch „Landesstatthalter" zu ersetzen.[753]

Mittelberger meinte: „Der Antrag dürfte manchem ungewöhnlich klingen und Erinnerungen an vergangene Zeiten erwecken. – Sie müssen mich nicht so entsetzt anschauen. Mir schwebt der Gedanke an die Schweiz vor, wo ebenfalls der Vertreter des Landammanns nicht den Titel ‚Landammannstellvertreter', sondern den Titel ‚Landesstatthalter' hat. Ich glaube, daß man diesem meinem Wunsch nachkommen könnte. Nicht nur, weil dieser Titel schöner und anziehender ist als der Titel ‚Landeshauptmannstellvertreter', den ein normaler Mensch in der Regel auch nicht gebrauchen kann und mag; mir scheint durch den Titel ‚Landesstatthalter' auch die Eigenstaatlichkeit des Landes stärker be-

[752] Wien, Archiv der Republik: Inneres/Justiz, Staatskanzlei – BKA/alt, Karton 230, Varia 1921-1923, Bundeskanzleramt, Landesgesetze und Verordnungen, Einbringer: Landesregierung Vorarlberg, Gegenstand: Vorarlberger Landesverfassung 1923, Zahl G-16: Brief von Landeshauptmann Otto Ender an das Bundeskanzleramt, Präsidium, vom 30. März 1923, IX-Zl. 1091/1: Ersuchen um Vorgenehmigung der Vorarlberger Landesverfassung.

[753] Dritte Lesung der Verfassung für das Land Vorarlberg. In: Stenographische Sitzungsberichte der 4. (ordentlichen) Tagung des 11. Vorarlberger Landtages zu Bregenz, 1923; Eröffnung des Landtages am 23. Jänner 1923; 12. Sitzung des Vorarlberger Landtags am 30. Juli 1923 unter dem Vorsitze des Herrn Landeshauptmannes Dr. Otto Ender, S. 2-13, hier S. 9.

tont zu werden, als es bis jetzt der Fall war. Ich bitte, dem Antrag stattzugeben."[754]

Landeshauptmannstellvertreter Dr. Redler ersuchte den Antragsteller, er möge auch beantragen, nach dem Worte „Landesstatthalter" das erste Mal in Klammer „Landeshauptmannstellvertreter" dazu zu setzen. Das müsse sein, damit man wisse, was der Landesstatthalter bedeute. Die Anträge wurden von den überraschten Abgeordneten ohne Debatte mit der nötigen qualifizierten Mehrheit angenommen.

2. Der Landesstatthalter in den Kantonsverfassungen

Der Abgeordnete Dr. Mittelberger hat sich auf der Suche nach einem passenden Titel für den Landeshauptmannstellvertreter vor allem in den besonders demokratisch anmutenden Landsgemeindekantonen umgeschaut. Er hatte schon 1919 für die Landesverfassung Anleihen bei den Kantonen mit ausgeprägter direkter Demokratie genommen.

Die Landsgemeinde wird in der Verfassung des Kantons Glarus in Art 31 als die Versammlung aller stimmberechtigten Landesbewohner geschildert. Sie ist die souveräne Behörde des Kantons. Die Landsgemeinde gibt es im Kanton Glarus schon seit 1387 und sie besteht heute noch. Den Vorsitz an der Landsgemeinde führt der im Amte stehende Landammann, in seiner Verhinderung der Landesstatthalter.[755] Der Regierungsrat, bestehend aus dem Landammann als Präsidenten, dem Landesstatthalter als Vizepräsidenten und fünf Mitgliedern, wird von der Landsgemeinde gewählt und ist die oberste Vollziehungs- und Verwaltungsbehörde des Kantons. Ihm obliegt die Aufsicht über die Landes- und Gemeindeverwaltungen, die Wahrnehmung der Interessen des Kantons nach außen, sowie die Führung der Regierungsgeschäfte und die Sorge für die Erhaltung der öffentlichen Ruhe und Sicherheit im Innern.[756] Landammann und Landesstatthalter dürfen nicht gleichzeitig den eidgenössischen Räten angehören. Der Landesstatthalter hat in diesem Landsgemeindekanton als Stellvertreter des Landammanns eine lange demokratische Tradition.

---

[754] Dritte Lesung der Verfassung für das Land Vorarlberg. In: Stenographische Sitzungsberichte der 4. (ordentlichen) Tagung des 11. Vorarlberger Landtages zu Bregenz, 1923; Eröffnung des Landtages am 23. Jänner 1923; 12. Sitzung des Vorarlberger Landtags am 30. Juli 1923 unter dem Vorsitze des Herrn Landeshauptmannes Dr. Otto Ender, S. 2-13, hier S. 9-10.

[755] Verfassung des Kantons Glarus. - [S.l.], [s.n.], gedr. 1887, Schwanden, Tschudy-Aebly. Art 34.

[756] Verfassung des Kantons Glarus. - [S.l.], [s.n.], gedr. 1887, Schwanden, Tschudy-Aebly, S. 16, III: Vollziehungs- und Verwaltungsbehörde: Art 48.

Im Kanton Unterwalden hat es vom Jahre 1309 bis zum Jahre 1997 eine Landsgemeinde gegeben. Sie hat sich gemäß Art 44 der kantonalen Verfassung ordentlicherweise jährlich am letzten Sonntag im April zu Wyl an der Aa versammelt. Der Landammann oder in Verhinderung desselben der Landesstatthalter hat dort als Präsident die Verhandlungen geleitet. Als Wahlbehörde hat die Landsgemeinde erstens den Regierungsrat aus elf Mitgliedern auf eine Amtsdauer von drei Jahren und zweitens aus der Mitte des Regierungsrates den Landammann und Landestatthalter auf ein Jahr und den Landessäckelmeister auf drei Jahre gewählt.[757] Der Landammann ist nach Art 47 auch Präsident und der Landesstatthalter Vizepräsident des Landrates. Der Landrat ist die oberste Verwaltungs- und nach der Landsgemeinde die oberste Wahlbehörde des Kantons. In seiner Befugnis liegt die Behandlung derjenigen Geschäfte, welche ihm die Landsgemeinde überträgt. Er führt die Oberaufsicht über die gesamte Landesverwaltung. Er übt das Begnadigungsrecht für die Kriminellbestraften aus. Bei politischen Vergehen steht ihm das Recht der Amnestieerteilung zu. Neben dem Landrat gibt es nach Art 49 noch den Regierungsrat, das ist die vollziehende und untere Verwaltungsbehörde des Kantons. Er besteht aus elf Mitgliedern und handhabt und vollzieht die Gesetze, Verordnungen und Beschlüsse der Landsgemeinde und des Landrates. Der Landammann oder in dessen Abwesenheit der Landesstatthalter führt das Präsidium an der Landsgemeinde, im Landrat und im Regierungsrat.[758]

Auch in den Kantonen, in denen es keine Landsgemeinde gibt, kennt man den Landesstatthalter als Stellvertreter des Landammanns. Das zeigt ein Blick in die „Staats-Verfassung für den Kanton Aargau vom 23. April 1885". Der Große Rat, der dem Landtag entspricht, wählt aus der Mitte des Regierungsrates, also der Landesregierung, je auf ein Jahr einen Präsidenten mit dem Titel Landammann und einen Vizepräsidenten mit dem Titel Landesstatthalter. Der Regierungsrat ist die oberste Vollziehungs- und Verwaltungsbehörde und besteht aus fünf Mitgliedern. Der abtretende Landammann ist für das nächst folgende Jahr weder als Landammann noch als Landesstatthalter wählbar. Das gleiche Mitglied kann nicht während zwei aufeinander folgenden Jahren die Stelle des Landesstatthalters bekleiden.[759]

---

[757] Verfassung des Kantons Unterwalden nid dem Wald 1877. - [S.l.], [s.n.], gedr. 1878, Stans :, Caspar von Matt, S. 14 : Landesbehörden. 1. Landesgemeinde [2.Landrath, 3. Regierungsrath].

[758] Verfassung des Kantons Unterwalden nid dem Wald 1877. - [S.l.] : [s.n.], gedr. 1878, Stans :, Caspar von Matt, S. 14 : Landesbehörden. 1. Landesgemeinde [2.Landrath, 3. Regierungsrath].

[759] Staats-Verfassung für den Kanton Aargau vom 23. April 1885. - [S.l.], [s.n.], gedr. 1885, Brugg, Fisch Wild, S. 11, Art 37 und 38.

3. Verfassungsrechtler über den Landesstatthalter

Landeshauptmann Otto Ender schickte den Gesetzesbeschluss über die Landesverfassung, die erstmals einen Landesstatthalter als Stellvertreter des Landeshauptmannes vorsah, am 4. August 1923 an das Bundeskanzleramt (Präsidium). Es war nicht abzusehen, wie sich die Bundesregierung dazu stellen würde. Auf Grund der Art 97 und 98 des Bundesverfassungsgesetzes hat Ender den Gesetzesbeschluss auch dem Bundeskanzleramt (Inneres) als dem zuständigen Bundesministerium mit dem Ersuchen bekannt gegeben, die Zustimmung zur Kundmachung des Gesetzesbeschlusses sofort telegrafisch auszusprechen, da darin die vom Bundeskanzleramt am 7. April 1923 gemachten Abänderungsvorschläge vollkommen berücksichtigt worden seien und der Landtag auf Grund der neuen Verfassung seine vorzeitige Auflösung beschließen wolle.[760]

Das Kanzleramt schickte noch am 6. August 1923 ein Telegramm an die Landesregierung in Bregenz. Die Bundesregierung erhob gegen die neue Landesverfassung keinen Einspruch und erteilte die Zustimmung zur sofortigen Verlautbarung. Eine genauere Prüfung der Vorarlberger Landesverfassung wurde im Bundeskanzleramt nicht mehr für nötig befunden, nachdem die Anregungen der Vertreter der beteiligten Ressorts für Inneres und für Finanzen berücksichtigt worden waren. Neu hinzugekommen war nur die Änderung der Bezeichnung für den Landeshauptmannstellvertreter. Dazu findet sich im Akt des Bundeskanzleramtes ein kurzer Prüfungsvermerk: „Zu bemerken ist, daß das mit den Funktionen des Landeshauptmannstellvertreters betraute Mitglied der Landesregierung künftighin ‚Landesstatthalter' heißen soll; doch wäre dagegen keine Einwendung zu erheben, da Art 101 Abs 3 B-VG lediglich bestimmt, daß die Landesregierung aus dem ‚Landeshauptmann, der erforderlichen Zahl von Stellvertretern und weiteren Mitgliedern' besteht, und somit nur für den Landeshauptmann einen unwandelbaren Titel geschaffen hat."[761]

Der Verfassungsrechtler Friedrich Koja ist in seinem Buch über „Das Verfassungsrecht der österreichischen Bundesländer" im Jahre 1967 zu einem anderen

[760] Wien, Archiv der Republik: Inneres/Justiz, Staatskanzlei – BKA/alt, Karton 230, Varia 1921-1923, Bundeskanzleramt, Landesgesetze und Verordnungen, Einbringer: Landesregierung Vorarlberg, Gegenstand: Vorarlberger Landesverfassung 1923, Zahl G-16/2: Brief von Landeshauptmann Otto Ender an das Bundeskanzleramt, Präsidium, vom 4. August 1923, IX-Zl. 1091/2, mit der Vorlage der am 30. Juli 1923 beschlossenen Landesverfassung.

[761] Wien, Archiv der Republik: Inneres/Justiz, Staatskanzlei – BKA/alt, Karton 230, Varia 1921-1923, Bundeskanzleramt, Landesgesetze und Verordnungen, Bundeskanzleramt, Landesgesetz, Einbringer: Landesregierung Vorarlberg, Gegenstand: Vorarlberger Landesverfassung 1923, Zahl G-16/2: Stellungnahme des Bundeskanzleramtes vom 6. August 1923 zur Vorarlberger Landesverfassung und Genehmigung zur Verlautbarung.

Ergebnis gekommen. Er schreibt, dass die Vorarlberger Landesverfassung als Zusammensetzung der Landesregierung den Landeshauptmann, einen Landeshauptmannstellvertreter (auch Landesstatthalter genannt) und fünf weitere Mitglieder (Landesräte) vorsieht. Aus der Bundesverfassung (Art 101 Abs 3, Art 105 Abs 1 B-VG; § 1 BVG, BGBl. Nr. 289/1925) scheint sich für ihn zu ergeben, dass nicht nur die Funktion, sondern auch der Titel des Vertreters des Landeshauptmannes bundesverfassungsgesetzlich geregelt ist. „Daraus würde sich ergeben, dass die Verwendung eines anderen als des Titels ‚Landeshauptmannstellvertreter' nicht im Einklang mit der Bundesverfassung steht."[762]

Im Bundeskanzleramt war man nach der seinerzeitigen Prüfung im Jahre 1923 überzeugt, dass der Titel eines Landesstatthalters statthaft sei, da Art 101 Abs 3 B-VG lediglich bestimme, dass die Landesregierung aus dem Landeshauptmann, der erforderlichen Zahl von Stellvertretern und weiteren Mitgliedern bestehe und somit nur für den Landeshauptmann einen unveränderbaren Titel geschaffen habe.[763] Friedrich Koja ist offensichtlich zu seiner gegenteiligen Meinung gekommen, ohne dass er den Prüfungsvermerk des Bundeskanzleramtes über die Vorarlberger Landesverfassung aus dem Jahre 1923 gekannt hat.

Für den christlichsozialen Landtagsabgeordneten Dr. Mittelberger mag es 1923 ein schwacher Trost gewesen sein, dass der aus der Schweiz stammende Titel eines Landesstatthalters in die neue Landesverfassung aufgenommen wurde. Die vielen typischen Merkmale von kantonalen Verfassungen mussten ansonsten alle aus der Landesverfassung 1923 entfernt waren, weil sie nicht mehr zur Bundesverfassung von 1920 gepasst hätten. Es war wohl eine Ironie des Schicksals, dass Otto Ender im Jahre 1934 als Verfassungsminister den Titel eines Landesstatthalters für den Landeshauptmannstellvertreter in ganz Österreich eingeführt hat. Es war der untaugliche Versuch, in der undemokratischen Verfassung des Ständestaates einen Hauch von Schweizer Demokratie und Freiheit vorzutäuschen.

Das Ministerratsprotokoll berichtet über die dritte Sitzung am 17. April 1934, in der Art 119 der ständischen Verfassung beraten wurde. Es heißt dort, dass Bundesminister Dr. Ender die Genehmigung erhält, in der geplanten Bundesverfas-

---

[762] Koja, Friedrich: Das Verfassungsrecht der österreichischen Bundesländer (= Forschungen aus Staat und Recht, Bd. 1), Wien und New York 1967, S. 232, Fußnote 24.

[763] Wien, Archiv der Republik: Inneres/Justiz, Staatskanzlei – BKA/alt, Karton 230, Varia 1921-1923, Bundeskanzleramt, Landesgesetze und Verordnungen, Bundeskanzleramt, Landesgesetz, Einbringer: Landesregierung Vorarlberg, Gegenstand: Vorarlberger Landesverfassung 1923, Zahl G-16/2: Stellungnahme des Bundeskanzleramtes vom 6. August 1923 zur Vorarlberger Landesverfassung und Genehmigung zur Verlautbarung.

sung die Bezeichnung „Landeshauptmannstellvertreter“ durch die Bezeichnung „Landesstatthalter“ zu ersetzen.[764]

[764] Verfassung, Ministerratsprotokoll Nr. 938 über die Sitzungen vom 14. bis 18. April 1934; 1. Sitzung 14. April, 2. Sitzung 16. April, 3. Sitzung 17. April, 4. Sitzung 18. April. In: Protokolle des Ministerrates der Ersten Republik, (= Protokolle des Ministerrates der Ersten Republik 1918-1938, Abteilung VIII, 20. Mai 1932 bis 25. Juli 1934), Bd. 6, Kabinett Dr. Engelbert Dollfuß, 23. Februar 1934 bis 18. April 1934, bearbeitet von Gertrude Enderle-Burcel, Wien 1985, S. 399-529, hier S. 475.

Zusammenfassung und Ausblick

Die Landesverfassung von 1919 war im facettenreichen Vorarlberger Verfassungsleben gewiss eine Ausnahmeerscheinung. Sie wurde zu einem Zeitpunkt beschlossen, als es nach dem Zusammenbruch der Monarchie in den deutschösterreichischen Ländern noch keine Vorbilder für zeitgemäße Landesordnungen gab. In einer vertraulichen Konferenz der christlichsozialen Länderpolitiker in Linz wurde deshalb die Vorarlberger Landesverfassung von 1919 schon vor ihrer Fertigstellung als Muster für die anderen Länder angepriesen. Der Berichterstatter des Verfassungsausschusses hatte in der Vorarlberger Landesversammlung im März 1919 ausdrücklich darauf hingewiesen, dass sich diese neue Verfassung an Kantonsverfassungen der Schweiz orientiere.

Peter Bußjäger schreibt in seinem Werk über „Landesverfassung und Landespolitik in Vorarlberg", Graz und Feldkirch 2004, welche Kantonsverfassungen konkret als Muster herangezogen worden seien, sei nicht bekannt.[765] In der vorliegenden Arbeit konnte nachgewiesen werden, dass die Landesverfassung von 1919 sowohl aus Bestandteilen von eidgenössischen Kantonsverfassungen als auch aus Anleihen der schweizerischen Bundesverfassung zusammengebaut wurde. Die absolute Hauptquelle war ganz konkret die Verfassung des benachbarten Kantons St. Gallen, die in vielen Passagen wörtlich übernommen wurde.

Die Verfassung von 1919 war also keine originäre Schöpfung der provisorischen Vorarlberger Landesversammlung. Sie wurde zum Großteil von Schweizer Verfassungen abgeschrieben. Die Zeit drängte. In einzelnen, allerdings nebensächlichen Punkten stellte sich heraus, dass die verwendeten Formulierungen in der Schweiz eine andere Bedeutung hatten, als die Verfassungs-Importeure in Vorarlberg glaubten.

Es wird dieser Verfassung gelegentlich deshalb eine besondere Bedeutung zugemessen, weil erstmals in einer österreichischen Landesverfassung Grundrechte enthalten waren. Das ist wirklich ein hervorstechendes Merkmal dieser Verfassung. Aber noch auffallender wäre es gewesen, wenn sie keine Grundrechte enthalten hätte, denn alle Schweizer Kantonsverfassungen enthalten eine mehr oder weniger lange Liste von Grundrechten. Ihre tatsächliche Bedeutung in Kantonsverfassungen ist eher gering, da die eidgenössische Bundesverfassung die dort erwähnten Rechte von sich aus schon gewährt. Revolutionär anmutende

[765] Bußjäger, Peter: Landesverfassung und Landespolitik in Vorarlberg. Die Verfassungsgeschichte Vorarlbergs und ihre Auswirkungen auf die Landespolitik 1848-2002, (= Schriften der Vorarlberger Landesbibliothek, Bd. 9), Graz und Feldkirch 2004, S. 46.

Grundrechte, die sich damals etwa in der Zürcher Kantonsverfassung bereits vorfanden, standen für die Landespolitiker aus Vorarlberg nicht zur Debatte.

Hervorzuheben ist freilich das große Engagement für die direkte Demokratie in der Landesverfassung von 1919. Selbst für schweizerische Begriffe ist die Palette von Volksabstimmungen und Volksbegehren über Verfassungen und Gesetze sehr breit. In der Praxis bestanden allerdings hohe Hürden für den Zugang, um diese Instrumente der direkten Demokratie in Gang zu setzen. Von einer praktischen Anwendung ist nichts bekannt.

Für das theoretische Funktionieren eines Bundesstaates war die Landesverfassung von 1919 ein interessantes Studienobjekt. Der Hinweis, dass die auf den Bundesstaat bezüglichen Bestimmungen der Vorarlberger Landesverfassung von 1919 nur insolange und insoweit gelten sollten, als der Bundesstaat dem Land Vorarlberg sein Gebiet, seine Selbständigkeit, die Freiheit und die Rechte des Volkes garantieren würde, hat das Vertragsverhältnis zwischen Gliedstaat und Bundesstaat besonders unterstrichen und die Bundesstaatsforschung beflügelt.

Der Präsident des Vorarlberger Landtags hat anlässlich des 80-Jahr-Jubiläums der Landesverfassung nach Schweizer Muster erklärt, die Landesverfassung von 1919 sei ihrer Zeit weit voraus gewesen. Diese Einschätzung trifft nur zu, wenn man die damalige Landesverfassung als deutschösterreichische Landesordnung betrachtet und nicht als gedachte Kantonsverfassung für Vorarlberg, die den Umstieg zu den Eidgenossen erleichtern sollte. Als Kantonsverfassung wäre sie nämlich schlicht und einfach nicht aufgefallen.

Der Landtagspräsident erwähnte in seiner Würdigung zum Jubiläum der Landesverfassung nach Schweizer Muster auch, dass der Vorarlberger Landtag als Verfassungsgesetzgeber des Jahres 1984 bei seinen Novellen wieder an die Landesverfassung von 1919 anknüpfen konnte.[766] Vor allem die theoretischen Mitwirkungsrechte der Bürger sollten 1984 analog geregelt werden.

Der Motivenbericht zur Novelle der Landesverfassung von 1984 stützt sich tatsächlich auf die Landesverfassung von 1919. Das Volksbegehren in Angelegenheiten der Gesetzgebung sollte 1984 im Sinne einer Stärkung des Einflusses des Landesvolkes um einen bedeutenden Schritt weiterentwickelt werden: Volksbegehren, die von 20 Prozent der Stimmberechtigten unterstützt sind, müssen laut Verfassungstext 1984 einer Volksabstimmung unterzogen werden, es sei denn,

[766] Stenographisches Protokoll des XXVI. Vorarlberger Landtags für das Jahr 1999, S. 167; 3. Sitzung am 7. April 1999 unter dem Vorsitz von Landtagspräsident Dipl.-Vw. Siegfried Gasser.

der Landtag beschließt von sich aus, dem Volksbegehren zu entsprechen. Die vorgeschlagene Lösung halte sich im Rahmen des parlamentarischen Systems, indem es die Fassung der Gesetzesbeschlüsse auch in diesen Fällen dem Landtag überlasse. Die Lösung biete den weiteren Vorteil, dass auch bei Vorliegen von Volksbegehren in Form ausgearbeiteter Gesetzesentwürfe der Landtag, was die systematische Einordnung der angestrebten Regelung, deren sprachliche Fassung und die Regelungsdichte angehe, noch Angleichungen an die bestehende Rechtsordnung vornehmen könne.[767] Und weiter heißt es im Motivenbericht 1984: Historisch erwähnenswert sei, dass bereits die Landesverfassung 1919 in ihrem § 6 Abs 3 die Durchführung von Volksabstimmungen über Volksbegehren anordnete, wenn letztere von wenigstens 15.000 Stimmberechtigten gestellt worden waren.

Der Vorarlberger Landtag hatte in der Landesverfassung von 1984 in Art 33 Abs 6 unter ausdrücklichem Hinweis auf § 6 Abs 3 der Landesverfassung von 1919 festgelegt: Wenn der Landtag beschlossen oder das Landesvolk durch Volksabstimmung entschieden habe, dass einem Volksbegehren Rechnung zu tragen sei, so habe der Landtag einen dem Volksbegehren inhaltlich entsprechenden Gesetzesbeschluss zu fassen.[768]

Der Verfassungsgerichtshof in Wien bezeichnete im Jahre 2000 dieses Verfahren als "Volksgesetzgebung".[769] Diese sei mit der österreichischen Bundesverfassung unvereinbar, denn der liege das Prinzip der repräsentativen Demokratie zugrunde.[770] Volksbegehren zwingend einer Volksabstimmung zu unterwerfen, wenn sie von einer bestimmten Bürgerzahl unterstützt würden, sei nach Diskussion vor allem auch des Schweizer Beispiels vom Unterausschuss des Verfassungsausschusses der Konstituierenden Nationalversammlung im Jahre 1920 verworfen worden.[771] Ursprünglich lautete Art 33 Abs 6 der Vorarlberger Landesverfassung von 1984 wörtlich: „Hat der Landtag beschlossen oder das Landesvolk durch Volksabstimmung entschieden, daß dem Volksbegehren Rechnung zu tragen ist, so hat der Landtag einen dem Volksbegehren inhaltlich

[767] Brandtner, Werner und Harald Schneider: Landesverfassung mit Materialien, 2. Auflage, Bregenz 1999, S. 38, Art 33, Volksbegehren in Angelegenheiten der Gesetzgebung; Motivenbericht 1984.

[768] Gesetz über die Verfassung des Landes Vorarlberg, LGBl. 1984/30, Art 33 Abs 6.

[769] Öhlinger, Theo: Bundesverfassungsrechtliche Grenzen der Volksgesetzgebung. Zur Verfassungsmäßigkeit des Art. 33 Abs. 6 der Vorarlberger Landesverfassung. In: Montfort. Vierteljahresschrift für Geschichte und Gegenwart Vorarlbergs, Jg. 52, 2000, S. 402-414, hier S. 402.

[770] Beschluss vom 17. Juni 2000, G 103/00.

[771] VfGH-Erkenntnis vom 28. 6. 2001, Sammlungsnummer 16241, Geschäftszahl G103/00.

entsprechenden Gesetzesbeschluß zu fassen." Der Verfassungsgerichtshof hat daraufhin festgestellt, dass die Wortfolge „oder das Landesvolk durch Volksabstimmung entschieden" in Art 33 Abs 6 der Vorarlberger Landesverfassung LGBl. Nr. 1984/30 verfassungswidrig war.

Die Rückbesinnung des Vorarlberger Gesetzgebers auf die Landesverfassung von 1919, die in der Verfassungsnovelle von 1984 tatsächlich erfolgte, wurde damit vom Verfassungsgerichtshof im Jahre 2001 jäh unterbrochen. Die Landesverfassung von 1919, die nach Schweizer Vorbildern geschaffen war, musste nach dem Inkrafttreten der Bundesverfassung von 1920 wegen mangelnder Homogenität im Jahre 1923 durch eine angepasstere Landesverfassung ersetzt werden. Auch die Folgewirkungen der Landesverfassung von 1919, deren Geist in der Landesverfassung von 1984 wieder leicht zu wehen begann, wurden vom Verfassungsgerichtshof in Wien im Jahre 2001 schließlich beseitigt. Damit ist die Vorarlberger Landesverfassung von 1919, die nach Schweizer Mustern erstellt worden war, auch vom Inhalt her gesehen endgültig Geschichte geworden.

Das Erstellen der Landesverfassung von 1919 war in erster Linie eine enorme politische Leistung. Vorarlberg hätte mit dieser Verfassung fugenlos in das politische System der Eidgenossen gepasst. Im Zuge der Anschlussbewegung haben die eidgenössischen Räte diese Verfassung auch als Vorleistung für eine Verschmelzung Vorarlbergs mit der Schweiz angesehen. Der Kanton Vorarlberg war in Reichweite, und die Landesverfassung von 1919 hielt den Verhandlern aus Vorarlberg den Rücken frei. Auch mit dieser Landesverfassung war es für die Anschlussfreunde aus Vorarlberg freilich bei ihren Aktionen noch eine schwierige Gratwanderung zwischen Hochverrat und der Beanspruchung des Selbstbestimmungsrechtes durch einen Gliedstaat.

Der Beschluss dieser Verfassung am 14. März 1919 erwies sich auch vom Zeitpunkt her als Meisterleistung. Am Tag nach dem Beschluss der Landesverfassung wurde die Maschinerie für den Anschluss an die Schweiz in Bewegung gesetzt. Für die schweizerische Bundesregierung war die Landesverfassung nach Schweizer Vorbildern das richtige Signal. Der Bundesrat in Bern konnte an dem Verfassungswerk ablesen, dass es der Vorarlberger Landesversammlung ernst war mit dem Bestreben, der 23. Kanton zu werden.

Die christlichsozialen Abgeordneten im Landtag haben den Wunsch nach einem Anschluss Vorarlbergs an die Schweiz vertreten, bis es die politische Großwetterlage in Österreich nicht mehr zuließ. Sie nahmen auf ihren christlichsozialen, aus Vorarlberg stammenden Vizekanzler Jodok Fink, der diesem Unternehmen skeptisch gegenüberstand, nur wenig Rücksicht. Die Sozialdemokraten im Lande haben hingegen in der Frage des Anschlusses an die Schweiz nach kurzer anfänglicher Zustimmung den gemeinsamen Weg verlassen und sind – in Übereinstimmung mit ihrem Parteifreund und Staatskanzler Dr. Karl Renner – zu entschiedenen Anschlussgegnern geworden. Sie bevorzugten die Angliederung des Gesamtstaates Deutschösterreich und damit Vorarlbergs an das Deutsche Reich. Sie kritisierten, dass für die Bevölkerung, die mit über 80% für einen Anschluss an die Schweiz votiert hatte, die Abstimmung zur reinen „Magenfrage" geworden sei. Man wolle sich offensichtlich dem Staat anschließen, der mehr Lebensmittel liefern könne. Bei gerechter Würdigung der Sachlage dürfe nicht übersehen werden, meinte der sozialdemokratische Landeshauptmannstellvertreter Fritz Preiß im Landtag, „daß die Schweiz im Krieg reich geworden ist und wenn sie uns gibt, so gibt sie aus ihrem Überflusse, während Deutschland sich erbötig macht trotz seines Mangels noch mit uns zu teilen, weil es einsieht, daß wir noch das ärmere Volk sind, als es in Deutschland der Fall ist".[772] Die Schweiz brauche Vorarlberg zur Grenzberichtigung, ferner aus volkswirtschaftlichen, aus politischen, aus militärischen und aus verkehrspolitischen Gründen. Auch die Wasserkräfte Vorarlbergs könne sie gut gebrauchen, meinte er.[773] Bundesrat Calonder habe im Namen der schweizerischen Bundesregierung ganz offen Annexionspolitik betrieben.

In der Tat hatte sich der eidgenössische Bundesrat weit aus dem Fenster gelehnt. Der Friedensvertrag von St. Germain hatte längst die endgültigen Grenzen zwischen Deutschösterreich und der Schweiz festgeschrieben. Zwei Monate später riet der schweizerische Außenminister den Vorarlbergern, einen selbständigen Staat mit wirtschaftlicher Anlehnung an die Schweiz zu bilden.

Man hätte Vorarlberg nicht ungern als 23. Kanton gesehen. Die Eintrittskarte hatte Vorarlberg mit seiner Landesverfassung nach Schweizer Muster geliefert. Die notwendigen rechtlichen Anpassungen für den neuen Kanton Vorarlberg waren auf Schweizer Seite offiziell geprüft worden und hätten keine großen Schwierigkeiten bereitet.

---

[772] Bericht des Landesrates über die Frage des Selbstbestimmungsrechtes des Landes. 9. Sitzung des Vorarlberger Landtags am 5. Dezember 1919 unter dem Vorsitze des Herrn Landeshauptmannes Dr. Otto Ender, S. 6-59, hier S. 18-19. In: Stenographische Sitzungsberichte der I. (ordentlichen) Landtagssession in Vorarlberg zu Bregenz. (XI. Landtags-Periode). Eröffnung des Landtages am 17. Juni 1919, Bregenz 1920.

[773] Bericht des Landesrates über die Frage des Selbstbestimmungsrechtes des Landes. 9. Sitzung des Vorarlberger Landtags am 5. Dezember 1919 unter dem Vorsitze des Herrn Landeshauptmannes Dr. Otto Ender, S. 6-59, hier S. 17. In: Stenographische Sitzungsberichte der I. (ordentlichen) Landtagssession in Vorarlberg zu Bregenz. (XI. Landtags-Periode). Eröffnung des Landtages am 17. Juni 1919, Bregenz 1920.

Die österreichische Bundesverfassung von 1920 wurde zum großen Dämpfer für die Vorarlberger und die Schweizer Bestrebungen. Mit dem 1. Oktober 1920 begann das Ablaufdatum der Vorarlberger Landesverfassung nach Schweizer Muster zu laufen. Sie konnte gerade noch bis zum Jahre 1923 gehalten werden. Am 27. März 1923 wurde die neue Landesverfassung beschlossen, mit der Vorarlberg endgültig zum Bestandteil der Republik Österreich geworden ist.

Der neue Schweizer Außenminister Giuseppe Motta hat am 1. September 1923 dem Bundesrat in Bern vorgeschlagen, die Akte über den Anschluss Vorarlbergs zu schließen. Die „Basler Nachrichten“ schrieben am 27. Oktober 1923: „Angesichts der Tatsache, daß sich Österreich dank der Hilfe des Völkerbundes langsam konsolidiert, ist für die Fortsetzung der Anschlußbestrebung Vorarlbergs an die Schweiz beiderseits keine Veranlassung mehr vorhanden. Im Einverständnis mit den Anschlußfreunden in Vorarlberg wird auch schweizerseits die Aktion liquidiert.“[774] Die Landesverfassung, die dem Kanton Vorarlberg den Weg in das politische System der Schweiz geebnet hätte, verlor ihre Bedeutung, weil auch das Anliegen nicht mehr vorhanden war.

[774] Basler Nachrichten vom 27. Oktober 1923. Zitiert nach: Zimmermann, Horst: Die Schweiz und Österreich während der Zwischenkriegszeit. Eine Studie und Dokumentation internationaler Beziehungen im Schatten der Großmächte, Wiesbaden 1973, S. 125; und Steinwandter, Herbert: Die Entwicklung der Vorarlberger Landesverfassung von 1918 bis 1934. Diplomarbeit an der juridischen Fakultät der Universität Graz, maschinschriftlich, Graz 1997, S. 38.

Quellenverzeichnis

Archivalien:

Bern, Bundesarchiv der Schweiz:

Bundesarchiv Bern (BAR) : Bestand E 2200.53(-), Akzessionsnummer. : -/10, Aktenzeichen C 10.19.95, Bd. 10 (Vorarlberg & Tirol), Anschluss des Vorarlbergs. Auskünfte verschiedener Natur. Ad Schreiben: Politisches Departement B 14.211.P.21.2.111 My vom 14. und 23. Mai 1919. Verschiedene, teils ergänzende, teils neue Auskünfte über Vorarlberg. XI. Vergleichung der gesamten Gesetzgebung Vorarlbergs und der Schweiz; Teil 2: Beilage 9: Summarische Darstellung des Einflusses des eventuellen Anschlusses Vorarlbergs an die Schweiz auf die Strafgerichtsverfassung, das Strafverfahren und das materielle bürgerliche Strafrecht, wie es zurzeit in Vorarlberg gilt. Von Prof. Dr. Carl Stooss. Wien 19. Juni 1919.

Bundesarchiv Bern (BAR) : Bestand E 2200.53(-), Akzessionsnummer. : -/10, Aktenzeichen C 10.19.95, Bd. 10 (Vorarlberg & Tirol), Anschluss des Vorarlbergs. Auskünfte verschiedener Natur. Ad Schreiben: Politisches Departement B 14.211.P.21.2.111 My vom 14. und 23. Mai 1919. Verschiedene, teils ergänzende, teils neue Auskünfte über Vorarlberg. Beglteitschreiben des Herrn Wiedemann vom 10. Juli 1919.

Wien, Archiv der Republik:

Wien, Archiv der Republik, Nottendorferstraße 2 (AdR): Inneres/Justiz; Staatskanzlei/BKA alt, Karton 230, [Verzeichnis 04/8], Varia 1921-1923, Landesgesetze und Verordnungen, Vorarlberg.

Wien, Archiv der Republik, Nottendorferstraße 2 (AdR): Staatskanzlei, 1919, Nr. 909: Bewegung für den Anschluß an die Schweiz.

Wien, Archiv der Republik, Nottendorferstraße 2 (AdR): BKA/SR, Karton 5550-5553 (Landesverfassung Vorarlberg 1918-1939).

Wien, Archiv der Republik, Nottendorferstraße 2 (AdR): BKA, Präsidium, Karton 18, Korrespondenz Ender 1, 1933; Karton 19, Korrespondenz Ender 2, 1934.

Wien, Archiv der Republik, Nottendorferstraße 2 (AdR): AA, Gesandtschaftsakten; Gesandschaft Berlin, Karton 2, 1918-1920, Fasz. Pol. I: eigene Berichte,

Vorarlberger Frage 1919/1920; Kundgebungen der österreichischen Landtage zur Bundesverfassung 458, 503. Gesandtschaft Bern, Karton 11, 1934-1936, Einsichtsberichte, fasc 28-29.

Wien, Kriegsarchiv:

Wien, Kriegsarchiv, Nottendorferstraße 2: Nachlässe, E/1731 Nachlass Karl Renner; *Karton 27*, Mappe 15, Mai 1919, Tagesinformationen für den Staatskanzler. *Karton Sachkorrespondenz W-Z*, Korrespondenz nach Ausstellern geordnet, Buchstaben A-ff, (früher Kart. AVA/4-5), Mappe 86 (Otto Ender).

Wien, Kriegsarchiv, Nottendorferstraße 2: Nachlässe, E/1717 Nachlass Jodok Fink; Karton 1: Material zu den Sitzungen des Kabinetts der Staatssekretäre, 1919-1920, laufende Nummern 1-505; Karton 2: Material zu den Sitzungen des Kabinetts der Staatssekretäre, 1919-1920, laufende Nummern 506-574; Karton 3: Material des Verfassungsausschusses des Parlaments und Material zur Beratung über die Bundesverfassung überhaupt, 1920; Mappe 4: Korrespondenz in Angelegenheiten der christlichsozialen Partei, des Abkommens mit der Großdeutschen Volkspartei, des Landbundes und der Kommunistischen Partei 1919-1929 (darunter Korrespondenzen Otto Ender, Leopold Kunschak etc. folio 1 – folio 69.

Wien, Kriegsarchiv, Nottendorferstraße 2: Nachlässe, E/1707 Nachlass Michael Mayr; Nr. 2: Material zur Schaffung der Bundesverfassung, Februar – April 1920; Nr. 3: Dokumentation zur Frage „Die Länder und die Staatsverfassung".

Bregenz, Vorarlberger Landesarchiv:

Bregenz, Vorarlberger Landesarchiv: Nachlass Otto Ender, Korrespondenz Landeshauptmann, Schachtel 1, 1919-1921, Ordner 1: Großformatiges Flugblatt, einseitig gedruckt, Buchdruckerei Lustenau, gezeichnet mit Z.

Bregenz, Vorarlberger Landesarchiv: Nachlass Otto Ender, Korrespondenz Landeshauptmann, Schachtel 2, 1919-1920, A-Z (aus Ordner 1), Brief von Ferdinand Riedmann an Otto Ender, ohne Datum, mit Bleistift geschrieben. Von Otto Ender in diesem Ordner eingereiht.

Bregenz. Vorarlberger Landesarchiv: Nachlass Otto Ender, Korrespondenz Landeshauptmann, Schachtel 1, 1919-1921, Ordner 1: Schreiben des engeren Ausschusses des Landeswerbeausschusses an den Landesrat des Landes Vorarlberg vom 13. April 1919, unterzeichnet vom Obmann Ferdinand Riedmann und 7 weiteren Mitgliedern.

Bregenz, Vorarlberger Landesarchiv: Nachlass Otto Ender, Korrespondenz Landeshauptmann, Schachtel 1, 1919-1921, Ordner 1: Tagesordnung für die Sitzung der Vorarlberger Landesversammlung am 25. April 1919.

Bregenz, Vorarlberger Landesarchiv: Nachlass Otto Ender, Korrespondenz Landeshauptmann, Schachtel 1, 1919-1921, Ordner 1: Brief des Präsidiums der Vorarlberger Landesregierung, Zl. 305/1 prs, an die d.ö. Staatsregierung in Wien vom 27. April 1919.

Bregenz, Vorarlberger Landesarchiv: Nachlass Otto Ender, Korrespondenz Landeshauptmann, Schachtel 1, 1919-1921, Ordner 1: Telegramm von Jodok Fink an den Landeshauptmann in Bregenz vom 27. April 1919, 11.30 Uhr aus dem Reichsrat in Wien, Eingangsnummer 2769.

Bregenz, Vorarlberger Landesarchiv: Nachlass Otto Ender, Korrespondenz Landeshauptmann, Schachtel 1, 1919-1921, Ordner 1: Telegramm von Jodok Fink an den Landeshauptmann von Vorarlberg vom 3. Mai 1919. Telegramm-Eingangsnummer 287.

Bregenz, Vorarlberger Landesarchiv: Nachlass Otto Ender, Korrespondenz Landeshauptmann, Schachtel 1, Nr. 2, 1918-1923, Buchstaben A-Z. Schreiben von Jodok Fink an Otto Ender vom 3. Mai 1919.

Gedruckte Quellen:

Brandtner, Werner und Harald Schneider: Landesverfassung mit Materialien, 2. Auflage, Bregenz 1999.

Denkschrift des Vorarlberger Landesrates an den Völkerbund. Bregenz, 1. August 1920. [Druckerei Ludwig Sausgruber, Feldkirch], 31 Seiten.

Denkschrift des Vorarlberger Landesrates an den Völkerbund. Mit 4 Beilagen. Herausgegeben von der Pressekommission des Schweizerischen Zentralkomitees „Pro Vorarlberg“, Bern 1920.

Die Stellungnahme der Vorarlberger Industrie zum Anschlusse an die Schweiz. Im Selbstverlage des Verbandes der Industriellen von Vorarlberg. (o. J.) 16 Seiten.

Ender, Otto: Die Verfassung unserer Föderation. Aus: Reichspost, Jg. XXVII, Nr. 20, 20. Jänner 1920, S. 1-2.

Ender, Otto (Hrsg.): Die neue Österreichische Verfassung, mit dem Text des Konkordates (= Der neue Staat, Bd. 1), Wien und Leipzig 1934.

Ender, Otto (Hrsg.): Die Übergangsbestimmungen zur neuen österreichischen Verfassung (= Der neue Staat, Bd. 4), Wien und Leipzig 1934.

Ermacora, Felix (Hrsg.): Quellen zum Österreichischen Verfassungsrecht (1920). Die Protokolle des Unterausschusses des Verfassungsausschusses samt Verfassungsentwürfen mit einem Vorwort, einer Einleitung und Anmerkungen (Mitteilungen des Österreichischen Staatsarchivs, Ergänzungsband VIII), Wien 1967.

Giacometti, Z(accaria) [Hrsg.]: Das öffentliche Recht der Schweizerischen Eidgenossenschaft. Sammlung der wichtigeren Bundesgesetze, Bundesbeschlüsse und Bundesverordnungen staatsrechtlichen und verwaltungsrechtlichen Inhalts. Zürich 1930.

Giacometti, Z(accaria) [Hrsg.]: Das öffentliche Recht der Schweizerischen Eidgenossenschaft. Sammlung der wichtigeren Bundesgesetze, Bundesbeschlüsse und Bundesverordnungen staatsrechtlichen und verwaltungsrechtlichen Inhalts. Zweite Auflage, Zürich 1938.

Hofstetter-Leu, Fr(iedrich): Praktischer Grundriß der berufsständischen Ordnung. Der heutige Stand der praktischen Verwirklichung in Italien, der Schweiz und Österreich, unter Berücksichtigung der Regelung in Deutschland und in den USA, nachgeführt bis Mai 1934. Eine systematisch-rechtsvergleichende Studie. Wien 1934. [Verlag der Typographischen Anstalt, Wien, 1. Bezirk, Ebendorferstraße 8] 87 S., 17 Bl.

Index zu den stenographischen Protokollen der Konstituierenden Nationalversammlung der Republik Österreich. 4. März 1919 bis 9. November 1920, Wien 1920.

Index zu den stenographischen Protokollen des Nationalrates (I. Gesetzgebungsperiode) vom 10. November 1920 bis 20. November 1923.

Karrer, Bruno: 1920, Vorarlberg. Eine Entgegnung auf Dr. Pirkers Schrift „Das Vorarlberg“, Feldkirch o. J. (1920).

Lampert, U.: Das schweizerische Bundesstaatsrecht. Systematische Darstellung mit dem Text der Bundesverfassung im Anhang. Zürich 1918.

Merkl, Adolf Julius: Adolf Julius Merkl. In: Österreichische Rechts- und Staatswissenschaften der Gegenwart in Selbstdarstellungen. Hg. von Nikolaus Grass. (= Schlern-Schriften, Bd. 97), Innsbruck 1952, S. 137-159.

Oechsli, Wilhelm: Quellenbuch zur Schweizergeschichte, Zürich 1886.

Pernthaler, Peter und Georg Lukasser: [Kommentierte Ausgabe der Vorarlberger Landesverfassung von 1984.] Das Verfassungsrecht der österreichischen Bundesländer. Vorarlberg. (= Handausgabe österreichischer Gesetze und Verordnungen, Neue Folge, Gruppe I, Verfassung, Organisation, Verwaltungsverfahren, Beamtenrecht, Staatskirchenrecht, Band 2/8), Wien 1995.

Pirker, Paul: Das Vorarlberg. Schweizer! Sind wir eure Brüder? Hrsg. von Paul Pirker, Feldkirch 1919.

Protokolle des Ministerrates der Ersten Republik (= Protokolle des Ministerrates der Ersten Republik 1918-1938, Abteilung VIII, 20. Mai 1932 bis 25. Juli 1934), Bd. 6, Kabinett Dr. Engelbert Dollfuß, 23. Februar 1934 bis 18. April 1934, bearbeitet von Gertrude Enderle-Burcel, Wien 1985; Bd. 7, Kabinett Dr. Engelbert Dollfuß, 24. April 1934 bis 27. Juli 1934, bearbeitet von Gertrude Enderle-Burcel, Wien 1986.

Protokolle des Ministerrates der Ersten Republik (= Protokolle des Ministerrates der Ersten Republik 1918-1938, Abteilung VI, 4. Mai 1929 bis 4. Dezember 1930), Bd. 1, Kabinett Ernst Streeruwitz, 4. Mai 1929 bis 26. September 1929; Kabinett Dr. Johannes Schober, 26. September 1929 bis 29. November 1929; bearbeitet von Eszter Dorner-Brader, Wien 1988.

Sammlung der Erkenntnisse und wichtigsten Beschlüsse des Verfassungsgerichtshofes, Neue Folge, Bd. 17, 1952, im Auftrag des Verfassungsgerichtshofes amtlich herausgegeben von Dr. Walter Antoniolli, Wien 1953. [S. 573-577: Nr. 2455, Erk. v. 16. Dezember 1952, G 17/52].

[Die neue Bundesverfassung für Österreich. Mit Erläuterungen von Abgeordneten Dr. Kurt Schuschnigg]. Das Bundesverfassungsgesetz unter Berücksichtigung der zweiten Bundesverfassungsnovelle vom 7. Dezember 1929 (B.G.Bl. 392). Mit Erläuterungen von Abgeordneten Dr. Kurt Schuschnigg, Berichterstatter für die zweite Verfassungsnovelle im Nationalrat (= Tagblatt-Bibliothek, Bd. 838-840), 5. Auflage, Wien, [um 1932].

Tretter, H.: Synopsen ausgewählter Kompetenzbestimmungen: a) Wasserrechtliche Kompetenzbestimmungen. In: Ermacora, Felix: Die Entstehung der Bundesverfassung 1920. Materialien und Erläuterungen (III). Die Aufgabenverteilung zwischen Bund und Ländern. Erarbeitung und Beschlußfassung (= Österreichische Schriftenreihe für Rechts- und Politikwissenschaft, Bd. 9, Teil III), Wien 1986, S. 294-297.

Vetsch, Jakob: Schweiz und Vorarlberg: Vortrag, gehalten in der Delegiertenversammlung der Neuen Helvetischen Gesellschaft in Bern am 23. November 1919. (= Schriften der Neuen Helvetischen Gesellschaft Gruppe Sankt Gallen, Bd. 3), St. Gallen 1920.

Vorarlberg. Eine Kundgebung aus der Bundesversammlung. Aus: Der Bund, Nr. 495, 21. November 1919, S. 3.

Walder-Heene, Emil: Das Vorarlberg. Eine wirtschaftliche Studie mit Berücksichtigung der Anschlussbewegung an die Schweiz: das Wirtschaftsleben, die Valutafrage, die Schuldentilgung. St. Gallen [Fehr'sche Buchhandlung] 1919, 40 Seiten.

Walter, E.: Dem Schweizervolke der Proporz! Ein Beitrag zur Initiative für die Verhältniswahl des Nationalrates. [Verlag der Buchhandlung des Schweizerischen Grütlivereins], 144 Seiten, Zürich 1909.

Wolf, P(rosper) [Hrsg.]: Die schweizerische Bundesgesetzgebung. Nach Materien geordnete Sammlung der Gesetze, Beschlüsse, Verordnungen und Staatsverträge der Schweizerischen Eidgenossenschaft, sowie der Konkordate. Zweite Auflage, 4 Bde, Basel 1905-1909.

Verfassungsübergangsgesetz 1934, Ministerratsprotokoll Nr. 948 für die Sitzungen vom 12. bis 19. Juni 1934; 1. Sitzung 12. Juni, 2. Sitzung 15. Juni, 3. Sitzung 19. Juni. In: Protokolle des Ministerrates der Ersten Republik, (= Protokolle des Ministerrates der Ersten Republik 1918-1938, Abteilung VIII, 20. Mai 1932 bis 25. Juli 1934), Bd. 7, Kabinett Dr. Engelbert Dollfuß, 24. April 1934 bis 27. Juli 1934, bearbeitet von Gertrude Enderle-Burcel, Wien 1986, S. 385-483.

Mittelberger, J[ohann] J[osef]: Ziele und Wege der christlichsozialen Partei in Vorarlberg. Aus: Vorarlberger Volksblatt, Jg. 68, Nr. 93, Bregenz, 21. April 1933, S. 1-3.

Die Verfassung der Vereingten Staaten Nordamerika's als Musterbild der Schweizerischen Bundesreform / mit Vorw. und Erl. von Troxler. - Schaffhausen : Brodtmann'sche Buchhandlung, 1848.

Die Verfassungen der Schweizer Kantone in der 1919 geltenden Fassung:

Costituzione della Repubblica e Cantone del Ticino: decretata dal Gran Consiglio il 23 Giugno 1842. - [S.l.],[s.n.], 1842, Locarno, Verbano.

Verfassung des Kantons Basel-Stadt : (10. Mai 1875). - [S.l.], [s.n.], 1875.

Staats-Verfassung des Kantons Basel-Landschaft : (vom 4. April 1892). - [S.l.], [s.n.], gedr. 1892, Liestal :, Lüdin.

Staats-Verfassung für den Kanton Aargau: vom 23. April 1885. - [S.l.], [s.n.], gedr. 1885, Brugg :, Fisch Wild.

Verfassung des Kantons Zug vom 31. Jan. 1894. - [S.l.], [s.n.], gedr. 1894, Zug:, A. Schibli-Keller.

Verfassung des eidgenössischen Standes Zürich : vom 18. April 1869. - [S.l.], [s.n.], [1869].

Verfassung des Kantons Wallis vom 26. November 1875. - [S.l.], [s.n.], gedr. 1876, Sitten, L. Schmid.

Constitution du canton de Vaud du 1er mars 1885. - [S.l.] : [s.n.], 1885, Lausanne, F. Regamey.

Verfassung des Kantons Uri vom 6. Mai 1888. - [S.l.], [s.n.], gedr. 1888, Altdorf, Huber.

Verfassung des eidgenössischen Standes Thurgau. - [S.l.], [s.n.], gedr. [1869], Frauenfeld, Gromann.

Verfassung des Kantons St. Gallen vom 16. November 1890: von der Bundesversammlung gewährleistet am 18. Dezember 1890: (mit den bis 31. Dezember 1914 vorgenommenen Abänderungen). -[St. Gallen], [s.n.], [ca 1915].

Verfassung des eidgenössischen Standes Schwyz : (vom 11. Juni 1876 und 23. September 1877). - [S.l.], [s.n.], gedr. 1877, Schwyz, M. u. B. Triner.

Entwurf einer partiellen Revision der Verfassung des eidgen. Standes Schwyz vom 11. August 1898: Vorlage für die Volksabstimmung vom 23. Oktober 1898. - [S.l.], [s.n.], gedr. 1898, Schwyz, Emil Steiner.

Verfassung des Kantons Schaffhausen: 1876. - [S.l.], [s.n.], gedr. 1876, Schaffhausen, H. Meier.

Verfassung des Kantons Solothurn : (vom 23. Oktober 1887). - [S.l.], [s.n.], gedr. 1887, Solothurn, Zepfel.

Verfassung des Kantons Unterwalden ob dem Wald: (angenommen den ... 1902). - [S.l.], [s.n.], [1902].

Verfassung des Kantons Unterwalden nid dem Wald: 1877. - [S.l.], [s.n.], gedr. 1878, Stans, Caspar von Matt.

Constitution de la République et Canton de Neuchâtel du 21 Novembre 1858. - [S.l.], [s.n.], gedr. 1858, Neuchâtel, Charles Leidecker.

Staatsverfassung des Kantons Luzern von 1841, revidirt im Jahre 1848. - [S.l.], [s.n.], gedr. [1848], Luzern, Meyer'sche Buchdruckerei.

Verfassung des Kantons Glarus. - [S.l.], [s.n.], gedr. 1887, Schwanden, Tschudy-Aebly.

Revidierte Verfassung für den Kanton Graubünden, vom Volke angenommen am 2. Oktober 1892, in Kraft getreten mit dem 1. Januar 1894. - [S.l.], [s.n.], gedr. 1895, Chur, Sprecher Vieli & Hornauer.

Constitution de la république et canton de Genève : acceptée par les citoyens le 24 mai 1847. - [S.l.], [s.n.], gedr. 1875, Genève, Imprimerie Genevoise.

Staats-Verfassung des Kantons Freiburg. - [S.l.],[s.n.], gedr. 1857, Murten, C. Bryner.

Die Staatsverfassung des Kantons Bern: angenommen vom Berner Volk an der Abstimmung vom 4. Juni 1893. - [S.l.], [s.n.], gedr. 1893, Bern, J. Schmidt.

Verfassung für den eidgenössischen Stand Appenzell Inner-Rhoden: angenommen von der ausserordentlichen Landsgemeinde, Sonntags den 24. Wintermonat 1872. - [S.l.], [s.n.], gedr. 1872, Appenzell, Fässler.

Verfassung für den Kanton Appenzell A. Rh., angenommen von der Landsgemeinde am 26. April 1908: gewährleistet von den Eidgen. Räten am 23. Juni 1908. - Herisau : Schläpfer, 1908.

Verfassung für den Kanton Appenzell A.-Rh : nebst Bericht des Revisionsrates der ehrs. Landsgemeinde im Frühjahr 1908 vom Revisionsrat vorgelegt. - [S.l.], [s.n.], gedr. 1908, Heiden, R. Weber.

Entwurf einer partiellen Revision der Verfassung des eidg. Standes Schwyz vom 11. August 1898. Vorlage für die Volksabstimmung vom 23. Oktober 1898. Schwyz 1898, Druck von Emil Steiner.

Verfassung des eidgenössischen Standes Schwyz. Vom 11. Juni 1876 und 23. September 1877. [Druck von Gebr. M. und B. Triner] Schwyz 1877.

Die Verfassung des Fürstentums Liechtenstein:

Verfassung [des Fürstentums Liechtenstein] vom 26. Sept. 1862, mit Zustimmung unseres Landtags geändert. In: Liechtensteinisches Landes-Gesetzblatt, Jg. 1921, Nr. 15.

Literaturverzeichnis

Berchtold, Klaus [Hrsg]: Die Verfassungsreform von 1929. Dokumente und Materialien zur Bundes-Verfassungsgesetz-Novelle von 1929, 2 Teile (= Österreichische Schriftenreihe für Rechts- und Politikwissenschaften, Bd 3, Teil I und II), Wien 1979.

Bilgeri, Benedikt: Geschichte Vorarlbergs, 5 Bde, Wien, Köln und Graz 1971-1987, Bd. V, Kanton oder Bundesland; Untergang und Wiederkehr; Wien, Köln und Graz 1987.

Brandtner, Werner, Franz Hämmerle und Johannes Müller: Der Vorarlberger Landtag. In: Föderalismus und Parlamentarismus in Österreich, hg. von Herbert Schambeck, Wien 1992, S. 539-588.

Brauneder, Wilhelm und Norbert Leser (Hrsg.): Staatsgründungen 1918 (= Rechts- und Sozialwissenschaftliche Reihe, Bd. 24), Frankfurt am Main, Berlin, Bern, Brüssel, New York, Wien 1999.

Burmeister Karl Heinz: Die Vorarlberger Landesverfassungen bis 1919. In: 75 Jahre selbständiges Land Vorarlberg (1918-1993), Bregenz 1993, S. 105-134.

Bußjäger, Peter: Landesverfassung und Landespolitik in Vorarlberg. Die Verfassungsgeschichte Vorarlbergs und ihre Auswirkungen auf die Landespolitik 1848-2002 (= Schriften der Vorarlberger Landesbibliothek, Bd. 9), Graz und Feldkirch 2004.

Carlen, Louis: Die Landsgemeinde in der Schweiz: Schule der Demokratie. Sigmaringen 1976.

Dreier, Werner: Verhinderte Schweizer? Vorarlberger Anschlußbemühungen nach dem Ersten Weltkrieg. In: Allmende 1991, Nr. 30/31, S. 96 – 103.

Dreier, Werner und Meinrad Pichler: Vergebliches Werben; mißlungene Vorarlberger Anschlußversuche an die Schweiz und an Schwaben (1918-1920); (= Studien zur Geschichte und Gesellschaft Vorarlbergs, Bd. 5), Bregenz 1989.

Eichenberger, Kurt: Der Verfassungsbegriff auf Bundes- und Kantonsebene. In: [Eichenberger, Kurt:] Vom schweizerischen Weg zum modernen Staat. Ausgewählte Schriften von Kurt Eichenberger. Hg. von Georg Müller, René Rhinow und Gerhard Schmid. Basel, Genf und München 2002, S. 89-109.

Eichenberger, Kurt: Von der Bedeutung und von den Hauptfunktionen der Kantonsverfassung. In: [Eichenberger, Kurt:] Vom schweizerischen Weg zum modernen Staat. Ausgewählte Schriften von Kurt Eichenberger. Hg. von Georg Müller, René Rhinow und Gerhard Schmid. Basel, Genf und München 2002, S. 21-34.

"Eidgenossen helft euern Brüdern in der Not!". Vorarlbergs Beziehungen zu seinen Nachbarstaaten 1918-1922; hg. vom Arbeitskreis für Regionale Geschichte unter der Redaktion von Gerhard Wanner und Robert Allgäuer. Feldkirch 1990.

Ender, Otto: Vorarlbergs Schweizer-Anschluß-Bewegung von 1918 bis 1924 (= Schriften zur Vorarlberger Landeskunde, Bd. 5), Dornbirn 1952.

Enderle-Burcel, Gertrude: Historische Einführung. In: Protokolle des Ministerrates der Ersten Republik (= Protokolle des Ministerrates der Ersten Republik 1918-1938, Abteilung VIII, 20. Mai 1932 bis 25. Juli 1934), Bd. 6, Kabinett Dr. Engelbert Dollfuß, 23. Februar 1934 bis 18. April 1934, bearbeitet von Gertrude Enderle-Burcel, Wien 1985, S. XV-XXXIII.

Ermacora, Felix: Die Entstehung der Bundesverfassung 1920. Die Sammlung der Entwürfe zur Staats- bzw. Bundesverfassung, (Österreichische Schriftenreihe für Rechts- und Politikwissenschaft, Bd. 9, Teil IV), Wien 1990.

Ermacora, Felix: Die Entstehung der Bundesverfassung 1920. Dokumente der Staatskanzlei über allgemeine Fragen der Verfassungsreform, unter Mitarbeit von Ingrid [nicht: Sigrid] Moser (Österreichische Schriftenreihe für Rechts- und Politikwissenschaft, Bd. 9, Teil II), Wien 1989.

Ermacora, Felix: Die Entstehung der Bundesverfassung 1920. Materialien und Erläuterungen (III). Die Aufgabenverteilung zwischen Bund und Ländern. Erarbeitung und Beschlußfassung (= Österreichische Schriftenreihe für Rechts- und Politikwissenschaft, Bd. 9, Teil III), Wien 1986.

Ermacora, Felix: Materialien zur österreichischen Bundesverfassung (I). Die Länderkonferenzen 1919/20 und die Verfassungsfrage. Mit Anmerkungen und begleitenden Texten versehen unter Mitarbeit von Ingrid Moser (= Österreichische Schriftenreihe für Rechts- und Politikwissenschaft, Bd. 9, Teil I), Wien 1989.

Ermacora, Felix: Österreichs Bundesverfassung und Hans Kelsen. In: Festschrift für Hans Kelsen zum 90. Geburtstag, hg. von Adolf J. Merkl (+), Alfred Verdroß, René Marcic und Robert Walter, Wien 1971, S. 22-54.

Ermacora, Felix (Hrsg.): Quellen zum Österreichischen Verfassungsrecht (1920). Die Protokolle des Unterausschusses des Verfassungsausschusses samt Verfassungsentwürfen mit einem Vorwort, einer Einleitung und Anmerkungen, (Mitteilungen des Österreichischen Staatsarchivs, Ergänzungsband VIII), Wien 1967.

Ermacora, Felix und Alexander Pelzl: Register zu den Materialien der Entstehung der Bundesverfassung 1920 (Bände I bis IV), (Österreichisches Schriftenreihe für Rechts- und Politikwissenschaft, Bd. 9, Teil V), Wien 1993.

Frommelt, Martin: Fürst Hans-Adam I. und die Huldigung 1699. Warum die misstrauischen Unterländer die Huldigung hinauszögerten. Aus: Liechtensteiner Volksblatt, Sonderbeilage zur Huldigungsfeier 1990, Dienstag 14. August 1990, Seite 11.

Giacometti, Z[accaria]: Das Staatsrecht der schweizerischen Kantone. Zürich 1941.

Giacometti, Z[accaria]: Schweizerisches Bundesstaatsrecht. Neubearbeitung der ersten Hälfte des gleichnamigen Werkes von F[ritz] Fleiner, Zürich 1949.

Gmeiner, Egon: Die Vorarlberger Landesverfassung und ihre Entstehung 1848 bis 1923, Schwaz 1991.

Gmeiner, Egon: Die Vorarlberger Landesverfassung von 1848 bis 1923. Dissertation an der Rechtswissenschaftlichen Fakultät der Universität Innsbruck, Innsbruck 1991.

Grabherr, Elmar: Vorarlberger Geschichte. Eine volkstümliche Darstellung, 2. Auflage, Bregenz 1987.

Grabherr, Elmar: Vorarlberg vor 60 Jahren. Zum 3. November 1918 und zu dessen staatsrechtlicher Bedeutung. In: Montfort, Bd. 30, Jg. 1978, S. 223-226.

Grussmann, Wolf-Dietrich: Adolf Julius Merkl, Leben und Werk. (= Schriftenreihe des Hans Kelsen-Instituts, Bd. 13), Wien 1989.

Heuscher, Stephan E.: Die Kantonsratswahlen im 20. Jahrhundert: Wahlkampfgestaltung und politische Sprache. In: St. Galler Geschichte 2003, 9 Bde, St. Gallen 2003, Bd 7, Die Zeit des Kantons 1914-1945, S. 181-204.

Hofer, Viktor: Die Aktion „Pro Vorarlberg" 1919-1921. In: Unser Rheintal, Jg. 1983, (Au) S. 51-53.

Hofer, Viktor: Die Vorarlberger Anschlussfrage (1919-1922) aus militärischer Sicht. In: Unser Rheintal, Jg. 1984, S. 58-61.

Huebmer, Hans: Dr. Otto Ender. Dornbirn 1957.

Huebmer, Hans: Österreich 1933-1938. Der Abwehrkampf eines Volkes. [Österreichischer Verlag] Wien? (1949).

Katzenstein, Dieter: Die föderale Struktur der Schweiz. Mit Vergleichen zur Bundesrepublik Deutschland (abgeschlossen im Dezember 1959). Herausgegeben vom Sekretariat des Bundesrates. Bonn 1961.

Kölz, Alfred: Bundestreue als Verfassungsprinzip? In: Kölz, Alfred: Der Weg der Schweiz zum modernen Bundesstaat: 1789 – 1798 – 1848 – 1998. Historische Abhandlungen. Chur und Zürich 1998, S. 119-157.

Kölz, Alfred: Die Bedeutung der Französischen Revolution für das schweizerische öffentliche Recht und politische System. In: Kölz, Alfred: Der Weg der Schweiz zum modernen Bundesstaat: 1789 – 1798 – 1848 – 1998. Historische Abhandlungen. Chur und Zürich 1998, S. 15-36.

Kölz, Alfred: Die Wurzeln der schweizerischen direkten Demokratie in der französischen und der amerikanischen Revolution. In: Kölz, Alfred: Der Weg der Schweiz zum modernen Bundesstaat: 1789 – 1798 – 1848 – 1998. Historische Abhandlungen. Chur und Zürich 1998, S. 37-46.

Kölz, Alfred: Vom Veto zum fakultativen Gesetzesreferendum. In: Kölz, Alfred: Der Weg der Schweiz zum modernen Bundesstaat: 1789 – 1798 – 1848 – 1998. Historische Abhandlungen. Chur und Zürich 1998, S. 47-65.

Kölz, Alfred: Zur Bedeutung der Zürcher Kantonsverfassung vom 18. April 1869. In: Kölz, Alfred: Der Weg der Schweiz zum modernen Bundesstaat: 1789 – 1798 – 1848 – 1998. Historische Abhandlungen. Chur und Zürich 1998, S. 85-91.

Koja, Friedrich: Das Verfassungsrecht der österreichischen Bundesländer (= Forschungen aus Staat und Recht, Bd. 1), Wien und New York 1967.

Kolb, Ernst: Die staatsrechtliche Bedeutung des Jahres 1918 für das Land Vorarlberg. In: Montfort, Jg. 20, 1968, S. 621-636.

Kommentar zur Bundesverfassung der Schweizerischen Eidgenossenschaft vom 29. Mai 1874, [in Lieferungen] hg. von Jean-François Aubert, Kurt Eichenberger, Jorg Paul Müller, René A. Rhinow, Dietrich Schindler. Basel, Zürich und Bern 1987-1996.

Küng, Heribert: Der militärische Standpunkt der Schweiz zur Vorarlberger Anschlussbewegung. In: Montfort; Vierteljahresschrift für Geschichte und Gegenwart Vorarlbergs, Jg. 26, 1974, S. 72-91.

Kuprian, Hermann J. W.: Der Tiroler Separatismus der Ersten Republik. In: 1918/1919. Die Bundesländer und die Republik. Protokollband des Symposiums zum 75. Jahrestag der Ausrufung der 1. Republik am 12. und 13. November 1993 im Grazer Stadtmuseum. Hg. von Gerhard M. Dienes und Markus Jaroschka (= grazer-stadtmuseum in serie 2/94), S. 49-66.

Lehne, Friedrich: Ideengeschichtliche Grundlagen des österreichischen Bundesstaates. In: Salzburger Symposion zum Jubiläum 60 Jahre Bundesverfassung, (= Schriftenreihe des Landespressebüros, Serie Sonderpublikationen, Bd. 31), Salzburg 1980, S. 33-40.

Merkl, Adolf: Bundesstaat „Republik Österreich". In: Schweizerische Juristen-Zeitung, Jg. 17, 1920, S. 229-233.

Merkl, Adolf: Die Verfassungskrise im Lichte der Verfassung. In: Der österreichische Volkswirt, Jg. 25, 1933, S. 584-585. [Nr. 25, Wien, 18. März 1933]

Merkl, Adolf: Die Vorarlberger-Frage im Lichte des Rechtes der Selbstbestimmung. In: Schweizerische Juristen-Zeitung, Jg. 17, 1920, S. 229-233.

Merkl, Adolf: Österreichs Verfassung und ihr Schweizer Vorbild. In: Schweizerische Juristen-Zeitung, Jg. 16, 1919/20, S. 206-210.

Merkl, Adolf: Seipel und die Demokratie. In: Der österreichische Volkswirt, Jg. 25, 1933, S. 1105-1108. [Nr. 46, Wien 12. August 1933]

Nachbaur, Ulrich: Vorarlberger Landessymbole. Ausstellung des Vorarlberger Landtags und der Vorarlberger Landesregierung im Landhaus in Bregenz vom 17. März bis 9. April 2004 (= Ausstellungskataloge des Vorarlberger Landesarchivs, Bd. 10), Bregenz 2004.

Neck, Rudolf: Die Entwicklung der österreichischen Verfassung bis zum Sommer 1934. In: Das Jahr 1934: 25. Juli. Protokoll des Symposiums in Wien am 8. Oktober 1974 (= Wissenschaftliche Kommission des Theodor-Körner-Stiftungsfonds und des Leopold-Kunschak-Preises zur Erforschung der österreichischen Geschichte der Jahre 1927 bis 1938, Veröffentlichungen, Bd. 3), Wien 1975, S. 69-75.

Öhlinger, Theo: Bundesverfassungsrechtliche Grenzen der Volksgesetzgebung. Zur Verfassungsmäßigkeit des Art. 33 Abs. 6 der Vorarlberger Landesverfassung. In: Montfort. Vierteljahresschrift für Geschichte und Gegenwart Vorarlbergs, Jg. 52, 2000, S. 402-414.

Palme, Rudolf: Der Anteil Tirols am Entstehen der Österreichischen Bundesverfassung vom Jahre 1920. In: Tiroler Heimat. Jahrbuch für Geschichte und Volkskunde, Bd. XLV, Jg. 1981, S. 105-118.

Pernthaler, Peter: Allgemeine Staatslehre und Verfassungslehre, Wien und New York 1986.

Pernthaler, Peter: Der Rechtsstaat und sein Heer. Strukturelemente der österreichischen Wehrverfassung; mit vergleichenden Hinweisen auf die Wehrordnungen der Schweiz und der Bundesrepublik Deutschland (= Rechts und Staatswissenschaften, Bd. 19), Wien 1964.

Pernthaler, Peter: Die Entstehung des österreichischen Bundesstaates als geschichtlicher Vorgang und staatstheoretisches Problem. In: Montfort; Vierteljahresschrift für Geschichte und Gegenwart Vorarlbergs, Jg. 25, 1973, S. 128-156.

Pernthaler, Peter: Die Staatsgründungsakte der österreichischen Bundesländer. Eine staatsrechtliche Untersuchung über die Entstehung des Bundesstaates (= Schriftenreihe des Instituts für Föderalismusforschung, Bd. 14), Wien 1979.

Pernthaler, Peter: Unser Schützenwesen steht auf schwankender Rechtsgrundlage. Aus: Tiroler Tageszeitung, Jg. 21, 1965, Nr. 30, Innsbruck, 6. Februar 1965, S. 13.

Pernthaler, Peter und Karl Weber: Landesbürgerschaft und Bundesstaat. Der Status des Landesbürgers als Kriterium des Bundesstaates und Maßstab der Demokratie in den Ländern (= Schriftenreihe des Instituts für Föderalismusforschung, Bd. 28), Wien 1983.

Pernthaler, Peter und Karl Weber: Theorie und Praxis der Bundesaufsicht in Österreich (= Schriftenreihe des Instituts für Föderalismusforschung), Wien 1979.

Pesendorfer, Wolfgang: Der Landeshauptmann. Historische Entwicklung, Wesen und verfassungs-rechtliche Gestalt einer Institution (= Forschung aus Staat und Recht, Bd. 729), Wien und New York 1986.

Pichler, Meinrad: Chronik der Anschlußbewegung (1918-1920). In: Dreier, Werner und Meinrad Pichler: Vergebliches Werben. Mißlungene Vorarlberger Anschlußversuche an die Schweiz und an Schwaben (1918-1920), (= Studien zur Geschichte und Gesellschaft Vorarlbergs, Bd. 5), Bregenz 1989, S. 12-32.

Pichler, Meinrad: "Lieber in Lumpen gehüllt in Deutschland oder als reicher Mann in der Schweiz?": Pirker; Anmerkungen zu Interessenslagen hinter dem Schweiz-Anschluß-Bewegung. In: Montfort, Vierteljahresschrift für Geschichte und Gegenwart Vorarlbergs Jg. 40, 1988, Heft 1, S. 61–69.

Polaschek, Martin F.: Die Anfänge der Republik Österreich: Zentralismus versus Föderalismus. In: 1918/1919. Die Bundesländer und die Republik. Protokollband des Symposiums zum 75. Jahrestag der Ausrufung der 1. Republik am 12. und 13. November 1993 im Grazer Stadtmuseum. Hg. von Gerhard M. Dienes und Markus Jaroschka, (grazer-stadtmuseum in serie 2/94), S. 9-34.

Reich, Hans J.: Neuorientierung am Rhein nach dem Ersten Weltkrieg: steiniger Weg zum Zollvertrag Liechtenstein mit der Schweiz von 1923. In: Terra plana 1994, Nr. 1, S. 37-46.

Schwärzler, Wolfgang: Die direkte Demokratie in der Vorarlberger Landesverfassung unter besonderer Berücksichtigung der kommunalen Ebene. Diplomarbeit an der Fakultät für Rechtswissenschaften an der Universität Innsbruck, Innsbruck 1991.

Segesser, Jürg: Die Einstellung der Kantone zur Bundesrevision und zur neuen Bundesverfassung im Jahr 1848. (Sonderdruck aus dem „Archiv des Historischen Vereins des Kantons Bern", Bd. IL, 1965.

Sözeri-Rohrer, Eugenie: Die Beziehungen Vorarlbergs zur Schweiz zwischen 1918 und 1945. Diplomarbeit an der Geisteswissenschaftlichen Fakultät der Universität Innsbruck, 1991.

Steinwandter, Herbert: Die Entwicklung der Vorarlberger Landesverfassung von 1918 bis 1934. Diplomarbeit an der juridischen Fakultät der Universität Graz, maschinschriftlich, Graz 1997.

Stolz, Otto: Verfassungsgeschichte des Landes Vorarlberg. In: Montfort: 5, 1950, S. 4-100.

Stourzh, Gerald: Die Gleichberechtigung der Nationalitäten in der Verfassung und Verwaltung Österreichs 1848-1918. Wien 1985

Thienel, Rudolf: Österreichische Staatsbürgerschaft, Bd I: Historische Entwicklung und völkerrechtliche Grundlagen, Wien 1989; Bd. II: Verfassungsrechtliche Grundlagen und materielles Staatsbürgerschaftsrecht, Wien 1990.

Thürer, Georg: Die Bundesverfassung von 1848 – ein Meisterwerk des Ausgleichs. Zürich 1948.

Ucakar, Karl: Demokratie und Wahlrecht in Österreich. Zur Entwicklung von politischer Partizipation und staatlicher Legitimationspolitik, (= Österreichische Texte zur Gesellschaftskritik, Bd. 24), Wien 1985.

Vögel, Franz: Hundert Jahre Vorarlberger Landtag 1861-1961. In: Landstände und Landtag in Vorarlberg. Geschichtlicher Rückblick aus Anlaß der Wiedererrichtung einer Volksvertretung vor hundert Jahren (1861-1961), hg. vom Land Vorarlberg; Bregenz 1961, S. 87-192.

Vorarlberg: 75 Jahre selbständiges Land Vorarlberg (1918 - 1993), hg. vom Vorarlberger Landtag; Bregenz 1993.

Wahrhaft, Franz: Was ist Demokratie? Aus: Jedermann. Die Sonntagszeitung für alle, Jg. 1, 1932, 15. Oktober 1932.

Wanner, Gerhard: Vorarlbergs Beziehungen zur Schweiz während des Ersten Weltkrieges. In: Grenzraum Alpenrhein, S. 9-38.

Wanner, Gerhard: Vorarlbergs Übergang von der Monarchie zur Republik. In: Montfort, 32. Jg., 1980, S. 104, 116.

Weber, Karl: Das Einspruchsrecht der Bundesregierung nach Art 98 Abs 2 B-VG. In: Juristische Blätter, Jg. 1980, S. 174-186.

Weber, Karl: Die mittelbare Bundesverwaltung. Eine verfassungs- und verwaltungsrechtliche Untersuchung der Organisation und Verwaltung des Bundes im Bereich der Länder außer Wien, zugleich eine Geschichte der Behörden der allgemeinen staatlichen Verwaltung in den Ländern außer Wien (= Schriftenreihe des Instituts für Föderalismusforschung, Bd. 41), Wien 1987.

Weber, Karl: Föderalismus. In: Handbuch des politischen Systems Österreichs: Erste Republik 1918-1933; hg. von Tálos, Dachs, Hanisch, Staudinger; Wien 1995, S. 123-140.

Weber, Wolfgang: Die Zeitenwende 1918/1919. In: 75 Jahre selbständiges Land Vorarlberg (1918-1993), Bregenz 1993, S. 89-104.

Weinzierl, Erika: Revolution und Demokratisierung in Österreich. In: Demokratisierung und Verfassung in den Ländern 1918-1920, Studien zur Zeitgeschichte der österreichischen Länder, Bd. I, St. Pölten und Wien 1983, S. 18-28.

Welti, Ludwig: Landesgeschichte. In: Ilg, Karl (Hrsg.): Landes- und Volkskunde. Geschichte, Wirtschaft und Kunst Vorarlbergs, Bd. 2, Innsbruck und München 1968, S. 151-344.

Welti, Ludwig: Siedlungs- und Sozialgeschichte von Vorarlberg. Aus dem Nachlass herausgegeben von Nikolaus Grass (= Veröffentlichungen der Universität Innsbruck, Bd. 6), Innsbruck 1973.

Wiget, Josef: Die Landsgemeinden in der Schweiz im Überblick und der schrittweise Untergang der Schwyzer Landsgemeinde von 1798 bis 1848 als Beispiel. Vortrag auf der Jahrestagung der „Internationalen Gesellschaft für Rechtliche Volkskunde“ am 25. April 2003 in Appenzell.

Witzig, Daniel: Die Vorarlberger Frage. Die Vorarlberger Anschlussbewegung an die Schweiz, territorialer Verzicht und territoriale Ansprüche vor dem Hintergrund der Neugestaltung Europas 1918-1922. 2. Auflage (= Basler Beiträge zur Geschichtswissenschaft , Band 132), Basel 1974.

Zech, Petra: Grundrechte und Vorarlberger Landesverfassung. Diplomarbeit an der Fakultät für Rechtswissenschaften der Universität Innsbruck, Innsbruck 1989.

Zimmermann, Horst: Die Schweiz und Österreich während der Zwischenkriegszeit. Eine Studie und Dokumentation internationaler Beziehungen im Schatten der Großmächte, Wiesbaden 1973.

Zöllner, Erich: Volk, Land und Staat. Landesbewusstsein, Staatsidee und nationale Fragen in der Geschichte Österreichs (= Schriften des Instituts für Österreichkunde 43), Wien 1984.

Zuderell, Elfriede Augusta: Die Anschlußbewegung Vorarlbergs an die Schweiz 1918-1921, Dissertation an der Philosophischen Fakultät der Universität Innsbruck, Innsbruck 1946.

Zürcher [Professor]: Das Selbstbestimmungsrecht der Völker und der Vorarlberg, In: Schweizerische Juristen-Zeitung, Jg. 17, 1920/21, S. 311-314.

Zurburg-Geisser, C.: Vorarlberg und die Vorarlberger Anschlußfrage (Separat-Abdruck aus „Schweizerische Rundschau“ 1919/20), ohne Ort.

Orts- und Personenregister

Anhang:
Text der Landesverfassung 1919

Vorarlberger Landesgesetzblatt.
Jahrgang 1919.
Herausgegeben und versendet am 26. März 1919.
7. Stück
Inhalt: 22. Gesetz vom 14. März 1919 über die Verfassung des Landes Vorarlberg.

22.

Gesetz
vom 14. März 1919 über die Verfassung des Landes Vorarlberg.

Die provisorische Landesversammlung des Landes Vorarlberg hat beschlossen:
Vorarlberg gibt sich als selbständiges Land folgende Verfassung:

I. Rechte des gesamten Volkes.

§ 1.

Das Land ist selbständig, soweit seine Selbständigkeit nicht durch die Verfassung des Bundesstaates beschränkt ist; es übt als selbständiges Land alle Rechte aus, die nicht ausdrücklich der Gewalt des Bundesstaates vorbehalten sind.

§ 2.

Die gesetzgebende und Vollzugsgewalt des Landes steht der Gesamtheit des Vorarlberger Volkes zu; sie wird ausgeübt teils unmittelbar durch Abstimmung des Volkes, teils mittelbar durch Landtag, Landesrat und Landesregierung.

§ 3.

Die Stimmberechtigten üben ihre verfassungsmäßigen Rechte aus:
a) durch Annahme oder Verwerfung der Verfassung und ihrer Abänderungen;
b) durch Begehren einer Abänderung der Verfassung;
c) durch Wahl des Landtages;

d) durch Genehmigung oder Verwerfung von Gesetzen;
e) durch Volksbegehren.

§ 4.

Alle Gesetze, die nicht dringlicher Natur sind, unterliegen der Abstimmung des Volkes, wenn binnen 21 Tagen nach Erlaß des Gesetzes 10.000 Wähler, deren Stimmberechtigung beglaubigt ist, unterschriftlich die Abstimmung verlangen.

§ 5.

Der Landtag ist befugt, über Aufnahme einzelner Grundsätze in ein zu erlassendes Gesetz eine Volksabstimmung ergehen zu lassen.

§ 6.

Das Recht des Volksbegehrens umfaßt das Verlangen auf Erlaß oder Aufhebung oder Abänderung eines Gesetzes oder auf Abänderung einzelner Teile der Verfassung oder der ganzen Verfassung.

Derartige Begehren können in der Form der einfachen Anregung oder des ausgearbeiteten Entwurfes gestellt und im einen wie im anderen Falle begründet werden. Volksbegehren auf Aufhebung oder Abänderung eines Gesetzes können erst drei Jahre nach Inkrafttreten desselben gestellt werden.

Ein Volksbegehren muß zur Volksabstimmung gebracht werden, wenn es von mindestens 15.000 Wählern, deren Stimmberechtigung beglaubigt ist, unterschriftlich gestellt wird.

Dem Landtage steht das Recht zu, neben den aus der Mitte des Volkes gemachten Vorschlägen gleichzeitig eigene Anträge auf Verwerfung des Vorschlages oder auf eine abgeänderte Fassung desselben zu stellen.

§ 7.

Die Wahlen und die Volksabstimmungen finden allgemein, geheim und direkt mittelst Wahlurne und Wahlzelle in den politischen Gemeinden statt.

Bei allen Wahlen in irgend einen mehrgliedrigen Vertretungskörper des Landes ist die Verhältniswahl anzuwenden. Bei allen Volksabstimmungen über Erlaß oder Aufhebung oder Abänderung eines Gesetzes oder eine teilweise oder vollständige Aenderung der Verfassung entscheidet die absolute Mehrheit der Stimmenden.

II. Landesvertretung und Behörden.

§ 8.

Der Landtag besteht aus 30 Mitgliedern. Die näheren Bestimmungen über die Bildung der Wahlbezirke, die Aufteilung der Abgeordneten auf sie, über die Wahlberechtigung und Wählbarkeit, über das Verfahren bei der Wahl und über die Prüfung der Wahlergebnisse enthält die Wahlordnung.

§ 9.

Der erste Vorsitzende des Landtages ist der Landeshauptmann, ihm zur Seite stehen ein zweiter und dritter Vorsitzender.

Der Landeshauptmann wird mit Stimmenmehrheit aus der Mitte des Landtages gewählt. Sofern die Parteien nicht übereinkommen, die für den zweiten und dritten Vorsitzenden im Vereinbarungswege vorgeschlagenen Landtagsabgeordneten in gleicher Weise zu wählen, erfolgt ihre Wahl nach Verhältnis in sinngemäßer Anwendung des § 35 der Landeswahlordnung.

§ 10.

Der Landesrat besteht aus dem Landeshauptmann als Vorsitzendem und 8 vom Landtage nach Verhältniswahl aus seiner Mitte entsandten Mitgliedern, die den Titel „Landesräte“ führen.

Für jedes Mitglied ist in derselben Weise ein Ersatzmann zu bestellen.

Die Beisitzer der Landesregierung (§ 11) sind nach ihrer Reihenfolge auch die Stellvertreter des Landeshauptmannes in der Führung des Vorsitzes und der Geschäfte im Landesrate.

§ 11.

Die Landesregierung besteht aus dem Landeshauptmanne als Vorsitzendem und zwei Mitgliedern des Landesrates als Beisitzern, die den Titel „Erster und Zweiter Landeshauptmann-Stellvertreter" führen.

Sofern die Parteien nicht übereinkommen, die für den ersten und zweiten Landeshauptmann-Stellvertreter im Vereinbarungswege vorgeschlagenen Landesräte durch den Landtag mit Stimmenmehrheit zu wählen, erfolgt ihre Wahl nach Verhältnis in sinngemäßer Anwendung des § 35 der Landeswahlordnung. Ergibt sich bei der Wahl der Beisitzer Stimmengleichheit, so entscheidet das Los.

§ 12.

Der Landtag gibt sich selbst und dem Landesrate eine Geschäftsordnung.

§ 13.

Der Landtag wird auf 5 Jahre gewählt. Die Neuwahlen finden im ersten Viertel jedes Wahljahres statt. Mit dem Tage der Neuwahlen sind die bisherigen Landesabgeordneten ihres Volksauftrages enthoben. Der Landesrat und die Landesregierung haben die Geschäfte bis zu ihrer Uebernahme durch den neugewählten Landesrat und duch die neugewählte Landesregierung weiterzuführen.

§ 14.

Der Landtag versammelt sich zweimal im Jahre und zwar im Frühling und im Herbst. Er wird vom Landeshauptmann einberufen.

Außerordentliche Versammlungen finden statt:

a) so oft der Landeshauptmann oder im Falle seiner Verhinderung der geschäftsführende Vorsitzende im Landtage es für notwendig erachtet:
b) wenn die Hälfte der Mitglieder des Landtages es verlangt;
c) wenn der Landesrat die Einberufung beschließt.

III. Befugnisse der vom Volke gewählten Vertretungen und Behörden.

§ 15.

Als oberste gesetzgebende Körperschaft des Landes erläßt und erläutert der Landtag die Gesetze, insoweit sie nicht der bundesstaatlichen Gesetzgebung vorbehalten sind, unter Wahrung der verfassungsmäßigen Rechte des Volkes.

§ 16.

Die Landtagssitzungen sind öffentlich. In welchen Fällen ausnahmsweise vertrauliche Sitzungen abzuhalten sind, bestimmt die Geschäftsordnung.

§ 17.

Die einzelnen Beratungsgegenstände gelangen vor den Landtag:
- a) als Vorlagen der Regierung des Bundesstaates durch die Landesregierung;
- b) als Vorlagen des Landesrates;
- c) als Vorlagen besonderer durch Wahl aus dem Landtage und während seiner Tagung gewählter Ausschüsse;
- d) durch Anträge einzelner Mitglieder.

Solche selbständige Anträge, die sich nicht auf eine Vorlage der Regierung, des Landesrates oder eines Ausschusses beziehen, müssen dem Vorsitzenden des Landtages schriftlich überreicht werden. Die weitere Behandlung solcher Anträge regelt die Geschäftsordnung .

§ 18.

Anträge, die außerhalb des Geschäftskreises des Landtages liegen, sind vom Landeshauptmann von der Beratung auszuschließen.

§ 19.

Der Landtag kann die Beiziehung von Vertretern der Behörden und Aemter oder von Sachverständigen zu den Sitzungen fallweise beschließen.

§ 20.

Zu einem gültigen Beschlusse des Landtages ist die Anwesenheit von mindestens der Hälfte aller Landesabgeordneten und die absolute Stimmenmehrheit der Anwesenden notwendig.

Der Vorsitzende übt sein Stimmrecht wie jeder andere Landesabgeordnete aus.

Bei Stimmengleichheit gilt der Antrag als abgelehnt.

§ 21.

Die Mitglieder des Landtages stimmen einzig nach freier Ueberzeugung.

Sie können wegen der in Ausübung ihres Berufes geschehenen Abstimmungen niemals von einer Strafbehörde zur Verantwortung gezogen werden, für Aeußerungen im Landtage und Landesrate nur mit Zustimmung dieser Vertretungskörper.

§ 22.

Die Mitglieder des Landtages erhalten eine angemessene Entschädigung aus der Landeskassa.

§ 23.

Der Landesrat ist der Vollzugsausschuß des Landtages; er vollzieht die Gesetze und Beschlüsse des Landtages und führt die Landesverwaltung. Er kann sich dabei der Landesregierung bedienen.

§ 24.

Er verfaßt Entwürfe zu Gesetzen und Beschlüssen des Landtages und begutachtet ihm vom Landtage überwiesene Vorschläge.

§ 25.

Er besorgt mit Verantwortlichkeit gegen den Landtag die gesamte Landesverwaltung und ist demnach auf allen jenen Gebieten, die nicht ausdrücklich der Gewalt des Bundesstaates vorbehalten sind, oberste Behörde.

Er vertritt das Land in allen Rechtsangelegenheiten.

Die im Namen des Landes auszustellenden Urkunden sind vom Landeshauptmann und zwei Mitgliedern des Landesrates zu fertigen und mit dem Landessiegel zu versehen.

§ 26.

Er legt dem Landtage alljährlich einen Voranschlag über die Einnahmen und Ausgaben des folgenden Rechnungsjahres vor.

§ 27.

Er ist zu alljährlicher Rechenschaftslegung vor dem Landtage verpflichtet.

§ 28.

Zu einem gültigen Beschlusse des Landesrates ist die Anwesenheit des Landeshauptmannes oder seines Stellvertreters und drei weiterer Mitglieder notwendig. (§ 30.)

§ 29.

Die Landesregierung ist jene Behörde, die die Gesetze und Verordnungen des Bundesstaates im Lande durchführt.

§ 30.

Der Landeshauptmann stimmt im Landesrate und in der Landesregierung mit. Bei Stimmengleichheit entscheidet seine Stimme.

§ 31.

Der Landeshauptmann ist berechtigt und verpflichtet, die Ausführung eines Beschlusses des Landesrates oder der Landesregierung zu verweigern und zu verhindern, wenn er einen Beschluß als dem öffentlichen Wohle oder den bestehenden Gesetzen zuwiderlaufend erkennt. Im ersten Falle hat er die Angelegenheit, wenn der Landesrat auf der Durchführung seines Beschlusses beharrt, dem Landtage, im letzteren Falle, wenn die Landesregierung auf der Durchführung beharrt, der Regierung des Bundesstaates zur Entscheidung vorzulegen.

IV. Aufgaben und Rechte des Landes.

§ 32.

Nach § 1 der Verfassung ist das Land selbständig. Alle Angelegenheiten, die nicht ausdrücklich durch die Verfassung des Bundesstaates diesem vorbehalten sind, werden vom Lande in Ausübung seiner Hoheitsrechte selbständig geordnet.

§ 33.

Bis zur Durchführung der Verwaltungsreform ernennt der Landesrat die Landesbeamten und die Landesregierung die Beamten der Landesregierung.

§ 34.

Die Dienstzweige der Landesverwaltung und Landesregierung werden vom Landeshauptmanne abgegrenzt und den einzelnen Referenten und Beamten zugewiesen.

V. Rechte der Volksgenossen.

§ 35.

Alle Volksgenossen sind vor dem Gesetze gleich.

Die Glaubens- und Gewissensfreiheit ist jedermann gewährleistet.

§ 36.

Die im Lande verbreiteten und anerkannten christlichen Konfessionen, das sind die katholische Religion als die Religion der großen Mehrheit des Volkes und die evangelische Religion, Augsburger und Helvetischen Bekenntnisses, genießen Gewährleistung und Schutz des Landes für ihre Einrichtungen.

Die freie Ausübung gottesdienstlicher Handlungen ist auch allen anderen Konfessionen innerhalb der Schranken der Sittlichkeit und öffentlichen Ordnung gewährleistet.

§ 37.

Die deutsche Sprache als die Sprache des Volkes genießt die Gewährleistung und den Schutz des Landes.

Sie ist die Amtssprache des Landes.

§ 38.

Das Eigentum ist unverletzlich.

In Fällen, wo das öffentliche Wohl die Abtretung von Grundeigentum oder von anderen Privatrechten erfordert, steht dem Lande gegen gerechte und billige Entschädigung das Recht der Enteignung zu.

§ 39.

Keine Liegenschaft kann als unveräußerlich erklärt werden oder darf mit einer Leistung beschwert sein, die nicht nach dem Gesetze ablösbar wäre.

§ 40.

Jeder stimmberechtigte und stimmfähige Volksgenosse ist verpflichtet, an allen verfassungsmäßigen Wahlen und Abstimmungen des Landes teilzunehmen.

VI. Verantwortlichkeit der Behörden, Beamten und Angestellten.

§ 41.

Alle Mitglieder der Behörden, alle Beamten und Angestellten haben für genaue Handhabung von Verfassung und Gesetz den Pflichteid zu schwören, oder wenn sie ihn verweigern, das Handgelöbnis zu leisten.

§ 42.

Alle Mitglieder der Behörden, alle Beamten und Angestellten sind für ihre Amtsführung persönlich verantwortlich.

VII. Gebietseinteilung.

§ 43.

Der Sitz der Landesverwaltung und der Landesregierung ist Bregenz.

Das Land ist in drei Amtsbezirke, Bregenz, Feldkirch und Bludenz, eingeteilt.

Der Gesetzgebung ist vorbehalten, die Zahl und den Umfang der Bezirke zu ändern.

§ 44.

Jeder Amtsbezirk ist in politische Gemeinden eingeteilt.

Schaffung neuer Gemeinden, Zusammenlegung oder Teilung bestehender Gemeinden sowie Abänderung ihrer Grenzen bleiben der Gesetzgebung des Landes vorbehalten.

VIII. Abänderung der Verfassung.

§ 45.

Eine Abänderung der Verfassung kann nach § 6 der Verfassung vom Volke verlangt werden.

§ 46.

Dem Landtage steht das Recht zu, bei Anwesenheit von mindestens zwei Drittel seiner Mitglieder mit zwei Drittel Stimmenmehrheit der Anwesenden eine Abänderung der Verfassung vorzunehmen. Der Antrag auf Abänderung der Verfassung muß dem Volke zur Abstimmung vorgelegt werden, wenn mindestens ein Drittel der Landesabgeordneten es verlangt.

§ 47.

Wird eine Abänderung verlangt, so ist der Antrag dem Landtage zur Beratung und Beschlußfassung zuzuweisen. Der Landtag kann die vorbereitende Beratung an einen besonderen Ausschuß oder an den Landesrat abtreten. Der Landtag muß den endgültigen Entwurf der neuen Verfassung dem Volke zur Annahme oder Verwerfung unterstellen.

§ 48.

Bei einer Abstimmung über die Abänderung der Verfassung sind von den Stimmberechtigten folgende Fragen zu beantworten:

a) Soll eine Abänderung stattfinden oder nicht?
b) Soll der vom Landtag vorgelegte Antrag angenommen oder abgelehnt werden?

§ 49.

Die nach den Bestimmungen der §§ 47 und 48 abgeänderte Verfassung tritt erst in Kraft, wenn sie vom Volke mit absoluter Stimmenmehrheit angenommen wurde.

Uebergangsbestimmungen.

§ 50.

Für den ersten auf Grund dieser Verfassung zu wählenden Landtag ist in der Wahlordnung die Wahl eines 31. Mitgliedes durch die kriegsgefangenen und internierten Volksgenossen vorzusehen.

§ 51.

Diese Verfassung tritt durch Beschluß der provisorischen Landesversammlung vom 14. März 1919 in Kraft. Ihre auf den Bundesstaat bezüglichen Bestimmungen gelten insolange und insoweit, als der Bundesstaat dem Lande sein Gebiet, seine Selbständigkeit innerhalb der Schranken des § 1 dieser Verfassung, die Freiheit, die Rechte des Volkes und die verfassungsmäßigen Rechte der Volksgenossen, sowie die Rechte und Befugnisse, die das Volk seinen Vertretern übertragen hat, gewährleistet.

§ 52.

Die gegenwärtig bestehenden Gesetze und Verordnungen bleiben, soweit sie dieser Verfassung nicht widersprechen, in Kraft.

Zur Beglaubigung:

Der Vorsitzende der Landesversammlung:
Dr. Ender m. p.

Der Schriftführer der Landesversammlung:
Matthias Wachter m. p.

Susan Förster

Widerspiegelung von ausgewählten Werken der Rawls'schen Gerechtigkeitskonzeption in der Landesverfassung Brandenburg

Dargestellt anhand der sozialen Rechte auf Bildung und Weiterbildung

Frankfurt am Main, Berlin, Bern, Bruxelles, New York, Oxford, Wien, 2004.
XLI, 246 S.
Europäische Hochschulschriften: Reihe 2, Rechtswissenschaft. Bd. 3946
ISBN 3-631-51971-0 · br. € 51.50*

Mit der deutschen Einheit entstand in den neuen Bundesländern der Bedarf nach einer eigenen Verfassungswirklichkeit. Diesem kamen die einzelnen Bundesländer in unterschiedlicher Weise nach. In Brandenburg zeichnete sich die Verfassung schließlich durch die Aufnahme einer Vielzahl sozialer Grundrechte aus. Ausgehend von dieser Erkenntnis bietet die Arbeit einen Vergleich, der von John Rawls in seiner Theorie der Gerechtigkeit als Fairness entwickelten Gerechtigkeitsgrundsätze anhand der sozialen Grundrechte auf Bildung und Weiterbildung mit der Verfassungsentwicklung des Landes Brandenburg, der sich anschließenden Gesetzgebung im Rahmen des brandenburgischen Schul- und Weiterbildungsgesetzes und der Rechtsprechung des Landesverfassungsgerichts.

Aus dem Inhalt: Gerechtigkeit und demokratische Verfassungsstaatlichkeit · Gerechtigkeitstheorie Rawls als politische Gerechtigkeitskonzeption für die demokratische Verfassungsstaatlichkeit · uvm.

Kolibri 360 GmbH
Ferdinand-Jühlke-Straße 7
99095 Erfurt, Deutschland
produktsicherheit@kolibri360.de

Druck:
CPI Druckdienstleistungen GmbH
im Auftrag der
Kolibri 360 GmbH
Ferdinand-Jühlke-Str. 7
99095 Erfurt